Dossiers et Documents

De la même auteure

Le Mal du pays, Lux Éditeur, 2012.
  • **Prix Pierre Vadeboncoeur**

Des femmes d'honneur (tomes 1, 2 et 3), Libre Expression, 1997 à 1999.

Le Chemin de l'égalité, Fides, 1996.

La Bonne Aventure, Québec Amérique, 1986.

Le Pouvoir? Connais pas!, Québec Amérique, 1981 (Réédité en 2010 Athéna Éditions).

Témoins de notre temps, Éditions du Jour, 1971.

Recettes pour un homme libre, Éditions du Jour, 1969.

DES FEMMES D'HONNEUR

Projet dirigé par Ophélie Delaunay, éditrice

Adjointe éditoriale : Sabrina Raymond
Conception graphique : Nathalie Caron
Mise en page : Andréa Joseph [pagexpress@videotron.ca]
Correction d'épreuves : Chantale Landry
En couverture : © Parti québécois (photographe anonyme)

Québec Amérique
329, rue de la Commune Ouest, 3e étage
Montréal (Québec) Canada H2Y 2E1
Téléphone : 514 499-3000, télécopieur : 514 499-3010

Nous reconnaissons l'aide financière du gouvernement du Canada par
l'entremise du Fonds du livre du Canada pour nos activités d'édition.

Nous remercions le Conseil des arts du Canada de son soutien. L'an
dernier, le Conseil a investi 157 millions de dollars pour mettre de l'art
dans la vie des Canadiennes et des Canadiens de tout le pays.

Nous tenons également à remercier la SODEC pour son appui financier.
Gouvernement du Québec – Programme de crédit d'impôt pour l'édition
de livres – Gestion SODEC.

Conseil des Arts   Canada Council
du Canada   for the Arts

SODEC
Québec

**Catalogage avant publication de Bibliothèque et Archives
nationales du Québec et Bibliothèque et Archives Canada**

Payette, Lise
Des femmes d'honneur
(Dossiers et documents)
Autobiographie.
Édition originale : Montréal : Libre expression, c1997-1999.
ISBN 978-2-7644-2743-9 (Version imprimée)
ISBN 978-2-7644-2758-3 (PDF)
ISBN 978-2-7644-2759-0 (ePub)
1. Payette, Lise. 2. Femmes - Québec (Province) - Conditions sociales.
3. Québec (Province) - Politique et gouvernement - 1976-1985. 4. Écrivains
québécois - Biographies. 5. Femmes ministres - Québec (Province) - Bio-
graphies. 6. Animateurs de télévision - Québec (Province) - Biographies.
I. Titre. II. Collection : Dossiers et documents (Éditions Québec Amérique).
PN1990.72.P39A3 2014   791.45092   C2014-940669-X

Dépôt légal : 2e trimestre 2014
Bibliothèque nationale du Québec
Bibliothèque nationale du Canada

Imprimé au Québec

Lise Payette

DES FEMMES D'HONNEUR

Québec Amérique

À Flavie.

*À la douce mémoire de mes amies
Nicole Duchêne, Louise Jasmin, Pauline Julien, Christine
Tourigny, Michèle Verner et Denise Leblanc-Bantey.*

Préface

Il y a belle lurette qu'on ne l'appelle plus Lise. C'est pourtant elle que lectrices et lecteurs s'apprêtent à suivre dans les prochaines pages. La femme d'avant la vedette - la ministre - l'auteure - la chroniqueuse, et qui deviendra tout cela parce que portée par «sa» Marie-Louise et une succession d'événements, choisis ou subis, mais qui expliqueront que rien ne sera rectiligne dans cette vie-là. Il y en aura des choses à raconter.

Quelque part dans cet ouvrage, au terme de son court mais dense passage en politique, Lise Payette explique qu'elle n'aurait pu retourner à l'animation qui avait fait son succès. La politique l'avait trop changée. En fait, sa vie a été une constante réinvention d'elle-même. Et je me disais, en parcourant de nouveau ces *Femmes d'honneur* où elle se révèle tellement, que c'est aussi le sort de ce livre: on ne le lit plus comme à son lancement il y a plus de quinze ans. En une décennie, Lise Payette-la-célébrité-que-tout-le-monde-connaît a encore changé. Elle fut une personnalité, elle est devenue un personnage du Québec moderne qu'il importe de faire découvrir aux jeunes. Elle a été populaire, elle est devenue une sage qui partage son regard pénétrant sur la société, commentatrice à part, que *Le Devoir* accueille avec plaisir, dans la catégorie pourtant bien encombrée des chroniqueurs médiatiques. Elle est maintenant «Madame Payette», à qui on témoigne respect et reconnaissance.

Ses *Femmes d'honneur* doivent donc désormais s'arrimer à cette image respectable d'elle-même. Le mesure-t-elle? S'en amuse-t-elle? S'en agace-t-elle? Elle doit se dire: «Sage, vous me trouvez sage? Mais allez donc voir vous-mêmes mes moments de doutes, de désarroi, de peine, de peur aussi! Je n'ai pas que rigolé doucement dans ma vie, n'ai pas été que la femme audacieuse qui a osé couronner le plus bel homme du Canada, qui a défié le Canadien dans ses filets, qui a instauré de se faire appeler "la" ministre. Pas été que la femme assez forte pour faire passer des projets de loi qui m'ont mis la moitié du Québec à dos ou qui plongera dans l'écriture télévisuelle sans même avoir fait mes gammes et qui trouvera au détour un vrai et large public, fou de mes dames de cœur... Et j'étais loin d'être libre à l'heure d'être mère de famille dans une banlieue parisienne d'où mon volage époux s'absentait si souvent.»

Non, dirait Lise Payette, la vie n'est jamais si lisse, jamais si belle que les robes longues d'Yvon Duhaime qu'elle portait au petit écran le soir, quand elle faisait se coucher tard tout le Québec qui l'adorait. L'amour populaire ne protège pas des rebuffades.

Ce sont pourtant la force, l'audace, la liberté, et ce vif appétit de foncer, toujours, qui se dégagent de ses souvenirs. La petite fille de Saint-Henri a fait son chemin, dans une vie si pleine de mouvement et de revirements qu'on en passe encore sous silence un grand bout, ce qui ne manque jamais de m'étonner. Un exemple? Il y en a plein.

Je ne comprends toujours pas qu'on ne dise jamais que sans elle, il n'y aurait pas eu de «Gens du pays», chanson découverte par tous les Québecois en même temps; pas eu de Ginette Reno pour livrer la plus grande interprétation de sa carrière; pas eu en fait de 24 juin inoubliable au Mont-Royal. C'était quand même elle qui était à la tête de la fête la plus mythique et la plus inclusive que le Québec ait connue. Les pages qu'elle y consacre dans ce livre sont toutes traversées de l'âme frémissante que fut la Fête nationale de 1975 et on comprend que ce n'est pas un hasard s'il y eut un tel sentiment de célébration partagée.

Je ne comprends pas non plus pourquoi le courage de Lise Payette, au soir de la défaite référendaire de 1980, alors qu'elle était la seule ministre sur scène avec René Lévesque, n'a jamais été souligné. Silence qui me semble emblématique de sa carrière politique. Il a fallu beaucoup de détermination à bien des ministres du premier gouvernement Lévesque pour défendre des projets de loi qui brassaient la cage, de la loi 101 à celle protégeant le territoire agricole. Lise Payette avait sa propre montagne à gravir : établir le régime d'assurance automobile. Elle l'a fait avec le soutien du premier ministre, mais en se butant à ses collègues. Isolée dans un monde d'hommes guère empressés de lui venir en aide tant ils étaient apeurés par le lobby juridique qui voyait son gagne-pain menacé, elle a travaillé comme une folle, n'a pas bronché. Courageuse, quoi. Et bien seule. « Il n'y en a plus comme elle », me dira des années plus tard un de ses conseillers de l'époque qui a toujours trouvé que son travail n'avait pas été reconnu à sa juste valeur.

Je me désole (sans me surprendre, bien sûr) qu'elle se soit retrouvée sans filet en quittant volontairement la politique, tenue de rentrer dans ses terres alors qu'un homme qui aurait été aussi populaire qu'elle et aussi expérimenté aurait vu tous ses réseaux s'agiter pour le replacer. Méchante souverainiste pour les uns, responsable de la défaite référendaire pour bien d'autres. Ne lui devait-on pas la saga des Yvettes ? On est décidément bien implacable pour les femmes. Comme l'écrit Lise Payette dans ce livre : cet incident a créé d'énormes remous, mais il n'eut pas existé que les forces du Non auraient trouvé une autre façon de s'exprimer. Ainsi le voulait la bataille acharnée qui se livrait, et qu'on a aussi vu à l'œuvre, sans concessions, en 1995. Madame Payette a dû assumer bien longuement et bien trop fortement une bourde dont elle s'était pourtant publiquement excusée.

Que dire encore ? Qu'elle fut l'auteure du premier téléroman quotidien du Québec, *Marilyn*, innovation qu'on oublie de lui attribuer. Mais on oublie tellement. Même moi qui, à force de fréquenter Lise Payette, publiant ses chroniques où elle se livre franchement, revisitant son passé pour le bénéfice d'autres ouvrages ou d'interviews, croyais bien avoir tout retenu de ses faits d'armes. Erreur. C'est en reprenant cette biographie qu'il m'est revenu que c'est à elle qu'on doit cette transformation si puissamment symbolique de nos plaques d'immatriculation : le « Je me souviens » agissant qui a délogé le bonasse « La belle province ». J'ai trouvé cet oubli révélateur : oui, le souvenir exige la répétition, particulièrement pour les femmes qui voient trop souvent leur place ratatiner avec le temps jusqu'à leur complète disparition. Il faut relire et redire.

Lise Payette termine sa biographie en s'adressant à sa petite-fille, sa chère Flavie, qui a la vie devant elle et qui pourra tout faire. Je suis alors revenue en arrière, retrouvant les pages du début, relisant ce qui, moi, m'avait frappée : tout au long du siècle, des femmes, qui y croyaient sincèrement, se sont passé le message que tout est possible. C'est ce que Marie-Louise disait à Lise, sa petite-fille : « Va devant. [...] Sois curieuse et ne laisse jamais un mur t'arrêter. » C'est ce que sœur Marie-Lucien dira à Lise l'adolescente, qui raconte : « qu'en 1945, une fille pouvait viser aussi haut qu'elle le désirait et qu'il n'y aurait rien pour m'empêcher de me réaliser ». Tout cela était vrai, sans l'être tout à fait.

Il y a eu, et il ne cesse d'y avoir, les avancées légales – le droit de vote, les congés de maternité, l'équité salariale... Et il y a les discours qui changent mais dont le fond reste le même : le look des femmes, la culpabilité des mères, les inégalités économiques, le visage très largement masculin du pouvoir. Non, on n'est pas encore arrivées.

Alors il ne faut rien tenir pour acquis, rester vigilante, et comprendre que la liberté commence d'abord dans sa tête pour pouvoir faire fi des carcans, quels qu'ils soient. C'est la grande leçon de vie à tirer de celle de Lise Payette, celle qui m'inspire. Et c'est fort stimulant à lire.

Josée Boileau

Rédactrice en chef, *Le Devoir*

Avant-propos

Le fait d'avoir tout à coup soixante-cinq ans a créé chez moi un sentiment d'urgence. L'urgence d'abord de raconter à ceux que j'aime d'où je viens et quels sont les rêves qui m'ont portée durant toute ma vie. L'urgence aussi de bien vérifier que j'ai toutes les données de ma vie en mémoire, surtout que je pense avec terreur à tous ceux que leur mémoire trahit en avançant dans le temps et que cette réalité m'affole juste d'y penser. Je tenais surtout à dire qui sont ces êtres aimés qui m'ont façonnée et m'ont aidée à occuper cette place qui est devenue la mienne.

Je suis convaincue que chaque être humain vit cette urgence un jour ou l'autre. La plupart des gens n'y donnent pas suite, confiants de vivre encore longtemps. Ils se disent qu'ils auront tout le temps, plus tard, de raconter à leurs enfants et à leurs petits-enfants ce qu'a été leur vie, avec ses hauts et ses bas. Souvent, hélas, avant qu'ils ne l'aient fait, c'est la vie qui leur fait défaut.

C'est quand quelqu'un m'a avoué songer à écrire ma vie que j'ai pensé à le faire moi-même. Sans doute, parce qu'au bout de tout je m'estime la mieux placée pour raconter ce qui m'est arrivé. C'est ce que j'ai fait entre 1997 et 1999 et que je complète aujourd'hui.

J'ai beaucoup répété qu'au Québec, la transmission des connaissances et des souvenirs d'une génération à l'autre est terriblement déficiente. À force de le répéter, j'ai fini par me convaincre que c'est la raison principale pour laquelle nous répétons souvent les mêmes erreurs comme société. Faute de mémoire, nous marchons dans les mêmes ornières que nos parents et nos ancêtres, convaincus que nous sommes de réinventer le monde chaque fois. C'est une grave erreur et une faiblesse que nous traînons depuis longtemps.

J'avais réussi, pendant que j'étais en politique, à faire graver notre devise sur les plaques automobiles. Le JE ME SOUVIENS allait peut-être nous donner envie de fouiller tout notre passé pour nous donner des repères, des idées formidables qui trouveraient leur mode d'emploi dans notre identité en constante évolution. Nous avons une faiblesse du côté de la mémoire.

Par contre, moi, j'avais une petite-fille, Flavie, ma princesse, à qui je voulais parler de ces femmes qui l'avaient précédée, elle, dans ma famille et mon entourage, et qui veilleraient sur elle pendant toute sa vie à condition qu'elle les porte dans sa mémoire toute neuve. Je voulais qu'elle aussi devienne une femme d'honneur.

On n'entreprend pas de revivre sa vie impunément. On découvre vite que les peines sont toujours aussi vives mais que les joies, elles, sont toujours aussi belles. Faire le tour de son propre jardin est un défi. J'ai maintenant, en plus de Flavie, un petit-fils, Louis le magnifique, qui lira peut-être ce gros livre quand je ne serai plus là. J'espère qu'il le fera avec autant de générosité et de tolérance que sa cousine Flavie à qui tous ces souvenirs étaient d'abord destinés.

Ce livre n'existerait peut-être pas sans la formidable patience de Laurent, l'amour de ma vie, qui m'a accompagnée dans tout ce cheminement parfois houleux. Il est toujours aussi présent dans ma vie quotidienne. Il sait que je ne l'oublierai jamais.

Je tiens aussi à remercier mes enfants, Daniel, Dominique et Sylvie d'avoir lu ce livre avant tout le monde et de m'avoir donné à la fois leur absolution et leur imprimatur sans me demander d'y changer un mot.

Lise Payette
Montréal, 2014

Prologue

La journée avait été chaude, comme c'est presque toujours le cas à la fin du mois d'août. Cécile venait de s'allonger sur le lit, espérant trouver un peu de fraîcheur. La fenêtre était grande ouverte et la jeune femme entendait les cris des enfants qui profitaient des derniers jours de liberté avant l'école. C'est à peine si un souffle d'air entrait dans la chambre.

Cécile se sentait lourde depuis des semaines déjà, comme ces fruits gorgés de soleil qu'on trouve en été dans les marchés publics. Elle aimait cette saison généreuse qui lui donnait l'impression qu'elle pouvait remplir ses sacs à provisions et avoir encore de l'argent. Elle rêvait d'être riche, elle, une fille d'ouvrier. Elle rêvait surtout d'être heureuse.

Elle était instruite, juste ce qu'il fallait pour une fille de son temps. Ni plus ni moins. Elle savait lire et écrire car elle avait fait sa cinquième année d'école. Elle avait été pressée de trouver du travail pour payer une pension comme ses sœurs et se sentir indépendante à son tour. Elle avait occupé plusieurs petits emplois: chez Lowney, où elle finit par détester le chocolat, et dans l'imprimerie, où la prime annuelle était un calendrier… Elle avait une passion pour la lecture, et les livres empilés sur sa table de chevet témoignaient de son engouement pour le roman. On lui avait toujours reproché de lire trop tard la nuit, de s'abîmer les yeux. Quand son mari n'était pas rentré, elle se levait souvent la nuit pour lire en l'attendant. C'est dans un roman qu'elle avait choisi le nom de l'enfant qu'elle attendait.

Elle voulait un garçon parce que c'était un mâle qu'on devait attendre en premier, pour ne décevoir personne. Il s'appellerait Charles, comme le héros du dernier roman de Max de Veuzit.

De nouveau, l'enfant qu'elle portait donna une grande poussée dans son corps. Elle roula sur le côté et sentit cette boule de feu au creux de ses reins. Elle mordit son poing pour étouffer son cri et elle eut envie de vomir. Elle savait qu'elle devait aller jusqu'au bout. Elle n'avait pas le choix. Le médecin était déjà passé une fois, plus tôt dans la journée. Elle avait écarté les jambes comme il l'avait demandé. Il lui avait dit qu'elle en avait pour des heures à attendre et qu'il reviendrait plus tard. Elle appréhendait ce moment où son corps allait se déchirer, même si elle n'en avait jamais parlé à personne. Sa mère avait bien eu neuf enfants avant elle et, pour les derniers, n'avait même pas demandé la sage-femme. Elle accouchait seule dans sa chambre et, dès que l'enfant était né, elle revenait préparer le repas de la famille.

Cécile attendait son mari, Fernand. Il avait promis d'être là dès la fin de sa journée de travail. Il devait conduire son camion de livraison jusqu'au garage de la compagnie et rentrer aussitôt à la maison. Elle l'aimait follement et, avant leur mariage, elle avait refusé d'entendre ceux qui, autour d'elle, avaient dit qu'il était trop jeune pour se marier et qu'il ne savait pas ce que c'était que d'assumer des responsabilités. Elle avait alors vingt-quatre ans et il n'en avait que vingt. C'est vrai qu'elle était plus sage que lui. Mais, avec un enfant, il allait s'assagir à son tour.

La folle douleur dans les reins revenait à intervalles réguliers. Elle ne trouvait plus de position confortable. Elle finit par se lever et voulut refaire l'inventaire de tous les vêtements qui étaient pliés proprement près du lit de l'enfant. Le soleil commençait à baisser. Fernand était en retard.

Le médecin ne revint que vers vingt-deux heures. Il maugréait toujours en arrivant, parce que les deux étages qu'il avait à monter le fatiguaient beaucoup. Il fit un autre examen. Le travail n'était pas encore assez avancé. «Il ne faut pas vous décourager, madame. C'est toujours comme ça pour un premier.» Sa journée était finie et il décida d'attendre le bébé en dormant un peu dans la berceuse qui occupait un coin de la chambre. Ma mère se crut obligée de s'allonger de nouveau pour ne pas le déranger.

Fernand n'était toujours pas rentré et l'inquiétude s'était installée. Cécile ne cessait de répéter qu'il était sûrement arrivé quelque chose de grave à son mari car un père n'eût certainement pas voulu rater la naissance de son premier enfant. «Il n'est quand même pas allé jouer aux cartes», pensa-t-elle.

Je suis née à cinq heures vingt, le matin du 29 août 1931. C'était aussi le jour anniversaire de la naissance de Cécile. Elle avait vingt-six ans. Elle attendait un garçon. J'étais une fille. Fernand n'était pas rentré. Ma mère avait raison : il jouait aux cartes quelque part en ville, comme d'habitude, et il avait perdu l'argent de la paye. Mais cela, ma mère le saurait bien assez tôt.

Première partie

Une vie privée
1931-1968

1

L'amour, toujours l'amour !

J'étais venue au monde chez un couple que deux ans de vie commune avaient déjà commencé à défaire. Pourtant, Cécile Chartier et Fernand Ouimet, mes parents, s'étaient aimés passionnément dès qu'ils s'étaient rencontrés. Mon père était extrêmement séduisant. Il avait un physique de vedette du cinéma américain. Ma mère trouvait qu'il ressemblait à Gary Cooper. Et c'est vrai qu'il avait une allure extraordinaire. Ma mère aussi était en pleine possession de son charme et de sa beauté. Elle était grande, racée, sérieuse et toujours élégante. Posée, elle n'avait rien de ces jeunes femmes qu'on traitait d'excitées et qui passaient leurs nuits à danser. Cécile était sage, en comparaison de ses sœurs Yvonne et Gaëtane qui avaient quelques années de plus qu'elle. Mes tantes fréquentaient les magnifiques salles de danse de Montréal jusqu'aux petites heures du matin, au grand désespoir de Marie-Louise, leur mère et ma grand-mère bien-aimée.

J'avais deux grands-mères, toutes deux prénommées Marie-Louise. Je n'en aimai qu'une passionnément, «ma Marie-Louise», même si l'autre, la mère de mon père, qui habitait chez nous pendant d'assez longues périodes, me vouait une tendresse démesurée. J'appelais ma Marie-Louise «mémère». L'autre, la mère de mon père, «grand-maman». Elle y tenait. Ma Marie-Louise faisait des ménages chez de plus riches qu'elle. L'autre était une bourgeoise qui portait des tabliers empesés. Quand ma Marie-Louise réprimandait ses autres filles, Yvonne et Gaëtane, en leur donnant Cécile comme modèle, elles répondaient qu'elles étaient de leur temps et qu'elles étaient libres parce qu'elles gagnaient déjà leur vie et payaient une pension à la maison. Elles juraient qu'elles ne faisaient rien de mal et qu'elles aimaient danser. Elles ne voulaient pas se marier jeunes comme leur mère l'avait fait et se mettre à élever des familles nombreuses. Ce n'était pas là l'idée qu'elles se faisaient de la vie et du bonheur. Elles voulaient s'amuser et profiter de leur jeunesse dont elles savaient bien qu'elle ne durerait pas éternellement.

Et puis leur temps, c'était aussi celui du charleston et des garçonnes aux cheveux coupés court. Certains de leurs copains avaient participé à la guerre de 14-18 et on ne voulait plus penser à des choses trop sérieuses.

Cécile, au contraire, rêvait de mariage. Un mariage simple et conventionnel, ce qu'on appelait depuis toujours un mariage d'amour. Ce qu'elle savait de ce merveilleux sentiment, elle l'avait appris dans les romans qu'elle dévorait depuis qu'elle savait lire. C'était à se demander si elle n'avait pas appris à lire seulement pour avoir accès à ces romans qui lui procuraient tous les rêves dont elle avait besoin. Elle était sentimentale, Cécile. Elle lisait Delly, Max de Veuzit, les auteurs à la mode. Elle rêvait du beau chevalier sur un cheval blanc. Cela faisait rire ses sœurs, plus délurées qu'elle, et ma Marie-Louise aussi qui savait bien que la vie n'était pas qu'un jardin de roses. «Cécile, reviens sur terre», lui disait souvent Marie-Louise.

Elle a dû lui répéter maintes fois que l'amour n'était pas éternel, que les hommes étaient souvent volages, que la vie c'était surtout le quotidien, avec ses misères, et ses joies aussi, de temps en temps. Je le sais parce qu'elle m'a répété les mêmes choses beaucoup plus tard, quand, moi aussi, je me suis mise à rêver à l'amour. Son discours n'avait pas changé, j'en suis certaine. Et, comme moi, ma mère a dû se dire que son amour à elle serait différent, qu'il durerait toute la vie et qu'il ne sombrerait jamais dans la banalité comme celui des autres. « Un amour comme le nôtre, disait la chanson à la mode, il n'en existe pas deux. »

Quand Cécile rencontra Fernand, ce fut pour elle le coup de foudre. Il avait tout pour plaire. Il était beau, jeune, bien fait, rieur, enjoué, plein de charme et libre. Elle aussi avait tout pour plaire. Elle était jolie, élégante, sérieuse, avait une bonne réputation, savait tenir maison et gagnait simplement sa vie. Il sut tout de suite qu'il ne pourrait jamais la posséder sans la marier. Cela aussi, je le sais, parce qu'elle nous l'a dit plus tard en faisant la leçon à ses filles. « Les garçons n'épousent pas les filles qui ont appartenu à tout le monde. » Elle était vierge, c'est certain. Elle ne se serait pas mariée autrement. Il s'écoula bien peu de temps avant qu'elle soit déçue. Après leur voyage de noces à Québec, ils s'installèrent dans un logement trop cher pour eux. Mon père étant très orgueilleux, il n'aurait jamais accepté qu'on puisse dire que Fernand n'avait pas installé sa jeune femme confortablement. Les problèmes d'argent allaient commencer en même temps que leur vie à deux. Cécile s'en plaignait. Elle aurait souhaité vivre selon leurs moyens pour ne pas tirer le diable par la queue à chaque fin de mois. Lui voulait d'abord bien paraître et jouir de la vie. « On est jeunes, disait-il. Il faut en profiter au maximum. On a bien le temps de faire des économies. »

Il refusait que Cécile travaille. Il voulait qu'on sache qu'il pouvait faire vivre sa femme. Ils avaient parlé de fonder une famille, et, même si les deux avaient dit qu'ils n'étaient pas pressés, lui pensait que la place d'une femme était à la maison à attendre son mari. Oh ! pour l'attendre, ma mère l'a attendu, chaque jour de sa vie !

Ils étaient mariés depuis un peu plus d'un an quand Cécile annonça à Fernand qu'elle attendait un enfant. Elle pensait que cette nouvelle allait enfin l'assagir, lui donner davantage le sens des réalités. Elle trouvait qu'il manquait parfois de maturité. Il aimait trop sortir avec ses amis et Cécile savait que c'était un jeu dangereux. Elle répétait : « Enfin, nous allons pouvoir vivre comme un vrai couple. Une fois père, Fernand ne sera plus le même. »

C'est ce qu'elle souhaitait, car alors elle serait enfin heureuse. Fut-il content de la nouvelle ? Elle m'a toujours juré que oui, surtout après qu'elle lui eut promis que ce serait un garçon. Une promesse qu'elle n'a pas pu tenir, comme on sait. Je serais une fille. Elle voulut m'appeler Monique, mais la mère de mon père, qui avait insisté lourdement pour être ma marraine, alléguant que j'étais sa première petite-fille et rompant ainsi avec la coutume qui aurait voulu que ce soit ma Marie-Louise et son mari Ernest qui me tiennent sur les fonts baptismaux, en décida autrement. Non seulement évinça-t-elle ma Marie-Louise, mais en plus elle m'imposa le prénom de Lise sans en avoir prévenu ma mère. Ce n'est qu'en rentrant à la maison qu'elle apprit à sa belle-fille que je m'appellerais Lise et non Monique.

2

Mon père et la paternité

J'ai très peu connu mon père. Nous passions des semaines entières sans nous voir ou sans échanger une seule parole. Notre vie s'organisait toujours entre femmes, ma sœur Raymonde, ma mère et moi. Nous faisions tout ensemble. Nous allions au cinéma, au théâtre, et visitions la famille toujours sans mon père. Il n'était jamais avec nous. Il ne partageait rien, ni les bons ni les mauvais moments. Il avait une sorte de vie parallèle que nous soupçonnions forcément mais dont nous ne parlions jamais.

Il devait mourir à cinquante-quatre ans, de la sclérose en plaques. Je vivais à Paris à l'époque et je ne l'ai pas vu mourir. Quelques jours avant son décès, il m'avait écrit la seule lettre que je devais jamais recevoir de lui, dans laquelle il annonçait qu'il allait probablement mourir et que, si cela devait arriver, il ne voulait pas que je vienne à Montréal. Il souhaitait que je reste à Paris avec mes enfants.

On ne voyageait pas de Paris à Montréal avec la même rapidité qu'aujourd'hui. Il fallait compter au moins douze heures de vol et il ne serait venu à l'esprit de personne de partir pour une fin de semaine à Paris comme certains le font aujourd'hui. C'est donc un télégramme de ma sœur qui m'apprit que mon père était décédé. Ce n'est qu'à ce moment-là que je regrettai vraiment de ne pas l'avoir connu davantage. Il n'avait fait que quelques apparitions dans ma vie. Il avait joué son rôle de père en quelques occasions un peu spéciales, mais jamais je n'avais eu une conversation profonde avec lui.

Je l'avoue, cette conversation qui n'a jamais eu lieu me fait défaut encore aujourd'hui. Et il n'est pas rare que, même maintenant, arrêtée à un feu rouge dans ma voiture, je me penche pour vérifier si le chauffeur de l'autobus sur ma droite n'est pas mon père. Cela ne dure que quelques secondes, comme l'attente d'une présence, d'un signe.

Il ne venait à la maison que pour changer de vêtements, et y dormir tous les soirs. Il rentrait tard parfois, ou tôt le matin, c'est selon, mais il rentrait. Avant de devenir chauffeur d'autobus, il avait vivoté de petits emplois de livreur pendant des années, livreur de vêtements fraîchement nettoyés, livreur d'huile, jusqu'à ce que son frère Armand réussisse à le faire engager comme chauffeur par la Commission de transport de Montréal. C'était son premier emploi stable et ma mère était folle de joie. Elle croyait sans doute que ses temps de misère étaient terminés et qu'une paye régulière allait enfin nous faciliter la vie. Ce n'est pas exactement ce qui devait se passer. La paye régulière améliora grandement la vie de mon père, mais très peu la nôtre. Il donnait à ma mère un montant fixe chaque semaine, le plus bas possible, pour faire vivre la maisonnée. Ma mère payait le loyer, le chauffage, l'électricité, les vêtements et la nourriture. En 1950, il ne lui donnait que vingt dollars par semaine, et le prix du loyer était de vingt-quatre dollars par mois. Et elle ne devait jamais demander un supplément d'argent. L'aurait-elle fait qu'elle se serait fait répondre d'attendre la semaine suivante. Quand les armoires à nourriture étaient vides, nous allions manger chez ma Marie-Louise, dont la porte était toujours ouverte.

De temps en temps, on nous coupait l'électricité. Ma mère en profitait pour mettre une bougie sur la table, où nous mangions du pain doré ou des crêpes nappées de mélasse, et pour nous ces repas se transformaient en repas de fête.

Pour arriver à joindre les deux bouts, Cécile n'avait pas trouvé d'autre solution que de faire des ménages. Elle aurait peut-être pu faire autre chose, mais elle aurait été absente de la maison à seize heures quand nous revenions de l'école, et cela, elle ne le voulait pas. Ni ma sœur Raymonde ni moi ne savions la peine de maman qui voyait son mari s'éloigner d'elle. Son bel amour s'effilochait sous ses yeux. Il m'est souvent arrivé de me lever la nuit et de voir maman assise au bout de la table de la cuisine, en train de lire un roman à la lumière trop faible du plafonnier. Elle ne m'entendait même pas. Elle attendait papa.

Quand nous étions vraiment petites, vers l'âge de trois ou quatre ans, il jouait parfois avec nous. Puis, un jour, il m'a fait mal à un bras et j'ai pleuré. Et il n'a plus jamais partagé nos jeux. Dans son esprit, nous n'étions que des filles, donc trop fragiles pour lui.

J'ai appris beaucoup plus tard, à l'âge adulte, qu'il rendait souvent visite à son frère Roland, qui, lui, avait trois garçons et une fille. Il emmenait les garçons au cirque, au baseball ou au hockey, ce qu'il n'a jamais fait avec nous.

Quand ma sœur et moi atteignîmes l'âge de dix ou douze ans, il dit à ma mère qu'il ne voulait pas que ses filles passent l'été en ville, sur les trottoirs de Saint-Henri. Il loua donc un chalet à Saint-André-d'Argenteuil, près de Saint-Placide, chez les frères Ouellette. Il nous y conduisait avec maman le 25 juin, le lendemain de la Saint-Jean-Baptiste, et venait nous y chercher vers le 1er septembre pour la rentrée des classes. Entre ces deux dates, il ne nous rendait jamais visite.

Mon père n'est jamais venu non plus à l'école pour des réunions de parents. Il n'était pas présent lors des cérémonies de remise des diplômes. Quand je le cherche dans ma mémoire, il n'apparaît que de façon très épisodique. Il m'a emmenée au cinéma une fois parce qu'il tenait à ce que je voie *Le Magicien d'Oz*. Pourquoi? Je n'en sais rien. Et puis, un jour, il voulut absolument que j'aille entendre Louis Armstrong qui présentait un spectacle au cinéma Séville, rue Sainte-Catherine. Cherchait-il un rapprochement, un terrain d'entente, une amitié qui aurait pu remplacer le lien filial qui n'existait pas? Je ne le sais pas. Il n'en a jamais parlé, et, même si j'ai aimé ces sorties, nous n'en avons jamais discuté. Elles sont restées des moments isolés.

Enfant, je jouais à me cacher sous le grand tablier blanc de ma Marie-Louise. Nous riions toutes les deux. Quand elle m'attrapait, elle me soulevait dans ses bras et j'avais l'impression de voler comme un oiseau. Il arrivait souvent que Cécile me laisse chez ma Marie-Louise. Et là, j'avais ma cour. Je régnais sur toute la famille, parce que j'étais la fille de Cécile et que tout le monde l'aimait. L'une des sœurs de maman, Juliette, l'aînée, était déjà mariée. Mais tous les autres enfants vivaient encore à la maison: Émile, Yvonne, Gaëtane, Gérard et Claire. Ma Marie-Louise avait suggéré à ma mère de revenir à la maison, de quitter mon père tout de suite après ma naissance. «Ces garçons-là, disait-elle, on a tort de penser qu'on va les changer.» Mais déjà Cécile attendait un deuxième enfant. Ma grand-mère n'en dormait plus la nuit.

L'opinion de ma Marie-Louise au sujet de Fernand restera la même jusqu'à la fin de ses jours. Mais jamais elle n'en a dit du mal devant moi. Elle m'a pourtant tout appris sur la nature humaine, sur le monde qui nous entoure, sur le courage, sur la vie et la mort. Mais sans jamais me dire que mon père se conduisait mal, qu'il avait des maîtresses, qu'il était joueur et qu'il laissait toutes les responsabilités à maman. Jamais.

Treize mois après ma naissance, Cécile accouchait donc d'une autre fille, ma sœur Raymonde. Je n'ai jamais su si mon père était présent à cette naissance, mais l'arrivée de Raymonde a transformé le couple Cécile-Fernand à tout jamais. Raymonde est née très malade, et ma mère a craint que sa deuxième fille ne survive pas. Pendant six semaines, on n'a pas pu l'alimenter, et Raymonde avait perdu tellement de poids qu'elle était devenue minuscule. Ma mère la veillait jour et nuit avec l'aide de mes tantes. Ce n'est qu'après ces six premières semaines de vie qu'à l'Hôpital de Montréal pour enfants on découvrit qu'elle avait une tumeur à l'estomac et qu'il fallait l'opérer de toute urgence. C'était une première pour la médecine de l'époque. On ne lui donnait pas beaucoup de chances de survie. Quand l'opération eut lieu, Raymonde fut endormie sur la table d'opération pendant que ma tante Adrienne, la sœur aînée de mon père, allongée sur une table voisine, donnait son sang au fur et à mesure des besoins du bébé. Raymonde fut si entourée, si bien soignée qu'elle fut sauvée.

Cependant, son état exigeait beaucoup de soins particuliers. Ma mère, sous le poids de cette nouvelle responsabilité, se mit à réfléchir à ce que sa vie allait devenir entre Fernand, le séducteur et le joueur impénitent, et ses deux filles, qui n'avaient que treize mois de différence. Elle décida qu'elle aurait sans doute la force d'élever seule les deux enfants qu'elle avait déjà, de subvenir à leurs besoins et de les éduquer le mieux possible, mais qu'elle ne devait pas en avoir d'autres. Craignant que mon père ne la quitte un jour et sachant qu'elle ne s'en sortirait pas toute seule avec trois enfants, Raymonde devait être la dernière. Elle choisit alors de nous donner à toutes les deux l'instruction qu'elle n'avait pas reçue, le véritable instrument, disait-elle, pour que nos vies soient meilleures que la sienne. Elle dut prendre son courage à deux mains pour expliquer à Fernand qu'elle ne voulait plus d'enfants.

En 1933, aucune femme ne pouvait prendre cette décision-là sans le payer très cher. Et ma mère, cette femme de cœur, le savait bien. Elle renonçait par la même occasion à l'amour de sa vie, éloignant ce jeune mari qu'elle aimait passionnément. Elle se condamnait à la solitude pour s'assurer que ses deux filles iraient aussi loin qu'elles le pourraient et qu'elles ne finiraient pas mal, dans cette ville où la pauvreté tuait les rêves si rapidement.

3

Rosette et Antoine

Pour pouvoir soigner Raymonde avec toute l'attention que son état requérait, ma mère se résolut à me confier à la sœur de mon père, qui habitait Saint-Gabriel-de-Brandon. Rosette et Antoine Boisclair n'avaient pas d'enfants, ils en souffraient beaucoup, et j'allais combler ce vide durant de longs mois pendant chacune des cinq premières années de ma vie. Rosette voulut même m'adopter officiellement. Quand elle le proposa à mes parents, cela mit ma mère tellement en colère qu'elle décida de venir me chercher pour de bon, sous prétexte que j'allais bientôt commencer l'école et qu'il fallait que je m'habitue à partager mes jouets avec ma petite sœur que je connaissais à peine.

J'aimais ma vie à Saint-Gabriel-de-Brandon. Rosette et Antoine étaient amoureux et ne craignaient pas de le montrer. Antoine était propriétaire de la fonderie locale et, quand il rentrait du travail, il était toujours noir comme du charbon. Rosette avait déjà fait chauffer l'eau et elle le lavait en plongeant sa débarbouillette dans le grand bac avec patience et amour. On riait beaucoup parce que Antoine était chauve et qu'elle lui mettait plein de savon sur la tête. Antoine riait aussi. Et je lui tirais presque les larmes quand j'affirmais que, devenue grande, c'est moi qui le laverais.

J'aimais leur maison. Elle était située tout près de la gare de chemin de fer et, petit à petit, c'est l'arrivée et le départ des trains qui réglèrent ma vie quotidienne. Peinte en blanc et noir, la maison avait deux portes sur l'avant, l'une donnant sur le salon et dont on ne se servait jamais, et l'autre s'ouvrant directement sur l'immense cuisine pleine de lumière. C'était une maison à deux étages dont le deuxième ne servait que l'été. L'hiver, Antoine fermait l'étage du haut pour ne pas avoir à le chauffer et descendait mon petit lit dans leur chambre. Quand il faisait vraiment froid, ma tante réchauffait mes couvertures près de la fournaise avant de m'en couvrir en me couchant. J'étais au paradis.

Tout en face de chez eux, il y avait un grand moulin à bois et j'avais la permission d'aller sauter dans d'immenses tas de sciure pendant des heures avec les petits voisins.

L'été, nous descendions la grande côte des sapins pour aller jusqu'au lac. Rosette préparait un pique-nique et elle m'apprenait à nager. J'étais gâtée comme seule une enfant unique peut l'être. Chaque dimanche, nous allions à Saint-Damien chercher un demi-gallon de crème glacée que nous devions absolument manger le dimanche midi, à nous trois, car il était impossible de conserver la crème glacée bien longtemps à l'époque. Ce qui restait, nous le donnions au chat.

Rosette faisait partie des Dames fermières de la région. Quelle fête c'était quand venait son tour de recevoir les membres de l'association! Nous passions des jours à préparer des petits plats: sucre à la crème, bonbons acidulés, boules de coco et pâtisseries fines, en plus des pâtés à la viande et des roulés au jambon. Nous passions ensuite toute une journée à mettre les petits plats dans des grands. Il fallait polir l'argenterie, s'assurer que la nappe en toile blanche était bien empesée, et placer une quantité impressionnante de chaises dans la cuisine pour toutes les dames. J'avais la permission de passer les plats dans ma belle robe neuve. Encore aujourd'hui, si je ferme les yeux, j'entends ces éclats de voix parlant d'une telle qui allait bientôt accoucher ou d'une autre dont le mari déménageait à Montréal. À la fin, les plats étaient toujours tous vides et j'étais bien heureuse d'avoir goûté à tout pendant la préparation.

Mais les moments les plus impressionnants que j'ai vécus chez Rosette et Antoine, ce sont les jours de coulée à la fonderie, quand j'étais invitée à accompagner Antoine et que j'assistais à la coulée dans les moules de ce métal en fusion, «rouge comme le feu de l'enfer», disait Rosette. La chaleur nous étouffait littéralement. J'admirais la force d'Antoine et de ses ouvriers, qui, torse nu, affrontaient des températures incroyablement élevées et travaillaient vingt heures d'affilée au besoin, avant d'aller se reposer. J'aurais voulu être la fille du patron, tellement j'avais d'admiration pour Antoine.

Rosette avait inventé des jeux qui resteraient toujours mes favoris. Elle permettait que j'utilise tous ses chapeaux pour tenir boutique, où elle était la seule cliente, bien sûr. Nous y jouions pendant des heures. Elle m'avait acheté des crayons et des pinceaux et avait commencé à m'apprendre à lire. Elle habillait toutes mes poupées avec des vêtements qu'elle confectionnait elle-même et qui étaient des modèles d'imagination. Quand j'ai su que j'allais retourner à la maison, ma peine fut immense. Rosette essayait de me consoler en répétant que j'allais retrouver ma famille. Je ne voulais pas d'autre famille qu'eux.

Antoine et Rosette me promirent que je pourrais revenir chaque été pendant les vacances si j'en avais envie. Hélas, je n'y revins qu'une seule fois, et dans des circonstances atroces.

Ils furent si désespérés de mon départ que Rosette réussit à convaincre Antoine de la laisser consulter un médecin au sujet de son infertilité. Ce médecin lui prescrivit des médicaments «français» afin de favoriser une grossesse qu'elle souhaitait depuis longtemps. Elle devint enceinte et ce fut le bonheur total pendant neuf mois. La chambre du bébé fut décorée et la layette était digne d'une princesse. Puis tout tourna mal. Le bébé, un garçon, mourut à sa naissance, et Rosette mourut elle aussi, quelques jours plus tard, à son retour à la maison. Antoine était désespéré. Sa vie entière s'écroulait.

Je ne savais pas du tout ce qu'était la mort. J'avais un peu plus de sept ans. Mon père avait loué une voiture d'un de ses amis et le voyage vers Saint-Gabriel-de-Brandon se fit dans un étrange silence. C'est la seule fois où je vis mon père pleurer. Je revenais enfin dans cette maison que j'avais tant aimée où plus rien n'était pareil. Un immense crêpe noir couvrait la porte d'entrée de la cuisine. Rosette était exposée dans le salon qu'elle gardait si jalousement fermé autrefois. Je m'étais fait dire si souvent de ne pas ouvrir cette porte que, le moment venu d'entrer dans cette pièce, j'en fus incapable. Mon père n'a pas cessé de me disputer pendant toutes ces journées, me traitant d'ingrate et de sans-cœur. Je me réfugiais dans les bras d'Antoine pour pleurer avec lui, qui était bien plus mon père que cet autre homme avec qui je ne partageais aucun souvenir.

Pendant ces quelques jours qui précédèrent les funérailles, je me mettais à genoux comme tout le monde, je récitais le chapelet sans discuter, mais j'avais aussi tendance à agir comme la maîtresse de maison. Si on cherchait quelque chose, c'est à moi qu'on le demandait. Je savais le trouver et on n'avait pas à déranger Antoine. Je pris en charge les cousins et les cousines et les expédiai à l'étage, où ils pouvaient jouer tout leur soûl. Moi, j'étais l'orpheline. Me collant contre Antoine, je pleurais ma seconde mère. À part lui, personne ne semblait s'en rendre compte.

Je ne devais revoir Antoine qu'une seule fois, plusieurs années plus tard. Il rendit visite un jour à la mère de Rosette à Montréal pour lui présenter la femme qu'il allait épouser. Je n'ai pratiquement rien dit en les voyant. Et pourtant une question me brûlait les lèvres. J'avais envie de demander à cette femme si elle allait savoir comment laver Antoine quand il rentrerait du travail. J'avais bien peur que non et qu'il ne soit jamais heureux avec elle comme il l'avait été avec Rosette.

Je ne retournai à Saint-Gabriel-de-Brandon que trente ans plus tard. La maison avait été vendue. Je ne savais même plus si Antoine vivait encore et je n'aurais pas su où le trouver. Je ne retrouvai pas la fonderie même si j'avais fait ce chemin à pied des centaines de fois. Ma petite enfance était morte aussi.

4

Le clan des Chartier

Ma mère, comme la sienne, n'était pas pratiquante. Ma grand-mère préférée avait rompu avec l'Église en annonçant haut et fort : « Si Dieu existe, je m'arrangerai avec lui dans l'au-delà ! »
Ma mère m'avait raconté qu'un prêtre, un jour, avait refusé l'absolution à ma Marie-Louise lorsqu'elle se confessait de faire ce qu'il fallait pour ne pas avoir d'autres enfants. Elle en avait déjà eu neuf, dont sept étaient vivants. Elle jugeait que la famille était assez nombreuse et elle se trouvait trop pauvre pour ajouter un couvert à sa table. Elle avait discuté avec le prêtre, arguant que, contrairement à ce qu'il disait, Dieu voulait certainement qu'on soit sûre d'être capable d'élever un autre enfant avant de le mettre au monde. Devant son incompréhension, elle avait claqué la porte du confessionnal pour toujours. Elle exigea alors d'Ernest, son mari, qu'il se tînt loin de l'Église lui aussi et elle permit à ses enfants le strict minimum : le baptême, la première communion et le mariage à l'église s'ils y tenaient.

Personne ne pratiquait dans la famille, ce qui avait le don d'horrifier mon père, catholique pratiquant beaucoup plus pour l'exemple qu'il estimait devoir nous donner et la peur du jugement des autres que par conviction. Un dimanche qu'il devait être à la messe, je le surpris au restaurant en face de l'église, en train de boire un Coca-Cola en attendant que la messe soit finie. À partir de ce jour-là, il cessa de prétendre qu'il y allait tous les dimanches et il cessa aussi de vérifier si nous y allions, ma sœur et moi.

Marie-Louise Chartier, née Laplante, savait ce qu'elle voulait dans la vie. C'était une femme qui tranchait sur son époque. Elle était la fille d'Amélie et de David Laplante, dit Sauvé, de Lachine. Son père avait été navigateur. Ernest Chartier, mon grand-père, était un homme de cour. Pas un avocat ni un juge, mais un homme qui travaillait dans la cour chez Thomas Robertson, marchand en matériaux de plomberie, face au marché Atwater. Il déchargeait les wagons transportant le lourd matériel et le plaçait dans des camions. Été comme hiver, il travaillait dehors. Il était courageux et fier, mais, devant Marie-Louise, il courbait le front même s'il la dépassait d'une tête complète. Quand Marie-Louise parlait, c'était elle l'autorité. Il prenait un petit verre de temps en temps, plus par besoin que par goût. Il buvait un verre de «fort» pour que «ça fasse moins mal». Il fut quand même forcé de s'arrêter de travailler vers l'âge de soixante ans, victime d'une maladie étrange qui le laissa sans aucun muscle entre l'épaule et le coude, dans les deux bras. Le reste du bras était normal. Aucun médecin ne réussit même à nommer cette maladie. Il n'avait plus la force de soulever quoi que ce soit de lourd.

La retraite payée n'existait pas pour lui. Il se retrouva donc à la charge de ses enfants, mais il était trop fier pour demander de l'aide. Je le revois souvent en souvenir bûchant du bois dans sa cour avec la seule force de ses avant-bras, mettant des heures à finir le travail mais y arrivant quand même, sans jamais se plaindre. Il installa une chaise en permanence devant l'appareil de radio de la maison et il y passa des journées entières à écouter les nouvelles. Devenu aveugle avec l'âge, il fut soigné pendant des années par sa fille Claire. Il mourut chez lui, rue Delisle, à l'âge de quatre-vingt-douze ans, longtemps après Marie-Louise. Malgré sa cécité, c'était l'homme le mieux informé de la planète. Il avait suivi tous les grands événements mondiaux, y compris la Seconde Guerre mondiale, à la radio. Il ne parlait que quand quelqu'un s'informait de ce qui se passait dans le monde.

Tant qu'il avait travaillé, il avait donné sa paye à Marie-Louise, qui lui remettait un peu d'argent de poche pour une bière à la taverne s'il en avait envie. Quand Émile, son fils, fut en âge de travailler, il s'en alla besogner avec son père chez Robertson, où il demeura jusqu'à la fin de sa vie.

Pendant l'épidémie de grippe espagnole, Marie-Louise avait failli perdre Claire, sa benjamine. Elle avait lutté jour et nuit pour la sauver. Puis, un matin, le médecin qui la soignait annonça à ma grand-mère que Claire allait mourir dans la journée et qu'il n'aurait pas le temps de revenir la voir, avec tout le monde qu'il y avait à soigner. Il rabattit le drap sur le visage de Claire, indiquant ainsi qu'il n'y avait plus aucun espoir. Ma grand-mère, une fois le médecin parti, se dit qu'elle n'allait quand même pas abandonner sa fille avant qu'elle ne soit vraiment morte. Elle fit préparer un bain chaud avec de la moutarde en poudre dans l'eau. Puis elle y plongea Claire pendant de longues minutes. Ce traitement eut pour effet de faire tomber la fièvre et Claire prit du mieux au cours de la journée. Laissée pour morte le matin par le médecin, elle put manger dans la soirée et, le lendemain, elle était toujours vivante. Elle a vécu jusqu'à l'âge de soixante-dix-huit ans et elle est morte en 1996. Ma Marie-Louise avait sauvé sa fille, ce qui lui permettait d'affirmer qu'elle en savait « autant que les médecins, ces illustres ignorants ».

Ma Marie-Louise ne tenait en très haute estime ni les avocats, ni les médecins, ni les curés, ni les politiciens. Je me rappelle du mépris bien senti qu'elle affichait quand nous allions avec elle au défilé de la Saint-Jean-Baptiste et qu'elle voyait Camillien Houde se pavaner en portant le ruban officiel de maire de la ville et un haut-de-forme. « Ça ne sait rien faire pour aider les pauvres gens, disait-elle, et ça ose se pavaner et rire du monde en même temps. » Elle refusait d'applaudir et restait là, les bras le long du corps, sans bouger. Mais ce qu'elle disait de Camillien Houde n'était rien en comparaison de ce qu'elle avait à dire des premiers ministres et des députés, surtout ceux de Saint-Henri,

dont elle affirmait qu'on les voyait pendant les campagnes électorales mais qu'aussitôt élus ils s'en allaient s'asseoir à Québec et
qu'on ne les revoyait plus jamais dans le quartier. « Un député
élu gagne le droit de se servir à son tour… C'est au plus fort la
poche. »

C'était une femme de gros bon sens, ma Marie-Louise, une
sorte d'intelligence du cœur. Elle savait lire un peu, moins que sa
fille Cécile, mais elle savait compter. Elle roulait l'argent de la
paye et le glissait sous une de ses jarretelles. Elle riait… « C'est
aussi sûr que la Caisse populaire ! » Le moins que l'on puisse
dire, c'est qu'elle était habitée d'une saine méfiance.

Elle jurait aussi qu'elle ne se mettrait jamais à genoux devant
personne… « Ce n'est pas plus fatigant de vivre debout que de
vivre à genoux. » J'aimais l'entendre défendre ses points de vue
avec conviction. Son mari Ernest, qu'elle appelait « Pite » ou
« Casseau », n'était pas toujours d'accord avec elle, mais la discussion se terminait invariablement ainsi : « C'est pas toi, Casseau,
qui vas me dire quoi penser, ni quoi ne pas penser, d'ailleurs. »

Ma Marie-Louise était généreuse. Elle se servait de différentes enveloppes pour faire le budget de la maison et il y en
avait toujours une « pour les plus pauvres que nous ». Elle n'avait
pas besoin des curés pour lui prêcher la générosité : c'était une
vertu qu'elle possédait naturellement. Elle savait tout partager, y
compris la nourriture, et le plus extraordinaire, c'est que c'était
toujours bon chez elle. Elle gardait en permanence, comme on le
faisait dans beaucoup de maisons à l'époque, une théière sur
l'arrière du poêle à bois. Elle offrait une tasse de thé à quiconque
se présentait à la porte. Des biscuits aussi, qu'elle gardait au
chaud dans le réchaud du poêle. C'était ma collation favorite
quand je m'arrêtais chez elle en revenant de l'école.

Elle était aussi capable d'une extraordinaire tolérance en
comparaison des gens de son temps. Yvonne, sa fille si frivole,
s'était mariée à son tour. Elle avait épousé René Carpentier,

connu comme un gros buveur de bière. Avec les années, Yvonne, sûrement pas très heureuse, avait pris un amant, un certain M. Lefebvre. Toute la famille était au courant car il lui arrivait régulièrement d'inviter son amant à passer la fin de semaine avec son mari et elle dans leur logement. Le ménage à trois fonctionnait à merveille. Puis Gaëtane aussi, avec le temps, se mit en ménage, plus ou moins, avec un charmant monsieur terriblement marié. Au jour de l'An, quand ma grand-mère recevait toute la famille, les amants étaient présents et ils avaient droit eux aussi à un cadeau sous l'arbre de Noël, comme n'importe quel autre membre de la famille. Cette situation avait tellement scandalisé mon pauvre père la première fois qu'elle s'était présentée qu'il avait juré de ne plus jamais remettre les pieds chez ma grand-mère. Et il tint parole.

Ma Marie-Louise avait deux sœurs et un frère : Emma, Albina et John. Albina était la bien-mariée. Elle avait épousé Noiseux, propriétaire des ferronneries. Emma avait un bon mari et deux fils, mais l'un des deux était gravement handicapé mentalement. Ce fut pour elle une croix qu'elle porta jusqu'à la fin de sa vie.

John, lui, était tailleur, marié et père de deux filles. Sa boutique se trouvait rue Saint-Jacques, tout près de l'église Sainte-Cunégonde. Il était né avec une jambe un peu plus courte que l'autre et il portait une chaussure avec une semelle compensée. Enfants, il nous arrivait souvent de nous arrêter à sa boutique avec Cécile et nous étions fascinées de le trouver assis en tailleur sur sa longue table de travail. Nous aimions cette boutique, avec ses deux grandes vitrines qui laissaient entrer un soleil légèrement filtré par une feuille de cellophane jaune. Maman et lui parlaient longtemps. Il nous donnait, à Raymonde et à moi, des bouts de tissu et des boutons pour occuper notre temps. Quand nous avions les doigts pleins de petits trous et que nous commencions à pleurer, maman donnait le signal du départ.

Cécile s'entendait bien avec toute sa famille. Mais nous, les enfants, nous avions nos préférés. Émile, son frère aîné, qui fut célibataire longtemps, était « l'oncle aux cinq cents ». Il avait toujours quelques pièces pour Raymonde et moi. J'étais la nièce préférée d'Yvonne la frivole. Elle jouait à être ma mère parce qu'elle n'avait pas d'enfants. Elle s'assurait que je ne manque de rien, ni de souliers, ni de manteau d'hiver, ni d'une jolie robe pour ma première communion. Adrienne, la sœur aînée de papa, faisait la même chose pour Raymonde. Elle était sa marraine et veillait vraiment aux besoins de sa filleule. Gérard, le frère préféré de Cécile, était toujours disponible pour l'aider. Fallait-il réparer une table ou poser les persiennes pour l'été qu'il offrait ses services. C'est d'ailleurs lui qui venait installer notre arbre de Noël chaque année. Nous attendions toujours le 23 ou le 24 pour l'acheter. C'était alors moins cher. Pour un certain Noël, il fallut même en acheter deux et les attacher ensemble pour en faire un convenable, car si c'était moins cher à la dernière minute, il y avait aussi moins de choix. Je connus nettement moins Gaëtane, qui travaillait comme repasseuse dans une teinturerie. Elle besognait dur et pendant de longues heures, et elle avait sa vie ailleurs que chez ma Marie-Louise le soir. Juliette, l'aînée, était la mère de remplacement de ses frères et sœurs quand Marie-Louise en avait assez de la marmaille.

Et il y avait Claire, la survivante de la grippe espagnole, l'amie de maman, qui se montrait si généreuse avec nous. Elle a été serveuse chez Delmo pendant trente-cinq ans. Elle était mariée à Pierre Archambault. Un an après son mariage, un chirurgien avait pratiqué sur elle la « grande opération » (hystérectomie), prétendant que c'était essentiel. Après coup, personne n'a cru que cette intervention avait été vraiment nécessaire. Mais c'était fait, et Claire ne pouvait plus avoir d'enfants.

Le dimanche, avec ma Marie-Louise, nous prenions le tramway spécial pour aller pique-niquer sur la tombe des grands-parents au cimetière de Lachine. Quels merveilleux moments nous avons vécus là ! Ma Marie-Louise nous parlait de son père, de sa mère et de tous ceux qui reposaient en paix. Elle parlait aussi du moment où elle viendrait les rejoindre, sans peur et sans drame. Comme si c'était la vie.

Le pique-nique avait lieu parfois à l'île Sainte-Hélène. Nous partions tôt, en tramway, pour avoir une bonne table près de l'eau. Ma Marie-Louise avait préparé les repas de la journée : un jambon complet, des rôtis de porc et de veau, des poulets, des tomates et des concombres frais du marché. La table était couverte de victuailles. En fin de journée, quand nous restions assez tard, nous assistions à des spectacles. C'est comme ça que je découvris Jean Lalonde, mon idole pendant de nombreuses années, et Lucille Dumont, que je rêvais d'imiter un jour. Je m'étais tellement entichée de Jean Lalonde que je pleurais quand on me disait que j'étais beaucoup trop jeune et qu'il ne m'attendrait certainement pas pour se marier. J'aurais bien voulu grandir d'un seul coup.

5

Le clan des Ouimet

Mon père est né à Ottawa. Son père, Hermas Ouimet, était contracteur en peinture de bâtiments. Il avait été marié une première fois et maman m'a souvent raconté que sa jeune femme avait brûlé avec son bébé dans les bras en préparant un repas pour l'enfant. Après quelques années, mon grand-père paternel se rendit exécuter un contrat dans le principal hôtel d'une petite ville près d'Ottawa. Il y fit la connaissance de mon autre grand-mère, Marie-Louise Lemay, jeune fille de bonne famille et élevée comme une vraie bourgeoise, c'est-à-dire qu'elle avait étudié le piano, la peinture sur toile et la cuisine. Elle devint sa seconde femme. Ils eurent ensemble six enfants dont des jumeaux, Adrien et Adrienne, les aînés. Ma grand-mère fut malheureuse avec mon grand-père, et elle le racontait volontiers. Cependant, elle mena à terme l'éducation de ses enfants. Un jour, après une querelle avec son père Hermas (c'est la seule version que j'en aie jamais eue), Adrien quitta la maison en claquant la porte. C'était pendant la guerre de 14-18. Au bout de deux jours, ma grand-mère le fit chercher partout. D'abord par la police, puis par un détective privé. Durant toute sa vie, elle a attendu son retour. Il n'est jamais revenu et n'a jamais donné signe de vie à personne. La famille a conclu qu'il s'était enrôlé dans l'armée sous un faux nom, en mentant sur son âge car il n'avait que dix-sept ans, et qu'il avait été tué à la guerre. C'est la version officielle.

Quand les plus jeunes eurent atteint l'âge de travailler, ma grand-mère paternelle mit à exécution le complot ourdi avec ses enfants, Adrienne, Armand, Fernand, Rosette et Roland. Un jour, elle vida la maison de tout son contenu et quitta son mari pour ne plus jamais le revoir. Lorsque mon grand-père rentra, le soir, il trouva la maison complètement vide.

Ma grand-mère Ouimet est morte à quatre-vingts ans, se disant encore que le lendemain Adrien allait revenir.

Étrangement, ce n'est qu'aujourd'hui que je me demande si mon grand-père Hermas, le père de Rosette, est venu à l'enterrement de sa fille. Je ne me souviens pas de l'y avoir vu. Qu'il n'ait pas été prévenu ne serait pas étonnant. Tous les membres de la famille Ouimet l'avaient rayé de leur vie depuis déjà longtemps et nos relations avec lui étaient loin d'être suivies. Il venait chez nous de temps en temps, pour voir ma mère et ses petites-filles, mais il n'était pas le bienvenu chez ses autres enfants. On avait la rancune tenace, du côté des Ouimet.

Hermas avait refait sa vie avec une veuve, Mme Bertrand, et il avait élevé les enfants de cette femme. Ils habitaient le 3945 de la rue Cazelais, à Saint-Henri. Quand il mourut d'une thrombose chez elle, alors qu'il n'était que dans la soixantaine, c'est mon père qui fut appelé auprès de sa dépouille pour s'occuper des formalités. Maman et nous avions passé la soirée au Théâtre National en cachette de mon père, et c'est en rentrant que nous avons appris la nouvelle du décès de mon grand-père. Mon père attendait le retour de ma mère pour se rendre chez les Bertrand. Nous avions prévu de lui raconter un mensonge au cas où il serait à la maison, et nous avons pu affirmer d'une voix unique que nous rentrions de chez ma tante Juliette.

Nous sommes donc repartis dans la voiture de papa vers la rue Cazelais. Là, contrairement à ce que nous pensions, il nous demanda de rester dans la voiture avec maman pendant qu'il irait seul chez les Bertrand. Le plus étonnant, c'est que l'excitation

qu'avait provoquée chez moi la soirée au National ainsi que
l'étrangeté de cette randonnée nocturne en voiture firent en
sorte que la nouvelle de la mort de mon grand-père ne suscita
pas en moi la réaction qu'elle aurait dû provoquer. J'arrivai
même à me convaincre que mon père allait revenir en disant que
c'était une fausse alerte et que mon grand-père allait très bien.
Quand il revint, il ne dit pas un mot et nous ramena à la
maison.

Le lendemain, après l'école, maman nous conduisit au salon
funéraire. Ce n'est qu'à ce moment-là que je réalisai que la mort
était vraiment passée. Je fis vite dans mon esprit le lien avec
Rosette et je me mis à pleurer sans retenue devant ma grand-
mère, qui n'avait pas revu son mari depuis des années mais qui
jouait les veuves éplorées, et mon oncle Roland, son fils, qui
jouait le chef de famille de circonstance. Il me dit que, si je ne
pouvais me conduire correctement, je n'avais qu'à partir, car on
n'avait pas besoin de gens qui faisaient des crises au salon funéraire. Et, dans mes larmes que j'essayais de retenir, j'entendis
une conversation entre mon oncle et ma grand-mère, concernant cette femme, Mme Bertrand, qui avait vécu avec mon grand-
père pendant près de vingt ans. Ma grand-mère s'inquiétait et
questionnait Roland. «Qu'est-ce qu'on va faire quand elle va se
présenter à la porte?» Et Roland de répondre: «Elle n'entrera
pas ici, ne t'inquiète pas. Ni elle ni aucun de ses enfants.» Il en
fut ainsi. On leur refusa l'entrée du salon funéraire et de l'église,
le matin des funérailles.

Je quittai le salon funéraire en pleurant. Je courus jusque
chez ma Marie-Louise et lui racontai ce que je venais de voir et
d'entendre. Elle me prit dans ses bras pour me consoler. Elle me
dit que le pauvre homme n'avait probablement pas souhaité se
retrouver au milieu de cette famille qui l'avait tant fait souffrir et
qu'il aurait probablement préféré être entouré de son autre
femme et des enfants qui l'avaient aimé, mais qu'il s'était cru

éternel et qu'il n'avait sans doute pas rempli à temps les papiers nécessaires pour faire respecter ses volontés. Je lui criai mon horreur de la mort et de l'injustice qu'elle constituait toujours, de ces pertes irrémédiables que je ne saurais jamais accepter, et elle me répondit que la mort faisait partie de la vie, qu'elle était inévitable et qu'au contraire elle était juste, puisqu'elle ramenait chaque être humain à sa dimension première et rétablissait pour tous une justice qui n'était pas toujours évidente au cours de la vie.

Ce jour-là, nous avons parlé durant des heures. Elle essuyait mes larmes de temps en temps, et elle me servit une tasse de thé quand elle sentit que la dure réalité avait commencé à tracer son chemin dans ma pauvre tête. J'essayai de lui faire jurer de ne pas mourir, elle à qui je tenais tellement. Elle me dit qu'elle avait trop envie de me voir grandir pour mourir tout de suite et que je pouvais aller en paix, qu'elle n'était pas si pressée. Je lui expliquai à quel point j'avais besoin d'elle, qu'elle était comme un guide précieux qui avait déjà parcouru le chemin que j'aurais moi-même à emprunter et qu'elle devait éclairer ma route pour que je ne tombe pas tout le temps. Elle se mit à rire, disant que c'était justement la découverte de ce chemin qui constituait tout le plaisir de vivre et qu'il fallait au contraire que j'éclaire mon chemin moi-même, sans trop compter sur les autres. « Va devant, et ne regarde pas trop derrière. Tu as tout ce qu'il faut pour faire ton chemin : une tête sur les épaules, la santé, la jeunesse. Sois curieuse et ne laisse jamais un mur t'arrêter. »

Ce jour-là, quand je sortis de chez elle, j'étais changée. J'avais franchi une étape importante de ma vie. J'avais cessé d'être une enfant. J'entrais dans l'adolescence en étant rassurée. Le voile s'était déchiré. Ma Marie-Louise, sans le savoir ou peut-être bien en le sachant, venait de me mettre au monde pour la seconde fois.

6

L'injustice, cette faute impardonnable

L'incident du salon funéraire, s'il m'avait rapprochée de ma
Marie-Louise, m'avait éloignée de mon autre grand-mère. Son
comportement envers la seconde famille de son mari abandonné avait été celui d'une femme mesquine, tenant à sa vengeance au détriment de la charité qu'elle prêchait pourtant. Je
n'avais pas remis les pieds au salon funéraire après l'incident,
par mesure de protestation, me rangeant ainsi du côté des exclus
qu'étaient les Bertrand. Cette pauvre femme qui avait vu mon
grand-père Ouimet mourir dans leur lit et ses enfants qui ne se
connaissaient pas d'autre père avaient été humiliés pour rien. Je
n'ai pas dit à cette grand-mère que je ne l'aimais plus. Je me suis
tue. Mais chaque fois que, par la suite, elle fit appel à moi pour
quoi que ce soit, j'avais toujours envie de lui dire que nous
n'avions plus rien en commun. Même chose pour mon oncle
Roland. Pour les mêmes raisons. Avec lui, à ce jour, les choses
ne sont pas encore arrangées. Jamais nous n'avons parlé du rôle
qu'il avait joué au moment de la mort de son père. Il serait bien
inutile de lui rappeler ces tristes moments.

Cette grand-mère a pourtant eu régulièrement besoin de
moi par la suite. Elle a été amenée à partager notre logement au
cours des années. Cécile, dans sa grande bonté, n'a jamais refusé
de l'accueillir. Pendant ces séjours chez nous, elle se permettait
pourtant de critiquer maman, disant qu'elle ne faisait pas bien la

cuisine. Cela lui permettait d'évincer ma mère de sa cuisine et de prendre sa place sans qu'elle se défende. Comme ma grand-mère souffrait d'asthme, je devais, au moment des crises, me transformer en infirmière. Ma mère avait refusé d'apprendre à faire des injections. Ma tante Adrienne avait donc décidé que c'était moi qu'elle chargerait de cette responsabilité. À partir de l'âge de sept ans, même quand j'étais à l'école, on venait me chercher et je devais rentrer à la maison de toute urgence quand ma grand-mère était en crise. Avec le plus grand sérieux du monde, je préparais la seringue, j'y introduisais le médicament et j'administrais la piqûre qui permettait enfin à ma grand-mère de respirer normalement. J'en acquérais de l'importance, non seulement à la maison, mais aussi à l'école, où la maîtresse avait cru bon d'expliquer pourquoi on venait me chercher en pleine classe de façon assez régulière. J'étais aussi populaire que Florence Nightingale, et mes petites amies avaient décrété que je serais un jour infirmière pour de vrai. C'était fatal, elles en étaient convaincues. Moi, cela ne me disait rien du tout. J'aurais mieux aimé être médecin qu'infirmière.

De ma naissance à l'âge de huit ans, j'ai habité rue Joseph, à Verdun, puis rue Notre-Dame, à Saint-Henri, puis à Granby, face au cimetière. Ensuite, rue Boyer, à Montréal, puis encore à Saint-Gabriel-de-Brandon, chez Rosette, et aussi rue Argyle, à Verdun, ce qui m'obligea à commencer l'école chez les Dames de la Congrégation, avec lesquelles j'étais incapable de m'entendre. Je ne restai à leur école que quelques mois, le temps de faire ma première communion. Je les trouvais prétentieuses et snobs. J'avais six ans et l'une d'entre elles avait visiblement décidé de me « casser ». Il est vrai que j'étais entêtée et orgueilleuse et que je ne supportais pas l'injustice, quelle qu'elle soit. Cette religieuse avait inventé pour moi l'expression de « petit paon pas de queue ». Elle se trouvait drôle, mais je la trouvais méchante.

Tous les matins, c'était la crise. Je refusais d'aller à l'école. Ma mère était complètement découragée. C'est sans doute pour cela que nous avons déménagé rue Workman, à deux pas de la caserne des pompiers. Je pouvais alors fréquenter l'école des sœurs de Sainte-Anne, rue Albert, dans la paroisse Sainte-Cunégonde. C'est là que l'école devint un plaisir. Peu de temps après, nous avons déménagé rue Rose-de-Lima, tout près de la rue Notre-Dame, et enfin rue Delisle, au 3472, à côté de la cour de l'école des garçons Victor-Rousselot. J'allais y habiter jusqu'à mon mariage. La cour de l'école des garçons allait devenir la source intarissable de mes premières amours.

Chez les sœurs de Sainte-Anne, j'étais à l'aise. Leur façon d'enseigner, leur attitude face à nous, les enfants de la classe ouvrière, devaient me combler tout à fait, puisque mes études s'y déroulèrent pratiquement sans anicroche. J'étais souvent première de classe pratiquement sans effort, mais je ne tenais pas absolument à tenir ce rang tout le temps non plus. Je pouvais être deuxième ou même troisième sans me sentir atteinte dans ma fierté. J'aimais apprendre. Et puis les sœurs avaient une façon bien à elles de nous dire que rien ne nous était impossible, que nous devions nous faire confiance. Plus tard, elles nous disaient sans crainte de se tromper que seul notre travail nous permettrait une vie indépendante. Que nous devions apprendre pour ne jamais dépendre de qui que ce soit. Des principes comme ceux-là, s'ajoutant à ce qu'on m'inculquait à la maison, n'allaient pas tomber dans l'oreille d'une sourde.

Cécile aussi cherchait une plus grande indépendance. Avec ses moyens à elle, et tout doucement, elle commençait à remplacer ma Marie-Louise en reprenant sa clientèle. Elle partait travailler tôt le matin, à Westmount. Comme Marie-Louise, elle ne travaillait que chez des francophones, riches bien sûr, mais francophones quand même. Marie-Louise avait toujours dit qu'on pouvait supporter de se faire donner des ordres en français, mais jamais en anglais. Il en était de même pour ma mère, qui ne parlait pas un mot d'anglais et qui ne faisait aucun effort pour l'apprendre, ce qui avait pour résultat de mettre mon père en colère, parce qu'il estimait que l'anglais était nécessaire dans la vie.

Il n'avait lui-même que des amis anglophones ou italo-anglophones. Il ne lisait que des journaux anglophones, jamais un journal francophone. La langue, chez nous, était un sujet de discorde entre mes parents. Mon père insistait très fort pour que ses filles apprennent l'anglais. Il devait même envier son frère Roland, membre de la Gendarmerie royale du Canada et chez qui on ne parlait que l'anglais, car il avait épousé une anglophone.

Quant à sa sœur Adrienne, elle travaillait chez Bell, où son bilinguisme lui permit d'avancer plus rapidement que d'autres qui étaient unilingues. Et toutes ses meilleures amies étaient anglophones, même si sa mère, l'autre Marie-Louise, avait manifesté dans les rues d'Ottawa en faveur des écoles françaises. Ma mère, elle, ne savait pas la différence entre *yes* et *no*, ce qui ne l'empêchait pas de se débrouiller avec notre voisine de palier, Mme Powell, qui ne parlait pas un mot de français. Nous gardions parfois ses deux jeunes enfants, et ma mère et elle s'entraidaient. Mme Powell était, bien qu'anglophone, aussi pauvre que nous, et nous nous empruntions volontiers du sucre ou du lait quand ça venait à manquer.

Dans la famille des Chartier, c'était le contraire. Mon grand-père Ernest avait quitté sa famille pour trouver du travail aux États-Unis à un certain moment, et il était revenu quelques mois plus tard en disant qu'il n'avait rien à faire dans ce pays où, en quelques mois, on avait changé son nom de Chartier en Carter. Il disait volontiers qu'il n'irait pas travailler chez ces gens-là pour y perdre son nom.

Nous avons fini par apprendre l'anglais, ma sœur et moi. Moi surtout grâce au cinéma, aux chansons à la mode et aux jeunes et beaux Italiens de notre âge qui habitaient Saint-Henri.

Tous ces jeunes garçons jouaient au hockey sur la patinoire de la cour de l'école des garçons. Je n'avais jamais été capable de tenir sur des patins à glace, alors que j'étais championne du patin à roulettes. Autour de la patinoire, on parlait indifféremment l'anglais ou le français. L'important, selon ma mère, c'était de savoir dire *no* au bon moment, ce qui me paraissait relativement facile.

J'adorais le cinéma, comme ma mère. Dans le quartier Saint-Henri, rue Notre-Dame, il y avait trois cinémas accessibles : le Lido, où on pouvait assister à trois films de catégorie B pour vingt-cinq cents ; le Corona, où on montrait deux films de meilleure qualité pour le même prix ; et le Cartier, où on avait une politique de diffusion des films français, rares à cette époque à Montréal. Nous y allions plusieurs fois par semaine, surtout après que Cécile eut commencé à travailler. C'était son luxe à elle. Rue Notre-Dame, on trouvait aussi les meilleurs hot-dogs de toute la ville, les meilleures frites et de très bons restaurants chinois, grecs ou italiens. Les vitrines regorgeaient de vêtements à la mode et de souliers de qualité. Ma Marie-Louise nous avait vite appris ce qu'était un soulier de qualité, affirmant que nous étions trop pauvres pour acheter des souliers chez Yellow Shoe Store, dont elle disait que les souliers étaient faits dans du carton au lieu du cuir. Son principe de base était que, quand on est pauvres, il faut que les choses durent.

Je rêvais de danser avec Fred Astaire, tout comme, plus jeune, j'avais voulu être une nouvelle Shirley Temple. J'apprenais facilement les chansons en anglais par cœur et je me mis à rêver de devenir chanteuse. J'avais choisi un nom anglais, pensant probablement que mon père approuverait plus facilement mon choix si je m'appelais Kathleen Jackson que Lise Ouimet. Je rêvais beaucoup. Je voyais grand. Je suivais la carrière d'Alys Robi dans les journaux et les magazines que maman achetait régulièrement, la *Petite Revue*, la *Revue moderne* et la *Revue populaire*. Je voulais aller plus loin qu'elle. Je suivis des cours de danse à claquettes pendant quelques mois. J'étais douée. Du moins c'est ce que mon professeur disait. Mais, peu après, ma mère m'expliqua qu'elle avait du mal à payer ces cours qui lui semblaient bien inutiles car elle ne trouvait pas qu'il y avait un grand avenir dans les claquettes. Je me rendis à ses arguments, mais non sans me dire que, quand je travaillerais, je retournerais suivre des cours. Je ne le fis jamais, bien sûr. Ma route allait bifurquer vers des choses plus sérieuses. Ma vie allait prendre une tout autre tournure.

7

Saint-Henri durant la guerre

À quelques maisons de chez nous quand nous habitions encore rue Rose-de-Lima, il y avait une glacière, un édifice de plusieurs étages où on entreposait des blocs de glace. Un livreur vendait ensuite ces blocs chaque jour, de porte en porte. C'était cet unique bloc de glace déposé dans la glacière familiale qui nous permettait de conserver le lait, le beurre, les viandes et les légumes. Certains jours, quand il faisait très chaud et qu'on avait le malheur d'habiter à la fin du parcours du livreur, le minuscule bloc de glace qu'on achetait ne durait pas très longtemps. C'étaient là les difficultés d'un monde sans réfrigérateur. L'hiver, cet édifice, interdit d'accès en temps normal, devenait le lieu privilégié de nos interminables jeux d'enfants. À l'intérieur comme à l'extérieur, nous construisions des montagnes de glace d'une bonne hauteur et nous y glissions avec des cartons sous les fesses, jusqu'à ce que nous n'ayons plus la force de remonter.

J'avais appris les chansons de Tino Rossi, dans lesquelles les « chiribiribi » ou les « aye aye aye aye » me permettaient des effets de voix grâce à l'écho des lieux. Cela faisait rire tout le monde dans les descentes. Nous avions un plaisir fou malgré le froid qu'aucun de nos vêtements n'arrivait à combattre et nos mitaines de laine qui pesaient des tonnes tellement elles étaient mouillées.

L'été, j'organisais des « séances » dans la cour de la maison que nous habitons. Le prix d'entrée pouvait aller jusqu'à dix épingles à linge. Nous jouions des petits sketches improvisés, entrecoupés de chansons à la mode. Ma Marie-Louise m'avait donné une paire de tentures en velours bleu marine qui faisaient un très bel effet dans le hangar du rez-de-chaussée. C'est là qu'un dimanche, pendant la répétition générale, j'appris que la guerre avait été déclarée. Tous les garçons et les filles du groupe disaient que les pères allaient être appelés par l'armée. Certains affirmaient que leur père irait se cacher chez des parents à la campagne, si c'était nécessaire, pour ne pas avoir à servir.

Je ne savais pas bien qui étaient les Allemands, mais je savais que la France était le berceau de nos ancêtres. C'est à cause de cela que, le moment venu, il me semblait normal que nos pères aillent défendre la France. Il me fallut du temps et l'aide de la maîtresse d'école pour démêler tout cela. Puis, un jour, ma mère nous raconta, en pleurant doucement, que notre père était allé s'engager, au lieu d'attendre d'être appelé. Je me sentis très fière de lui. Hélas, il fut refusé à l'examen médical. Je n'ai jamais su pourquoi, mais j'imagine que sa situation d'homme marié et père de deux enfants n'en faisait pas la recrue parfaite non plus. J'ai appris cependant pourquoi il s'était porté volontaire, car il le disait à qui voulait l'entendre : c'était pour lui la seule façon de voyager, son rêve le plus cher. Il voulait voir du pays. Il rêvait de l'Italie à cause de ses amis italiens, de l'Irlande à cause de ses amis irlandais, et de l'Angleterre comme d'une sorte de terre promise. Il ajoutait la France, loin derrière, mais le « berceau des ancêtres », à vrai dire, ne lui faisait ni chaud ni froid.

Il finit par obtenir un poste dans l'armée de réserve et, un jour, il revint à la maison avec son uniforme sur le bras. Ma mère, Raymonde et moi fûmes très impressionnées. Mais l'uniforme ne ressortit jamais de la garde-robe. Sauf un jour où je décidai de le porter pour faire des photos.

Les changements apportés dans nos vies par la guerre se résumaient à peu de choses : il y eut moins de nouveaux films français présentés au cinéma Cartier, et les chansons françaises se firent plus rares. Nous découvrîmes ce qu'étaient les timbres de rationnement. Heureusement, nous n'allions pas en manquer, car quelqu'un de la famille travaillait dans un atelier où on les imprimait. Nous en avions assez pour en offrir à d'autres, ce qui arrangeait ma conscience.

Cependant, dans notre rue, nous fûmes véritablement envahis. Une caserne de soldats s'était installée tout près de la maison. C'était là une autre source d'inquiétude pour nos parents, si bien qu'il nous fut recommandé de ne plus aller dans ce coin-là même s'il fallait faire un détour pour se rendre chez ma Marie-Louise. Nous ne devions pas croiser les soldats dans la rue.

J'avais appris les chansons du soldat Lebrun :

Je suis loin de toi, mignonne,
Loin de toi et du pays,
Mais je resterai, madone,
Toujours ton petit kaki[1]…

Autour de moi, on devenait tellement fatigué de l'entendre qu'on me payait pour que je me taise, ce qui me paraissait une façon bien facile de gagner un peu d'argent.

Autrement, la vie continuait normalement. Grâce à l'argent que maman gagnait, le quotidien nous paraissait plus facile. Nous n'étions pas riches, mais maman se sentait plus à l'aise pour acheter ce dont elle avait besoin du « Juif » qui venait chaque semaine à la maison lui proposer soit du linge de maison, soit des vêtements pour elle et ses filles. Maman achetait des couvertures, des draps, des serviettes, des couvre-lits ainsi qu'une robe ou un manteau pour ses filles, rarement pour elle. Ce brave M. Cohen montait trois étages chaque lundi matin

---

1. Roland Lebrun, *Ton petit kaki.*

pour venir chercher un dollar que maman lui payait sur le solde. Ainsi, de semaine en semaine, le montant diminuait. Mais maman avait pour principe de ne pas laisser le compte se fermer, si bien que, quand il ne restait que quelques dollars à payer, elle renouvelait la literie et achetait quelques vêtements pour nous, histoire de permettre à M. Cohen de gagner sa vie et à nous de garder notre réputation de bons payeurs. On l'appelait « le Juif » d'une façon toute naturelle, sans que ce soit une insulte. On demandait : « Est-ce que le Juif est passé cette semaine ? » ou « Quand est-ce que le Juif va passer ? Je veux lui demander d'apporter des modèles de manteaux. » Le « Juif » faisait partie de notre vie.

Ma Marie-Louise avait l'habitude de nous emmener au marché Atwater pour acheter la viande. Nous allions toujours chez Adélard Bélanger. À l'époque, nous pouvions passer derrière les comptoirs, et j'ai souvent vu ma grand-mère tâter la pièce de bœuf dont elle allait commander une tranche seulement. Elle avait besoin de toucher pour s'assurer que c'était bien à son goût. Le patron Adélard la traitait comme une princesse. C'est ainsi que font aujourd'hui encore les arrière-petits-fils d'Adélard avec mes enfants.

Je n'ai jamais abandonné cette fidélité aux Bélanger. Nous affichons quatre générations de part et d'autre, nous comme clients et eux comme patrons. Mon plaisir à moi, c'était de voir l'énorme balance qu'ils avaient pour peser les gros quartiers de viande. Je voulais me faire peser chaque fois. Le personnel coopérait. On offrait plutôt de me mettre sur le plateau de la petite balance, celle qu'on utilisait pour peser un kilo de steak haché. Je refusais, bien sûr, sentant bien qu'on se moquait de moi. Mais j'arrivais à obtenir qu'on me pèse. Et alors on déclarait solennellement, une fois que j'étais assise sur la grosse balance, que je pesais trois cent cinquante kilos. On le criait fort afin que tout le monde se retourne pour voir qui était cette énorme bête. Je regardais les gens autour de moi avec de grands yeux, sachant que le résultat était impossible, et j'attendais la réaction. Je quittais la balance avec horreur, sachant qu'on s'était payé ma tête encore une fois. Et pourtant, quelques semaines plus tard, je voulais recommencer.

Aujourd'hui, chaque fois que je monte le grand escalier à côté du marchand d'œufs et de poulet pour accéder à l'étage des Bélanger, au marché Atwater, je pense à ma Marie-Louise.

Autrefois, il y avait une Amérindienne assise sur un tabouret près de l'escalier. Elle vendait des mocassins, des colliers, des ceintures. Chaque semaine, ma grand-mère s'arrêtait près d'elle pour lui demander comment elle allait.

— Bonjour, madame la sauvagesse. Comment allez-vous ?

— Je vais très bien. Avez-vous besoin de quelque chose aujourd'hui ?

— Si vous aviez des pantoufles pour ma Lison…

Jamais il ne m'est apparu incorrect de la part de ma grand-mère d'appeler cette femme « madame la sauvagesse ». C'était une formule de politesse pour Marie-Louise et une marque de respect. Et je crois que l'Amérindienne le savait.

Il m'arrivait parfois d'aller m'installer seule sur le trottoir de la rue Delisle, à l'angle de la rue Atwater, où se trouvait une église fréquentée par les Noirs du quartier. L'été, ils laissaient les portes de l'église ouvertes et je les écoutais chanter pendant des heures. J'étais bouleversée par la joie de leurs chants, incomparables à ce que nous entendions dans nos propres églises. Il m'arrivait de m'imaginer leur Dieu, que je voyais noir, bien sûr, et de me dire que je me sentirais peut-être mieux avec lui. Je ne me plaignais de rien. Je trouvais que j'avais quand même une vie facile.

Les filles du quartier tentaient de se faire embaucher à l'Imperial Tobacco, l'une des plus grosses usines de Saint-Henri. Les ouvrières portaient des uniformes de tons pastel, vert, rose ou mauve, selon l'étage où elles étaient employées. Il était étonnant de voir comme on mettait vite les gens en uniforme, à Saint-Henri. De l'uniforme devait naître le sentiment d'appartenance ou quelque chose du genre, parce que tout le monde était en uniforme, dans notre quartier. Chaque usine avait le sien. Les livreurs étaient identifiables à leur uniforme. Tout était empesé, ciré, éclatant de propreté. Car c'était une des fiertés du quartier : que tout soit propre là où tout aurait pu être sale. La fumée des hautes cheminées donnait du fil à retordre aux ménagères, car la poussière se glissait partout. Personne ne mettait de tapis dans sa maison. Il fallait du prélart partout, d'abord parce que c'était moins cher, mais aussi parce qu'on pouvait le laver deux fois par jour si c'était nécessaire.

Chez ma Marie-Louise comme chez nous, on aurait pu manger par terre tellement tout était reluisant. Nous avions une véritable manie de la propreté, presque obsessionnelle. J'ai mis personnellement beaucoup de temps à m'en défaire. Je préférais occuper mon temps à quelque chose de plus enrichissant pour l'esprit.

Il n'en était probablement pas ainsi partout, mais chez nos amis aussi, les mères étaient de vraies frotteuses. Il y avait aussi certains établissements où nous ne mettions jamais les pieds. Il suffisait que quelques personnes disent que ce n'était pas propre pour que le magasin soit vidé de sa clientèle. Ce ne fut cependant jamais le cas du restaurant du coin, tenu par les demoiselles Saint-Denis, de belles vieilles filles œuvrant dans le « bonbon à la cenne » et les liqueurs douces. Elles vendaient les meilleures boules de coco et les meilleures lunes-de-miel de la planète. C'est là que nous achetions les journaux et les magazines réservés chaque semaine pour maman. De temps en temps, quand ma mère avait mal à la tête, nous achetions une boîte de Sedozan à cinq cents, deux pilules dans une petite boîte jaune. La liqueur douce familiale était le Kik et nous revenions souvent à la maison avec une grosse bouteille et un petit sac de bonbons choisis méticuleusement.

Les femmes avaient commencé à fumer. Ma mère aussi, ce qui avait le don de faire enrager ma Marie-Louise, qui avait l'odeur du tabac en horreur. Elle disait à son mari : « Casseau, si tu veux fumer, va fumer dehors ! »

Ma grand-mère Ouimet, qui avait des connaissances en musique, se faisait un plaisir, quand elle était chez nous, de m'emmener avec elle à l'opérette. Elle savait combien cela me rendait heureuse. Les interprètes Lionel Daunais et Olivette Thibault, ces décors éblouissants, ces costumes qui me faisaient rêver, tout me procurait un plaisir qui durait des semaines. J'essayais de retenir les airs les plus populaires. Je chantais devant un miroir en bougeant comme Olivette. J'étais sûre qu'un jour ce serait aussi ma vie. Mais je n'en disais rien à personne, de peur qu'on se moquât de moi.

Je suivais également les radioromans de CHLP et de CKAC. La tête collée à l'appareil de radio, j'essayais de deviner ce qui n'était pas révélé dans *Le Secret d'une carmélite* et je tremblais de peur en écoutant *9 et 9*, une émission où chaque semaine, à neuf heures et neuf minutes, un meurtre était commis, qu'il fallait élucider avant neuf heures trente. J'écoutais aussi *La Fiancée du commando* et *Madeleine et Pierre*.

J'avais découvert, grâce à une compagne de classe, que CKAC mettait un petit salon à la disposition des personnes qui désiraient assister à la diffusion de *Ceux qu'on aime* ou des *Histoires du docteur Morange*. Certains se souviendront du slogan publicitaire qui accompagnait l'émission du bon docteur Morange : « Le rhume n'atteint guère qui emploie le sirop Lambert. » Le petit salon devint l'un de mes endroits favoris. J'y allais avec une ou deux copines et c'est ainsi que j'ai vu de près les Guy Mauffette, Huguette Oligny, Nicole Germain, Pierre Dagenais, Jeanne Maubourg, François Rozet, Henry Deyglun, Muriel Guilbault,

Yvette Brind'Amour et Henri Norbert, ainsi que bien d'autres dont je n'ai jamais pensé à ce moment-là que je les côtoierais plus tard dans ma vie.

C'est dans le petit salon que l'une de mes copines, Carmen Rioux, tomba follement amoureuse de Bruno Cyr sans qu'il le sût jamais. Il est décédé récemment[2] alors qu'il était devenu juge depuis quelques années. C'est vrai qu'il était beau comme un dieu et qu'il était l'annonceur-vedette de CKAC.

Nous devions bientôt ajouter CKVL à notre liste de sorties. Nous avions découvert *Le Fantôme au clavier*, qui était présenté directement d'une grande salle à l'angle du boulevard Lasalle, à Verdun. Nous obtenions des autographes de Billy Monroe, de Jacques Normand, que nous montrions avec fierté à toutes nos copines de classe. Nous avions osé !

Plus tard, j'assistai assidûment à l'émission *Les Carabins*, diffusée de la salle de l'Ermitage, rue Guy. Jean Coutu, Roger Garant et d'autres m'y ont souvent fait rire aux larmes. Comme l'ont fait d'ailleurs les deux revues de Gratien Gélinas, les *Fridolinades*, que j'ai vues quand j'ai été un peu plus grande.

C'est en écoutant la radio que j'ai découvert le hockey, un beau samedi soir. Les « Maurice Richard monte, lance et compte » ont fait mon bonheur pendant des années. Comme les Henri Richard, « Butch » Bouchard et Elmer Lach, puis les Serge Savard, « Coco » Lemaire et Yvan Cournoyer, et mon favori entre tous, Ken Dryden. Je devins vite une spécialiste et j'avais une compagne de classe nommée Jeannine avec qui j'échangeais des opinions éclairées sur le hockey. Nous faisions le désespoir des autres filles de la classe à qui nous racontions des parties entières.

---

2. Note de l'éditeur : toutes les références temporelles se rapportent à la date de parution de la première édition (*Des femmes d'honneur – Une vie privée*, Libre Expression, 1997).

L'été, par contre, à Saint-André-d'Argenteuil, nous perdions tout contact avec les plaisirs de Saint-Henri, où nous trouvions que, dans l'ensemble, la vie était plutôt bonne pour nous.

Ce n'est pas que nous n'étions pas heureuses à la campagne. Après la première année que nous y avions passée seules avec maman, celle-ci avait réussi à convaincre sa sœur Juliette de louer un chalet tout près du nôtre. Maman se sentait moins seule ainsi. Des tantes et des oncles venaient nous rejoindre pour les fins de semaine et c'est avec eux que nous avons appris à pêcher, Raymonde et moi. C'était au temps où le lac des Deux Montagnes était riche en poissons de toutes sortes. Il n'y avait qu'une seule loi, dans la famille: il fallait manger ce que l'on avait pêché. J'avais appris à lever des filets. Et quand nous rapportions le fruit de notre pêche à maman, elle se mettait à peler des quantités inimaginables de pommes de terre qu'elle faisait frire sur le poêle à bois. Il fallait du courage pour cuisiner dans un chalet en plein été, car le poêle chauffé à blanc allait entretenir la chaleur jusqu'au lendemain matin. Il n'y avait ni électricité ni ventilation, et les toilettes étaient les «bécosses» communes au milieu du terrain. Plus nous grandissions, plus ces commodités nous paraissaient rudimentaires et finalement gênantes.

J'avançais en âge, plutôt heureuse, et bientôt j'annonçai à ma mère que je voulais, moi aussi, gagner un peu d'argent et que la meilleure solution me paraissait être un emploi d'été.

Pour la première fois, nous avions l'intention de faire comprendre à notre père que nous en avions assez de Saint-André-d'Argenteuil et du manque de confort de ces chalets. Nous étions nettement plus raisonnables, et un été sur les trottoirs de Saint-Henri ne nous ferait pas de mal. Nous ne comprenions toujours pas pourquoi il avait si peur de nous laisser nous amuser en ville pendant tout un été. Nous avions nos amis, nos habitudes, et ma Marie-Louise juste à côté de chez nous. Nous rêvions d'aller au cinéma plus souvent et d'être un peu plus libres.

C'est bien plus tard que je compris que mon père craignait que ses deux filles ne «tournent mal» dans ce quartier où il n'aurait pas donné le bon Dieu à tout le monde sans confession. Il avait peur que nous ne devenions des «toffes» comme il y en avait dans les salles de billard rue Notre-Dame ou sur le trottoir devant les cinémas du quartier. Ou – mais cela, il ne le disait pas – que nous ne finissions comme nos tantes, à vivre avec des hommes mariés et à gaspiller notre jeunesse. Mon père avait tout un jeu de règles de moralité selon qu'il s'agissait de sa propre conduite ou de celle de sa femme et de ses filles ainsi que des membres de la famille de maman.

Pourtant, ni lui ni maman n'entreprirent notre éducation sexuelle. Comme si de ne pas parler de ces choses allait constituer une protection adéquate. Ce que nous ne savions pas ne pouvait nous faire de mal, j'imagine. Comme si de ne pas savoir de quoi les autres parlaient allait nous protéger du mal. Fernand devait se dire que c'était à Cécile de faire le nécessaire et Cécile, elle, devait penser que nous étions encore trop jeunes pour tout savoir.

Bref, quand des copines parlaient de sexualité, je faisais semblant d'être au courant de tout et de les trouver bien puériles de ne pas connaître toutes les réponses à leurs questions. Alors qu'au contraire c'étaient leurs questions qui me mettaient sur la piste de réponses que j'essayais de trouver toute seule. Quand j'ai dit à ma Marie-Louise que j'étais bien fatiguée d'être traitée comme un bébé, elle m'a expliqué l'essentiel, c'est-à-dire que mon corps allait subir des transformations importantes. Elle m'a parlé de mes seins qui allaient grossir, des poils qui allaient pousser, toutes choses aussi horribles les unes que les autres pour une enfant comme moi. Elle s'arrêta là, me disant de lui en parler quand il se produirait autre chose.

Tout cela paraissait si mystérieux que, pendant longtemps, moi aussi je décidai de faire comme s'il ne se passait rien. Ce qui

eut pour résultat qu'un jour, à la maison, complètement hysté-
rique, je sortis des toilettes en hurlant que j'allais mourir. Je
pleurais en disant que je perdais tout mon sang. Cécile accourut,
me prit dans ses bras et se mit à pleurer avec moi. Loin de me
consoler, sa peine me fit encore plus mal. Ses larmes confirmaient
que j'avais bien raison de croire que j'allais mourir. Il lui fallut
des heures pour me rassurer. Elle m'expliqua tant bien que mal
ce qui venait d'arriver, en insistant beaucoup sur le fait que dorénavant je pouvais devenir enceinte et que c'était le plus grand
malheur qui pouvait arriver à une fille avant le mariage. Elle
raconta l'histoire d'une de ses amies à qui c'était arrivé et qui
avait dû donner son bébé dès sa naissance, sans compter le scandale que cela avait créé pour ses pauvres parents. Mais sur la
manière de faire les bébés, sur leur provenance, sur la façon de
savoir si on en a fait un, pas un mot. «Quand une fille est mens-
truée, elle peut avoir des enfants, mais si elle en a un, elle devra
le donner.»

«Est-ce que c'est en embrassant un garçon, maman, qu'on a
un enfant? En faisant quoi, au juste?» Je n'osai pas poser ces
questions et elle n'expliqua rien au-delà de l'absolue nécessité.
Et, cette fois-ci, je n'allais quand même pas aller dire à ma Marie-
Louise que Cécile, sa fille, n'avait pas l'air de savoir elle non plus
comment on les faisait, les enfants!

C'est ainsi que, mal outillée, je partis à la recherche de la
vérité. Je m'empressai d'embrasser le premier garçon venu, pour
savoir s'il allait se passer quelque chose. Je vivais dans l'attente
de mois en mois. Puis, curieuse, petit à petit j'ai réussi à glaner à
gauche et à droite les renseignements que d'autres possédaient.
Jusqu'au jour où j'ai tout su et surtout qu'une fille possédait «un
trésor précieux» qu'elle ne devait offrir qu'à son mari, après le
mariage. Quand je racontai les résultats de mon enquête à ma
Marie-Louise, elle rétablit le juste équilibre. Elle me dit que
c'était la même chose pour le garçon et que, s'il s'en trouvait un

pour m'offrir son trésor précieux avant le mariage, je devais dire non. Ma Marie-Louise était pour l'égalité.

Nous étions en 1944. Toutes les femmes autour de nous travaillaient. Saint-Henri était moins pauvre. On achetait des voitures neuves, on remettait les maisons en bon état.

Des hommes étaient partis pour la guerre qui ne reviendraient pas. On avait célébré des mariages en groupe avant le départ des troupes, pour aller plus vite. Les femmes portaient des turbans et des semelles compensées. Notre « Juif » à nous continuait de nous rendre visite tous les lundis matin.

Mes seins commençaient à pointer sous mes vêtements, malgré mes efforts pour marcher le thorax rentré. J'hésitais entre les écraser pour que personne ne les remarque et porter un soutien-gorge rembourré pour qu'ils prennent encore plus d'importance.

Mon père nous avait interdit, à ma sœur et à moi, de porter du rouge sur les ongles ou du rouge à lèvres. Quelle corvée c'était d'enlever cela chaque fois avant de rentrer à la maison, de crainte qu'il ne soit là ! Je ne protestais pas encore « au nom de ma liberté individuelle », mais ça viendrait.

8

Mes bonheurs d'occasion

En 1945, un roman me fit l'effet d'une douche froide. Je l'avoue maintenant, j'en ai toujours voulu à Gabrielle Roy.

Je ne lui ai jamais pardonné ce qu'elle a fait aux gens de Saint-Henri, dans son livre *Bonheur d'occasion*. Pendant les années où j'ai vécu à Québec plus tard dans ma vie, j'ai toujours su où elle habitait, et, des dizaines de fois, j'ai eu envie d'aller sonner à sa porte pour lui demander quinze minutes de son temps, espérant régler avec elle le mal qu'elle m'avait fait. Je ne suis jamais passée à l'acte.

Jamais non plus je n'ai demandé à interviewer Gabrielle Roy, à une époque où j'aurais pu le faire. Je n'ai jamais cherché à entrer en communication avec elle d'aucune façon, mais cette femme a joué un rôle d'une importance capitale dans ma vie d'adolescente. Parce qu'un jour, sans me méfier, j'ai ouvert *Bonheur d'occasion*.

Elle a détruit avec un seul livre toute la confiance en moi que j'avais déjà acquise, avec l'aide de ceux qui m'entouraient. J'ai vu ma vie et mon monde et je nous ai vus comme dans un miroir à travers ses personnages. J'ai pris tout le poids du livre sur mes épaules. J'ai regardé autour de moi avec ses yeux. Je nous ai vus pauvres, insignifiants, sans ambition et sans culture, « nés pour un petit pain » et incapables d'en sortir, répétant de génération en génération les mêmes gestes et les mêmes erreurs. Je fus blessée au cœur. Je nous ai vus paresseux, nous contentant de peu et ne désirant rien d'autre.

Ce livre fut pour moi un choc culturel. Je ne reconnaissais pas à Gabrielle Roy le droit de fouiller les coins de nos jardins secrets, ni celui de soulever nos draps pour parler de nous comme elle le faisait. J'eus honte. Honte d'être ce que j'étais, honte d'être de Saint-Henri, honte aussi d'avoir déjà porté des bas avec des échelles comme le faisait son héroïne à qui je m'identifiais. Je me sentais comme la bête traquée par les feux d'une voiture. Je ne savais pas s'il fallait aller à gauche ou à droite pour me mettre à l'abri et rentrer dans l'anonymat. *Bonheur d'occasion* a failli me tuer. Il me fallut beaucoup de temps pour retrouver un équilibre raisonnable. Je lui en voulais de nous avoir espionnés pour mieux se moquer de nous.

Ma mère trouvait que je filais doux. Je n'avais raconté à personne le désespoir que ce livre avait semé dans mon esprit. Sauf peut-être à la sœur Marie-Lucien, ma maîtresse de neuvième année à l'école Sainte-Jeanne-de-Chantal. Cette religieuse ne mesurait qu'un mètre trente-deux et c'est la première chose dont elle avait parlé quand ses élèves étaient arrivées en classe, le premier matin. Elle avait dit qu'elle savait déjà qu'elle était petite, qu'elle n'aurait pas besoin de nous pour le lui rappeler constamment et que, debout sur une chaise, elle avait bien l'intention d'assumer toute l'autorité dans sa classe. Elle était extraordinaire d'entrain et de savoir. J'eus le profond sentiment d'avoir fait, grâce à elle, une année très précieuse pour mon avenir. Quand je lui racontai l'état dans lequel je me trouvais après avoir lu Gabrielle Roy, elle tenta de me faire comprendre que c'était un livre de fiction, qu'il fallait le lire comme tel, ne pas lui donner une signification que même la romancière n'aurait pas voulu lui donner. Et puis surtout, sentant à quel point j'avais mal, elle me redit les qualités qu'elle avait vues chez moi : aptitude au leadership, désir d'apprendre, facilité de communication, et ce cadeau du ciel qu'elle appelait « la lucidité ». C'est ce jour-là qu'elle me répéta que je pouvais aspirer à ce que je voulais, que les portes ne seraient pas fermées, qu'en 1945 une fille pouvait viser aussi haut qu'elle le désirait et qu'il n'y aurait rien pour m'empêcher de me réaliser. Je l'écoutais les yeux dans l'eau, sachant que j'avais bien besoin de faire remplir ma réserve d'espoir. Je sortis de sa classe en me disant que j'allais montrer à Gabrielle Roy de quoi nous étions capables, à Saint-Henri. Je me suis juré qu'un jour elle entendrait parler de moi.

La sœur Marie-Lucien m'avait aussi suggéré de prendre mon temps avec les garçons. Elle avait insisté : « Il n'y a rien qui presse, au contraire, si tu veux élargir tes horizons. Profite du temps dont tu disposes avant d'être mariée, parce que après, avec le mari, les enfants, les couches… Tu sais, les maris n'ont pas très envie de voir leur femme travailler hors du foyer. »

J'avais bien entendu ses judicieux conseils, mais ma raison commençait sérieusement à avoir du mal à tenir tête à mes sens. Mais cela, j'estimais que c'était mon territoire privé et que je ne devais en parler à personne, même pas à ma Marie-Louise, que ça aurait inquiétée.

Et des garçons, pourtant, il y en avait partout autour de moi. En fait, nous vivions au milieu d'un groupe composé de filles et de garçons, tous du même âge et tous voisins. Les frères Walker, Robert et Gordon, Gérald Provost, Roland Martin, Georges Lalonde formaient le noyau masculin de la bande. De l'autre côté, Gisèle Normandin, Jeannine Deguire, Raymonde et moi, ainsi que quelques autres qui se joignaient au groupe de façon épisodique, formions le noyau féminin. À part Gisèle Normandin et Georges Lalonde, qui formaient déjà un couple et qui allaient se marier quelques années plus tard, aucun autre couple ne devait durer, une fois le groupe dissous.

Nous étions tous plus ou moins amoureux les uns des autres, et c'est dans ce groupe que nous allions faire nos expériences. Nous nous voyions tous les samedis soir, chez l'un ou chez l'autre, avec l'accord des parents. Nous transformions la cuisine en salle de danse. Nous avions la permission de fabriquer une boisson étrange que nous appelions «goop» et qui était composée de vin rouge Saint-Georges mêlé à du Coca-Cola. Aucun d'entre nous ne s'est jamais enivré, mais c'est sûr qu'il fallait une santé de fer pour passer à travers une nuit complète au goop.

Nous dansions sans arrêt sur la musique de *In the Mood* ou de *Dance Ballerina Dance*, et quand venait le temps d'un vrai *slow*, inscrit d'office à notre programme d'études romanesques, nous options pour *Stardust*. Nous avions le droit de tamiser les lumières pendant un *slow*. Que de découvertes nous avons faites, mine de rien! Quand nous étions fatigués de danser, nous jouions à la bouteille. Nous avons fini par être obligés de limiter la durée des «baisers cochons» à deux minutes, parce que autrement… je crois que nous serions encore détenteurs des records des plus longs baisers. C'était l'équivalent de cours du soir en éducation sexuelle. Nos soirées duraient jusqu'à six heures du matin, alors que nous devions tous aller à la messe pour revenir petit-déjeuner chez les mêmes parents. Ces petites soirées, innocentes au fond, ont duré quelques années. Puis, avec le temps, chacun et chacune voulant y introduire quelqu'un de nouveau, le groupe finit par se défaire. Était-ce de la jalousie ou un désir de possession? Nous trouvions tous moins drôle de devoir nous partager avec des nouvelles ou des nouveaux.

De ce groupe, Roland Martin devait mourir le premier, il y a déjà plusieurs années. Gordon Walker, lui, avait disparu vers la vingtaine et personne n'a jamais eu de ses nouvelles. On a pensé que lui aussi, comme Adrien, le fils aîné de ma grand-mère Ouimet, avait dû partir à la guerre sous un faux nom. Pour ma part, je n'ai jamais su ce qu'il était devenu. Georges Lalonde est mort à son tour, il y a quelques années. J'ai rencontré récemment la fille de Gérald Provost, tout à fait par hasard. Elle m'a dit que son père allait bien mais qu'il était devenu sourd. Les filles, à ma connaissance, sont encore toutes là.

Je crois bien que je fus la première à imposer un nouveau venu dans ce groupe. J'étais amoureuse d'un garçon qui s'appelait A. L. Malgré les efforts et la bonne volonté de tout le monde, il n'arriva jamais à s'intégrer à ce groupe. Mais avec lui, parce que nous nous aimions beaucoup, je devais pousser un peu plus loin la découverte de mon corps. Dans les moments les plus fous, il avait le droit de toucher mes seins. Sur les vêtements seulement, parce que « sur la peau » ça provoquait une telle montée de désir en moi que j'avais peur de perdre mon contrôle. Si la pilule avait existé à l'époque, il aurait sans doute été le premier. Je trouvais bien difficile la réserve que nous devions nous imposer.

J'avais si chaud parfois et je trouvais le contrôle du désir si exigeant que j'aurais souhaité me retrouver sous les boyaux d'arrosage des pompiers de la caserne de la rue Workman, comme quand j'étais toute petite. L'eau glacée dont ils nous arrosaient généreusement les jours de grande chaleur nous rafraîchissait le corps et les idées. Ils nous aidaient ainsi à survivre à la grande canicule, nous, les enfants du quartier.

Le beau grand A. L. allait cependant devenir un beau souvenir très rapidement. Les amours d'adolescents sont hélas souvent comme des feux de paille.

À l'école, j'étais présidente de la JEC (Jeunesse étudiante catholique). De temps en temps, j'étais appelée à me rendre à la centrale, rue Sherbrooke, où je croisais des gens comme Jeanne Sauvé ou Gérard Pelletier, qui étaient des permanents de l'organisme. Nous préparions un grand rassemblement qui allait réunir tous les membres de toutes les écoles de Montréal et j'avais la responsabilité de l'organisation pour mon école. Il fallait inciter les élèves à s'inscrire et leur apprendre la chanson-thème: *Mes amis, la vie est belle*. Il fallait aussi préparer la semaine consacrée à la JEC chaque année dans les écoles. Et, le vendredi de cette semaine-là, il fallait animer un grand spectacle. Ce fut la première fois que je me retrouvai sur une vraie scène, à l'école, devant toutes les élèves, comme animatrice d'un auditoire. Les leçons apprises à regarder faire les comédiens et les animateurs aussi bien à CKAC qu'à CKVL avaient porté leurs fruits. Et la sœur Marie-Lucien, qui fut la première à me féliciter, en profita pour me dire qu'avec ce talent-là je devrais essayer de me diriger vers des études où cela me serait utile. Rentrée chez moi, j'eus beau y réfléchir, je ne trouvai rien, excepté peut-être une possibilité de devenir maîtresse d'école à mon tour.

Ma mère fut très surprise quand je lui fis part des conseils de la sœur Marie-Lucien, car pour elle, et surtout pour mon père, une neuvième année, c'était bien suffisant pour une fille. La perspective de payer des études au-delà de la neuvième année paraissait un sacrifice que ma mère accepterait peut-être de faire, mais pas mon père.

C'est à ce moment-là que je trouvai mon premier travail de fin de semaine, chez Woolworth, rue Notre-Dame. J'y travaillai le vendredi soir de dix-huit heures à vingt et une heures, et le samedi de neuf heures à vingt et une heures, derrière un comptoir où il était absolument interdit de s'asseoir, pour la glorieuse somme de trois dollars.

C'était ma façon de prouver que je tenais à continuer mes études au-delà de la neuvième année. J'avais choisi le cours classique, tandis que ma sœur Raymonde opta pour le cours commercial. Mon père ne manqua pas de faire remarquer que son choix était plus judicieux que le mien qui, selon lui, ne menait à rien. Ma mère, plutôt que de l'entendre en parler chaque fois, décida de payer elle-même nos études, qui coûtaient une dizaine de dollars par mois au pensionnat Sainte-Angèle, rue Saint-Antoine, où nous serions externes. J'allais donc entrer en première année de lettres-sciences.

Le problème, c'est que j'avais souvent l'esprit plus aux amours qu'aux études.

9

Ma première vraie passion

Peut-on aimer avec passion à quatorze ans ? Peut-on pleurer des larmes de sang parce qu'on sait qu'à cet âge on ne pourra pas garder l'objet de son amour quand il a douze ans de plus que soi ?

Mai 1945. La célébration du mois de Marie. Nous devions nous rendre à l'église, toute la classe de neuvième, chaque jour durant le mois de mai. Pas moyen d'y échapper. La cérémonie de prières avait lieu vers quinze heures trente, après quoi nous rentrions dans nos familles.

On disait partout dans les journaux et à la radio que la guerre tirait à sa fin. L'atmosphère de ce printemps était bien particulière car il se pouvait que la paix revienne sur la terre. Nos professeurs nous incitaient à prier pour que les canons se taisent et que tout se termine bientôt.

Le mois de mai, quand on a quatorze ans, n'est pas propice à la prière. Les garçons de l'école Victor-Rousselot assistaient aussi au mois de Marie, avec le résultat qu'il était difficile de ne pas être distraite. Pourtant, ils ne m'intéressaient pas vraiment. Même les garçons de neuvième année avaient l'air de véritables enfants à côté des filles du même âge. Leur croissance n'étant pas terminée, ils étaient boutonneux, trop petits, et beaucoup trop ignorants.

Je sentais que, depuis quelques jours, on m'observait de l'autre côté. J'avais senti des yeux se poser sur moi à quelques reprises. Je faisais comme si je ne voyais rien. Ce n'était pas un élève qui excitait ainsi ma curiosité, mais un professeur. Il avait l'air beaucoup plus jeune que les autres professeurs, mais il était quand même trop vieux pour moi.

C'est à ma copine Rita Lapierre que je demandai pourquoi il me regardait comme ça.

— Arrête, me répondit-elle. Il ne te regarde même pas.

— Je te dis qu'il me regarde ! Je ne suis pas folle !

— Pourquoi il te regarderait ?

— Comment veux-tu que je le sache ?

Rentrée à la maison, je restai troublée. J'étais flattée d'avoir été remarquée par un personnage aussi important mais en même temps j'avais peur de ce qu'il me semblait lire dans ce regard qui se posait sur moi d'une façon que je n'avais encore jamais connue. Et j'attendis le lendemain pour voir si le manège allait recommencer.

D'autres filles l'avaient remarqué aussi. Elles en parlaient devant moi. Nous supputions ensemble son âge, car c'était très important pour nous. Dix-neuf, vingt ans ? Impossible. Nous pensions toutes qu'il ne pourrait pas être enseignant à cet âge-là. L'une d'entre nous s'offrit pour aller interroger un garçon de sa classe. Il enseignait la troisième ou la quatrième année. Nous avons fini par apprendre qu'il s'appelait L. M.

J'imagine que le garçon interrogé au sujet de son professeur avait dû lui raconter que les filles s'intéressaient à lui, puisque, le lendemain, L. M. commençait à nous saluer et à nous sourire à la sortie de l'église. Mais il ne parlait à personne véritablement.

Un jour, sans que je sache comment, je me retrouvai avec un billet dans la main. Quel chemin avait-il suivi pour arriver jusqu'à moi ? Je n'en ai encore aujourd'hui aucune idée. On me donnait rendez-vous dans un restaurant à quelques rues de l'église, à l'angle de Saint-Jacques et d'Atwater. Je me souviens de ce moment-là comme si je l'avais vécu hier. Normalement, je n'aurais pas dû y aller. Si j'avais posé la question à Cécile ou à ma Marie-Louise, c'est sûr qu'elles m'auraient dit de me tenir loin de cet homme. Mais l'idée d'un rendez-vous clandestin me plongeait déjà dans l'atmosphère d'un roman d'amour et je savais que je ne pourrais pas refuser d'y aller.

J'avais le profond sentiment que je ne devais en parler à personne autour de moi. Je savais que L. M. prenait des risques et c'était ce qui faisait battre mon cœur deux fois plus vite. Je pris mon temps. Pour tromper toute surveillance, je fis un détour par la rue Greene, ce qui donnait l'impression que je rentrais chez moi. Puis je bifurquai pour emprunter la rue Albert qui me ramènerait vers Atwater, et, en quelques minutes, après avoir traversé la voie ferrée de la rue Atwater, près du couvent des Sœurs Grises, je me retrouvai rue Saint-Jacques. Je n'excluais quand même pas la possibilité d'une mauvaise blague. Et s'il ne venait pas ? Si le billet n'était pas de lui ? J'avais un peu d'argent sur moi. Si par hasard il n'était pas là, je pourrais toujours commander un café et ne pas perdre complètement la face.

En entrant, je regardai partout dans le restaurant. Il n'était pas là. Je me suis assise quand même. J'étais maintenant convaincue qu'une des filles m'avait fait marcher, peut-être même Rita, ma meilleure amie, à qui j'avais osé confier que ce professeur me regardait un peu trop souvent. Je la trouvai méchante et j'eus envie de pleurer, tellement j'étais déçue. Tout à coup, je le vis entrer et venir directement vers moi. Mon cœur s'arrêta de battre complètement. Je n'avais donc pas rêvé, ni rien inventé. Il m'avait bien demandé ce rendez-vous secret et il était là, avec un sourire magnifique et des yeux rieurs qui me donnaient envie de mourir avant que nous n'ayons échangé un seul mot. Je le trouvais tellement séduisant que j'eus peur de paraître insignifiante et de ne jamais le revoir. Je fus immédiatement sur mes gardes.

D'abord, pour donner l'impression d'avoir plus de quatorze ans, je devais me montrer capable d'une conversation d'adulte et je devais me calmer avant d'ouvrir la bouche. Ce que je fis. Il m'expliqua qu'il espérait ne pas m'avoir déplu en demandant ce rendez-vous, qu'il avait envie de me connaître mieux et que, malgré les difficultés que cela pouvait poser, nous pouvions essayer de nous voir de temps en temps, si j'étais d'accord, afin de mieux faire connaissance. Il m'expliqua que ses journées comme professeur ne finissaient pas toutes à seize heures pile et qu'il faudrait trouver un moyen pour communiquer. Je lui expliquai que la maison que j'habitais était voisine de l'école où il enseignait et que je pouvais, par exemple, me trouver sur mon balcon entre seize heures et demie et dix-sept heures chaque jour; en marchant sur le trottoir, il passerait nécessairement devant chez moi et il n'aurait qu'à me faire un signe de la main pour que je le retrouve au même restaurant. Marché conclu.

L'idée du balcon me fit sourire pendant que je rentrais chez moi, parce qu'elle me rappelait l'histoire de Roméo et Juliette, que je trouvais tellement romantique, et que notre balcon du troisième étage, rue Delisle, n'avait certainement rien de commun avec l'image que je me faisais de la résidence de Juliette. Tant pis. J'étais heureuse. L. M. m'avait bien recommandé de garder nos rendez-vous secrets, m'expliquant que, pour lui, il y allait probablement de son emploi et qu'il valait mieux que ça reste entre nous, au moins jusqu'aux vacances, qui n'allaient pas tarder. Il avait voulu savoir si j'avais l'intention de continuer mes études après la neuvième. J'avais répondu que oui, et il m'assura que c'était le meilleur choix. Il fit l'erreur de dire qu'à seize ans il valait mieux s'instruire, et je ne corrigeai pas cette erreur qui m'avantageait.

Nos rendez-vous devinrent presque quotidiens. Et quand il marchait sous notre balcon sans lever la tête ni faire un petit signe de la main, je me sentais si triste que je n'avais plus envie de rien pour le reste de la journée. Nos conversations étaient fascinantes. Il me parlait de ce qu'il aimait, les grandes civilisations, aussi bien égyptienne que grecque. J'étais sous le charme. Nous prenions un café et, au moment de me quitter, il me donnait un baiser sur la joue en me disant : « À demain. » J'étais au comble du bonheur.

Après quelques jours, j'avais tout raconté à Cécile qui se demandait bien ce que je faisais sur le balcon tous les après-midi. Elle avait d'abord été surprise. Elle fut beaucoup plus inquiète quand je lui annonçai que L. M. avait vingt-six ans. Elle me dit que cela n'avait aucun sens, qu'un homme de cet âge-là ne devrait pas s'intéresser à une fille de mon âge et qu'elle avait bien peur que je ne sois en danger.

Je lui dis avec quelle infinie politesse il me traitait, précisant que jamais, au cours de nos rencontres, un seul mot suggérant que notre relation puisse être autre chose que ce qu'elle était n'avait été prononcé, et que, même si elle me l'interdisait, je continuerais à le voir. J'étais si déterminée qu'elle sentit qu'elle ne gagnerait rien par l'interdiction. Elle fut assez intelligente pour me dire qu'elle me faisait entièrement confiance et que j'étais capable de savoir ce que j'avais à faire. Cette marque de confiance était mon meilleur garde-fou.

Avec l'approche du mois de juin, les arbres commencèrent à se garnir de feuilles. Ça sentait bon le printemps et, après nos rencontres au restaurant du coin, dont je n'avais parlé à personne d'autre que ma mère, L. M. et moi avions pris l'habitude de marcher vers le mont Royal, où nous allions nous allonger dans l'herbe. Nous avalions un sandwich, puis, le soir venu, je mettais ma tête sur son épaule et il m'apprenait le nom des étoiles. Nous échangions des baisers qui me troublaient profondément. Puis il me ramenait jusqu'au coin de ma rue.

Il accepta de se compromettre un peu plus. Il devenait de plus en plus difficile pour moi de passer un samedi soir avec mes copains sans pouvoir parler de cet amour étrange que j'étais en train de vivre. Il m'autorisa à leur dire qu'il s'agissait de lui. Il n'y voyait pas d'objection, à condition qu'ils gardent cette information pour eux. Ils me firent la promesse solennelle de ne pas en parler à l'école des garçons.

Puis, un soir de juin, il me proposa un *nowhere*. Il s'agissait de monter à bord d'un autobus où on avait réservé des places et de partir pour une destination inconnue. On savait qu'il s'agissait toujours d'une salle de danse située à la campagne, à une trentaine de kilomètres de Montréal. C'était le summum du romantisme pour les jeunes couples. Quand, rendu dans la région de Sainte-Rose, l'autobus s'arrêta devant une salle de danse et que tous les couples s'y engouffrèrent, il me proposa de marcher aux alentours. Nous allions trouver un coin bien à nous et nous allonger dans l'herbe. Ce soir-là, nous avons échangé les baisers les plus passionnés que je pouvais imaginer. J'étais si ignorante des choses de l'amour que je ne savais pas si je devais lui dire que j'étais prête à me donner à lui, ou, au contraire, garder encore la tête froide comme ma mère me l'avait recommandé. Nos baisers étaient entrecoupés de rires et de gestes de tendresse. Mais je savais déjà que nous n'irions pas plus loin. Probablement parce que je ne savais pas vraiment ce que «aller plus loin» pouvait bien vouloir dire, et que L. M., qui en était sûrement encore plus conscient que moi, ne semblait pas vouloir me l'apprendre. Pourtant, c'est ce que je désirais le plus au monde. J'étais incapable de donner le signal qui aurait pu tout déclencher. Ce soir-là, nous n'avons pas dansé. Nous sommes retournés les premiers à l'autobus. J'étais triste et déçue, me sentant tellement ignorante. Je ne sais pas pourquoi je rentrai à la maison avec le sentiment que ce si grand amour ne pourrait pas durer.

Je n'avais pas tort. Je revis L. M. à quelques reprises jusqu'à la fin du mois de juin. Il m'emmena un soir à la Palestre

Nationale, où il y avait des combats de boxe, comme si le fait de nous occuper à autre chose que notre passion allait ramener le désir à des proportions plus raisonnables. Nous allions nous quitter encore une fois déchirés. S'il m'avait proposé d'aller chez lui, ou d'aller n'importe où avec lui, j'aurais dit oui. J'acceptais tout. Tout ce qui faisait trembler ma mère, c'est-à-dire la peur que notre relation ne devienne une véritable liaison, que je sois sa maîtresse et que je puisse me retrouver avec un enfant sans père, je l'acceptais dans ma tête. Combien de fois je me tins ce raisonnement sans être capable de l'exprimer devant lui ! Nous nous revîmes une dernière fois dans un bureau de la rue Saint-Jacques, dans le quartier des affaires. C'était au début de juillet. L'école était finie et il me fit visiter un bureau où il s'installait pour y faire je ne sais quoi. Je ne me souviens plus de ce qu'il m'a dit ce jour-là, parce que, pendant qu'il me parlait, je savais déjà dans mon cœur que je l'avais perdu. Le ton qu'il avait habituellement pour me parler avait changé. Ses yeux cherchaient à éviter les miens. Je ne restai que quelques minutes. Il me dit qu'il me téléphonerait. En sortant de son bureau, je m'en allai chez ma Marie-Louise, pleurer sur ses genoux.

C'était ma première vraie peine d'amour. Je ne m'étais pas trompée : il n'a jamais téléphoné par la suite. J'ai appris qu'il voyait de temps en temps une fille un peu plus âgée, la sœur d'une de mes amies, mais je soignais mon cœur brisé et je renonçai à essayer d'en savoir davantage. J'assumai ma peine.

Je revis L. M. deux fois par la suite. La première, un jour où je faisais une promenade de santé aux environs de l'école Victor-Rousselot. J'étais mariée, enceinte de mon premier enfant, et je sentis un tel malaise en le croisant alors qu'il accompagnait ses élèves près de l'école que je baissai les yeux pour ne pas le voir et fis semblant de ne pas le reconnaître. Je me disais alors que cet enfant que je portais aurait pu être le sien et je m'en voulais d'y penser, parce que le fait de l'avoir conçu avec un autre me paraissait une infidélité à son endroit dont j'avais un peu honte.

La seconde fois, ce fut la veille de mes soixante ans. Je m'étais juré que, si nous vivions jusque-là tous les deux, j'irais en personne le remercier d'avoir été plus intelligent que moi et d'avoir compris que cela ne m'aurait pas rendu service qu'il fasse de moi une fille-mère à l'âge que j'avais. Je voulais lui dire aussi que, grâce à lui, un autre voile avait quand même été déchiré, celui de la connaissance. Il m'avait donné envie de tout savoir des anciens Égyptiens et des anciens Grecs. Il m'avait montré que, au-delà des murs de mon quartier ou de ma ville, il y avait plein de choses à découvrir et que je n'aurais pas trop de toute ma vie pour y arriver. J'avais retenu sa leçon.

J'avais appris par hasard, par un collègue en politique qui avait mentionné son nom devant moi, qu'il vivait toujours. J'avais interrogé ce collègue pour être sûre qu'il s'agissait bien de l'homme que j'avais déjà connu. Je me dis donc que, le moment venu, je tiendrais ma promesse.

La veille de mes soixante ans, sans en parler à personne de mon entourage, je tins cette promesse. Je lui téléphonai pour lui demander de me retrouver dans un bar près de chez lui. Il est venu. J'avais apporté de vieilles photos où nous étions si beaux, si jeunes et si minces que nous avons ri. Il a été ému, je crois, car il n'a pas beaucoup parlé. Il faut dire que je ne lui en ai pas laissé le temps. Je lui ai raconté la peine que j'avais eue cette année-là, puis la reconnaissance que j'avais ressentie ensuite, comprenant enfin, longtemps après, qu'il avait été assez généreux pour refuser de gâcher ma vie. Parce que je réalisais, que s'il avait répondu à mes attentes, ma vie entière aurait été changée.

Il m'a écrit une seule fois après cette rencontre. Pour proposer une rencontre à quatre, entre sa femme et lui, mon compagnon et moi, pour le plaisir de faire connaissance, ajoutant qu'une fois tous les quarante ans ne lui paraissait pas abusif. Je n'y ai pas donné suite. Parce qu'il me paraît évident que j'aime encore cet homme, ou plutôt la mémoire que j'en garde, d'un amour très particulier qui n'enlève rien aux autres hommes que j'ai aimés ni à celui que j'aime maintenant. L. M. fait partie de mon passé auquel je tiens et je ne veux pas ternir le souvenir que j'ai gardé de lui.

Mon père n'a jamais rien su de cette histoire. Je continuais tout simplement d'enlever mon rouge à lèvres avant de rentrer à la maison. Enfin, ce qui en restait...

Cécile, elle, fut assez contente d'apprendre que tout était fini. La passion avait duré deux mois. Je devais m'en rappeler toute ma vie. J'allais avoir quinze ans.

10

Le monde du travail

Je voulais travailler, pour acquérir un peu plus d'indépendance. Je voulais que mon argent de poche me vienne entièrement de mon travail. Je tenais à soulager Cécile qui craignait déjà la ponction d'argent que le pensionnat allait faire sur ses revenus hebdomadaires. Je cherchais autre chose que l'emploi peu gratifiant que j'occupais chez Woolworth, où j'avais été promue, pour le même salaire, au comptoir des rubans et autres colifichets. On cherchait une vendeuse d'expérience au Syndicat Saint-Henri, rue Notre-Dame. On m'embaucha au Salon de la mariée. On y vendait de somptueuses robes longues blanches en satin, avec voiles assortis et ensembles de nuit. De l'autre côté, où M. Green était le patron, on vendait des ensembles masculins « jeunes mariés » parfaits pour les grands mariages. Chaque fin de semaine, nous annoncions un spécial « Muriel Millard » à vingt-neuf dollars et quatre-vingt-quinze pour les jeunes femmes, et, chez les hommes, un spécial « Jacques Normand » pour le même prix. Nous avions plus de clients que nous ne pouvions en servir. Je donnais aussi des conseils à titre de spécialiste. Sans blague.

— Trouvez-vous que je paraîtrais mieux avec une couronne ou un chapeau ?

— Le chapeau fait toujours un peu plus vieux et surtout moins romantique. Et puis ce sera peut-être la seule fois de votre vie que vous aurez l'occasion de porter une couronne, tandis que le chapeau…

— Vous avez raison. Ce n'est pas le temps de se priver. On ne se marie qu'une fois.

Chaque fois que j'entendais cette phrase-là, je ne savais pas quoi répondre. C'était vrai qu'on ne se mariait qu'une fois, à l'époque, et qu'on vivait souvent toute sa vie à côté d'un être qu'on méprisait, sans pouvoir y changer quoi que ce soit. J'avais même déjà vu revenir des jeunes femmes qui me rapportaient leur robe de mariée deux ou trois semaines après l'avoir utilisée, me suppliant de la reprendre pour une somme ridicule, et ce, pour une multitude de raisons. Parfois, le mari était parti depuis des jours sans donner de ses nouvelles, ou bien il n'avait pas dessoûlé depuis le soir des noces et il n'y avait plus d'argent dans la maison. Et il y eut ce cas dont je devais me souvenir long-temps : le futur ne s'était même pas présenté à l'église.

La politique du Syndicat Saint-Henri était de ne jamais rien reprendre. Qui aurait voulu acheter une robe de mariée usagée ? Quand elles venaient à mon Salon, elles flottaient toutes sur un nuage, reines du monde, convaincues que leur bonheur allait durer toute la vie et qu'elles méritaient ce qu'il y avait de mieux en satin et en dentelle.

Je gagnais une douzaine de dollars par semaine pour six jours de travail. La semaine de neuf heures à dix-huit heures, et le vendredi et le samedi jusqu'à vingt et une heures. Je ne dépen-sais rien. Mon père, dans un geste inattendu, nous avait offert, à Raymonde et à moi, si nous travaillions tout l'été, de nous em-mener passer quelques jours à Boston et à New York à la fin du mois d'août. Cette perspective à elle seule nous aurait fait oublier toute notre fatigue. C'était la première fois que nous irions à l'étranger, et notre père avait accepté notre demande que Cécile fasse partie du voyage. Nous étions comblées.

Nous ne savions pas exactement quel rapport nos parents entretenaient entre eux. Ils partageaient le même lit, une fois que Fernand était rentré, mais avaient-ils une relation maritale normale ou ne vivaient-ils que comme frère et sœur ? Nous ne le savions pas.

Un événement survenu quelques années auparavant à Saint-André-d'Argenteuil, fin juin, alors que nous venions tout juste d'arriver pour passer l'été et que les autres chalets étaient encore tous vides, m'avait laissée perplexe. Maman avait été très malade. Cela avait duré deux jours et deux nuits. J'étais l'aînée. C'est donc à moi qu'elle dut au moins expliquer ce dont elle avait besoin, pour que je m'occupe d'elle. Elle ne pouvait pas quitter le lit. Nous restions donc, Raymonde et moi, à jouer à l'intérieur du chalet. De temps en temps, maman me faisait venir dans sa chambre et me confiait une grande bassine remplie d'un drôle de liquide, mélange de je ne sais quoi et de sang, et me demandait d'aller vider le tout à l'arrière du chalet, en m'assurant bien que personne ne me verrait faire. À mon grand étonnement, elle me réveilla même une ou deux fois au cours de la nuit pour me confier la même mission. J'étais très inquiète, mais j'étais trop jeune pour pouvoir imaginer de quoi il s'agissait. Ce n'est que beaucoup plus tard que, repensant à ces moments, j'ai cru que ma mère avait dû subir un avortement, ou qu'elle avait provoqué elle-même une fausse couche et que tout n'allait pas aussi bien qu'il aurait fallu. Mais ce n'est qu'une déduction. Je ne lui ai jamais posé de questions à ce sujet. Quelques jours plus tard, alors qu'elle venait à peine de se rétablir, je fus témoin de longs conciliabules entre elle et sa sœur Juliette, qui venait de s'installer dans un chalet voisin.

Était-ce bien ce que j'avais déduit plus tard, et, si oui, Fernand était-il le père ?

Ma mère aurait bien pu avoir des amants, comme ses sœurs Yvonne et Gaëtane. Elle était assez jolie pour qu'on la remarque.

Mais elle passait tellement de temps à travailler ou à veiller sur ses filles que je ne vois pas quand elle aurait trouvé le temps. Et comment aurait-elle pu rencontrer quelqu'un régulièrement sans jamais lui présenter ses deux filles ? Je suis portée à penser qu'elle ne l'a pas fait. Mais aussi à le regretter pour elle, dans ce cas. Elle aurait dû. Il était évident qu'il y avait quelqu'un d'autre dans la vie de mon père. Nous le savions sans avoir jamais senti le besoin de le vérifier. C'était un fait accepté par nous trois. Et ma mère aurait mérité d'être heureuse et gâtée par la vie. Peut-être a-t-elle complètement renoncé à l'amour à cause de ses filles ? Elle en était capable. Mais si tel a été le cas, elle a eu bien tort. Moi, j'aurais accepté sa double vie comme j'acceptais celle de mes tantes Yvonne et Gaëtane. Je comprenais que, pour certains couples, le mariage était l'enfer et que, comme il était éternel, il ne laissait pas beaucoup d'options à ceux qui en crevaient doucement.

Je me demandais pourquoi mon père ne nous quittait pas, au lieu de se réfugier dans l'hypocrisie de la situation qu'il nous imposait. Ou pourquoi ma mère ne le mettait pas à la porte, ce qui aurait allégé l'atmosphère de la maison. Au contraire, nous préparions ce voyage aux États-Unis « en famille » comme si tout allait pour le mieux dans le meilleur des mondes.

Au cours du voyage, mes parents ont partagé la même chambre, ce qui ne veut pas dire qu'ils couchaient ensemble. Mon père, pour une fois, paraissait heureux de jouer les guides avec nous. Il connaissait bien Boston et New York alors que nous n'avions jamais su qu'il y était déjà allé. Mais quelle importance ! Nous n'avions pas assez d'yeux pour tout voir.

Nous habitions des hôtels modestes. Nous avons passé une journée à Radio City Music Hall, mangions dans des restaurants plus qu'ordinaires, trois fois par jour, et avions l'impression de vivre une immense aventure. Et maman était si heureuse ! Nous ne l'avions jamais vue comme ça.

À la fin du voyage, il ne me restait plus un sou de ce que j'avais gagné durant l'été et je me mis à la recherche d'un autre emploi. Le Salon de la mariée, à partir de septembre, devenait beaucoup trop tranquille. Je fus alors engagée comme vendeuse chez Alepins, place Saint-Henri, pour les fins de semaine d'abord et pour l'été suivant aussi.

Chez Alepins, on vendait des vêtements pour dames et pour hommes, mais surtout, à l'étage, des rideaux et tentures, du tissu au mètre, du prélart et du tapis. On en vend d'ailleurs toujours aujourd'hui. À mon arrivée, le père du clan trônait comme un roi sur une petite plate-forme au centre de son magasin. Rien n'échappait à son œil averti. Il était venu de Syrie plusieurs années auparavant et avait élevé toute sa famille, plusieurs garçons et une seule fille, Marie, derrière les comptoirs. Ils travaillaient tous au magasin, certains plus que d'autres. On m'a dit que cela n'avait pratiquement pas changé aujourd'hui, avec une autre génération, même si le patriarche est décédé depuis longtemps. Je gagnais la fabuleuse somme de quatre dollars et quarante-quatre cents, le vendredi soir de dix-huit heures à vingt et une heures, et le samedi de neuf heures à vingt et une heures. C'est là que je devais faire la connaissance du cousin d'Yvon Deschamps, Jean, qui racontait à tout le monde que j'étais la plus belle fille du quartier, ce que je trouvais flatteur mais exagéré. J'étais assez prudente, en tout cas, pour ne pas prendre sa déclaration au pied de la lettre.

Il ne fallut quand même que quelques jours pour qu'un des fils Alepins me fasse une cour assidue. Au début, cela m'amusa. Je ne savais pas quel âge il avait, peut-être vingt-deux ou vingt-trois ans. Il n'était pas très grand. De mon côté, jusque-là, je n'avais toujours été attirée que par des garçons plus grands que moi, alors qu'E. avait tout juste ma taille. Quand j'en parlai à Cécile, elle me conseilla d'oublier son apparence et d'apprendre à le connaître mieux pour découvrir les qualités qu'il pouvait avoir, ajoutant que le physique n'était pas tout et qu'avec lui, au moins, je n'aurais jamais de soucis d'argent. Cela me fit rire. Je ne comprenais pas pourquoi ma mère me conseillait, à seize ans, de choisir l'argent plutôt que l'amour. Cette vulgaire question de fortune n'allait certainement pas jouer un rôle dans mes décisions.

J'acceptai les invitations d'E. à quelques reprises. Je voyais le regard de satisfaction de ma mère quand il garait son immense voiture de l'année devant notre porte, rue Delisle. Heureusement, il n'a jamais su que maman plaidait sa cause. J'avais déjà assez honte qu'elle m'en ait parlé à moi et j'attribuais à ses propres problèmes d'argent l'inquiétude qu'elle manifestait à mon endroit.

Elle avait raison sur un point, et je m'en rendis compte lorsque je découvris la richesse avec E. La vraie. Celle de Westmount et d'Outremont, celle qui permet d'acheter tout ce que l'on désire ici-bas. Il m'emmenait chez ses amis, qui avaient des maisons si grandes que notre logement de la rue Delisle aurait pu tenir dans une seule de leurs pièces. Des maisons qui avaient des courts de tennis privés, chose que je n'avais vue qu'au cinéma jusque-là. Les filles que je rencontrais avec lui fréquentaient Villa Maria et semblaient tout à fait à l'aise dans l'environnement somptueux qui était le leur. Pour le suivre, j'eus recours souvent à la garde-robe de ma tante Claire, car je n'avais pas dans la mienne les vêtements requis. J'ai porté ainsi des robes que ma pauvre tante n'avait même pas eu le temps d'étrenner elle-même. J'étais fascinée par la richesse que je découvrais. Sa famille avait une maison de campagne en plus de la résidence principale, sur les bords du lac Saint-Louis, à Pointe-Claire. J'avais vu là à quoi ressemblait un dimanche à la campagne chez cette jeunesse dorée. On pouvait se baigner, partir en bateau, jouer au tennis, ou ne rien faire, comme il était permis seulement aux riches. J'apprenais un autre côté de la vie que je n'avais jamais vu auparavant.

Je laissais E. m'embrasser, mais je ne l'embrassais que du bout des lèvres. Sa présence ne suscitait chez moi aucun désir, mais plutôt une sorte de curiosité pour un monde totalement inconnu. Nous restions des étrangers. Pourtant, je dois l'avouer, j'aimais ce à quoi il me donnait accès. J'étais cependant trop honnête et trop fière pour entretenir longtemps une relation qui ne se développait pas autrement. Je ne l'aimais pas, et je m'apprêtais à le lui dire. Je voulais que nous cessions de nous voir puisque cela ne menait à rien. Je ne savais trop comment faire, car je n'avais jamais eu à rompre auparavant.

J'avais, par ailleurs, commencé à m'intéresser à un groupe de jeunes qui travaillaient à fonder un « Cercle pour les jeunes dans Saint-Henri ». On m'avait approchée pour que je participe à l'entreprise. J'étais tentée par une telle proposition, d'autant plus que mes sorties dans le monde des riches m'avaient permis de constater à quel point la jeunesse de Saint-Henri était démunie quant aux loisirs. Pas de tennis pour nous, pas de jolis parcs non plus. Seulement le béton des trottoirs et les restaurants du coin où traînaient aussi parfois de jeunes garçons nommés Dubois[3] et d'autres moins connus qu'il valait mieux ne pas fréquenter de trop près. Nous n'avions rien. Pas de bibliothèque, pas de salle de danse, rien. Aucun accès au théâtre à part les après-midi chez les pompiers, où nous avions découvert le burlesque. Rien de « culturel » qui soit digne de ce mot.

Le seul parc qui nous était accessible était le parc Selby, dans lequel se déroulaient nos batailles régulières contre les anglophones de Westmount. Elles avaient lieu surtout l'été, le soir, quand il faisait chaud. Je n'ai jamais su pourquoi ces affrontements revenaient chaque année. Était-ce la bataille du français

---

3.   Les membres du célèbre clan Dubois.

contre l'anglais, ou celle des pauvres contre les riches ? J'y allais chaque fois que j'entendais dire qu'une bataille était prévue. On se lançait des roches. Personne n'a vraiment jamais gagné ni perdu. Il n'y eut jamais de blessé grave, heureusement.

À Saint-Henri, on voulait un lieu culturel bien à nous, où l'on pourrait écouter de la musique classique, de l'opéra, discuter des derniers livres parus, un lieu qui serait même doté d'un ciné-club. Parmi les jeunes que j'avais rencontrés à ce sujet, il y avait un certain Antoine, ainsi que Raynald Tessier et Jacques Payette. Dès notre première rencontre, ils ont commencé à me taquiner en disant que j'allais un jour rencontrer leur copain André qui était, disaient-ils, à l'origine de l'idée et qui étudiait pourtant à Ottawa. Cela m'amusait. J'avais des idées auxquelles je tenais beaucoup. Ils semblaient penser qu'entre leur copain et moi se produirait une sorte de choc de fond qu'ils ne voulaient pas manquer.

Je donnai son congé à E. Il eut de la peine. Je me sentais maladroite de ne pas avoir su rompre plus correctement qu'en lui disant bêtement que je ne l'aimais pas. Je n'étais pas douée pour les séparations. C'était l'automne 1948.

Je savais maintenant qu'il y avait des riches et des pauvres. Je ne savais rien de la politique ni du fonctionnement de la planète. Mon horizon géographique s'était élargi jusqu'à New York, mais mon monde était encore tout petit. Je me trouvais toujours bien ignorante. J'étais heureuse d'avoir entrepris des études classiques. Je faisais de la philosophie et du latin. On n'enseignait pas le grec aux filles. Les religieuses nous avaient quand même conseillé de prendre des cours de dactylographie. « On ne sait jamais », disaient-elles.

J'étais une étudiante douée et j'avais à cœur de ne pas dépenser l'argent de ma mère pour rien. Je travaillais fort. Mon cœur était de nouveau libre. J'ai fini par rencontrer André, un soir, peu avant Noël, au magasin Alepins où je terminais ma journée de travail. Ses copains, qui l'accompagnaient tous, heureux d'assister à ce qu'ils avaient prévu comme une rencontre spectaculaire, me l'ont présenté. Je n'ai vu que ses yeux.

J'avais dix-sept ans. J'étais amoureuse de l'amour comme le sont souvent les filles de cet âge. Il se peut que l'attitude de ses copains m'annonçant qu'il y aurait, de toute façon, un coup de foudre, que c'était écrit dans le ciel et que nous ne pourrions pas y échapper, m'ait prédisposée à ce qui allait se produire. Notre rencontre, ce soir-là, ne dura que quelques minutes, mais mon cœur se mit à danser dans ma poitrine. J'étais sous le charme.

Je ne savais pas que se décidait là une bonne partie de ma vie.

11

Le prince charmant est arrivé

Il n'y eut pas de cheval blanc mais beaucoup de rêve. Ma vie, du jour au lendemain, se trouva complètement chambardée. André étudiait à Ottawa et il ne venait à Montréal qu'une fois tous les trois mois. Nous échangions des lettres presque quotidiennes qui servaient à entretenir une flamme qui nous tenait bien au chaud tous les deux. Nous étions amoureux et nous trouvions que la langue française n'avait pas assez de mots pour l'écrire. Chaque soir, nous écoutions l'émission de Félix Leclerc, fidèlement, lui à Ottawa, moi à Montréal. C'était notre rendez-vous secret.

J'ai deux montagnes à traverser
Deux rivières à boire[4].

Demain, si la mer est docile,
Je partirai de grand matin,
J'irai te chercher une île,
Celle que tu montres avec ta main[5].

Je vivais dans l'attente, moi aussi. Comme ma mère. L'attente d'une lettre, ou d'une visite.

---

4. Félix Leclerc, *J'ai deux montagnes à traverser.*
5. Félix Leclerc, *Demain, si la mer.*

J'allais souvent tout raconter à ma Marie-Louise, qui ne comprenait pas qu'on puisse aimer autant par correspondance. Si bien que je finis par craindre le retour d'André, redoutant d'être déçue. Mais ce ne fut pas le cas.

Les quelques jours que nous partageâmes durant les vacances de Pâques ne firent que confirmer l'attachement que les lettres annonçaient déjà. André était tendre et attentif. Il était fils unique. Sa mère était morte en couches à sa seconde grossesse, et on l'avait alors confié aux soins de sa grand-mère maternelle et de ses nombreuses tantes. Elles l'avaient beaucoup gâté, car elles trouvaient qu'il faisait pitié d'avoir perdu sa mère. Son père, Amable, s'était remarié beaucoup plus tard avec une femme extraordinaire du nom de Thérèse, qui avait eu bien du mal à se faire accepter de la famille Lagacé, l'ex-belle-famille de son mari. André était destiné à la prêtrise. Sa grand-mère Lagacé avait déjà donné un fils à la religion, Alfred, oblat de Marie-Immaculée, et aurait bien aimé que son petit-fils suivît les traces d'Alfred. Quand il était tout petit déjà, elle lui avait fait fabriquer un autel afin qu'il puisse jouer à dire la messe.

André avait étudié au juvénat mais, au moment de notre rencontre, il avait déjà renoncé à sa vocation et ma présence dans sa vie ne fit que confirmer pour lui qu'il avait fait le bon choix. Mais la grand-mère ne l'entendait pas ainsi et il fallut beaucoup de temps et de gentillesse pour que je sois admise dans le cercle familial. Thérèse, la belle-mère d'André, avait vraiment été la seule à m'ouvrir les bras, me recommandant de me préparer à une véritable lutte, elle qui était encore vue d'un mauvais œil par la belle-famille et traitée comme une voleuse de mari.

Ma mère n'aimait pas ce qui était en train de m'arriver et elle me le dit. Devant l'exclusivité de l'amour que je portais à André, elle me fit remarquer souvent que je n'avais que dix-sept ans et lui que dix-huit, et que je ne savais rien de ce qu'il faisait à Ottawa alors que moi je m'enfermais à la maison pour écouter les disques et les émissions de radio qu'il aimait et pour écrire des lettres sans fin. Elle enchaînait en disant :

— J'ai assez attendu dans ma vie ; je ne veux pas que l'une de mes filles fasse la même chose.

— Ce n'est pas pareil, maman, lui répondais-je. Lui, il m'aime.

Je m'appliquais encore plus aux études, pour être encore plus digne de lui. J'avais confié mon secret à la sœur Marie-Ella, qui me comprenait si bien que j'en avais conclu qu'elle avait dû connaître l'amour humain elle-même pour savoir aussi bien de quoi je parlais.

Les religieuses du pensionnat Sainte-Angèle n'étaient pas toutes aussi compréhensives que la sœur Marie-Ella. Certaines étaient moins disponibles, moins rieuses aussi. Comme la sœur Marie-Reine-des-Anges, que je devais hélas avoir comme professeur en quatrième année lettres-sciences. Nous avions au moins une fois par semaine des discussions ouvertes sur des sujets de notre choix. Ces discussions nous permettaient d'exprimer des opinions, de les défendre, d'atténuer nos positions si parfois quelqu'un d'autre dans la classe faisait valoir un point de vue qui paraissait valable. Nous discutions de tout, de questions politiques aussi bien que de questions sociales.

Un jour, la sœur Marie-Reine-des-Anges nous proposa de discuter du cas suivant : deux hommes, l'un riche et connu, l'autre pauvre et parfaitement inconnu, sont victimes d'un grave accident en même temps ; s'il n'y a qu'une seule place disponible à l'hôpital, lequel des deux doit-on soigner ? Elle prétendait qu'il fallait sauver l'homme riche et connu, qui avait sûrement déjà rendu bien des services à la société et qui était visiblement en position d'en rendre encore beaucoup d'autres s'il était sauvé. Je fus complètement scandalisée. J'entrai dans une colère mémorable dont tout le couvent entendit parler et qui laissa la bonne sœur bouche bée, incapable d'ajouter un mot. Je quittai la classe en claquant la porte. La sœur Marie-Reine-des-Anges ne devait plus jamais en reparler. C'est la seule fois qu'une sœur de Sainte-Anne me scandalisa autant, et même aujourd'hui il m'arrive encore de penser à elle quand on annonce dans les journaux que les salles du service des urgences des hôpitaux sont remplies. Chaque fois, je me dis que je n'ai jamais lu dans un journal, à ce jour, qu'un cardinal s'était retrouvé dans un corridor du service des urgences, en attente d'un lit.

Les sœurs, pour la plupart, chantaient aussi les louanges du premier ministre Maurice Duplessis, qui était au pouvoir depuis 1936. Je n'entendais pas la même chanson dans ma famille. Ma Marie-Louise racontait parfois que c'était à cause de lui que tout allait mal.

— Ce mangeux de balustrade, il écrase les petits !

— Tais-toi donc, répondait Ernest. Tu ne connais rien à la politique.

— Le problème, disait ma Marie-Louise, c'est qu'un autre ne ferait probablement pas mieux. Ils sont tous pareils.

Son opinion ne changeait pas. Ni sur les politiciens ni sur les curés. Sauf peut-être pour un drôle de prêtre qu'abritait alors le presbytère de la paroisse Saint-Irénée, situé juste en face de chez elle. Il s'appelait l'abbé Saey, mais pour nous, les enfants, il avait toujours été l'« a b c », bien sûr. Les gens disaient que c'était un saint. Il était sans âge et il n'avait que la peau et les os. On racontait à son sujet que, au moment de manger un sandwich pour tout repas, il allait d'abord le passer sous le robinet pour faire un sacrifice et s'obliger à manger le pain mouillé. On disait aussi que ses parents, qui habitaient le nord de la ville, lui achetaient un manteau d'hiver chaque année car, dès que l'abbé rencontrait un pauvre qui n'avait pas de manteau, il lui offrait le sien. Il pouvait se promener en veste de laine par des températures largement au-dessous de zéro. L'abbé Saey était un saint homme pour certains et un fou pour d'autres. Ce qui est sûr, c'est que son comportement déroutait, et ma Marie-Louise ne savait plus quoi en penser. Un prêtre aussi différent des autres, était-ce possible ?

L'abbé Saey avait fondé une sorte de communauté religieuse de femmes, qu'on appelait dans le quartier « les Samaritaines ». Elles vivaient dans un petit local commercial à l'angle des rues Delisle et Greene. Leurs fenêtres étaient ornées d'épais rideaux blancs et on ne les voyait toujours sortir que par deux. On racontait qu'elles dormaient à même le sol et qu'elles allaient aider les femmes malades chez elles en faisant du ménage et en s'occupant des enfants. J'avais sûrement déjà l'esprit mal tourné, comme me disaient les religieuses à l'école, car j'avais du mal à comprendre pourquoi le saint abbé n'enfermait que des femmes dans son local et pas des hommes. Cela faisait rire ma Marie-Louise, qui trouvait, elle, que j'étais sur la bonne voie.

J'écrivais toujours à André. J'appris ainsi qu'il ne passerait pas l'été à Montréal. Il avait signé une entente avec l'école des officiers, le COTC, et il serait en poste à Borden, ce qui était encore pire qu'Ottawa. Je me désolais de mes amours vécues à distance. Ma mère aussi. Elle m'incitait à retrouver mes amis, à continuer ma vie. Je la sentais triste quand nous nous retrouvions côte à côte à la table de la cuisine, en train de lire des romans d'amour, elle attendant Fernand, moi attendant André.

Surtout, disait-elle, que je finirais par être amoureuse de quelqu'un que je ne connaissais pas, donc qui n'existait peut-être pas non plus.

Chez Alepins aussi, cela devenait intenable. E. ne me parlait pratiquement plus. Le climat n'était pas bon. Je demandai alors d'être mutée au deuxième étage, histoire de travailler sous les ordres de quelqu'un d'autre. Là, ce fut pire. Je me battais quotidiennement avec un patron qui cherchait constamment à me pousser dans un coin, qui profitait de la présence d'une cliente pour me mettre la main sur l'épaule ou passer son bras autour de ma taille, et qui me frôlait les seins chaque fois qu'il en avait la possibilité. C'était insupportable et je finis par quitter mon emploi. Je ne savais pas encore que cela s'appelait du harcèlement sexuel.

En juin 1949, Raymonde et moi allions recevoir nos diplômes le même jour. Elle terminait deux années d'études commerciales, et les diplômées du pensionnat Sainte-Angèle étaient tellement recherchées par les patrons qu'elle avait déjà des offres d'emploi. Moi, j'espérais encore pouvoir continuer mes études à Lachine, à la maison mère des Sœurs de Sainte-Anne, mais mon père était indécis. Cécile avait payé nos études chaque mois jusque-là, mais l'aide de mon père était nécessaire pour la suite. Je lui en avais déjà parlé deux ou trois fois. Il répondait toujours qu'il allait y penser. Puis, un jour, la décision est tombée. « Il est temps que tu commences à travailler. Moi, à dix-huit ans, ça faisait longtemps que je travaillais. Et puis tu vas te marier un jour. Ça servira à quoi, autant d'études, pour changer des couches ? » Fin de la discussion.

Je me sentais si humiliée. J'espérais que Cécile prenne ma défense, mais elle ne bougea pas. Elle n'avait pas réussi à me convaincre de mettre un peu André de côté pour retrouver une vie normale de fille de dix-huit ans. Elle m'abandonna au moment même où c'était moi qui mettais en elle toute ma confiance. Je préférai aller pleurer chez ma Marie-Louise. Elle aurait bien voulu m'aider, mais elle ne pouvait utiliser l'argent que lui versaient Émile, Gaëtane et Claire pour leur pension. Même mariée, Claire habitait chez ma Marie-Louise avec son mari Pierre, et tous aidaient à faire vivre ma grand-mère et son mari Ernest. Il aurait fallu obtenir l'accord de chacun d'eux pour payer mes études, et je ne voulus pas.

Je n'avais plus le choix. Mes études étaient terminées. Le jour de la remise des diplômes, j'avais le cœur en miettes malgré la présence d'André, qui avait tenu à y assister. Mon père n'y était pas. André me confia ce jour-là qu'il espérait, plus tard, continuer ses études à l'Université de Montréal, ce qui aurait pour effet de nous rapprocher. Cette nouvelle mit un peu de baume sur ma grande déception.

Si Raymonde avait déjà du travail, ce n'était pas mon cas. Mon père se permettait de répéter, chaque fois qu'il en avait l'occasion : « Je te l'avais bien dit que ces études-là, ça ne menait à rien. » Je finis quand même par trouver un emploi de secrétaire. Je remerciai les sœurs, dans mon for intérieur, de nous avoir obligées à apprendre la dactylographie. Mon emploi était cependant moins bien que celui de Raymonde, et surtout moins rémunéré. C'était une douce revanche, je l'admettais volontiers, pour elle qui avait toujours été la deuxième. À l'école primaire, elle arrivait toujours dans une classe que je venais de quitter. Elle me suivait de si près qu'on lui mettait chaque fois sous le nez les succès que j'avais eus avant elle. Raymonde devait en avoir assez de se faire demander si elle était ma sœur. Enfin, c'était son tour. Elle avait tout : un bon travail, un bon salaire, les moyens de payer une pension à maman et d'acheter ce dont elle avait envie, des robes et des tailleurs auxquels je ne pouvais que rêver. Je n'avais rien. Je travaillais comme secrétaire dans un minuscule bureau rempli de poussière, rue Sainte-Catherine, près de la rue Guy, où j'avais la responsabilité de préparer les commandes des dentistes de Montréal qui y achetaient des fausses dents.

C'est ainsi que j'appris que ma gauche était leur droite et vice-versa. Un dentiste identifiait la gauche et la droite quand il faisait face à un client. Ce qui me paraissait si étrange à l'époque me ferait bien rire plus tard quand je découvrirais que c'était un peu la même chose en politique ! La gauche pouvait devenir la droite, selon le point de vue où on se plaçait.

La différence de revenu entre Raymonde et moi donna lieu à notre première vraie dispute. Nous nous étions toujours bien entendues auparavant. Mais, un jour, sans lui demander la permission, je lui empruntai une robe toute neuve qui me faisait terriblement envie. Elle me fit une colère noire quand elle s'en rendit compte. Je ne devais plus jamais toucher à rien de ce qui lui appartenait. J'avais eu ma leçon.

Je quittai mon emploi au bout de quelques mois pour aller chez un concurrent, Canada Dental. Je fus sous la coupe d'une patronne méchante à l'égard de toutes les femmes qui se trouvaient sous son autorité. J'ai oublié son nom, heureusement. Mais cette femme avait le don de noircir toutes ses subalternes aux yeux des patrons, tout en nous destinant, par ailleurs, des sourires amicaux. Elle créait un climat intenable et je trouvai ce milieu absolument pourri. Je devais cependant en retenir la leçon qu'il y avait du chemin à faire avant que les femmes ne soient solidaires. Je m'éveillais doucement à la condition des femmes au travail. J'apprenais vite.

À la maison, mon père se moquait de moi. Je ne gagnais qu'une vingtaine de dollars par semaine et il paraissait évident que je n'irais pas beaucoup plus loin. C'est à ce moment-là que ma tante Adrienne me suggéra d'aller passer les examens d'entrée chez Bell. Je parlais assez bien l'anglais et j'entrepris les démarches surtout pour lui faire plaisir, car je me voyais mal avec un encadrement aussi sévère. Le jour dit, j'allai passer les tests. Je les fis très sérieusement, mais, à la fin de la journée, on m'apprit que ma candidature était rejetée parce que, disait-on, visiblement, je manquais d'esprit d'initiative. Je fus déçue. Cet incident m'est revenu à la mémoire le jour où, alors que j'étais en politique depuis quelque temps, on m'a demandé d'inaugurer, comme députée de Dorion, un nouvel édifice de Bell dans mon comté. Je m'amusai follement à raconter, devant tous les grands patrons et les employés réunis, ma journée chez Bell à l'époque. Quand je leur dis qu'on m'avait refusé un emploi chez eux par manque d'esprit d'initiative, les employés s'esclaffèrent tandis que les patrons ne savaient quelle attitude adopter. J'en tirai une grande satisfaction.

Je quittai Canada Dental après quelques mois, surtout à cause de la grande pimbêche qui me rendait la vie impossible, et je répondis à une petite annonce parue dans un journal local. Il s'agissait d'une école de peinture située à Westmount et qui était à la recherche d'une personne pouvant s'occuper des inscriptions et des petits travaux d'administration. Je fis la connaissance de Sévère Masse, un personnage amusant, peintre de talent qui ne devait jamais percer vraiment. Il avait trouvé une façon de gagner sa vie en enseignant le dessin et la peinture aux dames de Westmount. Elles soignaient leur ennui en classe d'art. Je fus très heureuse chez lui. Je gagnais vingt-deux dollars par semaine. J'étais assez libre de mon temps. Je pouvais m'abstenir de travailler un matin, et travailler une soirée en remplacement. Je remis les affaires de Sévère en ordre et je fis en même temps mon éducation dans le domaine de la peinture. Quand je le laissais faire, Sévère pouvait parler de peinture pendant des heures. J'appris avec lui à apprécier les chefs-d'œuvre, l'histoire de la peinture et des grands maîtres. En fait, j'aurais dû payer pour travailler chez lui. Nous nous entendions très bien et je savais que je continuais à apprendre.

Il m'accorda même quelques jours de vacances au début de l'été. Je ne facilitai pas les choses à ma mère car je lui annonçai que j'allais passer une longue fin de semaine avec André près de Borden. Je ferais le voyage en train, et je lui demandai de ne pas s'inquiéter. J'avais d'abord pensé qu'elle s'y opposerait, mais elle se contenta de me rappeler ce que serait la réaction de mon père s'il apprenait ce voyage. Nous inventâmes une histoire d'invitation de fin de semaine chez une copine de classe et elle me donna un peu d'argent parce que je n'en avais pas encore beaucoup. Au moment du départ, elle me répéta, comme toujours : « N'oublie pas que je te fais confiance. » Elle ne savait sûrement pas ce que ces mots-là représentaient pour moi. J'étais absolument incapable de trahir sa confiance. C'est comme si elle avait déposé entre mes mains non seulement son honneur, sa fierté, son sens du devoir, sa réputation et tout ce qui s'y rattachait, mais également la confiance de ma Marie-Louise. Si la confiance de ma mère n'avait pas été suffisante, celle de ma Marie-Louise ne me laissait aucune chance de perdre la tête.

Je n'ai jamais su si André avait été déçu de ces quelques jours de grandes découvertes mais aussi de grandes frustrations. Nous avons partagé un lit dans une cabine de plage au bord d'un lac magnifique. Je devais m'assurer de rentrer à la maison aussi vierge que quand j'en étais partie. Je voulais pouvoir dire à Cécile qu'elle pouvait continuer à me faire confiance. C'était difficile, je l'avoue. André a su se montrer parfait gentleman. Il était d'accord pour qu'on attende. Sous l'emprise de l'enseignement religieux, il désirait sincèrement que nous passions devant le curé avant d'aller plus loin. Nous avions commencé à parler de mariage, mais pour plus tard seulement.

12

Je découvre le monde

André finit par s'installer à Montréal, et il s'inscrivit comme prévu à l'université. Ses parents n'étant pas riches non plus, son père lui donnait un dollar par jour pour payer le tramway et son repas de midi. C'était peu, même à l'époque. Il avait choisi la Faculté de philosophie, ce qui déçut beaucoup mon père, qui avait cru qu'il s'inscrirait en médecine ou en droit. André fut classé par mon père comme un poète, ce qui n'était pas flatteur.

Dans les confidences qu'il m'avait faites, André rêvait de devenir comédien. Il vouait une passion au théâtre. Une fois à Montréal, il réussit à se faire accepter chez les Compagnons de Saint-Laurent.

Nous étions inséparables. Partout où il allait, j'allais aussi. Les amis qu'il se faisait devenaient les miens. Ce fut le cas autant à l'université que chez les Compagnons de Saint-Laurent ou à Ottawa plus tôt, où j'avais, grâce à lui, fait la connaissance de Jean-Roch Boivin, que je devais retrouver beaucoup plus tard dans ma vie.

Je connus donc, en même temps que lui, le père Émile Legault, qui avait cru que nous étions frère et sœur tellement il trouvait que nous avions des traits communs. Puis Guy Hoffmann, Lionel Villeneuve, Hélène Loiselle, Jean Coutu, Yves et Jacques Létourneau, Georges Groulx, Renée et Marcelle David, et Guy Messier, qui est resté mon ami personnel jusqu'à aujourd'hui.

Il dirigeait, à ce moment-là, l'Ordre de Bon Temps, un groupe de danse folklorique. Nous nous sommes perdus de vue souvent, mais nous nous sommes retrouvés dans les endroits les plus inattendus tout au long de notre vie.

Du côté de l'université, avec André, je fis la connaissance d'Hubert Aquin, que je trouvais déjà fascinant. Il avait le talent de refaire le monde en quelques phrases bien senties. Ce don de la parole me séduisait vraiment. Michelle Lasnier était sa compagne, douce et amoureuse. Je connus aussi Alice Reid, une belle grande jeune femme délurée et fragile à la fois, que je compte toujours parmi mes amies.

Je me retrouvai un jour au centre d'un projet de film que nourrissaient Raymond-Marie Léger, Michel Brault et Jacques Giraldeau, tous étudiants. Il s'agissait de *La Peste*, d'après le roman d'Albert Camus. Ils n'avaient pas, hélas, réussi à lever les fonds nécessaires à la production, et le projet fut abandonné, faute d'argent. Quand j'avais parlé de ce projet à Cécile, elle s'était mise à rêver pour moi d'une vie de vedette du cinéma. Je devais interpréter le premier rôle féminin, et elle fut déçue autant que moi.

Chez les Compagnons de Saint-Laurent, on répétait *Meurtre dans la cathédrale*. Je découvrais les coulisses du théâtre. Gabriel Gascon traînait par là avec Gisèle Mauricet, qui allait devenir sa femme. Gaétan Labrèche allait y tenir un tout petit rôle, comme André d'ailleurs. Robert Speaight, venu de Londres, assurait la mise en scène. C'était un être étonnant et un acteur de talent qui en mettait plein la vue en travaillant. Le soir de la première, on avait oublié le disque des trompettes. S'en apercevant, Speaight fit les trompettes avec sa bouche. Le spectacle a failli tourner court, tellement tout le monde riait.

La prochaine pièce au programme était *Roméo et Juliette*. Jean Coutu jouerait Roméo, ce qui allait être son plus grand rôle au théâtre, à mon avis. Hélène Loiselle serait une Juliette inoubliable. Les répétitions allaient bon train. La nounou de Juliette était interprétée par Lucie De Vienne Blanc. De pouvoir assister aux répétitions était un privilège extraordinaire et constituait une école merveilleuse. J'avais l'impression de tellement apprendre que je ne regrettais pas les études que j'avais dû abandonner. Je passais tous mes temps libres chez les Compagnons de Saint-Laurent. Le père Legault, me croisant un jour dans les coulisses, me dit de me joindre aux danseuses dont on avait besoin pour la scène de bal chez Juliette, ce que je fis avec joie. À la maison, je n'en parlais qu'à Cécile, dont les yeux brillaient quand je racontais comment les choses se passaient au théâtre. Elle vivait l'expérience à travers moi avec plaisir, mais déchantait quand elle réalisait qu'André et moi parlions de mariage alors qu'il n'avait aucun emploi stable ni aucune perspective d'avenir. Le théâtre ne payait pas, c'était bien connu. Elle se désespérait pour moi.

André avait été recruté pour faire de la figuration dans la troupe de Louis Jouvet qui jouait *Le Malade imaginaire* à Montréal. Comme je le suivais toujours, j'eus le bonheur de connaître Jouvet. Je voyais la pièce de la coulisse et chaque soir, au moment d'une de ses sorties de scène, il avait un mot gentil pour moi : « Tu n'as pas froid, mon petit ? » ou « Tu es très jolie, tu sais, mon petit » ou encore « Quel métier de merde on fait, mon petit ». Vous comprendrez ma stupeur quand j'entendis récemment une animatrice de télévision dite « journaliste culturelle » poser la question suivante : « Est-ce qu'il a vraiment existé, Louis Jouvet ? » Je suis presque tombée en bas de ma chaise. Et on me dira aujourd'hui qu'on n'est plus dans la « grande noirceur » !

Nous étions en 1950. Raymonde passait beaucoup de son temps chez sa marraine Adrienne, qui avait finalement épousé un Américain de Rouses Point, un petit village situé juste à la frontière, près de Montréal. Adrienne était considérée comme la vieille fille de la famille Ouimet. Elle avait toujours vécu avec sa mère. Elle avait une amie qui, depuis au moins vingt ans, lui parlait de son cousin qu'elle voulait lui présenter, mais ne l'avait jamais fait. Puis le cousin avait été marié, et ce n'est que quand il devint veuf que l'amie en question le présenta enfin à Adrienne, qui l'épousa quelques semaines plus tard. Il s'appelait Sanford Gooley. Raymonde s'était prise d'affection pour lui et pour ce petit village où elle avait fait la connaissance d'un jeune Américain qui lui plaisait. Je m'attachai rapidement à Sanford, cet oncle nouveau, si bon et si généreux. Au cours d'une visite chez Adrienne, je fis la connaissance d'un beau grand pilote de l'aviation américaine que je trouvai très séduisant. Nous ne nous vîmes que deux ou trois fois. À mon grand étonnement, je le trouvai, tard un soir, dans le salon chez ma mère. Il m'avait attendue toute la soirée sans même pouvoir expliquer à Cécile en français ce qu'il me voulait. Il voulait m'épouser. Il avait une bague dans les mains et proposait que nous nous fiancions immédiatement pour nous marier quelques mois plus tard, quand il aurait droit à un long congé.

Je lui expliquai que j'étais déjà amoureuse de quelqu'un d'autre et qu'il était aussi question de mariage. Il était charmant, mais je ne le connaissais presque pas, et je n'avais pas l'intention de le connaître mieux non plus. Je lui déclarai mon refus tout doucement, de crainte de lui briser le cœur. Ma mère était furieuse, croyant que j'avais encouragé ce pauvre garçon, pour le laisser tomber par la suite. C'était faux. Quand il fut reparti, aux petites heures, avec sa peine et son diamant, je fis jurer à ma mère de ne jamais en parler à André. C'était à lui que je tenais.

Parce que je l'aimais, bien sûr, mais aussi parce que je me sentais parfaitement en harmonie avec le monde qu'il me permettait de découvrir et qui autrement me serait probablement demeuré étranger.

Il restait à André un été à compléter au COTC, à la suite de quoi il recevrait le grade de lieutenant, en Ontario. C'est au cours de cet été 1951 que nous prîmes la décision de nous marier. Contre l'avis de presque tout le monde. Celui de l'oncle Alfred, l'oblat que la grand-mère Lagacé fit intervenir, celui du père d'André, qui trouvait son fils trop jeune, et celui de ma mère, qui me conseillait d'attendre de connaître un peu mieux la vie.

Ma Marie-Louise, elle, me dit que c'était probablement une folie, mais que j'avais l'âge de faire des folies. Nous avions fêté quelques années auparavant son cinquantième anniversaire de mariage avec Ernest, et à ce moment-là, alors que je lui disais que je les trouvais beaux ensemble, elle m'avait souhaité d'en faire autant. Cinquante ans, un bail.

Nous avions fixé la date du mariage au 6 octobre, quelques semaines seulement après le retour d'André du camp d'été, le jour de son vingt et unième anniversaire de naissance. Nous étions ainsi à l'abri d'une intervention autoritaire de son père. Quant au mien, je lui avais clairement fait entendre, en lui annonçant notre décision, que, s'il s'y opposait, je quitterais la maison et qu'il ne me reverrait jamais. Il ne dit pas un mot. La date du mariage était donc décidée. Le sort en était jeté : le 6 octobre 1951, je deviendrais une femme mariée. J'allais changer de nom, car on ne gardait pas son nom de fille, à l'époque. Je m'apprêtais à quitter la maison de mes parents, mais pour aller où ? Cela, c'était une autre histoire.

13

Marie-Louise, ma douce

L'été 1951 fut très occupé. Pour le mariage, André et moi n'avions pas un sou. Nous comptions sur l'argent que le travail d'été nous rapporterait pour payer les vêtements du mariage et pour « partir dans la vie ».

J'achetai du tissu pour fabriquer moi-même ma robe. Je n'étais pas très douée pour la couture, mais je savais qu'en m'appliquant bien je pourrais y arriver. Il n'était certainement pas question pour moi d'aller m'acheter l'ensemble spécial de la mariée au Syndicat Saint-Henri. Guy Robillard, un ami qui terminait son COTC avec André, nous avait assurés qu'il nous offrirait deux alliances en cadeau. Mon père avait accepté de payer la réception. Nous aurions, c'était certain, quelques cadeaux en argent. Nous pourrions donc démarrer avec quelques centaines de dollars, mais nous n'atteindrions pas la somme de mille dollars. Mon père eut ce qu'il crut être une brillante idée : il songea à nous offrir notre première grosse dette. Il proposa de nous acheter un réfrigérateur, de payer le premier versement au moment de l'achat, et de nous laisser payer les versements mensuels suivants. Je refusai net. Un réfrigérateur ne me paraissait pas assez essentiel pour que nous assumions une si grosse dette au départ. Il nous donna l'argent d'un versement.

Un jour que j'allais accompagner mon patron Sévère Masse à Québec, où il désirait visiter une exposition, je fus sidérée, en quittant la maison, par le spectacle que j'eus sous les yeux. Le couvent des Sœurs Grises, rue Atwater, à l'angle de la rue Albert, était la proie des flammes. Le couvent était devenu avec les années un refuge pour personnes âgées. Je courus jusqu'au coin de la rue. La fumée noire couvrait déjà tout le quartier. Les pompiers n'étaient pas encore arrivés et je vis des vieux et des vieilles criant désespérément dans chaque fenêtre ouverte en ce beau jour d'été, pour retomber rapidement dans les flammes sans espoir de secours. Le spectacle était horrible. Je pleurais de rage devant mon impuissance. Qu'aurais-je pu faire de plus que les autres personnes regroupées sur le trottoir d'en face, incapables d'approcher du brasier qui dégageait une chaleur intolérable? Les pompiers finirent par arriver, avec des échelles qui n'atteignaient pas les étages supérieurs de ce magnifique édifice en pierre dont tout l'intérieur était en bois franc. On avait beau leur crier qu'il y avait quelqu'un en chaise roulante dans telle ou telle fenêtre, c'était inutile. Ils furent vite débordés par la situation. Ils demandèrent l'aide d'autres casernes, mais le drame était déjà irréparable.

Je ne voyais plus rien dans la fumée. Les pompiers non plus, j'imagine. Je retournai chez ma Marie-Louise, qui habitait près de là. Je pleurais, et elle aussi. Elle avait déjà menacé de «casser maison», comme elle disait chaque fois qu'elle était en colère, et d'aller s'installer avec Casseau chez les sœurs. Elle devina très vite que j'avais pensé à elle et me prit dans ses bras. Elle pleurait aussi pour tous ces vieux qu'on n'avait pas pu sauver. Il y eut, ce jour-là, un grand nombre de morts dans l'incendie. Les sœurs s'étaient battues jusqu'au bout. Je n'ai jamais oublié ces images. J'annulai le voyage à Québec. Tout le quartier était en deuil.

Au mois d'août, il fut de nouveau question d'un voyage à Québec. Ma mère désirait rendre visite à son frère Gérard qui, marié à Jeannette Desmarais, habitait Québec depuis quelque temps. Gérard avait été notre oncle préféré, parce qu'il avait été très bon pour nous et qu'il avait beaucoup soutenu ma mère. André annonçait sa visite pour la même fin de semaine et je réussis à convaincre ma mère de l'emmener avec nous. Nous allions nous marier dans quelque temps et je ne voulais pas rater une minute avec lui.

Nous habitâmes une vieille auberge pour touristes près du Château Frontenac. Ma mère passait plus de temps que nous chez Gérard, ce qui nous permettait de visiter la ville en amoureux sans trop de contraintes. Le samedi, vers dix-huit heures, alors que nous étions passés à la chambre pour nous changer avant d'aller souper, on frappa avec insistance à la porte. C'était Gérard. Sa voiture était en bas, avec Jeannette et maman. Il venait nous chercher pour rentrer à Montréal d'urgence. Ma Marie-Louise n'allait pas bien. Je n'en croyais pas mes oreilles. Nous l'avions laissée le matin même, alors qu'elle gardait le fils de ma cousine Rolande. Elle était alors en forme et elle m'avait même chargée d'un message pour Gérard, lui disant qu'elle espérait le voir bientôt. Nous fîmes nos bagages rapidement et nous nous retrouvâmes dans la voiture avec les autres. Le voyage me parut éternel. Il fallait alors cinq heures pour faire la route de Québec à Montréal et j'aurais voulu avoir des ailes.

En entrant dans la maison de la rue Delisle, chez ma Marie-Louise, tard le soir, je sus tout de suite que nous arrivions trop tard. Ma Marie-Louise était morte sans m'attendre. Je les entendis raconter qu'elle était tombée vers dix-sept heures, juste après avoir annoncé qu'elle allait se reposer dans son lit quelques minutes. Au lieu de s'allonger, elle était tombée, se frappant la tête sur la commode près du lit. Elle n'avait pas repris conscience. Le médecin était venu, mais avait conseillé qu'on la laisse tranquille. On n'emmenait pas les malades à l'hôpital comme aujourd'hui. On ne sauvait pas non plus des gens quand les dommages au cerveau menaçaient d'être irréversibles. Le médecin avait attendu qu'elle meure, puis il était parti. Ernest, son mari, pleurait seul dans son coin. Dans la peine générale, on l'avait un peu oublié. Il était devenu aveugle au cours des mois précédents et ses yeux morts laissaient couler des larmes silencieuses. J'allai le serrer dans mes bras. Il me dit : « Qu'est-ce que je vais devenir ? Elle est partie la première. »

Ma Marie-Louise avait soixante-dix-huit ans. Qu'allais-je devenir moi-même ? Je venais de perdre l'un des plus gros morceaux de ma vie. Ma Marie-Louise ne me verrait pas mariée.

Je pleurai toutes les larmes de mon corps. Je n'étais d'aucune utilité pour consoler les autres. Ma Marie-Louise qui m'avait dit, un jour : « On n'est jamais complètement mort tant que quelqu'un pense encore à nous. » Elle m'avait confié une mission : celle de la garder vivante. Une mission que j'allais prendre au sérieux toute ma vie.

Nous ne priserions plus ensemble. Parce que, de temps en temps, j'essayais de priser avec elle, et elle riait parce que je m'étouffais. Elle ne jouerait plus à chaque coup les chiffres de ma date de naissance à la loterie clandestine qu'un monsieur venait lui vendre chaque semaine pour vingt-cinq cents ou un dollar. Elle ne lancerait plus ses lunettes sur le mur de la cuisine en disputant contre ces prétentieux qui promettaient de lui rendre ses yeux et qui n'y arrivaient jamais parfaitement. Elle ne s'assoirait plus jamais à table, dans sa cuisine, seule, quand tous les autres auraient fini de manger, se servant une assiette avec les restes des plats encore chauds sur le poêle. Elle ne ferait plus de tartes aux pommes ni de beignes pour Noël. Elle ne m'appellerait plus Lison comme elle le faisait depuis toujours. Elle ne prendrait plus jamais ma tête dans ses mains pour me consoler.

Elle ne serait pas là pour mon mariage. Moi qui tenais tant à sa présence ! Elle avait été ma complice depuis ma petite enfance, et m'avait si souvent remise sur les rails. Elle était beaucoup plus que ma grand-mère : à la fois ma meilleure amie, ma consolatrice et mon guide vers l'âge adulte, alors que je ne savais plus vers qui me tourner. Le vide qu'elle a laissé dans ma vie, cette femme simple et brillante à la fois, n'a jamais été comblé. En perdant ma Marie-Louise, je savais que c'était une partie de moi que je perdais. Je ne pourrais dorénavant que me demander « ce qu'elle aurait dit ou ce qu'elle aurait fait à ma place » pour la retrouver présente chaque fois. Elle m'a accompagnée toute ma vie, et, quand quelque chose allait mal, c'est toujours ma Marie-Louise que je mettais au travail pour arranger les choses de « l'autre côté ». Il en est encore de même aujourd'hui. Et si elle met trop de temps à me répondre, je l'engueule en lui disant de bouger un peu plus vite.

Elle est restée ma merveilleuse Marie-Louise.

Elle est décédée le 18 août 1951, la veille de son soixante-dix-huitième anniversaire. J'allais avoir vingt ans onze jours plus tard.

14

L'amnésie du 6 octobre 1951

Les préparatifs de mon mariage allaient bon train. La mort de ma Marie-Louise avait jeté beaucoup de tristesse sur l'événement, et l'attitude du père d'André, qui ne cessait de dire à son fils qu'il était encore temps de renoncer, me rendait très nerveuse. J'avais terminé ma robe, que je voulais d'une grande simplicité, et, en fait, j'avais hâte que le mariage soit passé. Les invitations étaient parties et il ne restait qu'à savoir si le 6 octobre serait une douce journée d'automne ou une journée de début d'hiver. Terrible angoisse !

La veille du mariage, je m'étais couchée tard. Je ne tenais pas en place. Je n'arrêtais pas de tout vérifier et revérifier. Avait-on oublié quelqu'un, ou quelque chose ? J'épuisais les autres autour de moi. Je ne dormis pas de la nuit. Vers cinq heures du matin, les fleurs qui avaient été commandées furent livrées à la maison. Je me souviens très bien d'être allée ouvrir et d'avoir signé le reçu de livraison. Puis après, plus rien. Le noir total. L'amnésie.

Je n'ai, à ce jour, aucun souvenir de la journée du 6 octobre 1951, avant tard dans la soirée, où je devais « revenir à moi » dans ce chalet des Laurentides qu'une amie nous avait offert pour une semaine en cadeau de noces. Que s'était-il passé entre cinq heures du matin, le moment de la livraison des fleurs, et celui du réveil, je n'en sais absolument rien. Ou plutôt je sais tout ce qu'on m'a raconté sur la cérémonie et la réception, parce qu'il a fallu qu'on me raconte tout, comme si je n'avais pas été présente moi-même. L'amnésie était totale. La seule explication qu'on m'ait jamais donnée, c'est qu'un trop grand stress avait pu me faire décrocher complètement. Je me souviens que ma peur était terrible. J'avais peur qu'André ne vienne pas, qu'il se laisse convaincre par son père ou par son oncle Alfred que le mariage n'était pas pour lui. J'avais peur que la cérémonie ou la réception ne soient ratées. J'avais peur du mariage et de tout ce que cela impliquait. L'inconnu avait réussi à me paralyser.

Toute ma vie, je ne me suis jamais souvenue d'avoir descendu le long escalier du troisième étage de la rue Delisle avec mon père. On m'a raconté que les voisins étaient sur les balcons pour nous saluer. Je ne me suis jamais souvenue d'être entrée à l'église, où les familles et les amis nous attendaient. J'ai toujours été incapable de me souvenir de ce qui s'y était passé, ni des paroles que l'oncle Alfred, qui bénissait le mariage, avait prononcées. Pas plus que de la sortie de l'église. Si je n'avais pas une photo très officielle pour en témoigner, je pourrais jurer que je ne me suis pas mariée. On m'a raconté aussi que la réception s'était déroulée normalement, mais que mon père, que je n'avais jamais vu ivre de ma vie, s'était enivré légèrement et avait tenu à André un discours étonnant en lui serrant les deux épaules, l'adjurant de rendre sa fille heureuse s'il ne voulait pas avoir affaire à lui!

Je devais aussi apprendre, quelques jours plus tard, qu'à la fin de la journée de mon mariage mon père était retourné à la maison pour y prendre toutes ses affaires. Il quitta ainsi ma Cécile, en lui annonçant tout simplement qu'il s'en allait vivre ailleurs et qu'il ne reviendrait plus jamais. Elle ne pleura pas devant lui. Je n'ai jamais su pourquoi il avait agi ainsi. Je n'ai jamais su non plus si mon mariage l'avait libéré de ses responsabilités, qu'il estimait avoir assumées de son mieux, ou si c'est la peur du jugement que je porterais sur lui qui l'avait fait rester à la maison.

Car il avait un peu peur de ce que je penserais de lui. Je n'ai jamais connu la raison de ce départ. Nous n'avons pas eu le temps d'éclaircir tous ces «peut-être» avant sa mort. J'espère toujours le revoir quelque part, je ne sais où. Ne serait-ce que pour lui dire que si, à vingt ans, mon jugement était sévère envers lui, ma tolérance, avec l'expérience des années vécues depuis, a augmenté assez pour que je puisse l'accepter comme il était.

Je ne savais rien de son départ quand, le moment venu, je me laissai raccompagner à la maison par Raymonde, que je changeai de vêtements et que je partis avec André en voyage de noces. L'arrivée à ce fameux chalet fut toujours un mystère. On m'a raconté qu'il y avait quelqu'un avec nous pour nous montrer le chalet et nous donner les clés. Ce serait logique, mais je ne m'en souviens pas.

Heureusement, je revins à la réalité quelques heures plus tard, comme par hasard au bon moment pour que cette journée qui devrait être mémorable ne finisse pas en catastrophe. C'est la voix de Jacques Normand qui me sortit de ma longue absence. Oui, Jacques Normand. Il y avait, cette nuit-là, un radiothon à CKVL, je crois. André avait ouvert la radio pour trouver un peu de musique, m'a-t-il raconté, et tout à coup j'ai entendu distinctement la voix de Jacques Normand. J'étais revenue à la vie. Je n'ai jamais raconté à Jacques qu'il avait sauvé ma nuit de noces.

Je m'étais mariée vierge, comme Cécile l'avait souhaité. André aussi. Je n'avais pas eu à lui poser la question, tellement nos maladresses respectives nous rendaient drôles et touchants. Mais nous ne devions pas rester maladroits longtemps. Et je découvris que ma mère, que j'avais trouvée vieux jeu si souvent, avait eu raison de nous conseiller d'attendre. L'exaltation n'en était que plus grande. Nous n'eûmes droit qu'à une toute petite semaine d'un bonheur inouï, au creux de la nature en feu et de l'été indien.

C'est la seule chose que j'avais négligé de prendre en compte : l'été indien… Quelques semaines plus tard, j'attendais mon premier enfant !

Nous avions fait le projet qu'André termine ses études pendant que je continuerais mon travail chez Sévère Masse. M. Ogino n'avait qu'à aller se rhabiller. Et moi aussi, par la même occasion. Le projet était à l'eau, et moi au lit pour quatre mois et demi. Je pensai mourir à plusieurs reprises. J'aurais compris André s'il avait ramené sa jeune femme dans sa famille en demandant qu'on annule le mariage « pour problème majeur ». Il me ramena en fait chez ma mère pour qu'elle me soigne. Je vomissais mon âme, jour après jour, malgré les médicaments, sans jamais pouvoir avaler une gorgée d'eau ou une bouchée de nourriture.

Je n'avais passé que quelques petites semaines dans l'appartement que nous avions loué rue Sherbrooke, près de la rue Greene, et que nous avions aménagé tant bien que mal avec des meubles venus de nos deux familles. Il n'y avait qu'une seule grande pièce, que nous avions peinte en vert foncé. Dans notre grande innocence, nous n'avions pas réalisé que le petit balcon fermé par des fenêtres d'été qu'on nous avait proposé comme cuisine ne servirait pas au-delà de la mi-novembre, tellement il y faisait froid.

Au bout de quelques mois, les études d'André furent terminées. Il devait trouver un travail rapidement et cela ne s'annonçait pas si facile. Nous n'avions absolument pas prévu ce qui était en train de se passer. Et j'avais l'impression d'être responsable, parce que j'étais enceinte, de tous les malheurs qui nous tombaient sur la tête. Je ne pesais plus que quarante-six kilos, mais je ne perdis pas l'enfant. Autant les quatre premiers mois et demi furent infernaux, autant, du jour au lendemain, à la moitié de ma grossesse, je retrouvai d'un seul coup la santé et le goût de vivre. La seconde partie se passa dans la joie. J'étais florissante. Je pris quarante-huit kilos en quatre mois. J'avais le sentiment d'être un ballon gonflé à bloc. Mais le médecin, déjà ravi de voir que j'allais mieux, m'assura que tout reviendrait à la normale après l'accouchement.

Ma tante Yvonne et son ménage à trois allaient quitter un joli petit trois-pièces de la rue Delisle. Ma mère insistait pour qu'on s'y installe. Le loyer était raisonnable et nous allions garder plusieurs meubles de ma tante. Nous serions près de chez Cécile, qui pourrait ainsi veiller sur sa fille. Honnêtement, je ne sais plus de quoi nous avons vécu. André avait bien fini par trouver du travail, mais où, je ne le sais plus. J'étais tout entière à l'écoute de la vie qu'il y avait en moi. J'avais l'impression d'être la première femme de l'histoire qui allait accoucher. Les gros soucis ne semblaient pas avoir de prise sur moi. J'avais commencé à vivre uniquement pour cet autre événement, totalement inconnu, que je devrais affronter. J'allais être mère avant mes vingt et un ans, ce qui ferait sûrement de moi une femme adulte. Du moins, je l'espérais.

Je n'avais pas revu mon père. L'occasion de la naissance de Daniel serait peut-être le moment choisi.

15

Mon fils est né

Toutes celles à qui j'avais demandé comment j'allais savoir que le grand moment était arrivé m'avaient répondu que je ne pourrais pas me tromper, que je le saurais. C'était en juillet 1952 et il faisait horriblement chaud. Je vivais donc très doucement dans l'attente de ces signes inconnus qui annonceraient ma délivrance. J'avais préparé le trousseau du bébé, et je le revérifiais chaque jour. J'avais eu une frousse terrible, quelques semaines auparavant, quand le médecin, pris d'un doute important, m'annonça qu'il ne serait pas surpris si j'avais des jumeaux. Comme, du côté de mon père, les premiers enfants de ma grand-mère Ouimet avaient été des jumeaux, Adrien et Adrienne, il me fit passer une radiographie (l'échographie n'existant pas), malgré les risques que cela comportait, afin d'en tirer une certitude. À la lecture de la radio, non seulement on m'avait rassurée en me disant que je ne portais qu'un seul bébé, mais on avait même pu me dire qu'il s'agissait d'un garçon. J'attendais donc mon fils.

Son arrivée était prévue pour le 14 juillet. C'était un atout pour André et moi. Le 14 Juillet, fête nationale de la France dont nous rêvions, semblait de bon augure pour la naissance d'un petit.

Il nous arrivait de croiser de temps en temps Gabriel Gascon et sa femme Gisèle, qui attendaient aussi un premier bébé. Gisèle et moi avions, en même temps, un désir incontrôlable de mets chinois. André et Gabriel étaient encore chez les Compagnons de Saint-Laurent. Nous parlions théâtre. Gisèle disait à qui voulait l'entendre qu'elle aurait cet enfant-là mais qu'elle n'était pas du tout certaine d'en avoir d'autres. André et moi avions fait le projet d'avoir six enfants. Il avait souffert d'être enfant unique, et moi de n'avoir qu'une sœur. La perspective d'une famille plus nombreuse nous faisait rire et je disais que je serais sûrement capable de faire aussi bien que ma Marie-Louise. Un jour, j'appris que Gisèle avait accouché, en deux heures, sans aucune difficulté. J'étais sûre qu'il m'arriverait la même chose.

Je ne savais plus comment m'installer pour dormir. Tout mon corps était chambardé. Quand je me regardais, je ne me reconnaissais plus. J'étais comme une boule. Une montagne. Je me dis que cela ne durerait qu'un temps et je fis confiance à mon corps pour qu'il se remette en ordre le plus rapidement possible après l'accouchement. Je préparai ma petite valise pour le 14 juillet. C'était la canicule. J'allais accoucher à l'Hôpital général de Verdun et j'avais maintenant hâte que ce soit terminé. Le 14 n'apporta rien de différent des autres jours. Le 15, à dix heures du matin, je perdis les eaux. Je ne savais pas ce que c'était. On avait oublié de me dire que cela pouvait arriver. À onze heures, j'étais à l'hôpital avec André, qui portait la valise. Maman m'avait regardée partir avec des larmes dans les yeux. L'attente serait longue. Mon fils naquit à une heure du matin, le 16 juillet 1952, soit après quinze heures de travail. Durant toute la soirée précédente, de ma chambre, la fenêtre grande ouverte, j'avais écouté sans vraiment les entendre les discours politiques des candidats de l'Union nationale réunis devant une foule considérable dans le parc voisin de l'hôpital. On était à la veille d'une élection à laquelle je n'avais pas encore le droit de voter. Je n'avais que vingt ans, et ce droit, durement gagné par des femmes, dont ma grand-mère, ne s'appliquait pas avant l'âge de vingt et un ans.

Je fus très étonnée de réaliser que j'allais être mère sans avoir le droit de vote. Et encore plus étonnée que mon fils soit né quand les discours eurent cessé et que la fanfare se fut tue.

André joua parfaitement son rôle de père, me tenant la main pendant toute la durée du travail, me faisant patiemment marcher dans le couloir pour activer les choses, et se retirant dans la salle d'attente au moment où on me transporta dans la salle d'accouchement. Les pères n'assistaient pas encore à la naissance de leurs enfants.

Dès que je fus revenue dans ma chambre et qu'on nous eut montré notre bébé, nous l'avons examiné centimètre par centimètre, pour être bien sûrs qu'il ne lui manquait rien, et André rentra dormir. Moi, je passai des heures à rêver à ce que je ferais de ce fils, à ce que nous ferions ensemble, à ce que je voulais pour lui, à ce qu'allaient être nos vies à partir de là.

J'avais décidé de nourrir mon fils au sein. C'était la mode à l'époque, une mode qui disparaît et qui resurgit à intervalles réguliers, selon la théorie médicale qui prévaut à tel moment. Quand on m'apporta le bébé la première fois, j'ai su tout de suite que nous allions nous entendre. Il annonçait un caractère décidé, et j'invitai mentalement ma Marie-Louise à venir le voir. C'était le plus beau bébé du monde. J'étais déjà fière de lui. J'avais la vie devant moi et j'étais bien décidée à en tirer tout le bonheur possible.

Il me semblait cependant que tout allait trop vite. La machine du temps s'était comme emballée tout à coup, et j'avais du mal à réaliser pleinement qu'en neuf mois et neuf jours je m'étais mariée et j'étais devenue mère. Je sentais le besoin de reprendre le contrôle de ma vie, de mon corps et de notre avenir, qui était déjà là. Nous étions trois. Les mathématiques avaient toujours été ma faiblesse.

Pendant les jours qui suivirent, j'eus la surprise de croiser une ancienne compagne de classe du pensionnat Sainte-Angèle.

Elle venait aussi d'accoucher de son premier enfant et nous nous retrouvâmes par la suite dans les couloirs de la pouponnière. Monique Lebeau avait été une rivale sur le plan scolaire. Plus sage que moi, plus réservée aussi, moins exubérante, elle m'avait fascinée par sa capacité d'organiser son temps d'étude sans jamais se laisser distraire par quoi que ce soit. Elle m'avait enlevé la place de première pendant pratiquement toute ma dernière année d'études, alors que l'amour tenait déjà une bien trop grande place dans ma vie. La retrouvant à l'hôpital comme moi, j'aurais voulu lui demander comment elle se sentait, si elle était aussi dépaysée que moi et si elle ressentait très fort ce qu'on appelle la fibre maternelle. Je ne l'ai pas fait. Nous nous sommes contentées de nous montrer nos bébés, de les trouver beaux, sans plus. Les parfaites petites mamans parlant couches et crampes en attendant de ramener un autre être vivant à la maison.

Cela m'aurait pourtant tellement aidée si elle avait pu me dire qu'elle se sentait, elle aussi, « déstabilisée », mais elle paraissait beaucoup plus calme que moi intérieurement, et je tus mes craintes et mes appréhensions. Deux ans de séparation avaient fait de nous des étrangères. J'en fus très étonnée.

Mon père me rendit visite à l'hôpital. Il vint un après-midi, un peu mal à l'aise, disant qu'il venait voir son petit-fils. Je crus voir de la fierté dans ses yeux, mais je n'en parlai pas. Il me fit de drôles de recommandations, maladroites, me disant qu'il fallait bien prendre soin des enfants, qu'ils étaient fragiles, mais qu'il ne fallait pas trop les gâter non plus, pour qu'ils ne deviennent pas insupportables. Il trouva son petit-fils bien petit malgré ses trois kilos soixante, et repartit comme il était venu, sans me dire si nous allions nous revoir ni où il habitait. Et surtout pas avec qui il habitait. Sa visite avait duré une quinzaine de minutes. Et tous les deux nous avions été trop timides pour parler de quoi que ce soit de vraiment important.

Comme notre enfant était un garçon, les parents d'André seraient parrain et marraine. Je leur fis jurer d'appeler mon fils Daniel et de ne pas changer son prénom une fois à l'église. Celle-là, on me l'avait déjà faite.

16

Ma vie de nomade

À la naissance de son fils, André prit la décision de trouver un vrai travail. Malgré ses efforts et ses recherches, le seul poste disponible rapidement fut celui de professeur d'anglais, dans l'armée, à Valcartier. Cela voulait dire que la petite famille devrait se déplacer au moins jusqu'à Québec, et ce, six semaines après la naissance de Daniel.

Je ne sautais pas de joie. Et, je l'avoue, je n'étais pas particulièrement en forme non plus. Je trouvais le rôle de mère exigeant. J'avais le sentiment de passer mes nuits debout pour donner à boire à mon bébé, et j'étais épuisée. C'était mon premier enfant et, n'ayant pas élevé de petit frère ou de petite sœur auparavant, j'étais démunie. L'idée de m'éloigner de ma mère à ce moment-là représentait une immense difficulté supplémentaire. Pourtant, un refus paraissait absolument impossible. Je partis donc pour Québec, avec les quelques meubles que nous possédions. Je passai quelques jours à l'hôtel en attendant que l'appartement soit prêt. Nous allions habiter à Saint-Pascal, pas très loin de chez mon oncle Gérard et sa femme Jeannette. À l'hôtel, pendant quelques jours, Daniel dut dormir dans un tiroir de commode, mais, destiné à beaucoup voyager, il n'en fut pas contrarié.

La vie se réorganisa doucement. André partait de la maison vers cinq heures pour Valcartier et rentrait vers dix-neuf heures.

Je passais donc la journée seule. J'essayais d'être une bonne maman. Je sortais mon bébé chaque jour dans son landau pour une promenade au grand air. Je voyais peu mon oncle Gérard, ni sa femme d'ailleurs. Ils travaillaient tous les deux. Le premier mois, le compte de téléphone fut exorbitant. J'avais tellement besoin de conseils et de soutien que je ne cessais d'appeler ma mère. Puis, petit à petit, je commençai à assumer mon éloignement. Je nourrissais le bébé, par facilité, mais je ne me nourrissais pas. Je mangeais seule les trois repas de la journée, et je finis par ne pratiquement plus rien manger. J'aurais voulu sevrer mon bébé, mais je ne savais pas comment faire. Quand il eut neuf mois, je faisais de l'anémie et il ne « profitait » plus. Je consultai enfin un médecin.

Nous allions déménager une autre fois, dans la rue voisine, pour habiter un logement plus clair. J'eus à peine le temps de m'y installer. Je venais de cesser de nourrir Daniel et je découvris que j'étais de nouveau enceinte. De nouveau prise de vomissements, je n'arrivais plus à m'occuper de mon fils. Je me retrouvai complètement déshydratée, à l'hôpital. On décida de me ramener chez ma tante Adrienne, à Rouses Point, avec Daniel. Elle était la seule à disposer de tout son temps. Elle pourrait s'occuper de Daniel tout en tâchant d'éviter que je me retrouve dans le même état que lors de ma première grossesse. Je revécus pourtant la même chose. Quatre mois et demi d'enfer, suivis de quatre mois et demi de bien-être total.

Juste avant mon départ de Québec, André avait quitté l'armée pour accepter un poste de journaliste à *L'Événement Journal*. Nous en avions discuté beaucoup, parce que le salaire de journaliste allait être lamentable comparé à celui de professeur pour l'armée. Mais André voyait là l'ouverture qu'il attendait. C'était devenu son désir d'être journaliste. Il accepta ce poste, qu'il devait occuper pendant quelques mois seulement. Il remit l'appartement, devenu trop cher, et s'installa chez son ami Paul-Marie Lapointe, pendant que je n'étais pas là.

Vers le cinquième mois de ma grossesse, j'appris qu'André quittait Québec pour Trois-Rivières, où le poste CHLN lui faisait une proposition intéressante. Si bien que, vers le sixième mois, je fis le voyage de Rouses Point à Trois-Rivières. Nous avions un logement au deuxième étage, rue Sainte-Angèle. Ma fille Dominique naquit à l'Hôpital de Trois-Rivières, le 7 janvier 1954. Cette fois, cependant, je ne quittai la maison que deux heures avant sa naissance. Elle vit le jour à treize heures, en pleine lumière, mais il fallut tout le savoir et toute la rapidité du docteur de Bellefeuille pour la mettre au monde correctement. Quand on la remit dans mes bras, je sus que nous nous étions bien battues, toutes les deux, pour qu'elle vive, et qu'elle allait être une battante pour le reste de ses jours.

J'étais plus qu'heureuse d'avoir une fille. Mes parents seraient parrain et marraine. Le baptême n'eut lieu que plusieurs semaines plus tard, à cause des tempêtes de neige qui n'offraient aucun répit. Je n'avais pas parlé à mon père. Je n'aurais pas su où le joindre. Mais il devait parler à maman de temps en temps pour prendre des nouvelles. Il me fit savoir qu'il acceptait d'être parrain. Le jour dit, nous eûmes encore une fois une discussion au sujet du prénom que je voulais donner à ma fille. Mon père trouvait que mon choix faisait trop masculin et trop italien. Je finis quand même par avoir le dernier mot. Elle porterait le prénom de Dominique.

Ma sœur Raymonde se maria peu de temps après. Elle était amoureuse d'un jeune anglophone d'origine irlandaise, aux cheveux tout roux. Je ne l'avais pas encore rencontré. Je réalisai comme mon mariage nous avait éloignées l'une de l'autre. Nous étions redevenues presque comme au temps de Rosette. Je suivais ma route et elle la sienne. Je n'étais pratiquement plus allée à Montréal depuis mon mariage, et cette coupure n'allait que s'approfondir. Raymonde devint donc Mme Terence Peter Bracken, pour le plus grand bonheur de mon père qui voyait dans ce mariage la réussite de sa cadette.

À Trois-Rivières, j'ai vraiment grandi. J'avais déjà commencé à apprivoiser la solitude à Québec, car les amis, aussi merveilleux fussent-ils, ne remplaçaient pas le milieu familial que j'avais connu. De plus, il était clair que je ne voulais pas d'autre enfant tout de suite. André était réticent aux solutions que je proposais. Il traînait encore des convictions religieuses qui entravaient nos plans. M. Ogino revint donc coucher avec nous. Pour le meilleur et pour le pire.

Je réalisai rapidement que deux enfants coûtaient plus cher à élever et que l'argent qu'André gagnait ne nous mènerait pas très loin. Je cherchai donc le moyen d'améliorer notre sort. À CHLN, grâce à André, je connaissais déjà Pierre Bourgault et Georges Dor, qui y travaillaient aussi. Dor écrivait des recueils de poèmes qu'il vendait ensuite de porte en porte en ville. Bourgault ne parlait pas encore de politique. Puis je fis la connaissance de Jacques Dufresne, un annonceur à la voix superbe, adoré du public de Trois-Rivières, et nous fîmes ensemble le projet d'un courrier du cœur radiophonique quotidien. J'avais vingt-trois ans et j'allais m'inscrire en spécialiste des choses du cœur! J'écrivais les textes de réponse que Jacques lisait à la radio. Le courrier était abondant. Ce fut la première fois que je pris à ce point conscience de la misère humaine, du drame des femmes battues et de celui de l'inceste, ces péchés cachés, souvent avec la complicité des femmes. Elles se sentaient coupables d'en être les victimes et n'en parlaient pas. Je fus consternée par le nombre d'enfants dont on abusait, sans que personne n'en parle. Quand les mères le savaient, elles ne dénonçaient pas nécessairement les coupables. Les lettres étaient souvent désespérées.

J'étais dans la ville natale de Maurice Duplessis, proche des journalistes qui transmettaient les informations, et j'avais donc l'oreille collée à la vie politique du Québec.

J'avais le sentiment qu'aucune école n'aurait pu faire mieux mon éducation sociale que ce courrier du cœur, et qu'aucune ville n'aurait pu faire mieux mon éducation politique que la ville chérie de l'Union nationale. J'avais les oreilles et les yeux grands ouverts. J'étais comme une éponge et j'absorbais tout. Nous avions comme ami Magloire Gagnon, un journaliste d'expérience qui fut la voix du slogan de l'époque, « Le pont, il nous le faut et nous l'aurons », que tous les Trifluviens ont connu. Nous fréquentions aussi Antoine Desroches, qui, de CHLN, devait passer à *La Presse*, à Montréal, où il est resté jusqu'à sa retraite.

Pour ma part, je m'étais souvenue de la recommandation de la sœur Marie-Lucien. Quand j'étais mal prise, je devais me rappeler que j'avais deux atouts : je savais parler et écrire. Jamais je ne devais oublier cette clé précieuse qu'elle m'avait donnée.

J'écrivis donc quelques textes dramatiques que Jacques Dufresne lisait de sa belle voix et le succès se rendit jusqu'à Montréal. Ce fut CJMS qui lui fit du pied. Il quitta donc Trois-Rivières pour la métropole.

CHLN avait la réputation d'être une pépinière de talents. C'était vrai avant nous et ce l'était encore dans les années 1950. On y trouvait, en plus de ceux déjà nommés, Léo Benoît, qui allait par la suite diriger le service des émissions dramatiques de Radio-Canada et qui nous faisait mourir de rire, à l'époque, avec des numéros d'hypnotisme très réussis.

J'avais trouvé des gardiens bénévoles pour les enfants. Ils furent bercés par les Bourgault et les Dor assez souvent pour permettre à leur mère de respirer.

Je devins enceinte une troisième fois. Mais, cette fois-ci, sans en parler à André, je lançai un S.O.S. vers Montréal. On m'avait dit que ma tante Claire pouvait se procurer des pilules provoquant l'avortement. Je lui expliquai qu'il était impossible pour moi d'envisager d'avoir un troisième enfant si tôt après la naissance de Dominique. Elle me fit parvenir les médicaments, que je pris en cachette. Quelques semaines plus tard, je fis une fausse couche, que je prétendis naturelle pour ne pas créer de problème de conscience à André. L'incident fut clos.

Peu de temps après mon arrivée à Trois-Rivières, alors que ma deuxième grossesse n'était pas encore trop évidente, j'avais accompagné mon ami Raymond Lebrun à Montréal pour assister à une représentation du *Cid* de Corneille mettant en vedette Gérard Philipe. André y était allé avant moi. Ce soir-là, il gardait les enfants. Lebrun et moi y avions croisé de bons citoyens de Trois-Rivières qui avaient fait circuler plus tard la rumeur que Lebrun était peut-être le père de Dominique. Ils n'étaient pas très forts en calcul, eux non plus.

J'avais adoré la performance de Gérard Philipe. Je le trouvais tellement séduisant que j'aurais voulu aller le voir jouer chaque soir.

On offrit à André un travail au journal *La Frontière* de Rouyn-Noranda. Le salaire y serait un peu plus élevé qu'à Trois-Rivières et il accepta. Le journal était la propriété des oblats de Marie-Immaculée, et le séjour passé d'André chez eux comme étudiant ne devait certainement pas lui nuire auprès des propriétaires. Je ne savais pas où était Rouyn, ni Noranda. Je dus consulter une carte du Québec pour savoir où j'allais vivre. Daniel avait un peu plus de trois ans et Dominique pas tout à fait deux quand nous avons repris la route vers le Nord-Ouest du Québec. Je priais ma Marie-Louise tous les jours pour ne pas redevenir enceinte trop rapidement. C'était devenu une véritable obsession.

17

Au pays de « la Bitt à Tibi[6] »

Nous avons trouvé une jolie petite maison à Noranda. C'était la première fois de ma vie que j'allais habiter un duplex avec un escalier intérieur menant au deuxième étage, où se trouvaient les chambres. Trois petites pièces au rez-de-chaussée et trois chambres au deuxième. Le bonheur parfait. Il était déjà convenu que j'essaierais de trouver du travail, car, encore une fois, bien que le salaire d'André fût suffisant pour nous permettre de vivre, nous allions être plutôt serrés. Il m'arrivait de penser à ma mère en souriant, me disant qu'elle serait bien malheureuse de savoir que sa fille, comme elle, tirait le diable par la queue. L'argent était une préoccupation constante pour nous aussi.

Mais, rapidement, j'obtins une chronique dans *La Frontière* et j'acceptai un emploi de secrétaire, chargée des relations publiques, chez les Steelworkers. Ils n'étaient pas encore devenus les Métallos. Leurs bureaux occupaient le sous-sol d'un immeuble de la rue principale, à Rouyn. Le local était toujours vibrant d'activité. Il y avait déjà eu une grève douloureuse à la Noranda Mines, et il s'en préparait une deuxième. Il fallait maintenir l'enthousiasme et préparer les épouses des mineurs à appuyer la grève. Il était apparu évident que si les femmes ne voulaient pas qu'il y ait une grève, il n'y en aurait pas. Chez les Steelworkers, je

---

6. Chanson de Raoul Duguay.

trouvai une jeune femme qui fut ma meilleure amie pendant longtemps, Marcelle Leclair. Elle avait perdu son père, qui s'était noyé peu de temps auparavant au cours d'une partie de pêche et dont on n'avait pas retrouvé le corps. Elle était jolie et brillante. Nos relations furent bonnes dès le départ. Elle avait besoin de travailler, elle aussi. Le bureau était dirigé par Pat Burke, un monsieur d'un certain âge, anglophone, mais sympathique et attachant. C'était le bon père de famille typique.

Parmi les organisateurs recruteurs, il y avait Marcel Sauvé, surnommé « Mars », qui ne parlait que l'anglais malgré son nom français, et Robert Bouchard, jeune syndicaliste, qui connaissait un certain succès auprès des femmes. Il était doué d'un physique à la Gregory Peck. À ma connaissance, à ce jour, il est toujours permanent à la FTQ (Fédération des travailleurs du Québec).

Avec mes collègues de travail, j'avais l'habitude de fréquenter le *Back Alley Bar*, haut lieu des discussions syndicales et politiques de Rouyn. C'est là que je fis la connaissance de Bobby Gourd, le propriétaire de CKRN. À force d'en parler, nous finîmes par nous mettre d'accord sur une émission de radio que j'animerais pendant quinze minutes chaque jour. Cela s'appellerait *La Femme dans le monde*. Je parlerais de tout ce qui pouvait intéresser les femmes. Je fus enchantée et je pris l'antenne le cœur battant. J'étais confiante de pouvoir aussi gagner ma vie en parlant. Peu de temps après mon entrée à CKRN, je retrouvai avec plaisir mon ami Guy Messier, venu aussi faire un peu de radio dans la région.

Bobby Gourd disait qu'il payait très bien ses employés : « Je leur donne vingt dollars par semaine, ils s'enflent la tête pour un autre vingt, ce qui fait quarante dollars. Un salaire énorme. » Il n'avait pas tort. C'est vrai que nous nous enflions la tête. Nous étions conscients déjà du pouvoir des communications et de la notoriété qui y était rattachée. Mais c'était aussi une école. Nous apprenions à tout faire, absolument tout. Aussi bien faire démarrer les disques quand le seul et unique technicien s'absentait sans prévenir, que mettre les messages publicitaires à l'antenne à temps quand nous nous retrouvions seuls en ondes. Nous effectuions notre recherche, écrivions nos textes de présentation, faisions des reportages à l'extérieur de temps en temps. C'était l'école du « tu te débrouilles ou tu meurs ».

Chez les Steelworkers, on voyait d'un assez bon œil ma présence à la radio, qui ne pouvait que servir leur cause, le moment venu. On avait engagé Michel Chartrand pour aider à préparer la grève. Il fallait quelqu'un de solide, car on savait déjà qu'il serait difficile d'obtenir un vote de grève. Les mineurs avaient encore en mémoire la demi-victoire de la récente grève, les misères qu'ils avaient vécues à geler tout rond sur les lignes de piquetage en plein hiver. Les femmes surtout n'avaient pas oublié la difficulté de nourrir une famille avec les allocations de grève, ni les dettes qui s'étaient accumulées et qu'il avait fallu régler après le conflit.

Michel Chartrand s'était amené un beau matin, avec son rire bien sonore et son franc-parler. Il était difficile de ne pas succomber tout de suite à ce charme fou, caché sous des abords bourrus et volontairement provocateurs. Il s'était créé un personnage dont il ne se départirait jamais. Le genre plaisait aux mineurs, qui se mirent à fréquenter assidûment les assemblées et à se taper sur les cuisses en entendant les descriptions colorées que Chartrand faisait des patrons de la Noranda Mines. Quelque temps après son arrivée, Simonne, sa femme, vint lui rendre visite. C'était une belle grande femme, aussi polie qu'il pouvait être mal embouché, aussi émouvante que lui dans la tendresse qu'ils se portaient mutuellement. Ils habitèrent chez nous pendant le séjour de Simonne. Je pus ainsi parler à celle-ci durant des heures de mon féminisme naissant, que j'affichais déjà à la radio, de ma découverte du syndicalisme, qui m'apparaissait être une solution efficace qui avait tant manqué aux travailleurs de

Saint-Henri, et de ma surprise de découvrir que la politique était un choix qu'on appliquait dans la vie quotidienne et non seulement au moment des élections.

J'avais fait du chemin et j'étais heureuse d'en parler avec quelqu'un qui m'écoutait. Simonne essaya bien de me convaincre qu'on pouvait à la fois être tout cela et catholique, croyante du moins. Là, elle se heurta à l'enseignement de ma Marie-Louise. Je n'avais pas changé d'opinion. Je ferais ma vie sans Dieu, comme ma grand-mère.

J'adhérai au CCF (Cooperative Commonwealth Federation). Les Steelworkers supportaient ouvertement ce parti de tendance socialiste. Tommy Douglas, alors chef du CCF de la Saskatchewan et premier ministre de cette province, nous rendit visite. Puis nous apprîmes avec joie que Thérèse Casgrain, alors chef du CCF au Québec, allait être candidate dans le comté. Nous allions lui organiser une campagne comme elle n'en avait jamais vu, pensions-nous. Mais je découvris rapidement après son arrivée que Thérèse avait déjà tout vu et qu'il n'y avait plus grand-chose pour la surprendre. Comme j'étais son accompagnatrice, je la suivais partout comme un chien de poche. Son horaire était chargé. Elle faisait parfois une bonne dizaine d'interventions publiques par jour. Elle était absolument étonnante.

Je la cueillais le matin à l'hôtel. Elle était toujours d'un chic fou, avec un chapeau et des gants. Maquillée avec grâce, elle commençait par me demander, en tournant sur elle-même : « De quoi ai-je l'air ? » Elle était toujours parfaite : couleurs bien assorties, talons hauts, coiffure impeccable. Rien ne venait gâter la belle ligne de ses cheveux déjà blancs.

Je me souviens d'un jour où notre premier arrêt était à la sortie de la mine Noranda. Il fallait parler aux mineurs au changement de quart, par petits groupes, et les convaincre de venir à la grande assemblée qui aurait lieu dans quelques jours à la salle du syndicat. Ce matin-là, on nous avait envoyé un camion dans lequel Thérèse monta pour haranguer la foule. Je la revois encore, avec son chapeau et ses gants blancs, parlant aux ouvriers sortant du travail, leurs yeux déjà éblouis par la lumière du jour. Ils étaient visiblement fatigués, mais, par politesse, ils accordaient un peu de leur temps à Mme Casgrain, comme si elle avait été la reine d'Angleterre.

Elle leur parlait des méchants capitalistes qui voulaient la mort des ouvriers, qui s'emplissaient les poches au détriment des travailleurs, lesquels payaient de leur santé l'enrichissement des autres. Elle était très convaincante et les mineurs l'applaudissaient à tout rompre.

Quand la rencontre fut terminée, quelqu'un prit Thérèse par la taille et l'aida à sauter en bas du camion. Elle le faisait toujours avec élégance.

Puis une voiture nous emportait vers un autre rendez-vous. Un jour, dans la voiture, elle se pencha vers moi en disant : « J'espère qu'ils n'apprendront jamais que je possède des actions de la Noranda Mines, héritage de mon mari… » Pendant quelques secondes, je ne sus pas s'il fallait rire ou pleurer, mais comment pouvais-je en vouloir à cette femme si charmante et si courageuse ?

Un soir, on annonça un grand défilé du Parti libéral dans les rues de Rouyn. Avec Thérèse, de son local d'élections, je vis défiler Georges-Émile Lapalme, du Parti libéral, assis les pieds sur le siège arrière d'une décapotable, aux côtés de Réal Caouette et de Gilberte Côté-Mercier, du Crédit social, une scène que je n'ai jamais pu oublier. J'y pensai plus tard chaque fois que mon ami Robert Burns disait : « *Politics, sometimes, make strange bedfellows.* »

Thérèse ne fut pas élue. Elle en avait presque l'habitude. Elle repartit comme elle était venue, seule. Elle se proposait bien d'être candidate à la prochaine élection, quoi qu'il arrive. Elle ne savait pas encore qu'elle ne serait jamais élue.

Le vote de grève approchait. On appela Pierre Elliott Trudeau en renfort, et on organisa un « parle-o-ton » de vingt-quatre heures dans un cinéma voisin du local du syndicat. Trudeau y parla à quelques reprises. Je le rencontrais pour la première fois. Il insista pour que je le tutoie, ce qui n'était pas naturel pour moi.

Il ne m'impressionna pas beaucoup dans ses interventions. Il était trop « intellectuel » pour bien passer auprès des mineurs, mais il fut applaudi à tout rompre quand même, parce qu'à Rouyn il jouissait d'une réputation enviable. Puis vint le tour des chefs américains des Steelworkers. Ils insistèrent beaucoup sur le fait que le vote devait absolument être majoritaire pour que la grève ait lieu. Quand enfin les travailleurs eurent voté, le résultat ne donna qu'une faible majorité à la grève. Au-dessus de 50 % par quelques points, mais au-dessous de 60 %. Pas assez, selon les dirigeants, pour tenir longtemps si c'était nécessaire. À mon grand étonnement, moi qui croyais que la majorité c'était 50 % plus un, la grève n'eut pas lieu.

On finit par admettre que c'était probablement là la seule décision raisonnable, car la grève, cette fois-là, n'aurait pas eu l'appui des marchands de Rouyn et de Noranda, deux villes dont le soutien était absolument nécessaire pour mener à terme des négociations avec un employeur bien préparé comme l'était Noranda Mines, négociations qui s'annonçaient extrêmement difficiles et longues.

Une grève eut lieu cependant à Murdochville. Le projet de grève qui avait été annulé à la Noranda avait été conçu parallèlement à celui de Murdochville, dans le but de fermer les deux mines en même temps et de placer ainsi Noranda Mines dans un embarras beaucoup plus grand. Le résultat du vote de Rouyn et l'interprétation qu'on en fit eurent pour conséquence que Murdochville se retrouva seule au front. Nous envoyâmes du renfort. La plupart des permanents partirent pour Murdochville, et Michel Chartrand reprit la route de Montréal. Je vécus les événements dramatiques de Murdochville avec la lunette de Noranda. C'était horrible et je ne peux traduire le sentiment de culpabilité qui étreignait les mineurs chaque fois que quelqu'un racontait ce qui se passait là-bas. À Murdochville, la lutte, selon la volonté de Duplessis, était devenue l'horreur.

Pendant la campagne préparatoire à la grève et devant le refus des journaux locaux de donner la parole aux mineurs, André avait réussi à convaincre les Steelworkers de Rouyn d'endosser la création d'un journal franchement syndical qu'il allait diriger et qui s'appellerait *Voix libre*. Les responsables locaux n'arrivaient pas à convaincre l'*establishment* américain d'avancer une somme d'argent suffisante. André mit donc son journal au monde sans l'appui complet des Steelworkers, pour devoir le fermer neuf semaines plus tard, les revenus de la vente de publicité ne suffisant pas à payer les frais du journal. Il avait démissionné de *La Frontière* pour lancer son journal et il se retrouvait maintenant devant rien. Il proposa donc que nous retournions à Montréal sans autre forme de procès.

La décision était plus difficile pour moi, qui allais quitter des emplois que j'aimais vraiment. J'abandonnais aussi une petite bonne qui avait été extraordinaire avec mes enfants. Et puis j'étais enceinte une autre fois. J'avais bien l'intention de garder ce bébé, sans faire appel à ma tante Claire ni à qui que ce soit. Avant notre mariage, nous avions parlé de six enfants possibles. J'avais réduit le nombre à trois après la naissance des deux premiers. Ce serait le troisième. André partit pour Montréal en me laissant le soin de fermer la maison de Noranda et de préparer le déménagement, après avoir démissionné convenablement de mon poste au syndicat et de mon émission de radio.

Le dernier soir, alors que j'avais préparé les enfants au retour en avion, je reçus un dernier appel téléphonique. Une personne refusant de se nommer me demanda avec combien de milliers de dollars nous quittions la région, s'imaginant peut-être que le journal avait été un coup d'argent. Je me mis à pleurer car nous repartions avec seulement ce que nous avions à l'arrivée, plus quelques meubles achetés sur place. Mais forts d'une expérience combien enrichissante. Cela ne servait à rien d'en discuter. Je raccrochai.

Le lendemain, je pris l'avion le cœur gros. Je craignais d'être aussi malade enceinte que les autres fois. Je venais tout juste de reprendre possession de mon corps, de retrouver un poids qui me convenait mieux, et je ne pouvais croire que tout allait recommencer. Daniel avait près de cinq ans, Dominique trois ans et demi. Ma mère fut contente de nous retrouver à Montréal.

18

Montréal, ma ville

Peu de temps après notre retour à Montréal, nous assistâmes à l'assemblée de fondation d'un mouvement qui s'appelait le Rassemblement et qui était dirigé par ceux-là mêmes qui menaient depuis déjà un bon moment la lutte contre Duplessis. J'y retrouvai Gérard Pelletier, sa femme Alec, Pierre Elliott Trudeau et tout ce que le Montréal des années 1950 comptait d'opposants au régime.

Ma troisième grossesse ne fut pas tellement différente des autres. Je fus peut-être un tantinet moins malade, mais pas beaucoup. Il me fallut passer les quatre premiers mois au lit avant de me sentir revivre encore une fois.

La naissance était prévue pour le 15 juin 1958. À la Saint-Jean, le bébé n'était toujours pas arrivé. J'avais promis aux enfants de les emmener rue Sherbrooke, comme le faisait ma Marie-Louise, pour voir le défilé. Nous y sommes allés. Au beau milieu du défilé, j'ai ressenti quelques contractions qui m'ont fait craindre le pire, mais, comme je ne voulais pas priver les enfants du plaisir de découvrir le petit garçon blond tout frisotté, je ne dis rien à personne. Le défilé terminé, nous sommes rentrés à la maison.

Quelques heures plus tard, j'étais à l'Hôpital de Verdun. Le moment était venu de découvrir si mon troisième enfant serait une fille ou un garçon. On me garda quelques heures à l'hôpital, puis on me renvoya à la maison. Fausse alerte. Le 30 juin, je pouvais à peine me déplacer, avec cet enfant qui ne voulait pas naître. Il faisait une chaleur terrible. Je me rendis quand même au salon de coiffure pour me faire couper les cheveux. À un moment donné, je demandai au coiffeur de faire aussi vite que possible. En sortant, je pris seule un taxi pour l'hôpital. À mon arrivée, j'eus droit à la course dans le corridor comme on en fait dans les émissions comme *E.R.*, jusqu'à la salle d'accouchement. Il était presque dix-huit heures. Sylvie est née aussitôt. André n'avait pas eu le temps d'arriver. J'avais une seconde fille.

Quelques jours plus tard, en rentrant à la maison, rue Legendre, je trouvai Daniel et Dominique en train de jouer sur le trottoir devant la maison. Quand je leur fis voir leur petite sœur, ils jetèrent un regard étonné sur cette petite chose que je tenais dans mes bras, avec l'air de dire: « C'est seulement ça! » Elle était admise dans la famille.

J'étais résolue à ce que Sylvie soit mon dernier enfant. Les trois que j'avais, je les avais voulus. Mais je tirais un trait après la troisième. J'avais bien l'intention d'envoyer M. Ogino dans l'armoire aux balais.

André était encore à la recherche d'un travail permanent. En attendant, il avait accepté un poste d'emballeur au journal de la JEC. Il savait que des postes s'ouvraient à Radio-Canada. Hubert Aquin lui avait promis qu'il était le prochain sur sa liste. Nous avions placé tous nos espoirs en lui. André disait qu'il serait heureux aux affaires publiques de Radio-Canada et qu'enfin nous pourrions respirer un peu. Daniel allait bientôt avoir l'âge d'aller à l'école, et j'avais envie de retrouver mes amis et ma famille, de vivre à Montréal que je connaissais bien mal, somme toute.

Nous trouvions à notre tour les trottoirs de Montréal peu joyeux pour les enfants. Si bien que, dès qu'André fut assuré d'un emploi à Radio-Canada, nous nous mîmes à la recherche d'une grande maison en banlieue. Nous trouvâmes l'objet de nos rêves à Saint-Hilaire. Nous y avons emménagé en septembre 1958, juste à temps pour que Daniel entre à l'école du village. Tout allait bien enfin. Dans le calme de Saint-Hilaire, nous fîmes la connaissance de Gilles Carle et de sa femme, qui étaient nos voisins. Leurs enfants et les nôtres devinrent vite copains. Je pouvais difficilement envisager de chercher du travail à Montréal, car cela m'aurait éloignée des enfants pendant de longues journées. Je commençai donc à écrire. D'abord n'importe quoi, puis un texte dramatique que je destinais à Radio-Canada. J'écrivais avec Dominique grimpée sur mes épaules et Sylvie sur mes genoux. Le projet fut refusé.

Notre retour à Montréal nous avait permis de retrouver Louis-Georges Carrier, réalisateur à la télévision, ainsi que Guy Godin et Marcel Dubé, déjà connu comme auteur de théâtre. Comment leur dire que je voulais écrire?

Je découvrais, après tout le monde, la télévision, qui tenait tant de place dans les salons et dans les conversations. Jusque-là, nous en avions été privés. La télévision n'avait pas encore fait son apparition en Abitibi. *La Famille Plouffe* devint vite notre émission favorite, et j'eus infiniment de plaisir à découvrir Michelle Tisseyre, René Lévesque, Judith Jasmin, Jacques Languirand et Jean Ducharme, pour ne nommer que ceux-là. Ce fut la grande époque des fabuleux téléthéâtres et des grands opéras, époque que nous ne devions jamais retrouver. J'avais l'impression d'être sortie du tunnel, de vivre enfin une vie normale, sept ans après mon mariage. André et moi étions encore amoureux, heureux d'être ensemble, et l'avenir s'annonçait prometteur.

Raymonde avait aussi deux enfants, deux fils, que maman allait garder chaque jour pour gagner sa vie. Elle leur apprenait à parler français, car ils ne parlaient que l'anglais avec leurs parents. Ma mère, qui avait déménagé à Verdun pour se rapprocher de Raymonde, trouvait Saint-Hilaire encore bien trop loin.

Terry, le mari de Raymonde, travaillait dans un bureau d'import-export. Raymonde occupait toujours un poste de secrétaire de direction à plein temps. Leur vie était plus aisée que la nôtre et ils emmenaient maman sur les plages américaines pendant les vacances.

À mon grand étonnement, mon père commença à me rendre visite chaque semaine à Saint-Hilaire. Il arrivait sans prévenir, garait sa voiture devant la maison et prenait les enfants dans ses bras dès qu'il les voyait. Parfois nous prenions un repas ensemble, repas que je préparais rapidement, de peur qu'il ne change d'idée. Les enfants l'aimaient beaucoup. Il leur apportait quelques friandises, une balle ou un ballon, et il était comme le père Noël. Nous avions un chien qui lui obéissait mieux qu'à moi, même s'il ne le voyait qu'une fois par semaine. Nos conversations n'allaient jamais très loin, comme si tous les sujets avaient été dangereux entre nous. Nous parlions de la pluie et du beau temps, de l'automne radieux que nous avions, des succès de Daniel à l'école ou du problème que cela allait poser d'habiter Saint-Hilaire quand viendrait le temps des études plus avancées. Je lui répondais que nous avions bien le temps d'y penser.

J'avais retrouvé le hockey à la télévision, au grand désespoir d'André, qui avait horreur de ce sport. Les feuilles tombaient déjà, les arbres se dépouillaient. Sur le plan politique, on sentait un désir formidable de sortir de l'ère de Maurice Duplessis. Des forces vives se manifestaient. La fondation du Rassemblement avait fait surgir des voix nouvelles. On osait affronter le pouvoir. Le Parti libéral semblait animé d'un souffle neuf. On prédisait que les prochaines élections seraient d'une extrême importance. Duplessis, qui avait battu Adélard Godbout aux élections de juin 1936 mais avait perdu le pouvoir en 1939, contrôlait le Québec depuis sa réélection en 1944. Il avait donc été au pouvoir pendant la plus grande partie de ma vie dans ce Québec baigné de conservatisme, de tiédeur, de misère sociale, de religion frileuse, de développement timoré.

J'avais pu voir Duplessis de près à Rouyn, lors de l'une de ses visites officielles. J'avais trouvé répugnants les propos qu'il avait tenus sur les gens ordinaires du Québec, parlant d'eux comme s'ils étaient des arriérés mentaux. Il se prétendait leur seul et unique guide, le phare dans la tempête. Je savais déjà que je n'étais pas dans le mouvement de cette majorité qui reportait Duplessis au pouvoir à chaque élection, lui permettant ainsi de fermer l'horizon à ceux qui voulaient un Québec plus ouvert.

Je m'identifiais déjà comme faisant partie de la gauche : j'étais progressiste, profondément syndicaliste, et féministe de surcroît. Je m'étonnais peu que les femmes ne soient pas plus présentes dans le discours de gauche, comme si, là aussi, elles n'existaient pas vraiment sauf pour coller les enveloppes quand on avait besoin d'elles. Je n'avais encore voté qu'une seule fois, et mon premier vote était allé au CCF, en Abitibi. Je me sentais équipée pour le changement sous toutes ses formes, mais je ne m'attendais absolument pas à celui qui allait survenir.

Un soir de novembre, André rentra en m'annonçant que Radio-Canada venait de lui offrir un poste à Paris. Il fallait qu'il parte presque immédiatement. Avant d'accepter, il avait voulu que nous en discutions. Je faillis perdre connaissance. Pour la première fois en sept ans, j'avais finalement vidé toutes les boîtes des multiples déménagements. Je terminais la fabrication des rideaux du salon, j'adorais la maison où nous étions, et les enfants étaient heureux. En quelques minutes, je réalisai pourtant qu'une occasion comme celle-là ne se représenterait probablement jamais, qu'il fallait saisir la chance inouïe qui nous était offerte. Nous avions rêvé de visiter la France et mes enfants étaient assez jeunes pour s'acclimater n'importe où. J'ai dit oui. André était fou de joie, car il avait plutôt craint que je ne refuse de partir aussi loin après avoir passé toutes ces années déjà loin des miens, à visiter le Québec. Nous n'étions à Saint-Hilaire que depuis trois mois.

Une vie normale ne semblait pas m'être destinée. Au cours des années, j'avais appris que, chaque fois qu'André changeait d'emploi, il améliorait son sort, mais que moi, je me retrouvais au bas de l'échelle. Sans avoir eu le temps de bien comprendre les conditions de vie proposées par Radio-Canada à Paris, j'appris qu'André partirait le premier, au début de décembre, que je fermerais la maison de Saint-Hilaire, que j'habiterais chez ses parents ou chez ma mère pour le temps des fêtes, et que je partirais pour Paris au début de janvier 1959. Ma mère pleura toutes les larmes qui lui restaient à pleurer à l'annonce de la nouvelle. Mon père se contenta de dire que j'avais raison de suivre mon mari. Peut-être entrevit-il la possibilité de voyager à son tour, ce qu'il n'avait jamais pu faire. La maladie toutefois devait le priver de ce bonheur.

Paris était à quatorze heures d'avion. Je voyageais seule avec trois enfants âgés de six mois, cinq ans et six ans. Radio-Canada avait accepté de déménager certaines choses que j'estimais essentielles : mon réfrigérateur, ma machine à laver et la boîte de décorations de Noël.

19

Le gai Paris!

Je suis arrivée à Paris par un matin gris et humide de janvier 1959. Il pleuvait à boire debout. Dominique avait été malade durant tout le voyage en avion. Nous étions tous très fatigués. Les enfants portaient les mêmes vêtements qu'au départ de Dorval, des costumes de neige qui les transformaient en petits Inuits. En mettant le pied à l'aéroport du Bourget, je n'avais qu'une seule idée en tête : prendre le premier avion à destination de Montréal. Car j'étais bien décidée à rentrer à la maison. Je mesurais tout à coup l'ampleur de l'entreprise. Sylvie refusait d'aller dans d'autres bras que les miens, Dominique était livide et Daniel, complètement égaré. Je réalisai seulement alors la situation dans laquelle je nous avais mis.

Puis je vis André, debout derrière la barrière, un bouquet de violettes à la main, tellement heureux de retrouver femme et enfants. J'effaçai vite de mon esprit le désir de repartir et je le suivis dans une voiture étrange comme j'en avais vu seulement dans les films policiers français. Une voiture qu'il avait empruntée au directeur de la Maison des étudiants canadiens à Paris, Charles Lussier, le temps de venir nous chercher. Il s'était fait accompagner par Benoît Lafleur, dont je fis la connaissance à ce moment-là. Benoît était le patron du bureau de Paris de Radio-Canada. En montant dans la voiture, j'avais peur. L'aéroport m'apparaissait vieux et minable. C'était janvier, le temps était détestable et les nuages traînaient dans les rues. Les enfants avaient trop chaud même après avoir enlevé les cache-nez et les mitaines. Les costumes de neige qu'ils portaient étaient ridicules.

Il me semblait qu'André avait changé depuis le moment où il avait quitté Montréal. Il avait déjà un accent plus pointu, et il parlait d'une façon que je ne reconnaissais pas. C'est ainsi que, angoissée au point d'étouffer, je fis mon entrée dans une ville dont les arbres, des platanes pour la plupart, avaient été mutilés. J'ignorais que, chaque hiver, on leur coupait les branches pour ne laisser voir que des moignons enduits de peinture noire. C'était lugubre. On aurait juré qu'un bombardement avait eu lieu récemment. Je serrai mon bébé dans mes bras, sachant que je ne pouvais plus revenir en arrière. J'avais promis de vivre ici trois ans. Il fallait tenir le coup, maintenant.

Ce que je vis par les fenêtres de la voiture finit de me décourager. La Nord-Américaine que j'étais trouvait les maisons délabrées et les rues plutôt sales. Je m'étonnais qu'on vendît des fruits et des légumes au bord des trottoirs en plein hiver. Les passants que j'examinais à chaque feu rouge avaient cet air maussade des jours de pluie à Paris. La circulation était tout simplement affolante. On conduisait n'importe comment et tellement plus vite qu'à Montréal. Les petites voitures des Parisiens m'apparaissaient plus comme des jouets de mauvaise qualité que comme de véritables véhicules. Lorsque j'aperçus mon premier clochard, couché sur une bouche de métro, je n'en crus pas mes yeux. La France, ce pays dont j'avais tant rêvé, ne serait que ça? Il me semblait que la pauvreté était partout.

André nous conduisit directement à l'hôtel dans lequel nous allions loger, tous dans une seule chambre. La générosité de Radio-Canada avait ses limites, surtout qu'une grève douloureuse était en cours à Montréal. Les réalisateurs avaient débrayé juste au moment de mon départ de Montréal et le bureau de

Paris s'en trouvait affecté. Mais le plus urgent, pour nous, c'était de trouver du lait pour Sylvie. Les enfants pleuraient, ils avaient faim. Il y avait un restaurant juste à côté de l'hôtel. Comme il fallait se mettre quelque chose d'un peu plus léger sur le dos, j'ai sorti des imperméables des valises. Je n'avais pas dormi de la nuit. À bord de l'avion, on nous avait loué des couchettes semblables à celles qu'il y a dans les trains. Quelle découverte ce fut pour moi ! N'empêche que je n'avais pas dormi, entre les pleurs de Sylvie, qui avait visiblement mal aux oreilles, et les vomissements de Dominique, qui avait le mal de l'air.

Marc Thibault avait dit à André que la digne société radio-canadienne préférait envoyer à l'étranger des hommes mariés avec leur famille plutôt que de jeunes célibataires qu'ils risquaient de perdre dans la nature. L'idée n'était pas mauvaise. Mais je me demandai pourquoi alors ils n'avaient pas engagé quelqu'un qui aurait pu nous accueillir, nous aider à nous débrouiller, nous dire où trouver le lait pour bébés et la nourriture en petits pots, qu'on ne trouvait nulle part, et le Pablum, que personne ne connaissait.

Au restaurant, Daniel et Dominique réclamaient des hot-dogs sous le regard méprisant du serveur, qui prétendait ne pas comprendre un mot de ce que nous disions. Il semblait trouver les enfants particulièrement mal élevés. Je finis par convaincre ceux-ci de manger du poulet et des frites, mais ce ne fut pas facile. Le lait était inexistant au restaurant. Celui qu'on trouvait sur le marché était un lait traité dont ni Sylvie ni les deux autres ne voulaient.

André profita d'une accalmie pendant le repas pour me raconter qu'il n'avait pu trouver un appartement à Paris avec l'argent alloué par Radio-Canada. Les loyers étaient extrêmement élevés et les appartements très rares. André avait trouvé quelque chose à Meudon-Bellevue, en banlieue de Paris. Il nous y conduisit tout de suite après le repas, afin que je puisse voir les lieux. Nous ne pouvions nous y installer avant quelques jours.

Meudon-Bellevue était alors une banlieue moins développée que maintenant. On y accédait par les quais Citroën en voiture, ou à partir de la gare Montparnasse en train. Il fallait un peu moins d'une heure pour s'y rendre. Près de Chaville, au-delà du bois de Boulogne, une fois la banlieue ouest contournée, on arrivait à Petit-Clamart, Kremlin-Bicêtre et, plus loin, à Meudon.

La voiture s'immobilisa devant une très haute maison à trois étages. De drôles de balcons en bois lui donnaient l'air d'une ancienne maison sortie d'un conte de fées. Il y avait de gros volets de bois aux fenêtres, et la demeure était solide, quoique négligée et sans véritable élégance. Cela avait pu être, à une autre époque, une maison bourgeoise d'un seul tenant abritant une famille riche voulant profiter de la campagne. Il avait dû y avoir un grand jardin dont il ne restait qu'un minuscule lopin qui ne laissait rien paraître de sa splendeur ancienne. Notre appartement était au rez-de-chaussée du 15, rue des Capucins. André m'expliqua que deux chambres se trouvaient à la droite du hall d'entrée commun aux autres locataires des étages supérieurs. Le matin, une fois notre toilette terminée du côté des chambres, nous devions traverser le couloir pour nous rendre dans le reste de notre appartement, comprenant deux vastes salons en enfilade, une salle à manger majestueuse et une petite cuisine avec le confort minimum, mais fraîchement repeinte et propre. Je regardais André, refusant de comprendre. Nous avions un appartement partagé en deux par le hall d'entrée où tout le monde circulait… Je dus me pincer pour y croire. Je ne savais vraiment pas comment nous allions pouvoir nous habituer à nous enfermer à clé dans les chambres au moment de dormir, pour ne sortir de là que le lendemain matin afin d'aller dans la salle à manger et la cuisine de notre autre demi-appartement. Les enfants couraient déjà dans les salons immenses. Ils avaient enfin le droit de bouger depuis le départ de Montréal. Je les vis si heureux que je me dis que je pourrais m'y habituer, moi aussi. Le petit bout de jardin serait utile pour eux et, de ce petit jardin, par beau temps, je voyais Paris et la tour Eiffel en contrebas.

Le réfrigérateur arriva, puis la machine à laver, et nous avons pu emménager chez nous, trop heureux de quitter l'hôtel. Je savais qu'il faudrait inscrire Daniel à l'école, mais je me dis que cela pourrait attendre un peu et j'entrepris de vivre à Meudon.

André n'était pratiquement jamais à la maison. Il devait voyager par le train jusqu'à Paris, et la gare de Meudon était à une demi-heure de marche de la maison. Il rentrait tard. Le travail à faire au bureau était immense, et il devait parfois tenir compagnie à Benoît Lafleur, qui, lui, célibataire, disait s'ennuyer pour mourir à Paris. Je m'installai de mon mieux et je tendis une corde d'un bord à l'autre du petit jardin pour pouvoir étendre des vêtements à sécher. Les enfants n'allaient pas bien. Dominique avait un abcès au cou. Je m'inquiétais de la voir cernée et amaigrie. Daniel était calme comme un enfant malade, et Sylvie ne gardait pas le lait qu'elle buvait.

Mme Troubnikoff fut la première personne à sonner à notre porte. Elle le fit un matin où je venais d'étendre une pleine cordée de vêtements. C'était une belle et grosse femme rieuse, qui s'adressa d'abord à moi dans son meilleur anglais. « *Maybe you are American, madame ?* » Je lui répondis aussitôt en français que je venais du Québec, que je parlais le français, et qu'au Québec aussi, comme chez nos voisins américains, nous étendions les vêtements sur une corde à l'extérieur de la maison. Les Français les faisaient plutôt sécher sur un séchoir placé au-dessus de la baignoire ou suspendu aux fenêtres. Je la fis entrer et lui expliquai que j'étais inquiète pour les enfants. L'adaptation se faisait mal. Elle examina le cou de Dominique et me proposa de m'envoyer son médecin de famille, le docteur Février. J'acceptai, car je n'aurais pas su qui appeler autrement.

J'avais déjà trouvé une petite bonne espagnole qui m'avait été envoyée par Gloria Lasso, la chanteuse vedette de l'époque. Elle habitait à deux rues. Elle m'avait vue au village avec trois enfants et m'avait envoyé une petite jeune femme du nom de Pita, qu'elle avait en trop chez elle. Pita ne parlait que l'espagnol. Nous communiquions par signes et une sorte de langage comme celui des Amérindiens des films américains. J'inventais mon espagnol.

Le docteur Février vint dans l'après-midi. André était en Allemagne pour y représenter Radio-Canada, et son voyage devait durer encore quelques jours car il devait visiter plusieurs pays. Le médecin examina les trois enfants, puis, perplexe, me donna quelques ordonnances pour soigner la toux et arrêter les poussées de fièvre qui revenaient sans cesse. Puis il resta un bon moment silencieux, comme s'il ne savait pas trop quoi me dire. Il me confirma qu'il allait revenir le lendemain matin pour ouvrir l'abcès de Dominique et que je devrais me rendre de toute urgence à un laboratoire d'analyse.

Le lendemain matin, nous immobilisâmes Dominique avec un drap qui retenait ses bras, et le médecin l'opéra sans aucune anesthésie. Elle hurla et, avant même que j'aie pu commencer à la consoler, il me remit les prélèvements, m'enjoignant de me mettre en route immédiatement. Je laissai les enfants à Pita et je me rendis à la gare. Je venais de rater le train et il n'y en aurait pas d'autre avant une heure. Je fis du pouce et un bon monsieur s'arrêta devant mon air désespéré. Je lui expliquai l'urgence de ma mission et il offrit de me conduire directement au laboratoire.

J'étais de retour à la maison en début d'après-midi. Le médecin m'avait dit qu'il reviendrait le lendemain matin m'apporter les résultats. Je passai une mauvaise nuit. Dominique aussi, qui me regardait avec des yeux accusateurs, disant que je n'aurais pas dû laisser le médecin faire ce qu'il avait fait. Tôt le lendemain matin, le docteur Février sonna à la porte. Il était pâle et il m'invita à m'asseoir avant de me parler. Il m'apprit que Dominique avait la leucémie, et que les deux autres enfants l'avaient probablement aussi. Il me dit qu'il allait faire le nécessaire, soit contacter un hôpital et nous remettre entre les mains d'un spécialiste, mais qu'il n'y avait pas de doute dans le cas de Dominique. Les autres enfants présentaient les mêmes symptômes. Puis il repartit.

Je ne devais pas pleurer devant les enfants, mais je m'emparai du téléphone et composai immédiatement un numéro spécial qui me permettait de joindre André d'urgence. Il me rappela peu de temps après et je lui fis part du diagnostic du docteur Février. Il me dit qu'il rentrait immédiatement.

Mme Troubnikoff était aussi découragée que moi. Le docteur Février téléphona pour dire qu'il fallait agir rapidement, pour le bien des enfants. J'attendais leur père.

André rentré, nous avons discuté de la situation calmement. Le diagnostic nous paraissait incroyable. Trois enfants de la même famille atteints de la leucémie immédiatement après leur arrivée dans un pays inconnu. Ils étaient tous en parfaite santé avant notre départ de Montréal. Il nous semblait, à nous, qu'ils souffraient peut-être beaucoup du changement de climat et de nourriture, et de l'absence de lait. Nous fîmes part de nos réflexions à Mme Troubnikoff. Elle nous dit qu'elle-même, dans les circonstances, avant d'envoyer les enfants à l'hôpital, les emmènerait plutôt à la montagne pour leur redonner des forces. Mais où ? Nous ne connaissions personne, nous savions que l'hôtel constituait une torture supplémentaire pour les petits et, surtout, nous n'avions pas beaucoup d'argent. Elle nous dit qu'elle entrerait en contact avec la princesse Cantacuzène, une amie à elle, qui habitait Glion-sur-Montreux, en Suisse. Elle pourrait peut-être nous recevoir pour un prix raisonnable.

Quelques jours plus tard, nous partions tous les cinq en train pour Glion-sur-Montreux. La princesse Cantacuzène était une véritable princesse russe qui avait fui son pays au moment de la révolution. Quelques jours après leur arrivée chez elle, les enfants avaient commencé à retrouver leurs couleurs. Dominique guérissait rapidement, et les trois buvaient des litres de lait suisse avec ravissement.

Aujourd'hui, je dirais que mes enfants ont souffert d'une «maladie de l'étranger» ou autre saleté que deux semaines de neige et de soleil, de lait et de fruits ont guérie sans difficulté. Nous revînmes à Paris avec des enfants en forme et j'interdis l'entrée de la maison au docteur Février pour toujours.

Nous devions nous lier davantage aux Troubnikoff par la suite. Lui était pope orthodoxe, et elle exerçait aussi au ministère, comme le font les épouses des popes. Le pope doit être marié, et sa femme est ordonnée en même temps que lui. Ils avaient quatre enfants, deux dans la vingtaine et deux à peine plus âgés que Daniel et Dominique. Il fut proposé par les Troubnikoff que nous inscrivions Daniel à l'école russe orthodoxe de Meudon, à laquelle il pourrait se rendre avec leur fils Paul. Je réalise mieux aujourd'hui ce que nous demandions comme efforts à ces enfants-là. Daniel et Dominique allaient apprendre des danses russes. Je ne pus m'empêcher de rire quand Sylvie prononça ses premiers mots. Elle parlait l'espagnol au lieu du français.

J'habitais Meudon. J'étais femme au foyer à plein temps. Je n'avais pratiquement pas revu Paris depuis mon arrivée. Mes sorties consistaient à faire les courses à pied à Meudon. J'avais l'habitude de partir avec Sylvie dans sa poussette et les deux autres enfants par la main, chaque jour, pour aller acheter le pain et le lait frais et approvisionner une maisonnée de six personnes. Il fallait une demi-heure pour descendre la côte jusqu'au village et parfois un peu plus pour la remonter jusqu'à la maison. Le malheur, c'était de découvrir, en arrivant à la maison, que j'avais oublié le savon à lessive ou autre chose, et qu'une autre visite au village s'imposait.

Dans les premiers jours après notre arrivée, je m'étais risquée dans une boucherie. Le contact avec les commerçants était difficile. Vous n'avez jamais le mot juste, avec les Français. Ils vous reprennent sans cesse et je trouvais cela humiliant. Ce jour-là, je commandai un rosbif que j'allais préparer à ma façon et sur lequel je comptais pour nous faire du bien à tous. Le boucher me regarda avec un air volontairement stupide et me demanda : « Pour combien de personnes, le rosbif ? » Je le fixai droit dans les yeux et lui répondis : « Ça ne vous regarde pas. J'achète ce que je veux, j'en fais ce que je veux. » Il ne devait plus jamais me poser la question.

Une autre fois, je demandai de la cassonade à l'épicerie. On me répondit avec un mépris total : « Ça n'existe pas, la cassonade, madame. Nous avions ça pendant la guerre… » Comme je ne disais rien, on finit par enchaîner : « Mais nous avons du sucre roux, vous savez. C'est pratiquement la même chose. » Le ton avait baissé. J'appris doucement qu'il fallait tenir tête aux Français si on ne voulait pas se faire marcher dessus. J'allais appliquer cette leçon pendant tout mon séjour chez eux.

Dominique allait entrer à l'école russe, elle aussi. Daniel et Paul Troubnikoff étaient devenus inséparables. À part quelques sorties à Paris, que je pouvais compter sur les doigts d'une main, je ne connaissais toujours que Meudon.

Je n'avais, pour ainsi dire, plus de mari. André donnait sa vie à son travail. J'avais fait la connaissance de Dostaler O'Leary, qui était le correspondant du réseau français de Radio-Canada, et de Judith Jasmin, de passage à Paris. Autrement, mon monde se résumait à ma vie de veuve de banlieue.

Cécile annonça alors sa visite pour l'été suivant. Fallait-il qu'elle s'ennuie de ses petits-enfants pour entreprendre un tel voyage, elle qui n'était jamais allée plus loin que Boston et New

York! Je craignis sa réaction. Je n'avais pas tort. Elle fut complètement découragée de voir comment j'étais installée. Pour lui changer les idées, je me mis à visiter Paris avec elle et je lui proposai d'aller à Rome. Nous fîmes le voyage en train. Nous louâmes une chambre dans un minuscule hôtel fréquenté par des prêtres canadiens. Nous avons bien dû marcher ensemble des centaines de kilomètres.

Elle repartit trois mois plus tard, heureuse et rassurée. Du moins, elle le disait.

En septembre 1959, alors que nous étions invités chez Dostaler O'Leary avec Jacques Normand qui était de passage à Paris, nous apprîmes la mort de Maurice Duplessis. Nous passâmes la soirée à conjecturer sur l'avenir du Québec. Je me dis que, le spectre de Duplessis disparaissant, le Québec allait enfin s'ouvrir au monde.

À Noël 1959, je sortis la boîte de décorations pour préparer l'arbre traditionnel. Seulement de trouver un sapin avait été une aventure rocambolesque. Mais nous y étions parvenus, et, pour le réveillon, j'avais réussi à préparer quelques tourtières et des beignes avec la recette de ma grand-mère. Nous avions invité les Troubnikoff à se joindre à nous. André annonça que Pierre Bourgault, le vieux complice de Trois-Rivières, serait là aussi. Cette nuit-là, Bourgault élabora devant les Troubnikoff et nous toute sa stratégie de rentrée politique avec les détails de son programme. C'était formidable. J'avais les larmes aux yeux en l'entendant parler de sortir le Québec des griffes de ceux qui ne rêvaient que de continuer ce que Duplessis avait fait.

Les Troubnikoff nous affirmèrent par la suite qu'ils avaient eu l'impression de rencontrer un futur personnage important de la politique québécoise. Ils n'avaient pas tort. Rentré au Québec, Bourgault devait fonder le RIN (Rassemblement pour l'Indépendance nationale).

Je commençais à trouver que j'étais loin de Paris. J'avais besoin de travailler afin d'arrondir les fins de mois. Mais où ? Et comment ? André proposa qu'on déménage, mais, au lieu d'aller vers Paris, nous ne fîmes que changer de maison à Meudon. Encore une fois, je fis des boîtes pour les défaire à quelques rues d'où nous étions déjà installés.

J'avais découvert que le Noël russe se célébrait environ deux semaines après le nôtre et que l'arbre décoré au rez-de-chaussée pouvait très bien servir une seconde fois au troisième étage.

Nous prîmes part au Noël russe avec toutes ses traditions, pour notre plus grand bonheur et la plus grande joie des enfants.

20

J'en arrache, maman

Je pleure beaucoup. Je suis enceinte encore une fois d'un mari que je ne vois pratiquement plus. Au lieu de s'arranger, les choses ont empiré. André a commencé à boire. Je tiens Benoît Lafleur responsable de cette situation. Il retient trop souvent André à Paris, tard le soir, où il l'entraîne à boire pour tromper son propre ennui. Rapidement, la décision s'impose. Pas question de garder cet enfant dans les circonstances présentes. Je fais part à André de mon choix qu'il approuve sans réticence. Nous avions fait la connaissance de Pauline Julien, qui chantait à Paris, au cabaret *Chez Moineau*, et André pensait qu'elle connaissait peut-être quelqu'un pouvant me dépanner.

Pauline me fournit le nom d'un médecin de Genève, où les lois sur l'avortement étaient plus permissives qu'en France. J'irais donc à Genève. André devait m'accompagner car j'étais trop malade pour faire le voyage seule.

À la première rencontre, le docteur Shapira m'expliqua qu'il travaillait dans la légalité absolue et que je devrais comparaître devant un jury. Le moment venu, André a dû pratiquement me porter devant ces gens. Je vomissais partout. C'est donc sans hésitation que j'obtins l'autorisation souhaitée. Le docteur procéda rapidement à l'avortement sous anesthésie générale et je rentrai à l'hôtel. Il me demanda de ne pas voyager pendant quelques jours. Je restai donc à Genève et André reprit le train pour Paris.

À mon retour, je fus étonnée d'apprendre par les enfants qu'André avait été en voyage et n'était pratiquement pas venu à la maison durant mon absence. Quelle importance! Je retrouvais mes petits, j'étais en bon état, donc tout allait bien.

Je me sentais si seule. Je parlai encore à André de mon désir de me rapprocher de Paris, lui expliquant qu'il lui serait alors plus facile de vivre près de nous. Je n'en pouvais alors plus de voir Paris de ma fenêtre et de ne pouvoir m'y rendre pour en profiter. Je me sentais de plus en plus prisonnière.

Je ne mange plus. Je traîne. Je pleure tout le temps. André est en voyage à l'étranger pour plusieurs semaines. Il me semble tout à coup que, si je mourais, il serait tellement plus à l'aise pour remplir le poste qu'il occupe. Il n'aurait plus à penser à moi, je ne serais plus un frein à sa réussite. Je veux mourir. Je ne pense qu'à cela. Mais j'ai un terrible problème de conscience. Que vais-je faire de mes trois enfants que j'aime plus que tout au monde? Dois-je les laisser pour que quelqu'un d'autre puisse les élever? Ou ai-je le droit de les prendre avec moi pour pouvoir continuer de m'en occuper dans l'au-delà? Cette question me hante jour et nuit. Il n'y a de place pour rien d'autre.

Le jour où André rentra avec ses bagages, je lui dis de ne pas me poser de questions et de me conduire de toute urgence chez un médecin. Je racontai tout à ce dernier, qui renvoya André chercher ma valise à la maison et ne me permit même pas d'aller embrasser mes enfants. Il me fit conduire à l'hôpital, où il me mit en cure de sommeil pour quatorze jours.

Quel voyage j'allais faire! Mon corps dormait mais mon esprit était d'une lucidité incroyable. En quatorze jours, je fis le tour de ma vie depuis ma naissance. Je compris que mon désir de mourir venait de ce que j'avais deviné qu'André ne m'aimait plus comme avant, et qu'il aimait probablement quelqu'un d'autre. Cela expliquait tout : ses retards, ses absences, ses men-songes. J'avais refusé de voir la vérité en face. Quand les qua-torze jours furent terminés, le médecin me dit ceci : « Vous avez une sensibilité de voiture sport. Si vous savez la conduire, vous vivrez mieux et plus que d'autres personnes, mais si vous ne savez pas conduire, vous prendrez le champ à tout moment. » Cette leçon allait me servir pour le reste de mes jours. Je rentrai à la maison. Les enfants étaient si heureux de me voir et j'étais si heureuse de les retrouver bien en forme que je choisis de nou-veau la vie avec tout ce qu'elle allait m'apporter, le bon comme le mauvais. J'étais prête à tout.

Je dis à André que je voulais vivre à Paris au moins quelque temps avant de rentrer à Montréal. J'avais vécu en banlieue pen-dant près de deux ans. Notre séjour en France devant normale-ment être de trois ans, je considérais que j'avais fait ma part.

Nous trouvâmes d'abord un appartement à Paris, puis allâmes passer l'été en Bretagne, où les prix de location étaient très rai-sonnables. J'affirmais que, une fois à Paris, je trouverais le moyen de travailler et que je participerais aux frais du loyer.

La Bretagne finit de nous remettre sur pied, les enfants et moi. Nous y fûmes magnifiquement heureux. André passa une semaine avec nous pendant laquelle nous avons pris la route pour quelques jours. Au retour à la maison, il reçut un télé-gramme de Benoît Lafleur lui demandant de rentrer à Paris, où la visite de quelques grands patrons nécessitait sa présence. Il partit en train. Je restai seule avec les enfants. Il ne revint nous chercher qu'à la fin de l'été.

Nous emménageâmes au 59 de l'avenue de La Bourdonnais en rentrant. J'inscrivis les enfants dans des écoles du quartier, même Sylvie qui n'avait que trois ans et qui fréquenterait la maternelle de la rue Camou. Je communiquai avec Michelle Lasnier, adjointe de la rédactrice en chef du magazine *Châtelaine*, Fernande Saint-Martin, et lui proposai des sujets de billets ou d'articles. Elle accepta de me mettre à l'essai. Mon premier article porta sur le système d'éducation français, qui prenait en charge les enfants dès qu'ils savaient faire pipi tout seuls. Nous étions enfin à Paris, près du Champ-de-Mars, dans le VIIe arrondissement, le quartier le plus chic de la ville. André disait que je ne pouvais pas être plus à Paris que là. J'étais ravie.

Notre vie commune ne changeait pas beaucoup. André était rarement à la maison, sauf quand nous recevions. Car, une fois à Paris, je fus vite chargée des réceptions officielles. Nous avions un appartement qui s'y prêtait et André avait assez de connaissances parmi les journalistes du Tout-Paris pour justifier cocktails et dîners chics. Cela m'amusait. J'avais développé un talent pour la cuisine française. Ces réceptions me mettaient en valeur. Cela me faisait du bien après la vie cloîtrée que j'avais connue à Meudon. J'eus l'impression de faire davantage partie du voyage que les deux années précédentes.

Châtelaine m'acheta une entrevue avec Georges Simenon et Denise Ouimet, sa femme. Je me rendis en Suisse, où ils habitaient, et je passai une journée complète chez eux. Simenon me faisait la cour dès que sa femme avait le dos tourné, ce qui me paraissait absolument déplacé. Son comportement avec moi n'était pourtant qu'un léger incident par rapport à ce que nous allions apprendre sur lui après sa mort. Le reportage, avec photos, plut à *Châtelaine*, et la porte me fut ouverte pour des collaborations futures. Je jubilais. Je contactai Paul-Marie Lapointe, qui dirigeait alors *Le Nouveau Journal*, et il accepta une collaboration régulière depuis Paris. J'étais lancée. Je travaillais sur une base régulière, et je tenais ma promesse de participer aux dépenses de l'avenue de La Bourdonnais.

Les enfants partirent dans un camp de vacances l'été suivant. Je restai à Paris pour pouvoir continuer mon travail. Les choses s'arrangeaient bien. Nous habitions un appartement meublé luxueusement, et André et moi étions heureux de faire partager aux enfants cette expérience qui allait leur permettre d'être à l'aise partout.

Soudain, cet été-là, sans que j'aie vu les choses venir, ma vie s'écroula de nouveau.

Un soir qu'il était rentré très tard, André voulut faire l'amour. Je refusai, lui disant que j'en avais assez d'être toujours la deuxième de la soirée. J'enchaînai en lui disant que je ne voulais pas baiser avec quelqu'un qui venait de sortir du vagin d'une autre et que, si rien ne changeait, j'allais le quitter. Il entra dans une telle colère qu'il se mit à me poursuivre dans l'appartement en me frappant avec ses poings. Les fenêtres étant grandes ouvertes, je savais que les voisins pouvaient nous entendre et j'espérais que quelqu'un vienne à mon secours. J'avais la conviction qu'il allait me tuer. Je me protégeai de mes bras du mieux que je pus. Quand il s'arrêta, je restai par terre à pleurer. Jamais je n'aurais imaginé que nous en arriverions là, nous deux. Jamais je n'aurais cru qu'il pouvait me frapper de toutes ses forces dans une colère noire, comme il venait de le faire. Mon visage était tuméfié. J'allais avoir un œil bleu pendant des jours. J'avais mal partout. Et j'étais étonnée de ne pas être morte.

Je fis comme toutes les femmes de cette époque-là à qui la chose était arrivée : je ne dis rien à personne. Je m'accusai moi-même d'être allée trop loin, d'avoir dit des choses que je ne pensais pas vraiment et qui l'avaient rendu fou. Je portai des lunettes de soleil durant quelques jours. J'avais inventé un accident avec une armoire pour expliquer mes bleus, mais mon histoire laissait les gens sceptiques. Je n'en reparlai jamais à personne.

Dehors, c'était la guerre d'Algérie. Il y avait des chars d'assaut sur le Champ-de-Mars, en plein cœur de Paris. Chaque nuit, des bombes explosaient. Avant les vacances, l'école des enfants avait été prise d'assaut par les CRS (policiers). On avait utilisé un local voisin pour entasser des suspects sans prévenir les parents et il y avait eu un appel à la bombe. On avait sorti les enfants d'urgence pour les conduire au Champ-de-Mars, où les parents avaient dû aller les réclamer. La nervosité était évidente et la peur tangible. Nous marchions dans la rue avec les enfants pour ne pas longer les voitures garées près du trottoir, de peur qu'elles n'explosent. Chaque fois que je sortais de chez moi, on me réclamait mes papiers comme si j'avais été une criminelle. Un soir, je vis le premier ministre Michel Debré à la télévision, annonçant que les autorités craignaient le parachutage de troupes d'élite sur Paris, en provenance d'Alger. Il invita la population à se rendre « à pied, à cheval ou en voiture » à l'aéroport d'Orly pour les empêcher d'entrer dans Paris. Le climat était à la frayeur.

À la fin de l'été, les enfants rentrèrent à la maison, heureux de leurs vacances. Un soir, après qu'ils furent couchés, André reçut un appel téléphonique. Puis il vint me trouver et me dit : « Je n'ai pas le choix maintenant de t'en parler ou pas. J'ai une liaison depuis deux ans. C'est elle qui vient de téléphoner. Elle est en bas, au café. Si je ne t'en parle pas maintenant, elle menace de monter pour tout te raconter elle-même. Alors voilà, je le fais. » Je crois que je me suis mise à rire. Je n'en suis pas sûre. Mais je ne pleurai pas tout de suite. Je lui demandai : « Qu'est-ce qu'on fait ? » Il me répondit qu'il voulait que je reste calme et qu'il souhaitait que nous descendions tous les deux au café pour discuter avec elle. Il s'empressa d'ajouter que c'était bel et bien fini avec cette femme et que sa décision était prise de la quitter.

Ce fut la seule fois de ma vie où je laissai mes trois enfants seuls à la maison. Je suivis André au café du coin. Mes yeux étaient secs. J'étais sous le choc. Je venais de tomber de haut. J'avais soupçonné qu'il pouvait avoir des maîtresses, mais une liaison de deux ans, cela ne m'était jamais venu à l'esprit.

Elle était là. Je devais apprendre par André qu'elle avait trente-six ans, alors que je n'en avais pas trente. Il avait ajouté : « C'est pour ça qu'elle s'accroche tant. Elle, c'est son dernier amour. » Il semblait donc convaincu qu'à son âge elle ne connaîtrait pas un autre amour. Cette seule phrase me rendit solidaire de cette femme que je ne connaissais pas. Je trouvai cette remarque méprisable. Au café, je la trouvai belle. Elle était grande et triste. André me fit asseoir avec eux, puis ils commencèrent à parler. Je n'ai aucune idée de quoi ils discutèrent. Je m'étais entièrement repliée sur moi-même, examinant le champ de bataille qu'était mon cœur, revivant des promesses faites et non tenues, nous revoyant jeunes et si amoureux. J'avais l'impression d'avoir respecté ma part de l'engagement, et je ne comprenais pas pourquoi André m'avait abandonnée. Je me répétais sans cesse intérieurement ces deux vers de Louis Aragon chantés par Léo Ferré :

Moi si j'y tenais mal mon rôle
C'était de n'y comprendre rien[7]

Puis elle s'adressa à moi, parlant du poids que je représentais pour lui, de mon incapacité à le suivre alors qu'elle, au contraire, était exactement la femme qu'il lui fallait. Elle proposa que je garde les enfants et que je lui laisse André, car elle en avait tellement besoin.

Je m'aperçus tout à coup du ridicule de la situation dans laquelle je me trouvais. Ce qu'ils avaient à discuter ne me concernait pas. J'étais étrangère à cette situation et je ne voulus plus y participer. Je m'excusai en disant que je ne pouvais pas laisser mes enfants seuls plus longtemps. Je désirais rentrer à la maison. Je sortis sans attendre leur acquiescement.

C'était donc elle ! Les départs précipités pendant les vacances, les mensonges répétés pour expliquer des retards, les télégrammes signés Benoît Lafleur, c'était cette femme. Était-elle la seule ou y en avait-il eu d'autres avant ou même en même temps ? Il me fallut du temps pour réaliser pleinement ce qui venait d'arriver.

---

7. Louis Aragon et Léo Ferré, *Est-ce ainsi que les hommes vivent ?*

Je pleurai des larmes venues du plus profond de moi-même. Ma douleur était immense. Puis, petit à petit, dans les heures qui ont suivi, mon esprit sembla s'éclaircir et je n'avais qu'une idée en tête, qu'un seul désir : faire mes valises et rentrer à Montréal avec mes enfants. Sans attendre qu'il revienne et qu'il tente de s'expliquer. Je ne voulais plus l'entendre. C'est alors que je me rendis compte de la véritable situation dans laquelle je me trouvais. Je n'avais rien. Pas d'argent pour acheter quatre billets d'avion, pas de métier qui, en rentrant à Montréal, m'aurait assuré une pleine indépendance. Je n'avais toujours travaillé que comme « dépanneuse », ne me souciant jamais de construire quelque chose pour moi-même. J'avais suivi cet homme partout en lui faisant confiance.

J'avais probablement touché la vérité du doigt pendant ma cure de sommeil, mais je m'étais empressée de l'enfouir dans mon subconscient, incapable de faire face. Je savais que je ne désirais plus rien de lui. Le lien était rompu. Je ne connaissais pas l'homme que je venais de laisser au café. Le mensonge qui avait duré si longtemps me paraissait impossible à pardonner. Il ne m'avait informée de la situation que quand il en avait eu assez de sa liaison. Il m'avait mise devant le fait accompli. Je me sentais méprisée, trahie et reniée au plus profond de moi-même. Je me révoltais contre mon impuissance à résoudre ma propre situation. Je m'en voulais d'avoir vécu dans l'ignorance, en refusant de m'ouvrir les yeux et en faisant comme si tout était normal. Ce n'était certainement pas sa première maîtresse et ce ne serait certainement pas sa dernière. Un autre voile avait été déchiré. J'avais déjà pardonné tant de choses qu'il me semblait que jamais rien ne renaîtrait des cendres qui me restaient entre les doigts.

Quand il rentra, tard dans la nuit, je ne pleurais plus et je ne m'accrochais qu'à une seule chose, ma survie. Jamais plus je ne me retrouverais dans une situation pareille. J'allais me procurer la sécurité dont j'avais besoin pour élever mes enfants dans la paix. Je ne compterais plus sur lui pour quoi que ce soit. Et jamais plus, de toute ma vie, je ne serais retenue quelque part contre ma volonté, faute d'avoir les moyens de partir.

C'est une femme nouvelle qui allait se relever. Déterminée, lucide, prête à prendre la vie à bras-le-corps, prête aussi à ramasser les morceaux d'une union à laquelle elle ne croyait plus mais à laquelle elle n'avait pas les moyens de mettre fin sur-le-champ. Je savais déjà que je ne serais plus jamais la même. Je pensai à ma mère, l'éternelle délaissée, puis je suppliai ma Marie-Louise de me donner la force de me remettre debout.

Mon amour était mort, mais je n'étais pas pressée d'en faire les funérailles. Il me faudrait de la patience pour devenir la femme libre que je désirais être.

Pendant un an, la maîtresse délaissée téléphona chez nous chaque nuit. André répondait. Elle ne disait pas un mot mais laissait sa ligne ouverte, ce qui nous privait de l'usage du téléphone jusqu'à ce qu'elle ait décidé de raccrocher. Si nous raccrochions les premiers, elle rappelait plusieurs fois de suite. La sonnerie réveillait tout le monde. Je tentai de faire changer le numéro de téléphone, mais, même avec une raison aussi valable, je me fis répondre qu'il n'y avait pas d'autre numéro disponible. À cette époque-là, à Paris, le téléphone était un luxe et ses possibilités étaient très limitées. Un an plus tard, Camille Laurin, que je ne connaissais pas, m'appela pour me dire que c'était fini et que cette femme ne téléphonerait plus à la maison. Il était son psychiatre.

Beaucoup plus tard, quand nous étions ensemble dans le gouvernement Lévesque, je demandai un jour à Camille ce qu'elle était devenue. Il me dit qu'elle vivait en Italie, où elle avait adopté un enfant.

André avait cru bon de me faire lire les lettres qu'il avait reçues de cette femme. Il avait essayé de me convaincre que tout cela avait été une erreur et qu'il m'était très attaché. J'avais joué le jeu. C'était la seule attitude possible. Il rentrait plus tôt qu'auparavant, passait plus de temps avec nous. Je m'en voulus d'avoir accusé Benoît Lafleur de tous les maux de la terre alors qu'il n'était probablement responsable de rien. André buvait trop. Il était ivre de plus en plus souvent.

J'avais fait la connaissance de Martine de Barsy, une jeune femme belge vivant à Paris et travaillant de temps en temps pour Radio-Canada. Nous avions élaboré un projet de radio ensemble, projet qu'André refusait de transmettre à Montréal, disant que je n'avais aucune chance de réussir à le vendre, car les épouses des employés de Radio-Canada ne pouvaient pas travailler pour la Société. Nous prîmes la décision, Martine et moi, de faire une émission-pilote de *Interdit aux hommes* et de l'envoyer directement à Claude Sylvestre, alors directeur de la programmation à la radio de Montréal. Nous attendîmes sa réponse.

J'avais mis tous mes espoirs dans ce projet nouveau. Je trouvais l'amitié de Martine stimulante. J'avais envie de foncer et je savais que cela pouvait constituer le premier échelon vers ma libération.

Je pris soin de ne toujours agir que pour moi, et jamais contre André. Je ne cherchais aucunement une vengeance. Je voulais seulement devenir libre de dire que je restais à ses côtés par choix et non par obligation. J'allais rester sa compagne pendant encore près de huit ans, malgré bien d'autres trahisons et mensonges. Chaque fois, la satisfaction que je pouvais tirer du fait de me dire que j'étais libre de partir ou de rester me suffisait. Longtemps, je restai pour les enfants. D'ailleurs, ils réussissaient très bien à l'école. J'étais consciente qu'ils bénéficiaient là d'une éducation qui leur serait précieuse pour l'avenir. Ils étaient cependant devenus de vrais petits Français. Et moi aussi. Je parlais une langue sans fautes, mon vocabulaire s'était enrichi. Il n'y avait pratiquement plus rien de commun entre celle qui vivait à Paris à ce moment-là et celle qui avait quitté Montréal quelques années auparavant. Je prenais de l'assurance. Mes rencontres avec les plus grands noms de la littérature, du théâtre et du cinéma confirmaient ma capacité d'établir une relation chaleureuse avec les autres. Mon monde s'élargissait et j'étais en train de réussir seule. J'avais cessé d'être celle qui suivait, toujours dans l'ombre d'un futur grand homme. Dorénavant, j'allais voler de mes propres ailes.

J'appris que le mandat d'André serait renouvelé pour trois ans. J'allais avoir trente ans. J'étais vraiment devenue une adulte. Et j'aimais Paris.

Je fêtai mes trente ans en lisant Balzac. J'étais heureuse quand même de vivre à une époque où les femmes de trente ans n'étaient plus de vieilles femmes comme les décrivait le célèbre auteur. J'étais jeune et je voulais vivre. La vie me devait bien ça !

Quelques mois plus tard, j'étais de nouveau enceinte. Cette fois, je décidai de garder l'enfant, peut-être dans l'espoir de sauver mon ménage, qui ne tenait plus qu'à un fil. Je fis des efforts énormes pour ne pas être malade, pour mener une vie aussi normale que possible. Je mangeais des biscuits soda pour m'empêcher de vomir. André, lui, buvait de plus en plus, et, après quatre mois, je décidai que ni lui ni moi n'avions besoin de cette responsabilité supplémentaire.

Je mis fin à ma sixième grossesse avec l'aide du docteur Shapira, qui refusa de me laisser rentrer chez moi sans m'avoir donné le nécessaire pour que je n'aie plus besoin de ses services.

Pour la première fois, j'eus le sentiment d'avoir en main tous les instruments dont j'avais besoin pour contrôler ma vie.

Au Québec, la Révolution tranquille était en cours. Jean Lesage était au pouvoir et l'« équipe du tonnerre » promettait de sortir le Québec de la « grande noirceur ».

En France, de Gaulle avait l'air de savoir ce qu'il voulait faire de l'Algérie.

Moi, je m'étais juré que jamais plus un homme ne me frapperait, et que mon corps n'appartenait qu'à moi.

21

La découverte

Notre vie de couple avait repris presque normalement après la rupture d'André avec sa maîtresse. Il m'avait fallu un peu de temps pour envisager que lui et moi puissions reprendre les choses là où nous les avions laissées. Je m'étais fixé comme objectif de continuer à vivre avec lui aussi longtemps que mes enfants ne seraient pas en mesure de comprendre ce qui nous arrivait. Évidemment, cela pouvait durer encore longtemps si je n'arrivais pas à prendre entièrement la relève de leur père pour leur donner tout ce dont ils avaient besoin. Je ne voulais pas qu'ils soient des enfants pauvres en attente d'une pension alimentaire hypothétique. Je me doutais bien que si je vivais seule avec eux, avec les moyens dont je disposais, je les exposerais à la pauvreté et à des études écourtées. Je savais que je n'arriverais pas à l'indépendance financière en un an ou deux. Pas avec les revenus que je pouvais espérer. Et puis, quand j'avais le courage de me dire la vérité, je savais que je n'étais pas prête non plus à quitter cet homme que j'avais aimé. Je n'arrivais pas à imaginer ma vie sans lui, malgré toutes mes résolutions. J'avais le sentiment que je serais complètement perdue. Je ne pouvais pas envisager de passer le reste de ma vie seule, comme ma mère, sans amour ni compagnon. J'espérais encore pouvoir le changer et retrouver celui que j'avais connu quand nous étions jeunes et si amoureux. C'est un sentiment qu'il entretenait soigneusement entre ses aventures, en me répétant les serments d'amour qui m'avaient conquise au début et en me disant que notre amour était toujours vivant. Nous arrivions à vivre à peu près normalement et nous nous désirions encore assez pour que mes soupçons s'endorment doucement.

Le projet d'émission que Martine de Barsy et moi avions fait parvenir à Claude Sylvestre fut accepté. Alors que nous avions proposé une émission hebdomadaire, on nous commandait une émission quotidienne pour l'été.

Interdit aux hommes allait me permettre de perfectionner un métier, de rencontrer des personnalités françaises connues, de les interviewer, mais aussi de gagner de l'argent et d'avoir un compte en banque à mon nom. J'avais l'impression d'avancer enfin. Lentement mais sûrement. J'étais convaincue que l'indépendance d'une femme commençait « dans le porte-monnaie ». J'avais bien retenu la leçon de Simone de Beauvoir.

Ce travail allait m'apporter en plus une chose que je n'avais absolument pas imaginée. Ces entrevues allaient me nourrir sur le plan culturel longtemps après leur diffusion. J'allais absorber comme une éponge les témoignages de chacune des personnes rencontrées. J'emmagasinais des expériences incroyables en posant des questions et en écoutant les réponses. Je comparais sans cesse ce qu'on me racontait à ce que je vivais moi-même. J'écoutais avec attention les confidences qu'on me faisait et qui n'auraient jamais été possibles sans la présence d'un micro. J'osais poser des questions que je n'aurais jamais posées même si j'avais fréquenté régulièrement mes invités pendant vingt ans. Justement parce que le temps de la rencontre est limité, il est des choses qu'on ne raconte que devant un micro, comme si sa présence créait une sorte d'urgence de tout dire. Comme si le micro offrait la possibilité de vider de son jardin les secrets qu'on ne livrerait pas autrement.

Martine et moi avions demandé à Micheline Carron, un petit bout de femme d'une intelligence remarquable, de se joindre à nous pour la production de cette série. Mimi était sans complaisance à notre égard. Elle écoutait inlassablement les enregistrements que nous rapportions de nos visites à travers Paris, la bobine de ruban sur la machine de montage et l'autre bout du ruban filant directement dans la poubelle. Il fallait qu'une réponse soit exceptionnelle pour retenir son attention. Son exigence, jamais satisfaite, fut ma meilleure école. Je rencontrai ainsi tout ce que la France comptait de grandes vedettes dans le domaine des arts et des lettres, et même de la science.

Nous courrions, Martine et moi, d'un rendez-vous à l'autre. Notre horaire était toujours chargé. Une entrevue d'une heure avec une supervedette pouvait produire deux ou trois minutes pour Mimi au montage. Il fallait en faire, des entrevues, pour meubler une heure d'émission.

J'interviewai ainsi, en l'espace de quelques semaines, François Mauriac, Catherine Deneuve, Robert Hossein, Tino Rossi, et Salvador Dali, qui m'avait donné rendez-vous en plein drug-store des Champs-Élysées et à qui je demandai, après qu'il eut parlé de son œuvre, comment il maintenait cette moustache qu'il portait. Il m'a répondu : « Avec du jus de datte. » Je rencontrai aussi Alain Delon, ce personnage étrange ; Gilbert Bécaud, dans un appartement du VIIᵉ arrondissement où il répétait son prochain spectacle, assise avec lui sur un lit pendant qu'il se reposait de la répétition ; Arletty ; Madeleine Renaud et Jean-Louis Barrault, dans leur théâtre ; Maurice Chevalier, dans son immense maison à la campagne, où le souvenir de sa mère était omniprésent ; Charles Trenet, avec qui je m'entendis si bien que je finis par passer la journée chez lui, sur les bords de la Marne, avec ses amis. Puis il y eut Hervé Bazin, qui était si attaché au Québec ; Madeleine Robinson, dans son appartement derrière l'Académie française ; Jouhandeau et son Élise au milieu d'un parc à Bougival, dans une maison qui leur servait de théâtre permanent et où ils mettaient en scène avec virulence leurs interminables querelles de ménage. Je rencontrai aussi Mireille Darc,

Jean Marais, Maurice Druon; Louis Aragon et Elsa Triolet, qui étaient si beaux à voir ensemble et qui m'attendaient en se tenant par la taille en haut d'un long escalier qui menait à leur appartement donnant sur une jolie cour intérieure, dans le VIIe arrondissement; Jean Dessailly et sa femme, Simone Valère; Romain Gary, Jean-Paul Belmondo, Maria Casarès; Serge Gainsbourg, à qui le succès n'avait pas encore souri; Michèle Morgan, aux yeux si fascinants; Melina Mercouri, avec qui je devais me lier d'amitié; Marcel Achard, Françoise Sagan, et combien d'autres.

Ces rencontres étaient de tous ordres. Parfois on s'en tenait exclusivement à une entrevue classique, mais d'autres fois, sans qu'on sache pourquoi, une affinité particulière se révélait qui m'amenait à passer des heures avec une personne. Ce fut le cas, par exemple, de Jean Rostand, chez qui je passai une journée entière alors que j'avais obtenu une entrevue d'une heure.

Dès les premiers moments de la rencontre, je sus qu'il se passait quelque chose de spécial. Le courant avait passé entre nous tout de suite. Après seulement quelques minutes, il m'avoua qu'il aimait mon rire, que mes yeux lui redonnaient le goût de la jeunesse. Et moi, en quelques instants, je m'étais déjà attachée à ce beau vieillard si curieux et si passionné. Il me proposa une visite à ses grenouilles dans son jardin de Ville-d'Avray et m'entretint longtemps de certaines craintes qu'il avait devant les découvertes qui s'annonçaient en génétique. Il craignait que la connaissance, au lieu d'être mise au service de l'être humain, ne soit détournée de son objectif et tombe entre les mains de fous assoiffés de pouvoir, par exemple. Il disait : « Imaginez qu'en allant plus loin dans nos recherches nous en arrivions à pouvoir reproduire un homme à des centaines de milliers d'exemplaires absolument semblables, tous grands, blonds aux yeux bleus, programmés à l'avance pour obéir, et qu'on fasse une armée de ces hommes... J'ai peur rien que d'y penser... Que cette armée tombe entre les mains d'un Hitler, par exemple… Et, vous savez, nous ne sommes pas si loin de pouvoir le faire. »

C'était en 1961, il y a déjà longtemps. Et je pense à lui chaque fois que je lis ou que j'entends une nouvelle concernant les progrès de la recherche dans ce domaine. Rostand aurait frémi en apprenant l'existence de la brebis Dolly, ou encore des deux singes créés aussi par clonage aux États-Unis.

Il aurait sans doute craint qu'avec Dolly et les singes, frère et sœur, la science ne s'emballe, qu'elle n'aille plus vite que les comités qui se réunissent pour essayer d'établir enfin une réglementation. L'éthique dans ce domaine évolue si lentement qu'il aurait craint d'avoir bientôt en face de lui un clone humain bien vivant, dont on ne saurait trop que faire. Le sujet de discussion deviendrait alors sans doute le suivant : faut-il le laisser vivre ou doit-on le détruire ?

Rostand demandait : qui pourrait-on cloner ? Les grands cerveaux du siècle ou les athlètes qui seront chargés de gagner tous les quatre ans les médailles d'or tant convoitées des Jeux olympiques ? Faut-il cloner les grands génies de ce monde, ou cloner les esclaves pour bien s'assurer qu'on n'en manquera jamais ? Jean Rostand était bien en avance sur son époque. S'il avait crié plus fort, l'aurions-nous davantage écouté ?

Ce grand homme qu'était Jean Rostand discutait avec moi comme si j'avais été son élève. Je l'aimais d'amour. Il me servit le thé dans son salon, me parla de son père Edmond, le célèbre poète et auteur dramatique, au sujet duquel il voulait avoir le temps d'écrire un autre livre avant de mourir. « Cet Edmond à qui je ressemble quand même un peu, tout au fond », disait-il.

En cette fin d'après-midi où la lumière de l'automne venait couvrir d'or tout ce qu'il y avait dans ce salon, il me demanda, à brûle-pourpoint :

— Et vous, êtes-vous croyante ?

— Non, lui répondis-je sans la moindre hésitation.

— Comme je vous envie! dit-il. Il n'y a pas si longtemps, j'aurais pu répondre la même chose. Et vous savez que je suis bien placé pour savoir qu'il n'y a rien après la mort. Toutes mes grenouilles me l'ont dit… Mais avec l'âge qui avance, la vieillesse qui se fait plus présente, je me pose des questions. Je suis moins sûr. Et si Dieu existait…? Ça m'ennuie beaucoup, parce que ça m'enlève une sérénité que j'aimais bien.

Je ne sus jamais s'il avait fait la paix avec cette question avant de mourir. J'aime penser qu'il était mon ami.

Je racontais volontiers mes coups de foudre. Martine me racontait les siens. Nous avions l'impression d'avoir trouvé une mine d'or. J'en profitai pendant cette période pour voir tous les spectacles auxquels je pouvais assister :

Judy Garland, fragile et splendide, à l'Olympia; Marlene Dietrich, diaphane et ensorceleuse, au Théâtre des Champs-Élysées; Yves Montand et son spectacle réglé comme une montre suisse; Georges Brassens, l'ours si sympathique; Jacques Brel, qui me donnait envie de le prendre dans mes bras tellement il avait l'air d'un écorché vif. J'ai vu Jean Villard sur scène, Georges Wilson, Philippe Noiret et tellement d'autres. J'ai pleuré Gérard Philipe à sa mort, comme s'il avait été mon propre frère. J'ai vu aussi le dernier spectacle d'Édith Piaf avec Théo Sarapo, son protégé, ce jeune mari qui la tenait dans ses bras pour qu'elle puisse encore tenir debout et chanter :

Non, rien de rien,
Non, je ne regrette rien[8]*.*

Martine m'inquiétait parfois. C'était une femme de tête qui savait ce qu'elle voulait dans la vie. Intelligente, jolie, ambitieuse et sûre d'elle, elle tenait parfois un discours qui me faisait peur.

---

8.   Charles Dumont et Michel Vaucaire, *Non, je ne regrette rien.*

Elle fréquentait beaucoup le milieu des couturiers et se réservait toutes les entrevues à faire dans ce domaine. Elle s'intéressait à la mode et se voulait toujours élégante. Elle faisait souvent des commentaires politiques pour le service des Affaires publiques de Radio-Canada, commentaires qui étaient très appréciés et qui prouvaient bien son immense talent. Elle était à l'aise autant dans les choses très sérieuses que dans les frivolités de la mode. Elle connaissait les sœurs Carita, qui régnaient sur les salons de beauté de l'époque, et, sans doute influencée par le message que distillait ce milieu, elle me déclara, un jour, tout de go, qu'elle n'accepterait jamais de vieillir, que c'était impensable pour elle. Elle affirmait même qu'après quarante ans une femme n'avait plus rien à faire ici-bas. J'essayai de lui expliquer qu'elle serait tout aussi belle avec des cheveux blancs. Elle me regarda avec des yeux si tristes que j'eus peur pour elle.

Cet été-là, le premier où j'allais travailler régulièrement, André partit en vacances en Suisse et en Italie avec les trois enfants. Je leur envoyais l'argent du voyage de semaine en semaine.

J'aimais Paris l'été. Une fois les Parisiens partis, les touristes s'emparaient des terrasses. J'avais des amies, dont une que j'aimais beaucoup, Jacqueline M., de quelques années ma cadette. Elle était ma confidente, ma conseillère, ma sœur. Elle était amoureuse d'un homme marié qui promettait de quitter sa femme mais ne le faisait jamais. Elle en était à son deuxième avortement. Nous nous soutenions l'une l'autre et nous savions nous moquer de nos rêves romantiques. Elle était d'origine française, mais parlait bien l'anglais et rêvait de l'Amérique. Nous partions parfois dans sa voiture et voyagions toute la nuit pour aller voir le lever du soleil en Normandie. Je vivais mes premières folies, un vent de liberté était en train de me changer. Je découvrais un côté caché de moi-même qui me débarrassait de la femme « raisonnable » que j'avais été depuis mon mariage. Je faisais un travail que j'adorais et je me sentais vraiment renaître.

André, durant son voyage de retour, s'était arrêté quelque part en France pour retrouver une amie du bureau de Paris et un couple que je ne connaissais pas. Lui était le fils d'un écrivain célèbre. Sa femme, sans qu'il le sache, était devenue la maîtresse de mon mari. Il avait suffi qu'André me montre les photos à son retour de voyage pour que je comprenne qu'il avait une aventure avec l'épouse en question. Il ne le démentit pas.

Notre inquiétude essentielle, à Martine et à moi, était que notre émission ne dure qu'un seul été. Mais, à notre grand étonnement, on nous commanda une émission hebdomadaire pour l'année suivante.

André parlait encore de déménager. Je ne comprenais pas pourquoi. Il trouvait l'appartement que nous habitions trop cher et il pensait que nous pouvions vivre dans un logement plus petit. Daniel allait partir en pension au Collège de Juilly et, avec les deux filles seulement à la maison, il était vrai que nous pouvions vivre dans moins grand. André trouva donc un appartement beaucoup moins luxueux mais bien situé, au 41, quai des Grands-Augustins, à deux pas du boulevard Saint-Michel, au quatrième étage d'un édifice sans ascenseur, un appartement avec quatre fenêtres donnant sur la Seine. Le bail fut vite signé et les boîtes repartirent en direction des quais de la Seine…

J'étais sûre qu'André avait toujours des aventures, mais nous n'en parlions plus. C'était le calme entre nous. Il buvait toujours démesurément, mais j'avais cessé de lui demander d'arrêter. Il s'était lié d'amitié avec un journaliste français, Pierre Jeancard, qui était au courant de tout ce que nous avions vécu comme couple. Pierre, je crois, avait de l'affection pour moi. À ma grande surprise, il vint me trouver à la maison, un jour, pour me dire ceci : « Si tu envisages de divorcer, j'ai une proposition à te faire. Je connais les enfants et je les aime. Si tu veux, tu divorces et je t'épouse. André ne changera jamais. Je suis en mesure de faire éduquer les enfants, de veiller sur toi. Je ne demande rien d'autre. »

J'ai refusé. Je lui ai dit que c'était impensable pour moi. Que si je divorçais un jour, ce ne serait pas pour quelqu'un d'autre mais pour moi-même et que j'attendrais d'être financièrement indépendante pour le faire. Il fut le premier à dire que j'étais trop féministe, en riant. Il n'en reparla jamais.

Nous continuâmes à le voir régulièrement. Il était un véritable ami. Nous fûmes souvent invités à sa maison de campagne de Meillonnas, là où s'était installé aussi l'écrivain Roger Vailland, devenu un voisin. J'aimais la maison de notre ami. C'était un ancien prieuré qu'il avait réaménagé avec un goût très sûr. Nous avons fait la connaissance de son père et de sa mère, Jo, une drôle de femme qui ne touchait jamais à rien dans la maison. Elle vivait dans sa chambre dont les fenêtres donnaient sur un jardin et on ne l'appelait que pour l'inviter à passer à table. Elle était toujours très chic et descendait l'escalier avec son sac à main sur le bras, comme si elle s'en allait manger au restaurant. Plus tard, après la mort du père, Pierre devait découvrir que Jo, plutôt que de demander de l'argent à son fils, avait entrepris de vendre en douce les livres précieux de la bibliothèque familiale afin de s'acheter des chapeaux.

André et moi reçûmes une invitation pour une réception à l'Élysée. Le gouvernement du Québec allait ouvrir une délégation à Paris. Je ne pus m'empêcher de penser que ma Marie-Louise aurait été impressionnée de savoir que j'avais été invitée par le président de la République, Charles de Gaulle, à une soirée mémorable où un dîner fastueux serait servi en grande pompe aux représentants du Québec. Y seraient présents Jean Lesage, René Lévesque, Yves Michaud et tout ce que Paris comptait de Québécois. Le Québec sortait de l'ombre. Ce n'était pas trop tôt.

Le Québec intriguait beaucoup les Français, ces sympathiques ignorants de l'histoire et de la géographie nord-américaines, et mes pauvres enfants durent expliquer souvent pourquoi nous parlions français et pourquoi nous n'appartenions plus à la France. À un bon boulanger qui pleurait un jour la perte de l'Algérie, je confirmai que la France avait perdu le Canada aussi en 1763. «Ne me dites pas que nous avons aussi perdu ça…!», s'exclama-t-il. Il était complètement désespéré.

La soirée à l'Élysée fut mémorable, et je suis convaincue qu'elle est restée dans les annales du protocole français comme «une soirée inoubliable». Les officiels québécois étaient en smoking loué quelques heures auparavant. Le pantalon trop court ou les manches trop longues, ils avaient tous l'air de provinciaux en goguette. René Lévesque, au cours de la soirée, perdit les boutons de sa chemise, ces petits boutons imitant une pierre précieuse et qu'on glisse dans les boutonnières. Pour ne pas montrer sa poitrine, il devait tenir sa chemise avec l'une de ses mains dans une pose à la Napoléon.

Le général de Gaulle s'était montré généreux côté vin et le ton avait monté beaucoup. C'était la première fois que je voyais le général d'aussi près et j'étais fascinée par ce personnage qui dépassait toute l'assemblée d'une bonne tête. Je réussis à me glisser dans un petit groupe composé de Dostaler O'Leary, Yves Michaud et quelques autres, qui entourait André Malraux. On y parlait de la réception plutôt froide que Malraux avait reçue à Montréal lors de son passage à l'Université McGill, assez longtemps auparavant. Il n'avait pas oublié les articles du *Devoir* à son sujet. Il raconta le mot du général qui avait déclaré qu'au Québec il n'y avait que des pétainistes. Michaud jouait déjà les ambassadeurs, expliquant que ce n'était plus le cas, que le Québec avait bien évolué depuis. Malraux écoutait avec attention, même si son visage secoué de tics donnait l'impression qu'il aurait voulu être à des kilomètres de là. Mon André avait trop bu. Il n'était pas le seul. Je demandai à rentrer à la maison.

L'hiver suivant, comme chaque hiver, l'urgence pour les enfants de se retrouver dans la neige se fit sentir. Quand ils devenaient jaunes ou gris, il fallait faire des réservations pour un séjour dans une station d'hiver à prix raisonnable plutôt que de payer des médecins. C'était décembre et toutes les places dans les stations à prix abordable étaient déjà retenues. Notre ami M. Drysdale, agent de voyages, nous suggéra alors d'aller en Roumanie, un pays qui s'ouvrait pour la première fois au tourisme étranger. L'idée nous parut intéressante. Ce voyage nous permettrait de vivre une expérience politique fascinante en même temps que de voir l'hiver à son plus beau.

En arrivant en Roumanie, nous avons d'abord été retenus pendant trois heures à la douane et à la police de l'aéroport. Les enfants étaient tous inscrits dans mon passeport, comme c'était alors la coutume au Canada. En Roumanie, on prétendait qu'il fallait un passeport pour chacun des enfants. On finit par nous laisser entrer au pays, mais en nous signifiant que nous devions nous procurer des passeports pour les enfants avant notre sortie. Nous savions qu'il n'y avait pas de représentants du Canada en Roumanie. Nous dépendions du consul de la Grande-Bretagne. Comme je me sentais loin de ma mère ! Nous avons demandé à être reçus par le consul, ce qui prit une autre bonne heure. Il était en colère devant les ennuis qu'on nous faisait et il nous dit que ce ne seraient certainement pas les autorités roumaines qui obligeraient la Grande-Bretagne à changer ses méthodes de travail. Il nous conseilla de faire faire des photos des enfants pour les présenter à la police en sortant, et de lui téléphoner de l'aéroport si les Roumains n'étaient pas satisfaits. Je ne fus pas rassurée du tout.

Je savais que le départ aurait lieu vers sept heures du matin deux semaines plus tard et je n'étais pas du tout convaincue que nous arriverions à joindre le consul à cette heure-là. Mais l'entretien était terminé. Le consul était déjà parti. Je n'avais aucune confiance que cela allait fonctionner.

Nous nous rendîmes enfin à l'hôtel qui nous avait été assigné à Bucarest, puis passâmes à la salle à manger. Nous ne pouvions lire un mot des menus, les enfants n'aimaient pas ce qu'on leur servait, tout se compliquait.

Nous avions perdu ces vingt-quatre heures à Bucarest. J'en gardai le souvenir d'une ville triste où tout le monde marchait rapidement sans lever la tête. Nous étions accompagnés d'une représentante de l'agence de tourisme roumain qui ne nous lâchait pas d'une semelle. Elle nous mit à bord du train tôt le lendemain matin, en nous recommandant bien de ne parler à personne et de ne pas descendre avant notre arrivée à la gare de Poiana Brasov.

À bord du train, nous avions des coupons pour un petit-déjeuner et tout alla bien jusqu'au moment où un jeune militaire demanda la permission d'occuper la sixième place de notre compartiment. Sylvie avait trois ans et un caractère liant. Elle n'avait sans doute pas retenu les recommandations de notre brave gardienne. En quelques minutes, elle grimpa sur les genoux du militaire en essayant d'engager la conversation. Rien n'y fit. Mais il rit beaucoup. Le voyage commença à ressembler à n'importe quel autre voyage ailleurs dans le monde. Le moment du repas arrivé, nous nous rendîmes au wagon-restaurant. Comme il était déjà rempli, nous dûmes nous séparer. André s'en alla à l'autre bout du wagon avec Daniel, tandis que je prenais place avec Dominique à mes côtés et Sylvie sur mes genoux. Nos voisins de table étaient déjà servis. Sylvie pleurait à tue-tête pour faire comprendre au voisin d'en face qu'elle avait soif et qu'elle voulait le verre d'eau qu'il avait devant lui. Ce monsieur finit par lui tendre son verre. Elle but une grande gorgée qu'elle recracha aussitôt au visage du bon voisin. C'était de l'eau pétillante et elle en avait horreur. Je ne savais plus s'il fallait rire. Je présentai mes excuses, mais visiblement personne autour de nous ne comprenait le français. J'entendis André qui, dans son coin, essayait de commander des œufs et du jambon pour toute la famille. Il le fit d'abord en français, puis en anglais, puis en latin. On nous avait dit que le latin était assez proche du roumain. On semblait le comprendre enfin. Mais on nous apporta du pain, du fromage et du saucisson. J'entendis André qui s'énervait et qui engueulait le serveur : « Je vous ai demandé des œufs, câlice ! Pas du saucisson ! » Il faut dire à sa décharge qu'il était excédé par les tracasseries bureaucratiques dont nous nous sentions victimes depuis notre arrivée.

Une fois à Poiana Brasov, nous avons trouvé que l'hôtel était plutôt bien. Il se trouvait au cœur des Carpates et on commençait à y développer les sports d'hiver. Nous avons examiné les chambres comme on nous avait recommandé de le faire avant notre départ de Paris. Il y avait sous notre lit des fils électriques qui ne semblaient raccordés à rien. Cela nous a bien fait rire. Il y avait du monde dans la salle à manger, des gens très discrets qui ne répondaient même pas à nos salutations. Et, de temps en temps, des hommes vêtus de manteaux de cuir traversaient la salle comme s'ils avaient été chez eux, mais sans saluer personne. Ils n'enlevaient même pas leurs chapeaux. À la table voisine de la nôtre, il y avait un couple dans la quarantaine et une petite fille d'une dizaine d'années. C'est par les enfants que nous avons fini par leur parler. Cet homme et cette femme étaient professeurs à l'université et parlaient parfaitement le français, langue seconde en Roumanie avant le communisme. Lui était spécialisé en géographie, elle était médecin. Ils finirent par nous raconter que leur fille, parce qu'elle était l'enfant de deux professeurs, n'aurait jamais droit à des études supérieures.

Nous les avons invités à notre table le soir du Nouvel An et nous avons passé avec eux une excellente soirée. Avant de nous quitter, il fallait nous mettre d'accord sur les sujets dont nous avions discuté – cinéma, vie parisienne, musique –, car ils avaient la certitude qu'ils seraient interrogés et nous avaient prévenus que nous pourrions l'être aussi. S'ils le furent, ils n'en reparlèrent pas, et, de notre côté, nous n'avons pas été ennuyés.

Les enfants, eux, avaient fait la connaissance de l'équipe olympique de ski de la Roumanie, qui s'entraînait sur les lieux. Ils s'empressaient de nous rapporter toutes les questions qu'on leur posait à notre sujet. Comment des parents si jeunes avec trois enfants pouvaient-ils se payer un tel voyage? Pour qui travaillions-nous à Paris? Comment vivions-nous?

Le maître d'hôtel, qui parlait français, nous expliqua dès le premier jour que le menu de l'hôtel était assez simple. Toute la viande de qualité produite en Roumanie était alors envoyée en URSS. Nous mangions souvent la même chose, c'est vrai, et à chaque repas il amusait les enfants en leur demandant s'ils voulaient du dessert. «Aujourd'hui, annonçait-il, nous avons du gâteau au chocolat, du gâteau au chocolat… et du gâteau au chocolat.» Et ce fut comme cela chaque jour, à chaque repas, pendant tout notre séjour. On ne pouvait pas être malheureux tant qu'il y avait du gâteau au chocolat.

Bien que j'eusse trouvé un photographe pour faire des photos des enfants, je restais inquiète au sujet de notre départ. Le moment venu, nous avons refait le chemin vers Bucarest en train. Nous avons remangé du pain, du fromage et du saucisson! Le lendemain matin, nous nous sommes présentés à l'aéroport vers cinq heures trente, longtemps avant l'heure prévue pour le départ. Il neigeait. Tout était blanc. En arrivant, nous apprîmes que tous les vols étaient retardés à cause de la tempête. Nous voyions des groupes de femmes en train de pelleter la neige sur la piste d'envol. Il leur faudrait du temps. Nous avons présenté nos passeports, ainsi que les photos des enfants. On nous fit attendre longtemps. Il était formellement interdit de sortir du pays avec de l'argent roumain. Une fois passé le comptoir où les passeports avaient été remis, il n'y avait rien à boire ni à manger sauf dans quelques distributeurs automatiques pour lesquels il fallait de la monnaie roumaine. Chaque fois que nous nous informions du sort de nos passeports, on nous répondait que ce n'était pas terminé. Nous n'avions aucune idée de ce qui se passait et nous étions les seuls étrangers dans la salle d'attente.

Si l'avion était parti à l'heure, nous n'aurions probablement pas été à bord. Mais il ne décolla finalement que vers treize heures. On nous remit nos passeports à la toute dernière minute et nous avons dû courir jusqu'à l'escalier d'embarquement. Les enfants pleuraient car ils avaient faim et soif, et tout le monde à l'aéroport avait fait semblant de ne rien comprendre quand nous avions réclamé poliment un peu d'eau.

Ce voyage derrière le rideau de fer fut une expérience inoubliable. Nous y avons vu des gens tenus par la peur et privés de la dignité la plus élémentaire.

Plus tard, à Montréal, je me trouvai à rencontrer, un jour, par hasard, l'ambassadeur de la Roumanie, qui parlait de son pays et du bonheur des Roumains. Je m'empressai de lui faire savoir ce que j'avais vu et entendu durant mon voyage. Il m'assura que la Roumanie avait beaucoup changé. Mon voyage avait eu lieu à peine cinq ans auparavant. Il m'offrit la possibilité d'y retourner aux frais de son gouvernement pour voir ce qui s'y était passé depuis cinq ans. Je refusai net. Je devinais qu'au cours d'un voyage officiel on ne me montrerait que ce qu'on voudrait bien me montrer. Je préférais garder l'image des paysans au regard affamé et des enfants aux doigts gourds que j'avais croisés, sans gants ni mitaines pour les protéger d'un froid de canard. La Roumanie, pour moi, ça resterait ces gens-là et peut-être le jeune soldat du train, qui riait aux éclats en faisant sauter Sylvie sur ses genoux et qui avait tellement insisté pour nous faire goûter l'alcool local en cachette.

L'année 1961 avait été un tournant important pour moi. J'avais eu trente ans. J'avais raccommodé mon mariage du mieux que j'avais pu. Je travaillais sans savoir ce que l'avenir me réservait, mais j'avançais. Et mes enfants grandissaient bien. Daniel était un bon élève, et Dominique, qui s'ennuyait de son frère quand il était au collège, commença à demander si elle pouvait, elle aussi, aller à Juilly. André avait peut-être d'autres maîtresses, mais j'avais pris quelque distance et cela faisait moins mal. Je ne voulais plus souffrir comme avant. Le bilan, somme toute, était positif.

22

Beyrouth la belle

En rentrant à la maison, un soir de novembre 1963, Daniel, très excité, nous apprit l'assassinat du président Kennedy. Je n'y comprenais rien. Pourquoi assassinait-on un président adulé? Pourquoi s'en prendre à cet homme qui avait soulevé l'enthousiasme des Américains en leur disant, le jour de son assermentation : « *Don't ask what your country can do for you, ask what you can do for your country.* »

J'avais vibré en entendant ces mots, et je n'étais pas la seule. Pourquoi la politique américaine paraissait-elle si pourrie? Nous eûmes l'occasion de revoir les images de cet assassinat pendant des jours à la télévision française, puis les funérailles du président, avec cette veuve si courageuse auprès de ses deux enfants. J'avais le sentiment profond que plus rien ne serait jamais comme avant. C'était comme si le monde avait atteint un nouveau palier de violence. L'insouciance politique et la tranquillité d'esprit que j'avais affichées jusque-là venaient de disparaître. La mort de Kennedy était en train de faire de moi une adulte sur le plan politique. À partir de ce moment-là, je voulus comprendre tout ce qui se passait sur la scène politique internationale.

Le printemps suivant, j'entendis parler d'un voyage à Beyrouth, au Liban, voyage organisé autour d'un colloque d'une association de journalistes de langue française venus de tous les pays francophones. Je décidai de m'inscrire. Je voulais élargir

mes horizons et visiter des pays différents de ceux que je connaissais déjà. C'était l'occasion rêvée.

À Beyrouth, je ne connaissais personne, sauf de nom. Il y
avait là quelques Québécois, dont Robert Élie et sa femme,
Pierrette Champoux, Roger Champoux et sa femme, et quelques
délégués suisses, belges et français. Nous avions assisté à une
réception officielle du gouvernement libanais dès notre arrivée
dans cette ville magnifique où la mer et la montagne se mariaient
dans une splendeur de paradis terrestre. C'était le Liban d'avant
la guerre civile, un pays considéré comme la plaque tournante
du Moyen-Orient. La joie de vivre y était évidente.

Après les discours officiels, le colloque commença. Le climat
de ce printemps ne portait pas tellement au travail. J'avais, pour
ma part, bien plus envie de me promener dans les souks et dans
ces rues étroites où la vie semblait si présente. Le premier matin,
j'arrivai un peu en retard dans une grande salle, juste au moment
où un journaliste français que je ne voyais pas à cause de la disposition des chaises commençait à raconter l'histoire du Liban.
Sa voix était chaude, légèrement cassée, rieuse aussi, et moi qui
suis si sensible aux voix, j'étais déjà sous le charme. La conférence dura plus d'une heure. Quand je finis par voir l'homme
qui parlait, je fus frappée par ses yeux rieurs entourés de petites
rides qui donnaient tant de mobilité à son visage. J'avais aimé sa
facilité à laisser de côté son texte pour apporter des précisions
sur les personnages dont il parlait. Il me faudrait quand même
un peu de temps avant d'apprendre qu'il s'agissait de R. F., ami
de tout le monde ici et membre influent de l'association. Je découvris en même temps que l'organisation était moins sérieuse
que je ne le croyais et qu'elle servait de prétexte à plusieurs pour
faire un beau voyage à un prix raisonnable.

Les rencontres sociales y étaient très importantes. Parmi les
participants, je fis la connaissance d'un célèbre psychiatre pratiquant aussi bien en Suisse qu'aux États-Unis et auteur de plusieurs livres à succès. Sa conversation fut toujours passionnante

et ce qu'il me racontait me fascinait au plus haut point. Nous avons passé tous ensemble une journée à Baalbek, où nous avons assisté à un spectacle son et lumière, visité des temples et dîné sous les cèdres légendaires en début de nuit. Nous découvrions ce pays béni des dieux où il était possible de skier en montagne le matin et de se baigner dans la mer l'après-midi.

Chaque fois que je sortais de l'hôtel pour aller en ville, un homme me suivait. Je finis par en parler au directeur de l'hôtel, qui me dit de ne pas m'en faire, que c'était là un hommage que cet homme me rendait à sa façon, qu'il ne m'aborderait même pas sans que je lui aie d'abord fait signe, et qu'il pourrait bien me suivre ainsi pendant des jours sans jamais m'adresser la parole. C'est bien ce qui se produisit. Je le retrouvai fidèle à son poste chaque fois que je sortis de l'hôtel, et ce, jusqu'au jour de mon départ. Jamais il ne m'a dit un seul mot. Par contre, un autre Libanais, rencontré aux différentes réceptions, homme d'affaires et propriétaire de bateaux qui transportaient oranges et autres fruits vers des pays étrangers, me fit une cour moins discrète. Plus audacieux que celui qui se contentait de me suivre, il me proposa même une croisière sur son yacht. Je ris parce que j'étais flattée et que je trouvais ce pays bien rassurant pour une femme que l'on trompait chez elle. Il y avait aussi bien longtemps que cela ne m'était arrivé.

Puis je croisais R. F. de temps en temps. Quand il me parlait, je n'entendais pas un mot de ce qu'il me disait. Sa voix était si chantante à mon oreille que je me sentais bercée par cette mélodie qui me bouleversait. J'étais en train de devenir amoureuse d'une voix. Je ne comprenais plus rien de ce qui m'arrivait. Le voyage se termina sans que rien ne se fût passé avec aucun de mes prétendants. Mais R. F. et moi nous étions promis de nous revoir à Paris.

J'étais une femme en manque. En manque d'attention, en manque d'amour véritable. J'étais rassurée parce qu'un autre homme tenait à moi. Je n'avais plus envie de me défendre. J'avais seulement envie d'être heureuse.

D'abord, ce fut un lunch. La séduction opérait encore. J'étais envoûtée par cette voix que je pouvais écouter durant des heures. Il était catholique, et Angelo Roncalli, avant de devenir le pape Jean XXIII, avait été le parrain de son fils. Il parlait avec facilité des grands poètes, et c'est lui qui m'apprit qu'« Un seul être vous manque, et tout est dépeuplé[9] ! ».

Physiquement, R. F. n'était pas le type d'homme qui m'attirait. Mais la douceur de sa voix me séduisait tant que je finis par le trouver beau. Je me sentais ridicule et j'essayais de me dire que je n'étais plus une enfant et qu'il fallait tout arrêter tout de suite. Je refusai de le revoir. Il fit alors, volontairement ou non, la connaissance d'André. Il m'avoua qu'il aimait le danger que cela représentait de connaître le mari. J'avais souvent l'impression de jouer du Feydeau. Puis R. F. nous invita chez lui, André et moi, et nous présenta sa femme et ses enfants. Il s'arrêtait parfois à la maison, après avoir téléphoné pour vérifier si André était absent. Il s'invitait à prendre un scotch. Moi qui ne buvais plus du tout comme pour protester contre le fait qu'André buvait trop, j'acceptais de prendre un verre avec lui. Je lui expliquais que la situation ne me plaisait pas et que je ne me sentais pas du tout à l'aise dans ces mensonges qui s'accumulaient sans cesse. Je venais de voir le film *Cléo de 5 à 7* et il me répugnait d'être comme l'héroïne du film, disponible sur demande de cinq à sept.

R. F. demanda alors à me rencontrer à l'extérieur de la maison. Il m'expliqua qu'il entretenait des sentiments sérieux à mon endroit et que, si je pouvais envisager de quitter André, nous pourrions refaire notre vie ensemble car il songeait aussi à quitter sa femme depuis déjà un moment. J'acceptai de le voir. Petit à petit, nos rendez-vous devinrent réguliers. Deux ou trois fois

---

9. Alphonse de Lamartine, *Premières Méditations poétiques*.

par semaine, nous nous retrouvions en fin de journée au bar de l'Hôtel Port-Royal. Il finit par me dire qu'il m'aimait, avec des mots que je n'avais jamais entendus et qui mirent mon cœur en émoi. Puis il m'expliqua du même souffle qu'il s'était piégé lui-même, car le fait de connaître André me rendait plus inaccessible. Je devins furieuse. J'avais l'impression d'être encore une fois manipulée. Mais, pour la première fois de ma vie d'épouse, j'étais prête à tromper André, à goûter au fruit défendu. Ma conscience me causait des problèmes, cependant. J'avais le sentiment d'agir comme André l'avait déjà fait avec moi, de lui jouer dans le dos.

Un jour, en rentrant à la maison alors que je venais de quitter R. F. avec qui il ne s'était toujours rien passé d'autre que des paroles et des baisers, je dis à André que j'avais à lui parler très sérieusement. Je lui avouai ce qui était en train d'arriver. Je lui expliquai que, sans l'avoir recherché, j'étais visiblement amoureuse d'un autre. Je lui fis remarquer que moi, au moins, j'en parlais avant, plutôt que d'attendre que ce soit terminé. J'avoue que je le disais surtout pour atténuer le choc et affirmer mon honnêteté par rapport à la sienne. Une méchanceté pour rien. J'insistai sur le fait qu'il m'était impossible de vivre sous son toit tout en étant amoureuse de quelqu'un d'autre, que je me refusais à jouer au couple parfait alors que ma tête, mon cœur et le reste étaient ailleurs. Je ne pouvais pas partager son lit en rêvant à l'autre qui occupait toutes mes pensées. Je lui dis que je voulais partir, que j'avais besoin d'y voir clair d'abord, avant de décider quoi que ce soit. Je lui proposai que nous vivions séparés durant un moment. Je vivrais seule ailleurs la semaine et je reviendrais à la maison les fins de semaine pour les enfants, qui étaient tous à Juilly, Sylvie ayant voulu rejoindre Dominique à l'école des filles. Je ne voulais pas qu'ils soient mis au courant tout de suite. J'expliquai à André que j'étais devenue très vulnérable à cause de nos difficultés maritales. Il ne protesta que pour la forme, me sembla-t-il. Je lui dis que je trouverais un appartement dès le lendemain. Je déménagerais peu de choses puisque je reviendrais toutes les fins de semaine. Il me dit qu'il ne serait pas là les fins de semaine. J'inventerais ce que je voulais pour les enfants, mais il s'arrangerait pour être ailleurs.

23

L'éclatement

Le lendemain de cette discussion, je louai un appartement avenue de Saxe, dans un immeuble moderne. Deux petites pièces, bien décorées et à moi seule. C'était la première fois de ma vie que j'étais chez moi. J'avais signé le bail, je pouvais garantir le loyer, et j'avais un peu d'économies à la banque. Je me sentis tout à coup libre comme l'air.

J'annonçai à R. F., qui avait tant voulu me voir quitter André, que c'était fait. Il me rendit visite à mon nouvel appartement. Il paraissait heureux de ce nouvel arrangement. Il nous fallut encore quelques jours avant de devenir amants. Nous avions l'impression de vivre une vie un peu plus normale, mais le temps qu'il pouvait m'accorder était encore limité par sa vie de famille et ses engagements professionnels. Il en restait trop peu pour nous deux. Il m'avait assuré qu'il prendrait les dispositions nécessaires pour quitter sa femme, qu'il n'aimait plus depuis longtemps, disait-il. Mais les semaines passaient et ce n'était jamais fait. Nous allions finir par vivre une aventure avec promesses et déchirements inutiles. J'allais vivre une peine d'amour. Mon héros était un héros de papier.

Mon appartement était devenu un antre de filles. Jacqueline passait beaucoup de temps chez moi la semaine. Le vendredi, j'allais prendre les enfants à l'arrivée du bus qui venait de Juilly et nous rentrions à la maison, qui était vide. André, de son côté, faisait une vie de célibataire. Un jour, je dus attendre au café du coin que la fille qui était avec lui puisse quitter la maison rapidement, avant d'y entrer moi-même avec les enfants. Mais comme c'est moi qui étais partie, je considérais que je n'avais rien à reprocher à André. Il était libre. Moi aussi. Les enfants ne se doutaient de rien et je ne me décidais pas à leur dire la vérité. J'avais honte de me retrouver impliquée dans une histoire avec un homme marié dont les enfants connaissaient les miens. Comme, de plus, j'étais certaine que tout pouvait se terminer d'un jour à l'autre, je choisis de me taire. Je voulais leur éviter la turbulence d'un couple en pleine crise.

L'hiver fut long. R. F. venait me voir de moins en moins souvent. Je savais qu'il ne servirait à rien de lui faire des reproches. Je n'arrivais pas à être malheureuse, tellement le plaisir de dormir seule, de faire des courses pour une personne, de me coucher quand j'en avais envie me plaisait. Dans cet appartement qui était à moi, je n'invitais que des gens qui ne nous connaissaient pas comme couple, André et moi. Je ne devais plus rien à personne. Je pris quelques amants. « Il faut bien que le corps exulte », chantait Brel. Je me disais qu'il était temps que je fasse ma vie de fille que je n'avais jamais vécue, et que je n'avais plus rien à perdre. D'ailleurs, bientôt, si la chance continuait de me sourire, je pourrais reprendre mes enfants et je serais en mesure d'assumer toutes les dépenses afférentes à notre nouvelle vie. Je n'aurais plus besoin d'André pour quoi que ce soit. Je m'accrochais à cette idée qui me gardait en vie. C'était bien ambitieux pour quelqu'un qui n'avait qu'un contrat de pigiste à la radio et quelques piges comme journaliste. Mais c'était mieux que tout ce que j'avais fait jusque-là. J'étais remplie d'espoir.

Je ne m'attachais surtout pas aux amants que j'avais. C'était clair chaque fois : aucune promesse, rien. Cela, bien sûr, arrangeait tout le monde. En six mois, car c'est ce qu'allait durer mon absence, j'allais en apprendre plus sur les hommes que je n'en avais découvert en trente ans. J'eus des amants très différents les uns des autres, mais combien semblables quand il s'agissait de faire les gestes de l'amour sans aucun engagement !

Au bout des six mois, je fus très étonnée quand André me dit qu'il avait à me parler à son tour. Il m'apprit alors qu'il serait rappelé à Montréal à la fin de l'été et qu'il avait bien l'intention d'y ramener les trois enfants avec lui. Il voulait connaître mes intentions. Allais-je rentrer avec eux ou continuer ma vie à Paris ?

Tous mes espoirs s'écroulaient. Il m'aurait peut-être été possible de me faire engager dans une station de radio à Paris, sur une base plus stable. J'y avais des amis, surtout des Français rentrés d'Algérie, comme Jean-Claude Héberlé, avec qui je venais de faire une tournée de reportages en Suisse pour Radio-Canada, et Jean-Pierre Elkabbach, dont l'ascension s'annonçait très rapide, et j'avais la chance qu'on me trouvât du talent dans ces milieux. Mais il me faudrait combien de temps ? Je savais que le temps allait jouer contre moi. Si mes enfants rentraient à Montréal sans moi, j'étais sûre de ne jamais pouvoir les reprendre. André demanderait le divorce et obtiendrait, en plus, la garde des enfants. Mon absence de la maison durant six mois allait jouer contre moi. Mon choix était très limité. Je finis par lui dire que j'étais prête à rentrer avec lui, mais à certaines conditions. Nous reprendrions la vie commune en nous en tenant à l'engagement du début. J'aurais souhaité que nous formions un vrai couple, sans aventures ni pour l'un ni pour l'autre. Que nous soyons vraiment mari et femme et qu'il n'y ait personne d'autre entre nous. Je savais qu'il avait eu plusieurs maîtresses ces derniers mois. Il me dit quand même qu'il était d'accord.

Nous allions mettre cette entente à l'essai pendant nos dernières semaines en France. J'essayai de convaincre Claude Sylvestre de garder *Interdit aux hommes* à l'antenne l'automne suivant, avec Martine travaillant à Paris et moi à Montréal. Je sauverais ainsi au moins une partie de mon indépendance.

Les deux filles rentrèrent en juillet 1964. Elles furent accueillies à Dorval par toute la famille, mais les pauvres petites ne comprenaient plus un mot de ce que les parents leur racontaient. Elles étaient devenues terriblement françaises. Daniel passa le mois d'août chez son ami Alain en Normandie, pendant que nous préparions le retour. Nous prîmes l'avion avec lui à la fin d'août. Je quittai l'avenue de Saxe en pleurant, me disant que jamais plus je ne connaîtrais le bonheur de vivre libre comme je l'avais connu là.

Je fis mes adieux à Jacqueline, à Martine et à Mimi. Je ne revis pas R. F. avant le départ. Cela me paraissait tout à fait inutile. Je commençai à me détacher tout doucement de Paris, qui était devenue ma ville, et j'essayai de fixer dans ma mémoire quelques coins que j'aimais particulièrement. Je me disais déjà qu'en rentrant à Montréal il faudrait acheter une maison. Pour moi, ce serait comme une façon de jeter l'ancre pour m'enlever toute idée de retour à Paris à l'apparition de la moindre difficulté. J'avais écrit à Cécile pour lui dire que nous serions de nouveau réunies.

Pendant le séjour à Paris, j'avais perdu mon père, mon grand-père Ernest, le mari de ma Marie-Louise, et ma grand-mère Ouimet. Tous ceux qui restaient et que j'aimais avaient vieilli. Daniel ne comprenait pas grand-chose à ce que disait ma mère. La langue parlée allait poser un problème majeur entre mes enfants et la famille. À notre départ de Montréal, Sylvie avait six mois, Dominique, cinq ans, et Daniel, six ans. Mes trois enfants étaient maintenant âgés respectivement de six ans, dix ans et demi, et douze ans. Un jour, j'avais entendu mon fils dire à un petit copain français : « Les Indiens dansent autour des avions quand ils atterrissent à l'aéroport de Dorval. » Je me consolais du retour en me disant qu'il était temps de rentrer à la maison si je ne voulais pas élever trois petits Français !

Je savais aussi, cependant, que jamais nous n'oublierions la France. Nous y étions restés assez longtemps pour être imprégnés de sa culture et de son histoire. Mes enfants, à l'école, avaient récité, eux aussi, « Nos ancêtres les Gaulois… ».

En France, j'étais devenue une femme. J'avais passé les épreuves requises. J'avais souffert, j'avais pardonné, mais je n'oublierais jamais. Ma Marie-Louise me l'avait répété assez souvent : « Les hommes oublient mais ne pardonnent pas ; les femmes pardonnent mais n'oublient jamais. »

C'est en pensant à cette phrase que je sentis une sorte de méfiance s'installer dans mon esprit. André pourrait-il me pardonner ces six mois pendant lesquels je l'avais complètement éliminé de ma vie ? Il ne m'avait fait aucun reproche, mais qui pouvait m'assurer qu'il ne m'en voudrait pas terriblement par la suite, une fois revenu au point de départ ? Étais-je vraiment pardonnée ou allait-il me faire expier ma témérité ?

Je rentrai décidée à tenir parole et à me défendre si André revenait sur mon passé récent.

24

« Fais du feu dans la cheminée[10]... »

Je dus me remettre au travail dès mon arrivée puisque *Interdit aux hommes* allait reprendre l'antenne dès le début de septembre 1964. Je commençai la ronde des entrevues à Montréal. Je fonçais sans me poser de questions. Andrée Lachapelle, Jacques Normand et René Lévesque, toujours ministre du gouvernement Lesage, furent mes premiers invités. André visitait des maisons pendant ce temps tout en reprenant contact avec ses anciens collègues.

J'eus beau regarder partout, écouter attentivement tout ce qui se disait autour de moi, la «révolution tranquille» dont on m'avait tant parlé à Paris ne me paraissait pas évidente. Qu'y avait-il vraiment de changé? Je n'eus pas à me frotter tout de suite au système d'éducation du Québec puisque je trouvais préférable de laisser mes enfants dans des écoles françaises. L'adaptation à leur nouvelle vie serait déjà bien assez difficile comme cela. Daniel alla donc au collège Stanislas, où il terminerait ses études avant de passer à l'université. Dominique et Sylvie furent inscrites au Collège Marie-de-France, où elles seraient assez malheureuses pour que Dominique demande rapidement à réintégrer le système public québécois. Sylvie suivrait dès l'année suivante.

---

10. Chanson de Jean-Pierre Ferland.

Nous nous installâmes rapidement dans une grande maison du chemin de la Côte-Sainte-Catherine qui m'avait plu immédiatement à cause de son aspect un peu vieillot et de son jardin bordé de grands arbres. Ma mère la trouvait trop vaste, trop chère, et surtout trop loin de chez elle qui habitait toujours Verdun.

Les enfants, qui avaient souffert de l'étroitesse de notre dernier appartement à Paris, étaient enchantés. Ils trouvèrent assez rapidement des copains qui les comprenaient à peu près complètement, ce qui finit de les rassurer. Et la vie reprit son cours. Radio-Canada avait rapporté sans rechigner la boîte de décorations de Noël. J'avais laissé mon réfrigérateur aux Troubnikoff, qui n'en avaient jamais vu de si grand, ainsi que la machine à laver le linge. C'était, disaient-ils, le plus beau cadeau qu'ils eussent jamais reçu. Nous rapportions quelques meubles de salon que nous avions achetés au marché aux puces à Paris, et nous eûmes la surprise de redécouvrir ce que nous possédions avant le départ et qui était resté en entrepôt pendant toutes ces années : quelques boîtes et barriques, un peu de vaisselle, beaucoup de papier, des lits, et pas grand-chose d'autre.

Après quelques semaines, il m'apparut clair que ce qui avait le plus changé au Québec pendant notre absence, c'était l'attitude des femmes par rapport à la vie de la société. Les femmes étaient sorties de la cuisine. Non pour investir le monde du travail – enfin, pas encore –, mais pour investir le salon, que les hommes avaient l'habitude de monopoliser pour leurs discussions sérieuses après les repas. Les femmes, elles, s'étaient toujours confinées dans la cuisine pour parler de leurs maladies, de leurs grossesses ou de leurs enfants pendant que les hommes refaisaient le monde sans elles. C'était fini, semblait-il. Les femmes participaient maintenant aux discussions du salon. Elles avaient leur mot à dire et, à mon grand étonnement, les hommes ne les invitaient pas à retourner à leurs casseroles. J'étais d'autant plus étonnée de ma découverte que personne en visite à Paris ne m'en avait parlé.

Sachant qu'*Interdit aux hommes* ne pourrait pas durer éternellement, je commençai à travailler sur le projet d'une émission que je voulais pancanadienne. Il me semblait que ce qui pouvait encore rassembler les gens de ce pays qu'on appelait le Canada, c'était les problèmes des femmes, qui étaient les mêmes partout, dans toutes les provinces. Partout les femmes avaient besoin de garderies, partout elles voulaient un plus grand accès aux études supérieures pour se donner les moyens d'occuper des postes importants dans le milieu du travail. Le discours de Thérèse Casgrain me revenait souvent en tête : «Cette moitié de la population, oubliée, sacrifiée… », et me servait de moteur. Je finis par déposer mon projet à Radio-Canada, pour apprendre que celui-là, plus sérieux, plus politique aussi, relevait des Affaires publiques, service où se trouvait déjà André. Je défendis mon point de vue aussi souvent qu'il le fallut. À un réalisateur qui, chargé de réduire mes espoirs, me disait que sa femme, infirmière, «aimerait aussi beaucoup travailler pour Radio-Canada», je fis remarquer que je n'étais pas infirmière mais journaliste, que j'avais maintenant suffisamment d'expérience pour en faire la preuve et que je trouvais ce règlement ridicule et injuste. Alors qu'un réalisateur pouvait faire travailler sa maîtresse à ses côtés s'il en avait envie, l'épouse légitime, malgré ses compétences, ne pouvait même pas entrer dans la grande maison. Il y eut un malaise. On me laissa développer quand même le projet. On me suggéra d'acheter un Nagra, un magnétophone avec lequel j'étais familière, l'ayant beaucoup utilisé à Paris. Je fis quelques contacts dans les autres provinces. J'osai placer mon projet sous la protection de l'année du centenaire de la Confédération, ce qui dut mettre quelques-uns de mes interlocuteurs en rogne.

Un jour, je reçus un appel téléphonique qui m'apprit que le projet ne se ferait pas. J'eus beau invoquer les dépenses importantes que j'avais déjà engagées, rien n'y fit. On me prévint du même souffle qu'*Interdit aux hommes* en était à sa dernière année. Je n'aurais plus rien. Et je savais très bien ce que cela voulait dire pour moi : un recul terrible. De nouveau la dépendance, l'impossibilité de devenir enfin autonome. J'étais donc condamnée à rentrer dans le rang. J'aurais préféré mourir, je crois.

Noël approchait. J'avais promis aux enfants de les emmener voir le défilé du père Noël, auquel ils n'avaient jamais assisté. Ils ne connaissaient que le pauvre saint Nicolas français, un personnage moins joyeux que notre père Noël. Au jour dit, nous nous postâmes à l'angle de l'avenue du Parc et de la rue Sherbrooke. Il y avait foule. Je demandai à des adultes s'ils voulaient bien laisser passer les enfants devant eux, pour qu'ils puissent voir quelque chose. On me répondit : « Y a pas de place ! P'is si vous êtes pas contente, retournez d'où vous venez ! »

Je ne savais pas s'il fallait rire ou pleurer. Puis ce fut la colère qui prit le dessus. Je protestai : « Il faut être bien stupide et bien petit pour ne pas vouloir faire de place à des enfants pour un défilé qui leur est destiné. »

Me faire dire de retourner d'où je venais parce que j'avais le malheur de parler français correctement, moi qui suis de Saint-Henri mais qui avais eu la chance de voir autre chose dans la vie que leur petite mesquinerie et leur maudit racisme !

Il n'y eut aucune réplique, et on choisit de m'ignorer par la suite. Je fis passer mes enfants devant, bien décidée à ne jamais accepter un traitement comme celui-là de la part des miens.

Un soir, alors que j'accompagnais André dans je ne sais quelle réception où il devait être présent, il me présenta une des scriptes de son service. Elle s'appelait D.P. et je reconnus immédiatement la poignée de main habituelle, craintive, timide, que j'identifiais trop bien à une nouvelle maîtresse troublée par la présence de l'épouse officielle. J'eus très envie de prendre cette fille à part pour lui dire ce qui allait se passer, mais je n'en fis rien. Tant pis pour elle. Chacune a le droit de faire ses propres expériences. Je demandai seulement à André depuis combien de temps cela durait. Quelque part en moi, cependant, quelque chose s'était brisé de nouveau. Ce n'était certainement pas le temps de manquer de travail et de redevenir une épouse au foyer alors que la menace réapparaissait et que ma libération était une question d'argent.

Alors que je n'attendais plus rien et que je m'apprêtais à appeler au secours des amis journalistes, Paul-Marie Lapointe, Antoine Desroches, Michelle Lasnier et tous les autres que je connaissais un peu, je reçus un coup de fil d'Antonin Boisvert, dont je ne savais rien du tout, qui me demandait de venir le rencontrer à Radio-Canada, place Ville-Marie. J'ai pensé qu'on allait au moins payer mes dépenses pour le projet qu'on avait déjà refusé, et j'acceptai d'aller le voir. En arrivant, je découvris qu'il était le nouveau directeur des programmes de la radio, si bien qu'en entrant dans son bureau, au vingtième étage de l'édifice Place-Ville-Marie, je m'entendis lui dire: «Si je vous connaissais mieux, je vous passerais par la fenêtre, tant j'en ai gros sur le cœur.»

Il se mit à rire et il m'écouta pendant que je criais à l'injustice. Quand j'eus terminé, il me demanda:

«Accepteriez-vous de faire une autre émission que celle dont vous parlez?

— Bien sûr. Ça dépendrait du genre d'émission.»

Il m'expliqua alors qu'il avait l'idée d'une émission avec public, dans un studio, en direct, chaque matin. Il me demanda si je pouvais travailler en public. Sans hésitation, je lui répondis que oui. Je savais que j'allais sûrement mourir de peur, mais que j'aurais toujours le temps d'y penser. Il me demanda de rencontrer Claude Morin, un réalisateur que je ne connaissais pas mais dont il disait qu'il était ambitieux, qu'il avait des idées originales et qu'il aimait la radio, toutes des qualités qui me convenaient tout à fait.

Claude et moi mîmes sur pied en quelques semaines le projet de *Place aux femmes*, pour l'automne 1965. Il veillait au contenant, je veillais au contenu. Ce serait le premier magazine «féministe» de Radio-Canada, et Claude proposa d'engager Guy Provost comme coanimateur, «pour faire un équilibre» dans l'émission. Les couples étant à la mode dans le monde de l'animation, je ne voyais pas d'objection à travailler avec Guy Provost. Puis je fis la connaissance de Paul de Margerie, chargé de monter un trio musical, et qui devait devenir un ami très cher.

Le monde entier allait défiler à *Place aux femmes*, qui durerait cinq ans. Sous la protection d'un humour à toute épreuve, nous avons abordé des sujets aussi sérieux que la dépendance et la pauvreté des femmes, l'égoïsme des hommes, leur infidélité proverbiale et la nôtre occasionnelle, tout en suggérant des moyens de garder son homme ou de le confier à une autre quand on en avait assez… Nous avons même fait des défilés de mode et des expositions de peinture dans notre studio. C'était chaque jour un immense plaisir renouvelé.

Même si l'émission était quotidienne, il me fallait aussi trouver une émission spéciale pour l'été, histoire de voir si je pouvais gagner assez d'argent en une année au cas où je devrais subvenir à tous nos besoins. Cette idée ne me quittait pas, et, comme André avait visiblement recommencé à vagabonder d'une femme à l'autre, j'avais peu d'espoir de voir ce pauvre mariage si souvent rapiécé durer encore bien longtemps. Je pris tout ce qui me fut offert : *Le Temps des sauterelles*, une émission produite dans les discothèques durant l'été, et même la coanimation avec Nicole Germain de son émission *Votre choix* à la télévision. J'apprenais. C'était ma première expérience de télévision. Où était la caméra, comment on s'en servait pour appuyer ce qu'on voulait dire, comment elle pouvait révéler la personnalité des gens que j'avais en face de moi. J'apprenais. On m'avait engagée parce que j'étais plus «dure» dans mes entrevues. Cela me faisait rire.

Puis je fis quelques incursions du côté du réseau anglais. Je fus étonnée de constater que je travaillais presque aussi facilement en anglais qu'en français. Je n'avais pas besoin de texte, improvisant tout le temps dans les deux langues. *Speak easy*, pendant toute une année, me permit de faire la connaissance des animateurs et des réalisateurs du réseau anglais, ainsi que de quelques invités que j'adorais, comme Leonard Cohen.

Je sentais que je marquais des points et que j'étais en train de me faire un nom. Cela me rassurait. En principe, je ne devrais plus jamais manquer de travail.

M. V. était mon amie. Elle était aussi devenue recherchiste pour l'émission. J'avais donc cessé de faire la recherche toute seule. Un beau jour, je découvris, grâce à Paul de Margerie qui m'en avait parlé, que Guy Provost et lui-même gagnaient tous les deux plus cher que moi. Quand vint le moment de renégocier mon contrat avec le représentant de la digne société, en l'occurrence un ancien chanteur portant des bagues à diamant, Jean-Pierre Comeau, je lui fis savoir que, dorénavant, il fallait me traiter comme si je faisais partie de l'Association des musiciens et me payer au moins autant que le chef d'orchestre pour faire cette émission-là où je coordonnais encore la recherche et l'animation. Il me répondit: «Vous prenez-vous pour Michelle Tisseyre?» J'ai répliqué: «Non. Seulement pour moi-même.» Je me trouvais d'une audace inouïe, mais j'ai obtenu ce que je demandais.

J'avais cependant tiré ma leçon et jamais plus je ne me laisserais marcher sur les pieds par les administrateurs de services qui accordent leurs bienfaits selon leur bon plaisir. Tout doucement, d'ailleurs, je n'avais plus peur de personne.

De la jeune femme timide qui était partie pour Paris un jour, il ne restait pratiquement rien. Même ma mère, des fois, me disait qu'elle ne me reconnaissait plus. Mais elle était si fière de ce que j'étais devenue. Je commençai à lui donner un peu d'argent chaque mois. J'étais contente d'être rentrée au Québec car j'avais l'impression que je pourrais lui rendre la vieillesse plus douce. Non seulement voulais-je être indépendante financièrement et subvenir seule aux besoins de mes enfants, mais je voulais aussi faire vivre ma mère. Je ne voulais plus jamais dépendre de personne. Jamais. Et tous mes efforts continuèrent d'aller dans ce sens, même si j'étais étonnée de toujours constater que je n'avais pas vraiment besoin d'argent pour moi personnellement. Tout ce que je désirais pour moi-même, c'était mon indépendance.

25

Terre des Hommes

J'avais été très « sage » depuis les six mois de ce que j'avais appelé
ma « libération conditionnelle », juste avant de revenir au Québec.
Le retour à Montréal, pour moi, signifiait nécessairement une
bonne conduite. Je n'aurais jamais voulu qu'André puisse se
retrouver en face d'un ami ou d'un collègue qui aurait pu prétendre avoir couché avec sa femme. J'ai toujours trouvé les
Québécois si vantards.

Durant la première année de notre nouvelle vie à Montréal,
je ne suis retournée à Paris qu'une seule fois, pour quelques jours,
et en plein hiver. Je n'y ai revu que mes copines. Je me souviens
qu'il pleuvait à boire debout et que le froid et l'humidité me trans-
perçaient sans que rien puisse me réchauffer. Je vivais à l'hôtel
pour la première fois depuis notre arrivée en France il y avait
bien longtemps, et je n'aimais pas me sentir étrangère dans cette
ville que j'avais tant aimée. Paris avait été ma ville. J'avais fini par
l'apprivoiser complètement et je la connaissais dans ses moindres
impasses ou venelles. Mon séjour fut court et, en montant dans
l'avion, au retour, je me disais déjà que je ne reviendrais pas à
Paris avant longtemps. J'avais souffert de passer devant mon
ancien refuge sans y entrer. Il me fallait en faire mon deuil pour
de bon. Pour la première fois, je me sentis vraiment déraci-
née. Ce n'est qu'à ce moment-là que je réalisai que je vivrais à

Montréal pour toujours, sans retour en arrière, et que la coupure devait être nette.

J'allais cependant avoir une grande consolation. Je retrouverais mes grandes amies à Montréal. Jacqueline viendrait travailler pour Expo 67, comme secrétaire de direction auprès d'un des grands patrons de l'exposition universelle. Mimi Carron viendrait elle aussi, mais à Radio-Canada, où André aurait besoin de ses services pour l'aider à mettre sur pied l'émission *Présent*. Elles habiteraient chez nous, le temps de trouver des appartements qui leur conviennent. Leur présence allait m'aider à vivre ma réadaptation.

J'aimais le travail que je faisais à *Place aux femmes*. Tous ces sujets simples qu'on y discutait amenaient les participants à livrer le fond de leur pensée. La présence du public était un atout formidable qui rendait notre travail plus spontané. Guy Provost y jouait bien son rôle, et la musique de Paul de Margerie était un enchantement. Son trio, dont les deux autres membres étaient Roland Desjardins et Guy Parent, nous soutenait, et le talent de ces musiciens faisait en sorte que l'émission était devenue parallèlement le rendez-vous des amateurs de jazz.

C'est ainsi que j'eus le plaisir d'entendre chanter pour la première fois Ginette Reno. Elle m'apparut à la fois si fragile et si puissante qu'elle resta longtemps une énigme pour moi. Je découvrais tout ce que le Québec comptait de talents: Gilles Vigneault, mon amie Pauline Julien, que j'avais entendue pour la première fois chez *Moineau*, et Raymond Lévesque, que j'avais vu à *La Porte du Salut*, alors que tous les deux faisaient chanter Paris, puis les Renée Martel, Clémence DesRochers, Renée Claude, Jacques Michel et Claude Léveillée. Ce fut à *Place aux femmes* qu'Olivier Guimond fut invité à une émission de Radio-Canada pour la première fois de sa longue carrière. Il était intimidé et nous remerciait d'avoir pensé à lui. Nous allions voir défiler devant nos micros la Poune, Manda, aussi bien que Jean

Marchand et plusieurs autres politiciens de l'époque. L'émission était un feu roulant d'humour, d'esprit et de bonne humeur. Et les sujets étaient certainement plus sérieux qu'ils en avaient l'air de prime abord. Mes patrons avaient prétendu que le public ne parlerait pas, que c'était toujours la même chose quand on mettait un micro sous le nez de gens ordinaires, qu'ils avaient tendance à faire des « euh… euh… euh… ». Je leur avais répondu : « Si c'est pour demander ce qu'il faut faire en Afrique du Sud ou en URSS, c'est vrai que la réponse peut prendre du temps à venir. Mais si vous demandez à une femme ce qu'elle doit dire à un mari qui rentre à six heures du matin, croyez-moi, elle aura une réponse tout de suite. » J'avais raison. Et elles le disaient avec plus d'humour qu'on aurait pu le soupçonner.

M. V. était devenue un rouage important de l'émission. Maintenant que je la connaissais mieux, je trouvais qu'elle était trop souvent seule. J'avais la certitude qu'il n'y avait pas grand-chose dans sa vie à part le travail. C'était une fille attachante qui, ayant perdu son père quand elle n'avait que seize ou dix-sept ans, avait travaillé pour faire vivre sa mère et sa jeune sœur. Je la traitais comme ma petite sœur, parfois même comme ma fille. Elle n'avait que dix ans de moins que moi. Nous avions l'habitude de manger ensemble tous les midis, et il m'arrivait même de l'inviter à passer quelques jours avec nous quand nous louions un chalet dans les Laurentides ou ailleurs pour les vacances des enfants, afin qu'elle ne se retrouve pas seule tout le temps, surtout à Noël ou au jour de l'An. Elle faisait partie de la famille. Et Jacqueline trouva un appartement dans le même immeuble que celui où elle habitait. Mes retrouvailles avec Jacqueline, mes visites chez elle, allaient créer encore plus de liens avec M. V.

À *Place aux femmes*, le concours du plus bel homme est né spontanément, un jour, dans le studio. Et le mot « homme » n'était pas entendu dans son sens le plus noble. Il désignait une personne du genre masculin. J'ai soulevé la question de la beauté des hommes au cours d'une émission, un matin, en demandant à Guy Provost ce qu'était pour lui la beauté masculine. Il a répondu qu'on n'avait qu'à le regarder pour le savoir... C'était son rôle. J'ai ensuite posé la question à plusieurs personnes présentes dans le studio, pour découvrir que ce n'était absolument pas la même chose pour tout le monde. J'enchaînai en demandant à toutes les personnes de l'auditoire de produire, avant la fin de l'émission, une liste des dix plus beaux hommes, selon leurs propres critères. Ce qui fut fait. Le lendemain matin, nous commençâmes à recevoir des listes par le courrier, de la part d'auditeurs qui nous avaient entendus et qui avaient eu le goût de faire l'exercice avec nous. De là à en faire un concours, il n'y avait qu'un pas que je franchis rapidement, en ondes, sans avoir pris le temps d'en mesurer la portée avec le réalisateur. Mais, les lettres continuant d'arriver, nous décidâmes de maintenir l'idée d'un concours, qui culminerait avec un défilé des plus beaux hommes sélectionnés par les auditeurs. Ce concours, qui devait se répéter chaque année autour du 14 février, jour de la Saint-Valentin, nous a procuré un plaisir immense. Organisé d'abord à la radio, il allait se poursuivre plus tard à la télévision et devenir un jour un véritable gala, diffusé directement de la Place des Arts.

Il fallait voir les Jean Béliveau, Ken Dryden, Jacques Boulanger, Pierre Lalonde, Pierre Nadeau, Donald Pilon, John Turner, Bernard Derome, Richard Garneau, Benoît Girard, Jacques Fauteux et autres apollons descendre le grand escalier prévu à cet effet. Certains ont refusé de se présenter pour le défilé même s'ils avaient gagné. Jean Lesage, qui s'était classé premier en 1966, avait refusé de venir chercher son trophée. Mais, loin de nous laisser abattre, nous étions allés le lui porter à son bureau de premier ministre, à Québec. Comme il avait déjà de légères tendances à se trouver beau lui-même, certains prétendirent que le concours lui ferait perdre les élections le 5 juin suivant, tellement il serait arrogant pendant la campagne électorale et qu'il regarderait tout le monde de haut. Il est certain que le concours faisait peur aux politiciens, qui auraient donné leur chemise pour en être exclus. Pierre Elliott Trudeau lui-même, qui fut élu l'un des dix premiers quelques années plus tard, refusa de venir chercher son trophée, mais il accepta de me parler au téléphone durant l'émission, diffusée directement du Théâtre Saint-Denis, cette fois-là. Ce concours a mis du soleil dans nos hivers pendant de nombreuses années, et il a peut-être permis à certains hommes de comprendre ce que pouvaient signifier les concours de beauté pour femmes qui existent encore aujourd'hui à travers le monde.

C'est aussi du studio de *Place aux femmes* que Roger Bouchard, annonceur de Radio-Canada, lut un bulletin spécial d'informations le 5 octobre 1970 pour annoncer l'enlèvement de James Richard Cross, attaché commercial de la Grande-Bretagne à Montréal. L'événement venait tout juste de se produire. Une nouvelle comme celle-là ne pouvait que faire l'effet d'une douche froide dans un studio où il y avait un public, pendant une émission dont le premier mandat était de traiter légèrement des sujets sérieux. Guy Provost enchaîna en disant: «Nous autres, on a regardé partout. Il n'est pas ici.» Je me demandai comment j'allais faire pour retomber sur mes pieds après cela…

Place aux femmes, année après année, connut un immense succès. Ce qui me touchait le plus et me faisait le plus plaisir, c'était de recevoir une lettre d'un auditeur me racontant qu'il était incapable de sortir de sa voiture tant qu'une entrevue n'était pas terminée, même s'il était arrivé à destination. C'était là un immense compliment. *Place aux femmes* fut diffusé des terrains de l'Expo jusqu'à la fin du printemps 1967. Et, durant tout l'été, j'animai en plus une émission pour le réseau anglais de Radio-Canada, *Sunday at the Fair*. J'étais enchantée de pouvoir suivre l'événement de près.

L'Expo me fascinait. C'était une époque formidable pour vivre à Montréal. La ville elle-même, les Montréalais et la gloire du maire Jean Drapeau étaient à leur apogée. Nous avions regardé pousser une île au milieu du Saint-Laurent et je m'étais souvent rendue à *Altitude 737*, ce restaurant situé tout en haut de l'édifice de la place Ville-Marie, avec les enfants, le dimanche midi, où j'y disputais la «table du coin» à Pierre Dupuis lui-même, grand patron de l'Expo, qui, comme moi, désirait voir de haut l'évolution de la construction du site. Les pavillons prenaient forme. Il régnait dans la ville une atmosphère extraordinaire. Nous étions en train de nous convaincre que nous pouvions entreprendre et mener à bien de grands projets. Et, bien qu'il se soit fourvoyé par la suite, je pensais alors que nous devions beaucoup de cette fierté nouvelle à Jean Drapeau, qui était en train de nous sortir de notre torpeur. Cela était indiscutable. Le Québec tout entier changeait. Autant la chose ne m'avait pas paru évidente à mon retour en 1964, autant, trois ans plus tard, je savais qu'une sorte d'explosion intérieure avait eu lieu et que nous étions prêts à répondre «présents» alors que le monde entier allait nous interpeller.

Le règne de Jean Lesage avait pris fin avec les élections de 1966. Il avait été défait par Daniel Johnson père. Mais ce Johnson-là était un homme sympathique et attachant, que tout le monde appelait «Danny Boy». Il avait réussi à canaliser les espoirs d'un peuple tout entier avec une autre formule que «Maîtres chez nous», qui était celle de Lesage. La sienne était: «Égalité ou indépendance». Mais le sens était le même. Les Québécois, qu'on appelait encore les Canadiens français, supportaient mal la mainmise du gouvernement fédéral sur leur développement culturel et économique. Ils trouvaient les prétentions d'Ottawa de plus en plus difficiles à supporter. L'Exposition universelle de Montréal, avec la fierté qu'elle allait leur apporter, finirait par leur faire relever la tête, qu'ils avaient basse depuis si longtemps. Ils allaient tendre la main au monde entier pendant six mois. Ils passeraient des journées entières sur le site de l'Expo à découvrir la nourriture d'autres pays, les danses et les chansons de leurs nouveaux amis étrangers, et ils apprendraient en même temps à se regarder, à se comparer et à se trouver beaux. Les Canadiens anglais trouvaient que les Québécois prenaient beaucoup de place. Et cette fierté nouvelle, mal comprise du reste du Canada, finit par amener les anglophones des autres provinces à poser la fameuse question : « *What does Quebec want ?* »

Pour ma part, j'ai essayé de répondre si souvent à cette question, me disant qu'il fallait quand même que quelques-uns d'entre nous essaient d'expliquer au Canada anglais ce qui était en train de se passer, que je pus constater que le Canada anglais n'y comprenait vraiment rien et à quel point cette révolution dite tranquille les avait dérangés et les intriguait. Car il s'agissait bien de la suite normale de la « révolution tranquille » de l'équipe de Lesage. L'« équipe du tonnerre » avait soulevé, par ses discours et ses attitudes, une lourde pierre qui n'avait pratiquement pas bougé depuis un siècle, et ses principaux artisans s'étonnaient eux-mêmes de ce qu'ils étaient en train de trouver en dessous. Johnson entretenait l'éveil et même en rajoutait.

Pierre Bourgault et le RIN faisaient leur chemin. On ressortait les discours de la Rébellion de 1837-1838, on réveillait les héros et les martyrs, pour la plus grande fierté de ceux qui attendaient ce moment depuis longtemps. Chacun cherchait son camp, sans toujours le trouver là où il croyait. Serait-on indépendantiste ou fédéraliste ? La question était finalement posée. Il fallait se brancher.

Le premier à me poser la question « *What does Quebec want ?* » fut Patrick Watson, avec qui j'animais l'émission du dimanche au réseau anglais. Je m'entendis pour la première fois parler de fierté écrasée, de l'égalité des deux peuples fondateurs, de la nécessité pour ces deux peuples de vivre ensemble en définissant de nouveaux partages et de nouvelles règles du jeu, de notre petite majorité frileuse de «parlant français» au Québec, dans cette mer anglophone que constituaient le Canada et les États-Unis, et du besoin que nous sentions de protéger cette langue et cette culture en terre d'Amérique.

Je ne savais pas bien d'où me venaient ces mots. J'avais été absente du pays si longtemps que j'étais souvent étonnée de mon propre discours. Jusqu'à ce que je me rende compte que c'était le discours que tenait aussi ma Marie-Louise avec ses mots à elle, longtemps avant que ces mots ne redeviennent à la mode, longtemps avant que d'autres en aient pris conscience. Ernest aussi le répétait à qui voulait l'entendre : «Nous ne sommes pas maîtres de nos affaires. Il faut tout reprendre depuis le début. Nous avons perdu sur tous les terrains, notre survie même est mena-cée… Les Anglais ont toujours travaillé à notre perte et ils y tra-vaillent encore. » Quand j'en parlais à Cécile, cela la faisait rire. Elle se rappelait, elle aussi, ce discours de ses parents, qui avait été gommé des souvenirs de la famille pendant des années.

Cécile n'est allée qu'une seule fois à l'Expo. Elle souffrait, disait-elle, d'une sciatique qui ne la lâchait pas et elle avait sou-vent du mal à marcher. Je lui disais de consulter un médecin, mais elle préférait sa bouillotte et ses pommades.

J'aimais travailler avec Patrick Watson. C'était très certaine-ment l'animateur que j'admirais le plus, et j'avais l'impression, quand je travaillais avec lui, d'être encore bien meilleure. Il m'obligeait à m'investir davantage dans ce que je défendais. Il avait animé l'émission *This Hour Has Seven Days* au réseau anglais, que je considérais comme la meilleure que la télévision ait produite depuis le début de son existence. Il connaissait assez bien le français et il était d'une grande sensibilité à l'endroit de la culture française. Il était assez près de Judy Lamarsh, alors ministre à Ottawa, et il savait qu'elle gardait un œil sur *This Hour*

Has Seven Days, trouvant cette émission assez dangereuse politiquement. L'émission fut d'ailleurs enlevée de l'horaire assez rapidement, sous prétexte que le coanimateur, Laurier LaPierre, avait versé une larme en présentant un sujet un peu pénible, un dimanche soir. Il aurait sans doute fallu chercher du côté des politiciens fédéraux insatisfaits et inquiets une intervention directe sur les patrons de CBC, mais on accepta l'histoire de la larme coupable. Bien sûr, c'était l'époque où un homme ne devait jamais pleurer, surtout pas à la télévision. On voulait des animateurs neutres, impartiaux et sans opinions.

C'est là que je commençai à expliquer que je ne croyais pas à la neutralité des journalistes. Un journaliste travaille toujours avec tout le bagage que la vie lui a fourni. Il ne peut donc absolument pas être neutre. Comme tout le monde, il aime ou il n'aime pas : le sujet d'abord, puis les gens à qui il va en parler. Il ne le dit pas, mais une partie de son opinion est probablement déjà faite avant de commencer. Il peut tout au plus essayer de présenter les deux côtés de la médaille, ce qui n'a rien à voir, à mon avis, avec la neutralité. Et, même en le faisant, il pourra difficilement dissimuler de quel côté il croit que se trouve la vérité… Le reste tient de l'hypocrisie ou de l'angélisme.

Avec Watson, je me sentais à la grande école. Nous étions en plus de très bons amis. J'avais développé de l'affection pour lui, doublée d'une immense confiance. Il connaissait mes désirs de changer le monde et les partageait. Nous sommes restés des amis depuis toutes ces années.

Je le retrouvai le soir de la remise des prix Gémeaux, qui avait lieu quelques jours seulement après l'assassinat de quatorze jeunes femmes à l'École polytechnique de Montréal. Nous avons pleuré dans les bras l'un de l'autre juste avant le début de la cérémonie. Il avait autant de peine que moi. Je n'avais pas eu à lui expliquer longtemps, comme il fallait le faire avec d'autres, pourquoi j'avais été si profondément blessée de ce qu'un jeune homme, dans une colère incontrôlée, ait assassiné quatorze étudiantes, après avoir bien pris soin de les séparer des garçons, en les traitant de féministes.

La nouvelle de cette horreur était tombée pendant un bulletin d'informations, quelques jours plus tôt, à la télévision. J'avais entendu qu'un jeune homme était en train de faire un carnage à l'intérieur de l'école et que même la police n'osait entrer. Quand on avait fait le bilan de la tragique soirée, quatorze femmes étaient mortes, et le garçon, Marc Lépine, s'était suicidé. À la télévision, des experts défilaient pour tenter d'expliquer ce geste sadique commis sur des femmes sans défense, mais évitaient de parler du fait que les garçons présents n'étaient pas intervenus pour désarmer le meurtrier et aider leurs consœurs. Ces analystes étaient tous des hommes. Leur constat fut que Marc Lépine était fou. Pour ma part, je n'y ai jamais cru. Il avait été refusé comme étudiant à Polytechnique et il attribuait ce refus à la présence de ces jeunes femmes, dont il était convaincu qu'elles prenaient sa place. C'est cela qu'il croyait, d'où sa décision de faire de la place pour lui et pour d'autres comme lui.

Pour Watson comme pour moi, cette soirée des Gémeaux, qui se déroulait quelques jours plus tard seulement, fut extrêmement douloureuse. J'aurais souhaité, pour ma part, que ce gala fût annulé en signe de deuil, mais les organisateurs voulaient qu'il ait lieu. Patrick a toujours su le combat que je mène pour l'égalité des femmes, il le comprend, et il est l'un des hommes les plus justes qu'il m'ait été donné de connaître durant ma vie. Je crois qu'à la suite de ce drame quelque chose est mort en lui, comme en moi.

Le plus étonnant dans cette histoire, quant à moi, c'est qu'au moment des meurtres de Polytechnique j'avais accepté la présidence d'honneur des célébrations du cinquantième anniversaire de l'obtention du droit de vote pour les femmes du Québec, une victoire remportée de haute lutte par des femmes comme Thérèse

Casgrain et Idola Saint-Jean, qui avaient bravé les moqueries des politiciens de Québec pendant des années pour finalement avoir gain de cause en 1940. Nous étions en 1990 et Marc Lépine venait de nous rappeler que la haine n'était pas morte. Lépine avait agi le 6 décembre. Le 7, le comité du cinquantième anniversaire réunissait, dans un grand hôtel de Montréal, cinquante femmes connues et actives dans les dossiers de la condition féminine: Monique Simard, Françoise Stanton, Louise Harel, Léa Cousineau, Lorraine Pagé, Léa Roback, pour ne nommer que celles-là. Si Marc Lépine l'avait su, il n'aurait eu qu'à patienter vingt-quatre heures de plus et il aurait pu débarrasser le Québec de toutes ces femmes connues qui avaient été en partie responsables de la présence des femmes à Polytechnique. Son ressentiment violent lui avait fait dresser une liste personnelle d'autres femmes à abattre. Il était pourtant si ignorant qu'il ne les connaissait même pas toutes.

Comme d'autres, ces événements tragiques m'avaient fait me sentir coupable. Coupable d'être féministe, coupable d'avoir réclamé si longtemps, sur toutes les tribunes, l'égalité des femmes, coupable de la mort de quatorze femmes intelligentes. Il m'a fallu du temps pour me remettre et reprendre mon discours à la mémoire de ces quatorze disparues.

Nous, les femmes, nous n'avions pas aimé le thème de l'Expo, *Terre des Hommes*, et nous l'avions dit. On nous avait affirmé que le mot « hommes » était entendu dans son sens le plus noble, englobant tous les hommes et toutes les femmes de cette planète. On nous avait traitées de « méchantes *féminisses* », et on nous avait suggéré de nous contenter de devenir des humanistes plutôt que des féministes. Les hommes qui se sentaient interpellés souvent et placés au pied du mur à maintes reprises, dans ces années-là, s'empressaient d'affirmer leur compréhension devant les revendications d'égalité des femmes. Si nous devions revoir l'Expo avec nos yeux d'aujourd'hui, je ne suis pas sûre que nous y trouverions la présence significative des femmes que nous y aurions souhaitée, et qui allait bien au-delà de la présence d'hôtesses dont on vantait les qualités d'accueil et de gentillesse. Aujourd'hui, nous exigerions un pavillon des Femmes, rien de moins! Mais l'aurions-nous?

De *Terre des Hommes* à Polytechnique, j'avais pourtant l'impression que nous avions trop peu progressé. Il me semblait que tout était toujours à recommencer. Les femmes elles-mêmes s'en prenaient souvent à d'autres femmes et représentaient ainsi une masse qui affirmait aimer le sort qui lui était fait et ne rien vouloir changer à sa condition. Cela me désespérait.

26

La politique à la québécoise

Au milieu des années soixante, les familles québécoises se partageaient déjà en deux camps au sujet du terrorisme du Front de libération du Québec. Les uns prétendaient que la violence était nécessaire pour faire évoluer une situation qui stagnait depuis trop longtemps. Les autres n'admettaient aucune forme de violence mais ignoraient encore que la Gendarmerie royale du Canada était depuis longtemps sur la piste des méchants *séparatisses* et se permettait des actes illégaux, comme de brûler des granges pour accuser ensuite le FLQ de l'avoir fait. On discutait fort partout.

Mes enfants participaient, avec beaucoup d'autres, aux manifestations qui avaient lieu depuis quelques années. Ils étaient présents partout, portant un casque de mineur pour éviter les coups de matraque de la police, qui n'hésitait pas à frapper. Ils découvrirent rapidement d'ailleurs que la police semblait rechercher ceux qui portaient un casque protecteur. J'avais des enfants engagés. Pas encore enragés, mais engagés. Ils avaient leurs idées, qu'ils défendaient de toutes leurs forces.

Nous avions assisté à la fondation du Parti québécois, le 13 octobre 1968. J'y étais allée avec eux comme observatrice. J'avais retrouvé là de bons amis, comme Pierre Bourgault et Jean-Roch Boivin. J'avais aimé le ton de René Lévesque, son sourire moqueur et sa colère rentrée. L'événement me paraissait s'inscrire dans la suite logique des choses. Il y avait eu Expo 67, avec l'ouverture sur le monde d'un peuple qui venait de prendre conscience qu'il vivait en amitié avec tous les autres peuples de la terre. Ce peuple voulait faire reconnaître son identité. C'était là pour moi une demande raisonnable. Je savais quels efforts personnels j'avais mis dans la conquête de ma propre indépendance, qui me paraissait avoir beaucoup de liens communs avec l'indépendance d'un peuple.

En 1968, rien n'allait plus. Le monde entier était sens dessus dessous. Le pasteur Martin Luther King, qui menait la lutte pour les droits civiques des Noirs aux États-Unis, avait été assassiné, le 4 avril. Robert Kennedy, le frère de John, candidat possible à la présidence américaine, avait été assassiné lui aussi, le 6 juin. On soupçonnait, dans certains milieux, la CIA d'être responsable de ces assassinats, et pourtant on trouvait des coupables qui semblaient avoir agi seuls. On vivait les assassinats en direct à la télévision. Nous nous sentions tous vulnérables et trahis. On se battait dans les rues au Japon, en Corée, en France et dans plusieurs autres pays. Les étudiants, souvent, menaient la révolte.

Nous avions applaudi au « Vive le Québec libre ! » du général de Gaulle lors de sa visite officielle en 1967. Il était arrivé par bateau à Québec, où il avait été acclamé chaleureusement. Dans tous ses discours, il parlait de son ami « Johnsonne » en parlant du premier ministre Daniel Johnson père, et nous étions fiers que le grand homme ait l'air de savoir qui nous étions. Il était venu jusqu'à Montréal par le chemin du Roi, sous les vivats des foules qui l'accueillaient.

À Montréal, il avait osé crier « Vive le Québec libre ! » du balcon de l'hôtel de ville, provoquant une énorme grimace chez les autorités de la Ville et les fédéralistes, qui n'en croyaient pas leurs oreilles. Et le général, président de la France, était reparti en refusant de baisser la tête et sans faire d'excuses à qui que ce soit, semblant nous laisser le message de terminer le travail.

Comme beaucoup d'autres, j'avais aimé l'idée d'envoyer Pierre Elliott Trudeau, Jean Marchand et Gérard Pelletier à Ottawa.

J'avais cru aux «trois colombes», pensant que ces hommes aideraient le Québec à poursuivre sa révolution, parce qu'ils avaient été parmi les premiers à comprendre nos besoins et les dangers qui nous menaçaient. J'avais eu le tort de croire que le Trudeau de 1967 était encore le Trudeau de dix ans auparavant, qui se rangeait du côté des plus petits, des plus faibles et des plus démunis, même de façon maladroite. Je trouvais son arrogance mieux placée à Ottawa qu'à Rouyn, dans le sous-sol des Steelworkers, mais je ne savais pas encore que la politique changeait les hommes. Quand Trudeau fut élu, je mis sa photo dans mon bureau, un immense poster où il avait l'allure d'un moine bouddhiste.

Il me semblait que le Québec, s'il était représenté par des gens de cette qualité, allait connaître la réalisation de ses rêves les plus secrets. Je n'avais pas fini d'être déçue.

En France, les étudiants occupaient les théâtres et les universités. Ils déstabilisaient le gouvernement du général de Gaulle. C'était un étudiant allemand, Daniel Cohn-Bendit, qui avait mené la lutte à Paris. Chacun voulait sa propre petite révolution culturelle, imitant en cela les Chinois de Mao Zedong, mais sans savoir à quel point la Chine avait souffert. Même derrière le rideau de fer, il y eut des soulèvements, vite écrasés par les autorités communistes.

Le 26 septembre 1968, Daniel Johnson mourait à son tour, quelques jours seulement avant la fondation du Parti québécois. Ma Marie-Louise avait l'habitude de dire qu'on avait les politiciens qu'on méritait, et elle n'avait pas tort. La succession allait s'avérer difficile.

Je n'étais pas encore assez consciente de tout ce qui se passait autour de moi. Je voulais tout comprendre. J'étais restée social-démocrate depuis la première fois que j'avais voté. Je savais que ces choix étaient faits pour toujours. C'étaient mes assises. J'étais féministe, et cela aussi je savais que je le serais pour toujours. Cet engagement allait tellement de soi que je ne comprenais pas qu'on puisse s'en étonner. Pour moi, on ne pouvait pas naître femme sans être féministe. Le mot avait cependant déjà mauvaise presse, et les discussions de *Place aux femmes* n'arrivaient à passer que parce que nous parlions de tout avec humour. S'il avait fallu le faire sans rire, nous n'aurions pas duré une semaine à l'antenne. Je fus appelée dans le bureau d'un patron un jour parce que nous avions fait une émission sur la limitation des naissances et que nous avions invité Lise Fortier, gynécologue, pour parler de la pilule contraceptive. Le patron en question me pria d'être plus prudente à l'avenir dans le choix de mes sujets et me fit savoir qu'il y avait des émissions «sérieuses» à Radio-Canada pour parler de «ces choses-là». Nous étions en 1966. Radio-Canada, par ma bouche, avait parlé de la pilule pour la première fois.

Je n'étais pas encore indépendantiste. Nationaliste, oui. Je désirais l'épanouissement du peuple du Québec. Je cheminais plus lentement que d'autres. J'étais de ceux qui voulaient encore donner une autre chance au gouvernement fédéral. Je croyais à la négociation. Je croyais que les anglophones recherchaient l'harmonie autant que les francophones et que, à force d'en parler, nous finirions par trouver des terrains d'entente.

J'avais été membre du CCF, plusieurs années auparavant. Le Nouveau Parti démocratique, qui avait remplacé au Québec le CCF, ne me convenait plus. J'en avais souvent discuté avec Robert Cliche, qui en assumait la présidence, et nous étions souvent d'accord pour dire que le vieux fond fédéraliste du CCF empêcherait toujours ce parti de recruter des membres au Québec. J'avais du chemin à faire avant de me brancher ailleurs. J'écoutais tous les discours. J'emmagasinais de l'information. J'avais le cœur qui battait plus vite quand on me parlait d'un Québec qui pourrait avoir sa place aux Nations unies, mais je n'étais pas prête à m'engager personnellement pour y travailler. Il aurait peut-être suffi qu'on m'assure qu'une femme pourrait représenter le Québec aux Nations unies, mais la condition féminine était loin d'être la priorité des partis politiques, quels qu'ils fussent.

Je réalisais que je connaissais mieux la politique française que celle du Québec ou du Canada. Je pris la décision de m'appliquer sérieusement à combler cette lacune. Je voulais être la meilleure citoyenne possible. Je voulais savoir où me situer. Je savais au moins que la politique faisait partie de la vie quotidienne et qu'il y avait bien autre chose à faire que d'attendre les élections qui reviennent tous les quatre ans. J'avais compris depuis longtemps que les dossiers des femmes, par exemple, étaient des dossiers politiques pour la plupart, ceux du moins qui exigeaient des changements législatifs ou des investissements financiers de la part du gouvernement. Je savais qu'il y avait du pain sur la planche pour longtemps dans ce domaine.

Les libéraux invités à mes émissions me prenaient pour une libérale discrète. Les unionistes aussi. J'avais refusé d'être membre du Parti québécois avant de savoir où ce parti allait se situer exactement. Sa naissance avait été laborieuse, et, malgré un programme social-démocrate intéressant, les résistances paraissaient très fortes à l'intérieur du parti. Le Parti québécois était surtout un amalgame de gens de toutes tendances qui avaient choisi d'unir leurs forces pour un objectif commun, la souveraineté-association, l'une ne pouvant aller sans l'autre. Et c'est cet amalgame qui posait problème. On tirait aussi fort à gauche qu'à droite, et cette lutte interne ne s'annonçait pas facile à régler.

Au fédéral, où j'avais toujours voté CCF, je venais de voter libéral pour la première fois, à cause des « trois colombes ».

L'année 1968 fut une année charnière pour moi sur le plan politique. Je n'étais pas branchée, mais j'étais attentive à tout ce que j'entendais, afin de faire mon propre choix.

27

Annus horribilis

L'année 1968 fut aussi la pire année de ma vie personnelle. Au début de l'hiver, après avoir fait à l'avance les enregistrements nécessaires de *Place aux femmes*, je partis avec Sylvie pour la Guadeloupe. J'étais encore fatiguée de tout ce que l'année 1967 m'avait apporté de travail et j'avais besoin de refaire mes forces. Mes deux autres enfants, qui ne pouvaient quitter leurs études, restèrent avec leur père. Tout se passa très bien de mon côté. J'ai aimé la Guadeloupe car j'ai eu l'impression de retrouver un coin de France en Amérique. J'y ai rencontré des couples charmants, dont un médecin de l'Hôpital Sainte-Justine et son épouse, qui venaient de perdre une petite fille atteinte de la leucémie et qui m'expliquaient qu'elle aurait pu être sauvée par de nouveaux traitements si elle avait vécu quelques mois de plus. J'ai partagé leur peine en les écoutant. Sylvie était belle et bronzée, et j'étais si heureuse de pouvoir dire que mes enfants étaient en bonne santé. Depuis l'incident du docteur Février, à Meudon, ils n'avaient pratiquement jamais été malades.

Je fus surprise, en rentrant après deux semaines, de ne pas trouver André à l'aéroport. À la maison, les enfants ne disaient rien, comme s'ils préféraient ne pas me raconter ce qu'ils avaient fait en mon absence. Je leur remis les cadeaux que je leur avais rapportés, puis tout le monde alla se coucher. André rentra très tard et il me dit qu'il avait à me parler, que c'était grave.

J'appris alors qu'en mon absence il était devenu l'amant de M. V. Il l'avait emmenée faire du ski avec les enfants, et il me dit qu'ils s'étaient très bien entendus avec elle. J'étais furieuse. Je trouvais normal que les enfants s'entendent bien avec M. V., puisqu'ils la connaissaient depuis longtemps et qu'ils savaient qu'elle était mon amie. Je ne décolérai pas et j'allai presque jusqu'à l'accuser d'inceste, tellement je trouvais que M. V. était près de moi, la considérant presque comme ma sœur, presque comme ma fille. J'avais l'impression de l'avoir pratiquement élevée, puisqu'elle n'avait pas vingt ans quand je l'avais fait engager pour l'émission, et de lui avoir enseigné tout ce qu'elle savait. Il me dit qu'il voulait partir vivre avec elle, immédiatement. Sa décision était prise et il était rentré uniquement pour m'en informer. Il souhaitait que je prévienne les enfants le plus rapidement possible. Je refusai de les réveiller, mais je lui dis que ce serait fait dès le lendemain. Il ramassa quelques vêtements, l'essentiel, et il partit.

Je crus que j'avais rêvé, que ce qui venait de se passer ne pouvait pas être vrai. Je ne comprenais rien à ce qui était arrivé en mon absence. J'avais toujours tellement eu confiance en M. V. Je l'avais crue ma meilleure amie. Je lui avais souvent raconté les folies que nous avions vécues à Paris, André et moi, dans les années précédant notre retour.

J'allai me coucher en me disant que c'était peut-être aussi bien ainsi, que j'en avais plein mon chapeau, que mon avenir paraissait assuré et que les enfants avaient grandi suffisamment pour comprendre ce qui arrivait. Je décidai qu'il me fallait garder la maison à n'importe quel prix, pour ne rien changer à nos habitudes de vie, et que j'allais enfin entreprendre de nous rendre plus heureux, les enfants et moi. Et je finis par m'endormir, les yeux secs.

Le lendemain, je me fis un devoir de tout raconter aux enfants, avec les ménagements nécessaires. Les deux aînés s'étaient rendu compte d'un comportement anormal de leur père durant leurs journées de ski, et la nouvelle ne fut pas vraiment une surprise pour eux. Ils étaient plutôt d'accord pour dire avec moi que c'était aussi bien qu'il soit parti. Cela ne les empêcha pas toutefois d'avoir beaucoup de peine.

J'avais à peine eu le temps de me retourner qu'André était de retour, repenti. Il m'expliqua qu'il n'avait pas pu dormir, ne cessant de penser à nous, et qu'il avait su dès le premier matin, en songeant aux enfants qui se levaient pour aller à l'école, que sa place était avec nous. Je me mis à pleurer doucement devant une situation aussi ridicule. Les enfants étaient sidérés.

Que je le veuille ou non, je n'avais pas le choix. Je retrouvai M. V. en larmes au studio. Dès l'émission terminée, je l'invitai à prendre un verre dans un restaurant des environs. Ce jour-là, nous avons pleuré beaucoup et parlé longtemps. Nous devions constituer tout un spectacle pour les autres clients. Nous étions profondément blessées, toutes les deux. Je lui expliquai que le plus étonnant, c'était qu'elle et moi pleurions tandis que lui n'était marqué par rien. Il avait repris sa place et il était parti travailler, heureux de son sort. Tout cela glissait sur lui comme l'eau sur les plumes d'un canard. Je proposai à M. V. de ne rien changer à nos habitudes de travail. Nous nous efforcerions de continuer comme avant, en essayant de ne pas trop nous faire mal mutuellement. Je lui dis même, pour l'encourager, qu'un an plus tard nous pourrions nous rasseoir à la même table, dans le même restaurant, et rire de ce qui venait de nous arriver. Je ne voulais pas qu'elle quitte *Place aux femmes*, d'abord parce que j'aimais travailler avec elle, mais aussi parce qu'elle était précieuse pour l'émission et qu'elle avait besoin de gagner sa vie. Nous nous sommes quittées en nous serrant dans nos bras et en nous disant qu'il n'y avait rien de changé entre nous. Et qu'au moins il n'avait pas réussi à nous séparer.

Cela allait fonctionner. Nous réussîmes à oublier l'affaire et à renouer les liens d'amitié qu'il y avait toujours eu entre nous.

Le printemps fut mauvais également. Paul de Margerie, qui était devenu un ami véritable, se suicida le Vendredi saint en se tirant une balle dans la tête, dans un motel de la région d'Ottawa. Il avait souffert d'un anévrisme quelque temps auparavant. Nous avions pris grand soin de lui et nous pensions que tout allait bien. Il avait été considérablement affecté par l'assassinat de Martin Luther King, au début d'avril, et il transportait des armes dans sa voiture, ce que nous ne savions pas. Un immense sentiment de culpabilité se répandit dans l'équipe de l'émission, car nous ne pouvions pas comprendre comment, ayant vécu avec Paul chaque jour, personne n'avait entendu ses appels à l'aide.

Quand, à l'émission, il nous semblait que nous nous répétions et tombions dans la routine, nous demandions parfois à Paul, pour nous remettre dans l'esprit de *Place aux femmes*, de jouer pour nous *J'irai la voir un jour*, ce cantique de notre enfance qu'il transposait en jazz et qui faisait notre bonheur. Cela avait le don de nous remettre dans notre assiette.

Guy Provost et moi nous rendîmes à ses funérailles dans son petit village de Vonda, en Saskatchewan. On nous avait dit que Paul avait pris soin de raser avant son suicide la petite barbe qu'il portait, mais ce fut quand même une surprise de le voir ainsi. La surprise fut encore plus grande quand, dans la petite église de Vonda, le chœur entonna *J'irai la voir un jour*, dans le style le plus classique et le plus traditionnel. Guy Provost et moi ne pûmes nous retenir de rire. Paul nous faisait un dernier clin d'œil.

En rentrant de Vonda, je téléphonai à ma mère pour lui faire part de ma peine et du vide que Paul laissait dans ma vie. Comme je pleurais, elle a fini par me dire: «Qu'est-ce que ça va être quand ce sera quelqu'un de la famille?» Cela m'a fâchée. Je me dis qu'elle était incapable de comprendre les liens très forts que cette émission quotidienne tissait entre les gens de l'équipe. Je raccrochai un peu brusquement.

Paul était mort le 13 avril. Le 1er mai, en arrivant au studio, je trouvai un message de mon ami le docteur Maurice Jobin. Il était chez ma mère, qui l'avait fait appeler d'urgence. Je le rappelai immédiatement. Il me raconta que ma mère était tombée sur le trottoir en se rendant chez le chiropraticien. Elle se plaignait depuis des semaines d'une sciatique et j'avais fini par l'oublier. Maurice me dit qu'il s'agissait d'une fracture pathologique. J'aurais voulu partir tout de suite, mais je ne pouvais pas quitter l'émission. *The show must go on*, dit-on, et il fallait d'abord travailler. Je dis à Maurice que, terminant à onze heures je serais chez ma mère tout de suite après. Il me répondit qu'il ne la laisserait pas seule et qu'il m'attendrait.

Je ne sais pas comment j'ai réussi à animer cette émission-là, mais à onze heures je sautais dans ma voiture et filais en direction de Verdun. Je trouvai ma mère allongée sur son lit, très souffrante. Elle tenta de me dire qu'elle ne savait pas ce qui lui était arrivé. L'ambulance que Maurice avait fait venir était déjà en bas et les ambulanciers étaient prêts à la transporter. Maurice me dit encore une fois qu'il s'agissait d'une fracture pathologique, mais je ne savais pas ce que c'était. Je partis avec Cécile pour l'Hôpital Notre-Dame. Je lui tenais la main, et elle pleurait doucement. Je savais qu'elle était humiliée. Jamais elle ne s'était imaginée malade, ayant besoin d'aide et ne pouvant se déplacer par ses propres moyens. Elle était la fille de ma Marie-Louise. Ces femmes-là meurent debout.

Dans l'ambulance qui nous emportait à l'hôpital, je repensai à cette conversation téléphonique avec ma mère, au moment de la mort de Paul de Margerie, et je compris qu'avec cette phrase qui m'avait offusquée elle me prévenait déjà de sa mort prochaine. Je n'avais rien compris et je m'en voulais tellement. Je lui tenais la main en essayant de faire en sorte qu'elle souffre le moins possible du transport. Il faut voyager en ambulance avec quelqu'un qui souffre et ne supporte plus rien pour savoir dans quel état sont toujours les rues de Montréal au printemps.

À l'hôpital, ce fut le branle-bas de combat: radiographies, va-et-vient de médecins et d'infirmières. « A-t-elle des assurances? Quel est son nom de fille? Est-elle mariée? Qui faut-il prévenir? Le nom de son père? Le nom de sa mère? » Je répondis à tout, mais j'avais moi aussi des questions et je leur dis qu'elles étaient tout aussi importantes que les leurs. « Qu'a-t-elle? Qu'est-ce qu'on lui fait en ce moment? Une biopsie... Pourquoi, Seigneur? Que va-t-il se passer? »

Je finis par apprendre que Cécile était tombée parce qu'elle avait un cancer des os. Un cancer avancé avec des métastases partout, et que le chiropraticien, malgré des radiographies qu'il avait faites lui-même, n'avait pas su déceler.

« Elle n'en a plus pour longtemps. » C'est ce que m'affirma le docteur Bourgeault, sans sourciller. Je le regardai sans pouvoir parler. Il finit par me demander: « Vous n'étiez pas au courant? » Je fis signe que non. J'avais des larmes plein les yeux et j'aurais voulu une épaule sur laquelle pleurer. J'aurais voulu que quelqu'un me dise que ce n'était pas vrai. Je sentis l'horreur monter en moi. À soixante-trois ans, elle ne méritait pas cela. Je venais de commencer à l'aider, lui rendant la vie plus agréable et moins angoissante. Je m'étais juré de compenser, à la fin de sa vie, tout ce qu'elle avait fait pour moi et surtout la pauvre vie qu'elle avait eue. Le médecin tourna alors les talons en disant: « Ce n'est pas un cas intéressant pour moi. Je ne peux rien faire pour elle. »

J'eus envie de lui courir après, de l'arrêter et de lui dire qu'il ne savait pas à qui il avait affaire, que Cécile méritait qu'on la traite avec respect et déférence à cause de ce qu'elle avait été, de ce qu'elle avait généreusement donné pendant toute sa vie.

Je voulais qu'il sache qu'elle était une femme d'honneur. Mais il était déjà parti.

Je repensai à la sœur Marie-Reine-des-Anges de mon adolescence et à son histoire d'une seule place disponible à l'hôpital pour deux malades. Je retournai à l'admission pour bien faire savoir ce que je voulais pour ma mère.

Je la retrouvai dans une chambre privée peu de temps après, parce que je m'étais battue avec la préposée aux admissions. J'avais exigé aussi trois infirmières en permanence pour prendre soin d'elle. Je paierais. J'étais prête à payer n'importe quoi, à condition qu'elle soit traitée comme une reine. S'il était vrai qu'elle n'en avait plus pour longtemps, je voulais qu'elle n'ait pas à bouger le petit doigt. On commençait enfin à me prendre au sérieux. On m'avait dit qu'elle devrait reposer sur le dos presque tout le temps, et je ne voulais pas qu'elle en souffre. Je voulais qu'on lui frotte le dos dix fois, vingt fois par jour, si c'était nécessaire.

Elle avait les yeux pleins d'eau. Sa pauvre jambe droite était suspendue à un appareil par une poulie. Sa hanche fracturée était en traction, pour éliminer au maximum la douleur. Elle était couchée sur le dos et ne pourrait pratiquement plus se déplacer. Sauf une fois où une infirmière arriva à la mettre dans une chaise roulante, mais au prix de quelles douleurs! Ce jour-là, pendant quelques minutes, je retrouvai l'espoir. Non pas de la voir guérie, mais de pouvoir la ramener chez moi, où je savais très bien ce que je ferais. Je connaissais Cécile et je savais ce qu'elle aurait voulu si elle avait su de quoi elle souffrait. Mais elle n'en savait rien, parce que nous avions choisi de ne pas lui dire la vérité tout de suite. Elle n'avait pas posé de questions et avait accepté nos explications invraisemblables. Nous lui avions dit qu'elle avait simplement une fracture de la hanche mais que, comme elle faisait un peu de diabète, il faudrait du temps pour qu'elle guérisse. J'avais entendu dire qu'il ne fallait pas forcer une personne malade qui ne posait pas de questions à recevoir la vérité contre sa volonté. Je respecterais cela, presque jusqu'à la fin.

Mais j'avais un plan. Il me paraissait important de lui offrir le choix. Je la savais intelligente, fière, et capable de décider par elle-même. C'est ainsi que je l'avais connue et aimée. Je souhaitais la reprendre à la maison et lui offrir le choix entre mourir tout de suite ou attendre la fin inéluctable à laquelle sa maladie la condamnait. Je voulais pouvoir lui dire : « J'ai ici les pilules qu'il faut. Je te les laisse. Je vais m'absenter jusqu'à demain. Quand je reviendrai, je saurai ce que tu as choisi. Et ton choix sera le mien. »

Son état ne me permettrait jamais de mettre mon plan à exécution. J'allais la voir chaque jour après l'émission et je passais le reste de la journée avec elle. Au début, elle parlait un peu. Je lui avais raconté que nous avions loué une maison à Percé pour l'été qui allait commencer et elle me dit que, quoi qu'il puisse arriver, il ne fallait pas que les enfants ratent leurs vacances. C'était donc la proposition que j'allais faire à André : il partirait avec les enfants, tandis que je veillerais ma mère jusqu'à la fin. Comme mon travail s'arrêtait également pour l'été, je restai avec ma mère des jours entiers, jusque tard le soir. Les infirmières, qui étaient devenues des amies, me tenaient au courant de l'évolution de la maladie.

Le 24 juin de cette année-là, le défilé de la Saint-Jean avait lieu le soir, rue Sherbrooke. À l'hôpital, on nous avait prévenus qu'il fallait arriver très tôt si on voulait entrer, car les portes seraient fermées durant le défilé. J'arrivai le matin, et je trouvai ma mère dans une sorte de délire. Elle croyait qu'on voulait la voler, elle était terrifiée. Je sus, ce jour-là, que son cerveau était atteint.

Comme le défilé allait être diffusé à la télévision, je lui demandai si elle voulait en voir quelques images. Elle n'était intéressée par rien. J'ouvris quand même l'appareil et m'assis près d'elle pour lui décrire ce que montrait l'écran. J'avais l'impression de raconter une histoire à une petite fille. Puis il y eut des bruits dans la rue. J'allai à la fenêtre et, à mon grand étonnement, je vis que ce qui se passait dans la rue n'avait plus rien de commun avec les images de la télévision. La police à cheval chargeait les spectateurs. C'était un désordre complet. Je fermai la télévision et racontai à ma mère ce qui se passait. J'étais inquiète car je savais qu'André était dans la foule avec Sylvie. Mais Cécile s'endormit. Je restai à la fenêtre jusque tard dans la nuit avec une infirmière qui me raconta que le service des urgences de l'hôpital était débordé et qu'on ne cessait d'y amener des blessés, surtout des jeunes. J'appris aussi que tout ce mouvement avait été déclenché par la présence de Pierre Elliott Trudeau sur l'estrade d'honneur, en compagnie de Jean Drapeau, qui, lui, avait quitté sa place, laissant Trudeau faire face seul aux agressions de la foule. Je fus bouleversée. Celui en qui j'avais mis le peu de confiance qui me restait au sujet de ce pays provoquait volontairement mon ami de longue date Pierre Bourgault, que la police cherchait à frapper. Ma Cécile mourait doucement pendant qu'on se battait dans la rue. J'étais au cœur des événements, ne sachant de quel côté était ma place.

Je quittai l'hôpital vers deux heures du matin. La seule sortie pour les visiteurs passait par le service des urgences. Je vis des jeunes garçons et des jeunes filles allongés à même le sol, la tête dans les mains, souvent couverts de sang, attendant qu'on leur prodigue des soins car on s'occupait d'abord des blessés graves. Je cherchai un visage que je connaissais. Je ne trouvai ni André ni Sylvie. Je pleurais devant ces souffrances inutiles. Je pleurais sur Cécile que je perdais petit à petit. Je fus étonnée de me retrouver en larmes devant un policier à la sortie, qui me conseilla de marcher d'abord jusqu'au boulevard De Maisonneuve, et peut-être plus au sud, pour trouver un taxi, la rue Sherbrooke étant encore fermée.

Les reporters de Radio-Canada, ayant ignoré les affrontements et agi comme s'il ne s'était rien passé d'inhabituel au défilé, faisaient la une de tous les journaux du lendemain. Seul le journaliste Claude Jean Devirieux avait eu le courage de faire son métier et il ne devait pas être couvert de félicitations pour l'avoir fait. Ce pays-là était vraiment tout à l'envers.

La famille partit pour Percé. Je passais mes journées complètes et une partie de mes nuits dans la chambre de ma mère. Son médecin voulait la transférer dans une maison pour malades en phase terminale. Je menaçai de faire descendre son lit au milieu de la rue Sherbrooke et de porter sa situation devant l'opinion publique. Il voulait récupérer son lit, disait-il, car on fermait pour l'été toute l'aile où elle se trouvait. Il n'arrêtait pas de me dire que je lui faisais perdre son temps et que le cas de Cécile ne l'intéressait pas du tout. Je finis par lui souhaiter de mourir exactement comme elle, pour comprendre enfin ce que cela pouvait signifier. L'hôpital aussi faisait des pressions. J'acceptai finalement qu'on la transporte dans une chambre privée dans une autre aile. J'étais décidée à leur tenir tête. Je ne voulais pas qu'on traite Cécile comme quelqu'un qui dérangeait les autres, car elle n'avait jamais dérangé personne de toute sa vie.

Le mois de juillet allait bientôt finir lui aussi. Ma mère était déjà morte, pour moi, car depuis des semaines elle n'avait pas repris connaissance. Mais je ne la quitterais pas avant la fin. J'eus un jour une discussion sérieuse avec son autre médecin, lui expliquant que, s'il y avait quelque part au monde un endroit où on pouvait la guérir, j'irais avec elle, quel que soit le coût. Il me dit qu'il n'y avait rien à faire. Je lui demandai alors combien de temps il avait l'intention de la maintenir en vie comme il le faisait, avec du Demerol aux quatre heures, alors qu'il savait parfaitement que la seule issue était la mort. Il était catholique et croyant. Il venait cependant de perdre une petite fille dans un horrible accident et je lui demandai si sa foi était aussi tranquille devant un Dieu qui permettait qu'une telle chose puisse arriver… J'avais touché un point sensible.

Il fit remplacer ce jour-là le Demerol par de la morphine. On passa de l'un à l'autre pendant la nuit. J'avais quitté le chevet de ma mère vers deux heures du matin, encore une fois, et j'arrivais à la maison, où j'étais seule, quand le téléphone sonna. L'infirmière me demandait de revenir immédiatement à l'hôpital. Cécile ne dormait plus. Elle était parfaitement lucide. La morphine n'avait pas sur elle le même effet que le Demerol. Elle trouva la force de me dire : « Je suis en train de mourir, je le sais. Veux-tu me dire pourquoi ? » Cette fois, la question était posée. Je lui répondis : « Je vais tout te dire, maintenant. Seulement la vérité. Tu souffres d'un cancer généralisé. J'ai fait tout ce que j'ai pu pour te soulager, mais, malgré tout ça, tu ne vas pas t'en sortir. Malgré tous les efforts que nous avons faits, toi et moi, il n'y a plus rien à faire. Cesse de lutter pour rien et laisse-toi aller, maintenant. Tu ne souffriras plus et je ne t'oublierai jamais, aussi longtemps que je vivrai. » Elle me regarda pendant un moment, désemparée, puis elle me dit : « Est-ce que tu vas rester là ? » Je lui dis que oui. Que, chaque fois qu'elle ouvrirait les yeux, je serais près d'elle, qu'elle n'avait rien à craindre. Elle ferma les yeux, soulagée.

Elle vécut encore toute la journée du lendemain, mais je sentais qu'elle ne se battait plus. À une heure, la nuit suivante, alors que ma sœur Raymonde pleurait doucement dans le corridor avec son mari, j'accompagnai ma mère jusqu'au bout, en suivant son pouls le long de son bras jusqu'à l'arrêt complet des battements dans son cou. Je fermai ses yeux sans pleurer. La femme qui reposait là en paix avait eu une vie misérable. Elle avait été mal placée quand les lots de bonheur avaient été distribués et

elle en avait bavé plus souvent qu'à son tour. Nous étions le
1er août 1968.

Ma chère Cécile était morte. Mais les trois mois que j'avais
passés à son chevet avaient été les plus importants de ma vie.
J'avais revécu auprès d'elle toute sa propre vie d'abord, puis
toute la mienne. Je l'avais vue mourir doucement en me révol-
tant contre le peu de chance qu'elle avait eu dans sa vie. Je savais
maintenant que j'en voulais plus que cela pour moi-même. J'en
avais assez d'être traitée comme je l'étais par un homme que je
n'aimais plus. Je n'avais pas la vertu de ma mère et je savais
qu'elle ne voulait pas que je la prenne pour modèle. Elle avait dû
faire avec ce qu'elle avait pu sauver du désastre. Elle n'aurait certainement pas souhaité que je marche sur ses traces.

Les choses s'étaient décantées pendant ces semaines passées
à la veiller dans une chambre où nous étions souvent seules
toutes les deux. Je savais ce que je voulais et je savais aussi ce que
je ne voulais plus. Dans le bilan que j'avais enfin eu le temps de
faire, le négatif pesait trop lourd.

Je sortis de sa chambre, cette nuit-là, reconnaissante de la
sérénité qu'elle m'avait donnée pendant que je la veillais. Je savais
ce qu'était la mort, maintenant. Je l'avais vue en face et à l'œuvre.
Je savais avec quelle traîtrise elle pouvait se présenter alors qu'on
ne l'attendait pas. Je savais quelle cruauté elle pouvait revêtir
sous ses multiples déguisements. Ma mère venait de tomber au
champ d'honneur. Pour moi, elle était vraiment morte quelque
part en juin, quand son cerveau avait paru atteint, mais elle avait
eu la bonté de me donner le temps de me résigner à sa perte et de
regarder bien en face ce que j'allais faire de ma vie. Sa présence
silencieuse et souffrante m'avait donné la force nécessaire pour
agir enfin, ainsi que la détermination d'aller jusqu'au bout.

On la mit en terre près de ma Marie-Louise, le 3 août. Deux
jours plus tard, je partais pour Percé, rejoindre mes enfants et
régler le reste de ma vie. J'avais trente-sept ans. Rendue peut-être

déjà au milieu de ma vie, il m'apparaissait urgent de me reprendre en main.

Les enfants me reprochèrent de ne pas les avoir fait revenir pour assister aux funérailles de leur grand-mère. Ils avaient raison. Je ne sais pas pourquoi je n'y avais pas pensé. Sans doute avais-je tellement eu besoin de ce dernier rendez-vous avec ma Cécile que j'avais voulu le garder pour moi toute seule. Durant trois mois, j'avais été une fille plutôt qu'une mère, et j'en sortais enrichie et mieux équilibrée, me semblait-il. Du moins, je le souhaitais. J'aurais besoin, moi aussi, de toutes mes forces pour ce que j'allais entreprendre.

28

Percé sur les flots bleus

Je quittai Montréal pour la Gaspésie très tôt le matin du 5 août 1968, avant le lever du soleil. Mon fils m'avait demandé d'emmener un de ses amis, François, qui voulait se rendre à Percé. Je savais que François n'était pas bavard et cela m'arrangeait, mais, cette fois-ci, il n'ouvrit pas la bouche de tout le voyage. Nous fîmes un seul arrêt, vers midi, le temps de manger un sandwich, et nous repartîmes avec l'intention de foncer vers Percé pour y arriver avant la nuit. Les paysages, pourtant magnifiques, ne m'intéressaient pas. J'étais partagée entre le bonheur de retrouver mes enfants et le désir profond d'éclaircir la situation avec André. Je répétais des phrases dans ma tête, histoire de m'habituer à prononcer certains mots que je n'avais jamais osé dire à haute voix.

Quatorze heures après le départ, j'immobilisais ma voiture devant une petite maison, au bord de la mer, à quelques mètres du quai principal. J'entrai. André était là avec cinq ou six personnes que je ne connaissais pas. Il y avait de la bière et du scotch sur la table.

« Je ne t'attendais plus », dit-il. Je demandai où étaient les enfants. Il me présenta. Quelqu'un était en train de se servir une bière directement du réfrigérateur. J'étais épuisée. Je voulais seulement embrasser les enfants et dormir pendant des jours jusqu'à ce que je sois enfin reposée.

Ces gens-là étaient visiblement des habitués de la maison. Ils parlaient fort et riaient beaucoup. Je m'installai dans un coin en espérant pouvoir trouver quelque chose à manger assez rapidement, car j'avais faim. Les invités d'André commencèrent à dire au revoir. Ils lui donnaient rendez-vous pour un peu plus tard dans un restaurant. André leur promit d'être là.

Quand ils furent tous partis, André me dit une chose terrible que je n'ai jamais pu oublier : « C'est chaque fois la même chose. Quand tu arrives quelque part, les gens s'en vont. » J'étais bouche bée. Je venais de passer trois mois au chevet de ma mère. Elle était morte dans mes bras. J'avais préparé l'enterrement, réglé ses pauvres affaires en quelques heures, puis fait quatorze heures de route pour être accueillie de la sorte ? Je n'en croyais pas mes oreilles. Je lui répondis : « Tu ferais bien de t'asseoir. Ça va prendre un moment, parce que c'est très important et que ça nous concerne tous les deux. Je veux que tu saches que si j'avais eu à me marier aujourd'hui, ce n'est pas toi que j'aurais choisi. » Il me regarda sans rien dire, puis il enfila un chandail en déclarant qu'il avait promis de rejoindre les autres et que nous avions tout le reste du mois d'août pour parler.

Je me retrouvai seule. Je n'avais plus de larmes. J'attendis les enfants, qui rentrèrent l'un après l'autre. J'étais si heureuse de les retrouver. Ils s'empressèrent de m'apprendre que des amies d'autrefois, Alice Reid, Françoise Steben et l'ex-femme de Raymond-Marie Léger étaient là aussi. Eux s'étaient fait beaucoup de nouveaux amis et ils m'apprirent que nous habitions juste à côté de *La Maison du Pêcheur*, que j'avais à peine remarquée et où, disaient-ils, il y avait toujours plein de monde.

Je leur racontai mes derniers jours à Montréal. Puis, après avoir avalé une bouchée, je décidai d'aller dormir.

Le lendemain matin, je ne savais pas à quelle heure André était rentré, mais je fus surprise, alors que je me faisais un café, de voir deux inconnus entrer dans la maison pour se servir de la bière directement du réfrigérateur. J'avais l'impression que cette maison était devenue un hall de gare ou un dépanneur où on se servait soi-même en passant. J'avais quand même bien envie de profiter de ces derniers jours de vacances puisque à la fin du mois nous allions tous rentrer à Montréal. Je me sentais complètement épuisée.

Je découvris aussi que la fameuse *Maison du Pêcheur* était en effet très fréquentée. Mon fils avait entrepris de tourner un film sur ses locataires et ses activités, car il connaissait un peu mieux les principaux occupants. Il s'agissait, entre autres, de Paul Rose et de ses amis. En 1968, je ne connaissais pas Paul Rose, ni personne d'autre fréquentant cette maison. Je devais cependant réaliser l'importance de ce petit film en 1970, durant la crise d'Octobre, quand je compris que ceux que la police recherchait alors y apparaissaient probablement tous. Lors de cette crise, je proposai à mon fils d'enterrer le film dans notre jardin du chemin de la Côte-Sainte-Catherine, ce que nous fîmes ensemble, tard le soir, tellement la peur s'était installée chez nous. Nous avions même sorti des livres de la maison pour les confier à des amis, à ce moment-là. À Percé, en 1968, je n'ai pas cherché à me lier d'amitié avec nos voisins. Mon esprit fut tellement ailleurs pendant ce mois d'août que je n'en eus pas envie.

Je retrouvai avec plaisir mes anciennes copines, que je n'avais pas vues depuis des années. Nous avions le plaisir de nous raconter ce que nous étions devenues, qui était encore mariée ou qui avait déjà divorcé. L'amitié que je retrouvais était intacte. Aucune d'elles ne me parla d'André, sauf Alice, qui, en l'évoquant, faisait parfois des yeux découragés.

Un jour, je fis la connaissance d'une belle jeune femme qui s'appelait N. Je ne sais plus qui me la présenta. Elle avait de longs cheveux qu'elle portait sur les épaules, elle avait la peau mate, et elle était naturellement élégante. Quand je lui tendis la main, je la sentis mal à l'aise. Elle avait baissé les yeux plutôt que de me regarder franchement. Je sus immédiatement qu'André était déjà passé par là. Cela me confirmait que ma décision était la bonne.

Il était manifeste qu'André ne désirait pas en parler. Comme chaque fois qu'il nous sentait au bord de la crise, il se montrait charmant et amoureux. Cette fois-ci cependant, je refusai de me laisser prendre au jeu. Pas question de faire semblant, je connaissais trop bien la chanson. Mais il s'arrangeait subtilement pour ne pas me donner le temps nécessaire pour que je puisse lui faire part de ma décision. Il remettait sans cesse l'échéance. De mon côté, je ne voulais pas gâcher les vacances des enfants en créant un climat de tension et de mauvaise humeur entre nous. Je pris patience, en me conseillant de profiter du soleil et de l'air pur, et en me promettant de ne céder à ses avances sous aucun prétexte. Je ne parlai pas de N., sachant que, de toute façon, cela ne changerait rien à la situation. Et je continuai à jouer les épouses aveugles, puisque cela arrangeait tout le monde.

Seule dans mon coin, je repensais à ma mère. Je lui étais tellement reconnaissante de m'avoir obligée à m'arrêter pendant des mois, ce qui m'avait permis de remettre mes idées en ordre. J'avais cependant, pour la première fois de ma vie, le sentiment étrange qu'il n'y avait plus personne entre moi et la mort pour me protéger de celle-ci. La génération qui m'avait servi de paravent était partie. Mon père le premier, ma mère maintenant. D'avoir pu regarder la mort en face alors qu'elle s'emparait tout doucement de ma mère m'avait enlevé toutes mes peurs, y compris celle de mourir. Quand la mort viendrait, je serais prête. Mais j'aurais vécu avant, et autre chose que ce que j'avais connu depuis mon mariage. Ma seule consolation en ce qui concerne Cécile, c'était de penser qu'elle avait peut-être rejoint ma Marie-Louise. Peut-être que leurs forces magnétiques s'étaient retrouvées dans l'espace et que je pouvais les rappeler quand j'en avais besoin. Je passais des heures les yeux fermés, sur les plages froides du mois d'août, à leur parler. Je leur demandais de ne pas m'abandonner, de m'aider à être heureuse avant que je ne sois vieille à mon tour, et de m'aider surtout à défaire des liens qui étaient en train de m'étouffer.

À la fin d'août, je commençai à remplir les valises. Nous allions rentrer comme cela avait été prévu. Je n'avais toujours pas parlé à André de ma décision. Ma voiture étant trop petite pour ramener la famille en plus des bagages, il fut convenu que je rentrerais avec les filles tandis qu'André prendrait le train avec notre fils.

Pendant le voyage de retour, nous avons chanté dans la voiture, les filles et moi. Je me sentais déjà le cœur plus léger. J'avais trouvé comment je procéderais avec André. Je savais que, dès notre retour à Montréal, il partirait pour la Grèce. J'essayais de me convaincre que je n'avais rien dit à Percé parce que le moment opportun ne s'était pas présenté. Au fond de moi-même, je savais bien que je ne l'avais pas cherché outre mesure non plus. Je commençais à me traiter de lâche et je savais que je ne pourrais pas me regarder en face bien longtemps si je n'agissais pas.

Durant le trajet, je préparai le terrain en disant aux filles qu'il se pourrait bien que nous nous retrouvions souvent comme ça, entre nous. Il aurait fallu que je sois plus claire ou que je me taise. Je choisis de me taire.

Au retour, chacun fut très occupé, les enfants se préparant pour la rentrée des classes, moi pour la reprise du travail et André pour son voyage. Nous étions heureux de retrouver la maison, les amis, la ville. Je fixai un jour dans ma tête. Ce jour-là, il n'y aurait rien qui pourrait m'empêcher de mener mon projet à terme.

29

L'arène

André allait partir le lendemain pour la Grèce. Il était tard et il n'était pas encore rentré. Je l'attendis, ce que je ne faisais plus depuis longtemps car j'avais appris qu'il valait mieux dormir que de passer des nuits à attendre son mari à la fenêtre. Quand il finit par rentrer, je lui dis qu'il fallait que nous nous parlions avant son départ, que c'était très important et que cela ne pouvait pas attendre une minute de plus. Je l'invitai à passer au salon avec moi. Je refermai la porte en lui disant que nous ne sortirions de là que quand j'aurais fini de parler et que tout serait réglé entre nous.

Je commençai par lui résumer, sans méchanceté, nos dernières années de vie commune, en lui disant à quel point j'avais trouvé toute cette période difficile. Je lui expliquai que nos enfants, que nous aimions beaucoup tous les deux, avaient grandi. Je lui fis comprendre aussi à quel point la mort de ma mère m'avait aidée à voir clair en moi-même. Je lui dis alors que je voulais divorcer, que ma décision avait été mûrement réfléchie, et que j'avais même remis le moment de lui en parler, du jour de mon arrivée à Percé à cette nuit à la maison.

Il était très en colère. Il me dit : « Jamais tu ne me feras admettre que mon mariage est un échec. » Je lui répondis : « Il va bien falloir y arriver, parce que le mien en est un, et comme il s'agit bien du même mariage, que je sache… Moi, je ne veux plus de ce mariage. »

Nous en étions donc là.

Je lui expliquai que les dix-sept années que nous venions de vivre ensemble, plus les trois années d'attente avant le mariage, n'avaient pas toutes été mauvaises, loin de là. J'estimais avoir eu un mariage heureux pendant presque dix ans, ce qui était déjà très bien. Mais cela n'allait plus depuis longtemps. Nous avions rapiécé notre bout de bonheur si souvent qu'il ne restait plus rien de la pièce d'origine mais uniquement un immense rapiéçage dont moi, je ne voulais plus. Je voulais divorcer. C'était extrêmement clair pour moi. Il voulut savoir s'il y avait quelqu'un d'autre dans ma vie. Je lui assurai que non et que cela n'avait rien à voir. Je lui dis que je ne le quittais pas pour un autre, mais que je trouvais le moment particulièrement propice à une telle décision. Je désirais conserver la maison, que j'avais les moyens de payer seule. Je voulais garder les enfants, qui seraient bien plus une entrave à sa liberté qu'à la mienne. Je l'assurai aussi qu'ils pourraient le voir quand ils le voudraient, et que je ne fixerais aucune limite à ces visites. Que je souhaitais que nous nous quittions sans amertume, en faisant le constat que, si nous avions déjà été heureux, nous ne l'étions plus. Je lui dis aussi que je désirais lui rendre sa liberté par rapport à tous les engagements qu'il avait pris à mon égard. Que je ne le tenais responsable de rien et que je ne lui demanderais pas de pension alimentaire, pensant pouvoir continuer d'élever mes enfants sans qu'ils souffrent de l'absence du revenu paternel.

Il m'avait déjà avoué qu'il trouvait que j'avais fini par avoir la meilleure part car je faisais le métier qu'il aurait voulu faire lui-même. Il aurait voulu être animateur, journaliste de télévision. Je lui dis qu'il n'avait plus qu'à essayer de réaliser son rêve et que je voulais absolument qu'il se sente aussi libre que quand je l'avais rencontré pour la première fois. Je lui rendais toute sa liberté, sans lui laisser de responsabilités à assumer.

Il y eut parfois de longs silences. Il s'était calmé et moi aussi. Nous savions que nous arrivions au terme d'un mariage qui avait tenu contre vents et marées. Ce mariage, malgré ses multiples difficultés, avait eu ses moments de bonheur. Nous nous étions aimés passionnément. Nous avions été ballottés par la vie d'une ville à l'autre et, malgré ces inconvénients, notre amour était resté intact. Nous reconnaissions tous les deux que les années à Paris avaient été les plus difficiles. Et que notre pauvre bateau prenait l'eau de partout. Je lui affirmai que, chaque fois que je lui avais dit que je l'aimais, je le pensais sincèrement. Et qu'après l'affaire de sa liaison de deux ans, alors que je n'avais pas les moyens de le quitter, il y avait eu bien d'autres occasions par la suite où, étant parfaitement en mesure de m'assumer, j'avais librement choisi de rester. Mais que, cette fois-ci, c'était bien fini.

Je lui expliquai que ce que je souhaitais, c'était qu'à son retour de voyage, dans quelques semaines, il ne revienne pas à la maison pour y vivre. Il pourrait venir chercher toutes ses choses, mais il ne reviendrait pas vivre avec nous. Je me chargerais d'informer les enfants de notre décision commune.

Il était quatre heures du matin quand cette conversation se termina. Nous étions épuisés, mais tout avait été dit. Il finit par me prendre dans ses bras et nous avons pleuré. Quand je rouvris la porte du salon, tout était réglé.

Il partit le lendemain, comme prévu. Et au souper, le soir de son départ, j'expliquai aux enfants que désormais nous allions vivre sans lui. Je crois vraiment que nous pensions tous que c'était mieux ainsi. Je ne prétends pas que les enfants n'avaient pas de peine, mais ils sentaient bien que la situation n'était plus tenable pour moi. Je les rassurai en leur disant que nous resterions dans cette maison que nous aimions tous, que chacun continuerait ses études comme avant, et qu'ils pourraient tous étudier aussi longtemps qu'ils le voudraient. Je sentis qu'il s'établissait une nouvelle solidarité entre nous. Je leur dis aussi qu'il n'y avait personne d'autre dans ma vie et que j'espérais qu'il en soit ainsi pendant encore un long moment. Il n'y aurait donc pas un autre homme qui viendrait s'asseoir à notre table dans l'immédiat. Je crois que c'est exactement ce qu'ils avaient besoin d'entendre. Je précisai aussi que je ne dirais jamais de mal d'André, parce que je l'avais tellement aimé que je pouvais facilement comprendre que d'autres femmes puissent l'aimer aussi. Nous allions divorcer sans nous déchirer. André m'avait donné sa parole qu'il ne se défendrait pas en cour au moment du divorce.

Je savais ce qu'il me restait à faire. Je pris un rendez-vous avec mon avocat. On ne divorçait pas, à l'époque, aussi aisément qu'aujourd'hui. C'était une entreprise très compliquée, puisque la seule preuve acceptable par les tribunaux était une preuve d'adultère, ce qui donnait lieu à des histoires sordides où l'une des deux parties devait engager un détective privé pour prendre des photos explicites de l'adultère en question. Certains époux, écœurés de devoir aller jusque-là, créaient parfois des preuves de toutes pièces. On engageait une prostituée pour jouer la briseuse de ménage, ce qui était inacceptable pour bien d'autres couples. Il fallait donc bien préparer sa cause, car autrement le tribunal pouvait renvoyer les deux parties en leur suggérant de reprendre la vie commune. Notre divorce ne fut prononcé qu'en 1972.

Au retour d'André, les choses se sont passées comme prévu. Il me téléphona un jour pour me dire qu'il désirait venir prendre ses vêtements et ses effets personnels. Quand il arriva à la maison, je lui demandai si tout allait bien. Il me dit qu'il s'était organisé, sans me fournir de détails. Je devais apprendre beaucoup plus tard que, durant son voyage, il avait écrit à N., celle de Percé, lui demandant s'il pouvait venir vivre avec elle, et qu'elle avait accepté. Il était déjà installé chez elle, mais il ne m'en parla pas.

De mon côté, les choses allaient plutôt bien. Je réapprenais à dormir seule. Je me rendais compte toutefois d'un phénomène étrange : j'avais si souvent attendu André dans la nuit que je m'étais mise à attendre mon fils de la même façon. Il rentrait à minuit ou une heure du matin et je lui faisais la conversation avant de me rendormir. Je savais que je devais cesser de faire cela, mais il me faudrait beaucoup de temps pour y arriver.

Je me souvenais souvent de cette soirée où Cécile avait gardé les enfants à la maison pendant qu'André et moi étions allés à une réception. Nous étions rentrés vers une heure du matin. André avait bu et j'avais été inquiète de laisser ma mère repartir chez elle avec lui au volant. Une heure plus tard, comme il n'était pas encore revenu, je marchais de long en large, me reprochant amèrement de ne pas avoir appelé un taxi pour faire reconduire ma mère. Je n'osais pas téléphoner chez elle, de peur de ne pas avoir de réponse et de voir ainsi se confirmer mes pires appréhensions. Je me décidai quand même à l'appeler. Elle répondit. Je lui demandai si elle était rentrée depuis longtemps, et elle comprit qu'André n'était pas de retour. Elle s'empressa de me dire de ne pas trop m'inquiéter, qu'il avait l'air en assez bon état quand elle l'avait quitté. Des heures plus tard, n'y tenant plus, je téléphonai à certains hôpitaux, puis, complètement découragée, à la police, pour demander s'il n'y avait pas eu un rapport d'accident de voiture quelque part en ville. Il n'y avait rien. Le policier anonyme, au bout de la ligne, me demanda : « Est-ce qu'il boit, votre mari, madame ? – Oui, lui répondis-je. – Ne vous en faites pas, ma petite dame. Les ivrognes, ça revient toujours. » J'avais raccroché très vite. J'avais honte. Mon fils avait été témoin de mes derniers appels et il m'avait dit : « Va te coucher, maman. Il va finir par se retrouver. »

Le lendemain matin, au moment de commencer mon émission, j'étais toujours sans nouvelles d'André. Je fis quand même mon travail, et, à onze heures, au moment où j'allais quitter l'immeuble de Radio-Canada, on me dit que j'étais demandée au téléphone. C'était André, qui me racontait qu'il s'était endormi sur un divan chez un ami, où il disait qu'il s'était accroché les pieds. Il ne se souvenait pas d'avoir déposé ma mère. Je raccrochai aussi sec.

Tout cela était fini. Je n'aurais plus jamais à vivre cela. Jamais.

Au moment du procès en divorce, N., qu'André avait profondément aimée, je crois, venait de mourir, emportée par un cancer en quelques mois. Ce fut pourtant son nom à elle qui servit à faire la preuve d'adultère, sans photos, mais avec des témoins qui avaient accepté de témoigner par amitié pour nous.

La peine d'André était énorme. Un soir que j'étais allée chez lui, c'est-à-dire chez elle, pour régler les derniers détails de nos propres affaires, je le trouvai tellement démuni que je faillis lui offrir de revenir à la maison. Me mordant les lèvres pour ne pas parler trop vite, suppliant ma Marie-Louise et Cécile de me retenir, je réussis à ne pas le faire, et je rentrai chez moi heureuse de ne pas avoir cédé à la pitié.

30

À nous deux, la vie !

Quand j'y repense, je ne sais pas où je prenais la force d'animer *Place aux femmes* pendant cette période. J'avais la réputation d'être drôle à l'antenne et je n'étais jamais à court d'humour, mais où je prenais les forces nécessaires pour accomplir mon travail, je n'en sais toujours rien aujourd'hui. Après le départ d'André, je vécus une sorte de convalescence. Je ne savais pas que j'aurais autant de choses à réapprendre. Je considérai ma nouvelle vie comme une sorte de rééducation. Autant la mort de Cécile m'avait mise en face de ma propre mort avec le sentiment qu'il n'y avait plus rien ni personne entre la Faucheuse et moi, autant le départ d'André me mettait en face de nouvelles responsabilités. Dans le quotidien, il n'y avait pas grand-chose de changé. J'avais toujours assuré l'intendance. Je payais les comptes quand il fallait les payer, et j'approvisionnais la maison pour toute la famille. Et ma première décision de « femme seule » avait été de faire construire une piscine dans mon jardin. Même si, vu de l'extérieur, cela pouvait apparaître comme une extravagance, j'avais surtout conçu ce projet en pensant que dorénavant je n'aurais pas les moyens de ne pas travailler durant l'été et que la piscine serait utile pour me donner l'illusion de vacances. Et puis j'avais trois adolescents à la maison, que je préférais savoir dans la piscine avec leurs amis plutôt que n'importe où ailleurs.

J'apprenais aussi à répondre aux gens que j'étais à la fois la femme et l'homme de la maison. Quand il fallait faire quelques réparations, changer les fenêtres de la salle à manger, ou autre chose, je décidais de tout. Je signais les contrats pour les travaux. J'assumais ma condition de femme seule, et je me sentais bien. Je m'assurais qu'il y avait toujours dans le réfrigérateur beaucoup de steaks prêts à cuire et tout ce que les enfants aimaient beaucoup. Ils pouvaient emmener qui ils voulaient à la maison ; il y avait toujours de la place. Quand je partais en voyage, je payais les billets d'avion des petites copines de Sylvie, pour qu'elle ne soit pas la seule de son âge. Tout allait bien.

Je vivais plus comme une veuve que comme une célibataire. J'avais commencé à me dire que si ma mère avait pu le faire, je pouvais le faire aussi. Il ne me serait pas venu à l'esprit de « changer d'homme », comme certaines le faisaient. Je vivrais seule aussi longtemps qu'il le faudrait. J'avais plein de choses à accomplir. Finir d'élever mes enfants, continuer une carrière qui était bien partie, rester disponible pour ce que la vie avait encore à m'offrir.

L'équipe de *Place aux femmes* me servait de famille d'appoint, en quelque sorte. François Cousineau, qui avait remplacé Paul de Margerie depuis quelques années, était un copain charmant. Il était follement amoureux de Diane Dufresne, et ses amours tumultueuses l'amenaient souvent à me faire des confidences et à me demander conseil. J'avais beaucoup de respect pour Diane, que j'avais toujours considérée comme une « très grande personne », et j'essayais d'expliquer à François, qui était souvent comme un « petit chien fou », comment il fallait agir pour garder une « très grande personne » près de soi.

M. V. et moi étions redevenues les meilleures amies du monde. Il y avait quelqu'un d'autre dans sa vie et elle ne pensait plus à André. Du moins, c'est ce que je croyais. Mimi était retournée à Paris. Jacqueline était à Osaka pour l'Exposition universelle qui allait se tenir là-bas. Et moi je vivais un divorce avec le plus de discrétion possible. Je n'avais pratiquement prévenu personne, considérant que c'était sans aucun intérêt pour le reste du monde et désirant prendre le temps de guérir toutes mes blessures.

Je ne m'ennuyais jamais. J'écrivais pour des magazines. J'avais toujours des projets sur le métier. Petit à petit, je cessais de m'inquiéter d'André, et il m'arrivait même de répondre, à quelqu'un qui voulait m'en parler : « Je ne veux rien savoir. Ne me dites rien. » Je prenais mes distances. Je volais de mes propres ailes et j'aimais le résultat. Je me sentais complètement en paix avec moi-même.

Je devais souvent, au quotidien, faire des additions et des soustractions, pour savoir à chaque moment où j'en étais sur le plan financier. Je savais que je ne devais jamais perdre le contrôle des entrées et des sorties d'argent, parce que autrement je serais condamnée ou bien à dépendre de quelqu'un encore une fois, ce qui était totalement exclu, ou bien à accepter comme travail des choses qui me déplaisaient mais que je devrais faire quand même par besoin. Mon désir de toujours pouvoir choisir ce que j'avais envie de faire comme travail se trouverait largement entravé si je ne tenais pas le coup financièrement.

J'en étais là quand j'appris que Radio-Canada mettait fin à *Place aux femmes* mais qu'on songeait à me confier l'animation d'une nouvelle émission, également avec public, en studio, qui durerait deux heures chaque matin. En l'apprenant, je fus enchantée. Je remerciai ma Marie-Louise et ma Cécile d'avoir veillé au grain pour moi. Je me dis que cette augmentation de revenu ne pouvait tomber entre les mains d'une meilleure personne.

Puis j'appris que le titre de l'émission serait « Place au *fun* », une idée de Claude Morin, qui, selon moi, ridiculisait ce que j'avais fait avec conviction pendant cinq ans. Je n'allais certainement pas me moquer moi-même de *Place aux femmes*, qui avait largement contribué à l'évolution des mentalités de ses auditeurs et auditrices. Et puis « Place au *fun* » était une insulte à la langue française, inacceptable pour moi. Morin essaya bien de m'expliquer, devant mon refus, qu'il voulait qu'on entende « Place-o-phone », mais je refusai quand même.

J'étais dans de beaux draps ! Alors que j'avais pris toutes les responsabilités sur mes épaules, je perdais ma principale source de revenu. Elle était belle, ma nouvelle liberté ! Je me sentis absolument terrifiée. J'étais incapable d'accepter le titre proposé sans renier des choses qui étaient importantes pour moi. J'avisai Radio-Canada que je ne ferais pas cette émission.

J'étais morte de peur. Pourtant, je savais que je ne devais absolument pas revenir sur ma décision. Il fallait, au contraire, que je tienne mon bout jusqu'à ce qu'ils décident de céder. Cela prit des jours et des jours. Puis je reçus un appel téléphonique me demandant si j'accepterais d'animer une émission qui s'appellerait *Studio 11*, un titre insignifiant qui ne prêterait à confusion pour personne. J'acceptai sans autre forme de discussion. Ma chance avait tourné.

Je n'avais rien dit aux enfants. Mais cette première épreuve m'apprit à ne jamais me laisser marcher sur les pieds par personne.

Je crois qu'enfin j'étais devenue tout à fait une adulte. J'allais doucement sur mes quarante ans. J'avais trouvé la route souvent cahoteuse, mais je savais exactement où j'en étais. J'avais assumé mon passé et j'avais hâte de savoir ce que l'avenir me réservait. Mes espoirs étaient toujours vivants et ma détermination n'était pas entamée. Je venais de franchir le palier le plus important de ma vie.

On dit que la vie commence à quarante ans, et j'attendais de vérifier si cela était vrai. J'étais prête. La vie elle-même avait toujours été ma meilleure alliée. À condition de toujours avoir ma Marie-Louise et ma Cécile à mes côtés, je pouvais espérer devenir un jour, comme elles, une femme d'honneur.

Cahier photo

Mes parents, Cécile et Fernand, le jour de leur mariage, le 22 juin 1929. Dans l'entourage de ma mère, on avait essayé de la convaincre qu'il était trop jeune pour le mariage. Il avait vingt ans et elle en avait vingt-quatre. Elle était profondément amoureuse de lui. Très séduisant, il ressemblait à Gary Cooper.

À gauche : Rosette, la sœur de mon père, et Antoine Boisclair, son mari, m'ont pratiquement élevée chez eux, à Saint-Gabriel-de-Brandon, jusqu'à l'âge de cinq ans.

À droite : Sur le perron de ma Marie-Louise, mère de Cécile et ma grand-mère adorée.

Septembre 1936 : première journée d'école. Je suis déjà très fière et j'ai horreur de l'injustice. Chez les Dames de la Congrégation, une religieuse me surnommera « le petit paon pas de queue ». Je ne me suis jamais sentie heureuse chez les « Dames ».

À gauche : Dès ma deuxième année d'école, je file le parfait bonheur avec les sœurs de Sainte-Anne. Je fais ma première communion parce que maman dit qu'il faut la faire, mais déjà je ne suis pas croyante.

À droite : Nous habitons rue Rose-de-Lima, à Saint-Henri, et, en ce jour de la première communion de Raymonde, j'étrenne un chapeau neuf, cadeau de ma tante Yvonne, la généreuse.

Mon père ne voulait pas que ses filles passent l'été sur les trottoirs de Saint-Henri. Il protégeait notre vertu. Nous nous demandions qui protégeait la sienne…

À gauche : Fernand à New York. Il aimait tout ce qui était américain et anglophone.

À droite : Avant de devenir chauffeur d'autobus, mon père avait occupé de petits emplois de livreur pendant des années.

Mon père louait un chalet chez Henri Ouellette, à Saint-André-d'Argenteuil. Il nous y conduisait le 25 juin avec maman et nous y laissait pour tout l'été sans nous visiter. Il revenait nous chercher à la fête du Travail, pour la rentrée des classes.

À gauche : Un des nombreux pique-niques organisés par ma Marie-Louise à l'île Sainte-Hélène. Ma sœur Raymonde, notre cousine Huguette et moi sommes épuisées d'avoir joué toute la journée. Pas question de rentrer : j'attends le spectacle de Jean Lalonde et de Lucille Dumont !

À droite : Un jour de bonheur : une visite à la baie Missisquoi avec Cécile et ma Marie-Louise.

Le clan de ma Marie-Louise (1), au cinquantième anniversaire de son mariage avec Ernest Chartier (2), mon grand-père. Sont présents tous ses enfants : Émile (3), Juliette (4), Cécile (5), Yvonne (6), Gaëtane (7), Gérard (8) et Claire (9), avec leurs conjoints et conjointes ou amants en titre.

Fernand y est aussi (10), ainsi que des petits-enfants, dont Raymonde (11) et moi (12) qui, tout de blanc vêtue, vient de lire un texte qui leur rend hommage. Il y a aussi le frère d'Ernest (13), des cousins, des cousines et des amis.

ASCENDANCE MATRILINÉAIRE

I

Marie **PONTONNIER** & Honoré Langlois
m 5 décembre 1661 Notre-Dame de Montréal

II

Françoise **LANGLOIS** & Louis Baudry
m 12 janvier 1700 Sainte-Anne-de-Varennes

III

Marie Anne **BAUDRY** & Louis Bougret Dufort
m 24 juillet 1719 L'Enfant-Jésus-de-la-Pointe-aux-Trembles

VI

Marie Josephte **DUFORD BOUGRET** & Jacques Picard
m 12 février 1741 Saint-Antoine-de-Pade de Longueuil

V

M. Josephte **PICARD** & Guillaume Lecavalier
m 2 mars 1767 Notre-Dame de Montréal

VI

Angélique **LECAVALIER** & Amable Viau
m 29 septembre 1800 Saint-Laurent de Montréal

VII

Angélique **VIAU** & Jean-Baptiste Théoret
m 30 janvier 1826 Saint-Laurent de Montréal

VIII

Madeleine **THÉORET** & Prosper Charrette
m 2 février 1846 Sainte-Géneviève (Pierrefonds)

IX

Mélanie **CHARRETTE** & David Sauvé Laplante
m 6 août 1872 Saints-Anges-de-Lachine

X

Louisa **LAPLANTE** & Ernest Chartier
m 2 octobre 1894 Saints-Anges-de-Lachine

XI

Cécile **CHARTIER** & Fernand Ouimet
m 22 juin 1929 Sainte-Cunégonde de Montréal

XII

Lise **OUIMET**

Un cadeau reçu de Jocelyne Frédérick-Fournier, présidente de la Société de généalogie de l'Outaouais, l'un des plus beaux de ma vie. Ma généalogie matrilinéaire depuis mon ancêtre Marie Pontonnier.

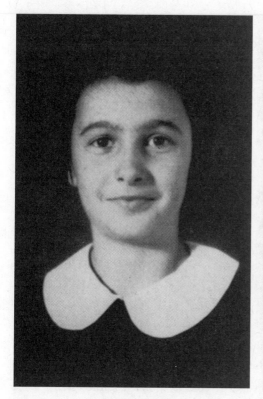

À gauche : Je suis à l'école des grandes : Sainte-Jeanne-de-Chantal, rue Atwater. J'aime les sœurs de Sainte-Anne, qui ouvrent des horizons nouveaux pour les filles de familles ouvrières.

À droite : Mon père rêvait de voyages. Voulant voir du pays, il s'engagea dans l'armée au début de la Seconde Guerre mondiale. Mais comme il était marié et qu'il avait des enfants, il n'eut droit qu'à l'uniforme de réserviste. Il ne le porta jamais, mais moi si, une fois, le temps d'une photo…

À gauche: Nous venons de déménager au 3472 de la rue Delisle, à côté de la cour de l'école de garçons Victor-Rousselot. J'y habiterai jusqu'à mon mariage en 1951.

À droite: À quatorze ans, je trouve les garçons de mon âge inintéressants. C'est ainsi que je suis tombée follement amoureuse d'un homme plus âgé que moi.

Photo officielle des finissantes de neuvième à Sainte-Jeanne-de-Chantal. La neuvième année était déterminante. Pour plusieurs filles, c'était l'arrêt des études, l'arrivée sur le marché du travail. Pour quelques autres seulement, l'accès à des études supérieures.

Un groupe de copains d'adolescence. On y vit ses premiers élans amoureux. Le samedi, on danse toute la nuit dans la cuisine, sur le prélart glissant, jusqu'à six heures du matin, chez l'un ou chez l'autre.

Je suis entourée ici de ma sœur Raymonde, de Marie-Louise Ouimet et de Cécile. Ma grand-mère paternelle a espéré jusqu'à sa mort le retour de son fils Adrien, disparu à dix-sept ans, après une querelle avec son père.

Ma Marie-Louise ne pratiquait plus depuis longtemps. Elle «empêchait» la famille, s'en était confessée et s'était vu refuser l'absolution. Elle avait aussitôt déclaré : «Si Dieu existe, je réglerai mes affaires avec lui dans l'au-delà.»

À dix-sept ans, c'est la rencontre fatidique. Trois ans plus tard, j'allais épouser André.

Pour mon mariage, le 6 octobre 1951, pas question d'acheter ma robe au Syndicat Saint-Henri. J'achèterai le tissu pour la fabriquer moi-même. Une vraie mesure d'économie.

Je n'ai aucun souvenir du jour de mon mariage. De la livraison des fleurs, vers cinq heures du matin, au lendemain soir, ce fut l'amnésie totale.

À gauche : À la naissance de mon premier enfant, j'ai vingt ans. Je m'étonne de ne pas avoir le droit de vote…

À droite : Je tiens un courrier du cœur à Trois-Rivières. CHLN diffuse chaque jour mes réponses à des problèmes incroyables, par la voix de Jacques Dufresne. J'ai vingt-quatre ans. Je découvre la misère humaine, le drame de la violence familiale et de l'inceste dans un Québec où tout est secret.

Nous nous envolons pour Paris pendant la grève des réalisateurs de Radio-Canada. André s'en va y mettre sur pied le bureau du réseau, mais je pars avec trois enfants de six ans, cinq ans et six mois. J'apporte mon réfrigérateur, un luxe là-bas, ma machine à laver et les décorations de l'arbre de Noël. Nous vivrons à Meudon-Bellevue deux ans.

Enfin arrivée à Paris. Daniel, Dominique et Sylvie, avenue de La Bourbonnais.

J'élève des enfants français. Mon fils raconte à ses copains qu'à Dorval, quand un avion se pose, des « Indiens » viennent danser autour de l'appareil…

Cécile, ma mère, s'ennuie tellement de ses petits-enfants qu'elle utilisera toutes ses économies pour venir leur rendre visite.

Pendant ces années, je fais des centaines d'entrevues. Je me nourris de ce qu'on me raconte, tout en cherchant mon propre chemin. Ici avec Maurice Chevalier, dans sa résidence de la banlieue parisienne.

C'est ma rencontre avec Martine de Barsy qui fait tout démarrer. Ensemble, nous faisons l'émission *Interdit aux hommes* pendant des années. J'entrevois enfin mon indépendance personnelle.

Quand je voyage, je pense à mon père. Comme ici, à Baalbek, au Liban. Il est mort beaucoup trop jeune pour pouvoir réaliser ses rêves. Je vis les miens.

On me confie la visite du cinéaste Fritz Lang à l'Expo. Il est irrité par de trop jeunes hôtesses qui ne savent pas bien qui il est. J'en ai appris plus sur l'Allemagne de l'avant-guerre, sur Hollywood et sur Marlène Dietrich pendant cette semaine-là que je ne l'aurais fait en un an d'études universitaires.

Nous sommes invités à divertir les troupes stationnées à Lahr, en Allemagne. Guy Provost et moi sommes accompagnés du hockeyeur Jean Béliveau (1), de Claude Morin et Jacques Cossette, nos réalisateurs (2 et 3), de la recherchiste Michèle Verner (4), du major Paul Ranger, notre ange gardien (5), de la chanteuse Margot Lefebvre (6) et du chanteur Robert Demontigny (7).

Au cours de ce voyage, j'ai appris à connaître Margot Lefebvre, une vraie femme de cœur.

C'est le début d'une nouvelle vie. *Place aux femmes*, à Radio-Canada, que j'anime avec Guy Provost pendant cinq ans, connaît un franc succès.

Une bonne partie de l'équipe de *Place aux femmes*: Guy Provost, Michèle Verner, recherchiste, puis, au second rang, de gauche à droite, nos musiciens Paul de Margerie, Guy Parent et Roland Desjardins, Jacques Cossette, l'un de nos réalisateurs, et Louise Jasmin, recherchiste aussi et qui est restée ma meilleure amie. Dans la peine, c'est toujours chez elle que j'allais pleurer.

À *Place aux femmes*, le concours du plus bel homme est né spontanément. Richard Garneau, qui a été l'une de mes victimes, vient de me remettre le *Méritas* de « l'animatrice la plus dynamique des ondes ».

Après *Place aux femmes*, ce fut *Studio 11*, avec Guy Provost et Jacques Fauteux, une émission quotidienne de deux heures qui fut à l'horaire durant deux ans.

Cette fois, c'est *Studio 11* qui reçoit le prix de la meilleure émission de radio. Au gala, en compagnie d'Anita Barrière et des deux coanimateurs de l'émission.

L'événement méritait d'être célébré en studio !

Le dernier Noël de ma mère. Elle croit souffrir d'arthrite, alors qu'elle a un cancer des os. Je passerai trois mois à son chevet, à repenser à sa vie et à la mienne. La *vieille* Lise a trente-sept ans et elle mourra avec Cécile. Une nouvelle femme va naître, qui veut réorganiser sa vie et être heureuse enfin!

Deuxième partie

Une vie publique
1968-1976

Toute femme qui veut tenir un discours qui lui soit propre ne peut se dérober à cette urgence extraordinaire : inventer une femme. C'est de la folie, j'en conviens. Mais c'est la seule raison qui me reste.

Annie Leclerc

31

Le vertige de la liberté

Les mauvais matins, il m'arrivait de penser que ma vie était de la plus grande banalité : l'histoire d'une fille mariée trop jeune, ne connaissant pas grand-chose de la vie, et convaincue que les vœux d'amour éternel allaient durer. Je découvrais, au fil des ans, que ce n'était pas le cas et que tout s'effilochait, même les rêves les plus beaux. Tant de femmes avaient vécu la même chose. Éduquées pour être des épouses et des mères, nous devions être prêtes à sacrifier nos vies entières au bonheur des autres.

Cette perspective ne m'avait jamais convenu. Je voulais ma part de bonheur.

J'avais tellement désiré retrouver ma liberté pendant les années les plus difficiles de mon mariage que j'étais persuadée qu'il me serait facile de redevenir célibataire dès que les derniers liens entre lui et moi seraient rompus. Je voulais que le bonheur se jette sur moi enfin et que la vie devienne facile à vivre. Je serais libre de prendre et d'assumer toutes mes décisions et je m'y étais entraînée durant les dernières années pour ne pas être prise au dépourvu. J'allais voler de mes propres ailes et le départ tant souhaité de celui qui allait devenir mon ex-mari était vécu comme une délivrance. C'était sous-estimer la force des habitudes et la solidité des liens.

À l'automne 1968, quand j'avais demandé à mon mari de quitter la maison pour ne plus y revenir, je ne savais pas que j'allais vivre le pire moment de toute mon existence. La rupture allait être plus douloureuse que prévu. J'avais du mal à mettre un pied devant l'autre. Je n'arrêtais pas de me répéter que j'avais des responsabilités immenses et que je ne pouvais pas tout laisser tomber. Je m'obligeais à me lever tôt chaque matin sans me poser trop de questions. Chaque jour, j'espérais que le pire était derrière moi et que j'avais vraiment fait les bons choix.

Tout était bouleversé à la maison. Malgré mes efforts, l'absence du père laissait un vide immense, et, sans que je comprenne vraiment pourquoi, je n'avais moi-même plus de points de repère. Ma mère me manquait terriblement. Elle venait de mourir après quelques mois d'une agonie qui nous avait liées toutes les deux jusqu'à la fin des temps. C'est vers elle que je voulais me tourner pour demander de l'aide, mais elle n'était plus là. Je venais en outre de mettre fin à un mariage qui, s'il avait eu ses années de grand bonheur, n'avait plus sa raison d'être. Je devrais être en paix, mais c'est le contraire qui se produisait.

Je réalisai que je pouvais dormir seule pour la première fois de ma vie. J'avais le vertige devant tant de liberté. Je savais que j'étais encore jeune, je n'avais que trente-sept ans, mais ce vertige me faisait peur. Je craignais de perdre pied, d'entraîner mes enfants dans la misère, de ne pas tenir le coup. Je craignais de ne pas être à la hauteur.

Quand je n'en pouvais plus, que j'avais besoin que quelqu'un me prenne dans ses bras pour me rassurer, je courais vers un homme que je connaissais depuis longtemps. Je l'avais appelé à mon secours et il avait répondu à mon appel. Il venait de vivre de son côté une rupture encore plus déchirante que la mienne et il était très seul. Je m'accrochais à lui comme il s'accrochait à moi. Nous étions incapables de nous parler, le dialogue était exclu. Il racontait sa douleur, je racontais la mienne, nous ne partagions rien, sinon un peu d'amitié et un immense gouffre. Il n'y avait pas d'amour entre nous, même quand nous en faisions les gestes. Nous étions deux immenses solitudes, et c'est la peur d'en mourir qui nous rapprochait. Incapables de donner à l'autre quoi que ce soit, nous prenions seulement, chacun pour soi et juste ce qu'il fallait pour survivre.

Mes autres amis, c'étaient les gens avec qui je faisais une émission de radio chaque jour. Ils savaient que j'avais besoin d'eux. Mon rendez-vous quotidien en studio me créait une sorte d'obligation dont j'avais absolument besoin pour ne pas sombrer. Le fait de retrouver François Cousineau, Jacques Fauteux, Guy Provost, Louise Jasmin, ma recherchiste, et mes amis Jean Baulu, Jean Boisvert et les autres tous les matins, de pouvoir leur parler, leur raconter où j'en étais, sentir leur amitié et leur tendresse, me permettait de garder la tête hors de l'eau.

La bonne humeur qui avait toujours été ma marque de commerce à la radio, l'humour que j'y cultivais aussi comme un jardin, soit à *Place aux femmes* ou à *Studio 11*, jouait le rôle d'antidote à ma morosité. Je n'avais pas le droit de pleurer sur mon sort. Mais je traînais ma peau. Malgré le fait que j'avais finalement la vie que j'avais tellement souhaitée, j'avais peur de l'avenir.

J'avais le vertige, c'était vrai. Je n'avais jamais été aussi déboussolée. Tout me semblait compliqué. La solitude me pesait dès le travail terminé. Je ne savais que faire de mes heures de liberté. Après l'émission, vers midi, il m'arrivait souvent de rester au *Café des Artistes* avec Jacques Fauteux, François Cousineau, et les musiciens Roland Desjardins et Guy Parent jusqu'à tard dans l'après-midi.

François était follement amoureux de Diane Dufresne mais leur relation n'était pas simple et il recherchait constamment des conseils qui lui permettraient de mieux comprendre cette femme fascinante et déroutante à la fois. À conseiller les autres, j'espérais trouver des solutions pour moi-même, qui ne savais plus par quel bout reprendre ma vie. J'étais trop libre. Et cette liberté nouvelle me faisait perdre pied parce que j'en avais peur.

Devant les enfants, je ne montrais rien de mes angoisses. Au contraire. Je jouais la femme calme et sûre d'elle. Je ne voulais absolument pas leur transmettre mes inquiétudes. Je rêvais pour eux d'une maison ouverte, d'un lieu plein de chaleur humaine où les copains seraient les bienvenus et où l'amour serait enveloppant. Dans mon for intérieur, je me jurais que je les ferais toujours passer en premier.

Je dormais peu la nuit. J'attendais. J'enrageais à l'idée que c'était lui que j'attendais encore, comme je l'avais fait si souvent. Mais c'était là une vérité douloureuse à admettre. J'avais l'impression de vivre une sorte de réadaptation, comme si on m'avait coupé une jambe et que je devais réapprendre à marcher.

Il faudrait des mois avant que je puisse dormir normalement. Je m'appliquai à occuper tout l'espace disponible dans le lit, puis à disperser mes affaires dans les tiroirs et dans la garde-robe. Je déplaçai les meubles de la chambre pour briser les habitudes, et, quand je n'en pouvais plus, je repartais ailleurs quêter le semblant d'amour sans lequel je savais que j'allais crever.

J'apprenais à m'extraire de mon corps pour m'observer de l'extérieur. Je me regardais agir comme si j'étais étrangère à ce corps et c'est ce qui m'aida à m'y retrouver. Je m'appliquai à ne pas perdre le nord, mais cela brûlait toutes mes énergies.

J'avais en même temps un autre gros sujet d'inquiétude : je trouvais qu'André ne voyait pas les enfants assez souvent. J'avais voulu lui laisser toute la latitude nécessaire, parce que les enfants étaient en pleine adolescence et que je croyais qu'il avait toujours un rôle à jouer auprès d'eux. J'avais entamé les procédures de divorce mais je savais qu'il faudrait du temps. Je ne voulais pas que les enfants soient pénalisés, privés de leur père. Mais leurs rencontres avec lui étaient rares et je me sentais obligée de compenser.

L'année 1969 a commencé comme 1968 s'était terminée. Mon fils allait avoir dix-sept ans et mes filles, bientôt quinze et onze ans respectivement. Nous avons fait un arbre de Noël et nous nous sommes serrés un peu plus fort les uns contre les autres. Nous ne manquions de rien. Je les aimais de toutes mes forces. Ils étaient devenus ma seule raison de vivre.

Je prenais les jours un à la fois. Je n'avais plus, me semblait-il, de perspectives d'avenir. C'était comme si l'horizon avait été bouché et que le quotidien m'avait dérobé toutes mes forces. Je m'appliquais à tenir les rênes de notre famille du mieux que je pouvais, même quand il m'arrivait de me sentir déstabilisée.

Je finis donc par me rendre à l'évidence : même si je m'étais sentie bien préparée à la rupture de mon mariage, même si j'avais le sentiment que nous allions réussir notre divorce et que le départ d'André ne laisserait pas d'amertume entre nous, même si c'était là la solution que j'avais souhaitée et que j'étais sûre de ne pas m'être trompée, j'allais vivre un immense deuil que je n'avais pas vu venir.

J'espérais seulement retomber bientôt sur mes pieds comme un chat retombe sur ses pattes. Mais je ne savais pas quoi faire pour y arriver.

Ce qui m'inquiétait, entre autres, c'était qu'en mai ou juin l'émission radiophonique allait s'arrêter jusqu'à l'automne et que j'allais perdre ceux qui étaient devenus mes bouées de sauvetage, mes copains de l'équipe. J'appréhendais ce moment avec terreur car je n'arrivais pas à imaginer ce que mes journées allaient devenir. Jusqu'au moment où, un midi, Jean Duceppe vint partager notre table au *Café des Artistes*. Il était venu en entrevue à l'émission ce matin-là et nous l'avions invité à prendre un verre avant de repartir.

Jean dirigeait alors le Théâtre des Prairies, un théâtre d'été près de Joliette. Quand il racontait ses problèmes financiers, il nous faisait rire. Il nous fit alors tout un numéro sur la faillite retentissante qu'il allait devoir annoncer pour son théâtre et la peine que ça lui faisait pour les comédiens surtout, pour qui une source de revenus allait se tarir. Il disait avoir tellement de dettes et de créanciers sur le dos qu'il ne pouvait pratiquement plus se montrer dans la région de Joliette. Je ne sais pas ce qui me poussa à lui demander si je pouvais l'aider. Je lui expliquai que j'avais besoin d'occuper mon esprit, que je n'avais pas d'émission d'été et que, si je pouvais lui être utile, je le ferais avec plaisir. Il s'empressa de me dire qu'il ne pourrait pas me payer et il rit quand je lui dis que c'était bien ce que j'avais compris. J'allais devenir à l'instant même l'attachée de presse du Théâtre des Prairies, pour le meilleur et pour le pire, une expérience qui devait s'avérer inoubliable. Entre avril et septembre 1969, j'ajoutai trente mille kilomètres à l'odomètre de ma voiture, exclusivement entre Montréal et Joliette. Ce qui fit dire à mon fils à la fin de l'été que, si j'avais voyagé en ligne droite, j'aurais fait un vrai beau voyage.

32

L'été 1969 et la « ducepperie »

Je n'ai pas mis de temps à découvrir que Jean Duceppe n'avait pas que des dettes et des créanciers. Il avait aussi une épouse très discrète qu'il aimait depuis longtemps, sept enfants, pratiquement tous employés au théâtre durant l'été, de nombreuses admiratrices et quelques maîtresses, plus ou moins en titre, qu'il fallait savoir gérer avec doigté. Mon rôle était simple : faire que tout cela marche, que les dettes soient payées, que le propriétaire de la grange où logeait le théâtre soit heureux, que les deux pièces à l'affiche soient des succès, et que l'épouse et les maîtresses présumées ne se présentent jamais au théâtre le même soir. Sans oublier que je devais également arbitrer les querelles épiques entre les enfants et leur père chaque fois que c'était nécessaire, querelles qui survenaient à propos de tout et de rien. Jean n'avait aucune patience et l'amour qu'il ressentait pour ses enfants avait l'allure d'un secret bien gardé.

Parce que tout ce beau monde s'aimait. Mais ils étaient tous incapables de se le dire. Les enfants travaillaient fort aux décors, aux éclairages, à la sonorisation, dans l'espoir de recevoir la tape dans le dos qui leur aurait fait tant de bien, mais elle ne venait jamais. La « ducepperie » avait besoin d'être dorlotée. J'ajoutai cette responsabilité aux autres. J'invitai souvent tous les enfants au restaurant après le spectacle, à mes frais. Jean se joignait parfois à nous, mais, la plupart du temps, il rentrait chez lui tout de suite après le spectacle.

Je le faisais souvent rire parce que je refusais de le prendre au sérieux. Quand il se lançait dans une de ces tirades dont il avait le secret, je lui disais : « Si tu veux bien me dire dans quelle pièce on est, quel rôle tu joues, je pourrai te donner la réplique. » Ça l'arrêtait net. Et il rigolait.

Il mettait tout sur le compte de son diabète : sa mauvaise humeur, ses impatiences, son besoin de bouger sans arrêt. Il racontait qu'il ne dormait pas et qu'il lui arrivait de passer des nuits entières dans sa baignoire à lire des pièces de théâtre. C'était un conteur d'histoires, mais les plus savoureuses étaient souvent celles qu'il avait vécues lui-même, ces anecdotes invraisemblables qui avaient jalonné le cours de sa vie de star adulée par les femmes au-delà de l'imaginable.

Parfois, durant le jour, quand il travaillait à Montréal, il débarquait à la maison du chemin de la Côte-Sainte-Catherine, où j'habitais avec mes enfants, pour profiter de ma piscine. Il apportait ses journaux, ses magazines et parfois ses étranges cadeaux. Un jour, je le vis arriver avec une table basse pour le salon, un meuble en bois massif qui n'allait pas du tout avec le reste de mon mobilier et dont je ne savais vraiment que faire. Je l'ai pourtant gardée longtemps, cette table, uniquement parce qu'elle venait de lui, mais c'était une horreur.

En quelques semaines, j'avais fait le tour des créanciers de la région de Joliette, utilisant mon plus beau sourire et mon discours le plus convaincant. Je leur demandais de patienter, m'engageant au nom du théâtre et de son propriétaire à leur verser chaque semaine une somme déterminée à l'avance. La pression était tombée. J'avais fait une bonne partie de la promotion pour la première pièce de la saison, mise en scène par Richard Martin. J'avais obtenu un permis d'alcool pour le petit bar attenant au théâtre. J'avais suggéré que les entractes soient allongés pour permettre de faire le plein de profits. Il ne restait qu'à souhaiter que la grange tienne jusqu'en septembre.

À la maison, ma fille Dominique se préparait à partir pour la Corse. Mes amies françaises Jacqueline et Mimi avaient accepté de l'accueillir pendant l'été. Ma Sylvie irait dans une colonie de vacances. Si bien que, pendant plusieurs semaines, il n'y aurait que mon fils et moi à la maison. Je rentrais tard. Souvent, je servais aussi de chauffeur à Jean, qui préférait ne pas conduire le soir. Il lui arrivait de dormir pendant tout le voyage et je devais le réveiller pour le faire descendre devant chez lui.

Le théâtre était plein tous les soirs. Après avoir vu la pièce un certain nombre de fois, je préférais passer la soirée au guichet, à parler avec Monique Duceppe ou les autres enfants Duceppe, ou à regarder la télévision. J'aurais pu servir de doublure à tous les comédiens sur scène, car je connaissais tout le texte par cœur. Et, il fallait le reconnaître, c'était un succès. Chaque semaine, nous payions nos dettes.

C'est là, derrière ce guichet, que j'ai vu le premier homme marcher sur la Lune. Nous étions une bonne dizaine autour de l'appareil de télévision. Nous savions que c'était un moment historique. Nous étions complètement médusés. Et c'est là, tout à coup, que j'ai réalisé que ma vie avait repris son cours normal et que 1968, avec ses malheurs et ses tristesses, était derrière moi. Si un homme pouvait aller sur la Lune et en revenir, j'étais certainement capable de reprendre ma vie en main et d'en assumer entièrement la direction. Si j'avais pu tirer ce théâtre d'été de la faillite, je pouvais assurément en faire autant de ma vie personnelle, et, ce soir-là, pour la première fois, avec émotion, j'ai vu la lumière au bout du tunnel.

J'avais suivi de près les événements internationaux et j'avais pleuré au moment de l'assassinat de Robert Kennedy et de Martin Luther King. Les nombreuses révoltes de mai 1968 dans plusieurs pays du monde m'avaient vraiment interpellée. Je pris

conscience que ma vie privée n'était pas la seule à avoir été per-
turbée. Et, en regardant l'extraordinaire réussite du voyage sur
la Lune, je m'étais rendu compte que le moment était venu de
tourner la page sur ce passage douloureux de ma vie. Je savais
que l'été que j'étais en train de vivre m'avait sauvée. J'avais eu
raison de me tenir occupée comme dix. Je n'avais pas eu à m'ac-
crocher à mes enfants en les privant de leurs vacances d'été. Je
savais que nous allions tous nous retrouver en septembre, plus
riches d'expériences diverses et plus heureux de cette liberté
nouvelle que nous avions mise à l'essai.

J'étais reconnaissante à Jean de m'avoir tendu la main. Je ne
suis pas sûre qu'il ait jamais su à quel point cet été-là avait été
important pour moi. C'était un homme attachant mais qui
n'avait jamais le temps d'écouter les autres. C'était un émetteur,
non un récepteur.

La deuxième pièce de la saison mettait en vedette Louise
Marleau dans le rôle de lady Godiva. Son nom avait été lié à celui
du premier ministre Pierre Elliott Trudeau au cours des mois
précédents et je lui demandai si nous pouvions entreprendre des
démarches afin que le cher homme nous fasse l'honneur d'assister à la première. Elle accepta sans se faire prier et m'assura
qu'elle allait insister auprès du premier ministre.

La réponse ne se fit pas attendre. M. Trudeau allait être présent. Ce fut le branle-bas de combat pendant des jours avant la
première. La Gendarmerie royale du Canada vint visiter les
lieux. Le premier ministre se déplacerait en hélicoptère et pourrait se poser sur le terrain même du théâtre. Du gâteau, je l'avoue,
pour une attachée de presse. Les photographes furent convoqués
et même les télévisions nationales se déplacèrent. Je fus chargée
de tenir compagnie à mon vieil ami Pierre Trudeau pour la soirée, ce que je fis avec plaisir. La salle était pleine. Jean Duceppe
se frottait les mains. C'était sa meilleure saison théâtrale depuis
longtemps.

C'est ce soir-là, une fois que tout ce beau monde fût reparti, que, pour la première fois, il me fit part de son grand rêve. Il voulait fonder une troupe permanente. Il rêvait d'immenses camions qui parcourraient le Québec pendant toute l'année avec des spectacles somptueux, des décors magnifiques que même les plus petits villages pourraient voir. D'abord une salle à Montréal, où le spectacle serait présenté pendant trois semaines, et ensuite cette même pièce qui partirait en tournée pendant qu'une deuxième prendrait l'affiche à Montréal. Puis une deuxième troupe qui prendrait la route pendant qu'une troisième pièce démarrerait à Montréal. Et ainsi de suite jusqu'à quatre pièces par année, peut-être cinq. Il disait que c'était fou, qu'il le savait, et il ajoutait : « Mais où est-ce qu'on sera quand on n'aura plus de rêves ? »

Ce n'était peut-être pas si fou que ça. Tout ce qu'il fallait, comme pour tout le reste, c'était de l'argent. Et de l'argent, on pouvait en trouver.

Pendant tout le mois d'août, on ne parla que de cela. Il me racontait ses tournées des années précédentes, l'excitation des départs, le mode de vie sans bon sens que ça représentait, mais aussi le bonheur immense et irremplaçable de vivre ensemble entre comédiens. Il avait déjà plein de pièces en tête… Il me récitait des scènes complètes du *Commis voyageur*. Il m'expliquait ce personnage qu'il aimait tant. Et, au bout de tout, je ne vis pas venir le piège. Il me dit qu'il était convaincu que, si j'étais là pour l'aider, ce serait un succès et que ce que nous venions de faire ensemble durant l'été en était la preuve. Nous savions déjà que nous allions finir l'été avec un léger surplus qui permettrait peut-être de lancer l'idée de la troupe permanente.

C'est vrai que nous étions de bons associés. Ce qui manquait le plus à Jean, c'était d'avoir les deux pieds sur terre, mais moi, je les avais pour deux. Pour le reste, je ne connaissais rien au théâtre, mais lui savait tout ce qu'il y avait à savoir. Je me disais que jamais plus je n'aurais une occasion comme celle-là ; c'était peut-être la grande chance de ma vie. Je pris tout le temps qu'il fallait pour lui expliquer que j'avais besoin de continuer à travailler régulièrement et que je ne renonçais donc pas à mes émissions de radio. Elles me permettaient d'assumer mes responsabilités familiales. Je sentis aussi le besoin de lui dire qu'il ne devait pas tout mêler; que, si nous travaillions ensemble, ça ne voulait pas dire que nous avions d'autres liens. J'en parlai parce que autour de nous les comédiens et les amis commençaient déjà à chuchoter dans notre dos. Nous étions si souvent ensemble que ça faisait jaser.

Pourtant, il y avait déjà bien assez de femmes dans sa vie sans qu'il eût besoin d'en ajouter une autre. Surtout que sa vie sentimentale ne m'intéressait en aucune façon. Je reconnaissais son charme mais je refusais d'y succomber. Parce que être amoureuse de Jean Duceppe, ça équivalait à prendre un numéro, comme chez le boucher, pour savoir à quel moment on serait servi. Quand je lui ai dit cela, ça l'a fait rire. Et puis nous n'en étions pas là. Heureusement! D'ailleurs, cet homme-là, depuis que je le connaissais, me tenait suffisamment occupée pour que je n'aie pas le temps d'une mauvaise pensée. Ce qui valait mieux pour l'instant. C'est son amitié qui m'intéressait, et elle m'était acquise.

Quand nous avons fermé le théâtre au début de septembre, les dettes étaient payées, le propriétaire de la grange était heureux, les enfants savaient qu'ils avaient bien travaillé et qu'on leur en était reconnaissant. La saison avait été bonne et le public était content. Les comédiens avaient tous été payés. Quant à moi, j'avais tenu parole: je n'avais pas touché un sou, et j'avais assumé mes dépenses et mes invitations au restaurant. Cet emploi d'été m'avait coûté toutes mes économies et j'avais hâte de retourner en studio pour recommencer à gagner de l'argent. J'aurais bientôt besoin d'une voiture neuve car la route de terre qui menait au Théâtre des Prairies avait beaucoup secoué la mienne.

J'avais dit oui à la proposition de Jean. Nous devions nous revoir pour mettre sur papier le projet de troupe permanente. J'avais promis d'aider autant que je le pourrais : chercher des commanditaires, frapper aux portes gouvernementales. Quand j'avais suggéré qu'il fallait commencer par faire un budget, il avait paru ennuyé. Mais je ne m'inquiétais pas trop, car c'était la réaction qu'il avait chaque fois qu'on parlait d'argent devant lui.

Nous nous donnâmes jusqu'à la fin de septembre pour reprendre nos activités normales. Jean était très occupé par la télévision, et moi, de mon côté, je retrouvais mon studio avec bonheur. Mes enfants étaient de retour au bercail, beaux, bronzés et heureux. Il y avait longtemps que l'homme était revenu de son voyage sur la Lune, et moi, j'avais enfin le contrôle de ma vie. Quel sentiment délicieux ! La peur avait disparu.

33

L'été indien

En ce matin du 26 septembre 1969, l'émission avait été très réussie. Nous avions eu un plaisir fou et nous avions ri du début à la fin. C'était l'été indien et il faisait un temps absolument magnifique. Les arbres étaient roux et les feuilles avaient commencé à tomber doucement. Sans même nous consulter, parce que l'équipe avait bien travaillé, nous nous sommes dirigés vers le *Café des Artistes*, qui était situé juste à côté de l'immeuble de Radio-Canada, dans l'ouest de la ville. Mme Tellier, la propriétaire, compagne de vie de Jean-Pierre Masson, nous attendait et elle paraissait toujours heureuse de nous voir arriver. François Cousineau était là, ainsi que les autres musiciens de l'émission, Roland Desjardins et Guy Parent. Nous avions notre table attitrée le midi, « la ronde », qui faisait face à la porte d'entrée. Mais, ce jour-là, quand nous sommes entrés, elle était occupée.

François réagit le premier. Il rit et embrassa l'un des deux hommes qui occupaient notre place. Se tournant ensuite vers moi, il dit : « Tu reconnais Laurent, bien sûr. » Je ne réagis pas. Il insista : « Laurent… C'est avec lui que nous avons pris ce repas extraordinaire l'hiver dernier, rappelle-toi. »

Avant que j'aie pu dire quoi que ce soit, Laurent me prit dans ses bras. Il était debout et me serrait contre lui. Et je me sentais bien. Pourquoi ? Je n'en savais rien.

Puis, petit à petit, des images de ce repas de mars me revenaient à la mémoire. J'étais triste, cet hiver-là. François m'avait demandé de l'accompagner à un dîner gastronomique et j'avais accepté. J'étais tellement seule que la moindre sortie me paraissait un cadeau venu du ciel. Je me souvenais maintenant. Cet homme était mon voisin de table. Il avait été très sympathique et pourtant réservé, timide même. Après le repas, nous étions allés terminer la soirée chez un des frères de François, où nous avions dansé. Ce Laurent m'avait plu. Mais il avait disparu sans dire au revoir, tard dans la soirée. J'en avais déduit que je n'avais pas dû produire un très gros effet sur lui. Cela m'avait déçue et j'étais rentrée sagement à la maison.

Et voilà que j'étais dans ses bras, en ce beau jour de l'automne 1969. Je n'avais plus envie de bouger. Je souhaitais que la vie s'arrête là. Je lui dis tout bas : « Attention, je pourrais y prendre goût. »

Il me sourit, puis il me fit asseoir près de lui. Il était accompagné d'un ami qu'il nous présenta. À la question de François qui lui demandait ce qu'il faisait là en ce jour, il répondit : « Je suis venu vous voir. »

J'ai aimé l'idée que j'étais peut-être dans ce « vous ». Il raconta qu'il nous avait écoutés à la radio et avait eu envie de se joindre à nous. Je n'avais cessé de l'observer. Je le trouvais élégant, drôle et réservé à la fois, distingué et cultivé.

Je regrettais d'avoir rendez-vous à quatorze heures, près de là, avec Jean Duceppe, que je n'avais pas revu depuis le début du mois. C'était notre première rencontre de travail pour le projet de troupe permanente. On me suggéra d'annuler mon rendez-vous mais je ne voulais pas. Je savais que Jean comptait beaucoup sur moi et je ne voulais pas le laisser tomber.

Je réalisais que mon cœur battait plus vite, et j'étais littéralement suspendue aux lèvres de ce Laurent que je ne connaissais pas vraiment… Puis il fut quatorze heures. Je fis la bise à tout le monde comme je le faisais chaque jour. À Laurent, je dis : « À bientôt peut-être. » Il dit : « À bientôt. »

Rendue sur le trottoir, j'avais envie de retourner à l'intérieur, de supplier ce Laurent de me reprendre dans ses bras, de me garder là pour toujours. Je me traitais de folle, de romantique, me répétant que c'étaient là des choses qu'on ne faisait pas dans la vraie vie ; que c'était un étranger sympathique, mais un étranger tout de même ; que je ne le reverrais probablement pas ; que j'avais passé l'âge des coups de foudre et qu'à trente-huit ans je devrais avoir un peu plus de plomb dans la cervelle. Je me moquais de moi-même et je m'accusais d'être sentimentale comme une gamine parce que c'était l'été indien et que le soleil était chaud et doux. Une vraie midinette. Moi qui voulais projeter l'image d'une femme réfléchie, je m'obligeais à respirer lentement pour que mon cœur puisse se calmer.

J'attendais Jean. Il était maintenant quatorze heures trente. Je m'impatientais, mais je savais qu'il était souvent en retard. Nous avions rendez-vous au restaurant d'un hôtel du voisinage. J'avais choisi un coin tranquille de la salle à manger pour que nous puissions travailler en paix. À quinze heures, l'évidence s'imposa : Jean ne viendrait pas. J'étais furieuse. Il aurait pu au moins me prévenir. Je rangeai au fond de ma serviette les papiers que j'avais sortis. Il ne me restait plus qu'une chose à faire : retourner au *Café des Artistes*, pour retrouver mes amis et leur dire que ça avait été un rendez-vous manqué.

Quand j'entrai au café, il n'y avait plus personne. Déçue, j'allai prendre ma voiture et je rentrai à la maison. En route, j'étais troublée. Je pensais à Laurent et je réalisais que je ne connaissais même pas son nom de famille. Qui était donc ce Laurent ? Qui pourrait me renseigner ? Je me disais qu'il était sûrement marié. N'était-ce pas toujours le cas ? Et, pour moi, cela signifiait « pas touche ». J'avais des principes, mais la curiosité me tenaillait.

En arrivant à la maison, je tentai de joindre Jean par télé-phone, pour lui expliquer que je voulais bien l'aider mais que je n'avais pas de temps à perdre et que notre association était bien mal partie. Je savais qu'il n'était pas quelqu'un qu'on pouvait attacher, même pas avec des responsabilités professionnelles, et tout à coup j'eus peur. S'il allait m'embarquer dans quelque chose qu'il serait prêt à abandonner lui-même peu après, que ferais-je? Ma nouvelle liberté était trop fragile pour que je prenne un tel risque en ce moment. Je m'en voulais de tout remettre en question pour un retard, mais je savais aussi qu'il valait mieux que cela se produise maintenant que dans six mois. Il valait mieux aussi que je consacre tous mes efforts à mon métier, plu-tôt que dans le théâtre, où je ne connaissais rien. Ce n'était pas mon monde. J'étais bien décidée à faire part de mes réflexions à Jean dès que je le verrais.

J'avais reçu le message de rappeler Louise Jasmin. Nous tra-vaillions ensemble depuis longtemps mais c'était d'abord une amie très sûre. Je lui demandai si elle connaissait ce Laurent que je venais de rencontrer. Je lui racontai ce que je savais de lui, comment je l'avais connu, qui il fréquentait, les Cousineau entre autres. Louise connaissait tout le monde. C'est d'ailleurs beau-coup pour ça qu'elle était une extraordinaire recherchiste. Je lui mentionnai le nom de l'ami qui nous avait accompagnés tout à l'heure au café, et elle finit par dire: «Ce doit être Laurent Bourguignon.»

Elle connaissait la femme de l'ami en question et elle pouvait aller aux renseignements pour moi. Qui était-il? Que faisait-il dans la vie? Était-il marié? Louise riait au bout du fil. J'essayai de lui faire croire que ce n'était là que ma curiosité habituelle. Elle riait encore plus. Elle me dit: «Donne-moi une heure, je vais voir ce que je peux faire...»

Une heure plus tard, je savais tout. Il avait trente-sept ans, alors que je venais d'en avoir trente-huit. Il était marié et il avait des enfants. Je savais où il habitait et ce qu'il faisait dans la vie. Je connaissais le nom de ses amis et sa passion pour la musique, pour le violon en particulier. Je ris avec Louise en lui jurant qu'elle était certainement la meilleure recherchiste que je connaissais, mais que ça me faisait une belle jambe. Je finis par lui dire que c'était aussi bien comme ça, qu'il n'y avait pas de place dans ma vie pour ce genre d'aventure. Je la remerciai quand même. Elle m'évitait de perdre mon temps.

J'étais encore tout près du téléphone lorsqu'il sonna de nouveau. J'étais convaincue que c'était Louise qui avait oublié un détail. C'était François Cousineau, qui m'apprit que Laurent était toujours avec lui et qu'ils avaient décidé de venir se baigner chez moi. Hélas! la piscine était pratiquement fermée et déjà pleine de feuilles. Il me dit alors que, si le cœur m'en disait, je pouvais aller les retrouver chez lui, que ça ferait sûrement plaisir à Laurent. Il ajouta qu'il devait sortir dans la soirée.

« Ma Marie-Louise, au secours! Si tu penses que c'est mieux que je n'y aille pas, fais tomber le ciel sur ma tête tout de suite. Parce que autrement il n'y a rien pour m'empêcher de rejoindre cet homme. Je ne sais pas ce qui va m'arriver et ça m'est égal. J'ai du mal à respirer tellement mon cœur bat fort. Je sais que je devrais être plus raisonnable, mais je ne suis pas douée pour la sainteté. J'ai envie d'être aimée, ma Marie-Louise. Il n'y a plus d'amour dans ma vie depuis Paris. Je suis prête à m'y brûler les ailes, ma Marie-Louise. Je me sens revivre enfin. »

Ayant une gardienne à la maison, je n'étais pas inquiète pour les enfants. Je pouvais m'absenter quelques heures. Dans la voiture, je revoyais les événements. Une rencontre en mars dernier, puis une petite heure ce midi au café. Je réalisais tout à coup que j'étais en train de faire une montagne avec ce qui n'était probablement que de la simple curiosité. Cet homme voulait savoir « ce que ça mangeait, une féministe, en dehors des émissions de radio qu'elle animait ». Il se demandait si je chantais la même chanson en dehors des heures de travail. Je m'exhortai au calme. Je regrettais de ne pas avoir répondu que j'étais très occupée, mais j'étais déjà arrivée chez François.

Une fois entrée, je me retrouvai dans ces bras qui m'enveloppaient avec tendresse. J'étais sans voix tellement tout cela me paraissait naturel. Comme si nous nous connaissions depuis longtemps. Je rangeai les armes. J'espérais qu'il n'y avait pas d'ennemi en face de moi.

Nous avons fait connaissance tout doucement. Nous parlâmes de tout et de rien. Je lui racontai d'où je venais, où j'étais rendue. Puis François nous a quittés en nous disant qu'il nous laissait la maison, ajoutant, moqueur, que son lit était propre, ce qui nous a fait rire.

Je devrais être terrorisée. J'étais sans défense. Ma seule expérience préalable avec un homme marié m'avait fait plus de mal que de bien, malgré les promesses qu'il m'avait faites. J'aurais voulu réfléchir mais je ne le pouvais pas. Tout était confus dans mon esprit. Je finis par me dire que je réfléchirais après. Qu'il fallait que je cesse de vouloir tout comprendre et tout contrôler. Qu'il se pouvait qu'après cette rencontre il ne se passe rien du tout et que cela m'était égal.

Plus tard, après l'amour, dans un restaurant où il m'avait invitée, nous n'avions plus de mots. Il nous a suffi de nous dire que nous savions ce que nous faisions, que nous en assumions les conséquences, que nous étions des adultes consentants et que nous allions nous avancer sur le terrain de nos vies respectives avec délicatesse et respect. Je confirmai à Laurent que ma liberté était toute neuve, que je ne désirais pas d'engagement à long terme pour le moment et que, si une aventure lui convenait, je serais heureuse de partager un bout de vie avec lui, sans autre promesse que celle de ne pas faire de mal autour de nous. Il me répondit que lui cherchait justement le contraire. Que les aventures ne l'intéressaient plus et qu'il était rendu à ce point important de sa vie où il souhaitait un engagement plus profond.

C'est là que le ciel m'est tombé sur la tête. Ma Marie-Louise m'envoyait une bombe à retardement. J'ai failli tomber en bas de ma chaise. Tous les hommes de la terre sont des candidats possibles à une aventure. Qu'on ne me dise pas le contraire ! Je les connais assez pour savoir que j'ai raison. Qu'on propose à un homme de le voir de temps en temps, sans que personne en sache jamais rien, et vous verrez bien ce qu'il dira. Promettez-lui de ne jamais le déranger, de ne jamais rien lui demander, d'être à sa disposition quand il le voudra, sans jamais rien exiger en retour, sans mettre son quotidien en danger, et vous verrez bien que j'ai raison. Et il fallait que je tombe sur le seul homme qui voulait un engagement profond.

J'étais en instance de divorce mais mon avocat m'avait déjà expliqué qu'il faudrait des années avant que les procédures légales ne soient terminées. On ne divorçait pas facilement, à l'époque. Il fallait prouver l'adultère du conjoint. C'était sordide. Je venais à peine de découvrir le bonheur de dormir seule la nuit et j'étais bien décidée à vivre ma vie de fille avant de penser à m'engager de nouveau à long terme. Je ne savais pas s'il fallait rire ou pleurer.

Laurent me ramena à ma voiture et nous nous quittâmes sans nous donner un autre rendez-vous. J'étais fascinée par cet homme qui était parvenu à me prouver que tous les hommes n'étaient pas pareils. Il avait réussi là où aucun autre n'avait réussi auparavant. Il m'avait surprise dans mes plus profonds retranchements. Je m'attendais qu'il saute sur l'occasion de se laisser aimer par une femme qui, ayant déjà tout donné, s'était retrouvée les mains vides en se jurant qu'on ne l'y reprendrait plus, et qu'il en tire sa gloire personnelle. Il renvoyait la balle dans mon camp en me demandant de tout investir encore une fois dans l'amour d'un seul homme, alors que j'étais à peine guérie du premier. Il demandait tout, alors que je m'étais juré de ne plus jamais tout donner. Je savais déjà que je n'avais le choix qu'entre deux possibilités : passer mon chemin et fuir le plus vite possible, ou choisir la voie difficile et réapprendre avec lui la confiance.

Ce n'était pas une mince tâche. Je ne pouvais même pas dire si seulement j'en étais capable et surtout combien de temps il me faudrait pour y arriver. S'il était vrai qu'un chat échaudé craint l'eau froide, je ne voyais pas comment j'allais pouvoir remettre ma main dans celle d'un homme, quel qu'il soit, en acceptant de tout partager avec lui. Il y a des cicatrices qui sont inguérissables. Je ne dormis pas, cette nuit-là. Je vivais seule depuis un an à peine et il n'y avait pas de place dans ma vie pour autre chose qu'un amant. C'était à prendre ou à laisser. La vie à deux à perpétuité, j'avais déjà donné.

34

Une leçon de séduction

Je pensais à Laurent tout le temps. Mais il ne donnait pas signe de vie. Je ne comprenais plus rien, parce que, en principe, s'il était sincère, il aurait dû vouloir pousser son avantage et m'obliger à m'investir dans la relation. Son silence m'énervait.

En fait, tout m'énervait. Jean Duceppe s'était transformé en courant d'air. C'est moi qui me retrouvais avec son « rêve » sur les épaules et je commençais à réaliser que ce qui était si urgent en août n'était plus prioritaire en octobre. À la première occasion, je lui remis les documents que j'avais en ma possession, en lui demandant de me faire signe seulement quand il aurait du temps à consacrer au projet. Je n'avais aucune envie de me retrouver seule dans cette galère car je ne connaissais pas grand-chose dans ce domaine, et, s'il n'y tenait pas vraiment, lui dont c'était le rêve, je perdais mon temps.

François Cousineau se moquait de moi. Il avait deviné que j'étais bien plus bouleversée que je ne voulais le laisser paraître. J'essayais de lui expliquer que je n'étais pas prête pour le grand amour, que j'avais besoin de faire le tour de mon jardin avant d'y laisser entrer quelqu'un d'autre. Cela l'amusait. Mais Michèle Verner, recherchiste à l'émission, qui m'observait chaque jour, m'annonça sans ménagement : « Toi, ma fille, tu es amoureuse. »

Ma réaction fut instantanée. Quelle connerie ! S'il était vrai que j'étais amoureuse, c'était d'un homme qui n'avait même pas donné signe de vie depuis plusieurs jours. Chaque midi, sans en parler à qui que ce soit, je m'attendais à le trouver au *Café des Artistes*. Invariablement, c'était la déception. Il n'y était jamais. Pas un mot, pas un signe, rien. J'enrageais contre cette méthode déloyale qu'il avait utilisée et qui consistait à déposer une proposition sérieuse, grave même, et à ne pas y donner suite. De là à penser qu'il s'était moqué de moi et que, ayant eu droit à son moment d'intimité, il m'avait oubliée, il n'y avait qu'un pas que je ne mis pas beaucoup de temps à franchir.

J'étais furieuse et humiliée. Je me disais qu'il devait regretter amèrement d'être allé aussi loin, en paroles tout au moins, et qu'il avait dû prendre ses jambes à son cou dès qu'il avait réalisé dans quelle situation il s'était placé.

Je passais de la colère à la tristesse. Je me disais que mes paroles n'avaient pas été assez claires et qu'il n'avait pas compris que je ne demandais rien de mon côté. Ma proposition de faire « un bout de chemin » ensemble n'avait pas été bien comprise. Avec la réputation que j'avais, il avait cru que, s'il n'y avait pas promesse de mariage à la première rencontre, il ne pourrait rien y avoir du tout.

Je voulais repartir à zéro, pouvoir lui expliquer que, vu la situation dans laquelle je me trouvais, je serais heureuse d'un peu de temps qu'il pourrait me consacrer. Mais comment le faire sans être ridicule et sans risquer de me faire répondre que ça ne l'intéressait pas ? Nous nous étions quand même confié tellement de choses importantes, la première fois, que j'avais peur de découvrir qu'il n'était qu'un autre séducteur habile et qu'il ne parlait pas sincèrement. Mon amour-propre m'interdisait de faire les premiers pas, mais j'en crevais.

Qu'étaient devenus mes beaux principes ? Cet homme dont je rêvais était marié. Bien sûr, il m'avait dit que son mariage ne tenait qu'à un fil, mais ne disaient-ils pas tous cela ? À *Place aux femmes*, j'avais toujours affirmé qu'il ne fallait pas croire ce genre de déclaration de la part des hommes, et qu'ils reniaient volontiers leur légitime épouse contre un bon moment avec une autre femme dont ils avaient envie. Je n'allais quand même pas tomber dans ce piège odieux moi-même. Je devrais être loin déjà, avoir fui aussi loin que possible sans me retourner. Pourtant, je ne le pouvais pas.

J'avais tout le temps de réfléchir. Sa tactique de ne pas téléphoner était la bonne, c'était évident. S'il jouait à se laisser désirer, c'était réussi, et, en ne bougeant pas, il marquait des points. Pour moi, il était devenu une véritable obsession. J'avais besoin de savoir s'il était sincère ou s'il jouait. J'avais besoin surtout de comprendre les règles du jeu.

«Ma Marie-Louise, je suis amoureuse. Moi qui avais juré qu'on ne m'y reprendrait plus, je ne dors plus, je ne mange plus et je pense à lui tout le temps. Mes interventions à l'émission sont truffées de messages pour lui, en espérant qu'il les entende. J'ai dix-sept ans de nouveau. J'ai peur de m'être fait avoir par un beau parleur et je ne sais pas ce qu'il faut faire. Je ne veux pas qu'on me brise le cœur encore une fois.»

Déjà deux semaines avaient passé depuis notre première rencontre. C'était foutu, j'en étais certaine. Je décidai de mettre fin à cette folie avant qu'il ne soit trop tard. Je m'en ouvris à Michèle Verner, qui me dit qu'avant de tourner la page je devrais au moins lui dire que je n'étais pas dupe, que je reconnaissais qu'il avait bien manœuvré et qu'il avait du talent pour un tombeur, et que c'était bien dommage, mais tant pis… Dès que je l'eus joint par téléphone, il me dit qu'il attendait cet appel. Avant que j'aie pu finir mon discours de rupture, nous avions rendez-vous pour le lunch le lendemain.

J'étais bouche bée. À quoi jouait-il? Je n'étais quand même pas née de la dernière pluie et pourtant il avait suffi de cinq minutes au téléphone pour me rembarquer aussi totalement que la première fois. J'avais préparé ma remontrance avec humour.

J'allais être méchante et cynique volontairement, pour sauver l'honneur, et voilà que je n'avais rien dit du tout. J'avais acquiescé au rendez-vous sans me faire prier, et j'avais le cœur qui s'emballait encore une fois. Une chose était sûre : ce n'était pas moi qui menais le jeu.

Le lendemain, à ma grande surprise, Laurent ne se présenta pas seul. Il était accompagné de son frère, qui était aussi son meilleur ami. La présence d'une troisième personne nous empêcha de reprendre la conversation là où nous l'avions laissée. Nous ne parlâmes de rien d'important et je restai sur ma faim pendant toute la rencontre. Il me semblait qu'il se donnait beaucoup de mal pour que j'apprenne à le connaître mieux. Il parlait des choses qui lui tenaient à cœur, de ses goûts, des voyages qu'il avait faits et qu'il rêvait de faire encore. Cet homme était une énigme et je me disais qu'il faudrait maintenant du temps pour l'apprivoiser.

Je comprenais qu'il puisse avoir peur. Il ne le disait pas, mais je le devinais. J'avais la terrible réputation d'être une « féministe enragée et une dévoreuse d'hommes ». Jusque-là, cela m'avait fait plutôt rire ; cependant, maintenant que j'étais amoureuse de quelqu'un, je venais de réaliser qu'il me faudrait me dépouiller de cette réputation pour me montrer telle que j'étais, avec mes forces et mes faiblesses, et surtout avec mon désir profond d'une relation basée sur le respect mutuel dans l'égalité et la confiance. Tout un programme. Ce jour-là, je sus que j'étais prête à y mettre le temps nécessaire. Encore une fois, je jouais ma vie.

Le samedi suivant, Laurent vint me chercher à la maison pour m'emmener chez lui. Quand nous sommes entrés, j'ai bien compris que sa femme était absente mais que ses plus jeunes enfants dormaient dans leurs chambres respectives. Il est allé couper une des dernières roses de son jardin pour me l'offrir. Il fit du café. Nous n'avons pas beaucoup parlé, mais j'ai compris qu'il voulait que je sache où il vivait. Il souhaitait que je réalise pleinement qu'il avait quatre enfants. Si nous devions aller plus loin ensemble, je devais tenir compte du fait qu'éventuellement il se pouvait que nous nous retrouvions à élever sept enfants à nous deux. Il voulait que je comprenne aussi – il me l'a raconté plus tard – qu'il ferait tout son possible pour que ses enfants ne souffrent pas de ce que nous étions en train de vivre, mais qu'il était prêt à prendre le risque de ne les retrouver que beaucoup plus tard, quand ils seraient grands et en mesure de comprendre.

L'idée d'être une briseuse de ménage me faisait horreur. Dès les premières conversations, il m'avait dit clairement que nos sept enfants étaient trop importants pour que ce que nous voulions vivre ensemble ne soit qu'une aventure passagère. Il insistait lourdement sur le fait que nous n'avions pas le droit d'entraîner sept autres personnes dans une histoire sans lendemain. J'étais d'accord, mais cela m'obligeait à m'engager pleinement.

Nous attendîmes plusieurs semaines avant de refaire l'amour. Laurent craignait que cette immense passion ne se consume en un grand feu spectaculaire, et il voulait bâtir sur du solide. Il répétait ce dicton : « Le temps ne respecte rien de ce qui est fait sans lui. » Je finis par reconnaître que cela avait du sens.

Petit à petit, nous avons appris la confiance. J'ai commencé à prévenir mes enfants que, au contraire de ce que j'avais annoncé au moment du départ de leur père, il se pouvait qu'un autre homme entre dans la maison bientôt. Laurent venait dîner de temps en temps et il fit leur connaissance. Leur accueil fut assez réservé, mais je connaissais sa délicatesse et sa patience et je savais qu'il n'allait pas s'imposer dans notre famille sans s'être assuré de s'y faire une place bien à lui. Ce qui n'allait pas manquer d'arriver même s'il fallut du temps.

En cet hiver 1969, je recommençai à attendre. Parfois un téléphone, parfois une rencontre. La période des fêtes fut la plus difficile. Nous nous étions arrachés l'un à l'autre la veille de Noël et nous savions que nous ne pourrions nous revoir avant plusieurs jours. La solitude était terrifiante chaque fois qu'elle était imposée par les circonstances ou les convenances. Nous cherchions à inventer des moyens d'être ensemble plus longtemps. Nous avions envie de voyager ensemble et de dormir ensemble en toute tranquillité.

Nous nous promîmes que nous allions vivre ensemble un jour. Mais quand? Moi, j'étais libre, mais pas lui. Je ne voulais pas connaître les détails de sa vie. Je ne savais pas bien ce qu'il considérait comme un délai raisonnable. Allait-il éventuellement quitter sa maison ou pensait-il que la rupture viendrait plutôt de l'autre partie? Comment s'y prendrait-il pour obtenir la garde de ses enfants, puisqu'il en parlait si souvent? Je n'avais pas de réponses à ces questions.

J'acceptai donc tacitement de vivre comme si j'étais mariée. Ma vie de fille n'avait pas duré longtemps. J'aimais cet homme suffisamment pour l'attendre et surtout le partager pendant une période d'une durée imprévisible. Dans les moments de solitude, je me traitais de nouveau de folle. Je me disais que j'avais eu tort de mettre encore une fois tous mes œufs dans le même panier, mais j'étais si amoureuse que je ne voyais pas comment j'aurais pu faire autrement.

Il y eut des hauts et des bas, bien sûr. J'eus des moments terribles de désespérance où j'étais de nouveau convaincue qu'il me faisait marcher et qu'il jouait avec mes sentiments. Quand nous étions ensemble cependant, j'étais si comblée que je n'avais plus envie d'échanger ce que j'avais contre quoi que ce soit d'autre. Je n'avais jamais connu un amour comme celui-là.

Une première année passa, puis une deuxième. Quand je parlais de ma situation avec mes amies, je comparais mon sort à ces «éternelles fiancées» qu'on n'épouse jamais, même après quinze ou vingt ans de fiançailles. Je me moquais de moi-même et, à certains moments, je me voyais déjà vieille, attendant encore qu'il ait décidé de quitter sa femme. Il m'arrivait de ne plus y croire du tout. J'ai eu souvent envie de tout rompre et de faire le ménage complet dans ma vie. J'ai pleuré. J'ai fait des scènes. Cela n'a servi à rien. Et puis, tout doucement, j'ai accepté la situation à laquelle je ne pouvais rien changer. J'étais toujours aussi amoureuse et la rupture m'aurait fait trop mal. J'ai décidé de laisser faire le temps, qui ne manquerait pas de nous séparer s'il ne se passait rien. J'ai accepté mon sort.

Peu de temps après, le 14 février 1972, nous déjeunions ensemble pour fêter la Saint-Valentin. À la fin du repas, Laurent me dit : « Écoute, je ne t'en avais pas parlé avant, mais j'ai mes chemises et mes vêtements dans le coffre de ma voiture. Qu'est-ce que j'en fais ? »

Il m'a fallu quelques minutes pour comprendre ce qui s'était passé. Il avait quitté son domicile. C'était sa façon de me dire que, si je le voulais toujours, il était prêt à s'installer chez moi. Nous pouvions dorénavant vivre ensemble.

Nous sommes rentrés à la maison.

35

La mort de *Studio 11*

Depuis le début de *Studio 11*, cette émission quotidienne de deux heures, je trouvais mon rôle de plus en plus difficile. En fait, nous étions trois animateurs depuis le début : Guy Provost, Jacques Fauteux et moi. Mon rôle était de mener les entrevues et de faire les liens durant l'émission. Mes deux collègues pouvaient intervenir quand ils le voulaient, ce qui avait pour résultat que, quand je m'apprêtais à terminer une entrevue et que je préparais mon punch, il arrivait souvent qu'une de leurs interventions fasse tout déraper. Je devais alors me débrouiller avec une entrevue qui ne menait nulle part. J'en avais souvent discuté avec Jean Baulu, le réalisateur, ou Jean Boisvert, mais la situation ne se corrigeait pas et je m'impatientais de temps en temps.

Guy Provost était moins discipliné que Jacques Fauteux. Il aimait bien placer un bon mot, même à contretemps. J'expliquais souvent que cette émission en direct était comme une tour de contrôle où nous étions trois à donner des instructions pour faire atterrir un avion. Avec le résultat qu'on peut imaginer. Au printemps 1972, après sept ans de direct quotidien, j'ai osé demander un changement chez les animateurs. J'aurais souhaité continuer avec Fauteux seul, qui m'apparaissait apporter à l'émission un souffle plus nouveau que Guy Provost, avec qui je travaillais depuis sept ans sans interruption. Les patrons ont choisi de garder les deux animateurs. C'est moi qui me suis retrouvée sans travail.

J'ai vécu cette décision comme une terrible injustice et j'ai pleuré toutes les larmes de mon corps. J'avais l'impression d'avoir été jetée comme un vieux chiffon, alors qu'on m'avait si souvent répété que j'étais l'âme de cette émission du matin. J'y ai reconnu cette terrible solidarité masculine dont les femmes étaient si souvent victimes au travail et contre laquelle je ne pouvais avoir le dernier mot. J'appris donc en juin que je n'avais pas de travail pour l'automne. C'était une véritable catastrophe. Je sentais de plus qu'on voulait me briser, m'obliger à me mettre à genoux pour demander à reprendre mon poste. On avait toujours espéré « me dompter » à Radio-Canada, où on avait toujours eu peur que mes succès me montent à la tête. On avait toujours trouvé que je prenais beaucoup de place et on supportait mal de ne pas pouvoir m'imposer des décisions qui ne me convenaient pas. On avait souvent tenté de me faire sentir que Guy Provost était plus important que moi dans les émissions que nous faisions ensemble et que c'était lui que le public aimait écouter.

On ne se privait pas de me le rappeler de temps en temps. On craignait surtout que je prenne conscience de mon talent et que je veuille alors en tirer profit. On savait que j'avais des responsabilités importantes sur le plan financier et, en m'enlevant mes revenus, on pensait me dompter une fois pour toutes. À un réalisateur qui m'avait déjà dit que je ne quitterais jamais un emploi qui rapportait cent mille dollars par année, j'avais répondu qu'il fallait ne les avoir jamais gagnés, ces cent mille dollars, pour penser cela, car, quand on les avait gagnés une fois, on savait qu'on allait les gagner de nouveau, ailleurs, si c'était nécessaire.

Nous étions en juin et je n'avais pas de temps à perdre. Je n'allais certainement pas me mettre à genoux. Je ne l'avais jamais fait et je n'avais pas l'intention de commencer. Ils pouvaient bien s'arranger comme ils le voulaient avec leur nouvelle émission, c'était tant pis pour eux. J'allais passer à autre chose. Mais quoi? Où aller frapper quand on sait que pratiquement toutes les décisions sont prises pour l'automne? Le temps jouait contre moi.

Je frappai d'abord à la porte de CKAC, où, après m'avoir fait attendre pendant trois semaines, on finit par me dire que, hélas, on n'avait rien à me proposer. J'allai ensuite à CKVL, où le grand patron, M. Teitleman lui-même, me reçut et m'offrit une émission de ligne ouverte. Je lui répondis que je voulais faire de la radio et que je ne cherchais pas un emploi de téléphoniste. Mes démarches n'aboutissaient à rien.

Durant toute la saison précédente à la télévision de Radio-Canada, on avait présenté un talk-show quotidien qui avait pour titre *Ce soir Jean-Pierre*, animé par Jean-Pierre Coallier. L'émission n'avait pas été un succès et les journaux avaient annoncé qu'elle ne reviendrait pas à l'automne. En regardant cette émission, il m'était souvent arrivé de me dire que moi, à la place de Jean-Pierre, je ferais ceci ou cela, comme on le fait parfois quand on regarde travailler quelqu'un d'autre dans un métier qu'on connaît. Je n'avais jamais pensé cependant que je pouvais le remplacer. Mes seules expériences de télévision, à l'émission *Votre choix* avec Nicole Germain, n'avaient pas suscité de grands éclats. Quant à Télé-Métropole, où j'étais allée rencontrer Robert L'Herbier une fois, il m'avait dit, sur un ton paternaliste : « Avec la taille que vous avez, il vaut mieux que vous restiez à la radio. » Cela n'avait rien fait pour m'encourager à planifier une carrière à la télévision. Je pris toutefois mon courage à deux mains et je sollicitai un rendez-vous avec Jacques Blouin, alors patron des variétés à Radio-Canada et de qui relevait l'émission de Coallier. Je savais qui il était, car j'avais travaillé comme recherchiste pour certaines des émissions de son service, notamment *Les Beaux Dimanches*, avec Yves Corbeil comme animateur et Pierre

Desjardins comme réalisateur. Sa première question fut quand
même : « Qui êtes-vous ? »

Je m'entendis lui expliquer que j'animais des émissions quotidiennes à la radio depuis sept ans, que *Place aux femmes* et
Studio 11 c'était moi, et que le métier d'intervieweuse n'avait
plus de secrets pour moi puisque je faisais cinq à dix entrevues
par jour en direct et devant public. J'en avais à peu près huit
mille à mon crédit. Il n'en croyait pas ses oreilles. Je lui expliquai
que, si on mettait une caméra dans notre studio de radio, ce
serait de la télévision comme il ne s'en faisait pas beaucoup au
petit écran. Notre émission était bien meilleure, en fait, que
beaucoup d'émissions de télévision. Il m'écoutait avec étonnement comme si j'étais en train de lui apprendre que la radio avait
été inventée la veille. Je lui offris de lui faire parvenir des enregistrements, grâce auxquels il pourrait découvrir ma façon de travailler, mon aisance pendant les entrevues. Peut-être pourrait-il
envisager de me confier l'émission de fin de soirée à compter de
septembre prochain ? Visiblement, il ne savait pas quoi répondre.

De retour à la maison, j'estimai que mes chances de succès
étaient très minces. Sur une échelle de 0 à 10, je ne me donnais
que 3 ou 4. Je ne savais plus à quel saint me vouer.

On avait confirmé la rumeur de mon départ de la radio de
Radio-Canada dans les journaux. À mon grand étonnement, je
reçus un matin un appel téléphonique de Serge Laprade, qui
était alors directeur des programmes à CKLM. Il m'offrait la
période de neuf heures à onze heures, tous les jours, à compter
de septembre 1972. J'acceptai sans hésiter. Le salaire n'était pas
celui de Radio-Canada, mais je finis par me convaincre que, en
cumulant ce que je pourrais éventuellement gagner en écrivant
dans les journaux et les magazines, j'y arriverais. Je remerciai
Serge en lui disant que je n'oublierais jamais le geste qu'il venait
de poser.

En juillet, à ma grande surprise, Jacques Blouin me rappela en me demandant de rencontrer Jean Bissonnette. J'étais convaincue que c'était davantage par politesse que pour quelque autre raison. Il ne voulait pas que je pense qu'il n'avait rien fait. Je pris donc rendez-vous avec Bissonnette, que je connaissais un peu pour avoir essayé de lui vendre des textes pour *Moi et l'autre*, textes qu'il avait refusés. Je connaissais surtout son talent et l'immense réputation qu'il s'était acquise dans le métier.

Durant le lunch, j'ai commencé à l'appeler par son surnom, « Biss ». Je lui expliquai comment je voyais le talk-show de fin de soirée. Je lui parlai du ton qu'il fallait donner à ce genre d'émission, du rôle d'un coanimateur et des musiciens, de la place que devait prendre l'animatrice. La seule référence, à l'époque, était le *Tonight Show* de Johnny Carson, qui connaissait un succès sans égal aux États-Unis. Carson avait le sens de la répartie, mais il était calme et il faisait toujours du public son grand complice en tout. Il me semblait que c'était la bonne méthode. Jean me dit qu'il avait le mandat de m'offrir de passer un test. Je dus me faire expliquer ce qu'il entendait par là, parce que j'avais animé *Votre choix* et que j'étais à la radio tous les jours depuis sept ans. Il me demanda de me présenter à un studio tel jour à telle heure, avec une robe longue si c'était possible. Je n'en croyais pas mes oreilles.

Au jour dit, j'y étais. Bissonnette m'installa derrière une table d'animation, avec une caméra braquée sur moi, et me demanda d'improviser pendant quelques minutes. Honnêtement, je n'ai aucune idée de ce dont j'ai parlé. Je ne garde que le souvenir du « Ça tourne » et du « Coupez » qui avaient été le signal du départ et celui de l'arrivée. Jean Bissonnette revint dans le studio. J'ai peut-être demandé : « Et puis ? » Il m'a regardée et il a dit : « Tu as une présence qui crève l'écran, ça va faire un malheur. » Il a ajouté : « Si tu veux prendre des vacances, fais-le maintenant, parce que après tu risques d'être pas mal occupée. »

Je suis retournée à la maison sans savoir ce qui allait arriver ensuite. Bissonnette avait dit qu'il allait me téléphoner. Je flottais sur un nuage.

Quand l'administrateur du service a rappelé pour me demander si j'avais un agent pour s'occuper de la négociation, je lui ai répondu que je lui enverrais Laurent. Je ne voulais plus négocier moi-même et me faire demander si je me prenais pour Michelle Tisseyre par des négociateurs qui commençaient toujours par vous écraser l'ego afin de pouvoir vous payer moins cher par la suite. Quand il me dit que ce serait un contrat d'exclusivité, je lui répondis que, hélas, j'avais déjà accepté un contrat à la radio pour septembre. Il me fit comprendre qu'il fallait m'en débarrasser. Radio-Canada n'achèterait rien d'autre que l'exclusivité. J'entends encore ma réponse : « Quand je n'avais rien, j'étais bien contente de l'offre de CKLM. Je ne vais pas les laisser tomber parce que vous êtes arrivés les deuxièmes. Je peux faire les deux. » Je sentis qu'il y avait un os. Il y eut un long silence. Il me répondit qu'il allait s'informer et me rappeler.

Je n'entendis plus parler de rien pendant plusieurs jours. Enfin, Bissonnette rappela. Je pourrais avoir Jacques Fauteux comme coanimateur, François Cousineau comme chef d'orchestre, mes deux recherchistes principales, Louise Jasmin et Michèle Verner, avec quelques autres en plus, et il réaliserait lui-même l'émission de vingt-trois heures. On cherchait un titre. La direction râlait un peu, mais on avait fini par accepter que j'honore mon contrat de radio à CKLM. Yvon Duhaime ferait mes costumes et nous ne lancerions la nouvelle émission qu'à la mi-septembre, pour bénéficier d'un peu de publicité spéciale une fois la saison d'automne démarrée. Je partis pour la Nouvelle-Angleterre pour deux semaines avec Laurent. Jamais, de toute ma vie, je n'avais été aussi heureuse. Il ne restait plus qu'à apprendre à maîtriser le trac et qu'à trouver le titre de l'émission. Je m'estimais bien préparée pour cette fabuleuse aventure. J'en avais tellement vécu de toutes les sortes à la radio que plus rien ne pouvait me surprendre dans ce métier. Je savais que, depuis Paris, je m'étais forgé une expérience rare comme intervieweuse et que cette nouvelle émission me permettrait d'utiliser tout mon savoir-faire. Je savais travailler en direct et je savais aussi bien interroger les gens volubiles que les timides à qui il fallait arracher les confidences mot par mot.

On désirait réaliser l'émission dans un vaste centre commercial d'Anjou, dans l'est de Montréal. Cela ne me paraissait pas le lieu idéal, mais, qu'à cela ne tienne, ce serait une expérience de plus pour moi. Radio-Canada avait décidé de se rapprocher de son public, cette année-là. Avec Jacques Boulanger qui allait s'installer au Complexe Desjardins et nous dans l'Est, la direction devait penser qu'elle remplissait mieux son mandat.

Sur la plage d'Ogunquit, en août, nous cherchions un titre pour l'émission. Nous avions essayé toutes les combinaisons possibles mais aucune formule ne retenait notre attention plus de deux ou trois minutes. Un jour, dans le jardin de l'hôtel, on vint me prévenir que je recevais un appel de Montréal. C'était Jean Bissonnette, qui voulait savoir si nous avions trouvé un titre. J'allais lui annoncer que nous n'avions rien trouvé quand Laurent me dit: « *On t'appelle Lise* »…, puis « *On l'appelle Lise* »…, puis « *Appelez-moi Lise* ». C'était visiblement l'appel de Jean qui l'avait mis sur cette piste… Je le regardai en riant. Je savais qu'il avait trouvé. Bissonnette fut enchanté dès que je le lui répétai: *Appelez-moi Lise.*

36

Appelez-moi Lise

Je devais me retrouver un jour en studio au mois d'août pour expliquer aux concepteurs quelle sorte de table d'animation je voulais. Je souhaitais qu'elle soit petite, pour permettre d'établir une connivence rapide avec l'invité qu'on installerait à mes côtés durant l'entrevue. Je voulais une table uniquement pour me permettre de poser les mains de temps en temps et un bout de papier, si nécessaire, pour les présentations. Ce fut fait rapidement. Le choix des micros allait prendre des heures. Fallait-il utiliser un énorme micro des débuts de la radio, comme le faisait Carson, ou passer à l'ère moderne et utiliser ces micros-crayons qu'on connaissait encore mal mais qui avaient plus belle allure à l'écran? On opta pour les micros-crayons.

On s'affairait à la construction des décors. Je passai des heures à essayer des robes parfois étonnantes qu'Yvon Duhaime faisait coudre pour moi. Les séances d'essayage étaient parsemées de fous rires. Souvent, il m'arrivait de dire que jamais je ne me mettrais ça sur le dos. Yvon répondait: « Ma fille, j'en ai vingt à faire pour commencer. Et tu vas être là pour un moment. Alors, arrête de faire la difficile! »

Avec la direction, j'avais défendu ma conviction. On m'offrait un contrat de treize semaines, renouvelable si tout allait bien. Je voulais une clause qui me permettrait de tout annuler après cinq soirs de diffusion si ça n'allait pas. Je leur expliquai que je considérais ce talk-show comme un Boeing 747 et que, quoi qu'ils en disent, j'estimais disposer de cinq soirs et non pas de treize semaines pour le faire s'envoler. Si, au bout de cinq soirs, nous n'avions pas vraiment décollé, je ne désirais pas vivre le crash à l'antenne. Je refusais tout net de rester là avec une émission qui ne marchait pas. L'expérience de Jean-Pierre Coallier était suffisante. Son exemple était tout frais dans ma mémoire et je ne voulais pas vivre la même chose que lui. Je leur disais aussi qu'il ne servirait à rien de mettre de l'argent dans ce nouveau talk-show s'il ne fonctionnait pas après cinq soirs, et que ce serait aussi inutile d'engager de nouveaux recherchistes ou de nouveaux musiciens. Jean Bissonnette et moi étions sûrs d'avoir une bonne recette de talk-show. Personne ne pouvait prédire si ça marcherait ou non, mais la recette était complète. Il ne servirait donc à rien d'ajouter quoi que ce soit en cours de route si l'auditoire n'avait pas été conquis dès le premier vendredi après la première diffusion.

Je savais être convaincante, mais j'étais terrifiée. Je savais que je jouais gros, parce que ce qu'il est convenu d'appeler un *flop* à la télévision, c'est-à-dire une émission qui ne lève pas, tue un animateur et peut l'empêcher de revenir à l'écran longtemps ensuite. C'est ce qui était arrivé à Jean-Pierre Coallier après son année à *Ce soir Jean-Pierre*. On lui avait fait porter seul la responsabilité de l'échec. Il se retrouverait sans travail, alors que tous les autres qui avaient fait l'émission avec lui passeraient tout simplement à autre chose. Il faut toujours un bouc émissaire pour assumer un *flop*. Le plus souvent, c'est l'animateur, puisqu'il est le plus visible de tous. Il y a parfois des exceptions. On voit de temps en temps certains animateurs aller de *flop* en *flop* sans que jamais on paraisse s'en rendre compte en haut lieu. Je savais que ce ne serait pas mon cas. Avec l'expérience de toutes mes années de radio, je savais que je devais «performer» ou qu'on me dirait de retourner à mes chaudrons pour longtemps. J'avais conservé pendant ces années de radio le sentiment profond que je devais être meilleure que tous les autres tout le temps. Je n'avais peut-être pas tort de penser qu'on me demanderait la même chose à la télévision.

Plus la date fatidique de la première d'*Appelez-moi Lise* approchait, plus la tension montait. Vingt fois au moins, j'ai eu envie de tout abandonner. La bouchée me paraissait trop grosse. Souvent, j'avais l'impression désagréable d'être paralysée en regardant ce cirque gigantesque se mettre en place comme si je n'en faisais pas partie. J'étais allée visiter le lieu qu'on nous réservait aux Galeries d'Anjou et j'avais littéralement paniqué. Laurent me répétait que je devais rester calme, parce que se trouvaient autour de moi tous ceux que j'avais souhaité y voir : Jean Bissonnette à la réalisation, mes recherchistes habituelles, mes musiciens et mon ami Fauteux, qui allait bientôt commencer de son côté l'animation avec Guy Provost de l'émission *Feu vert*, qui remplacerait *Studio 11* pour l'année en cours. Si bien que nous allions être tous les deux à la radio le matin. Lui à Radio-Canada et moi à CKLM.

Quand j'y repense, je me dis qu'il fallait une sacrée santé pour envisager une telle somme de travail et une telle quantité de tension nerveuse chaque jour sans jamais vraiment décrocher. J'étais bien portante, la chance me souriait et j'étais follement amoureuse.

Lors d'une réunion de production, les recherchistes m'ont demandé si j'avais dressé une liste noire. Je n'ai pas compris tout de suite. Ils m'ont expliqué que je pouvais leur communiquer les noms des gens que je ne voulais pas interviewer. Je suis restée sans voix. Je n'avais jamais pensé que cela pouvait exister. J'ai répondu qu'il n'y avait strictement personne, puis j'ai hésité en disant qu'il valait sans doute mieux que je n'aie pas à faire d'entrevue avec mon ex-mari, que ce serait probablement déplacé. Ils ont ri et ont compris. Tout le monde a été surpris que la liste ne soit pas plus longue. Il n'y avait que trois ou quatre noms au total, dont ceux de Jean-Pierre Coallier et de Guy Provost, pour des raisons qui me paraissaient évidentes.

J'ai mis aussi beaucoup de temps à expliquer à Jean Bissonnette qu'une fois l'émission commencée je devenais « seul maître après Dieu » sur le plateau. Je voulais qu'il me reconnaisse la liberté d'allonger une entrevue si je la trouvais bonne ou si je n'avais pas le sentiment d'en avoir terminé avec mon invité, ou de la raccourcir si cela ne fonctionnait pas. Il devrait donc demeurer en alerte tout le temps et se tenir prêt à réagir avec ses caméras à mon moindre signal. Nous avions convenu que je pouvais demander à une caméra de nous montrer quelque chose qui se passait en studio mais que Jean ne pouvait voir, enfermé dans la salle de contrôle. La seule chose à laquelle je m'engageais, c'était d'interviewer tous les invités et de ne jamais demander à l'un d'entre eux de revenir le lendemain. J'avais une immense confiance en Bissonnette. Nous nous percevions déjà parfaitement l'un l'autre, et, comme tous ceux qui avaient déjà travaillé avec lui, je voulais lui faire plaisir. C'est ce qu'il suscite chez ses collaborateurs. Tout le monde en donne toujours plus quand c'est pour Biss.

Il était inutile de revenir sur ce qui me semblait une erreur monumentale : l'installation de notre décor aux Galeries d'Anjou. Nous allions faire du direct différé, c'est-à-dire que nous allions enregistrer l'émission à dix-sept heures, mais sans pause ni retouche ou montage. Elle serait diffusée à vingt-trois heures intégralement, telle qu'elle avait été enregistrée. Je me souvenais encore des événements d'octobre 1970, avec leur violence, l'angoisse collective, la peur des lieux publics. Je me disais qu'il se pouvait bien qu'avec certains invités nous ayons des réactions de toutes sortes de la part du public présent. Je nous trouvais vulnérables. Je savais que la sécurité ne pouvait pas tout prévoir. Jacques Boulanger avait quelques ennuis au Complexe Desjardins.

Des groupes utilisaient son émission, se présentant avec des pancartes pour faire passer leurs messages ou leurs revendications. Nous n'y échapperions probablement pas. Je m'inquiétais de ne pas pouvoir tenir le rythme d'une entrevue si je devais tout surveiller du coin de l'œil au cas où quelqu'un déciderait de sauter les cordons de sécurité pour s'en prendre à un invité. Quel travail et quelle responsabilité ! Mais, là-dessus, la direction était sourde. Il fallait se rapprocher du peuple.

Du côté pratique, j'avais choisi de redevenir brune. Je ne savais pas quand je trouverais le temps d'aller chez le coiffeur, travaillant à la radio tous les matins et à la télévision tous les soirs. Le style décontracté n'était pas tellement à la mode à la télévision en 1972. La robe longue, costume qu'on me destinait, imposait un genre avec lequel je devrais bien vivre. Début septembre, les dés étaient jetés. *Appelez-moi Lise* allait devenir mon terrain de jeu.

37

Mon deuxième souffle

Ma vie paraissait encore une fois toute tracée d'avance. Je me levais tôt chaque matin, déjeunais avec ma famille rapidement, puis filais à CKLM, dont les studios étaient alors situés rue Sainte-Catherine Ouest, pas très loin de la rue Stanley. J'y retrouvais des camarades de travail comme Serge Laprade et Roger Lebel, qui ne savait pas encore quel extraordinaire talent de comédien il avait. Il admirait Jean Duceppe au point d'en parler tout le temps. Il y avait aussi Alexandre Dumas, qui faisait ses premières armes à la salle des nouvelles, et Thérèse David, aujourd'hui à TQS[1], et qui tenait à elle seule la discothèque de la station.

Je sautais ensuite dans ma voiture pour me diriger vers les Galeries d'Anjou, où j'étais attendue vers treize heures pour la rencontre avec les recherchistes et la réunion de production avec le réalisateur. Il me fallait ensuite passer au maquillage, m'habiller, et être sur le plateau pour une générale vers quinze heures, puisque nous avions des musiciens et un chanteur invité chaque jour. À dix-sept heures, on commençait l'enregistrement, qui se terminait à dix-huit heures. Je rentrais ensuite à la maison dans la cohue du boulevard Métropolitain, et je retrouvais Laurent et

---

1. Note de l'éditeur : toutes les références temporelles se rapportent à la date de la première édition (*Des femmes d'honneur – Une vie publique*, Libre Expression, 1998).

les enfants. Nous mangions tous ensemble vers dix-neuf heures. Bien sûr, je tenais à voir l'émission à vingt-trois heures, ce qui fait que, comme tout le Québec, j'ai commencé à me coucher à minuit. Il fallait une sacrée discipline pour tenir le coup et être toujours de bonne humeur. Il m'est arrivé comme à tout le monde de m'endormir en regardant l'émission.

Heureusement, Laurent était là. L'acclimatation à la vie commune s'était faite en douceur. Mes enfants s'étaient habitués à la présence de cet autre homme qui n'avait jamais prétendu remplacer leur père mais qui leur offrait sa bonne volonté, son extraordinaire patience et sa joie de vivre. Par contre, Laurent souffrait de ne pas voir ses enfants plus souvent. La rupture avait été plus douloureuse qu'il ne l'avait souhaité de son côté et les visites des enfants se faisaient rares. Quand nous en parlions ensemble, il me répétait qu'il comptait beaucoup sur le fait que ses enfants comprendraient mieux ce qui s'était produit quand ils seraient plus grands et qu'à ce moment-là ils reviendraient vers lui. Quand il arrivait qu'ils étaient à la maison, je sentais, malgré tous mes efforts, leur résistance à la tendresse que je leur offrais et je devinais qu'ils n'avaient pas une très haute opinion de moi. Ma notoriété, de plus, ne facilitait pas les choses. Je ne savais pas vraiment comment les approcher. Ils étaient fragiles et ma marge de manœuvre était très mince. J'étais l'étrangère à mon tour, la voleuse, la briseuse de foyer. Ces mots qui n'étaient jamais dits mais qui étaient très présents me brisaient le cœur chaque fois que je voyais ces enfants. Il semblait évident que le rêve que Laurent et moi avions caressé d'avoir une grande famille, avec sept enfants, ne se réaliserait pas. Il fallait nous rendre à l'évidence.

Ma seule consolation était de savoir que notre relation n'était pas une passade. Nous avions eu raison de tout nous dire avant de vivre ensemble, d'envisager le meilleur qui pouvait nous arriver, mais aussi le pire. Nous étions pratiquement invulnérables comme couple, et nous espérions durer longtemps. C'était là notre vœu le plus cher.

Nous n'avions pas échangé un tas de promesses, mais nous avions conclu qu'une fois que nous nous étions apprivoisés chacun de nous avait la responsabilité de veiller au bien-être émotif de l'autre. Cet engagement ne devait pratiquement jamais être remis en question à travers le temps.

Malgré l'annonce que les journaux allaient en faire à plusieurs reprises, nous n'avons jamais envisagé sérieusement de nous marier. La blague classique s'appliquait parfaitement à nous : nous nous aimions trop pour nous marier.

J'avais enfin trouvé ce que j'avais toujours souhaité chez un homme : Laurent avait le don de simplifier les choses au lieu de les compliquer. La vie avec lui était facile et nous désirions passer le plus de temps possible ensemble sans jamais nous marcher sur les pieds. Nous voulions respecter mutuellement notre liberté et nous faire confiance.

38

Le Boeing s'est envolé

Le premier jour, Jean Bissonnette m'avait glissé à l'oreille : « Tu fais ce que tu veux, je te suis. » C'est ce qui allait assurer le succès de cette émission : la complicité entre tous ceux qui la faisaient, du petit dernier jusqu'à Bissonnette. On le surnommait « popa » ou « le roi de la répette », tant il tenait à faire répéter l'orchestre, les caméras, les mouvements, les enchaînements. Je crois qu'il aurait été tout à fait en sécurité si on avait pu répéter les entrevues de la première à la dernière question, mais il avait aussi accepté que la spontanéité, l'inattendu et l'imprévisible constituaient des ingrédients essentiels à ce que nous allions faire ensemble.

Nous avions peur, mais raisonnablement. Il faut, dans ce métier, une certaine dose d'audace et de confiance en soi, sans laquelle on peut demeurer complètement paralysé.

Le premier invité d'*Appelez-moi Lise* fut le célèbre comédien Paul Dupuis. Je ne l'avais jamais interviewé auparavant. Il avait été l'un des comédiens importants des *Belles Histoires des pays d'en haut*, où il interprétait le rôle du journaliste Arthur Buies. Il avait connu une belle carrière au théâtre et au cinéma. Je savais qu'il avait la réputation d'être froid et difficile, et que, s'il acceptait de sortir de sa demi-retraite pour cette entrevue, il fallait s'attendre à ce qu'il affiche cette attitude un peu chiante qu'il avait adoptée au cours des années. C'était un défi intéressant.

Une fois sur place, aux Galeries d'Anjou, je réalisai rapidement que ni Paul Dupuis ni aucun des autres invités ne me faisait vraiment peur. Par contre, j'étais totalement terrifiée par l'incessant bruit de la foule autour de moi. Comment allais-je pouvoir me concentrer avec ce va-et-vient continuel, ces cris, ces courses folles d'adolescents tapageurs autour du décor, et ces pleurs de bébés qui n'arrêtaient pratiquement jamais? Je n'étais pas en sécurité. Nous avions beau affirmer le contraire, nous savions que n'importe quel énergumène pouvait semer la pagaille dans notre étrange studio ouvert sur trois côtés, avec un simple pétard à cinq cents. Je commençai à en parler à l'équipe dès la première émission.

Ce jour-là, tout se déroula plutôt bien, sans incident déplaisant. Toute l'équipe devait cependant reconnaître que c'était un tour de force de travailler avec autant de bruit autour de nous.

Le vendredi suivant la première, je savais que j'avais gagné mon pari. Les critiques se montraient largement favorables et la réaction du public nous permettait de penser que le Boeing avait décollé en bout de piste.

Déjà, quand j'entrais aux Galeries d'Anjou le midi, beaucoup de gens s'y trouvaient pour me lancer: «Allô Lise!» Des enfants couraient autour de moi jusqu'à l'escalier conduisant aux locaux de l'émission. Je n'imaginais pas à quel point cette émission allait transformer ma vie et, si je m'étais efforcée de penser à tout ce qui pouvait arriver, j'avais complètement oublié de mesurer ce que la popularité pouvait signifier. J'avais pu travailler pendant sept ans à la radio sans jamais être vraiment reconnue dans la rue. Tout à coup, il avait suffi de cinq émissions de télévision pour chambarder ma vie privée, à laquelle je tenais tant.

Je réalisai dès les premières semaines d'*Appelez-moi Lise* que j'allais devenir «populaire». J'avais côtoyé des gens connus comme Guy Provost, par exemple, et combien d'autres vedettes que j'avais eu à interviewer au cours des années. Je savais ce que ça pouvait vouloir dire. J'avais vu Guy Provost aux prises avec des admiratrices qui lui rendaient parfois la vie impossible. Elles le pourchassaient de leurs assiduités, lui écrivaient des lettres complètement folles et lui envoyaient des photos d'elles dans la plus petite tenue, quand ce n'était pas toutes nues, en le suppliant de leur accorder un rendez-vous.

Je savais le sort que les journaux réservaient à des femmes comme Dominique Michel et Denise Filiatrault, sur lesquelles on publiait des articles à sensation sans se demander si elles en souffraient. Je connaissais le sort qu'on faisait à Ginette Reno et à Michèle Richard, et je savais que je ne voulais pas devenir « propriété publique » à mon tour.

Laurent possédait une théorie sur la question. Il affirmait que, quand un journal s'attaquait à quelqu'un, cette personne ne devait pas répondre. Ainsi, l'attaque ne durait qu'une semaine. Autrement, il fallait une autre semaine pour la réponse et une troisième pour que le journal en question ait le dernier mot. Car le journal avait toujours le dernier mot. Je me rangeai à cette théorie. Je décidai que je choisirais toujours les journalistes à qui j'accorderais des entrevues. Je dirais la vérité, au meilleur de ma connaissance, quand on me poserait des questions. Je serais aussi vraie et aussi franche que possible, mais, une fois l'entrevue publiée, je ne dirais plus rien. Je décidai aussi que j'étais la seule à avoir accepté cette vie publique, et que je n'avais pas à la faire subir à Laurent ni à mes enfants.

Après en avoir discuté avec eux, il fut décidé qu'ils ne feraient jamais de photographies avec moi et que je respecterais totalement leur sphère privée. Aucun journaliste n'entrerait dans notre maison. C'était la moindre des choses. Pour les enfants, il n'y eut jamais de concessions. Pour Laurent, les choses furent souvent plus difficiles à négocier, car les journaux s'amusaient à nous marier et à nous démarier régulièrement. Nous avons persévéré cependant et nous n'avons jamais répondu à personne sur le sujet. Ce qu'on a pu inventer sur notre compte nous a souvent paru complètement démentiel.

Quant à ce qu'on a écrit sur moi pendant ces années, je n'en reviens toujours pas. On cherchait à percer un «mystère», à détruire un «mythe», à dévoiler la «vraie Lise Payette», alors qu'à ma connaissance rien de tout cela n'existait. On m'aimait ou on me détestait, et rien de ce que je pouvais dire ou faire n'aurait changé quoi que ce soit à la situation.

Ce n'est qu'en décembre 1972 qu'un événement sans conséquences se produisit à *Appelez-moi Lise*, événement qui devait hélas me donner raison quant à la sécurité entourant notre lieu d'enregistrement. Ce jour-là, Jérôme Choquette, ministre de la Justice du Québec, était mon invité. Pendant l'entrevue, des enfants qui couraient autour du studio au beau milieu du centre commercial lancèrent des objets dans notre direction. Ce n'étaient que des bonbons, comme nous devions le découvrir par la suite. Sur le coup, je sentis comme un frisson autour de moi. Je m'obligeai à continuer l'entrevue, comme s'il ne s'était rien passé. Dès que l'émission fut terminée, je fis réaliser à tout le monde qu'on pouvait nous lancer n'importe quoi de cette façon et que l'incident pouvait en suggérer l'idée à n'importe qui d'autre.

Un autre jour, entrant aux Galeries, j'entendis un agent de sécurité crier: «Couchez-vous! Couchez-vous!» Il me faisait signe de m'allonger par terre et je ne savais pas pourquoi. Il me fallut quelques minutes pour me rendre compte que d'autres personnes étaient allongées sur le sol autour de moi et je fis la même chose. Après une dizaine de minutes, qui parurent interminables, nous apprîmes qu'un vol à main armée venait d'être commis quelque part dans le centre, que des coups de feu avaient été tirés et qu'on craignait que les voleurs ne se soient dirigés vers notre couloir pour trouver une sortie. On finit par nous permettre de nous relever, et j'arrivai au bureau de l'émission en disant que ce n'était pas là une bonne façon de travailler.

À ce moment-là, la direction comprit que l'on avait intérêt à faire ce genre d'émission dans un studio. Non seulement la sécurité en serait mieux garantie, mais la qualité en serait bien meilleure. Nous nous retrouvâmes donc au studio 44 dès la fin janvier 1973 et nous y restâmes, sauf pour des événements spéciaux, jusqu'à la fin des émissions, trois ans plus tard. Ce fut un véritable soulagement pour toute l'équipe.

Une des dernières entrevues que j'ai faites aux Galeries d'Anjou fut avec Me Raymond Daoust, un avocat qui représentait souvent des membres connus de la mafia montréalaise. L'une de mes dernières questions au cours de cette entrevue avait été: «Vous le connaissez sûrement... Qui est le parrain actuellement à Montréal?» Il m'avait regardée, complètement figé, et il m'avait répondu: «Vous ne voulez pas que je réponde à ça? Pas ici...!»

Il est vrai qu'à cette époque la mafia était une société moins connue qu'aujourd'hui, plus secrète et plus mystérieuse aussi, et qu'elle ne servait pas encore de toile de fond pour certaines émissions dramatiques de fiction à la télévision. Me Daoust m'avait confié après l'entrevue que, s'il m'avait répondu, il aurait eu peur de ne pas sortir vivant de ce centre commercial. Parlait-il sérieusement? Je n'en sais rien. Le studio 44 m'apparaissait comme un lieu plus agréable pour faire une émission quotidienne. Je n'avais pas tort.

39

La *famiglia*

Nous formions une équipe très unie à *Appelez-moi Lise*. Nous venions presque tous de l'émission de radio *Studio 11*. Ce n'était pas une grosse équipe pour une émission de télévision, mais nous nous faisions entièrement confiance. C'est le secret du quotidien aussi bien à la radio qu'à la télévision, car, si la confiance ne règne pas, rien ne va plus. Les recherchistes disposaient d'une très grande autonomie parce qu'ils étaient tous très qualifiés. Je travaillais toujours avec Michèle Verner et Louise Jasmin, qui constituaient ma base. Il y avait aussi Francine Grimaldi, qui couvrait la partie show-business de l'émission, et André Rufiange, grâce à qui nous allions faire une percée du côté des sports. Sans eux, l'émission ne se serait pas faite.

Je pouvais toujours compter sur la bonne humeur et l'appui indéfectible de mon ami Jacques Fauteux. D'humeur toujours égale, il avait des tonnes de bonne volonté. Quant à « mon beau François Cousineau », il était pratiquement au zénith de sa carrière et son talent constituait un atout pour l'émission.

On ne me remettait la liste des invités, avec le matériel de recherche à lire, que la veille de l'émission, ou même parfois en début d'après-midi, quelques heures avant l'émission, s'il y avait eu des retards. Je lisais tout, mais je ne notais que quelques mots comme aide-mémoire, moins que rien, que je n'utilisais pas toujours, d'ailleurs. Je savais que les meilleures entrevues étaient toujours celles au cours desquelles on écoutait les réponses. Les questions suivantes venaient toutes seules. Il n'y avait rien de plus mauvais que des questions préparées à l'avance qu'on se croyait obligé de poser à tout prix, au risque même de laisser passer «la» réponse qui pourrait faire toute la différence. Interviewer, c'est d'abord écouter. C'est surtout écouter, toujours écouter.

Beaucoup de gens ont pensé que les textes d'*Appelez-moi Lise* étaient écrits d'avance. On m'a souvent posé la question. On a pensé que nous avions d'excellents scripteurs qui écrivaient toutes les questions et toutes les présentations. Rien n'est plus faux. Quand Jacques Fauteux se lançait dans un de ses fameux monologues – je me souviens en particulier de celui qu'il a fait sur le service des incendies à Radio-Canada –, il en avait écrit le texte. Tout le reste était toujours improvisé.

Le rôle de Jacques à *Appelez-moi Lise* a beaucoup fait jaser pendant trois ans. On m'a souvent accusée de ne pas le laisser parler. C'était ignorer que tout était très clair depuis le début entre nous et avec l'équipe. Jean Bissonnette avait expliqué la fonction de Jacques à la journaliste Christiane Berthiaume au cours d'une entrevue: «Il sera comme un *sounding board*. Le talk-show est avant tout celui de Lise Payette. Le coanimateur a sa place comme complice, il joue la roue de secours. Il est là pour faire ce que l'autre ne peut pas faire. Se prendre au poignet avec le géant Ferré, par exemple...»

J'avais toujours dit, pour ma part, que, contrairement à ce qu'on pouvait penser, Jacques Fauteux était très important pour moi comme animatrice. Il était vraiment ma bouée de sauvetage. Comme, de plus, c'était le camarade le plus exquis qu'on puisse imaginer, le travail avec lui a toujours été extrêmement facile.

Jean Bissonnette resta le seul réalisateur de l'émission pendant presque toute la première année. Cela eut pour effet de nous lier encore plus les uns aux autres. C'était un réalisateur exigeant qui nous obligeait chaque jour à répéter des gestes et des mouvements de caméra qui étaient devenus une seconde nature pour toute l'équipe. On se pliait surtout à cette exigence en se disant qu'il savait sûrement ce qu'il faisait. Il avait un sens aigu du professionnalisme et il avait horreur du slogan dont on disait qu'il était de plus en plus souvent à l'honneur à Radio-Canada : « C'est assez bon, ça va faire. » Jamais il ne serait venu à l'esprit de qui que ce soit de contester l'autorité de Jean Bissonnette, son savoir-faire, son leadership et sa compétence. Il était toujours d'humeur égale et il avait ce sourire radieux qui nous donnait envie de nous dépasser, pour lui d'abord, et pour le public ensuite. Il n'était pas avare de ses encouragements après chaque émission. Il se voulait un travailleur de l'ombre. Il ne tentait jamais de se mettre en vedette et il estimait que son rôle était de faciliter au maximum le travail de l'animateur qui allait risquer sa tête devant les caméras. Il aimait ses animateurs comme il aimait les comédiens, et il le disait. Il respectait tous ceux qui travaillaient avec lui et il adorait la télévision. On a beau dire, ce n'était pas tellement courant. C'est pourquoi tant d'artistes ont considéré comme un privilège de travailler avec Jean Bissonnette pendant si longtemps. Et comme un honneur. Surtout qu'on ne peut pas en dire autant de tous les réalisateurs. Certains ne se privaient pas d'avouer qu'ils détestaient la télévision, ne la regardaient jamais et préféraient écouter de la musique classique quand ils rentraient chez eux.

Jean Bissonnette avait songé à quitter Radio-Canada quand on lui avait proposé de faire *Appelez-moi Lise*. Il venait de réaliser un long métrage et il avait envie de faire du cinéma. Il affirmait être resté parce que le défi était intéressant. Nous avons tous eu le cœur brisé quand il nous a abandonnés après que le succès de l'émission eut été assuré. Il avait évidemment pris soin de préparer une relève. Nous allions travailler avec Jean-Paul Leclair et Suzanne Mercure, ainsi que Pierre Monette et beaucoup d'autres encore. Jusqu'à ce qu'on ait le sentiment que l'émission était devenue un fourre-tout où des réalisateurs venaient faire leurs classes. Le climat ne fut plus jamais le même après le départ de Jean, malgré la bonne volonté de ceux qui le suivirent. Même si l'émission continuait toujours à progresser dans les cotes d'écoute, le beau et vrai bonheur du début n'y était plus. La complicité n'était plus la même, et ce, malgré nos efforts à tous.

Dans cette entrevue accordée à Christiane Berthiaume, Jean avait dit : « Je ne crois pas qu'un même animateur puisse travailler avec cinq réalisateurs différents. » Il ne savait peut-être pas à quel point il avait raison et que sa déclaration allait devenir une sorte de prophétie.

Dès les premiers mois, nous avions atteint la cote d'écoute désirée. Nous en étions très fiers. Nous étions toutefois seuls à l'antenne à vingt-trois heures. Il était évident que la concurrence n'allait pas tarder à réagir.

Ce dont nous étions particulièrement fiers, c'était d'avoir « créé » une heure d'écoute qui n'existait pas. Tous les spécialistes savent à quel point il est difficile de créer une heure de télévision en dehors des horaires habituels. C'est un véritable tour de force d'allonger la journée de télévision le matin ou le soir. Le Québec tout entier se couchait une heure plus tard à cause d'*Appelez-moi Lise*. Ce n'était pas rien.

De plus, on entendait dire que le contenu de l'émission devenait souvent le premier sujet de conversation du lendemain dans les bureaux et les cafétérias. Nous n'avions vraiment aucune raison de nous plaindre.

Nous avions quitté les Galeries d'Anjou pour un studio plus confortable. Nous avions réussi à imposer notre émission comme celle à laquelle chaque artiste devait passer, et nous exigions la primeur quand il s'agissait d'étrangers de passage au Québec. Nous avions vite trouvé notre vitesse de croisière. Nous préparions le concours du plus bel homme avec fièvre. Tout allait donc pour le mieux.

J'avais toujours une tête sur les épaules. Heureusement, je faisais le constat que le succès ne me transformait pas en un monstre désagréable et que je pouvais continuer d'avoir une vie privée à peu près raisonnable. Je savais que beaucoup de gens au Québec n'aimaient pas voir la tête d'un des leurs dépasser du lot. Je savais qu'il y avait de bonnes chances qu'on essaie de me la couper. Je n'étais pas sans savoir que le succès, ici, se paye, et je savais qu'en prenant autant de place à la télévision, j'allais me faire autant d'ennemis que d'amis. La nature humaine étant ce qu'elle est, je savais que l'envie est la mère de tous les vices et que j'allais éventuellement y goûter. A-t-on idée de réussir au Québec ? La critique veillerait certainement à ce que le succès ne me monte jamais à la tête. Plusieurs se sont investis de la mission de veiller à mon humilité.

Mais, en attendant, mon bonheur était total. J'étais assez mûre pour savoir ce que je disais et jusqu'où je pouvais aller. J'avais une culture générale qui me permettait de passer, à l'intérieur de la même émission, d'un compositeur de musique contemporaine internationalement reconnu à Manda Parent ou au cardinal Léger, avec le même plaisir et le même désir de connaître et de faire partager mon goût de la découverte. Chaque être humain que j'ai rencontré m'a fait l'immense cadeau de son amitié pendant quelques minutes. La connivence était presque toujours au rendez-vous.

40

Vivre avec la critique ou mourir

Dès le lendemain de la première d'*Appelez-moi Lise*, André Béliveau, sous le titre « Ne m'appelez pas encore Lise… », écrivit dans *La Presse* du 19 septembre 1972, en parlant de l'animatrice :

> *Douée d'une technique impeccable, d'un bon jugement, d'un sens de l'humour et de la répartie particulièrement rare, en même temps que de sensibilité, de délicatesse et du sens de la mesure, elle est devenue une spécialiste de l'interview éclair à la fois « humaine », « signifiante » et drôle. Elle sait bousculer ses invités tout en les respectant, tirer d'eux autre chose que des banalités tout en n'outrepassant pas ou si peu les limites de leur intimité. Habituée à travailler en public et avec le public, elle sait mettre les rieurs de son côté, mais elle sait aussi attendrir et rassurer. Virtuose de la question « vache », elle sait la réserver à ceux qui savent se défendre, ou devraient le savoir.*

C'était flatteur. Je dois avouer que je fus enchantée d'être si bien comprise aussi rapidement. L'opinion d'André Béliveau n'était pas partagée cependant par Paul Warren, professeur à l'Université Laval à l'époque, qui, dans un texte publié sous la rubrique « Libre opinion », écrivait dans *Le Devoir* du 7 décembre 1973, sous le titre « Le phénomène Lise Paillette » [*sic*] :

Le phénomène «Lise Paillette» est l'expression parfaite de l'aliénation de notre société québécoise. Dans un pays d'hommes libres, Appelez-moi Lise n'existerait pas. Il y a quelque chose de malsain dans le comportement démagogique de cette femme qui charrie, cinq fois la semaine, les clichés et les stéréotypes les plus primaires de l'idéologie dominante. Lise Paillette est le modèle type de la déshabilleuse sadico-masochiste. Ses invités sont progressivement acculés au rituel du strip-tease. S'ils résistent au voyeurisme de Lise, ils risquent fort d'être violés. Jacques, lui, ne résiste jamais. C'est un strip-teaseur professionnel. Il est de la race des prostitués génétiques.

M. Warren continuait sur le même ton et terminait par ce paragraphe :

Appelez-moi Lise est profondément nocif. Cette émission contribue à perpétuer dans le peuple les mythes les plus éculés de la culture de masse. Lise Paillette est à la télévision ce que Denis Héroux est au cinéma et ce que Bourassa est à la politique.

Et vlan !

Une semaine plus tard, dans une lettre ouverte au *Devoir*, Carolle Veillette répondait à M. Warren après l'avoir vilipendé :

J'oubliais le «bon-peuple-téléspectateur-aliéné»! On en a pris un bon coup avec vous... Et si on est à plaindre, ce n'est pas à cause de Lise Payette mais bien de ce que vous dites de nous... Remarquez que je ne vous inclus pas dans ce «nous». Vous êtes sûrement trop [bien] élevé pour daigner jeter un regard sur la masse qui, tous les soirs, pendant une heure, se pourlèche les babines en guettant avec avidité les mauvais coups que Lise Payette portera à ses invités. Voyons! Comme si nous étions des sadiques se repaissant à la vue des mauvais coups du sort portés envers les autres...

Cette dame parlait aussi de la «façon dégradante» que ce monsieur avait «de parler du peuple» et elle croyait lire le dédain entre ses lignes. Elle terminait en écrivant ceci:

> *Qui n'a pas rêvé, un jour, de voir un homme comme vous se faire joliment rabaisser le caquet (comme on dit dans le peuple) par quelqu'un qui était bien placé pour le faire?!!*

Ailleurs, dans *Le Maclean* de mai 1973, Pierre de Bellefeuille écrivait à son tour, sous le titre: «Appelez-moi monstre sacré»:

> *L'événement de la saison de télévision, c'est Lise Payette. Cette grosse et belle femme possède le don de présence à un degré rare. Sa personnalité remplit l'image, et ce n'est pas là une mauvaise blague sur sa taille. Elle prend ses invités sous son aile et crée l'ambiance qui leur permet de passer la rampe avec elle. Don naturel ou art consommé? Sans doute les deux à la fois, à cette différence près que l'un perce l'écran tandis que l'autre ne transparaît pas. [...]*

> *Le style de Lise Payette est direct. Elle est courtoise, chaleureuse même, mais ne prend pas de détours. S'il y a chez l'invité quelque supercherie, une fêlure à son armure de célébrité, Lise Payette ne se fait pas complice. Elle laisse à l'invité assez de corde pour se pendre, s'il y tient. Elle démystifie les vedettes, mais pour peu que celles-ci acceptent la règle de la simplicité et de l'honnêteté, elles en sortent grandies. Sans effort, Lise Payette joue à merveille le rôle d'animateur, dont un aspect fondamental consiste à se faire le porte-parole des spectateurs. [...]*

Lise Payette est télégénique, mais sans apprêt. En personne, elle est la même qu'à l'écran: très féminine, sans mièvrerie (l'allusion, cette fois, est à Nicole Germain). Elle reste féminine quand elle endosse l'uniforme de Ken Dryden devant le filet des Canadiens. Et puis il y a chez elle un petit côté féministe. Elle met les hommes sur la défensive tout en leur portant les attentions qui rassurent. Son concours du plus bel homme du Canada est une démonstration géniale de la diversité des niveaux de perception. Tout le monde prend pour du comptant ce vaste machin qui dure pendant des mois et mobilise la participation de centaines de milliers de spectatrices. Mais en même temps, au plan subliminal de perception, se crée le culte de l'homme-objet, douce revanche de la femme. En ces temps d'«unisexe» n'est-ce pas, les concours de beauté sont aussi bons pour les hommes que pour les femmes, et si le ridicule point; il n'emporte pas toute la gloire.

Je suis tenté de me dresser sur mes ergots et de dire à la féministe Lise Payette que l'homme-objet, ce n'est pas une solution, même si la blague est bonne. Mais le sphinx sait trop bien se dissimuler derrière son sourire de monstre sacré.

Dans d'autres journaux, les « petits », comme on les appelait, on annonçait que j'allais me marier, puis, la semaine suivante, que j'avais changé d'idée et que je renonçais au mariage. On clamait que j'étais la femme la plus libre du Québec, quand ce n'était pas la femme la plus riche. On prétendait que j'essayais plusieurs régimes pour perdre du poids, et Michel Girouard se faisait une spécialité de me descendre en flammes presque chaque semaine. Je ne lisais pratiquement rien de tout cela, sur les bons conseils de Jean Bissonnette.

On me prêtait aussi un sale caractère, qui aurait, disait-on, rendu mon entourage extrêmement malheureux. Ce n'était cependant pas le cas. Le tollé était suffisamment important pour qu'André Rufiange, recherchiste de l'émission, se sente un jour obligé de prendre ma défense dans sa chronique du 31 mai 1974.

Il s'agit de Lise Payette (parler d'elle, bien sûr, c'est parler d'Appelez-moi Lise).

Vous avez certes remarqué que Lise, cette année, a été très controversée. Le concert de louanges de la première année de Lise à la télé a donné suite, au cours de la deuxième année, à des analyses plus profondes sur l'essence même de l'émission. Et Lise, elle-même, a souvent fait le sujet de critiques assez sévères. Je dirais même que certains de mes confrères, à l'occasion, lui ont asséné des coups en bas de la ceinture.

Or, ce que j'ai admiré d'elle au cours de cette deuxième saison, c'est qu'elle a su encaisser ces coups – je parle de ceux qui étaient illégaux – sans mot dire. Et sans maudire non plus.

Jamais, de la part de Lise, n'a-t-on entendu de déclarations fracassantes. Jamais n'est-elle tombée dans le piège que lui tendaient ceux qui, soudain, s'étaient improvisés dénigreurs. Un mur de silence elle fut. Nous qui vivions constamment dans son entourage, nous nous disions sans cesse, en catimini: « Un jour, ça va éclater ! »

Non. Ça n'a pas éclaté… Jamais ne nous a-t-elle même glissé un seul mot, l'après-midi, de ce qu'elle avait probablement lu comme tout le monde le matin. C'est ça que j'ai admiré d'elle. Je vous prie de me croire – je suis dans le métier depuis pas mal d'années –, faut l'faire. Très rares sont les artistes qui ont cette carapace intellectuelle. Lise l'a.

Et elle a des raisons de l'avoir…

Des raisons? Quelles raisons?

Technicienne des mots, maître de la question et consciente du pouvoir de son sourire engageant, Lise Payette pouvait fort bien habiter son soi d'une espèce de tranquillité: son show n'avait jamais été si écouté!

Les sondages officiels, en effet, démontraient qu'Appelez-moi Lise, qui attirait en moyenne quelque 900 000 téléspectateurs lors de la première année, allait en chercher PLUS D'UN MILLION tous les soirs lors de la deuxième. Alors!

Lise savait ça. Elle savait donc que le monde ordinaire l'aimait; never mind les critiqueux… Lise? C'est quéquin! Et ce n'est pas parce que je travaille avec elle que je le clame. J'ai souventes fois démissionné d'émissions à succès[2]…

En fait je n'ai pris connaissance de tout cela que quand l'émission *Appelez-moi Lise* fut terminée depuis un bon moment. Mon amie Louise Jasmin avait tout conservé et j'avais alors le recul nécessaire pour en rire. On a voulu m'étudier sous tous les angles, essayer de comprendre ce qui faisait cette popularité étrange. On m'avait portée aux nues et on m'avait traînée dans la boue avec presque la même régularité. Heureusement que mon entourage veillait à ce que je puisse travailler tranquille. Cela m'avait permis de vivre ces années sans me faire une grosse tête et surtout sans me faire démolir chaque fois qu'un journaliste décidait de se défouler sur moi.

---

2. *Rufi sur l'onde, Les Couche-tard, Ce soir ou jamais, Les Joyeux Troubadours,* etc.

Rufiange, qui était le grand responsable de mes incursions dans le merveilleux monde du sport, m'avait aussi consacré un article dans *Actualité* d'avril 1973, dont voici quelques extraits :

> *Ce qu'il y a de bien, avec Lise Payette, c'est qu'elle plaît à tous les publics : les riches et les pauvres, les bleus et les rouges, les fédéralistes et les indépendantistes, les intellectuels et les gens très moyens côté intellectuel, les sportifs et les... enfin, tout le monde !*

> *Elle réussit, avec son air de rien, à plaire à tout l'éventail des citoyens que nous sommes. Faut l'faire ! Et elle le fait. Comment y parvient-elle ? Je vais essayer de vous l'expliquer. Suivez-moi.*

> *Lise est à peu près la même personne, hors du champ des caméras, qu'elle est à la télévision. Même assurance, même curiosité, même spontanéité, même sourire et même ricanement facile. MAIS...*

> *Car il y a un mais.*

> *Et cette conjonction amène un aspect de sa personnalité que je vais vous révéler, tenez-vous bien : dans sa petite vie de tous les jours, Lise parle peu ! Du moins ne parle-t-elle pas beaucoup. Elle écoute, elle observe et elle ne cherche pas à briller.*

> *En août dernier, quand j'ai signé mon contrat avec Radio-Canada à titre de recherchiste pour la future émission* Appelez-moi Lise, *je ne connaissais pas Mme Payette. Enfin, je ne la connaissais pas vraiment puisque je ne l'avais rencontrée qu'une fois, il y avait longtemps, alors qu'elle animait* Place aux femmes, *avec Guy Provost, et que j'avais été pendant une dizaine de minutes son invité.*

Toujours est-il que je me suis dit, en août dernier: «Dans tes rapports avec Mme Payette, mon bonhomme, tu ne réussiras jamais à placer un mot. Et si tu insistes pour le faire, ton chien est mort, elle ne t'aimera pas!» Je m'étais donc mentalement conditionné à travailler toute une saison (une saison de télé, bien sûr, c'est-à-dire une saison de 39 semaines) pour une vedette devant qui je n'aurais jamais à ouvrir la bouche, faute d'occasions!

Je la connaissais très mal, merci... J'ai appris depuis, à la côtoyer tous les jours, et comme je vous le disais en substance plus haut, Lise adore écouter les autres. Avec son éternel sourire en coin et son évident désir de cerner son interlocuteur, surtout si son interlocuteur est à son emploi ou, tout au moins, à l'emploi d'un show dont elle est la vedette. Car elle a une conscience professionnelle inouïe!

Et, plus loin:

Lise a un caractère en or. Quoique vous devez bien vous garder de lui marcher sur les pieds. Alors, elle peut devenir tigresse pour un moment! Je l'ai déjà vue lancer ses souliers contre le mur, sans toutefois expliquer son petit moment de colère. Gageons qu'elle avait noté que le travail de l'un de ses collaborateurs, ce jour-là, avait été mal fait.

C'est vrai que c'était la seule chose qui me mettait vraiment en colère. Pourtant, même dans ces cas-là, je n'engueulais jamais personne. Je ne me le serais pas permis. Mon mouvement d'impatience prenait une autre forme, comme le soulignait Rufiange. Cela n'arrivait pas très souvent. J'étais plutôt portée à dire que l'émission quotidienne, quand elle était terminée, ne pouvait plus être changée. Il valait mieux travailler sur celle du lendemain que de perdre son temps à déplorer ce qui avait été mal fait.

41

Le merveilleux monde du hockey

Que ce soit bien clair : une femme ne pouvait s'aventurer dans le merveilleux monde du sport sans risquer de se faire « ramasser » par tous ceux qui prétendaient que ce monde appartenait aux hommes en exclusivité. C'était encore beaucoup plus vrai dans les années 1970 que maintenant, même si, encore aujourd'hui, le sport demeure un domaine très réservé. Dans mon cas, je n'avais pas à tricher car j'aimais sincèrement le hockey.

Depuis mon adolescence alors que j'écoutais le hockey à la radio, j'étais une fervente de ce sport, que je connaissais bien. L'époque était riche en jeunes Québécois devenus des vedettes formidables que les adolescents prenaient comme modèles. Le Québec formait une véritable pépinière qui fournissait des talents aux autres équipes et l'argent n'avait pas encore tout corrompu. Je fus enchantée de voir défiler ces joueurs à *Appelez-moi Lise* dans leurs plus beaux costumes, avec leur timidité sous le bras, leur trac, leur bonne volonté et leur désir de faire plaisir à leur public. Je trouvais satisfaction à les mettre en valeur, en échange d'un peu de sincérité de leur part, ou pour une participation comme chanteur ou musicien. Ils y sont tous passés : Pierre Bouchard, Serge Savard, Jean-Claude Tremblay, Guy Lapointe, Henri Richard, Guy Lafleur, Yvan Cournoyer, Jacques Lemaire, Ken Dryden et les autres. Je les aimais beaucoup et je crois qu'ils me le rendaient bien.

Je n'ai jamais su si le coup avait été préparé avec André Rufiange, mais, un soir, Lemaire me dit que ses coéquipiers et lui en avaient assez de venir faire mon métier alors que moi je ne faisais jamais le leur, ou quelque chose du genre. Il m'invita donc à remplacer le gardien de but lors d'un exercice du Canadien. Mettez-vous à ma place ! J'ai répondu oui tout de suite, sans voir plus loin que le bout de mon nez. Je ne savais pas dans quoi je venais de m'embarquer.

Au jour dit, Jean Bissonnette nous avait demandé, à Jacques, à François et à moi, d'être au Forum à neuf heures le matin. Il prévoyait qu'il faudrait une bonne demi-heure pour tourner les trois ou quatre minutes que nous garderions pour l'ouverture de l'émission, quelques jours plus tard. Vêtue de l'uniforme de Michel Plasse (celui de Dryden aurait été beaucoup trop long), je suais déjà à grosses gouttes avant même d'être arrivée sur la patinoire. À l'évidence, rien n'irait aussi vite que nous l'avions cru.

Les joueurs avaient envie de s'amuser à nos dépens et c'était de bonne guerre. Je me retrouvai donc sur la glace, emportée par Serge Savard et Guy Lapointe pour le plus grand plaisir des photographes. Devant les filets, moi qui n'avais jamais mis les pieds sur une patinoire aussi grande que celle du Forum, j'eus le vertige. Je fus surprise du nombre de spectateurs assis dans les gradins. On avait laissé entrer tous les curieux qui, ayant appris notre présence, avaient voulu venir nous encourager. L'esprit était à la fête, mais les trois géants qui se trouvaient devant moi me paraissaient avoir complètement oublié que je n'étais ni Michel Plasse ni Ken Dryden. Jean avait insisté pour que je ne porte pas de masque, ce qui me paraissait normal pour faire de la télévision. Il avait demandé aux joueurs de ne pas oublier que nous étions là pour nous amuser et qu'il ne fallait pas courir de risques inutilement. Tout se passa bien pendant la première heure. Par contre, une fois bien réchauffés, les Lemaire, Cournoyer et Houle eurent vite fait d'oublier à qui ils avaient affaire.

Je restai sur la glace pendant plus de deux heures. À la fin, j'étais épuisée. Le grand plaisir du fameux trio du Canadien était de patiner à toute vitesse du fond de la patinoire pour venir freiner sous mon nez et m'éclabousser de glace. Ils s'amusaient comme des fous. Moi aussi, je dois bien l'avouer, même si, à deux ou trois reprises, le sifflement de la rondelle près de mon oreille m'avait fait frémir de peur. J'engueulai Lemaire en lui disant que je ne voulais pas me retrouver à l'hôpital. Au bout de deux heures, nous avions notre matériel. J'avais tenu parole. Quant à Jacques et à François ils avaient tous les deux perdu leur moustache. Les joueurs s'étaient amusés à jouer les barbiers avec nos deux collègues.

Quand je quittai la glace, Jean Bissonnette vint me trouver. Il me fit une grosse caresse en me murmurant à l'oreille : « Je peux bien te le dire maintenant : moi, je n'aurais jamais fait ce que tu viens de faire ; j'aurais eu bien trop peur. »

L'événement nous valut une couverture immense dans les journaux : des premières pages, et aussi des articles importants, dont celui de Pierre Foglia, une pleine page de *La Presse* du 9 novembre 1973 qui fait encore mon bonheur aujourd'hui. L'article portait le titre : « Lise au pays des sportifs ».

> — *Sur un lancer de Jacques Lemaire, la rondelle a ricoché sur mon hockey et m'a sifflé aux oreilles avant d'aller frapper la baie vitrée. Lemaire s'est approché et m'a dit : « Tu m'excuseras, je ne voulais pas te faire peur… »*

> — *Parce que les joueurs vous tutoient ?*

> — *Tiens c'est vrai, vous me faites penser que c'est la seule fois qu'ils m'ont tutoyée. Sans doute parce que j'étais sur la glace. Par ailleurs, ils me vouvoient et moi aussi, c'est un détail, bien sûr, mais qui n'est peut-être pas étranger au fait qu'ils se sentent plus en confiance avec moi*

qu'avec les autres rédacteurs sportifs... Où en étais-je?...
Ah oui! Lemaire s'est donc excusé de m'avoir fait peur.
Mais c'est précisément à ce moment-là que j'ai commencé
à avoir peur! J'ai soudainement réalisé qu'il pouvait
m'arriver n'importe quoi, je n'avais pas de masque – pour
les photos – et plus le temps passait, plus les joueurs fai-
saient les fous et oubliaient de me ménager. Finalement,
cette farce qui ne devait durer que dix minutes a duré
une heure et demie et je suis sortie de là complètement
épuisée...

On est ici au cœur du trip sportif de Lise Payette. Un trip
pour de vrai.

J'avoue, quant à moi, m'être arrêté à la première escale.
Pour tout dire, je voyais cela comme un numéro de dres-
sage: «Fais le beau, donne la papatte à sa mémère, montre
au monde que tu es fin», et avec la même grâce pataude,
chaque petit ours est venu faire son petit tour de piste.

Quand le dompteur est descendu dans la fosse dans un
roulement de tambour – et sans masque (pour les photos) –,
je me suis dit: «C'est parfait, voilà le clou du spectacle, on
va pouvoir passer à autre chose, peut-être que les clowns
vont revenir.»

Je m'étais trompé puisque le numéro de Lise dure encore.
C'est ainsi qu'elle rebondissait samedi dernier à La Soirée
du Hockey, faisant presque dire à Jacques Lemaire qu'il
n'était pas content de jouer durant les désavantages numé-
riques. Ce qu'il n'aurait jamais avoué à un journaliste ordi-
naire, à plus forte raison entre la première et la deuxième
période.

J'en conçus un soupçon de jalousie. Puis je tombai sur la revue Nous *dans laquelle Lise signe une chronique sportive chaque mois. Dans la dernière parue, elle nous avoue quelques anomalies cardiaques: «J'ai porté dans mon cœur le deuil de mon gardien préféré.» (Ken Dryden) «En apprenant la nouvelle, mon cœur n'a fait qu'un bond.»*

Mais j'ai levé les bras au ciel quand j'ai lu: «Il était le seul joueur de langue anglaise du club à avoir fait l'effort d'apprendre le français.»

J'ai alors décidé qu'il fallait absolument que je rencontre Lise Payette, ne serait-ce que pour lui dire que si Dryden ânonne péniblement cinq mots de français, c'est bien le moins qu'il pouvait faire après de brillantes études universitaires, dont trois ans à McGill.

Je l'ai donc rencontrée. Ce n'était pas la première fois, mais hier, elle n'avait pas de micro et paraissait moins redoutable. J'ai passé deux heures avec une femme chaleureuse, diserte, qui m'a dit être timide aussi, mais de cela j'étais beaucoup trop nerveux pour me rendre compte. Après tout, j'avais devant moi la femme dont presque toute la province se dispute les faveurs de onze heures à minuit chaque soir. Une femme à laquelle je devais aussi des plaisirs moins frelatés, comme ceux qu'elle distillait dans l'émission radiophonique, D'un jour à l'autre, *qui vit défiler Vigneault, Rostand, Simenon...*

Justement, Vigneault, Rostand, Simenon... et maintenant Lemaire, Cournoyer. Je ne comprends pas très bien.

— C'est une vieille histoire. Le hockey, c'est un peu de ma jeunesse dans Saint-Henri, et lorsque j'ai rencontré Maurice Richard pour la première fois, j'ai été aussi impres-

sionnée que lorsque j'ai été présentée à Jacques Normand. Les deux étaient également mes idoles. C'est aussi une histoire que je vis présentement. Le hockey me fait vibrer. Je regarde un match à la télévision, toute seule chez moi, et je crie! Moins souvent depuis l'expansion, mais j'ai crié durant les dernières séries éliminatoires…

— Vous êtes en train de me parler de Lise Payette spectatrice…

— C'est cela aussi que je suis. Une spectatrice d'abord, je ne suis pas une analyste du hockey. Et je suis aussi une femme qui met son nez dans un monde d'hommes; ce faisant, j'invite les veuves du sport, celles dont les maris passent des heures à regarder des émissions sportives à la télévision, à s'intéresser au hockey, au baseball, au football. Je leur dis en quelque sorte que c'est un plaisir qui est aussi à leur portée.

— Ce qui est un peu choquant, c'est que vous donnez au sport professionnel en général et au hockey en particulier une tribune très privilégiée…

— Je n'y peux rien. L'émission est faite pour les vedettes connues. Ce sont les critères de Radio-Canada, pas forcément les miens. Ce que je peux vous assurer, c'est que ce trip sportif, comme vous dites, n'était absolument pas planifié ou mis en scène. C'est arrivé spontanément. J'ai provoqué quelques joueurs de hockey, et lorsque à leur tour ils m'ont mis au pied du mur, j'ai été obligée de m'exécuter. Refuser d'aller au Forum, par exemple, et de participer à une pratique, c'eût été manquer de "guts", et cela, ce n'est pas moi.

« Guts », *c'est un mot qui reviendra plusieurs fois dans la conversation. Quand Lise Payette parle d'Yvan Cournoyer,* elle dit avec conviction: «Je l'aime bien parce qu'il a du "guts".»

— D'accord, il joue merveilleusement bien au hockey et il a du «guts». Et c'est suffisant, selon vous, pour l'installer sur un piédestal? Vous êtes entrée dans l'intimité de certains grands hommes de ce siècle, et vous n'avez pas l'impression que...

— Que la conversation avec Cournoyer est plus limitée? Bien sûr. Mais c'est très facile à expliquer. Pour arriver à cette excellence sur la patinoire, cela suppose qu'il faut avoir consacré la majeure partie de son temps au hockey. Si je veux le rejoindre, je dois nécessairement passer par le hockey. Mais c'est la même chose avec une foule de gens. Je pense à François Cousineau, par exemple, qui m'accompagne à l'émission. C'est un musicien qui vit, mange, rêve musique depuis si longtemps que pour le rejoindre je dois passer par la musique.

L'ennui avec Lise Payette, c'est qu'elle a réponse à tout. Et réponse si souvent intelligente qu'on n'a même pas le temps d'être agacé. Ce n'est qu'après coup qu'on s'aperçoit qu'on s'est fait avoir.

Par exemple, si vous essayez de dire à Mme Payette qu'il existe d'autres sports que le hockey, elle vous répond, désarmante:

— Je sais, il y a le baseball et le football, les courses de chevaux, le tennis. Mais moi, c'est le hockey que j'aime.

Et oups, mine de rien, l'athlétisme, la gymnastique, la natation, l'aviron, le cyclisme, la boxe (elle déteste ça), l'haltérophilie et vingt autres disciplines olympiques viennent de passer à côté du plateau d'Appelez-moi Lise.

— Mais non, puisque ce n'est pas une émission sportive que nous faisons. De toute façon, je n'ai rien à voir avec le choix des invités.

C'est exactement cela. Ce n'est pas une émission sportive, mais on y parle cependant fréquemment de hockey. Et les joueurs de ce merveilleux sport peuvent donner dans l'infantilisme le plus vagissant, puisqu'ils ont l'excuse d'avoir passé plus de temps sur la glace que sur les bancs d'école.

— Mais, enfin, pourquoi est-ce que je jugerais ces athlètes-là ? Qui suis-je pour le faire ?

Entendez : « Pour qui vous prenez-vous pour les juger ? » Et surtout n'insistez pas, ce serait de la dernière imprudence.

Il ne vous reste plus qu'à brûler vos dernières cartouches :

— Bon, dites-moi alors ce que vous pensez de Mike Marshall, ce lanceur vedette des Expos qui a déjà conseillé à un enfant qui lui demandait un autographe : « Tu ferais mieux d'aller à la sortie des universités ou des hôpitaux pour demander des autographes aux savants, aux grands médecins, aux professeurs. Moi, je ne suis qu'un joueur de baseball.

Elle hésite, parle de modestie excessive, d'autre forme d'orgueil, patauge gentiment. Mais c'est à ce moment qu'arrive le garçon de table avec un carnet qu'il dépose à côté de mon assiette en expliquant : « C'est pour notre cuisinier qui aimerait avoir votre autographe, madame Payette… »

Que pensez-vous qu'elle a fait ? Elle m'a regardé en coin, et m'a demandé, gentiment moqueuse :

— *Est-ce que je signe, ou est-ce que je l'envoie à la sortie des hôpitaux ?*

Comme si le diable avait besoin qu'on l'aide !

42

Mon ami Bourassa le fort

Je pensais qu'après cette rencontre je n'entendrais plus jamais parler de Foglia. Tel ne fut pas le cas. Il devait me consacrer un autre article un peu plus tard, au sujet de Jean-Claude Bourassa, celui que j'appelais « Bourassa le fort », faisant ainsi allusion à « Bourassa le faible », celui pour qui les choses allaient assez mal en politique à ce moment-là et qui était néanmoins premier ministre du Québec.

De quoi elle se mêle ?

Le Canada ne gagnera pas la médaille d'or de la catégorie superlourds en haltérophilie aux prochains Jeux olympiques. Dans cette épreuve vedette des J.O., vedette parce qu'elle désigne l'homme le plus fort du monde, comme le 100 mètres désigne l'homme le plus vite du monde, dans cette épreuve vedette donc, il n'y a personne au Canada pour battre le Soviétique Vasily Alexieev, qui lève dans les 950 livres au total des deux mouvements, arraché et épaulé-jeté. Et si ce n'est pas Alexieev, ce sera le Belge Serge Reading, l'Allemand Bonk, le Bulgare Plachkov, ou encore l'un des 10 autres Soviétiques qui lèvent dans les 880 livres.

L'homme le plus fort du monde n'est donc pas canadien. Je vous le dis avant que vous entendiez dire que l'homme le plus fort du monde s'appelle Jean-Claude Bourassa et qu'il est actuellement détenu au pénitencier Leclerc.

Peut-être est-il trop tard, peut-être regardiez-vous Appelez-moi Lise le soir où Lise Payette a reçu Jean-Claude Bourassa, qui l'a impressionnée avec un ou deux tours de force très spectaculaires, qui n'avaient cependant qu'un lointain rapport avec l'haltérophilie.

Vous connaissez Lise, le cœur grand comme ça, au moins aussi grand que son ignorance de l'haltérophilie, ce qui n'est sûrement pas un trou dans sa culture, l'haltérophilie n'ayant joué qu'un rôle très mineur dans notre évolution sociale, économique et même sportive. Je ne pense même pas qu'on insulte Jacques Beauchamp en disant qu'il n'y a pas un seul journaliste sportif au Canada capable de faire le compte rendu technique d'une compétition d'haltérophilie.

Mais vous connaissez Lise, connaît, connaît pas, elle parle. Elle est pas gênée. Elle allait s'occuper de Jean-Claude Bourassa, on allait voir ce qu'on allait voir. Elle tenait une occasion de se rendre utile, elle ne la lâcherait pas comme ça.

Elle n'a pas eu à se démener beaucoup, l'émission Appelez-moi Lise étant suffisamment populaire pour rejoindre des dizaines d'autres petits cœurs qui n'attendaient qu'une occasion de saigner pour l'haltérophilie, même s'ils n'avaient, pas plus que Mme Payette, la moindre fichue idée de ce que pouvait bien être l'haltérophilie.

Tant de sollicitude a fait de Jean-Claude Bourassa un sujet à la mode, un cas pathétique, une âme à sauver. Même un sous-ministre (Yves Bélanger) s'en est mêlé en donnant l'ordre à la fédération québécoise d'haltérophilie d'aller évaluer le spécimen sur place, à l'Institut Leclerc, « et plus vite que ça, c'est quand même un monde qu'on se fasse griller par la Payette sur notre propre terrain ».

Le fédération, en la personne de l'entraîneur de notre équipe d'élite, Philippe Hedrich, y est allée rencontrer Jean-Claude Bourassa. Et ce qui ressort du rapport de Hedrich, c'est que Bourassa n'a aucune chance, ne parlons pas de gagner, mais même de participer aux Jeux, puisque dans sa catégorie (superlourds), le minimum exigé pour se qualifier est de 775 livres et qu'il n'en lève que 620. Au classement proportionnel (poids soulevé par rapport au poids de l'athlète), Bourassa, qui pèse entre 320 et 330 livres, se classerait vers la 40e place au Québec, la 100e au Canada.

On voit qu'on s'éloigne de plus en plus de Vasily Alexieev, et cela même si Bourassa devient champion canadien dans quinze jours à Québec, où se tiendront les championnats nationaux. Il n'y aura en effet pas plus de trois concurrents dans la catégorie des superlourds, et le protégé de Lise Payette pourrait remporter un titre, presque par défaut.

L'aventure se terminera sans doute là, mais elle n'aura pas été tout à fait inutile. Elle aura permis de découvrir que l'Institut Leclerc possède, en quantité, plus d'équipement que n'importe quelle salle d'haltérophilie au Québec, de découvrir que si Pierre Charbonneau avait passé à l'émission Appelez-moi Lise, il aurait déjà sa statue au Stade olympique puisqu'il est classé sixième au monde dans sa catégorie (165 livres). Mais Charbonneau n'est pas passé à l'émission. Il est vrai qu'il n'est détenu nulle part, ce qui lui enlève un peu de son mérite.

Enfin, à défaut de découvrir un champion, cette émission nous aura permis de redécouvrir Lise Payette, ce qui est toujours un plaisir.

Le seul ennui dans tout cela, c'est que, comme tout le monde, Jean-Claude Bourassa s'est mis à croire qu'il était l'homme le plus fort du monde, et ça va lui faire de la peine quand il va apprendre que ce n'est pas vrai.

L'équipe d'*Appelez-moi Lise* faisait parfois des émissions dans les prisons. Nous étions allés à l'Institut Leclerc d'abord, puis à Archambault. Pour nous, cela représentait une expérience souvent troublante car nous étions mis en contact avec des détenus en qui nous découvrions de fidèles téléspectateurs. Ils suivaient l'émission avec assiduité.

Au cours d'une de ces visites, je fis la connaissance de Jean-Claude Bourassa, qui me confia son rêve de s'entraîner sérieusement en haltérophilie. Il croyait fermement qu'il pourrait être un candidat valable pour les Jeux olympiques de Montréal, dont on commençait à parler partout. Il en rêvait vraiment, mais il était convaincu qu'il n'avait aucune chance d'être pris au sérieux, à cause de sa détention. Nous avions donc invité « Bourassa le fort » à l'émission pour qu'il nous montre ce qu'il savait faire et dans le but de trouver quelqu'un qui pouvait s'intéresser à lui. Il avait fallu négocier sa présence avec les autorités de la prison et il était venu au studio accompagné de gardes armés.

Ce que raconte l'article de Foglia concernant un sous-ministre qui s'intéressa au cas est vrai, et ce dernier devait déléguer Claude Hardy, qui n'était quand même pas le dernier venu dans le domaine, pour évaluer le candidat Bourassa à l'intérieur des murs de sa prison. Hardy lui trouva suffisamment de talent pour avoir envie de l'entraîner lui-même, ce qui fut fait. Bourassa progressa et Claude Hardy me confirma que tous les espoirs étaient permis. Il devait effectivement gagner sa première médaille peu de temps après. Je n'ai jamais su pour quel crime Jean-Claude Bourassa était détenu. Si je lui avais posé la question, il m'aurait sans doute répondu, mais j'ai préféré ne pas savoir.

Un jour, Jean-Claude Bourassa fut libéré. Les choses allaient devenir plus simples et Claude Hardy avait préparé pour lui un programme d'entraînement qui le mènerait jusqu'aux Olympiques si tout allait bien. Les deux hommes étaient devenus des amis.

Un matin, très tôt, je fus réveillée par un appel téléphonique de la police de Montréal. On m'apprenait que Jean-Claude Bourassa avait été abattu par une balle dans le dos, dans un parc de stationnement, au cours de la nuit. Le lieutenant chargé de me transmettre la nouvelle me raconta que Bourassa avait apparemment reçu un appel de quelqu'un qui lui avait donné rendez-vous dans ce parc. Il s'y était rendu seul. Quand je me mis à pleurer au téléphone, le policier me dit : «Ne pleurez pas trop. Vous savez, ce n'était pas un ange, ce gars-là.» Je raccrochai. Comme s'il ne fallait pleurer que sur les anges!

Claude Hardy me rappela un peu plus tard pour m'informer que la famille de Jean-Claude était complètement démunie. Sa mère et son jeune frère, ses seuls parents, n'avaient pas l'argent nécessaire pour s'occuper des funérailles. Je demandai à Claude de faire le nécessaire, lui promettant de tout payer. J'étais en studio quand il me rappela pour me dire qu'un cercueil ordinaire ne ferait pas l'affaire. Jean-Claude devait peser dans les 175 kilos, il lui faudrait un «extralarge» et cela coûtait plus cher. Je lui dis de prendre un «extralarge». Il me rappela quelques minutes plus tard, pour me dire que l'«extralarge» non plus ne faisait pas. Pour entrer le corps, il faudrait probablement briser les os… Je dis à Claude de trouver un cercueil assez grand, que le coût n'avait aucune importance.

Le lendemain soir, je me rendis au salon funéraire. La mère de Jean-Claude Bourassa s'y trouvait, ainsi que son frère et une vingtaine de gars assez jeunes qui se levèrent tous quand j'entrai. Je ne sais pas qui ils étaient, mais j'eus l'impression d'avoir droit à une sorte de haie d'honneur.

Aux funérailles, le lendemain matin, la police paraissait omniprésente. On vint me dire de ne pas trop traîner sur le perron et de me tenir à l'écart du groupe principal. Ce fut la fin de Jean-Claude Bourassa, qui fut enterré au cimetière de l'Est. Contrairement à ce qu'écrivait Foglia, je crois qu'il avait toujours su qu'il ne serait jamais l'homme le plus fort du monde... parce que la vie ne lui laisserait aucune chance.

Quelque temps après les funérailles, son jeune frère me fit parvenir la médaille d'or que Jean-Claude avait remportée peu de temps auparavant. La seule de toute sa vie.

Je l'ai toujours.

43

La concurrence

Peu de temps après les débuts d'*Appelez-moi Lise*, nous avions atteint un million de téléspectateurs. C'est avec ce million à vingt-trois heures que l'émission a commencé à ressembler à un mythe. À Télé-Métropole, la seule autre chaîne francophone du Québec à l'époque, on dut sentir qu'il fallait faire quelque chose puisqu'il était impensable de laisser toute la place à Radio-Canada sans mener une bonne guerre ouverte.

Cette heure de télévision à la fin de la soirée, alors qu'on avait l'habitude de diffuser un film peu coûteux à l'intention des insomniaques, rapportait beaucoup à Radio-Canada, à cause des publicités. Cette manne ne pouvait laisser Télé-Métropole long-temps indifférente.

Nos premiers concurrents sur l'autre chaîne furent Dominique Michel et Réal Giguère, à *Altitude 755*. L'expérience ne devait pas s'avérer très heureuse. L'émission de Dodo et Réal ne dura que quelques mois. Alors que nous atteignions un million de téléspectateurs, *Altitude 755* n'en rejoignait que deux cent mille. Le soir de leur dernière émission, Dominique et Réal nous avaient invités, Jacques Fauteux et moi. Nous sommes arrivés avec une couronne mortuaire pour souligner le trépas de leur émission et j'ai dansé une valse dans les bras de Réal pour célé-brer notre victoire. Tout cela fut fait en toute amitié, bien sûr, surtout que j'ai toujours eu beaucoup de respect et d'affection pour Dominique Michel et Réal Giguère. Nous retrouver seuls en tête d'affiche ne nous rendait toutefois pas mécontents.

Nous ne savions pas cependant que Télé-Métropole gardait encore une carte dans sa manche. Dès l'automne suivant, on allait nous opposer l'« enfant terrible » lui-même, Jacques Normand.

Pour ma part, j'accueillis la nouvelle avec le sourire. Cela représentait quand même un événement pour moi. Cet homme que j'avais tant admiré, que j'admirais encore et que j'avais suivi au *Fantôme au clavier* – une émission de CKVL enregistrée devant un public à Verdun et dont je faisais souvent partie, où Billy Monroe était le pianiste attitré et où on chantait en chœur les succès français du jour – allait être en ondes dans un talk-show à vingt-trois heures à Télé-Métropole contre *Appelez-moi Lise*. Jacques Normand, que j'avais écouté d'une oreille distraite, d'accord, mais écouté quand même pendant ma nuit de noces quand il animait un radiothon en faveur de je ne sais quel organisme, toujours à CKVL… Jacques Normand, de qui j'avais le sentiment d'avoir appris tant de choses sur le métier, tout ce qu'il fallait faire, bien sûr, mais aussi tout ce qu'il ne fallait pas faire… Ce cher Jacques allait être notre concurrent.

Je crois que c'est là que je réalisai, peut-être pour la première fois d'une façon aussi claire, le chemin que j'avais parcouru. Jacques Normand était déjà une grande vedette quand je n'étais qu'une adolescente, et tout à coup nous allions nous trouver face à face, nous disputant une heure d'antenne à la télévision pour le plus grand plaisir de tous.

Le 10 septembre 1973, Daniel Grégoire nous fit l'honneur de la première page de *Photo-Journal*, sous le titre : « Le grand secret de Lise et de Jacques ».

L'émission de Jacques était en ondes depuis le 3 septembre seulement, et, malgré sa bonne humeur ce jour-là, la tâche qu'il venait d'accepter lui donnait déjà du fil à retordre.

Lui: O.K., O.K.…, je vais en faire un pari. Disons que les premières cotes d'écoute, ce sera un tiers, deux tiers; non, elles sortent en décembre? Alors ce sera 40 p. cent, 60 p. cent. Pour les deuxièmes, ce sera encore 60-40, mais en ma faveur, cette fois-là.

Elle: Moi, si j'étais à la place de Jacques, j'invoquerais le 5ᵉ amendement pour cette question-là; depuis Watergate, on le sait maintenant, t'es jamais obligé de témoigner contre toi. Invoque donc le 5ᵉ amendement, Jacques! Mais si jamais tu as raison pour les ratings, je paye le champagne.

Lui: Bon, et si c'est elle qui a raison, c'est moi qui paye le champagne. […] Non, mais cette province est gâtée: deux émissions d'un telle qualité chaque soir; c'est pas extraordinaire, ça? Et puis, si ça va pas, on peut toujours faire un duel. Oui, mais c'est défendu par l'Église…

Elle: C'est pas la seule chose défendue par l'Église qu'on fait déjà.

Lui: C'est vrai, vous êtes habituée, vous vous êtes pour l'avortement. Si seulement votre mère avait été en faveur de l'avortement… Maudit que ça aurait été bon pour mon rating!

Moi: Il est une question que tout le monde se pose: Jacques Normand, vous allez durer combien de temps?

Lui: L'émission a commencé le 3 septembre et j'ai dit qu'elle continuait jusqu'à ce que mort s'ensuive. Ça veut dire jusqu'à ce que je meure ou qu'alors on me pende ou qu'il arrive quelque chose. Non, mais le gag a assez duré. Faire des émissions bien paqueté, là…

Elle: C'est fini, ça?

Lui : Oui, bien fini. À moitié paqueté, ça, ça peut arriver encore des fois.

Elle (en riant) : De toute façon, tu es à moitié paqueté tout le temps...

Lui (jouant le gars fâché) : Maudite mauvaise langue ! C'est ça que tu es, une maudite mauvaise langue. Vieille chipie, va !

[...] Jacques est arrivé, s'excusant des cinq minutes de retard qu'il accusait, il s'est dirigé vers nous, a regardé Lise en souriant tout en me serrant distraitement la main, s'est assis près d'elle et a immédiatement commencé à s'entretenir avec elle comme s'il l'avait quittée la veille. Et pourtant leur dernière rencontre remonte déjà à plusieurs mois en arrière. De son côté, Lise le regardait doucement, de ce regard souriant et un peu protecteur dont elle enveloppe les gens qu'elle aime. Elle attendait l'occasion de pousser une bonne blague, question d'éprouver Jacques sans doute, question de le mettre au défi comme il aime que ses amis le mettent au défi.

Et en regardant ces deux enfants terribles de la télévision s'entretenir doucement comme cela, on ne pouvait sentir autre chose que la profonde amitié qui les unit, le très grand respect qu'ils éprouvent l'un pour l'autre. Ils ont parlé de choses et d'autres, répondant parfois à mes questions, les ignorant parfois aussi si elles les dérangeaient, se remémorant des souvenirs communs, se donnant mutuellement des nouvelles de vieux amis.

J'ai encore les oreilles pleines de leur rire à tous les deux, des propos légers ou plus sérieux qu'ils ont échangés, des « mon amour », « mon trésor » que Jacques lançait amicalement à Lise et des « Jacques... » qu'elle lui répondait...

Je les revois tous les deux, vrais, ayant jeté bas le masque, n'esquissant même pas une tentative pour s'impressionner mutuel-

lement, sachant fort bien qu'ils sont tous les deux au-dessus de tout cela, chacun mettant au contraire tout en œuvre pour bien montrer à l'autre le respect qu'il suscite chez soi...

Le 16 septembre suivant, moins d'une semaine après cette entrevue, *Dimanche/Dernière heure* publiait un article de Jean Laurac sous le titre : « La Normandise en difficulté ».

> *Grand branle-bas à Télé-Métropole cette semaine. À peine dix jours après le début de la nouvelle saison, on décide de réajuster son tir en procédant à de nombreux déplacements au niveau des réalisateurs dont le principal responsable semble être Jacques Normand et sa série* La Normandise.

> *On a retiré à Laurent Larouche la responsabilité de réaliser cette émission et depuis jeudi soir c'est Jacques-Charles Gilliot qui a pris la succession. Les deux hommes concernés sont avares de commentaires, Larouche se contentant de dire laconiquement : « Il y a eu désaccord entre la direction et moi. »*

> *Même si personne ne veut le confirmer officiellement, on n'aurait pas obtenu avec* La Normandise *les résultats escomptés et on a nettement l'impression que tout comme contre* Altitude 755, *la rivale* Appelez-moi Lise *aurait à nouveau le haut du pavé lors des prochaines publications des cotes d'écoute.*

Malheureusement pour mon ami Normand, l'émission a disparu comme elle était venue. Les tentatives de Télé-Métropole de contrer le succès d'*Appelez-moi Lise* avaient échoué. Nous allions rester les seuls maîtres de l'antenne à vingt-trois heures jusqu'à la fin.

44

Les plus beaux hommes du Canada

Si j'avais été croyante, je pense qu'il m'aurait fallu confesser le plaisir que j'avais à préparer le concours du plus bel homme du Canada chaque année. Que de plaisir nous avons connu ces 14 février-là ! Il pouvait bien faire moins quarante à l'extérieur, il pouvait neiger, venter et geler à pierre fendre, toutes les femmes attendaient ce moment extraordinaire de *les* voir défiler. Elles avaient le sourire aux lèvres depuis des semaines quand la Saint-Valentin s'annonçait chaque année. C'était alors le retour du « plus beau » et nous devinions l'ambivalence des sentiments des hommes face à ce concours bien particulier.

D'abord, ils éprouvaient la peur du ridicule, c'était évident. Puis une certaine satisfaction de se savoir désignés par le vote populaire, mêlée à une certaine crainte toute personnelle de se voir devant le peloton des laissés-pour-compte. Le 14 février était une date difficile à vivre, non seulement pour les gagnants du concours, mais pour tous les hommes en général. Certains journalistes masculins ont même tenu des propos carrément jaloux devant le succès des autres et ils auraient probablement voulu se voir à leur place. Pour d'autres, l'humiliation était si grande que, faute de mieux, ils s'en prenaient à l'organisatrice du concours. À preuve cet article de Jean-Marc Desjardins, en première page de *La Presse*, le samedi 16 février 1974 :

Les femmes, les femmes!

[…] Ils étaient tous bien mignons, mais une fois de plus ce sont les femmes qui ont gagné. À une exception près, toutes les femmes du Gala du plus bel homme du Canada étaient splendides, belles à croquer comme ça, sur-le-champ, seulement les mignons étaient trop préoccupés par l'exception et ses petites questions fines et subtiles comme de la mélasse.

Et préoccupés surtout par la belle plaque en «fiberglass montée sur imitation de bois de teck», l'oscar des mal-aimés et l'emblème du matriarcat que semble vouloir faire revivre avec férocité tante Lise.

Bon, bon, si vous avez regardé le show, vous savez maintenant que c'est Pierre Lalonde qui a été le dernier des pauvres types à aller parader devant les caméras, donc LE plus bel homme du pays. Paraît même qu'il a été élu démocratiquement, soit par le volume du courrier reçu et décacheté à Radio-Canada.

Si vous n'avez pas regardé, voici la liste des autres minets, dans l'ordre: Pierre Nadeau (Radio-Canada), Ian Ireland (Radio-Canada), Jean Duceppe (Télé-Métropole), Peter Duncan (lui, on n'a pas encore compris…), Jacques Boulanger (Radio-Canada), Donald Pilon (auteur du subtil mais combien efficace Wô, les moteurs!), Benoît Girard (Radio-Canada), Serge Laprade (Radio-Canada), Normand Harvey (Radio-Canada). […]

Le malheur, c'est qu'il fallait faire parler les minets, leur faire cracher le plus d'imbécillités possible et pour tante Lise, ç'a été un jeu d'enfants.

La race des minets est bien masochiste. Même dans le cadre d'un spectacle de second ordre, ils ont tout remué pour parvenir à se faire « élire », pour se faire voir en couleurs et se faire ridiculiser.

J'ai honte, tante Lise, j'ai honte.

Qu'est-ce que la nature a bien pu vous faire pour que vous en arriviez à de telles bassesses ?

Je sais, je sais, vous me direz que je parle comme un male chauvinist pig, que nous avons fait subir le même sort aux femmes depuis des siècles, qu'il est temps que le vent tourne… mais les minets ont marché dans le coup et c'est pour ça que j'ai honte, tante Lise.

Dites-nous, la semaine prochaine, que le show était « paqueté » d'avance, on comprendra, ça fait partie de nos mœurs, mais, tante Lise, de grâce, cessez de parler du nombre de votes.

Le concours a duré neuf ans. D'environ dix mille votes la première année, nous sommes passés à trois cent vingt mille en 1975. Cette année-là, qui devait être la dernière, le compte a dû être fait par les ordinateurs de Radio-Canada et le dépouillement des lettres reçues a nécessité l'engagement de personnel supplémentaire.

Au fil des ans, ce concours, inventé en ondes à l'émission radiophonique *Place aux Femmes* de Radio-Canada, était devenu un rendez-vous plein d'humour et de santé.

Parmi les plus beaux, il y avait eu des beaux, des moins beaux et des pas beaux du tout. Chaque fois, le plaisir d'observer leur timidité, de les voir perdre leurs moyens face à l'honneur qu'ils recevaient, était renouvelé pour le plus grand bonheur des téléspectatrices. Le concours avait commencé dans un studio de radio et il devait terminer sa carrière dans une Place des Arts remplie à craquer.

Les habitués étaient, en dehors de Jacques Fauteux et François Cousineau : Benoît Girard, Pierre Nadeau, Pierre Lalonde, Keith Spicer, Pierre Elliott Trudeau, Guy Lafleur, Jean Béliveau, Ken Dryden, Serge Laprade, Normand Harvey, Yves Corbeil, Daniel Pilon, Donald Pilon, Jacques Boulanger, Jean Lesage, Gérard Poirier, Jean Coutu, Richard Garneau, Paul Dupuis, Marcel Masse, John Turner, Philippe de Gaspé Beaubien, Marcel de La Sablonnière, Albert Millaire, Henri Saint-Georges, Roger Gosselin, Fernand Seguin, Léo Ilial, Bernard Derome, André Payette, Jean-Guy Cardinal, Jean Besré, Jean Duceppe, Guy Provost et tant d'autres. Même Jean-Pierre Ferland a un jour été huitième et Claude Wagner, ministre de la Justice du Québec à l'époque, neuvième.

Serge Dussault, journaliste de *La Presse*, écrivit ceci au sujet de Claude Wagner :

> *Il s'est livré pieds et poings liés à Lise Payette. La mine superbe, le ventre rond, encore sûr de sa popularité, Claude Wagner apprenait qu'il était le neuvième plus bel homme du Canada. « Neuvième, qu'il semblait dire, mais le petit Bourassa n'est même pas là ! »*

> *À Lise Payette qui le félicitait d'avoir le courage d'affronter un si vaste auditoire féminin, il répond qu'il est touché du témoignage d'affection que 33 208 votes lui apportent. Votes qui auraient été bien utiles lors d'un récent congrès, n'a-t-on pas manqué de souligner.*

> *Puisqu'elle l'avait sous la main, Mme Payette en a profité pour le cuisiner un peu – c'est à chacun son tour.*

« *Ne craignez-vous pas de ne plus être pris au sérieux après être venu ici? En général, les politiciens boudent notre concours.* »

Ce à quoi l'ancien ministre de la Justice répond qu'il faut distinguer entre politicien et homme politique. En somme, entre le bon grain et l'ivraie. Il ajoute que d'autres usent de mille trucs pour faire de la politique. Que lui n'est pas comme ça. Il va presque jusqu'à déclarer qu'on lui a passé un fameux sapin lors du congrès de leadership de son parti. On le comprend, mais il ne le dit pas. […]

Les autres plus beaux hommes sont, dans l'ordre décroissant – et pour ceux qui ne l'auraient pas deviné: Jean-Paul Dugas, Jean-Pierre Coallier, Claude Landré, Michel Pelland, Yves Corbeil, Mario Verdon et Jacques Fauteux.

Ils ont descendu un grand escalier qui aurait fait pâlir d'envie Muriel Millard elle-même. Un escalier en bas duquel les attendait Lise Payette. Elle était particulièrement en forme. Vive, brillante, avec ce sourire spirituel et féroce qui lui donne un charme inquiétant.

Aucun homme n'était exclu de ce concours. Et plusieurs ont reçu des votes même si, dans les faits, ils n'étaient pas particulièrement qualifiés comme plus beaux. C'était le cas de Jean Chrétien, de René Lévesque et de Gilles Latulippe. Celui-ci eut quand même droit à la première page de *La Presse* le 16 février 1974.

Le coup avait été monté sans doute avec la complicité de Pierre Lalonde. Au moment où j'allais annoncer le nom de Lalonde, qui était notre grand gagnant ce soir-là, je vis apparaître Gilles Latulippe en haut du grand escalier. Pour être honnête, je dois avouer que j'avais été prévenue. L'équipe de l'émission n'avait pas voulu que je sois mise en face du fait accompli et avait préféré m'avertir du tour qui se préparait. Je choisis cependant de jouer le jeu et d'afficher la plus parfaite surprise, ce qui me paraissait bien meilleur pour les spectatrices. Cela nous valut cette première page où je paraissais déçue et où je refusais de faire la bise à Gilles Latulippe[3].

Cette photo devait donner lieu à bien des commentaires, parfois désobligeants. Comme si j'avais levé le nez sur la beauté de Gilles Latulippe.

Le concours du plus bel homme me manque encore aujourd'hui. Il m'arrive de penser que le 14 février n'est plus ce qu'il était, car cette bonne humeur de l'époque nous aidait quand même à passer l'hiver, qui me paraît de plus en plus long maintenant. On s'amusait ferme avec ce concours, qui se voulait une réplique aux «Miss N'importe-quoi», comme je l'expliquais déjà à Pierre Julien dans *Photo-Journal* du 19 février 1969.

> *Elle explique que ledit concours se veut la contrepartie des innombrables élections de «miss» (Miss Pomme-de-terre, Miss Cantons-de-l'Est, Miss Fromage-Oka, etc.), où on évalue davantage la chevelure et la cuisse de l'intéressée que ses qualités moins palpables. «Même s'il n'est pas encore question de faire défiler les hommes en costume de bain, les femmes et les élus participent à ce concours dans un esprit léger, sinon de blague. Place aux femmes nous a appris au moins une chose: les femmes ont le sens de l'humour. C'est beaucoup!»*

> *— N'y a-t-il pas une raison plus profonde qui fait que plus de 30 000 femmes prennent la peine de faire connaître leur opinion sur une beauté masculine?*

---

3. La photographie apparaît parmi celles reproduites dans l'ouvrage.

Probablement qu'en posant ce geste la femme se décomplexe. Autrefois, une femme n'avait pas le droit de dire à un homme qu'il était beau. Maintenant elle le clame jusque devant le public.

— Quel est le type d'homme que vous aimez particulièrement?

— Je préfère les hommes grands, foncés de cheveux, aux épaules bien charpentées. Tenez, la plus belle bête que je connaisse est Richard Garneau. Il est parfait, ce gars-là; pas le moindre petit défaut. Jean Béliveau aussi serait mon type. Parmi les candidats de cette année, mon choix se porte sur Léo Ilial.

— Et si vous étiez l'épouse du plus bel homme du Canada, comment réagiriez-vous?

La réponse fuse, spontanée:

— Je l'enfermerais dans une armoire pendant un an. C'est bête, un homme. Il s'agit de lui dire qu'il est beau pour qu'il y croie.

Le plus beau gala fut le dernier, en 1975. Nous avons alors couronné le regretté Léo Ilial comme plus bel homme, mais ce fut, je dois le dire, à son corps défendant. Il était vraiment timide, mais ce n'était pas tout. Nous avions eu l'impression, en communiquant avec son épouse pour faire les arrangements nécessaires à sa présence à la Place des Arts, qu'elle était absolument contre sa participation à l'événement. Elle nous avait d'abord enjoints de retirer son nom. Quand nous lui avions expliqué que c'était le vote populaire qui avait désigné son mari, elle avait quand même été furieuse. Nous lui avions expliqué que même s'il refusait d'être présent, nous ne pouvions rien changer au vote et que nous l'annoncerions comme le gagnant puisque c'était la réalité. Nous avions toujours procédé ainsi avec les absents les années précédentes, de toute façon. Léo Ilial avait fini par confirmer sa présence.

Ce soir-là, nous avions demandé à Diane Dufresne, l'une de nos artistes invités, de monter le grand escalier en chantant *L'Homme de ma vie*, son succès de l'heure, et d'aller chercher Ilial en haut du grand escalier. Parut alors un Léo Ilial au sourire torturé, timide, gauche, et assez désemparé. Une fois sur scène, il était mort de trac, et je crois sincèrement qu'il ne savait plus où se mettre. Au lieu de jouer le jeu, il ne cessa de répéter qu'il ne voulait pas être là, qu'il n'avait rien fait pour cela, qu'il ne se trouvait pas beau et qu'il voulait être ailleurs.

Diane, à la fin du gala, reprit son succès *Si tu penses que c'est comme ça que tu vas m'avoir à soir*, chantant un couplet à chacun des beaux hommes présents sur scène, pour le plus grand plaisir des spectateurs. Je crois bien pourtant que ce fut Ken Dryden qui eut le mot de la fin.

Il avait commencé à étudier le français, mais c'était vraiment un débutant. Quand Diane s'arrêta devant lui, il sortit de sa poche un dictionnaire français-anglais minuscule où il fit semblant de chercher la traduction des mots que Diane lui chantait. La salle croula de rire.

Un jour de l'automne 1997, Jacques Fauteux me téléphona pour m'informer qu'on allait présenter Gala du plus bel homme à la Cinémathèque québécoise. Nous avons convenu de nous y retrouver. J'y ai emmené ma petite-fille. Il s'agissait justement de l'émission où Ilial avait été couronné. Même la petite, qui n'avait jamais vu sa mamie animer ce genre d'émission, a bien ri de ce qu'elle a vu. À mon grand étonnement, la salle de la cinémathèque était remplie de gens plutôt jeunes, à qui j'ai bien failli demander pourquoi ils étaient venus visionner un vieil *Appelez-moi Lise* un soir où ils auraient pu regarder la télévision ou aller au cinéma. Je n'ai pas osé.

45

Les beaux moments

J'ai adoré animer *Appelez-moi Lise*. Il m'est arrivé souvent de dire que ce n'était pas travailler que de faire cette émission-là, tellement le climat qui régnait dans l'équipe était formidable. J'avais l'impression d'être privilégiée de rencontrer tout ce beau monde à qui je parlais tous les soirs. Les invités se donnaient beaucoup de mal pour paraître à leur mieux, comme s'ils nous faisaient constamment le magnifique cadeau de leur présence.

Certains d'entre eux sont plus présents à ma mémoire. Je pense aux passages remarquables de Ginette Reno, une conteuse d'histoires absolument désopilante qui nous faisait rire aux larmes. Je me rappelle aussi Michel Noël, avec qui, un certain soir, je n'avais même pas pu terminer l'entrevue tellement il m'avait fait rire. Je n'oublierai jamais non plus l'entrevue touchante du cardinal Léger, qui tenait absolument à chanter, ce soir-là, et qui l'avait fait si joliment. Je me souviens de Jacques Lemaire et de son poème *Rita la rondelle*, ainsi que de René Simard, de retour d'un voyage au Japon où il avait connu un immense succès, et de la jolie poupée japonaise qu'il m'avait offerte. Quel enfant adorable il était !

Je me souviens de Denise Pelletier chantant un extrait de *Mère Courage*, de Dominique Michel relatant ses expériences vécues dans des draps de satin qui la jetaient automatiquement en bas du lit chaque fois qu'elle s'y installait, et du grand-père de

Fernand Gignac, centenaire très confus, qui n'avait prononcé qu'un seul mot pendant toute l'entrevue, «pipi...», jusqu'à ce que je réalise que je n'en tirerais rien d'autre et que quelqu'un vienne le chercher pour le conduire là où il voulait aller.

Je ne suis pas près d'oublier non plus la visite du sculpteur Armand Vaillancourt à l'émission. Dès que j'eus annoncé sa présence en le nommant, il a commencé à se déshabiller près du fauteuil de l'invité. Il a enlevé tous ses vêtements sans dire un mot. Jacques Fauteux et moi l'avons regardé faire, bouche bée. Puis il s'est assis et Jacques a été le premier à réagir. Il a dit: «Monsieur Vaillancourt, est-ce que vous êtes né comme ça?» Tout le monde a ri et j'ai enchaîné avec les mêmes questions que je lui aurais posées s'il avait été habillé. Il a répondu normalement, sans faire allusion au fait qu'il était nu. Nous étions déjà assez avancés dans l'entrevue quand le régisseur cria: «Coupez!» Ce qui nous fit rire encore plus... mais l'émission était arrêtée.

C'était la première fois que cela se produisait à *Appelez-moi Lise*. Jamais une émission n'avait été interrompue auparavant. La réalisatrice Suzanne Mercure avait pris la décision de ne pas aller plus loin dans l'entrevue d'Armand Vaillancourt, qui fut prié de sortir. Il le fit sans faire d'histoire, après avoir ramassé ses vêtements.

Après consultation, on décida de continuer l'enregistrement mais de diffuser l'émission amputée des dix ou douze minutes qu'avait duré l'entrevue de Vaillancourt. Ce fut la seule fois où l'émission fut écourtée. Suzanne Mercure justifia son choix en disant que de passer l'entrevue avec Vaillancourt équivalait à provoquer d'autres incidents du même genre et à nous rendre plus vulnérables vis-à-vis de n'importe quel hurluberlu. Elle ne voulait pas choquer l'auditoire en lui montrant la nudité de Vaillancourt. Sa décision fut endossée par la direction de Radio-Canada. Ce fut le seul incident du genre à *Appelez-moi Lise* en trois ans.

Par contre, l'un des plus beaux moments pour moi fut sans doute cette entrevue très particulière que je fis avec Henri Charrière, dit Papillon. Je devais avoir un faible pour les repris de justice, car Papillon avait été incarcéré à Cayenne, condamné à perpétuité pour des crimes qu'il jurait ne pas avoir commis. On avait obtenu des faux témoignages contre lui en France. C'était son histoire telle qu'il la racontait. Dès son arrivée à Cayenne, disait-il, il avait commencé à travailler à son évasion car il avait juré de ne jamais accepter le jugement injuste dont il s'estimait la victime et il voulait se venger de ceux qui l'avaient envoyé dans cet enfer. Il venait d'écrire un livre racontant sa vie. Un jour, réfugié au Venezuela après avoir sauté le mur de sa prison, il avait entendu raconter l'histoire d'Albertine Sarrazin, qui avait écrit un livre magnifique, *L'Astragale*, où elle racontait sa cavale après son évasion de prison. Papillon avait acheté l'œuvre et s'était dit que si elle avait pu vendre cent vingt-trois mille exemplaires de son livre avec un petit séjour en prison, il en vendrait bien plus avec sa propre histoire. Il venait d'avoir soixante ans. Il avait plus de trente ans de vie à raconter. Il écrivit l'histoire de son incarcération et de son évasion de Cayenne, comment il avait trouvé refuge au Venezuela et comment il était devenu citoyen de ce pays où on l'avait accueilli avec générosité. Il ne pouvait pas rentrer en France, où on considérait toujours qu'il devait être ramené à Cayenne jusqu'à la fin de sa vie.

Le lancement de son livre avait été un véritable événement en France. Il avait encore la police à ses trousses et les journalistes devaient se rendre à ses conférences de presse quasi clandestinement. J'avais eu l'occasion de le rencontrer une première fois à l'Hôtel Meurice, où avait eu lieu une conférence de presse qui devait d'abord se tenir à l'aéroport d'Orly. Il avait répondu rapidement aux questions de quelques journalistes, juste avant de filer en Suisse pour échapper encore une fois à la police française. Il faisait la promotion de ce livre qu'il venait de publier et qui allait devenir un énorme *best-seller*. Je ne sais pourquoi, mais il m'avait prise en affection tout de suite, dès les premiers mots que nous avions échangés. Il avait l'habitude de regarder les gens bien en face, droit dans les yeux en leur parlant, et il disait qu'ainsi il pouvait voir jusqu'au fond de l'âme de son interlocuteur.

Quelques mois plus tard, il vint à Montréal au moment de la parution de son livre ici. Il savait déjà qu'Hollywood en avait acheté les droits et qu'on allait en tirer un film avec Steve McQueen dans le rôle titre. Il était ravi du succès qu'il connaissait, mais ce succès venait bien tard.

À l'émission, jamais encore je n'avais tutoyé un invité. J'avais choisi le vouvoiement parce que celui-ci me permettait de faire une meilleure entrevue que ne l'aurait permis le tutoiement, même avec les personnes que je connaissais bien et que je tutoyais dans la vie. Papillon, devant tout le monde, dès qu'il fut assis à mes côtés, insista pour que je le tutoie. Il y tenait tellement qu'il me dit qu'il allait renoncer à l'entrevue si je ne cédais pas à sa demande. Comme cela n'était jamais arrivé auparavant avec personne, ce tutoiement allait donner à l'entrevue une sorte d'intimité très étonnante et très touchante. Papillon parlait volontiers de l'immense tendresse qui l'habitait, de ce qu'il avait retenu de ses années d'enfermement, et de son amour de la liberté. Je savais en outre qu'il allait mourir bientôt. Il souffrait d'une maladie qui ne pardonne pas et il n'en avait que pour quelques mois. Il me l'avait dit. C'est la raison pour laquelle la justice française avait fini par le laisser en paix. Ce fut, me semble-t-il, une belle entrevue. Comme une sorte de cadeau d'adieu.

J'ai gardé de Papillon quelques mots écrits sur une serviette de papier dans un restaurant, des mots tendres qu'il signe : « Ton pote, Papillon. » Il y a des souvenirs plus précieux que d'autres. Et on ne sait pas pourquoi.

Un autre de ces souvenirs marquants est ma traversée du Saint-Laurent en canot sur la glace, à la hauteur du bassin Louise, à Québec. J'avais reçu une invitation du capitaine François Lachance et de son frère Raymond pour participer à une traversée du fleuve en plein mois de janvier. J'allais être la première femme en vingt ans à relever ce défi. Pour cette seule raison, j'avais été incapable de dire non.

Il faisait terriblement froid, ce samedi-là. En plus des frères Lachance, participaient à la traversée André Gazé, de Montmagny, ainsi que Michel Caron et Jean-Paul Thibault, de L'Islet, des gars solides et qui connaissaient bien leur métier. Heureusement. La seule consigne qu'on m'avait donnée fut de ne jamais lâcher le canot quand je serais à l'extérieur de l'embarcation. Pour le reste, je devais les suivre, c'est-à-dire rester dans l'embarcation quand ils y étaient et sauter sur la glace quand ils le faisaient. En courant toujours, car ils étaient à l'entraînement pour une course de vitesse qui allait avoir lieu pendant le Carnaval de Québec. Je n'ai pas peur de l'eau, mais jamais je n'avais réalisé que ce voyage serait aussi exaltant. C'est très certainement une des choses les plus extraordinaires que j'aie faites, non seulement pour l'émission, mais dans ma vie.

Ce qui m'a le plus fascinée, c'est cette impression profonde, une fois au milieu du fleuve, d'être allée sur la Lune. Les énormes blocs de glace cachaient tout de Québec comme de Lévis, et la rapidité avec laquelle ces blocs descendaient le courant était hallucinante. On réalisait vite qu'on n'avait pas le choix : il fallait sans cesse courir et sauter d'un bloc à l'autre pour ne pas être emporté par le courant et se retrouver sur un bloc qui irait se fracasser contre des dizaines d'autres dans un bruit assourdissant et un mouvement vers le haut qui pourrait tout emporter et tout écraser. Quand il n'y avait pas de glace sous nos pieds, il fallait monter dans le canot et ramer tant bien que mal jusqu'au prochain bloc de glace. La vision du fleuve, de ses glaces déchaînées et le bruit de ces énormes blocs se heurtant les uns contre les autres valaient tous les efforts.

Pas un seul moment je n'ai pensé aux photographes et aux cameramen qui suivaient la traversée à bord du remorqueur *Léonard W.* de la Davie Shipbuilding de Lauzon. J'avais véritablement tout oublié, tellement le travail était exigeant et que j'avais le sentiment que ma vie pouvait être en danger. Si j'étais tombée à l'eau, je ne sais pas ce que mes amis du canot auraient fait pour me récupérer. On n'en avait pas parlé. Il n'y avait pas de gilet de sauvetage. Je vous jure que je n'ai pas lâché le canot.

C'est l'équipe du capitaine Lachance qui gagna la course en février suivant, et plusieurs années d'affilée. Moi, je n'y suis jamais retournée. Pourtant, j'ai toujours eu envie de recommencer l'expérience par la suite. Chaque année. Allez donc savoir pourquoi.

46

Georges, Marcello, Johnny et les autres

En juin 1974, *Appelez-moi Lise* se rendit à Paris pour réaliser des entrevues avec de grands noms de la littérature, du théâtre et du cinéma français. En dix jours, installés dans un salon de l'Hôtel Georges V, nous avons reçu cinquante personnalités différentes, au rythme de cinq entrevues d'une heure par jour.

Nous avions choisi le Georges V parce que nous pensions que les «grands» seraient moins effrayés par une adresse aussi connue à Paris. Nous avons installé tout notre matériel en permanence pour dix jours. Les rendez-vous avaient été pris avec de très grands noms, parmi lesquels Georges Brassens, Lino Ventura, Catherine Deneuve, Marcello Mastroianni, Johnny Hallyday, Jean Seberg, Danielle Darrieux, Yul Brynner, Curd Jurgens, Robert Hossein, Raymond Devos, Louis de Funès, Maurice Druon, l'auteur des *Rois maudits*, et Sergio Leone, le fameux réalisateur des westerns spaghetti, qui connaissaient un vrai succès mondial.

Le rythme des entrevues était infernal. Une heure complète avec chacun d'entre eux, plus un changement de costume entre les entrevues, et les retouches de maquillage. Je me souviens d'avoir fait rire l'équipe après quelques jours, à ce rythme, en leur avouant que je me sentais comme une putain faisant des clients. Et au suivant…

Mais le résultat n'était pas mauvais. Bien sûr, il fallait pouvoir passer de l'un à l'autre et trouver les points intéressants de chacun. Travailler à chaud ainsi, chaque jour, devenait comme une sorte d'intoxication dont je n'avais plus envie de me défaire. Se nourrir de la vie et de l'expérience des autres, cela peut avoir quelque chose de grisant, donc de dangereux. En effet, après, il faut savoir revenir à la réalité.

Toutes ces grandes vedettes, qu'on a tendance à croire capricieuses, cachent souvent les personnalités les plus aimables et les plus simples du monde. Tous se déclaraient enchantés de faire l'entrevue demandée, parce que nous leur avions offert un cachet de cent dollars, ce qui n'était rien pour eux, vraiment, mais cela les touchait car ils n'étaient jamais payés à la télévision française quand ils acceptaient une invitation. Leur réaction à notre « petit cachet » nous a étonnés, mais ils étaient tous là à l'heure et prêts à collaborer complètement, même quand nous avions un peu de retard et que nous avons dû les faire attendre.

Le premier lundi matin, à neuf heures, nous avions rendez-vous avec Georges Brassens, que je voyais en dehors de la scène pour la première fois. J'avais déjà assisté à l'un de ses récitals, mais je ne l'avais jamais rencontré. Ce jour-là, dans ma robe longue, au beau milieu d'un salon du Georges V, j'avais le cœur qui battait la chamade.

Georges Brassens se présenta à neuf heures du matin, comme prévu. Jacques et moi étions prêts. J'étais un peu inquiète parce que j'avais toujours cru que Brassens avait un sale caractère. Du moins l'avais-je entendu dire. Nous lui avons servi un café. Nous avons parlé de la pluie et du beau temps, et de son penchant pour la campagne. Nous attendions que le technicien du son, Georges Romanoff, attaché au bureau de Paris de Radio-Canada, nous dise qu'il était prêt pour l'enregistrement. Je l'avais trouvé « brouillon », ce brave Romanoff, quand j'étais entrée dans la pièce. Des fils jonchaient le plancher et cela ne faisait pas professionnel. À neuf heures, nous n'étions pas prêts à commencer. Nous nous sommes excusés auprès de Georges Brassens en lui expliquant qu'il était notre premier invité et que tout allait s'arranger bientôt. À neuf heures trente, rien ne marchait encore. Georges Romanoff, à quatre pattes sous la table où il avait posé son équipement, vociférait contre ses machines, mais rien n'y faisait. À dix heures, nous n'avions toujours pas commencé alors que nous aurions dû avoir fini. Brassens restait toujours charmant. Il disait qu'il comprenait, que c'était la même chose en concert, que le son était toujours difficile à régler… En fait, je savais bien que cela n'avait pas de sens. Alors, j'ai plongé et lui ai demandé: «Ce serait impensable, n'est-ce pas, de vous demander de revenir demain matin à la même heure?» J'étais convaincue qu'il allait éclater de rire en disant qu'il était pris le lendemain. Pourtant, le miracle se produisit. Il me répondit: «Mais pas du tout. Je serai là.»

Nous l'avons accompagné en le remerciant mille fois et en lui présentant nos excuses, et il s'en est allé, toujours de bonne humeur.

Notre rendez-vous suivant était à onze heures. Suzanne Mercure, la réalisatrice, avait trouvé, au pied levé, un autre ingénieur du son, un Suisse. Je n'ai pas su ce qui s'était passé, mais, à onze heures, Romanoff n'était plus là. Il avait été remplacé. Il n'y avait plus de fils nulle part sur le plancher du salon, qui était devenu un véritable studio. À l'heure dite, nous étions prêts à enregistrer.

Le lendemain matin, à neuf heures, Georges Brassens était de retour, aussi aimable que la veille. Il venait de nous prouver, encore une fois, que les plus grands sont toujours les plus simples. À la fin, nous étions contents de l'entrevue, parce qu'il avait été d'une grande générosité et qu'il avait surmonté sa timidité naturelle. J'étais ravie de découvrir autant de sensibilité et de sagesse chez le même homme.

Les entrevues se suivaient mais ne se ressemblaient pas. Elles s'avéraient cependant toutes intéressantes. Celle de Jean Seberg, l'interprète de la Jeanne d'Arc d'Otto Preminger, m'a émue. Elle avait épousé Romain Gary, l'écrivain français de renom. Jean Seberg devait se suicider quelques années plus tard. Elle est apparue si fragile, le jour de l'entrevue, que j'ai eu davantage envie de la prendre dans mes bras pour la bercer que de l'interviewer. J'ai opéré avec délicatesse, sachant que je pouvais sans doute la casser devant les caméras si je poussais les questions trop loin. Là n'était pas mon propos. Je voulais au contraire une entrevue qui laisse deviner la misère psychologique qu'elle traversait, mais sans la déstabiliser. Les entrevues constituaient parfois des entreprises très délicates et je demeurais consciente de ma responsabilité de ne pas détruire les gens sous prétexte de faire un show.

Si Jean Seberg était si mal dans sa peau, ce n'était pas du tout le cas de Catherine Deneuve. Celle-ci était resplendissante. Je l'avais déjà interviewée et elle avait été froide comme elle l'est en général, mais, ce jour-là, elle est arrivée en compagnie de Marcello Mastroianni, dont elle était amoureuse. Leur amour n'était pas encore connu de tout le monde. Mastroianni a indiqué qu'elle ferait l'entrevue la première et que lui attendrait. J'insistai pour que ce soit dans une autre pièce, afin qu'il ne soit pas témoin de l'entrevue de Catherine Deneuve. Elle fut charmante et elle nous parut beaucoup plus simple qu'à l'accoutumée. Quand arriva le tour de Mastroianni, ce fut elle qui alla l'attendre dans l'autre pièce, patiemment. Nous étions enchantés parce que ces entrevues étaient tombées au bon moment dans ces deux vies. Nous allions pouvoir diffuser des témoignages riches d'émotion et de vérité.

Je confesse que je n'ai pas été insensible à ce fameux séducteur qu'était Marcello. Il avait une façon de rire avec ses yeux qui avait tellement de charme. Il parlait avec cet accent merveilleux en français qui aurait fait fondre le cœur de n'importe quelle femme. La preuve, c'était l'amour de Catherine Deneuve, un amour qu'elle ne cherchait même plus à dissimuler.

Je me souviens de ma réaction quand Johnny Hallyday est entré dans la pièce. Je l'ai regardé et je me suis dit qu'il avait l'allure d'un grand fauve. Une présence à tout casser. Des yeux d'un bleu dévastateur et l'élégance d'un beau cheval sauvage. Un charisme évident et rare. L'entrevue allait être plus difficile, parce que, comme toutes ces vedettes du rock, il est arrivé barricadé derrière son image et sa réputation. J'ai eu envie de lui poser la question : « De quoi avez-vous peur ? » Mais je me suis ravisée, sachant qu'il fallait d'abord l'amadouer avant de trouver une brèche par où pénétrer à l'intérieur de l'armure magnifique qui se trouvait devant moi. Parce qu'il s'agissait d'une armure. La même qu'il revêt chaque fois qu'il monte sur scène, à Bercy ou au Zénith. Une armure qui lui interdit de vieillir ou de faiblir. Et, dans cette armure, la seule chose vraiment vivante, ce sont ses yeux.

L'heure passée en compagnie de Raymond Devos a remplacé notre récréation. Il nous a fait rire presque du début à la fin, sauf au moment où il a parlé de la mort de sa femme et que nous avons senti toute la fragilité de l'homme derrière le comédien.

Les choses se déréglaient parfois dans nos horaires de travail. Yul Brynner, qui était en avance pour le rendez-vous, a dû attendre son tour au bar de l'hôtel pendant que je terminais l'interview en cours. Cela ne l'a pas empêché d'être charmant pendant son entrevue. Il avait une culture extraordinaire, et un amour profond de la France et de la langue française. Il parlait de son métier avec volubilité et de ses débuts avec humour. Il avait « mangé de la vache enragée » assez longtemps pour s'en souvenir.

Juliette Gréco a demandé un petit coussin qu'elle voulait tenir sur son ventre pendant l'entrevue, prétextant que cela la rendait malade de répondre à des questions. Quant à Michel Piccoli, comme son entrevue avait lieu à vingt et une heures, il a traîné avec nous une fois le travail fini, histoire de savoir qui nous étions et ce que nous allions faire de toutes ces entrevues. Il avait aimé ma façon de l'interroger et il l'a dit. Cela m'a fait grandement plaisir après une immense journée de travail.

Les invités répétaient qu'ils adoraient cette formule d'une heure d'entrevue. Qu'ils ne comprenaient pas pourquoi ça ne se faisait pas en France. Ils en avaient souvent assez des deux petites minutes qu'on leur demandait pour ceci ou pour cela, comme si on pouvait tout dire en deux minutes.

Maurice Druon, ce monument de la littérature française, en a parlé aussi. Il a même dit regretter de ne pouvoir entendre ce que nos autres invités avaient raconté au cours de ces heures d'entrevues et il se demandait pourquoi elles ne seraient pas diffusées en France.

Nous avons reçu aussi Sylvia Monfort, la comédienne de théâtre, Jean Desailly, Danielle Darrieux, la danseuse étoile Ludmilla Tcherina, qui s'est comportée de façon très snob pendant l'entrevue, comme le font parfois les anciennes stars à qui on redonne l'avant de la scène pour un court moment.

Passer de l'écrivain à l'idole rock et aux vedettes du cinéma constituait toute une gymnastique intellectuelle. Chaque personne se montrait différente et je ne disposais parfois que de quelques minutes entre une entrevue et la suivante. Il fallait trouver le ton juste avec chacun des invités, le mettre en confiance dès le début de l'entrevue et s'investir totalement, pour ne rien rater des réponses qui le révélaient le plus. Il ne fallait pas oublier que ces entrevues étaient destinées à l'émission de vingt-trois heures et à un public québécois, et chercher constamment les sujets qui pouvaient intéresser celui-ci de façon particulière.

Les jours passèrent. Nous arrivions à la fin de notre liste quand vint le tour de mon ami Sergio Leone. Je dis « mon ami »

car j'avais eu l'occasion de faire sa connaissance en 1972, chez lui
à Rome, où je m'étais rendue l'interviewer pour un projet de
Denis Héroux qui n'a jamais vu le jour à cause du début d'*Appelez-
moi Lise*. Héroux projetait de tourner une série d'entrevues avec
de grands noms internationaux et nous avions déjà rencontré
Sergio Leone, Jean Desailly et sa femme Simone Valère, ainsi
que le couple Danièle Delorme et Yves Robert. Nous avions
passé une journée entière avec Leone. Il avait invité toute
l'équipe, avec Denis Héroux et Laurent, qui en faisaient partie, à
un déjeuner gargantuesque au sommet d'une tour à Rome, dans
un restaurant chic où il avait ses habitudes. Nous étions rapidement devenus de bons amis. Un courant de sympathie était
passé entre nous et la journée avait été formidable. L'entrevue
s'était faite dans son bureau, chez lui, et il s'était créé rapidement
une sorte d'intimité que je ne rencontrais que rarement après
une entrevue.

Cette interview n'ayant jamais été diffusée, j'étais heureuse
de retrouver Leone à Paris et de pouvoir recommencer l'expérience avec lui. La rencontre fut aussi chaleureuse que la première. Il s'était déplacé de Rome exprès pour nous. Nous avons
bavardé après la rencontre et il m'a annoncé qu'il viendrait bientôt à Montréal, où il avait un projet. Il m'a aussi demandé si
j'avais déjà songé à faire du cinéma, ce qui m'a fait bien rire. Je
lui ai raconté que j'avais failli tenir un rôle important quand
j'avais dix-huit ans dans *L'Étranger* de Camus que voulaient
tourner trois jeunes cinéastes québécois, mais que ça ne s'était
pas fait. Il m'a dit qu'il aimerait m'en reparler, que j'avais une
tête intéressante. J'ai répété que je n'étais pas une comédienne,
et nous nous sommes quittés là-dessus. Je n'ai jamais revu Leone.
J'ai eu de la peine quand il est décédé, parce que je perdais un
ami.

Ce fut le cas aussi avec Melina Mercouri. L'entrevue que
nous avons faite chez elle à Paris, Jacques Fauteux et moi, fut

mémorable. C'est par hasard que nous nous sommes trouvés là le jour même où la nouvelle s'était répandue que les colonels qui étaient au pouvoir en Grèce et contre lesquels Melina menait un formidable combat depuis des années avaient peut-être été renversés. Nous avons interrompu l'entrevue dix fois pour lui permettre de répondre au téléphone. On l'appelait de Grèce, mais aussi de Paris. Simone Signoret a téléphoné à quelques reprises, soit pour avoir des nouvelles, soit pour en donner. Tout le monde cherchait à savoir ce qui se passait en Grèce ce jour-là. Nous avons vécu l'attente avec Melina Mercouri, puis l'espoir fou, et enfin l'horrible déception quand la nouvelle fut démentie. Melina était défaite. Quand nous sommes partis de chez elle, elle et moi étions devenues des amies.

Quand elle devint députée puis ministre du gouvernement de la Grèce, après le départ des colonels, des années plus tard, je lui fis parvenir un petit mot de félicitations. J'étais devenue ministre de mon côté et je trouvais nos destins assez étonnants. Elle m'a répondu qu'elle souhaitait que je me fasse un pays à mon tour et que nos deux peuples soient amis pour toujours.

Le jour de son décès, j'ai eu envie de porter le deuil.

47

Les bons coups et les mauvais

Les recherchistes d'*Appelez-moi Lise* travaillaient fort et bien. L'équipe s'était augmentée de deux ou trois personnes. Grâce à elle, nous pouvions souvent réussir de bons coups.

Un jour, André Rufiange découvrit la piste de la fameuse statue de Maurice Duplessis, mystérieusement disparue sans que personne sache où elle se trouvait. Cette sculpture avait été commandée par le gouvernement de l'Union nationale après la mort de Duplessis. Depuis, personne ne l'avait vue, même si elle était terminée depuis longtemps. Les libéraux, ayant repris le pouvoir, l'avaient fait disparaître, si bien que personne ne savait où elle était cachée. Rufi emmena à l'émission un fonctionnaire que je devais «cuisiner» jusqu'à lui faire avouer où se trouvait la statue. Nos caméras se rendirent dans un entrepôt de la Sûreté du Québec, pour y découvrir la sculpture sous des matériaux divers, enveloppée dans une bâche couverte de poussière. Le lendemain, la nouvelle de notre trouvaille était annoncée par la télévision et tous les journaux.

Les autorités de l'époque furent un peu embarrassées. Cette œuvre avait été payée avec notre argent et il était ridicule de leur part de chercher à «camoufler une page de notre histoire» en faisant disparaître la statue d'un personnage aussi important que Maurice Duplessis. On pouvait l'aimer ou ne pas l'aimer, trouver la sculpture intéressante ou non, là n'était pas la question. Elle existait et on devait la montrer.

Cependant, la statue disparut de nouveau. Le premier ministre Bourassa et le gouvernement libéral de l'époque durent l'entreposer encore une fois puisqu'elle ne fut exposée nulle part avant 1976.

Quelle ne fut pas ma surprise, un jour, au Conseil des ministres, alors que j'étais devenue moi-même membre du gouvernement Lévesque, de faire partie de ceux qui allaient sortir la statue de Duplessis des boules à mites et lui donner une place définitive près de l'édifice du Parlement de Québec. Il n'y avait pas grand monde autour de cette table qui se souvenait que c'était à *Appelez-moi Lise* qu'on avait retrouvé la statue, sauf peut-être René Lévesque, qui, en riant, m'avait glissé: «C'est bien bon pour vous... Nos actes nous suivent toujours.» Et il s'était plié en deux tellement il la trouvait drôle.

Si l'histoire de la statue de Maurice Duplessis avait été un bon coup pour l'émission, mon passage à la mairie de Montréal comme mairesse pour un jour était plutôt un mauvais coup réussi aux dépens du maire Jean Drapeau.

Monsieur le maire avait exprimé le désir d'être celui qui me poserait des questions au cours d'une émission. J'avais accepté, mais, au moment de commencer l'entrevue, je lui dis que, s'il pouvait prendre ma place, il fallait qu'il accepte le principe que je puisse prendre la sienne... Il hésita quelques secondes, puis me dit: «Pourquoi pas?» J'insistai donc en lui disant que j'acceptais de répondre à ses questions pendant la durée normale d'une entrevue, c'est-à-dire environ douze ou treize minutes, et qu'en échange j'allais être mairesse de Montréal pendant une journée. Il donna son accord.

Il posa toutes les questions qu'il voulut poser. Quand son temps fut écoulé, il avoua qu'il avait beaucoup d'autres questions écrites mais qu'il n'avait pas osé sortir son papier. Je lui expliquai que les questions écrites étaient toujours très mauvaises et qu'il fallait pouvoir improviser. Je lui demandai quand il avait l'intention de remplir sa part du contrat. Une date fut arrêtée.

Dans un esprit de moquerie, je demandai à mes recherchistes de préparer un projet grandiose, comme ceux qui faisaient la renommée du maire Jean Drapeau. Je suggérai la construction d'un dôme transparent au-dessus de la ville, pour que Montréal en hiver devienne une ville sans neige avec des trottoirs chauffés. On fit exécuter un dessin par un artiste des ateliers de Radio-Canada. Le jour choisi, je me présentai à l'hôtel de ville de Montréal pour exercer mes fonctions. À mon grand étonnement, on m'expliqua que je serais *vraiment* mairesse pendant quelques heures, que je signerais quelques décrets préparés, qui concernaient l'aménagement de parcs dans la ville, et que je tiendrais une réunion avec le comité exécutif.

La situation avait posé, semble-t-il, un imbroglio légal. Il fallait en quelque sorte considérer que le maire Drapeau avait démissionné pour quelques heures afin de me céder la place. Il reprendrait ses fonctions tout de suite après. Cela me paraissait bien compliqué. Je me suis demandé pendant une seconde ce qui se passerait si je refusais de lui rendre son poste, le moment venu.

La journée se déroula normalement. Les photographes étaient sur place, bien sûr, mais les journalistes spécialisés dans les affaires municipales me firent le reproche, le lendemain dans les journaux, de ne pas avoir «ouvert» l'hôtel de ville pour de bon et de ne pas leur avoir permis d'obtenir des réponses qu'ils ne pouvaient jamais tirer de l'administration Drapeau.

Comme il y avait déjà Drapeau qui se prenait pour Dieu à l'hôtel de ville, je ne voyais pas la nécessité de faire la même chose. Les journalistes n'avaient probablement pas compris que je ne faisais que jouer à être mairesse de Montréal. Ils auraient voulu que je transforme l'hôtel de ville en quelques heures.

Ils avaient toujours tendance à oublier qu'*Appelez-moi Lise* était une émission de variétés, non une émission d'affaires publiques. Cela, on ne me permettait jamais de l'oublier. J'avais beau avoir le goût des choses sociales, une bonne connaissance du milieu politique, et des préoccupations plus engagées, on veillait sur tout ce que je disais à l'antenne. Chaque fois que je recevais un politicien comme invité, je savais que Marc Thibault, le directeur du service des affaires publiques de Radio-Canada, ou l'un de ses adjoints, serait à l'écoute ou se procurerait l'enregistrement de l'émission pour s'assurer que je n'avais pas empiété sur ses plates-bandes.

S'il m'arrivait d'y aller un peu trop en profondeur avec un politicien ou même de commencer à exprimer une opinion, mes réalisateurs recevaient une note de service et ils devaient me demander d'être plus prudente encore. Ou, pire, nous recevions l'ordre de ne plus inviter de politiciens. Nous laissions alors passer un peu de temps et nous recommencions.

Le seul politicien, d'ailleurs, qui ait résisté à la tentation d'*Appelez-moi Lise* fut Robert Bourassa lui-même. On racontait que son attaché de presse, Charles Denis, lui avait déconseillé de venir à l'émission. La seule interview que je fis avec lui fut à la radio, après que j'eus quitté la politique et alors que lui-même se préparait à faire un retour à la chefferie du Parti libéral du Québec, en 1981. Pourtant, nous nous connaissions assez bien. Nous nous étions vus à quelques reprises au cours des ans, et surtout lors de la préparation de la fête nationale des Québécois en 1975. Nos rencontres étaient alors privées.

48

Je fais mes guerres tambour battant

Si on surveillait le contenu de mes entrevues à *Appelez-moi Lise*, il avait été clairement établi avec Radio-Canada que le contrat qui me liait à cette société ne m'empêchait pas d'avoir certains engagements dans ma vie privée. J'avais vendu mes services comme animatrice et intervieweuse, mais je n'avais vendu ni mon âme ni ma liberté. Justement parce que je n'étais pas aux affaires publiques de la noble maison, je n'étais pas tenue d'être neutre en dehors de mon travail, tellement neutre que je n'aurais plus eu d'opinion sur rien, comme c'était souvent le cas des animateurs des émissions d'affaires publiques.

Il y avait des choses qui me tenaient à cœur et tout le monde savait que je n'allais pas me taire parce que j'animais une émission à vingt-trois heures tous les soirs.

J'étais toujours féministe et tout ce qui concernait l'avancement des femmes me touchait. Y compris le douloureux problème de la conception d'un enfant non désiré. Je savais tout de l'horreur que les femmes avaient vécue, avant nous, entre les mains d'avorteurs incompétents ou de faiseuses d'anges. Je parlais de la nécessité de la tolérance entre les femmes elles-mêmes. Je voulais que celles qui avaient besoin d'une interruption de grossesse puissent y avoir accès dans la dignité et la sécurité. Trop de femmes y avaient déjà laissé leur peau. C'est pourquoi le sort du docteur Henry Morgentaler me préoccupait. Je connaissais personnellement Morgentaler, que la justice québécoise continuait de harceler, même s'il avait été acquitté par un jury.

J'avais donné des conférences sur le sujet de l'avortement. Ma position était simple. Jamais il ne me serait venu à l'esprit de forcer une femme qui était contre l'avortement à se faire avorter de force, et je demandais la même attitude à l'égard de celles pour qui ce n'était pas un problème de conscience et qui ne voulaient pas donner naissance à un enfant qu'elles ne désiraient pas. Je ne voulais pas qu'on les y force malgré leur volonté. Je savais que les femmes ne se faisaient pas avorter de gaieté de cœur, que cette décision était toujours déchirante et qu'une femme ne la prenait jamais à la légère.

Quand il s'en trouvait une pour dire qu'elle ne pouvait pas avoir un enfant, je voulais qu'on l'écoute attentivement. Parce que, pour elle, c'était très grave. J'étais profondément convaincue que la naissance d'un enfant était un sujet privé que la femme pouvait discuter avec son médecin, ou son mari quand elle en avait un, mais certainement pas avec qui que ce soit d'autre. Et je le disais chaque fois que j'en avais l'occasion. Personne à Radio-Canada ne m'en a jamais fait le reproche. On a respecté mon opinion et j'ai été reconnaissante. Dans ces conditions, ce n'était que justice que je n'abuse pas de mon pouvoir à *Appelez-moi Lise* pour rompre le pacte que nous avions conclu.

Un jour, j'ai demandé un rendez-vous au ministre de la Justice, Jérôme Choquette, pour tenter de lui faire comprendre quel était le sort des femmes quand la justice leur refusait l'accès à de vrais médecins en cas d'avortement. Il m'a écoutée avec attention. Ma démarche a-t-elle été utile ou avait-il seulement accepté de recevoir la populaire animatrice d'*Appelez-moi Lise* ? Je n'en sais rien, mais mon engagement me valut une lettre chaleureuse de Me Claude-Armand Sheppard, l'avocat de Morgentaler.

Le 21 septembre 1973.
Mme Lise Payette,
Chemin de la Côte Ste-Catherine,
Appartement 768,
Montréal 257, Québec.

Ma chère Madame Payette,

J'ai été très touché par votre courage dans l'affaire de mon client, le Docteur Henry Morgentaler.

Je connais assez le milieu dans lequel vous travaillez pour apprécier pleinement les risques que vous prenez de plein gré. Le courage moral est une qualité trop rare pour que je ne le salue pas chez vous.

Je pourrais ajouter que j'ai la plus haute estime pour l'intelligence et la lucidité de votre programme, mais d'autres l'ont déjà dit mieux que moi.

Votre talent et votre réputation ne font qu'augmenter la valeur de votre appui désintéressé à une cause difficile et ardue.

Je sais que nous avons des amis communs (dont les frères Héroux) et j'espère bien que l'occasion se présentera bientôt de faire votre connaissance personnellement.

Cordialement,
Claude-Armand Sheppard.

Tout le courrier concernant mes engagements personnels, mes prises de position ou simplement mon travail d'animatrice n'avait pas toujours ce ton approbateur, loin de là. Pendant ces années, j'ai eu droit plus souvent qu'à mon tour aux « maudite grosse vache » et autres mots tendres du même genre. On m'a traitée d'assassin et de putain. Cependant, la plupart du temps, le courrier conservait un ton correct. J'ai eu droit à une dizaine de demandes en mariage, à des demandes de rendez-vous où je ne suis jamais allée et à des lettres dans lesquelles on me demandait mes « vieilles robes », lesquelles, hélas, appartenaient à la Société Radio-Canada. Il y avait quelque part aussi un « obsédé léger » qui m'écrivait régulièrement pour me parler de la « profondeur de mes décolletés ». Il paraît que cela l'empêchait de dormir.

À l'intérieur de l'équipe technique de l'émission, une fois l'excitation du début passée, j'ai eu souvent l'impression d'être traitée comme un meuble. J'ai éprouvé le même sentiment qu'ont parfois les épouses devant des maris qui ne les voient plus. Je me souviens de la visite en studio, un jour, de l'actrice Marlène Jobert. Elle était arrivée avec des instructions précises pour l'éclairage, qu'elle avait remises aux éclairagistes. Elle exigeait un éclairage spécial pour faire l'émission car elle avait une longue cicatrice sur une joue, cicatrice qui disparaissait sous l'éclairage requis. Ces messieurs y travaillèrent pendant des heures et réussirent à la satisfaire. Puis ce fut mon tour. En me regardant dans le moniteur, je constatai que j'avais de grands cernes sous les yeux et que je semblais avoir dix ans de plus que la veille. Je le fis remarquer au chef éclairagiste, qui me répondit que j'avais le même éclairage que d'habitude. Je lui répondis en riant qu'évidemment cela n'avait aucune importance. Pourquoi prendre du temps pour ajuster mon éclairage puisque j'étais là tous les jours… ? Je ne suis même pas sûre qu'il ait bien compris ce que je voulais dire.

Durant la dernière année, j'avais accepté d'animer une autre émission pour la chaîne qui allait devenir Radio-Québec. Il me semblait juste d'essayer d'aider cette nouvelle chaîne éducatrice et culturelle à trouver un public. Il s'agissait d'une émission d'une heure par semaine, qui avait pour titre *Mêlez-vous de vos affaires*. Là, je pourrais discuter de sujets sérieux et touchant directement l'évolution de notre société. Je crois que ça satisfaisait aussi mon désir d'être plus utile, de faire servir ma popularité à autre chose que des émissions de variétés. Peut-être aussi sentais-je déjà les limites d'*Appelez-moi Lise*. J'avais sans doute atteint le «fameux plafond» dont Robert Gadouas m'avait parlé un jour en entrevue. Il m'avait raconté ce qu'il vivait, et sa situation l'avait conduit à un découragement tel qu'il devait se suicider peu de temps après. Cela me forçait à réaliser que je commençais moi aussi à sentir contre ma tête ce plafond imaginaire. Gadouas m'avait expliqué que le Québec était petit et que, dans le métier que nous faisions, il arrivait que nous atteignions le plafond assez rapidement, c'est-à-dire le maximum de ce que nous pouvions faire. C'était dangereux, disait-il. J'y pensais souvent. Et je sentais que le plafond, dans mon cas, n'était pas loin. *Appelez-moi Lise* se renouvelait chaque jour d'une certaine façon, à cause des invités différents qui y passaient. Mais souvent ces invités venaient pour la deuxième fois, quand ce n'était pas la troisième. Le bassin de personnalités était petit. On pouvait choisir de faire une émission jusqu'à l'écœurement des téléspectateurs. Ce n'était pas ce que je souhaitais.

Mon expérience à Radio-Québec n'a pas été très heureuse. Cette maison était déjà pourrie dans son cœur dès le début. Plusieurs des employés qu'on y avait engagés venaient de Radio-Canada. Ils y avaient apporté des conventions collectives et des définitions de tâches qui, si elles convenaient bien à Radio-Canada à cause du nombre d'employés, devenaient absolument insupportables à Radio-Québec, où on aurait dû travailler dans la bonne volonté et la légèreté. Cela faisait en sorte que, dès le début, on ne pouvait demander un verre d'eau à n'importe qui. Et il n'était pas question d'aller le chercher soi-même, parce qu'on avait alors droit à un grief.

Le public ne m'a pas suivie à Radio-Québec. Ni moi ni aucun des autres qui s'y sont essayés. Il était même difficile, à l'époque, de capter Radio-Québec. C'était presque une prouesse technique. Pire encore, le climat de l'intérieur, un peu prétentieux, faussement intellectuel, surtout très «attendez, on va vous éduquer», a toujours transpiré à l'antenne. Personne n'a jamais trouvé de solution à ce problème. Dommage !

Dès janvier 1975, j'avais commencé à parler de mes problèmes existentiels à Jacques et à François. J'avais le sentiment d'avoir fait le tour de ce que la formule d'*Appelez-moi Lise* pouvait me permettre. Nous avions, à ce moment-là, cinq ou six réalisateurs, à qui il fallait expliquer que le secret de cette émission tenait à ce qu'on ne changeait pas trop les choses d'un soir à l'autre. À celui qui voulait que je présente l'autre profil pour faire différent, j'avais dû répondre qu'il n'avait rien compris à ce qu'on faisait là. Nous savions que, pour la prochaine saison, les réalisateurs avaient encore demandé du renfort et souhaitaient voir leur nombre augmenter un peu plus. Cela devenait invivable pour nous. Il y avait déjà trop de monde à qui il fallait plaire sur le plateau.

J'avais expliqué à Jacques et à François l'intérêt que nous avions tous à partir alors que l'émission se situait au sommet de la liste des cotes d'écoute. J'avais fait valoir auprès d'eux qu'il fallait éviter à tout prix de tomber dans la facilité et de se mettre à faire l'émission machinalement sans s'y amuser autant qu'au début. Ils étaient d'accord.

Peu de temps après, j'en ai parlé à la direction. Là, je crois qu'on a été sincèrement désolé. On a offert d'essayer de nous donner le nécessaire pour continuer. Nous avons parlé du trop grand nombre de réalisateurs et de la lourdeur de la structure, qui n'avait cessé d'augmenter depuis le début de l'émission. C'est en discutant avec eux que j'ai eu l'idée de leur offrir de faire l'émission en production extérieure, d'en devenir la productrice et de leur remettre chaque jour un enregistrement prêt pour la diffusion. Il me semblait qu'il serait plus facile ainsi d'en contrôler la qualité à l'extérieur de la grande maison, surtout avec une équipe plus légère, comme au début, quand Jean Bissonnette était le seul réalisateur.

L'idée leur a plu. De mon côté, je commençai à faire des démarches pour monter un studio. Il fallait tout acheter, à l'époque, car il ne se faisait pratiquement pas de production extérieure en télévision. Les studios tels que nous les connaissons aujourd'hui n'existaient pas. Je trouvai un lieu. On construisait depuis peu le Complexe Desjardins. Jacques Boulanger y faisait son émission, le midi, devant le public. À l'étage au-dessus, juste en haut de l'escalier roulant qui part de la mezzanine, il y avait un grand espace qui aurait pu devenir un studio. Les propriétaires de l'immeuble étaient prêts à construire selon nos besoins. La direction de Radio-Canada aimait toujours l'idée. Un jour, tout est tombé à l'eau. Jean-Marie Dugas, l'un des patrons, m'a expliqué que les syndicats de la maison ne permettraient jamais qu'une production comme celle-là puisse se faire à l'extérieur de Radio-Canada. Le sort en était jeté. Nous allions faire nos dernières semaines d'*Appelez-moi Lise*. La production extérieure était oubliée.

Plusieurs années plus tard, après mon passage en politique, Jean-Marie Dugas, que je croisai un jour, me dit : « Tu n'avais qu'une quinzaine d'années d'avance pour ton studio. »

J'ai gardé beaucoup de courrier d'*Appelez-moi Lise*. Des lettres pleines de douceur et d'autres d'une méchanceté incroyable. J'en retiens trois. La première est un poème de Robert Choquette, daté du 12 février 1973.

Hommage sur deux rimes

À Lise Payette
Gare à vous si Lise utilise
Votre timidité
Ou votre humilité,
Car son esprit vous paralyse
En un temps moins que rien.
Mais comment faire bien,

Quand ce regard vous dévalise
Jusqu'au dernier secret ?
Que faire, en dernière analyse ?
Fournir son grain de sel,
Non sa goutte de fiel,
Car celui qui se formalise,
Le bec tout rétréci,
N'a pas sa place ici,
Ni celui qui se scandalise.
J'ai fini mon couplet,
À vous le pistolet,
Madame que j'appelle Lise.

Je garde aussi cette lettre du 14 février 1974, adressée par André Lavoie, de Radio CKVD, Val-d'Or, Abitibi :

Madame,

Je vous informe par la présente que vous me devez exactement la somme de $ 39 dollars et 47 cents ($ 39.47).

En effet, depuis la parution du dernier rapport du BBM (Bureau of Broadcast Measurement) sur les cotes d'écoute des différents postes de radio au Québec, j'ai constaté que j'ai perdu quelques auditeurs à 6 heures le matin ; ceux-ci préférant dormir un peu plus tard pour ne pas manquer un tête-à-tête avec vous le soir.

Le nombre de mes auditeurs ayant donc diminué le matin, mon patron a jugé bon de diminuer également quelque peu mon salaire.

Comme vous êtes la seule responsable de cette situation, je vous prie donc de me faire parvenir dans le plus bref délai la somme ci-haut mentionnée, faute de quoi je me verrai dans l'obligation d'entreprendre une campagne publicitaire à l'échelle nationale pour inviter les gens à se lever plus tôt le matin. Partant, vous verrez également diminuer le nombre de vos téléspectateurs, et peut-être, que sais-je, votre salaire.

En espérant que nous pourrons facilement en arriver sur un terrain d'entente.

Je vous salue, Madame.

André Lavoie.

Appelez-moi Lise, comme *Les Couche-tard*, avait cultivé l'humour et l'esprit, la bonne humeur et la joie de vivre, et toujours dans une langue française respectée et respectable.

Le 31 mai 1975, ce fut la dernière. Le lendemain de l'émission, je reçus un télégramme signé André Rufiange : « Hier soir, j'ai pleuré pour la première fois depuis fort longtemps. »

Nous avons tous pleuré, moi la première. Sur l'épaule de Jacques, puis sur l'épaule de François, mes complices et mes amis. Nous savions intimement que nous venions de vivre trois années privilégiées.

Louise Cousineau, critique de télévision de *La Presse*, a peut-être pleuré aussi puisqu'elle avait écrit, quelques jours avant la dernière d'*Appelez-moi Lise* :

Déjà, la nostalgie...

Même si elle ne nous quitte que le 30 mai, je m'ennuie déjà. J'éprouve la même nostalgie que lorsque je découvre avoir épuisé les livres d'un auteur favori et le même désarroi causé par l'incertitude d'en trouver un autre aussi bon.

Appelez-moi Lise s'en va. L'émission aura duré trois ans. Mᵐᵉ Payette nous aura habitués à une qualité, à un professionnalisme rares. D'ailleurs Radio-Canada reconnaît implicitement l'impossibilité de la remplacer; 11 h en septembre prochain ne nous ramènera pas un autre talk-show.

Depuis près de trois ans, nous avions pris l'habitude de sa performance, oubliant peu à peu d'admirer la prouesse d'interviewer durant la même émission un poète, une grand-mère, un politicien et un joueur de hockey. Ça paraissait facile, ça n'avait rien de forcé. Comme du Chopin joué par un bon pianiste.

Bien sûr, je n'étais pas toujours d'accord avec ses choix d'invités et sa façon de les traiter. Je n'ai jamais partagé son goût des joueurs de hockey et j'aurais aimé qu'elle malmenât les politiciens un peu plus (encore que ça devait lui être interdit, son émission relevant du service des variétés et non des affaires publiques, qui seules, selon la règle de Radio-Canada, peuvent se permettre la controverse).

Il est normal qu'elle n'ait pas plu à tout coup pendant près de trois ans. Aucune lune de miel ne dure aussi longtemps. Mais ce qui est certain, c'est qu'elle a rarement ennuyé. C'est une qualité hélas bien rare au Québec, où nous prenons l'habitude de l'ennui à la petite école, si bien qu'à l'âge adulte nous trouvons ça tout naturel et endurons sans gémir des gens archiplates.

Mme Payette nous a fait rencontrer un tas de monde, nous a fait en quelques questions pénétrer dans leur univers. Le format nécessairement statique d'une grande partie de l'émission aurait pu être rebutant: l'esprit de l'animatrice nous faisait oublier notre besoin de voir bouger.

Nous ne l'avons jamais vue regarder le régisseur du coin de l'œil pour savoir si le temps de l'interview achevait, nous ne l'avons jamais vue prendre l'épouvante durant les dernières secondes; ça tombe toujours juste à point, au moment précis. Comme dirait l'autre, il faut le faire.

Et puis elle nous a fait rire, et cela c'est capital. Il n'y a pas longtemps, elle-même a été prise de fou rire pendant une entrevue-happening avec Michel Louvain. C'était tellement communicatif que tous ceux à qui j'en ai causé le lendemain matin m'ont avoué avoir ri aux éclats aussi. Jamais plus Michel Louvain ne me sera totalement indifférent.

Les journaux depuis quelque temps malmenaient beaucoup Lise Payette, lui trouvant tel ou tel défaut. Finalement, ce n'était que prétextes: elle aura été une autre victime de notre complexe collectif d'infériorité, voulant qu'au Québec l'on s'attaque avec véhémence à ceux d'entre nous qui osent réussir. Un succès de courte durée est supportable. S'il dure trop longtemps, il nous semble profondément suspect et étranger et cela dans toutes les sphères d'activité.

D'ici le 30 mai, regardez-la bien. L'an prochain, nous ne l'aurons qu'une heure par semaine, dans un genre d'émission qui n'est pas encore déterminé. Tout ce que l'on peut prévoir, c'est que ce ne sera pas ennuyeux. Si toute la programmation future de la télévision nous inspirait la même confiance, ce serait fantastique.

Moi, j'avais encore du pain sur la planche. C'est vrai que Radio-Canada m'avait proposé une émission d'une heure le samedi soir. J'avais suggéré de l'appeler *Lise Lib* et on avait accepté cette idée. L'émission serait donc diffusée juste avant le hockey. Pourtant, je n'avais pas encore eu le temps d'y penser, parce que, bien avant de savoir qu'*Appelez-moi Lise* en était à sa dernière saison, j'avais accepté la présidence de la fête nationale du Québec et j'y travaillais comme une dingue depuis des mois. Nous étions à trois semaines de l'événement quand *Appelez-moi Lise* s'arrêta. Je vivais à cent à l'heure et je savais que, là non plus, je n'avais pas le droit de me tromper.

49

Adieu le mouton, salut les Québécois !

Tout avait commencé par un appel téléphonique d'un monsieur que je ne connaissais ni d'Ève ni d'Adam et qui s'appelait Jean LeDerff. Nous étions à l'automne 1974. Ce monsieur me proposait la présidence de la fête de la Saint-Jean-Baptiste de 1975. J'écoutais attentivement, parce que la Saint-Jean avait toujours représenté pour moi une fête importante. J'ai raconté déjà le souvenir merveilleux que je gardais de ma grand-mère, Marie-Louise, assise par terre, les fesses sur un journal, sur le bord du trottoir, rue Sherbrooke, sa main dans la mienne pour voir le défilé. Et je n'étais pas près d'oublier celui de 1968, que j'avais vécu près de ma mère, Cécile, qui agonisait à l'Hôpital Notre-Dame pendant qu'on se battait sous ses fenêtres. Pour quitter l'hôpital, tard dans la nuit, j'avais dû emprunter le couloir du service des urgences parce que toutes les autres portes étaient barricadées, et j'avais constaté que ce service débordait de blessés de la Saint-Jean. Je savais que Pierre Elliott Trudeau avait choisi de rester seul sur la tribune d'honneur ce soir-là, provoquant encore un peu plus la colère des Québécois, ce qui ne l'a pas empêché d'être élu premier ministre du Canada le lendemain. J'ai déjà raconté tout ça. Ma première réponse à ce monsieur LeDerff fut prudente : « Je ne veux pas d'une présidence d'honneur. Si j'accepte, je veux une vraie présidence, avec les pleins pouvoirs. Je veux organiser la fête comme je l'entends et je veux mon entière liberté. »

Je m'attendais à ce qu'il me dise que j'en réclamais beaucoup, ou qu'au mieux il me demande du temps pour consulter ses patrons. Je savais aussi que la Société Saint-Jean-Baptiste n'avait plus la cote d'amour depuis 1968. Il y avait bien eu la fête organisée par Jean Duceppe sur l'île Sainte-Hélène, qui avait bien marché malgré l'orage, mais celle qui avait eu lieu dans le Vieux-Montréal n'avait pas fonctionné très bien et elle avait surtout perdu tout son sens. Beaucoup de gens ne voulaient même plus y aller, de crainte que l'événement ne tournât mal. Je savais tout cela. J'attendis sa réponse. Je me disais que je n'accepterais rien de moins que ce que j'avais demandé et que je dirais non dès qu'il m'aurait répondu que ça posait un problème. Il y eut un assez long silence. Puis, à ma grande surprise, il me donna son accord. J'aurais carte blanche.

Je ne savais plus quoi dire. Au fond, peut-être bien que j'avais cherché une façon élégante de me défiler, et j'étais maintenant prise au jeu. J'avais carte blanche. Pour faire quoi ? Il me dit que la Société Saint-Jean-Baptiste n'avait pas d'argent, qu'elle avait encore des dettes des fêtes de l'année précédente et qu'il fallait payer celles-ci avant de commencer à penser aux fêtes de 1975. Je m'entendis lui répondre qu'il valait mieux se rencontrer pour en parler et je lui donnai rendez-vous pour le jour suivant.

Dès que j'eus raccroché, je m'interrogeai sur ce que je venais de faire. J'avais une émission d'une heure par jour à Radio-Canada, plus une émission d'une heure par semaine à Radio-Québec, et j'avais une maison à faire fonctionner ; nous étions cinq adultes à y vivre à plein temps, plus, heureusement, une aide extraordinaire qui s'appelait Antoinette Duclut et qui m'était aussi essentielle que mon bras droit. Mais où allais-je prendre le temps d'organiser les fêtes de la Saint-Jean ?

J'avais heureusement appris à laisser à la porte du studio, chaque jour en sortant, le personnage que j'étais devenu, mais je savais aussi que mes enfants trouvaient que j'étais un peu trop connue pour leur tranquillité. J'avais beau leur expliquer que, s'il y avait des désavantages, il y avait aussi souvent des avantages. Nous étions pratiquement toujours assurés d'une bonne table dans un restaurant même quand il n'y avait plus de place. Ils me répétaient qu'ils aimaient mieux passer inaperçus. Cela était de plus en plus difficile. Avais-je le droit de leur imposer en plus une mère présidente de la fête de la Saint-Jean?

J'avais cessé depuis longtemps d'entendre les commentaires des gens qu'on croisait un peu partout. Mes enfants, qui souvent marchaient derrière moi, les entendaient toujours. Certains de ces commentaires étaient agréables, mais d'autres, non. La plus jeune de mes enfants s'était mise à m'appeler Mme Payette, imitant en cela Jacques Fauteux qui n'avait jamais voulu m'appeler Lise. Elle ne m'appelait plus jamais maman, ce qui m'étonnait et me chagrinait.

Mon fils, qui fréquentait alors l'Université de Montréal, m'avait raconté qu'il m'avait reniée dans un ascenseur bondé de gens qui discutaient de l'émission de la veille. Quelqu'un s'était rendu compte qu'il s'appelait aussi Payette et lui avait demandé s'il était parent avec l'animatrice dont on parlait. Il avait répondu par la négative, pour avoir la paix. Je l'avais rassuré en lui disant qu'il avait bien fait et que j'aurais sans doute fait de même dans des circonstances similaires. La dernière chose que je souhaitais, c'était que mes enfants soient obligés de répondre de mes paroles et de mes actes.

Nous étions très unis, dans cette maison. Laurent avait réussi le tour de force de se faire accepter par les enfants et de devenir leur confident et leur ami. Cette maison était redevenue heureuse et j'avais envie d'en profiter, d'y passer plus de temps, d'être plus près des miens. Et voilà que je venais de m'embarquer dans

un truc compliqué parce qu'un parfait inconnu me l'avait demandé.

J'ai passé une nuit entière à me demander pourquoi j'avais
accepté cette proposition aussi rapidement. J'ai tenté de me rassurer en me disant qu'il serait toujours temps de faire marche
arrière quand j'aurais ce monsieur en face de moi. Pourtant, je
savais déjà qu'à cause de ma Marie-Louise et de sa fidélité au
défilé du 24 juin, à cause de Cécile et de cette horreur de 1968, la
tentation serait grande de me jeter à corps perdu dans la
recherche de ce que pouvait être la fête d'un peuple. Mes références étaient de France. Mes six ans passés dans ce pays
m'avaient permis de vivre le 14 Juillet avec les Français. Mais, en
France, le 14 Juillet, on fête la prise de la Bastille, un événement
historique. Que fêtait-on ici le 24 juin ?

Le lendemain, je rencontrai Jean LeDerff avec Laurent.
C'était un homme assez jeune, mais aux cheveux déjà tout
blancs. Je lui fis part de mes réflexions et je lui demandai de
m'expliquer ce qu'il voulait dire par « carte blanche ». Il me
répéta que je pourrais faire ce que je voulais. Il fallait d'abord
trouver du financement, parce qu'il n'y avait pas un sou nulle
part et qu'il fallait d'abord payer la dette de l'année précédente
avant de commencer à bouger. Quand je lui dis que je ne voulais
pas de défilé, que le souvenir en était trop mauvais depuis 1968,
je m'attendais à ce qu'il me réponde que la Société Saint-Jean-
Baptiste y tenait. Cela aurait clos le débat. Mais il me laissa poursuivre. Je parlai d'une grande fête populaire dont aucun individu
ne serait exclu, d'une fête ouverte où les gens se sentiraient en
sécurité et à laquelle ils seraient fiers de participer. Par contre, je
voulais qu'on mette de côté les politiciens, qui n'auraient pas de
tribune d'honneur, ainsi que les commanditaires, qui n'auraient
leurs noms écrits nulle part en grosses lettres même s'ils avaient
donné de l'argent pour la fête. Je lui indiquai aussi que je voulais
un tout petit comité, que je choisirais moi-même, pour travailler

sur le projet avec moi. Si cela devait se faire, je voulais commencer tout de suite, parce que nous n'aurions pas trop des mois qu'il restait pour tout mettre sur pied.

Il parut enchanté de la rencontre. Il retourna raconter tout cela à son conseil d'administration, en maintenant que j'avais carte blanche. Je le trouvais bien audacieux. Plus j'y pensais, plus le projet me tentait. Je lui avais aussi expliqué qu'il faudrait trouver assez d'argent pour payer tout le monde raisonnablement, sauf moi. Je ne voulais pas un sou. Comme j'allais cependant demander à certaines personnes de travailler pendant des mois à l'organisation de la fête, je voulais qu'elles soient payées. Il était d'accord sur le principe, mais nous nous demandions tous les deux où nous trouverions l'argent. Ce fameux argent sans quoi rien n'est possible, c'est bien connu.

50

Je cherche un million

Je savais depuis trois ans ce qu'était un million de téléspectateurs. Je cherchais maintenant un million de dollars pour la fête
nationale. Peut-être plus. Ce n'était pas du tout la même histoire.

J'avais expliqué à Laurent que je souhaitais qu'il fasse partie
de mon comité d'organisation. J'avais l'impression que nous
ne nous verrions plus du tout s'il en était autrement, tellement
j'allais être occupée. Nous vivions ensemble depuis trop peu de
temps pour que j'envisage d'ajouter à mon horaire une somme
de travail aussi importante sans qu'il participe au projet. De
plus, Laurent était un bon conseiller. Je pouvais lui exposer mes
plus folles idées et sa nature généreuse faisait en sorte qu'il avait
toujours plutôt envie de m'aider à les réaliser que de m'empêcher de le faire.

J'avais aussi contacté Jean Bissonnette pour lui demander de
se joindre à nous afin d'apporter ses suggestions sur le genre de
spectacles que nous pourrions organiser. Il avait accepté tout de
suite, avec enthousiasme. J'avais aussi demandé à un autre ami,
Jean-Marc Prieur, de compléter le groupe. Jean-Marc avait été le
représentant d'une agence de publicité avec laquelle je travaillais
dans le dossier des marchands Métro au moment de la radio. Je
le connaissais bien et je le savais capable de dépassement. Je voulais des gens sûrs autour de moi. Avec Jean LeDerff, qui allait,

lui, représenter la Société Saint-Jean-Baptiste, ces personnes formaient le comité organisateur.

À notre première rencontre, j'avais insisté sur le fait que je
ne voulais pas de défilé. Nous étions tous tombés d'accord très
rapidement. Il fut convenu de «fabriquer» un événement. Nous
voulions une fête du peuple à laquelle tout le Québec pourrait
adhérer.

Lors des toutes premières réunions, la décision fut prise
d'éliminer d'office trois catégories de personnes: les représentants de la politique, de la religion et du monde des affaires. Il n'y
aurait aucune invitation aux élus de quelque palier que ce soit, ni
aux autorités religieuses, et la publicité ne serait pas permise sur
le site de la fête. Une fois cette décision prise, nous avons ressenti un grand soulagement, convaincus que nous étions d'avoir
éliminé tout sujet de colère et de frustration.

Nous n'allions plus parler de saint Jean-Baptiste, patron des
Canadiens français, mais de la fête nationale des Québécois.
C'était tout un virage.

En quelques semaines, nous avons trouvé un concept qui
allait nous porter jusqu'à la fête. Nous n'y dérogerions pas. Ce
concept célébrerait «l'émergence d'un peuple», son arrivée à
maturité. Sa prise en main de son propre destin dans la confiance
et la fierté.

Toute la fête de 1975, Année internationale de la Femme
décrétée par les Nations unies, allait devenir la fête des Québécoises et, par elles, du peuple tout entier. Les femmes avaient
aidé ce peuple à survivre, à grandir et à se dépasser. Il était temps
de le dire.

Ayant renvoyé le défilé aux oubliettes, il fut facile de reléguer
le mouton dans l'armoire aux balais. Ce fut fait. Nous voulions
que cette fête soit celle de tous les Québécois sans exception.
Nous savions que ce ne serait pas une mince tâche que de rac-
commoder les déchirures encore profondes et douloureuses

entre les différentes cultures afin que ce peuple québécois puisse être enfin uni pour la première fois.

Nous cherchions aussi un lieu de rassemblement pour y installer la fête. Dans un premier temps, nous avons pensé au parc Jeanne-Mance. Nous avons réalisé rapidement que le parc était trop petit pour ce que nous voulions y faire. Nous en étions à parler d'une fête qui durerait cinq jours et cinq nuits sans interruption. Le 24 juin 1975 tombait un mardi. La fête commencerait donc le vendredi soir et se poursuivrait jusqu'au mardi soir. Nous approchions de Noël quand Jean Bissonnette suggéra d'occuper tout le mont Royal. L'idée nous parut si folle que nous nous sommes regardés en silence en nous demandant si nous étions pris de la folie des grandeurs.

Ces rencontres avaient lieu chez moi, souvent autour d'un lunch parce que c'était le meilleur moment pour réunir tout le monde. J'avais heureusement Antoinette, qui cuisinait admirablement et avait plaisir à nourrir toute l'équipe. Cette table était drôlement vivante.

Petit à petit, l'idée germa de créer une loterie spéciale afin de recueillir le million dont nous avions besoin. Mon travail, depuis le début, consistait surtout à aller chercher ce dont le comité avait besoin pour fonctionner. J'entrepris donc des démarches pour le financement.

Les premiers vingt-cinq mille dollars nous furent finalement remis par Robert Bourassa lui-même, le premier ministre du Québec, par le biais de sa « petite caisse », lors d'une rencontre à Québec où je m'étais rendue avec Laurent. Cette petite caisse était mise à la disposition du premier ministre pour des cas de ce genre. Il nous promit un autre versement de vingt-cinq mille dollars après la fête et nous dit que, si nous avions un déficit raisonnable, il s'occuperait de le régler à la toute fin. Nous ferions tout pour ne pas en avoir.

Un autre don de vingt-cinq mille dollars nous fut remis par Paul Desmarais, dans son bureau de Power Corporation. Il rit lorsque je lui dis que, pour une fois, il donnerait de l'argent qui ne lui rapporterait rien; il verrait peut-être son nom dans un programme officiel, mais nulle part sur une affiche durant la fête.

Roger Lemelin me remit aussi vingt-cinq mille dollars quelques jours plus tard, au nom de *La Presse*. Nous étions en affaires.

Nous avons fait brancher le téléphone dans notre petit bureau.

Sur le plan financier, nous avions trois objectifs: payer les dettes des années précédentes, rémunérer raisonnablement tous ceux qui viendraient travailler avec nous, et ne laisser aucune dette à la fin de la célébration. Il s'était ajouté un quatrième objectif, je l'avoue: celui de ne pas laisser un énorme profit dans la caisse de la Société Saint-Jean-Baptiste; un cadeau en argent dont on ne pourrait plus contrôler l'usage par la suite. Surtout qu'en acceptant l'organisation de la fête de 1975, nous étions devenus responsables du paiement des dettes antérieures, dont certaines remontaient à 1963.

Je pris contact avec Raymond Garneau, qui était alors ministre des Finances du Québec. Après quelques conversations téléphoniques, il finit par me donner rendez-vous à Québec, au café du Château Frontenac, un samedi matin. C'était l'hiver mais il faisait un soleil magnifique. La rencontre, en dehors des murs du pouvoir, prit rapidement un ton amical. Il me raconta d'abord les misères de ce fichu métier de ministre, puis il m'expliqua que cela laissait peu de temps pour la vie personnelle. J'écoutais bien. Il avait visiblement le goût de parler de tout et de rien. Je finis par lui expliquer le projet de la fête nationale et pourquoi nous avions besoin d'autant d'argent. Je parlai beaucoup de l'Année internationale de la Femme, pour laquelle le gouvernement du

Québec avait annoncé bien peu de projets, et j'insistai aussi sur ce qui était peut-être une sorte de dernière chance de sauver la fête, qui était tombée bien bas au cours des dernières années. C'était à son tour de m'écouter. Il le fit avec attention et bien-veillance, si bien que je repartis trois ou quatre heures plus tard avec la promesse d'une loterie qui allait s'appeler «la Québécoise», mais dont nous aurions l'entière responsabilité de vendre les billets. Le ministre nous refusait la permission d'utiliser le réseau de vente habituel des loteries existantes. J'avais accepté quand même.

J'étais folle de joie parce qu'avec cette promesse tous nos projets devenaient possibles. Rien ne pourrait plus nous arrêter. Je me rassurai quant à la vente des billets en me disant qu'il fal-lait s'attaquer aux problèmes un par un. Je suis rentrée à Montréal très excitée, parce que avec cette loterie tout le projet de la fête se trouvait financé. Mon comité allait me faire un triomphe. Le compte à rebours était vraiment commencé.

On confia à Jean Bissonnette l'entière responsabilité des scènes et du contenu des spectacles. Il parlait déjà de sept ou huit scènes éparpillées sur le mont Royal. C'était beau, mais encore fallait-il obtenir les autorisations nécessaires pour occuper le mont Royal pendant cinq jours et cinq nuits.

Je pris rendez-vous avec le maire Drapeau, qui m'invita à déjeuner au restaurant *Hélène de Champlain*, où il avait sa salle à manger privée.

Nous nous connaissions déjà, monsieur le maire et moi, et, malgré tous les défauts qu'on pouvait lui trouver à l'époque, j'avais plaisir à converser avec cet homme cultivé chaque fois que je le rencontrais. Ce jour-là, il a dû être fasciné de se trouver en face de quelqu'un d'aussi fou que lui. Le projet des fêtes sur la montagne ne pouvait que tomber dans ses cordes, lui qui dési-rait tellement que Montréal brille au firmament des villes. Lui aussi, j'ai commencé par l'écouter. Longuement. Il m'a parlé de ses Jeux olympiques, des problèmes immenses auxquels il devait faire face, et de la formidable publicité que cela représentait pour Montréal dans le monde. Quand il eut terminé, je lui ai parlé de mes projets. Je l'ai vu esquisser un petit sourire presque tendre pendant que je parlais, parce que je lui parlais de sa ville avec autant d'amour qu'il en avait lui-même. Il aimait mon propos sur le peuple uni durant la fête, sans exclusion d'aucune sorte, de l'ouverture d'esprit que nous voulions manifester et de la chaleur de l'accueil que nous voulions réserver à tous les Québécois durant l'événement. Je devinais bien qu'il y voyait aussi son intérêt, car cette fête de la fierté juste avant ses Jeux olympiques ne pouvait que le servir. À la fin de tout, quand j'eus fait valoir que ce peuple méritait mieux que ce qu'il avait eu jusque-là comme fête, il finit par me dire : « Si vous avez pensé au mont Royal, vous méritez de l'avoir. » C'était gagné.

Il m'offrit, lors de cette même rencontre, le soutien des services de la Ville, mais il me conseilla de rencontrer les responsables des services de la police le plus rapidement possible, afin qu'ils se sentent dans le coup depuis le début, et non pas simplement obligés de faire leur métier. Ce conseil devait s'avérer de la plus grande importance.

Mon comité grandissait doucement, au fur et à mesure des besoins et du développement des projets. Jean Bissonnette me mit en relation avec quelqu'un qui allait jouer un très grand rôle dans ma vie et devenir un grand ami, Jean Fournier. Jean avait été l'un des responsables de la Superfrancofête de Québec en 1974. C'était un organisateur-né. Il accepta de devenir le responsable de la logistique de la fête sur le mont Royal. À partir de ce moment, il fut de toutes les rencontres. Je le présentai aux diverses autorités. Une fois cette première démarche faite, c'est lui qui prit la relève. Je ne devais intervenir que pour des demandes spéciales ou en cas de difficulté. Nous allions former un formidable tandem pendant tous les mois qui allaient suivre.

Je rencontrai Maurice Custeau, qui dirigeait Loto-Québec. Il savait que nous avions obtenu une loterie, le gouvernement lui ayant demandé d'en surveiller l'impression des billets. Je sollicitai ses conseils pour la mise sur pied d'un réseau de vente de nos deux millions de billets.

Il me suggéra de m'adresser au Mouvement Desjardins, qui disposait de caisses partout au Québec et qui pourrait certainement nous servir de réseau. Je rencontrai Alfred Rouleau, alors président du Mouvement Desjardins, et une entente fut conclue avec lui pour la vente de « la Québécoise » dans les semaines qui allaient précéder la fête du 24 juin.

Je m'étonnais souvent du peu de résistance que j'observais dans mes démarches. À l'évidence, l'idée d'une fête qui aurait une autre allure que ce qu'on avait connu jusque-là plaisait, et le côté sérieux de notre organisation rassurait les personnes en place. Le message paraissait positif et notre audace était bien accueillie par tous ceux que je rencontrais. Parfois, je traduisais certains sourires par : « Pourvu que vous ne vous cassiez pas la gueule… », mais, comme je n'émettais jamais un doute sur notre réussite, je finissais toujours par obtenir gain de cause.

La réponse des artistes à Jean Bissonnette était tellement formidable qu'il craignait de devoir dire à certains qu'il n'y avait pas de place pour eux, à moins qu'il n'y ait des spectacles le matin et l'après-midi aussi. Les spectacles du soir étaient pratiquement déjà planifiés. Je tenais beaucoup à une soirée consacrée exclusivement aux femmes et qui serait véritablement la fête des Québécoises. Ce fut la soirée du 23 juin qui fut choisie. Le 24, nous présenterions Jean-Pierre Ferland accompagné de dix chanteuses vedettes qui interpréteraient uniquement ses chansons. Il nous fallait une grande scène, immense, qui constituerait la scène principale. Des démarches furent entreprises pour en fabriquer ou en acheter une.

Suivant le conseil du maire Drapeau, je pris rendez-vous avec l'état-major de la police de Montréal, tôt un matin. Jean Fournier m'accompagna. J'avais préparé mon discours et j'avais déjà quelques plans sur papier, mais je n'avais absolument pas prévu ce qui allait se passer. Cette rencontre faillit bien être mon Waterloo.

51

C'est la police… bouboum… bouboum…

Jean Fournier se rappellerait probablement mieux que moi la date précise de ce rendez-vous avec l'état-major de la police de Montréal. Je me souviens seulement que nous avions au préalable fait le tour de ce qu'il fallait dire pendant la rencontre. Notre stratégie était de jouer cartes sur table avec les policiers. De tout raconter sans rien omettre. Nous aurions notre propre service de sécurité sur le site. Nous ne voulions pas d'intervention policière qui n'aurait pas été autorisée expressément par nous auparavant. Il restait à leur vendre ce rôle tout à fait nouveau auquel ils n'étaient pas habitués.

Nous étions toujours très ponctuels à nos rendez-vous, et nous le fûmes encore plus ce jour-là. Nous avions le fou rire car nous nous étions demandé juste avant d'entrer, rue Gilford, dans l'immeuble de la police, si nous n'avions rien à nous reprocher, pas de contraventions impayées. Rien. Nous étions blancs comme neige, donc confiants de pouvoir ressortir de là sans trop de difficulté.

On nous conduisit dans une drôle de pièce, plutôt sombre, avec une multitude d'écrans allumés tout au fond. Nous avons deviné au premier coup d'œil qu'il s'agissait de la salle de contrôle de la police. Nous entendions des bruits de voix, mais nous ne voyions personne. On nous pria de nous asseoir à une petite table en bois derrière laquelle il y avait deux petites chaises. Nous

nous trouvions dans la partie éclairée de la pièce. Une fois assis, nous avons constaté que la pièce jouxtait une mezzanine qui se trouvait dans le noir, à peine éclairée par les écrans. C'était trop loin pour que nous puissions suivre ce qui se déroulait au fond. On nous demanda d'attendre. Nous avions déjà cessé de rire, pour prendre notre air le plus sérieux et le plus respectable.

Nous ne savions pas exactement qui allait nous recevoir. Nous avions imaginé que la rencontre aurait lieu dans un bureau ordinaire avec peut-être une ou deux personnes. Nous nous regardions, Jean et moi, sans oser ouvrir la bouche.

Une quinzaine de minutes plus tard, nous avons vaguement deviné que des gens venaient de prendre place sur la mezzanine derrière une longue table. Deviné, parce que, à cause de la pénombre qui les dissimulait, nous aurions été incapables de dire s'ils étaient six, sept ou huit. Enfin, une voix forte nous demanda l'objet de notre visite.

Je commençai par nous présenter, en précisant pourquoi Jean Fournier m'accompagnait et quel serait son rôle par la suite. Je leur racontai tout depuis le début: pourquoi j'avais accepté la proposition de Jean LeDerff, ce que j'entendais faire, quel serait notre concept et comment nous étions en train de monter l'organisation.

Pendant que je parlais, je me demandais ce que nous faisions là. Pourquoi avais-je cette impression d'être une accusée et pourquoi mes juges n'avaient-ils pas le courage de montrer leur visage? J'étais très mal à l'aise, mais je possédais bien mon dossier. Je réussis à me rendre jusqu'à la fin en ayant bien exposé ce que nous attendions de la police, c'est-à-dire surtout de la coopération, de la souplesse et de la bonne volonté. Quand j'arrêtai de parler, il y eut un silence.

Suivirent les formules d'usage. On me remercia d'être venue moi-même expliquer mon projet. On me dit que la police savait habituellement ce qu'elle avait à faire dans ce genre d'événement. Ensuite, quelqu'un d'autre, d'une voix très autoritaire, ajouta : « Vous savez, madame, vous êtes nouvelle dans ce genre d'organisation, mais nous, nous avons l'habitude de ces événements. Que vous le vouliez ou non, ça attire toujours des sauvages. Et ça, vous n'y pouvez rien changer. »

Sans perdre mon sang-froid, je lui répondis du tac au tac : « Je suis contre toute violence, mais savez-vous que même moi, ici, si vous continuez à me traiter de sauvage, je pourrais me fâcher, monter sur l'estrade, et vous frapper en vous traitant de chien sale. »

Le silence était maintenant de plomb.

J'entendis Jean Fournier avaler sa salive. J'avais peur d'être allée trop loin. Il n'y avait aucun moyen de rattraper ce que j'avais dit. Personne ne parlait. Quelques secondes plus tard, il y eut un petit rire venant de la mezzanine.

J'inspirai profondément et fis mon plus beau sourire avant de déclarer qu'il n'y avait rien de pire que ce type de langage pour susciter une telle réaction. Je promis que, sur le mont Royal durant la fête nationale, il n'y aurait ni sauvages ni chiens sales, mais seulement des Québécois. Certains d'entre eux y viendraient pour fêter et d'autres, hélas, pour travailler. Dans les deux cas, les choses se feraient dans le respect de chacun. Je m'engageais à défendre la police si elle était prise à partie par qui que ce soit, mais je demandais à la police de se plier aussi à notre façon de voir et de nous laisser maîtres des interventions. Je leur dis que nous espérions que tout se passerait bien et que nous ferions le nécessaire pour que ce soit un succès. Je voulais une police discrète et sans uniforme, si possible. Je savais que c'était beaucoup demander, mais leur réputation était à son plus bas et ils le savaient.

Il y eut un nouveau silence.

Après un moment, l'un d'entre eux se leva et descendit les cinq ou six marches qui le séparaient de notre table, tout en bas.

On entendit même, à ma grande surprise, quelques applaudisse-ments. Le premier fut rapidement suivi par tous les autres. Je n'avais jamais vu autant de galons dorés dans une seule pièce. Ils souriaient et ils m'ont tendu la main à tour de rôle en me disant que je pouvais compter sur eux. Deux d'entre eux furent délé-gués comme coordonnateurs des activités sur le mont Royal, l'inspecteur Yvan Tessier et l'assistant-inspecteur-chef André De Luca. Ces deux hommes allaient devenir mes amis.

Dorénavant, chaque fois qu'il serait question de sécurité sur le mont Royal, Tessier et De Luca assisteraient aux réunions. Ils feraient partie de l'équipe à part entière et je crois qu'ils ont dû être très impressionnés par notre sérieux pendant toute la durée des préparatifs.

André De Luca, en particulier, avait la réputation d'être un dur. Nous avons bien travaillé ensemble et, je dois l'avouer, nous avons pleuré quand nous nous sommes quittés à la fin des festivités.

Quand toutes ces rencontres furent terminées, le comité, en plein hiver, dans la neige, se sentit prêt à annoncer aux journa-listes le calendrier des multiples activités de la fête nationale. La première conférence de presse eut lieu au Chalet de la montagne par une soirée glaciale et étoilée. Le projet était lancé. Sous le thème « Tenez ben vos tuques », nous avons annoncé le rendez-vous de cinq jours à compter du 20 juin 1975 sur le mont Royal. C'était l'entrée en fonction de Robert et Hélène Paradis, qui allaient devenir les piliers essentiels de toutes les relations avec les journalistes avant, pendant et après la fête nationale.

Jean Bissonnette s'est libéré complètement de toutes ses autres responsabilités pendant les deux derniers mois des pré-paratifs. Il assistait à toutes les répétitions, intervenait partout, faisait écrire des spectacles complets, engageait des gens, les encourageait, et dirigeait tout d'une main de maître.

Autour de lui, Claude Fleury, Guy Savard, Normand Choquette, Claude Fortin, Jean Fleury et Jacques Despatie, et combien d'autres! Mouffe, Jacqueline Barrette et Andréanne Lafond travaillaient aux spectacles des femmes, Jean-Claude Girodo montait le grand prix cycliste, et Pierre Daignault, celui des violoneux. Les huit scènes seraient remplies le matin, l'après-midi et le soir. Nous savions déjà que plusieurs groupes culturels – japonais, coréens, portugais – feraient partie de la fête et qu'ils en étaient fiers. L'Orchestre symphonique de Montréal occupe-rait la grande scène en soirée avec André Gagnon comme soliste et Léon Bernier à la direction. Tout se précisait.

Laurent Bourguignon assumait l'organisation du finance-ment de la fête. Il travaillait de très près avec le Mouvement Desjardins, devenu notre distributeur de billets, et il coordon-nait la collecte de fonds et l'approbation des dépenses.

Jean-Marc Prieur était responsable de toute la publicité. Il développait les concepts publicitaires de la loterie, puis de la fête elle-même. «Faut fêter ça» était devenu le slogan que l'on allait voir partout. Et Louise Forestier chantait à la radio: «Adieu le mouton, salut les Québécois… Faut fêter ça, tout le long du temps que dure le tam-tam.»

Jean Fournier s'était entouré d'une formidable équipe et veillait à l'organisation. La salle de commande par où passaient toutes les communications était composée essentiellement de quelques personnes: Paul Masse, Daniel Rocque, Françoise Labarre et Jacques Renaud. Ces personnes, à tour de rôle, jour et nuit, seraient mises au courant de tous les problèmes, s'il y en avait, et elles devraient y apporter des solutions immédiates, pendant toute la durée de la fête. Des rencontres eurent lieu avec les pompiers et avec les médecins chargés de mettre sur pied les services de soins de santé nécessaires pour un tel événement. Les décisions finales, sur le site, seraient prises par un groupe de huit personnes, dont le comité organisateur, un représentant des relations publiques, Jean Fournier et moi-même. C'est pourquoi nous avons décidé que j'habiterais une roulotte, près de la grande scène, pendant toutes les activités.

Nous avons prévu un hôpital de campagne sur place, avec tout le personnel nécessaire. Nous avons même fait préparer une salle d'accouchement, afin de ne rien laisser au hasard, et nous espérions vraiment avoir « notre » bébé de la fête nationale. Nous avons essayé de penser à tout, absolument tout.

Nous avons retenu les services de deux cent cinquante agents de sécurité, en majorité des étudiants triés sur le volet. Ils seraient tous reliés par walkie-talkie à la centrale, qui était le cœur de l'organisation.

J'affirmai dans des entrevues à la radio et à la télévision que, si on pouvait dire « bonjour » en français ou « une bière, s'il vous plaît », on serait le bienvenu sur le mont Royal.

Pendant ce temps-là, j'animais les dernières émissions d'*Appelez-moi Lise*. Ce n'était pas le moment de manquer de souffle. Mes journées étaient longues et mes nuits, de plus en plus courtes, mais l'enthousiasme était tel que je ne sentais jamais la fatigue. J'allai rencontrer tous les chanteurs et toutes les chanteuses en répétition, je fis une minitournée des Caisses Desjardins, j'allai voir le groupe de policiers assignés pour le travail sur le mont Royal. Je leur répétai mon discours de la salle de contrôle, les remerciant de travailler pendant que le public pourrait s'amuser en toute tranquillité.

Début juin, il plut beaucoup. Vers le 15, le sol de la montagne était complètement détrempé. Je commençais à me demander ce qui se passerait s'il pleuvait pendant cinq jours et cinq nuits. Je n'osais pas en parler à mon comité, de peur de décourager tout le monde. Tous les soirs, j'en parlais à ma Marie-Louise, ma grand-mère. Je lui disais que c'était d'abord pour elle que j'avais fait tout ça et qu'elle devait s'occuper du temps. Sinon, elle entendrait parler de moi…

52

Faut fêter ça !

Le 19 juin 1975, l'angoisse s'empara de moi. Pourtant, tout allait bien. Nous étions prêts partout. On devait fermer la montagne à la circulation automobile vers dix-sept heures le vendredi 20 juin. Je n'avais pas réussi à dormir de toute la nuit du jeudi au vendredi. Ma peur, tout à coup, n'avait plus rien à voir avec le temps. On annonçait du soleil pour tous les jours prochains. Ma crainte, c'était qu'il ne vienne personne. Au comité organisateur, nous avions tout envisagé sauf ça.

Et si le public allait bouder la fête ? Si le mont Royal allait ressusciter les vieilles peurs des foules violentes ? Si les Québécois allaient préférer fuir à la campagne plutôt que de prendre la route de la montagne… ? Je n'ai parlé à personne de cette angoisse affreuse qui m'étreignait et qui m'empêchait de respirer librement.

Dans l'après-midi du 20, je demandai à André De Luca, qui disposait de l'hélicoptère de la police, de me tenir au courant de l'affluence dès que le public commencerait à arriver sur le mont Royal.

À dix-sept heures trente, je n'avais pas encore de nouvelles. Je commençais à être insupportable. Je faisais tout revérifier. Environ une heure plus tard, je reçus un message de De Luca, qui disait de cesser de m'inquiéter : « Ça monte en foule sur la montagne. »

La fête pouvait commencer.

Dans nos délires les plus fous, nous avions dit qu'il viendrait cinq cent mille personnes sur le mont Royal. Nous aurions été contents de moins si ça avait été le cas. Pourtant, dès le premier soir, nos prévisions étaient bien en dessous de ce qui allait se produire. À la grande scène seulement, près du lac aux Castors, le soir de l'ouverture, il y avait cent cinquante mille personnes pour le spectacle de vingt et une heures. Ce spectacle avec Gilles Vigneault, Louise Forestier et Yvon Deschamps, qui avait pour titre *Happy Birthday*, séduisit les Québécois, et la nouvelle chanson de Vigneault, qui proposait de remplacer le fameux *Happy Birthday* par *Gens du pays*, fut reprise par tout le public. Yvon Deschamps fit jurer à la foule de ne parler que le français pendant toute l'année qui allait suivre. Ce n'était que le premier soir et il paraissait certain que nous dépasserions nos objectifs.

Les gens étaient visiblement heureux. Cela se sentait dans la foule. On était tolérant et chaleureux. On avait envie d'une vraie fête et c'est cette fraternité qui allait faire le succès de ces célébrations.

L'infrastructure tenait bon. Il fallait éviter à tout prix de devenir les victimes de notre succès. Il fallait s'assurer que toute l'organisation était capable de supporter un bien plus grand nombre de personnes que ce que nous avions prévu. Nous avions demandé qu'on enlève les paniers à déchets qui se trouvaient sur le mont Royal, pour qu'ils ne deviennent pas une tentation en cas d'échauffourée, mais nous avons dû demander de les remettre car une telle foule avait besoin de déposer ses bouteilles et ses papiers quelque part. Notre entente avec les brasseries stipulait qu'aucune bière identifiée ne serait vendue sur place. Le principe de ne présenter aucune publicité avait résisté à la première soirée chaude de l'événement. Le beau temps était installé. Ma Marie-Louise avait rempli son mandat.

Il n'allait pas tomber une seule goutte de pluie pendant tout le temps qu'allait durer le pow-wow.

Un après-midi, le centre de météorologie de Dorval, avec lequel nous étions constamment en communication, nous informa qu'un orage se dirigeait directement sur le mont Royal. Ce genre d'orage isolé qui pouvait laisser plusieurs centimètres de pluie en un seul endroit en quelques minutes. Nous avons donc demandé au nuage d'aller tomber ailleurs. Et il l'a fait. À la grande surprise de l'équipe de Dorval, et à la nôtre aussi, je l'avoue. Le vent a tourné juste ce qu'il fallait pour que le nuage aille se vider complètement sur Laval. À Dorval, on a même dit, en riant, que c'était un miracle. Je ne leur ai pas raconté à qui nous le devions.

Après quelques heures de fête, tous les moyens étaient bons pour se rafraîchir. Nous regrettions déjà de ne pas avoir fait dépolluer le lac aux Castors puisque les gens s'en servaient comme d'une piscine. Ce qui me faisait dire que les Québécois étaient « faits forts ». Nous avions d'abord envisagé de placer la grande scène au milieu du lac, mais ce projet avait été abandonné à cause de l'épaisseur de vase qu'il y avait au fond. Dans la canicule que nous connaissions, l'eau du lac avait, pour plusieurs, des vertus rafraîchissantes.

Le public était déjà très étonné du comportement des policiers de la Ville de Montréal. Ils n'étaient pas tous en uniforme. Le pacte que j'avais conclu avec eux tenait bon. Ils étaient absolument charmants avec tout le monde, sans perdre de vue cependant qu'ils étaient là pour la protection du public. Les journaux ne manquèrent pas de relever l'événement, et, ma foi, le public fut enchanté de ces policiers aussi civilisés que sympathiques.

Je faisais ma ronde du mont Royal pour visiter les scènes un après-midi et je vis un spectacle étonnant. Deux jolies jeunes filles en maillot de bain étaient assises sur une grande couverture étendue sur l'herbe, et, avec elles, deux policiers en uniforme d'été. Je m'arrêtai en riant, pour leur dire qu'ils faisaient du zèle, quand l'un d'eux me répondit : «On les protège, madame. Ce sont deux Anglaises. »

Le premier soir, la fête avait déjà perturbé le calme habituel du cimetière de Notre-Dame-des-Neiges. Mille employés du comité organisateur devaient emprunter une voie tracée à travers le cimetière pour se rendre à leurs postes sur la montagne. Les journalistes et les policiers de service devaient faire de même. Le transport s'effectuait en minibus, et tout ce beau monde avait le cœur à la fête durant le jour. Pour rentrer le soir, quand la nuit était tombée, plusieurs préféraient traverser le cimetière en silence.

Les journaux, pendant les cinq jours de la fête, étaient pleins de propos louangeurs sur le travail des policiers et leur comportement en général. Dans *La Presse* du lundi 23 juin, sous la signature de Richard Chartier, on pouvait lire :

> *Pour la première fois depuis un bon bout de temps dans l'histoire du Québec, la police n'a pas joué un rôle de premier plan dans les fêtes de la Saint-Jean.*
>
> *C'est une Saint-Jean sans camps rangés ni faits divers qui a pris tout le monde par surprise. En dépit de l'affluence des fêtards sur le mont Royal, jour et nuit depuis vendredi, il n'y a guère eu d'incidents graves. Le seul accident dramatique : un jeune homme s'est fracassé le crâne en faisant une chute dans le précipice situé près du café-terrasse. Plusieurs personnes ont par ailleurs subi des coupures en marchant sur du verre brisé ; elles ont été soignées rapidement.*
>
> *Pas de batailles rangées entre policiers et manifestants, pas de bataille tout court, pas de meurtre, pas de viol. Un seul larcin, le vol d'une boîte de chips, a été rapporté.*

Les fêtards se disent enchantés. Les policiers aussi. De fait, les soixante-quatre agents en poste sur la montagne pour la durée des festivités jouent un rôle discret et effacé; un vrai rôle de second plan qui n'a nécessité jusqu'ici que de rares interventions.

L'agent Normand Couillard, des relations publiques de la police de la CUM, a expliqué à La Presse *que le service de sécurité mis sur pied par les organisateurs des fêtes a toujours l'initiative et que le travail des policiers se résume finalement à exercer une surveillance discrète, effacée, et à faire preuve d'une tolérance assez exceptionnelle.*

Puis, dans la même page, Christiane Berthiaume en rajoute :

Une gentillesse qui étonne tout le monde

«Hey man, j'ai jamais vu des "beux" aussi smattes. C'est ben la première fois», s'exclame, entre deux «joints», un adolescent. Ses camarades, installés comme lui sur le mont Royal et qui fêtent la Saint-Jean depuis vendredi soir, l'approuvent.

Un peu plus loin, des policiers prennent une bière, parlent avec les gens, racontent l'aventure d'un des leurs qui, la veille, s'est perdu dans la montagne. Un enfant l'a retrouvé.

Autant drogue-secours, les hôpitaux de campagne, les organisateurs que la foule soulignent la collaboration des policiers. «Nous avons reçu l'ordre de laisser les gens tranquilles, expliquent ces derniers. Nous les ramassons seulement s'ils tombent.»

Et la journaliste ajoute :

Plus déroutant encore, c'est de les entendre adopter par mimétisme les expressions à la mode :

C'est un « burn » (lorsqu'un pépin survient) ou c'est « au boutt », c'est « cool » (quand tout va bien).

C'est Normand Couillard, le chargé des relations publiques de la police, qui était heureux. Il ne le cachait pas, d'ailleurs. Dans une entrevue accordée à *Montréal-Matin*, le 24 juin, il a déclaré : « Dès le début, il a été établi quelles seraient nos responsabilités, tout le monde savait ce qu'il avait à faire, les tâches entre les différents services de sécurité ont été bien réparties. » Et à un journaliste qui faisait remarquer le comportement beaucoup moins gentil des policiers de Toronto, la semaine précédente, lors d'un spectacle des Rolling Stones, M. Couillard a répondu : « Ce qui arrive souvent dans ces cas, c'est que l'on ne nous dit pas ce que l'on attend de nous. »

La plus grosse nouvelle concernant la police fut publiée dans *Dimanche-Matin* du 22 juin, sous le titre : « Policier retrouvé par un enfant ».

Un enfant qui se perd sur le mont Royal : fait anodin. Un policier qui se perd au même endroit, voilà un fait assez inusité. Et pour le comble, ce policier a été retrouvé par un enfant.

Cela s'est passé vendredi soir pendant le spectacle sur la grande scène. Un policier n'arrivait plus à retrouver son chemin parmi la foule grouillante. C'est alors qu'il demanda à un jeune garçon qui apparemment était familier avec le lieu de le ramener au Chalet de la montagne.

Sur le chemin, l'enfant et le policier rencontrent une auto-patrouille. Le conducteur s'adresse alors au policier en lui demandant s'il vient de trouver un enfant et s'il désire le ramener quelque part. Mais à sa grande surprise, c'est l'enfant qui répond : « Mais c'est moi qui ai retrouvé le policier. »

Le 25 juin, quand le moment des bilans fut arrivé, le numéro un de la police, Paul-Émile L'Écuyer, président du Conseil de sécurité publique de la CUM, a laissé parler son cœur. C'était le titre d'un article de *Montréal-Matin*, le mercredi 25 juin 1975 :

Le nº 1 de la police laisse parler son cœur

Le président du Conseil de sécurité de la Communauté urbaine de Montréal, M. Paul-Émile L'Écuyer, a été vivement impressionné par l'atmosphère qui régnait sur le mont Royal durant les fêtes de la Saint-Jean. Non moins impressionné par le succès remporté par Mᵐᵉ Lise Payette, il a offert à la présidente des fêtes un poste au Conseil de sécurité de la CUM, avec un budget de cinq millions, car, a-t-il dit, « même avec cinq millions de publicité, jamais je n'aurais pu réussir à convaincre la population » que les policiers sont là pour aider.

S'il ne faut pas prendre cette déclaration au pied de la lettre, elle ne témoigne pas moins de toute l'admiration qu'éprouve M. L'Écuyer pour Mᵐᵉ Payette. Il n'a point, d'ailleurs, caché à celle-ci ses sentiments.

« Madame Payette, je vous dis merci ! Je vous ai embrassée tout à l'heure. C'est du fond de mon cœur parce que, franchement, je suis fier de vous ; parce que vous êtes presque une des nôtres maintenant.

« Je suis fier de vous. Je suis fier aussi de ceux qui ont réalisé que la police, la sécurité et les citoyens, c'est une seule et même chose. C'est la première fois que l'on vit cela. »

Après la fête, je n'ai pas accepté la proposition de Paul-Émile L'Écuyer. J'aurais peut-être dû. Si je l'avais fait, peut-être aurions-nous à Montréal une police qu'on viendrait voir de partout dans le monde comme un modèle à imiter...

53

Les journalistes au cœur de la fête

Il y avait des anglophones sur le mont Royal, aussi heureux que les francophones d'être là. Les journalistes en ont fait état. *Montréal-Matin* du 21 juin le soulignait dans un article ayant pour titre : « Une foule entassée comme brins de foin ». Le journaliste écrivait :

> *Même si la majorité de la foule qui s'était donné rendez-vous pour fêter la Saint-Jean sur les hauteurs était francophone, l'élément anglophone était aussi présent. Il s'agissait surtout de familles qui ont participé pleinement aux manifestations joyeuses qui se sont déroulées sans désemparer jusqu'au lendemain matin au Chalet du lac aux Castors.*

Même le journal *The Gazette*, après s'être fait tirer l'oreille pour admettre que la fête était belle, finit par écrire ceci dans son numéro du 23 juin, sous le titre : « St. Jean festival hailed as a "miracle", draws people of all language groups ». On pouvait lire, dans cet article signé Don MacPherson :

> *There were none of the clashes between police and celebrators that have marred past St. Jean Baptiste celebrations, and the police who were on duty were having as much fun as anybody else.*
>
> *So were the English-speaking, Italian-speaking, Greek-speaking, Ukrainian-speaking and Polish-speaking Quebecers*

*who joined their French-speaking compatriots in the
celebrations.*

*East Indians wearing turbans or saris strolled along the
mountain paths past darkskinned Haitians. Elderly couples
sat on benches while young couples strolled past carrying
infants papoose-style on their bocks[4].*

Quant à la couverture francophone, elle fut vite à court de
superlatifs. Les journalistes, comme le public, aimaient ce goût
de fierté que la fête laissait dans la bouche. Les journaux, aussi
bien que la radio et la télévision, nous accordaient un espace
immense. Ils transmettaient volontiers le message de bonne
volonté que nous avions voulu faire passer. Les radios diffusaient
directement du site, avec, par exemple, Jean Duceppe comme
animateur pour CJMS, Georges Whelan, Jean-François Lebrun
et Richard Desmarais pour CKAC. Au total, plus de cent vingt-
cinq personnes travaillant pour CBF, CKVL, CJMS et CKAC
étaient sur le mont Royal.

Nos installations permettaient le travail en direct de toutes
ces équipes. Notre installation sonore était si efficace que, si elle
avait été poussée au maximum, les spectacles présentés sur la
grande scène du lac aux Castors auraient pu être entendus de la
Place-Ville-Marie.

---

4. « Les affrontements entre participants et forces de l'ordre qui, dans le passé,
ont souvent troublé les festivités de la Saint-Jean n'ont pas eu lieu cette
année. Les policiers se sont amusés comme tout le monde.
    « Il en était de même des Québécois anglophones et de ceux d'origine ita-
lienne, grecque, ukrainienne ou polonaise ; ils se sont tous joints à leurs
compatriotes francophones pour fêter.
    « Sur la montagne, des membres de la communauté hindoue, coiffés de tur-
bans ou vêtus de saris, côtoyaient ceux de la communauté haïtienne ; des
couples du troisième âge se prélassaient sur les bancs en regardant ceux,
plus jeunes, qui déambulaient, leurs enfants sur le dos. »

Radio-Canada diffusait les principaux spectacles en direct de la montagne. Les techniciens de la grande maison avaient reçu l'ordre de cesser immédiatement toute diffusion s'il y avait le moindre commencement de manifestation, et surtout de ne filmer que le spectacle et pas du tout la foule. On dit que « chat échaudé craint l'eau froide », et Radio-Canada avait toutes les raisons de se souvenir de son cafouillage en direct de 1968, rue Sherbrooke.

Radio-Québec était en grève durant les jours de la fête nationale de 1975. Ses employés avaient quitté le travail car ils prétendaient manquer d'espace de stationnement. Être en grève au moment de la fête nationale du Québec, quand on s'appelle Radio-Québec, laissait déjà présager le pire quant à cette chaîne.

Les journaux étaient remplis de photos remarquables de la fête.

Des journalistes de *National Geographic*, de la télévision française et du journal *Le Figaro* avaient également été accrédités. Notre fête commençait à intéresser les étrangers.

Sur le site, on pouvait entendre un nombre étonnant de langues parlées ou chantées. Le français, bien sûr, et l'anglais, mais aussi l'espagnol, le portugais, le chinois, le grec et beaucoup d'autres. « *Arriva, arriva Québec* », lancèrent en chœur des Latinos-Américains que je croisai un matin. On admira les spectacles des Mexicains, des Chiliens, des Vietnamiens, des Japonais et de nombreuses autres cultures.

Le deuxième spectacle sur la grande scène, le samedi soir, était celui qui nous inquiétait le plus. Nous avions réuni pour un concert rock le groupe Offenbach, Gilles Valiquette, les Séguin et Aut'Chose. Les journaux du samedi matin, en louangeant l'organisation de la veille, soir de première, nous facilitèrent la tâche. La soirée fut parfaite. Deux cent cinquante mille personnes s'étaient regroupées autour du lac aux Castors, et la joie de vivre autant que la bonne humeur ont fait le reste. Il y avait des jeunes dans cette foule, mais également des familles avec enfants et poussettes.

Le spectacle pour enfants, dont la grande vedette avait été René Simard pour le plus grand plaisir de tous, avait eu lieu l'après-midi. Des vedettes, il y en avait partout, sur toutes les scènes : Michel Louvain, Serge Laprade, Pascal Normand, Pierre Létourneau, Fernand Gignac, Paolo Noël, Rod Tremblay, André Lejeune, Raymond Lévesque, Clémence DesRochers, Jim et Bertrand, Jean-Guy Moreau, Jean Lapointe, Jean Carignan et nombre d'autres.

Daniel Rioux, dans *Le Journal de Montréal* du 23 juin, écrivait, sous le titre : « Une foule bigarrée, joyeuse et fière ! » :

> *Rien ni personne ne pourrait venir perturber le déroulement des célébrations entourant notre fête nationale. Après trois jours de festivités, après la participation aux fêtes de plus de 600 000 personnes depuis vendredi, il n'y a aucune équivoque qui subsiste.*
>
> *Cette année, les Québécois ont droit à une véritable fête en leur honneur !*
>
> *Le comité organisateur, Lise Payette en tête, a mis en branle une énorme machine fabriquée au Québec pour des Québécois. Le train de notre fête nationale a « embarqué » des gens venus de partout au Québec, mais également de l'extérieur. […]*
>
> *Tout le monde est heureux tout le temps depuis l'ouverture des fêtes, vendredi après-midi, et la joie se communique étrangement à tous ceux qui viennent sur la montagne.*

La troisième soirée était consacrée à l'Orchestre symphonique de Montréal. Une foule d'environ cent mille personnes ovationna l'orchestre sous la direction de Léon Bernier. André

Gagnon était le soliste invité et la foule fut extrêmement généreuse durant tout le concert, si bien qu'en quittant la scène Léon Bernier se mit à pleurer. Il n'était pas le premier à qui ça arrivait en sortant de scène, tellement l'atmosphère du mont Royal était remplie d'émotion et de fierté.

La quatrième soirée fut celle des femmes. Deux cent mille personnes étaient au rendez-vous. Dans *Le Journal de Montréal* du 24 juin, Diane Massicotte écrivait :

15 comédiennes font le tour de la « question des femmes »

Plus de 200 000 personnes ont été émues devant la performance de quelque quinze comédiennes qui ont fait le tour de « la question des femmes » en parlant de leurs peurs, de leur joie, de leurs espoirs, du couple, des enfants, etc., hier soir sur la grande scène du mont Royal. Un beau « show » de femmes qui s'adressait à tout le monde. Pas de forme de ségrégation s'il vous plaît, les femmes savent trop ce que l'on ressent quand on est de ceux qui sont exclus...

Ça se pourrait-tu ?, conçu par Jacqueline Barrette et mis en scène par Mouffe, a soulevé toutes les facettes de la vie des femmes, l'historique de la moitié du monde. « Oyez ! oyez ! mesdames et messieurs, venez voir toutes les femmes du monde réunies pour la première fois sur une scène et qui sont devenues des funambules, qui donnent un spectacle sur la corde raide de l'année internationale de la Femme », crie Louise Forestier, vêtue d'un long manteau de satin blanc garni de courtepointes. « Toutes les femmes du monde..., les grosses, les petites, les heureuses, les malheureuses, les jeunes, les vieilles, les belles en dedans mais laides en dehors, comme les belles en dehors et laides en dedans. Toutes les femmes du monde... »

Pour nous, sur scène, cette soirée fut l'une des plus importantes de notre vie. Il se créa des liens d'amitié très forts entre toutes les femmes qui donnaient le spectacle. Nous étions particulièrement touchées par la présence de Rose Ouellette (La Poune) et de Juliette Pétrie, ainsi que de Muriel Millard.

Benoît Aubin, dans *La Presse* du 24 juin, sous le titre : « 400 000 personnes autour des feux de joie », écrivait ceci :

> *Il y avait tellement de monde, hier soir, à la fête que même le contrôleur de la station de métro Guy, qui en a vu d'autres, n'en revenait pas.*
>
> *Mais lui, il était sous terre. Imaginez un peu, plus près du ciel, sur la montagne... 400 000 personnes au moins proclament les hommes en hélicoptère qui scrutent l'immense fourmilière du haut des airs, où près d'un demi-million de petites bibittes francophones s'agitent, circulent, gesticulent, rient, dansent et s'agglutinent, par masses considérables, autour des grandes scènes, autour des feux de joie, dans une espèce de grande célébration spontanée, offerte bien plus volontiers au beau soleil, aux arbres, au gazon, à l'esprit du houblon, du chanvre et de l'amour, qu'à de grands thèmes abstraits comme la destinée nationale ou les avatars collectifs.*
>
> *« Pour un peuple sans histoire, on est pleins de fun »,* lançait Vigneault, voilà quelques années. Ces jours-ci, tout le monde s'amuse ferme, avec l'impression que son « fun » passera à l'histoire.*
>
> *À propos de grands thèmes, c'était hier la journée de la femme. À première vue, on ne pouvait pas le savoir : les hommes n'étaient pas moins nombreux et les femmes pas plus méchantes que la veille. Journée des femmes, journée de fête, veille d'une journée de congé national : le quart de la*

population de Montréal était sur la montagne, pas pressé d'aller dormir.

Ce spectacle des femmes devait être suivi par la Nuit de la Parole, au Centre d'Art du Mont-Royal. Nous avions invité les femmes à une nuit de veille au cours de laquelle elles pourraient dire tout ce qu'elles gardaient en elles depuis si longtemps, tout ce qu'elles n'avaient jamais exprimé à haute voix. Ce fut le seul échec de la fête. Nous voulions que ce soit doux et tendre, comme une rencontre entre ciel et terre. Le lendemain, Michèle Tremblay écrivait dans *Le Journal de Montréal* :

> *Après avoir réussi de peine et de misère à regrouper quelques personnes qui voulaient discuter entre elles, nous avons eu droit à des scènes fort disgracieuses de la part d'hommes considérablement dérangés par l'alcool. Devant tant d'indécence, les femmes ont quitté les lieux abruptement vers deux heures du matin.*

Et Christiane Berthiaume, dans *La Presse* du même jour, sous le titre : « J'avais pourtant des choses à dire », écrivait pour sa part :

> *À deux heures du matin prenait fin abruptement cette soirée qui, dans l'esprit de son organisatrice, Andréanne Lafond, devait se terminer à l'aube.*
>
> *En effet, l'atmosphère est vite devenue agressive et même vulgaire. Un homme s'est mis à sauter en se tenant le zizi, un autre à crier en direction de l'animatrice : « Si c'est une queue que tu veux, viens me voir. » Des femmes qui passaient par là ont reçu des gifles et d'autres de la bière au visage.*

Il nous a bien fallu admettre que, la nuit, les femmes devaient encore craindre les hommes, et que la bataille de la liberté et de l'égalité n'était pas encore gagnée pour les Québécoises.

Dans cette foule heureuse du mont Royal, qui dépassait déjà le million de personnes, quelques mâles en mal d'autorité avaient agi comme des agresseurs pour empêcher les femmes de parler entre elles. Je leur en ai voulu longtemps. Avec raison.

54

Le dernier jour

Je vivais dans ma roulotte, mais j'y avais passé bien peu de temps depuis le début de la fête. Quelques petites heures la nuit à essayer de dormir sans trop de succès, et quelques arrêts pour me doucher durant la journée. La douche elle-même était une installation précaire, une véritable aventure. Le premier jour, ne me méfiant de rien, j'avais provoqué une inondation dans la roulotte et j'avais pataugé dans trente centimètres d'eau pendant des heures en attendant que tout soit séché. Je prenais donc ce qu'il serait convenu d'appeler des douches prudentes.

Je mangeais n'importe où, là où je me trouvais. Un jour, j'invitai mes deux policiers préférés, Tessier et De Luca, avec Jean Fournier et Laurent, à partager des steaks que j'avais fait cuire moi-même sur la cuisinière de ma roulotte. Ce ne fut pas un repas gastronomique. La fumée causée par la mauvaise aération nous tint compagnie pendant un moment. Je crois que ce fut mon seul repas chaud de ces cinq jours. Le confort de la roulotte était très aléatoire. Incroyablement chaude le jour, elle devenait glacée la nuit. Pourtant, quand je m'y retrouvais enfin seule, je pouvais m'entendre réfléchir quelques minutes, ce qui était déjà un cadeau.

Le 24 juin, dès le matin, nous savions que nous avions dépassé le million de personnes. Malgré cette foule grouillante qui parcourait les routes et les sentiers du magnifique parc du

Mont-Royal, la chance continuait de nous sourire. Nous n'avions soigné que des coupures aux pieds, et notre hôpital de campagne ne faisait état d'aucune blessure grave. Une vingtaine de « potteux » avaient dû être traités, mais ce nombre était insignifiant par rapport à la foule présente. Un jeune homme avait fait une chute planée dans un précipice et avait été transporté à l'hôpital de la ville. C'était le cas le plus sérieux que nous ayons eu à déplorer, mais les secours avaient été rapides après l'accident, et le travail des sauveteurs, avec l'aide d'un hélicoptère, s'était bien déroulé. Un autre avait failli se noyer dans le lac aux Castors, mais il avait été repêché à temps. Parmi les membres de l'organisation, Guy Savard, le responsable de la régie de la grande scène, s'était foulé un pouce, tandis que Robert Paradis, chargé des relations publiques, s'était fracturé une main et que je m'étais foulé une cheville. Nous attendions toujours la naissance de notre premier bébé.

Nous nous croisions les doigts. Ma plus grande crainte était qu'un visiteur connaisse une fin tragique à cause d'une crise cardiaque grave. Monter sur le mont Royal pouvait représenter une difficulté réelle pour certaines personnes, et la chaleur avait été suffocante pendant cinq jours et cinq nuits. Mais cela ne s'était pas produit. Il n'y avait pas eu de bagarre non plus. Les enfants qui s'étaient perdus avaient tous été retrouvés. On ne signalait que deux vols; le premier concernait une boîte de chips, et le second, la guitare de Gilles Valiquette.

La loterie « la Québécoise » vivait ses dernières heures. Le tirage des numéros gagnants aurait lieu sur la grande scène, à la fin du dernier spectacle. La Société des loteries et courses nous avait donné un coup de main pour compléter la vente des derniers lots de billets. Nous avions vendu deux millions dix mille billets sur deux millions cent soixante mille qui avaient été imprimés. On nous avait donné le feu vert pour vendre nos billets dans certains points de vente du réseau habituel des loteries. Grâce à la vente de ces billets à un dollar chacun, cinq cent cinquante mille dollars retourneraient en prix au public. Le reste des revenus servirait à payer toutes les dépenses de la fête, les feux d'artifice, les artistes, les musiciens et tous ceux qui avaient travaillé sur le mont Royal, y compris les étudiants qui faisaient partie du service de sécurité et qui gagnaient quatre dollars de l'heure. Ils travaillaient douze heures par jour.

Dans l'après-midi du 24, en prévision du spectacle du soir avec Jean-Pierre Ferland, j'allai rencontrer presque toutes les chanteuses qui y participeraient. C'était aussi l'anniversaire de Jean-Pierre ce soir-là.

Plus tard, vers la fin de l'après-midi, Ginette Reno vint frapper à la porte de ma roulotte. Il y avait quelque chose qui n'allait pas. Elle paraissait triste, même si elle disait le contraire. Nous avons parlé assez longuement avant qu'elle finisse par me confier ce qui l'ennuyait. Elle trouvait cela difficile de se retrouver dans un groupe avec les autres chanteuses. Elle avait l'habitude d'être seule en scène, d'être en vedette, et elle se demandait si elle avait bien fait d'accepter ce spectacle-là, parce qu'elle faisait sa rentrée au Québec après une assez longue absence.

Je mis mes bras autour de son cou car je la sentais extrêmement fragile. Elle arrivait de Los Angeles et elle était dans une période de remise en question. Je tenais tellement à ce qu'elle soit sur scène. Je l'encourageai à donner le meilleur d'elle-même, à trouver la force qu'il fallait pour jouer le jeu jusqu'au bout et ainsi prendre sa part du succès de ces fêtes extraordinaires. Je lui ai raconté les émotions que nous avions vécues au cours des quatre premiers jours. Je m'attendais à ce que le dernier soir fût exceptionnel. Puis je lui ai juré que le public serait extrêmement heureux de la retrouver, parce qu'il l'aimait toujours. Elle a pleuré. Elle s'est tue pendant un moment, puis elle m'a promis d'y mettre tout son cœur.

Elle voulut ensuite savoir ce que je faisais après les fêtes. Je lui racontai que j'avais loué, l'été précédent, une petite maison en Provence, et que Laurent et moi irions nous reposer là-bas. Je lui expliquai que j'étais fatiguée, et pas très loin d'être brûlée émotivement après avoir vécu la fin d'*Appelez-moi Lise* et ces fêtes sur la montagne. Elle me confia qu'elle m'enviait et qu'elle regrettait de ne rien avoir prévu pour les vacances. Je lui dis qu'elle pouvait venir me rejoindre, et elle est repartie vers sa loge, consolée.

Le spectacle fut un succès énorme. Jean-Pierre Ferland a présenté les dix magnifiques interprètes de ses chansons en parlant des «dix plus beaux chars allégoriques de nos fêtes» sans que personne lui arrache les yeux. Il y avait là Renée Claude, Véronique Béliveau, Emmanuelle, France Castel, Lucille Dumont, Ghislaine Paradis, Shirley Théroux, Christine Chartrand, Andrée Boucher et, bien sûr, Ginette Reno, qui réussit à bouleverser les centaines de milliers de personnes avec son interprétation d'*Un peu plus haut, un peu plus loin*. Ce soir-là, on aurait pu décréter que cette chanson de Ferland allait devenir l'hymne national du Québec et personne n'aurait protesté.

C'était un moment vraiment unique. La bonne humeur de Ferland, le talent de ces dix femmes réunies et le règlement de comptes amoureux de Ginette avec le public du Québec tout entier allaient s'imprimer dans nos mémoires pour toujours. Ginette dit encore aujourd'hui que ce moment a été le plus important de toute sa carrière.

Le lendemain, Louise Cousineau écrivait dans *La Presse*, sous le titre: «Le mont Royal dans mon salon: des images de moi que j'aimais»:

> *Comme j'aimerais avoir du temps pour fignoler ce papier! Je vais vous parler d'hier soir, mais pour moi il est ce soir et on est en train de tirer le numéro gagnant de*

« la Québécoise ». C'est l'anticlimax de la soirée. Je me fous pas mal du cerveau électronique et de ses bons vœux. J'aimerais bien mieux entendre la foule scander « mer-ci, mer-ci ».

Ce soir, je n'échangerais pour rien au monde ma nationalité – qui n'en est pas une vraiment – de Québécoise. Je viens de passer une soirée sur le mont Royal dans mon salon. La télévision m'a envoyé des images de moi que j'aimais. Pas toutes, il est vrai, mais un soir de party comme ça, il faudrait être bien grincheux pour courir après la petite bête. On s'est trouvés bons hier soir. Et on avait bien raison. Loin, très loin du défilé figeant de mon enfance. Hier soir, on pouvait se laisser aller sans honte à s'aimer.

Je mentirais si je n'avouais pas tout de suite que cette réussite m'enchante parce qu'elle est le fait d'une bande de femmes, depuis Lise Payette, présidente du comité des fêtes de la Saint-Jean, à Jacqueline Barrette qui a conçu le show des femmes, à Mouffe qui l'a mis en scène, à toutes celles qui y ont participé, tant au premier qu'à celui de Jean-Pierre Ferland. Ah! les filles, vous êtes dangereusement compétentes! J'en connais qui doivent se poser de drôles de questions ce matin.

Jeudi soir, on tabassait le mouton de nos angoisses collectives. Hier soir, « Ça s'pourrait-tu? » fricotait celui des besoins de libération des femmes. Elles ont défilé devant nous, représentant les facettes de la condition féminine : la séparée, la mal-aimée, la naïve, la militante syndicale, l'ouvrière exploitée, la mariée à l'Anglais, celle à qui son mari ne dit plus « je t'aime », l'amoureuse, la maîtresse, la vociférante.

Ç'aurait pu être cucu grandiose. Mais c'était fait avec esprit et surtout avec tendresse et mesure. Louisette Dussault implorait de réinventer la terre pour que le monde fleurisse à nouveau et Renée Claude répliquait: «Ne tuons pas la beauté du monde. »

La deuxième partie du spectacle était celle de Jean-Pierre Ferland et de ses dix femmes. Plus de messages: il était question de se retrouver dans un grand show avec des chansons qui nous charment depuis des années. C'était ravissant, bien fait. C'était la fête à Jean-Pierre.

Mais ç'a surtout été celle de Ginette Reno, qui a littéralement volé le show. Si je sais lire sur les visages, le sien, lorsqu'il est apparu à l'écran au début de sa chanson, reflétait l'angoisse d'une femme qui se demande si on l'aime encore. Elle s'est jetée dans sa chanson comme une perdue. Je me suis retrouvée assise sur le bord de ma chaise, le cœur au fond de la gorge. Ce n'est pas souvent que la télévision fait un tel effet. Ginette me donnait tout. La foule a apprécié cette générosité démesurée: elle a ovationné et réclamé Ginette Reno jusqu'à la fin.

Sur la montagne, après le grand spectacle de clôture, j'ai procédé, sur la grande scène, au tirage de la loterie «la Québécoise». Et la foule, qui n'avait pas bougé, n'arrêtait pas de crier: «Merci, Lise! Merci, Lise!» Mes mains tremblaient. Je ne savais plus quoi dire. J'étais émue aux larmes et j'avais envie de leur dire de se remercier eux-mêmes car la fête, c'est eux qui l'avaient faite. Dans la coulisse, Jean Bissonnette me faisait signe d'accélérer. Il fallait donner les numéros gagnants rapidement. On voulait pouvoir éteindre la scène, bien marquer que la fête était finie, et on m'attendait pour présenter un dernier spectacle au Chalet de la montagne. Jean Lapointe avait accepté de continuer dans la nuit pour permettre aux nostalgiques d'y traîner avant de redescendre. Je suis sortie de scène en pleurant et Jean Bissonnette m'a consolée.

Pendant que la foule continuait à me dire merci, j'étais complètement bouleversée. Bien sûr, j'avais beaucoup travaillé, mais ces fêtes, elles avaient d'abord été pour moi une façon de remettre ce que j'avais reçu de ce public extraordinaire qui m'avait déjà tout donné. Je me suis mise en route quand même vers l'autre scène, où Jean Lapointe m'attendait.

La foule a commencé à quitter le lac aux Castors doucement. Tout se faisait dans l'ordre et sans problème. Il y avait des gens qui s'embrassaient et qui pleuraient. Nous avions eu notre bébé, le seul de ces cinq jours et cinq nuits.

Je suis arrivée peu de temps après sur la scène du Chalet de la montagne. Nous étions déjà le 25 juin. Un jeune homme m'a alors crié qu'il ne s'était rien passé, qu'il n'y avait rien de changé… J'ai répondu qu'il se trompait. Nous savions tous qu'il y avait quelque chose de changé. Nous ne serions plus jamais les mêmes. J'avais expliqué qu'ils avaient encore jusqu'à cinq ou six heures du matin pour rentrer chez eux lentement. Personne ne leur pousserait dans le dos ni ne leur dirait de se dépêcher.

Jean Lapointe a commencé le spectacle, et, à la fin, tout doucement, la montagne s'est tue.

Je suis passée par la salle de contrôle pour remercier tout le monde. Pour les féliciter aussi. Sans eux qui, bien que présents sur le mont Royal, n'avaient pratiquement rien vu de la fête, je ne crois pas que nous aurions réussi. Ils avaient été le moteur de la fête.

Vers cinq heures du matin, André De Luca vint me dire qu'il ne restait pratiquement plus personne sur la montagne. Tout était redevenu normal. On allait bientôt rouvrir le mont Royal à la circulation.

Je suis finalement rentrée à la maison pour la première fois depuis le jeudi précédent. J'ai retrouvé mon lit et j'ai dormi comme une roche jusqu'à midi.

Le premier article que j'ai lu au lever fut celui de Diane Massicotte dans *Le Journal de Montréal*.

Une Saint-Jean extraordinaire!

Une Saint-Jean extraordinaire! Au moins un million et demi de Québécois ne l'oublieront pas de sitôt. Un million et demi de Québécois qui ont envahi le mont Royal, qui se sont emparés d'une montagne pour dire leur joie d'être québécois. La plus belle fête nationale de mémoire de Québécois, la Saint-Jean 75, organisée et menée de main de maître par Lise Payette, devenue de ce fait la plus grande vedette nationale, s'est terminée la nuit dernière.

Pour le dernier soir, environ 225 000 Québécois avaient, encore une fois, gravi le mont Royal. Aucun incident grave à signaler. Comme depuis le début, il y a cinq jours, la joie, l'amour, la bière et le cœur étaient les seuls passeports. Cliché aidant, on pourrait dire : succès total.

Le soir du 25, nous avions la permission toute spéciale d'organiser un gros barbecue sur le mont Royal pour ceux qui avaient travaillé à l'organisation de la fête nationale. Nous étions encore sonnés par l'excitation que nous venions de vivre. C'est la larme à l'œil que je retrouvai Jean Bissonnette, Jean-Marc Prieur, Jean Fournier et tous les autres. Nous n'étions pas peu fiers de ce que nous avions réussi. Nous étions heureux, mais complètement vidés, et nerveux. Je ne sais plus qui avait eu la bonne idée d'apporter une guitare. Nous avons chanté. Nous étions une trentaine de personnes, liées par une expérience que nous n'oublierions jamais.

Puis les journaux ont commencé à parler de l'état lamentable dans lequel se trouvait le mont Royal et à montrer des photos désolantes de verres abandonnés.

À tort ou à raison, il me semblait que c'était peu de chose pour un lieu qui avait accueilli une foule d'un million et demi de personnes en cinq jours. Il n'y avait pas eu de crânes fracassés ni de vitrines brisées. Nous regrettions de ne pas avoir prévu de faire nettoyer nous-mêmes le mont Royal par notre propre personnel après la fête. Nous espérions que les employés de la Ville chargés du nettoyage ne nous feraient pas une trop mauvaise réputation.

Quant aux arbres, la fête leur avait fait bien moins de dommages qu'une seule tempête de neige ou de verglas. Après quelques jours ou quelques semaines et un peu de pluie, la montagne aurait retrouvé sa somptueuse parure.

C'est d'ailleurs ce qu'écrivait Christiane Berthiaume, le 25 juin, dans *La Presse* :

> *Vue d'hélicoptère, la montagne n'est plus verte mais jaune et parsemée de trous noirs dus aux feux de joie. Cela sans compter les débris de bouteilles, les boîtes de carton qui traînent et les autres déchets. Pour leur part, une centaine de poubelles gisent au fond du lac.*
>
> *Les dégâts causés par la visite de 1 250 000 personnes sur la montagne pendant les cinq derniers jours sont de peu d'importance et le mont Royal sera propre, propre, propre samedi. D'autre part, un mois seulement suffira à lui redonner sa verdure.*

Dans *Montréal-Matin* du 25 juin également, Vallier Lapierre et Laurent Pépin posaient la question qui me paraissait la plus importante : « Le peuple québécois aurait-il trouvé son âme ? »

J'avais envie de répondre oui. Car il me semblait que c'était bien ce qui s'était produit sur le mont Royal. Le peuple québécois, multiethnique mais uni, avait enfin trouvé son âme. Et poser la question, c'était y répondre. Sans âme, cette fête nationale n'aurait pas été possible.

55

Après les fleurs, les pots ?

Les jours qui suivirent m'apportèrent un courrier abondant. On félicitait le comité organisateur pour la fierté retrouvée, la fraternité accueillante du lieu, la bonne humeur et la joie de vivre de la fête. Nous avions réussi à éliminer les irritants traditionnels : les politiciens, l'Église et les annonces publicitaires. Certains s'en plaignaient, s'identifiant comme « catholiques canadiens-français » et nous traitant de suppôts de Satan. Pourtant, beaucoup d'autres semblaient avoir compris l'effort que nous avions fait pour « redonner la fête à celui à qui elle appartenait, le peuple québécois ». Tous les citoyens et toutes les citoyennes du Québec avaient été les bienvenus. Robert Bourassa aurait pu venir comme Québécois et citoyen. Il ne l'a pas fait. Jean Drapeau non plus, ni l'archevêque de Montréal. Le mont Royal avait cependant été ouvert à tout le monde.

Quelques lettres déploraient le laisser-aller de la tenue de certaines personnes, le langage utilisé par certains artistes ou la quantité de bière consommée sur le site, mais je croyais qu'aucun autre peuple n'aurait pu faire mieux avec des températures avoisinant les trente degrés chaque jour.

Quelques députés m'ont écrit. Parmi eux, Jacques-Yvan Morin, alors chef de l'opposition officielle à Québec, Marcel Léger, député de Lafontaine, et Gilles Bellemarre, député de Rosemont. Ils nous transmettaient leurs plus chaleureuses félicitations. Le jeune député de Saint-Jacques, Claude Charron, m'écrivit ceci :

Le 25 juin 1975.
Madame Lise Payette
382 Est, St-Joseph
Montréal

>*Chère madame,*
>
>*Il y a encore quelques heures je descendais tout douce-ment le Mont Royal au beau milieu de tous mes conci-toyens… Depuis une heure déjà, je suis « réinstallé » sur ma banquette de l'Assemblée nationale, entendant distraite-ment un discours très quelconque à l'adresse d'oreilles bou-chées… De quel peuple parlent-ils ?*
>
>*J'ai vécu, madame, cinq jours et cinq nuits de fête, de fraternité et d'amour. Ceux qui me manquent tellement à l'occasion quand je suis dans cette fosse, ceux pour qui et grâce à qui je me trouve parmi cette « élite », tous ceux-là et plus que je ne le croyais je les ai vus, je les ai entendus, j'ai ri et bu avec eux pendant cinq jours. Personne n'est resté étanche à l'atmosphère de fraternité, de dignité et de fierté : n'ignorez plus, madame, que dans ces milliers un député y a puisé suffisamment de force pour continuer encore plus loin.*
>
>*Comme ils sont beaux nos artistes, nos musiciens, nos poètes, comme c'était bon de se laisser parler d'amour ! Comme ils sont prêts à parler, les Québécois. Nous l'avons fait ensemble pendant cinq jours, nous avons pris le goût de dire ailleurs, partout, tout le temps, ce que nous sommes et ce que nous devenons. « Les gens de mon pays, ce sont gens de « parole »…*
>
>*Cette fête, nous en avions besoin. Tous ont été excep-tionnels, du travail exemplaire des policiers au dévouement gigantesque des techniciens. Si tous ces gens ont voulu faire un succès de notre fête nationale, c'est bien sûr parce qu'ils sont des Québécois authentiques, mais aussi parce qu'ils*

éprouvaient un vif plaisir à travailler sous votre direction,
j'en suis convaincu.

Je me joins donc à tous ceux-là qui vous ont déjà exprimé
leur admiration et leur gratitude pour vous remercier de
tout ce que vous avez fait. Il a fait bon sur notre montagne,
madame, et nous vous le devons bien.

Vous voyez, j'avais encore envie de me laisser parler
d'amour.

Amitié,

Claude Charron,
Député de St-Jacques.

D'Ottawa, une seule lettre, celle de Monique Bégin, alors
députée de Saint-Michel :

Ottawa, ce 3 juillet 1975.
Madame Lise Payette
a/s Société Radio-Canada
1425 Dorchester ouest Montréal, Québec.

Chère Lise Payette,

Permettez-moi de vous féliciter très chaleureusement
pour votre organisation magistrale et le grand succès
populaire des Fêtes de la St-Jean 1975.

Dès le premier soir, avec Louise Forestier, Gilles
Vigneault et Yvon Deschamps, je trouvais assez merveilleuse l'ambiance qui se développait. Mais quand j'ai
vu s'ajouter aux jeunes, des mères de famille de tous les
jours, des petits enfants ; quand j'ai vu s'agrandir le cercle
de tous ceux qui venaient « fêter », je n'ai pu m'empêcher
d'avoir chaud au cœur de ce succès. Vous avez réussi
quelque chose d'extraordinaire en redonnant aux Canadiens français leur fête. J'ai toujours, naïvement, aimé les
fêtes et cru que les êtres humains en avaient besoin. Et j'ai
aussi toujours pensé que c'était un peu de la manipulation

que de les avoir vu utiliser par des idéologies politiques. Vous nous avez redonné la festivité et la fantaisie.

Peut-être connaissez-vous un essai qui m'avait, lorsque j'étais au CRTC, beaucoup frappée. Il s'agit d'un livre du théologien américain Harvey Cox, intitulé "The Feast of Fools". C'est un essai théologique sur la notion de fêtes dans le monde. Il y dit beaucoup de choses que vous sauriez comprendre mieux que beaucoup d'entre nous.

Par exemple :

"festivity, with its essential ingredients – excess, celebration, and juxtaposition – is itself an essential ingredient in human life. Its loss severs man's roots in the past and clips back his reach toward the future".

Dans son apologie de la Fête des fous, condamné par le concile de Basel en 1431, mais qui a survécu jusqu'au 16ᵉ siècle, l'auteur exprime sa profonde raison d'être des fêtes populaires. Il dit par exemple de cette fête qui était devenue un symbole et que nous avons remplacée par les party de bureau, les parties de football ou les cocktails, c'est des choses comme celles-ci :

"the other important cultural component of the Feast of Fools is fantasy and social criticism [...] The Feast of Fools thus had an implicitly radical dimension. It exposed the arbitrary quality of social rank and enabled people to see that things need not always be as they are. Maybe that is why it made the power wielders uncomfortable and eventually had to go".

Je ne vous connais pas assez que pour vous écrire mais je suis bien contente que des moments dans le temps tels ce 24 juin et son octave nous permettent des fois de dire à l'autre ce que nous pensons à son sujet. Je vous dis donc bien des bonnes choses. Bon souvenir.

Le député de St-Michel,
Monique Bégin.

Je reçus également une lettre d'Alex Hamilton, alors président de Domtar, qui avait fait partie des hommes d'affaires que j'avais rencontrés au cours de l'hiver précédent et auprès de qui j'avais sollicité un soutien financier. Sa lettre disait ceci :

Madame Lise Payette
Comité de souscription des hommes d'affaires,
Fêtes Nationales du Québec 1975,
1182, boul. Saint-Laurent
Bureau 15,
Montréal, P.Q.

Chère Madame Payette,

À la réunion à laquelle j'ai assisté au Club Saint-Denis il y a quelques semaines, vos plans pour les Fêtes Nationales de la Saint-Jean m'ont fort impressionné.

Il faut que j'admette, cependant, que je possédais certaines réserves, mais à la suite des résultats des festivités de la fin de semaine de la Saint-Jean et après y avoir assisté le lundi soir, je désire vous féliciter pour votre initiative à la direction des festivités.

Je crois que les festivités nous auront aidés, nous Québécois, à franchir un grand pas vers le rétablissement d'une ambiance favorable à l'épanouissement du Québec.

Veuillez accepter, Madame Payette, l'expression de mes sentiments les meilleurs.

Alex Hamilton.

De Jean Rafa, je reçus un petit mot amusant : « Vous avez, en cinq jours, remplacé l'orgueil par la fierté dans le cœur de nombreux Québécois et Québécoises, néos et pure laine. Si vous récidivez, nous serons nombreux à répondre à votre appel, au cri historique (ou presque) de "La Payette, nous voici !" » La note était signée : « Fraternelle accolade, Jean Rafa. »

Des centaines de personnes s'étaient donné la peine d'écrire de jolies lettres pleines de tendresse et de reconnaissance, dont un certain R. Cohen, qui disait : « Merci, Lise, merci, Québécois, merci, Haïtiens, Canadiens, Espagnols, Indiens, Marocains, Égyptiens, et merci à toute l'organisation. »

Claude Archambault, de Verchères, m'a envoyé une longue lettre dans laquelle il avouait n'avoir jamais pu me trouver une seule qualité. Il me rapportait franchement toutes les épithètes dont il m'avait gratifiée au cours des années précédentes. Je ne peux pas reproduire ici tout ce qu'il avait dit à mon sujet et qu'il me confessait franchement dans sa lettre. Il m'écrivait cette fois pour me demander pardon, cent fois, mille fois. C'était assez touchant.

Pendant ces cinq jours sur la montagne, cependant, nous avions perdu de vue que la vie continuait ailleurs, une dure réalité qui nous frappa de plein fouet dès que la fête fut terminée.

Pendant que nous fêtions, un éditorial dans *Le Jour*, signé Gil Courtemanche, s'était chargé de nous rappeler à l'ordre. Sous le titre : « Fêter sans maquiller la réalité », il écrivait :

> *Il y a un certain temps, c'était la fête des Canadiens français, maintenant, c'est en pratique celle des Québécois. C'est déjà une raison de célébrer. Il y a un certain temps, c'était la célébration de notre longue patience un peu masochiste, de notre pénible survivance et de notre médiocrité politique ; depuis, ce fut la fête de l'affirmation, celle des deux cents drapeaux qui symbolisaient fièrement sur la rue Sherbrooke une nouvelle idée du Québec. Ce fut aussi la fête de la colère et souvent au Chalet de la montagne, le petit party privé de nos élites locales qui maquillaient sous le blanc loué de leur smoking leur incapacité d'incarner un pays. […]*

Il y a dans la fête et le jeu, dans la parole et le chant une sorte de thérapie, une sorte de médecine qui donne ou maintient la santé des peuples. [...]

Car s'il faut fêter le présent ainsi que les promesses d'avenir, il ne faut pas oublier que les grévistes de la United Aircraft en seront à leur 534ᵉ jour de grève et que quelques-uns de leurs camarades, après avoir été sauvagement matraqués, sont encore en prison.

À Thetford-Mines, les grévistes ont besoin de 200 000 $ pour gagner le combat commencé le 18 mars, un combat mené pour gagner des choses aussi élémentaires que le respect de la santé des travailleurs et des salaires décents.

Deux travailleurs sont morts à la Canadian Copper, deux autres à la Canadian Electrolytic Zinc ; pendant ce temps, le groupe Noranda, auquel appartiennent les deux entreprises, continue d'accumuler des profits.

Louis Laberge est condamné à trois ans de prison pour un discours émotif qui n'est pas différent de ceux qu'ont prononcés de nombreux chefs syndicaux et de nombreux politiciens. Henry Morgentaler deux fois a été déclaré innocent, mais il est toujours en prison et le ministre de la Justice s'acharne sur lui.

À Ottawa, un gouvernement riche, efficace et muni d'une conception politique précise du Canada, grignote tranquillement les pouvoirs de l'État québécois, aidé en cela par notre gouvernement dont le projet politique a depuis longtemps été remplacé par un manuel d'organisation.

Ne pas oublier ces faits et des dizaines d'autres fait aussi partie du devoir de ceux qui veulent fêter sans maquiller la réalité.

La condamnation de Louis Laberge à trois ans de prison avait bouleversé le Québec. Un éditorialiste de *La Presse* avait affirmé que la sentence était méritée car le ton des chefs syndicaux avait monté au cours des dernières années et leurs invitations à défier les lois avaient, selon lui, entraîné des abus qu'il fallait arrêter. Depuis la création du premier front commun des deux cent mille employés de l'État québécois en 1972, le ton n'était plus le même, en effet. L'incarcération des trois chefs syndicaux, Marcel Pépin, Louis Laberge et Yvon Charbonneau, avait créé beaucoup d'incertitude.

On accusait le gouvernement Bourassa d'avoir l'arrogance d'un parti au pouvoir depuis trop longtemps. L'adoption de la loi 22 en 1974 avait déclenché une vague de protestations et de manifestations, surtout à Montréal, où cette loi sur la langue ne convenait à personne. Elle déplaisait à tout le monde pour des raisons différentes. Jugée trop dure par certains et nettement insuffisante pour d'autres, elle agissait comme accélérateur d'un immense mouvement qui allait devenir rapidement incontrôlable. En fait, depuis 1970, une bonne partie de la population souhaitait un changement qui mettait du temps à venir. Cela n'avait pas empêché le gouvernement de Robert Bourassa d'être réélu en 1973. Son immense talent pour laisser durer les attentes finissait par créer de l'agressivité dans la population.

Quelques jours après la fin des festivités, nous sommes tous partis en vacances. J'avais apporté dans mes bagages toutes les coupures de presse et le courrier que je n'avais pas eu le temps de lire. Sous le soleil de la Provence, j'ai pu vivre encore un bon mois à essayer de comprendre ce qui s'était passé sur le mont Royal. J'avais enfin un peu de recul et, plus le temps passait, plus j'avais l'impression d'avoir contracté une nouvelle dette envers le peuple québécois. La fête, au lieu de me libérer de ma dette envers un public qui m'avait choyée, m'en avait créé une autre plus grande encore. J'étais un peu en état de choc. Il fallait que je trouve comment revenir sur terre. Heureusement que je savais depuis longtemps qu'il ne fallait jamais rien considérer comme acquis. On peut vous aduler pendant un temps et vous mépriser par la suite. J'avais toujours veillé à garder la tête froide et, pendant ce petit mois de vacances, je m'efforçai de prendre du recul.

Le 13 juillet, je reçus un appel téléphonique de Ginette Reno. Elle venait d'arriver à Cannes avec sa bonne et ses enfants. Nous sommes allés la chercher à l'aéroport. J'étais à la fois contente et surprise de la voir. Jamais je n'avais pensé qu'elle donnerait suite à notre conversation du mont Royal. Mais, tout comme moi, elle surfait sur le succès qu'elle avait connu et peut-être qu'au fond elle voulait faire durer ce bonheur qui nous habitait quand nous nous sentions aimées. À la maison, elle réalisa vite qu'il me serait impossible de loger autant de monde. Nous lui trouvâmes des chambres dans un bon hôtel. Le lendemain, elle loua une voiture et partit pour la Suisse, où quelqu'un l'attendait. Je regrettais de ne pas avoir pu la garder. Je pouvais parfaitement nous imaginer toutes les deux dans la piscine en train de chanter à tue-tête *Un peu plus haut, un peu plus loin* en pleurant de joie.

56

Que reste-t-il de nos amours?

Nous sommes rentrés au début du mois d'août, comme prévu. Je repris la ronde des essayages pour la nouvelle émission qui commencerait au début de septembre. Mon coiffeur me proposa une nouvelle tête, changement de couleur et coupe assez courte, qui me plut.

Au fond de moi, je portais encore la fête. J'avais une sorte de nostalgie que je n'arrivais pas à bien identifier. À mon anniversaire, à la fin du mois d'août, je fus réveillée un matin par la police d'Outremont. Je me retrouvai en face d'un policier plutôt de mauvaise humeur, qui me raconta que mon mouton avait dérangé les voisins pendant des heures. Ils avaient téléphoné à la police pour se plaindre. On me sommait de me débarrasser de l'animal. Comme le policier n'avait pas l'air de plaisanter, je lui affirmai, le plus sérieusement du monde, que je n'avais jamais eu de mouton et que je ne savais pas de quoi il parlait. Il m'invita alors à jeter un coup d'œil dans mon jardin, où un adorable mouton tout blanc me suppliait de faire quelque chose.

C'était un coup monté avec la police par mes amies Louise Jasmin, Michèle Verner, Denise Monté et Diane Richer. Je décidai d'appeler mon mouton « Charles », en l'honneur de l'attaché de presse de Robert Bourassa. Je lui confiai la tâche de veiller sur mes propres relations de presse.

Lise Lib prit l'antenne de Radio-Canada en septembre 1975, le samedi soir. C'était une belle case horaire et l'émission, faite d'entrevues et de chansons, n'était pas mauvaise. Dès les premières semaines, je me sentis toutefois à l'étroit dans la formule. Pourtant, bien d'autres animateurs devaient rêver d'avoir pareille émission. Cyril Beaulieu dirigeait l'orchestre et tous les invités étaient des têtes d'affiche. À la fin de chaque émission, j'avais, sans comprendre pourquoi, l'impression de ne pas être à ma place. Peut-être était-ce moins à cause de l'émission elle-même que parce que le rythme de ma vie avait complètement changé. J'avais l'habitude des émissions quotidiennes et tout à coup, avec une seule heure d'antenne chaque semaine, je me sentais sous-utilisée et en dehors de l'actualité. J'avais fait de la radio puis de la télévision quotidiennement depuis dix ans. Tout à coup, le rythme de ma vie s'était mis à ralentir. Je n'étais plus aussi occupée. Sans doute que je ne travaillais plus assez.

La fameuse confidence de Robert Gadouas m'est encore revenue à ce moment-là. Que pouvais-je rêver d'avoir de plus, à la télévision, qu'une heure par jour, avec le succès qu'*Appelez-moi Lise* avait connu ? En 1975, j'avais quarante-quatre ans. J'étais beaucoup trop jeune pour la retraite. Le malaise que je ressentais provenait du sentiment de ne plus avoir de vrai défi à relever. J'avais déjà la tête au plafond et ma nouvelle émission ne m'aidait pas du tout à régler ce problème.

Il y eut quand même quelques bons coups à *Lise Lib*. Comme le soir où nous avions réuni dans notre studio les Canadiens de Montréal et les Nordiques de Québec, membres de deux ligues différentes, ennemis jurés à cause de l'éternelle rivalité entre les deux villes. Je leur ai quand même prédit qu'un jour leurs deux équipes joueraient l'une contre l'autre, ce qui, à ce moment-là, était absolument impossible. Ma prédiction devait quand même se réaliser, quelques années plus tard.

J'animais *Lise Lib* depuis quelques mois et je savais déjà que les jours de cette émission étaient comptés. Je n'y tenais pas. J'étais disponible pour quoi que ce soit d'autre qui aurait pu se présenter. J'aurais aimé avoir accès à des émissions plus sérieuses, comme celle que j'animais à Radio-Québec et dont le contenu me passionnait. Mais le service des affaires publiques de Radio-Canada m'avait toujours été fermé. Et la suggestion faite par François Piazza dans *Montréal-Matin* du 13 octobre 1975 ne devait jamais être entendue.

Enfin Lise!

Ô joie! Ô bonheur! Le vendredi soir à 19 heures, sur Radio-Québec, il y a Mêlez-vous de vos affaires *avec Lise Payette. La vraie, l'unique. Pas la plogueuse de show; la journaliste qui a disparu depuis quelques années. Elle pose des questions pertinentes, que tout le monde comprend, sait faire parler ses invités et fait des commentaires tout à fait à propos. Pendant une heure, elle fait avec maestria la liaison entre des témoignages directs et des reportages. Bref, du grand travail. Manquez pas ça! J'avais souhaité, l'année dernière, lorsque enfin mourut l'émission que vous savez, qu'on lui donne une émission d'affaires publiques. Pourquoi faut-il que ce soit Multi-Media qui y ait pensé? J'espère que les bonzes de Radio-Canada la regarderont. Pour découvrir le vrai talent de Lise. Et s'en servir à l'occasion...*

Mon goût de parler de choses plus sérieuses, c'est le journal *Le Dimanche* et son éditeur Luc Beauregard, maintenant patron de la maison de relations publiques National, qui m'en avaient donné la possibilité. Chaque dimanche, sur deux pages entières, je pouvais énoncer mes opinions avec une liberté totale. J'y racontais mes réactions aux événements de la semaine dans tous les domaines. Je disposais de deux pages complètes pour écrire tout ce qui me préoccupait. Chaque semaine, j'adressais une lettre ouverte à une personnalité bien connue, comme Margaret Trudeau ou Georges-Émile Lapalme, toujours sur le ton de la chanson *Ti-Cul Lachance* de Gilles Vigneault, cette «lettre à un sous-ministre», qui dit : «Tu penses que je m'en aperçois pas»…

Quelques jours après l'inauguration officielle de l'aéroport de Mirabel, j'avais écrit ceci :

Comme vous, je n'ai vu les cérémonies officielles de l'inauguration de l'aéroport de Mirabel qu'à la télévision et dans les journaux. J'ai bien remarqué que MM. Trudeau, Bourassa, Marchand et Drapeau avaient l'air de quatre petits garçons à qui on venait d'offrir l'équivalent d'un train électrique comme cadeau de Noël. Mais un train pour quatre, ça paraissait déjà poser des problèmes. J'ai aussi regardé passer le Concorde, le «boutte de toutte» dans le domaine de l'aviation moderne. Je ne suis pas sûre que le Concorde soit vraiment le «bel oiseau» dont ses constructeurs n'arrêtent pas de parler. Et je suis loin d'être sûre que j'aie envie de le revoir dans les parages.

C'est le progrès. Celui dont on parlait au début du siècle comme d'un paradis à venir. Quel paradis ! J'en ai souvent contre le prix à payer pour ce foutu progrès, prix qui s'appelle pollution, agression, violence et qui rogne à même le peu qui reste de ce qu'il est aussi convenu d'appeler «la qualité de la vie». Ce progrès-là, c'est loin d'être le paradis.

Moi, ça me dérange que, pour permettre des cérémonies officielles où tout le monde y est allé de son grand sourire et de son petit discours encourageant, on ait été obligé de chasser avec des bombes lacrymogènes quelques manifestants qui en avaient aussi gros sur le cœur que le Concorde lui-même.

Comment se fait-il qu'à une époque comme la nôtre, où un avion met trois heures et « des poussières » à traverser l'Atlantique, ceux qui en avaient la responsabilité n'aient pas réussi à trouver une solution humaine au problème des délogés de Mirabel ?

Si la construction de Mirabel était aussi essentielle qu'on l'a dit, pourquoi ne pas avoir traité d'abord et avant tout correctement avec les gens qui se faisaient carrément retirer leurs terres de sous les pieds ?

Et puis était-ce aussi essentiel ? Cet aéroport ne sera-t-il qu'une autre concrétisation d'un rêve mégalomane avec laquelle nous devrons vivre et composer à tout jamais ?

Je n'oublierai jamais le sourire un peu triste d'un « dignitaire » dont j'oublie le nom et à qui un journaliste demandait : « Pourquoi avoir construit Mirabel au moment où le développement de l'aviation commerciale est au point zéro ? »

Il a répondu : « Personne ne pouvait prévoir l'augmentation du prix du pétrole. »

Je n'en suis pas encore revenue. Vous faites écrire ce texte-là par Gilles Richer et vous avez tout un public qui se tord de rire. Et pourtant… ce n'est pas du texte inventé. C'est la vérité vraie.

Une solution ? Moi, j'en ai une. Aussi folle que l'affaire tout entière qui nous occupe : fermer Mirabel. En faire un Musée de l'avenir et du progrès. Faire payer un droit d'entrée aux visiteurs. Peut-être même acheter un Concorde, pour en empêcher un de voler au moins, et l'installer au beau milieu pour qu'il soit vu et visité par tous. Avec l'argent payé à l'entrée, enfin régler les expropriés qui attendent toujours une solution.

Et puis prier pour que le prix du pétrole baisse.

Amen.

Avec ce qu'on sait aujourd'hui, la proposition n'était pas si folle, après tout.

À la fin de l'automne 1975, il restait à rencontrer les journalistes pour faire le bilan financier de la fête nationale. Une fois toutes les recettes et les dépenses comptabilisées, nous avions un léger surplus de quelques milliers de dollars. J'allais profiter de cette occasion pour présenter également mon rapport en tant que présidente.

J'avais longuement réfléchi avant de recommander que la fête nationale ne soit plus sous la responsabilité de la Société Saint-Jean-Baptiste. Cet organisme était un groupe de pression hautement politisé et qui n'avait pas, à mon avis, la neutralité nécessaire pour organiser une véritable fête nationale. Je suggérais que l'organisation des fêtes à venir soit confiée à une corporation autonome et apolitique, et que cette corporation soit autorisée à organiser une loterie annuelle dont elle rendrait compte au ministère des Affaires culturelles du Québec, à qui elle remettrait ses états financiers chaque année. Je voulais ainsi assurer la décommercialisation de la fête à tout jamais et faire disparaître ce côté «quêteux» auprès des hommes d'affaires. J'avais aussi affirmé que, sans ces changements profonds, malgré le succès de la fête nationale de 1975, la réussite dans les années suivantes n'était pas assurée.

Après ce rapport, qui ne fit pas l'affaire de tout le monde, surtout pas de la Société Saint-Jean-Baptiste, des journalistes m'accusèrent de vouloir tout contrôler, de me prendre pour saint Jean-Baptiste lui-même, et de vouloir garder la fête pour ma « clique ». Autant d'injures inutiles, entretenues par une certaine presse, qui aurait mieux fait de regarder d'un peu plus près les recommandations réfléchies venues de gens qui avaient à leur crédit l'expérience d'avoir organisé des fêtes dans des conditions difficiles et qui souhaitaient que leurs efforts servent pour l'avenir.

Ce dernier acte posé, le comité organisateur quitta ses fonctions comme prévu, à la suite de cette dernière conférence de presse. Avec un soupir de soulagement, je dois le dire. Et le sentiment d'avoir accompli sa mission.

Pour ma part, j'estimais avoir fait mon devoir jusqu'au bout. J'avais bien analysé le succès de 1975 et j'avais fait les recommandations utiles à toute autre personne qui voudrait reprendre le rôle par la suite. Avec le recul, je réalise que j'aurais sans doute dû crier beaucoup plus fort. Car la suite des événements allait me donner terriblement raison.

Plus tard, siégeant au Conseil des ministres, un mercredi matin, j'écoutai mon nouveau collègue Claude Charron, ministre des Loisirs, de la Chasse et de la Pêche, et responsable de la fête nationale par ses fonctions, recommander une subvention pour la Société Saint-Jean-Baptiste pour l'organisation de la fête de 1977.

J'eus beau protester, dire que ça n'avait aucun sens, demander qu'on retourne à mon rapport de 1975 car autrement on condamnait la fête à redevenir ce qu'elle avait déjà été, rien n'y fit. Je n'arrivai pas à me faire entendre au Conseil et je ne pus faire comprendre que ce qu'on allait accomplir n'était certainement pas la dépolitisation que nous avions souhaitée en 1975. La proposition de Charron fut entérinée, sous mon nez, sans que j'y puisse changer quoi que ce soit. Si bien qu'encore aujourd'hui ce n'est toujours pas une fête nationale que nous célébrons le 24 juin de chaque année. Pas encore. On y a réintroduit les estrades d'honneur et les commanditaires. Le peuple du Québec, dans toutes ses composantes, ne s'y retrouve toujours pas. On se dispute pour savoir qui sera admis ou pas à la fête. Le 24 juin n'est pas encore la fête de tous les Québécois et c'est bien dommage.

En 1976, je n'ai pas été de la fête. J'ai regardé mon vieil ami Jacques Normand à la télévision. Il était le nouveau président. Mes amis m'avaient dit qu'il valait mieux que je ne me montre pas, à cause de la position que j'avais défendue contre la Société Saint-Jean-Baptiste, et pour ne pas nuire à l'organisation de 1976. Il faisait un temps épouvantable sur le mont Royal et les gens pataugeaient dans la boue.

Quelques jours auparavant, Jean Bissonnette m'avait demandé d'aller présenter le spectacle *Une fois cinq* à Québec. J'y avais retrouvé Yvon Deschamps, Gilles Vigneault, Claude Léveillée, Robert Charlebois et Jean-Pierre Ferland. Le spectacle était magnifique et le public, très chaleureux.

Les responsables du service de l'ordre m'avaient demandé de prendre en charge l'évacuation du site, qui n'offrait pas de possibilité de sortie rapide. Il fallait donc inviter les gens à quitter les lieux par rangées, lentement, sans bousculade, à partir du fond du parc du Bois-de-Coulonge, après avoir éteint les feux.

Quand je suis sortie de scène, ce soir-là, après avoir rempli ma tâche, Jean Bissonnette m'a prise dans ses bras et m'a dit: «Maintenant, si tu veux faire de la politique, tu peux.»

Je l'ai regardé sans comprendre ce qu'il voulait dire. Jamais il n'avait été question de politique entre nous. Avant même que j'aie eu le temps de lui demander de quoi il parlait, il était déjà passé à autre chose. Et moi aussi. D'ailleurs, de la politique, j'en faisais tous les dimanches dans le journal. C'était mon engagement le plus récent et j'en étais satisfaite. Je pouvais enfin dire ce que j'avais sur le cœur, avec humour et comme je l'entendais.

Comme dans cette lettre ouverte à Margaret Trudeau au moment de la naissance de son troisième fils:

Chère Madame,

Je voudrais vous offrir toutes mes félicitations à l'occasion de la naissance de votre troisième enfant. S'il est aussi beau que les deux autres, vous aurez toutes les raisons d'être fière.

Je ne vous connais pas personnellement, mais j'avoue que j'ai une certaine admiration pour vous. Parfois, cependant, j'avoue aussi que je m'inquiète de ce que vous devenez, vous, Margaret, au milieu de tous ces Trudeau. Parce que vous en avez quatre maintenant pour vous aider à vous réaliser, ou pour vous en empêcher, c'est selon. Je sais bien que vous ne devez pas avoir le temps d'écouter la radio avec la besogne que vous avez à abattre, mais peut-être que si vous le demandiez à votre mari, il vous offrirait le disque dont je veux vous parler. C'est un disque qui fut populaire il y a quelques années et qu'on entend un peu moins maintenant. C'est dommage, car la mélodie était jolie et les paroles vous auraient plu, j'en suis sûre.

> On se marie tôt à vingt ans
> Et l'on n'attend pas les années
> Pour faire trois ou quatre enfants
> Qui vous occupent vos journées
> Faut-il pleurer faut-il en rire
> Fait-elle envie ou bien pitié
> Je n'ai pas le cœur à le dire
> On ne voit pas le temps passer

Ce qui doit vous réjouir le plus à travers cette expérience, c'est la fierté de votre mari lorsqu'il offre des cigares aux journalistes, dès que le bébé est arrivé. Il est même allé, cette fois-ci, jusqu'à annoncer que ça n'était pas fini et qu'il avait bien l'intention d'avoir aussi une fille. Il y a un proverbe chez nous, au Québec, qui dit: « Une femme avertie en vaut deux. » Sacré Pierre!

J'espère seulement, Margaret, que vous avez été consul-
tée sur ce projet du premier ministre et qu'il n'en a pas fait
un projet d'initiative personnelle... S'il s'est permis de le
dire au pays tout entier avant de vous en parler à vous, je
crois qu'il faudrait le réprimander. Surtout qu'il semble
bien que la tâche de leur éducation, à ces trois petits
Trudeau, retombe sur vos épaules. Vous n'étiez même pas
remise de votre accouchement que votre premier ministre
de mari faisait déjà les yeux doux à Mirabel lors de son
passage à Montréal.

Ce que j'admire chez vous finalement, c'est votre
patience. Et je le dis sans rire. Vous me paraissez être, sur
ce plan, exemplaire.

Pourtant, de nos jours, nous tentons de développer une
nouvelle solidarité entre femmes et j'estime que je vous
dois bien une information qui vous sera peut-être utile...

L'autre jour, dans un journal, je lisais une déclaration
de votre Pierre. Il expliquait que, selon les savants calculs
d'experts en démographie, nous pouvions espérer être
26 millions de population au Canada vers 198... J'ai sur-
sauté et j'ai pensé à vous. S'il fallait qu'il se soit mis dans
la tête de combler l'écart entre les 21 millions de mainte-
nant et les 26 qu'il nous promet... TOUT SEUL... *Moi, si*
j'étais vous, je m'informerais de ses intentions.

J'aimais cette collaboration au journal. Cela satisfaisait chez
moi un besoin profond. Ailleurs, j'étais associée à un projet qui
prenait de plus en plus d'importance pour moi, car il m'ouvrait
une voie nouvelle. Colette Chabot, une jeune femme que j'avais
connue comme journaliste, avait sollicité ma participation à la
fondation d'une station FM dans les Laurentides, CIME FM. Une
personnalité bien connue de Sainte-Adèle, Fernand Montplaisir,

complétait le trio. Nous avions présenté une demande au CRTC et nous attendions la tenue d'audiences publiques. Le projet était extrêmement séduisant car, pour la première fois de ma vie, au lieu d'être une exécutante, je pouvais envisager d'avoir un mot à dire dans la création même d'une nouvelle radio. Je voyais là la possibilité de mettre au service des autres tout ce que j'avais appris en vingt ans de métier.

J'avais mis beaucoup d'espoir dans ce projet. Je m'imaginais très bien conseillant de nouveaux animateurs et de jeunes annonceurs, suggérant des éléments de programmation qui auraient pu être originaux. Nous avions inclus la nature dans le projet présenté devant le CRTC en introduisant des chants d'oiseaux au moment de l'identification de la station. Nous souhaitions que CIME vive au cœur même de son environnement. Quand la question m'avait été posée, j'avais répondu qu'il était possible que je me consacre entièrement à cette nouvelle radio.

Le CRTC nous communiqua sa décision. Le projet était approuvé. Colette superviserait la construction et l'installation de cette nouvelle station de radio au cœur même des Laurentides. Nous étions enchantés.

Dans mes projets, il y avait également un voyage auquel je rêvais depuis que j'étais enfant. Quelqu'un de l'organisme Canada-Chine, une personne que je ne connaissais pas, m'avait téléphoné un jour pour me proposer un voyage en Chine, avec un groupe de travailleurs. La Chine était très fermée, à l'époque. La Révolution culturelle venait à peine de se terminer et, à l'étranger, on ignorait alors l'ampleur que le phénomène avait connue. On ignorait aussi les ignominies commises au nom de cette Révolution pendant une décennie. Le groupe en question allait voyager avec l'approbation du gouvernement chinois car c'était là la seule façon d'entrer en Chine. J'avais dit oui sans hésiter. On me demanda de payer mon voyage, en me disant qu'on me rappellerait pour me communiquer les dates du départ.

Je rêvais d'aller en Chine depuis mon enfance, alors que les religieuses de mon école nous encourageaient à donner de l'argent pour l'œuvre de la Sainte-Enfance, destinée à venir en aide aux petits enfants chinois. On découpait des images de la Chine partout où on en trouvait et on fabriquait des affiches afin d'encourager notre générosité. Avec vingt-cinq cents, nous « achetions » un petit Chinois. Cela frappait notre imagination. On nous expliquait qu'avec cet argent on sauvait des enfants d'une mort certaine. Comment ? Les réponses étaient moins précises sur le sujet dès que nous commencions à nous montrer curieux. Je crois qu'il devait bien y avoir une vingtaine de Chinois qui m'appartenaient puisque je les avais achetés en économisant mon argent de poche chaque semaine. Je prenais la chose très au sérieux et je me privais de friandises afin de sauver le plus de Chinois possible. Devenue adulte, je voulais les rencontrer.

Je m'étais mise à aimer ce pays de loin. Tout ce qui était chinois me fascinait. Adolescente, j'avais lu tout ce que la bibliothèque de mon quartier recelait de trésors sur la Chine, mais ces récits, souvent écrits par des missionnaires, me laissaient sur ma faim. La Chine, c'était bien plus que ce que je trouvais dans les livres, j'en étais certaine. Ça me faisait rêver.

J'avais failli y aller une fois avec un groupe de journalistes, à partir de Paris. Puis le voyage avait été annulé. Je trouvais donc que j'avais beaucoup de chance, puisqu'une deuxième occasion se présentait maintenant. Je rêvais à la Chine depuis si longtemps que rien au monde n'aurait pu me convaincre de renoncer à ce voyage.

Ces deux projets me rendaient heureuse. Je trouvais que j'étais choyée. Qu'est-ce que j'avais à demander toujours à la vie plus que ce qu'elle me donnait déjà ? Je me mis à apprécier un peu plus *Lise Lib* car cette émission me permettait de consacrer du temps à toutes sortes de choses qui me tenaient à cœur. Au fond, ce qu'il fallait que j'admette, c'est qu'il n'y avait pas que la télévision dans la vie. Ainsi, j'aurais la paix.

57

Je prends les armes pour Tricofil

Je n'étais jamais en paix très longtemps. Comme tout le monde, j'avais encore les expropriés de Mirabel sur le cœur et je trouvais le climat social assez pourri dans un Québec où un affrontement n'attendait pas l'autre. J'avais suivi la démarche des travailleurs de Tricofil, qui avaient choisi l'autogestion pour contrer la disparition de leur usine. Comme la population entière, j'en avais assez de l'arrogance affichée par les ministres du gouvernement Bourassa et par ceux du fédéral.

J'avais suivi l'enquête de la commission Cliche sur les actions syndicales dans l'industrie de la construction. J'avais été rivée à mon poste de télévision durant les interrogatoires de la CECO (Commission d'enquête sur le crime organisé), présidée par le juge Jean Dutil. C'est au bulletin de nouvelles télévisé que j'entendis parler de Tricofil de nouveau. Il y avait des entrevues avec des travailleuses de l'usine, puis avec Paul-André Boucher, le président du groupe des travailleurs. Il expliquait les démarches entreprises par ceux-ci pour racheter l'usine de Saint-Jérôme, qu'ils louaient à leur ancien employeur, la Regent Knitting. M. Boucher expliquait que les travailleurs voulaient sauver leurs emplois, que le loyer de l'usine était trop élevé et que l'achat leur permettrait de continuer l'expérience qu'ils avaient entreprise. Ils demandaient l'aide gouvernementale.

En l'écoutant, je le trouvai sympathique. Il avait une bonne tête. Je reconnaissais à ces travailleurs du courage de se lancer dans une telle entreprise. Puis je vis le ministre Guy St-Pierre à l'écran, le titulaire du ministère de l'Industrie et du Commerce, répondre que le gouvernement du Québec ne ferait rien pour sauver une affaire condamnée d'avance. Ou quelque chose du genre. Il avait ce ton méprisant qu'affectionnaient les ministres, à cette époque-là, dès qu'ils apparaissaient devant des caméras de télévision.

J'étais furieuse. J'étais aussi en colère que si c'était à moi qu'on avait dit non aussi bêtement. Tout simplement parce qu'il était rare de voir, à cette époque, un groupe de travailleurs se lever pour dire qu'ils ne voulaient pas disparaître. Il y en eut beaucoup d'autres par la suite.

J'étais très sensible au sort des miens depuis les fêtes du mont Royal, je l'avoue. J'ai toujours eu un vieux fond de Don Quichotte en moi et je venais de trouver un autre moulin à vent. Le soir même, j'ai obtenu le numéro de téléphone de Paul-André Boucher et, quand je l'eus joint, je lui ai dit que je venais de voir le bulletin de nouvelles, que j'étais touchée, et je lui ai demandé de quelle façon je pourrais leur être utile.

C'est ainsi que tout a commencé. J'en avais assez de recevoir des informations dans mon fauteuil, de façon passive. J'ai réagi.

À Saint-Jérôme, le lendemain, j'ai rencontré tout le monde. Paul-André, mais aussi Jean-Guy Frenette, de la FTQ, qui était le conseiller économique des gens de Tricofil. J'ai visité cette très vieille usine que tous les ouvriers considéraient comme un véritable château. J'ai vu surtout ce qu'ils y fabriquaient, et, quand Jean-Guy Frenette m'a demandé pourquoi je m'intéressais à Tricofil, j'ai répondu : « J'aime mieux porter Tricofil sur mon dos que sur ma conscience. »

C'est devenu mon slogan.

J'allais prendre position. Je le ferais publiquement. Cela prit encore tout le monde par surprise. Nous avons organisé des dimanches à Tricofil où le public pouvait venir acheter des vêtements et faire la connaissance des travailleurs.

Un soir, je me suis retrouvée rue Sherbrooke Ouest, dans une maison qui semblait être la propriété de l'archevêché de Montréal, avec Alfred Rouleau, le président du Mouvement Desjardins, et Mgr Jean-Marie Lafontaine, le trésorier de l'archevêché. Paul-André Boucher était aussi présent. Il fallait envisager une collecte de fonds pour venir en aide à Tricofil. On prit la décision de solliciter toutes les communautés religieuses. Mgr Lafontaine nous confirma qu'elles sauraient se montrer généreuses.

Je trouvais la situation d'autant plus étrange que la non-croyante que j'étais se retrouvait dans l'antre des gens d'Église sans l'avoir cherché. Je m'en ouvris à Alfred Rouleau à la sortie de cette réunion, et, au beau milieu du trottoir de la rue Sherbrooke, il se mit à rire de bon cœur en me disant: « Vous n'avez pas fini d'en voir, vous ne faites que commencer. »

Je me suis beaucoup investie dans Tricofil. J'y ai mis tout mon cœur. D'autres ont apporté leur appui à l'entreprise également: Yvon Deschamps, quelques artistes, mais aussi Pierre Marois, qui agissait comme conseiller juridique depuis un moment. L'usine était toujours ouverte, mais ça ne faisait pas bouger le gouvernement. Au cours d'entrevues que j'ai données, j'ai expliqué que choisir de porter du Tricofil, c'était une décision politique. Choisir un vêtement fabriqué au Québec par des syndiqués québécois et qui coûtait plus cher qu'un vêtement semblable fabriqué à Hong Kong ou ailleurs dans le monde, c'était une décision politique. Faire travailler des gens d'ici au lieu de faire travailler des gens d'ailleurs, c'était hautement politique. Je me suis mise à dire que tout ce qu'on faisait était politique. Chaque décision prise dans une journée était une décision politique parce qu'elle avait une influence sur la vie de la collectivité.

À Québec, les députés du Parti québécois qui formaient l'opposition se sont faits les défenseurs de Tricofil et ont placé le ministre St-Pierre au pied du mur.

Un jour que je rentrais de Québec, j'entendis à la radio que le cas de Tricofil serait discuté à l'Assemblée nationale un peu plus tard dans la journée. Je n'avais jamais assisté aux débats. Je connaissais l'édifice du Parlement pour y être déjà allée remettre son trophée à Jean Lesage, alors premier ministre du Québec, qui avait été élu le plus bel homme du Canada, plusieurs années auparavant. Nous avions aussi diffusé une émission de *Place aux Femmes* en direct du Salon rouge, à une autre occasion. Je fis demi-tour sur la route 20 pour retourner à Québec. Je me rendis directement à l'édifice du Parlement et j'obtins la permission de m'asseoir à la tribune de la presse. Le seul journaliste présent, Normand Girard, du *Journal de Montréal*, fut amusé de me trouver là. Il me fit remarquer qu'avant l'ouverture de la séance la rumeur de ma présence se répandrait et il me dit : « Ils vont tous venir jeter un coup d'œil. » Je ne savais pas de qui il parlait. Effectivement, plusieurs personnes vinrent m'observer à tour de rôle, y compris Robert Bourassa lui-même. Je suivis ensuite l'ouverture des travaux avec attention, puis la période de questions. À la fin, me voyant me lever, Normand Girard m'a demandé : « Vous partez déjà ? » J'ai répondu : « Quand je reviendrai, ce sera pour m'asseoir en bas. »

La remarque de Jean Bissonnette avait dû faire son chemin dans mon subconscient. Riche de l'expérience de Tricofil, il me semblait tout à coup que ma route se trouvait toute tracée. Assise dans ma voiture, je réalisai l'importance de ce que je venais de déclarer. Pendant tout le voyage de retour, je me dis que je n'avais pas le choix, que je n'avais pas dit ça pour rien et qu'il fallait que j'aie le courage de voir les choses en face.

Pendant tout le trajet, je me répétais sans cesse que j'avais « mal à ma fierté ». J'en avais assez d'être déçue de l'état de la société québécoise. Cette horrible impression de tourner en rond et de ne jamais aller nulle part me rendait triste. J'étais convaincue que nous pouvions faire mieux et qu'avec un peu d'efforts nous pourrions aller « un peu plus haut, un peu plus loin » tous ensemble.

Le spectacle des débats parlementaires m'avait paru une telle parodie de la démocratie que j'en avais été gênée. Le comportement des députés du pouvoir m'avait laissée abasourdie tant il me paraissait vulgaire. Je me répétais intérieurement cette phrase de Thérèse Casgrain que j'avais entendue si souvent : « Si des gens bien ne font pas de politique, ça voudra dire qu'on laisse la politique à n'importe qui. »

En arrivant à la maison, je m'empressai de raconter à Laurent ce que je venais de vivre. Je lui répétai toutes les bonnes raisons que j'avais trouvées pour justifier ma tentation. Lui dont j'attendais qu'il m'explique que ça n'avait aucun sens me dit plutôt : « Jamais je ne t'empêcherai de faire ce que tu veux faire. Si c'est ce que tu veux, vas-y. »

Il me mit cependant en garde contre l'emportement d'un coup de tête. Il m'obligea à me demander si je me sentais prête à assumer cette vie de fou avec tout ce qu'elle comportait sûrement de déceptions et de frustrations. Il m'assura que je pouvais compter sur lui et qu'il ferait tout ce qu'il pourrait pour que l'harmonie de notre relation subsiste. Nous finîmes par nous promettre de ne jamais laisser la politique nous séparer.

Je lui dis ma reconnaissance pour sa compréhension et sa disponibilité. Je lui indiquai que je prendrais contact avec le Parti québécois, parce que ce parti était celui avec lequel je me sentais le plus d'affinités. Je n'étais encore membre d'aucun parti et je ne savais pas si le Parti québécois m'accepterait dans ses rangs. Il restait donc à prévenir mes enfants, car je ne pouvais penser prendre une telle décision sans connaître leur opinion.

58

Une démarche secrète

À René Lévesque, au téléphone, j'ai seulement demandé : « Est-ce que je peux vous être utile ? » Il y a eu un silence, puis il m'a répondu : « Il faudrait que je vous voie, mais pas en public. » Je lui ai proposé de venir à la maison deux ou trois jours plus tard, un après-midi, après mon travail. Il a accepté.

Le jour fixé pour la rencontre, j'avais une réunion à Radio-Canada qui dépassa largement le temps prévu. Il n'y avait personne à la maison à qui je pouvais téléphoner pour prévenir de mon retard. Je n'avais aucun moyen non plus d'avertir René Lévesque. Quand je réussis à quitter Radio-Canada, j'avais déjà plus d'une heure de retard. Je me dis que c'était là un coup du destin et que Lévesque serait sûrement reparti après avoir constaté qu'il n'y avait pas âme qui vive à l'adresse que je lui avais donnée. Durant le trajet, je me demandais si j'aurais le courage de le rappeler ou bien si je laisserais les choses où elles en étaient, en me disant que ce n'était pas mon tour, tout simplement.

Je fus très surprise, à l'approche de la maison, d'apercevoir une vieille voiture garée dans l'entrée. Je n'osais imaginer que le chef du Parti québécois pouvait m'avoir attendue si longtemps. Il était pourtant bel et bien là, en train de lire, dans sa vieille bagnole dont je n'aurais même pas pu dire la couleur. Je lui fis toutes les excuses possibles et je l'invitai à entrer. Je ne sais pas pourquoi, au lieu de le faire asseoir au salon, je me dirigeai, le précédant, dans la salle à manger. J'y avais une table de ferme ancienne, étroite et longue de trois mètres, et, sans l'avoir planifié, nous nous sommes assis l'un en face de l'autre, de chaque côté de la table, sans dire un mot. Je lui ai demandé s'il voulait un café. Il a répondu : « Plus tard. »

Il m'a ensuite regardée et il m'a demandé : « Quel âge avez-vous ? » La question, posée de façon aussi directe, m'a figée. J'ai répondu que j'allais avoir quarante-cinq ans. Il a répliqué : « C'est un bon âge. »

J'ai repris le même discours déjà tenu à Robert Burns. J'ai insisté sur le fait que je sentais profondément qu'il fallait que je « fasse quelque chose ». Je voulais être utile et avoir le sentiment de participer au devenir de ce peuple-là. J'ai ajouté que je me considérais comme quelqu'un plutôt de gauche que de droite, mes vieux engagements auprès du NPD ne demandant rien de mieux que de remonter à la surface. Il a ri. Il m'a expliqué qu'au Parti québécois il y avait trois portes d'entrée, à gauche, au centre et à droite, et que j'étais libre de choisir celle par laquelle je voulais entrer.

Puis il m'a dit : « Il me reste trois comtés disponibles : Gouin, Dorion et celui qu'on gardait pour moi, Taillon, sur la Rive-Sud. » J'ai répondu : « J'avais pensé à Saint-Henri. J'aimerais travailler pour ceux à qui je dois tout. » Il m'a indiqué que c'était bien dommage mais que Jacques Couture « travaillait » ce comté-là depuis des mois, et que ce serait injuste de le lui enlever à la dernière minute. Je reconnus qu'il avait raison, mais j'en fus attristée. Il dit que Dorion était aussi un peu réservé à Jacques Léonard mais que ce dernier serait tout aussi heureux dans une circonscription des Laurentides. Il m'offrit de nouveau Taillon. Le sien. Je demandai à réfléchir. Il s'engagea à me faire parvenir rapidement les profils de ces trois comtés afin que je puisse faire un choix plus éclairé. Je lui dis que les profils de Dorion et de Gouin suffiraient. Il insista enfin sur le fait qu'il fallait que cette démarche reste strictement entre nous jusqu'à ce que l'élection soit déclenchée. Rien ne devait filtrer avant.

La confidentialité m'arrangeait. J'allais entreprendre la deuxième saison de *Lise Lib* et je ne voulais pas me retrouver au chômage immédiatement. Là-dessus, nous nous sommes serré la main.

Comme prévu, je reçus les profils des comtés que j'avais demandés. Il n'était pas question pour moi d'enlever à Lévesque la circonscription que son équipe lui avait réservée. Il ne restait donc que deux possibilités, Gouin et Dorion, qui avaient beaucoup de ressemblances. Je choisis Dorion, parce que René Lévesque y avait déjà été défait et que ça rendait le défi encore plus intéressant. Je me rappelais aussi qu'une femme avait déjà tenté de s'y faire élire, bien longtemps auparavant, au fédéral cependant : Idola Saint-Jean, qui avait mené avec Thérèse Casgrain, dans les années 1940, la lutte pour l'obtention du droit de vote des femmes au Québec.

Tout allait très vite. Trop. Quand fut finalement venu le moment d'expliquer à mes enfants que leur mère allait faire le saut en politique, j'étais prête à ouvrir la bouteille de champagne. Je les invitai au restaurant *Chez Pauzé*, un samedi soir. Je voulais que nous soyons à table en même temps, sans être dérangés, pour leur annoncer la nouvelle. Je fus très étonnée de constater que cette nouvelle leur faisait l'effet d'une douche froide.

Ils n'aimaient pas l'idée. C'était visible à l'œil nu. Dès que j'eus fait mon annonce, je vis les regards s'assombrir autour de la table. Chacun y alla de son explication maladroite en choisissant ses mots, mais il était évident que si je m'attendais à des hourras, ils ne viendraient pas. Du moins, pas ce soir-là.

Aucun d'entre eux ne l'aurait dit, mais je venais de réaliser quelle mère emmerdeuse je devais être souvent pour eux. Je prenais tellement de place à certains moments qu'ils devaient dépenser toutes leurs énergies à essayer de me tenir à distance pour pouvoir assumer leur propre vie et relever leurs propres défis. Ce n'était déjà pas facile d'avoir une mère aussi connue, d'être «le fils de» ou «la fille de» sans arrêt, de devoir me défendre quand on m'attaquait, ce qui arrivait souvent, il faut bien le dire.

Ce n'était pas aisé de tenir bon devant les moqueries, les méchancetés, tout en continuant d'affirmer aussi sa propre identité. Et j'allais en rajouter! Je n'eus pas le courage de leur répéter encore une fois que je n'avais pas choisi d'être ce que j'étais, mais que, forcée de gagner ma vie, j'étais passée tout droit et que je connaissais une popularité que je n'avais pas prévue. Ils avaient déjà entendu tout ça.

Puis la tristesse s'installa. Je leur expliquai que je ne serais plus jamais bien dans ma peau si je n'allais pas au bout de cette aventure qui venait de commencer pour moi. Je m'excusai d'être aussi dérangeante et je leur rappelai que je les aimais plus que tout au monde.

Je ne me souviens plus précisément de ce que Laurent a ajouté. Il a dû plaider pour la liberté de chacun de choisir ses engagements, je crois. Mais moi, je n'entendais plus rien. J'avais peine à respirer tellement j'avais envie de pleurer.

Je comprenais très bien. Je me traitais d'égoïste. Je n'avais pensé qu'à moi sans me préoccuper de ce que tout cela représenterait pour eux. Je les avais pris par surprise, en plus, alors que j'aurais dû leur en parler tout au long de ma démarche. Je ne savais plus quoi faire. Je désirais leur appui de tout mon cœur et ils étaient plus que tièdes.

Il me fallut des jours pour m'en remettre. Le refus ne signifiait pas nécessairement la même chose pour mes trois enfants. Il y avait des nuances. Mais je n'avais pas obtenu leur accord spontané. Jamais je n'avais été aussi défaite. Dix fois, j'eus envie de tout annuler, de dire à René Lévesque de m'oublier, mais je ne le fis pas.

Et puis, tout doucement, leur opposition s'est atténuée. Il n'y avait jamais eu de rupture entre mes enfants et moi, si bien que nous avons pu nous en reparler souvent par la suite. Ils ont fait leur bout de chemin pendant que je faisais le mien. J'essayais de diminuer l'importance de mon geste en leur disant qu'il se pouvait bien que je ne sois pas élue. C'était un risque à courir. Je sollicitais un siège dans l'opposition, mais il se pouvait bien que je me retrouve devant rien du tout.

C'est en le disant aux enfants pour atténuer le choc que je leur causais que je réalisai que c'était là une possibilité. Je pouvais être battue. Ce que je deviendrais alors, c'était une tout autre question à laquelle je ne voulais même pas penser. Une chose à la fois. Si j'étais battue, je verrais alors ce que je ferais.

59

Je ne dirai rien, même sous la torture

J'étais tenue au secret. Donc, isolée. Je m'appliquais cependant à bien comprendre ce qui se passait sur la scène politique, pour être tout à fait prête si l'élection était déclenchée.

Le gouvernement Bourassa ayant été réélu en 1973, il était tout à fait possible que les élections n'aient lieu qu'en 1977, ou même, à la limite, en 1978. Le climat social était si mauvais en 1975-1976 et l'insatisfaction générale, si grande, que l'autorité de l'État aurait été mise en danger si le gouvernement avait attendu trop longtemps.

Des débrayages généralisés paralysaient les écoles et les hôpitaux. Trudeau affirmait déjà son intention de rapatrier la Constitution malgré l'opposition du Québec. Le dossier des Jeux olympiques et de leur financement faisait hurler la population. Les scandales se succédaient. Les débardeurs avaient fait la grève. Partout on dénonçait le favoritisme des libéraux. Le rapport Cliche blâmait le gouvernement Bourassa pour le chaos qui régnait dans l'industrie de la construction. On découvrait le personnage de Dédé Desjardins et on demandait des comptes tant aux syndicats qu'au gouvernement. La grève de la United Aircraft avait fait mal et le scandale de la viande avariée avait soulevé un dégoût général. La loi 22 avait provoqué une immense colère partout. Personne n'y avait trouvé son compte. Les anglophones la trouvaient trop dure, et les francophones ne se sentaient pas protégés par elle. Il y avait eu de la violence, et le ministre Jérôme Choquette avait claqué la porte du gouvernement en déclarant que la loi 22 était inapplicable. La CECO avait entendu les plus célèbres maffiosi du Québec et avait mis trois cents crimes en preuve. Après enquête, on avait découvert des cas de fraude à la Société des alcools du Québec. Les frères Dubois avaient été mis en prison parce qu'ils avaient refusé de répondre aux questions de la CECO, mais ils avaient été libérés sous cautionnement. Une bonne partie de la pègre avait pris la route de la Floride.

On tenait le gouvernement responsable de tout. Dans ces conditions, on aurait pu croire sa défaite quasi certaine. Pourtant, tel n'était pas le cas. Il avait perdu beaucoup de sa popularité, mais, au dire des analystes, il avait encore beaucoup de chances de remporter la victoire aux prochaines élections.

Le Parti québécois faisait encore peur. Même son engagement de tenir un référendum durant son premier mandat afin de consulter la population sur l'éventuelle souveraineté du Québec n'avait pas rassuré tout le monde. René Lévesque affirmait que son parti était prêt à remplacer le gouvernement, mais le seul espoir réaliste résidait dans l'augmentation sensible de l'opposition officielle.

Je consacrai tout le début de l'été 1976 à la lecture de dossiers de presse que j'avais accumulés sur tous les sujets possibles concernant le Québec. Je voulais être prête quoi qu'il arrive. Avec Laurent, qui avait vécu toute son enfance rue de Gaspé, je fis le tour de Dorion pour me familiariser avec les frontières du comté et prendre le pouls de sa population. Laurent m'avait parlé des gens qui habitaient ce coin de Montréal et j'avais l'impression de retrouver chez eux la même entraide et la même fierté qui faisaient le bonheur de vivre à Saint-Henri. Je m'y sentais à l'aise.

En juillet, pendant quatorze jours d'affilée, dans le grand studio de Radio-Canada, j'animai une émission spéciale durant les Jeux olympiques de Montréal. J'y reçus des invités étonnants, comme Leni Riefenstahl, l'actrice et cinéaste allemande qui, à la veille de la Seconde Guerre mondiale, réalisa le fameux film sur les Jeux olympiques de Berlin en 1936, *Les Dieux du stade*. La vieille dame qu'elle était devenue se spécialisait dans la photographie d'athlètes noirs. Elle venait de publier un album magnifique. Malgré ses soixante-dix ans avoués, elle faisait encore de la plongée sous-marine sur les côtes de l'Afrique et de l'Amérique du Sud. Elle avait posé comme condition préalable à son interview que je n'aborde pas le rôle qu'elle avait joué durant les années qui avaient précédé la guerre. Nous avions pesé les avantages et les désavantages d'une telle condition. Nous avions choisi de la recevoir malgré tout, pour que les téléspectateurs puissent la voir, et savoir ce qu'elle était devenue. Cela nous a quand même valu des critiques acerbes des milieux juifs de Montréal, qui auraient préféré qu'on ne souligne d'aucune façon sa visite.

J'eus le bonheur d'interviewer la superbe gymnaste roumaine Nadia Comaneci, la vedette incontestée de ces Jeux. J'avais dû faire taire son entraîneur, Béla Karolyi, qui prenait beaucoup trop de place. Il vit maintenant aux États-Unis, où il entraîne l'équipe américaine de gymnastique féminine. Aux Jeux de Montréal, il se comportait comme s'il avait pour instructions strictes de ne pas laisser parler Nadia. La petite a chanté en français *Ah! vous dirais-je, maman?* et les chaînes du monde entier ont repris ce beau moment de télévision.

Je ne me souviens plus du nom de ce cheik important que j'ai aussi reçu en entrevue. Je me suis amusée à lui demander combien d'argent il avait sur lui et il m'a répondu qu'il n'avait pas un sou. Pourquoi en aurait-il eu, puisqu'il était riche comme Crésus?

Je reçus également le représentant de l'URSS, qui serait le pays hôte des Jeux suivants, et je lui suggérai d'acheter le stade olympique de Montréal au lieu d'en construire un nouveau à Moscou. Nous aurions pu lui livrer le nôtre en pièces détachées, numérotées, afin que l'assemblage soit plus aisé. J'ajoutai que cela serait une bonne façon de nous débarrasser de notre éléphant blanc et de leur éviter de faire la même bêtise. Il refusa mon offre en riant. Je finis par suggérer que nous demandions à l'armée canadienne de faire sauter notre stade dès la fin des Jeux, ce qui nous coûterait moins cher que de vouloir le garder. L'avenir devait me donner raison, hélas! Si on m'avait écoutée, nous ne serions pas encore en train de le payer, vingt ans plus tard, et on ne serait certainement pas en train d'y installer un nouveau toit.

Cette série d'émissions fut un feu roulant de médailles, de muscles et d'humour. Pour la dernière, nous avons invité France Castel à chanter *Quand les hommes vivront d'amour*, la magnifique chanson de Raymond Lévesque, et c'est dans le silence total du studio que nous avons réalisé que les Jeux olympiques constituaient un étrange rendez-vous où l'argent jouait un rôle bien plus grand que l'amour.

En septembre, excitée par l'attente, mais toujours sous le sceau du secret, je repris le chemin de mon studio habituel. *Lise Lib* revenait à l'antenne, mais, cette fois, le jeudi soir. La direction pensait que ce changement de case horaire pouvait aider à mieux positionner l'émission, qui n'avait pas connu un succès suffisant l'année précédente.

Je commençais à me faire à l'idée que les élections ne seraient déclenchées qu'au printemps 1977 et je prenais mon mal en patience. Je fis donc une première émission en septembre 1976, puis une deuxième et une troisième.

Un jour, me présentant à la porte d'entrée de Radio-Canada, je constatai que les techniciens avaient débrayé pour manifester contre le gel des salaires par Ottawa. Ils avaient dressé une ligne de piquetage, que je refusai de franchir. J'attendis les musiciens de l'émission et nous nous joignîmes aux piqueteurs au lieu d'aller enregistrer l'émission ce jour-là.

Le lendemain, Robert Bourassa annonça que les élections auraient lieu le 15 novembre 1976. J'avais fait ma dernière émission de cette série sans le savoir. Je ne dirais au revoir ni au public ni à mes camarades de travail.

Ma décision constituerait une surprise pour bien du monde. On avait pourtant déjà écrit dans certains journaux que je serais candidate, mais, comme je n'avais jamais rien confirmé, la rumeur était restée une rumeur.

Marcel Léger me téléphona rapidement pour me dire qu'il y avait déjà une date prévue pour la conférence de presse au cours de laquelle j'annoncerais officiellement ma candidature dans Dorion. Par souci d'honnêteté, je m'empressai de faire connaître ma décision à mes patrons de Radio-Canada.

La conférence de presse eut lieu dans Dorion le 15 octobre, à onze heures du matin. Marcel Léger, qui était le responsable de l'organisation dans Montréal, était présent, tout comme René Lévesque, qui marquait ainsi l'importance qu'il accordait à ma candidature. J'avais été «parachutée» par le Parti, malgré la grogne qu'avaient manifestée certains dirigeants de Dorion. L'association locale avait la réputation d'aimer les querelles et la présidente de l'exécutif menait la lutte contre moi. Michel Carpentier, le bras droit de Lévesque au Parti, avait fait en sorte que j'obtienne ma carte de membre peu de temps avant la conférence de presse.

Je marchais sur des œufs. La conférence de presse se déroula très bien. Les journalistes se présentèrent en grand nombre, ce qui fit dire à Marcel Léger que je jouerais un rôle important dans l'organisation de la campagne.

Le courrier qui m'arriva dans les jours qui suivirent l'annonce officielle de ma candidature avait de quoi m'étonner. On m'engueulait parce qu'on avait cru que je serais candidate libérale, peut-être à cause de *Lise Lib*, ce titre dans lequel on avait pensé déceler un signe. Cela me permit d'affirmer que j'avais toujours agi correctement comme animatrice puisqu'on avait été incapable de prédire mon choix.

Cela n'empêcha pas que mon « cas » fut discuté en long et en large à la Chambre des communes. Albert Béchard, le député libéral de Bonaventure et des Îles-de-la-Madeleine à Ottawa, voulait qu'on s'assure, à Radio-Canada, que je ne pourrais jamais plus reparaître devant les caméras, car j'étais « une méchante séparatisse qui voulait la destruction du Canada ».

Mes patrons se révélèrent heureusement plus modérés. Je reçus une lettre officielle m'annonçant qu'on mettait fin à mon contrat d'animation, pour les raisons que je savais, et qu'on estimait ne plus rien me devoir. À des journalistes qui l'interrogeaient, Raymond David, le vice-président de Radio-Canada pour le réseau français, répondit que je pourrais toujours revenir comme recherchiste aux émissions religieuses ou aux émissions scientifiques, mais certainement pas devant les caméras !

J'ai toujours été convaincue que les choses ne se seraient pas passées de la même façon si j'avais été candidate libérale. J'en veux pour preuve le tapis rouge qu'on a déroulé récemment pour Liza Frulla, qui, avant même d'avoir quitté le Parti libéral du Québec et son poste de députée, pouvait annoncer qu'elle allait animer une émission d'une heure chaque jour, et ce, sans avoir aucune expérience du métier d'animatrice. Il est vrai qu'être libéral, à Radio-Canada, a toujours été l'équivalent d'être neutre. On est partisan seulement quand on est péquiste ! Libéral, on fait partie de la grande famille des bien-pensants. Péquiste, c'est une autre histoire. Le purgatoire n'est certainement pas le même pour tout le monde.

Je n'avais pris qu'un seul engagement véritable vis-à-vis de mon équipe de Dorion. Je ferais campagne seulement dans Dorion. Je n'accepterais d'aller ailleurs dans Montréal ou au Québec que quand mon élection comme députée du Parti québécois dans Dorion serait assurée. J'ai tenu parole.

J'ai mis sur pied mon équipe en quelques jours. J'ai rappelé des anciens de la fête du mont Royal. Je n'osais pas encore prendre contact avec Jean Fournier, même si je savais que c'était lui qu'il me fallait, de peur qu'il ne refuse ma demande. Quand je l'ai fait, après avoir consulté ceux qui le connaissaient depuis longtemps, il a accepté sans hésiter. Il a été le « doc » (directeur de l'organisation de comté) le plus extraordinaire de tous les comtés de Montréal.

Nous nous sommes entourés de bénévoles du comté, tous des péquistes de longue date qui avaient vécu la défaite de René Lévesque et avaient des comptes à régler avec ce comté. J'ai aussi fait appel à d'autres personnes avec qui j'avais noué des liens au fil du temps, comme Yvon Deschamps, qui accepta de faire un monologue et de l'enregistrer pour mon comité. Fernand Montplaisir accepta de venir faire du porte-à-porte avec moi dans un comté qui se trouvait bien loin de chez lui. Je pouvais compter sur les conseils de gens du métier comme Jean Bissonnette et Jean-Claude Lespérance, le producteur des plus gros spectacles réalisés au Québec. J'ai vu Denise Bissonnette colliger des listes électorales pendant des heures, et des amies d'enfance rappliquer pour offrir leurs services.

Ma plus belle découverte dans Dorion fut une jeune femme du nom d'Huguette Lachapelle. Jean Fournier me l'avait recommandée comme accompagnatrice. Nous allions passer quelques semaines ensemble dix-huit heures par jour. Elle connaissait tout le monde dans le comté, où elle vivait avec son mari Guy et ses deux enfants. Elle était intelligente et sympathique, souvent drôle à mourir, et dévouée comme dix. Quand j'en avais assez de grimper les escaliers pour répéter mon boniment et que je m'en plaignais, elle me parlait de la belle vieille dame qui nous attendait en haut et qu'il ne fallait pas décevoir parce qu'elle avait fait son grand ménage pour nous recevoir. Elle organisait mes rencontres de cuisine et, même après m'avoir entendue dix fois, vingt fois, elle m'écoutait encore comme si elle m'entendait pour la première fois. Elle avait tendance à se sous-estimer, comme le font trop souvent les femmes qui sont confinées au foyer depuis plusieurs années. Je m'employais à lui redonner confiance en elle, à lui énumérer les qualités fabuleuses qu'elle avait et à l'encourager à sortir de son cocon. Elle y réussit si bien par la suite qu'elle fut ma secrétaire de comté pendant plus de quatre ans et que c'est elle qui devait l'emporter dans Dorion comme candidate du Parti québécois à l'élection de 1981. Elle a siégé à l'Assemblée nationale, où elle occupa aussi le poste de whip du parti pendant des années.

Pendant un mois, je passais tout mon temps dans Dorion. Chaque matin, Huguette me remettait mon emploi du temps pour la journée et il ne me servait à rien de dire que j'étais fatiguée ou que je n'avais pas envie de faire ceci ou cela. L'horaire de la journée était non négociable. Dixit Jean Fournier. « Vous voulez gagner ou pas ? » demandait-il.

Mes amis et nouveaux associés, Colette Chabot et Fernand Montplaisir, se trouvaient dans l'embarras à cause de mon engagement politique. La construction de la nouvelle station de radio avait commencé dans les Laurentides et CIME FM comptait bien prendre l'antenne comme prévu, mais ma condition de candidate mettait tout le monde mal à l'aise. Je me retirai du projet le cœur gros mais comprenant bien que je ne pouvais pas courir deux lièvres à la fois. Ma participation à l'entreprise fut reprise par le technicien qui allait bâtir CIME, ce qui n'était que justice. Je tournai la page avec regret.

Si j'étais défaite à l'élection de novembre, je ne pourrais trouver de travail à Radio-Canada. C'était très clair. Je venais d'abandonner aussi l'un des plus beaux projets de ma vie, cette radio privée dans les Laurentides. Il m'arrivait d'envier certains des candidats qui bénéficiaient d'un congé pour la campagne électorale et, mieux encore, ceux qui auraient droit à un congé sans solde pendant toute la durée de leur séjour en politique, avec l'assurance de reprendre leur emploi à la fin de leur engagement. Ce n'était pas mon cas.

De temps en temps, quand mon moral était à plat, j'essayais de « débaucher » Huguette en lui proposant d'aller au cinéma plutôt que de visiter les marchands de la rue Saint-Hubert. Rien ne la faisait changer d'idée.

Je remportai un succès un matin en acceptant l'invitation de John Robertson à la radio anglophone de Montréal. On le connaissait comme étant complètement déchaîné contre le Parti québécois. J'avais accepté son invitation comme un défi. Ma seule crainte venait de ce qu'il m'était encore difficile de maîtriser le vocabulaire politique en anglais. Refuser l'invitation, cependant, c'eût été priver la souveraineté d'une tribune très écoutée par les anglophones.

L'entrevue s'avéra presque amicale. Les journaux en firent leur première page le lendemain. Tout le monde se déclarait étonné que j'aie réussi à mettre un dur à cuire comme Robertson dans ma poche. Il m'avait même souhaité « bonne chance » pour l'élection du 15 novembre à la fin de l'entrevue. C'était une énorme victoire car il avait semblé comprendre pourquoi la souveraineté était une option parfaitement légitime pour le Québec et son comportement avait révélé une ouverture d'esprit inhabituelle.

Ces apparitions à la radio et à la télévision constituaient mes seules sorties hors de Dorion. Jean Fournier n'en démordait pas : je devais rester dans le comté. Nous savions que nous aurions contre nous deux énormes machines électorales, celles d'André Ouellet et de Marcel Prud'homme, députés fédéraux dans le même territoire que Dorion. Nous n'avions pas le droit de nous tromper. Mes horaires resteraient chargés.

Mes assemblées publiques étaient d'énormes succès. Jean Fournier refusait de tirer la conclusion facile que, si celles-ci marchaient bien, le vote serait en ma faveur. Je bénéficiais d'une couverture nationale, c'est-à-dire que les journaux et la télévision me traitaient comme une candidate importante. Ce qui, selon Fournier, pouvait fausser les données dans Dorion. Il pensait aussi qu'on venait encore voir la vedette de télévision à ces assemblées. Je n'y élevais jamais la voix. Je parlais aux gens comme si j'avais parlé à la caméra. Je racontais mes espoirs, mes rêves, et j'avais inventé un slogan qui connaissait un gros succès. Le député sortant du Parti libéral s'appelait Alfred Bossé. J'annonçais que j'étais dans Dorion pour « débosser le comté ». Je parlais souvent aussi de ma Marie-Louise. Surtout parce que j'avais un profond besoin d'elle à mes côtés, pour veiller sur moi, et parce qu'elle pouvait toujours me servir de référence quand il s'agissait de parler du bon sens des gens ordinaires.

Le comté de Dorion comptait aussi une communauté italienne active. Mes relations avec cette communauté n'étaient pas mauvaises. J'eus la surprise de me retrouver sur scène, un soir, invitée par les Italiens, devant une salle comble mais exclusivement remplie d'hommes. Pas une femme à l'horizon. Je crois que les Italiens m'aimaient bien. Ils m'invitaient chez eux, me faisaient déguster le vin de leur fabrication et m'apprenaient quelques mots d'italien. De mon côté, j'avais fait traduire la chanson de Gilles Vigneault, *Gens du pays*, en italien. Ça donnait à peu près ceci : « Venez avec nous et vous verrez qu'on finira par se parler d'amour. » Je leur chantais ces paroles en italien et ça les faisait sourire.

Le local du comté était une véritable ruche. Je savais que, sur un simple coup de fil, je pouvais recevoir l'aide d'à peu près tous les artistes que je connaissais. C'était réconfortant.

Nous en étions à la troisième vérification des intentions de vote. En général, dans les autres comtés, on se contentait de deux. Mais Jean Fournier ne laissait rien au hasard. Nous finissions nos journées chez « Marna Leone », rue Saint-Hubert, pour faire le point sur ce qui avait été accompli. À la fin de la période des appels téléphoniques, alors que des milliers de personnes avaient été jointes, Jean Fournier m'annonça que, à moins d'une grave erreur ou d'un revirement imprévisible, je serais élue dans Dorion le 15 novembre 1976.

Nous étions à trois jours du scrutin. D'un commun accord, nous avons décidé alors d'offrir mes services à l'organisation au niveau national. La réponse ne se fit pas attendre. On me proposa une visite de quatorze comtés en trente-six heures, en commençant à Laval pour terminer à Sept-Îles, tard le soir, avec en prime l'avion du chef du parti pour le déplacement. À mon retour, le dimanche, je visiterais encore trois ou quatre comtés de Montréal. Tout un périple !

60

Attention, voici la vague !

Je ne connaissais pas tout le monde, au Parti québécois. Je connaissais les figures mythiques comme Camille Laurin, Robert Burns, Marcel Léger, Jacques-Yvan Morin, Claude Charron, Lucien Lessard et Marc-André Bédard. Je savais qui étaient Claude Morin, Jacques Parizeau, Denis Lazure et quelques autres, pour les avoir interviewés au cours de différentes émissions. Toutefois, plusieurs des candidats de 1976 n'étaient pour moi qu'une photographie dans le journal ou un simple nom entendu aux informations. Je ne savais pas du tout, par exemple, qui étaient Yves Bérubé, Alain Marcoux, Yves Duhaime, Jean Garon, Clément Richard ou Jocelyne Ouellette.

Le premier jour de ma grande tournée précédant l'élection, je fis la connaissance de Bernard Landry, dans Laval. Sur la feuille de route que l'organisation du niveau national m'avait remise, on avait noté le nom de chaque comté que je devais visiter, le nom du candidat qui s'y présentait et la durée approximative de la visite. Dans un post-scriptum, on avait noté aussi qu'à telle heure, en fin de journée, je devais passer au coin de telle ou telle rue, et m'arrêter sans descendre de la voiture, afin que quelqu'un que je ne connaissais pas puisse me remettre un lunch qui me tiendrait lieu de souper. Le seul repas prévu de ces vingt-quatre heures de tournée était celui de midi, avec Bernard Landry, dans Laval. Bernard me tendit la main dès que je descendis de la voiture, à la porte d'un centre commercial que nous devions visiter ensemble. Laurent m'accompagnait car il ne voulait absolument pas que je fasse tout ce voyage seule. Les foules étaient devenues le cauchemar des membres de mon organisation, et celui de Laurent en particulier. On devait parfois former un véritable bouclier humain autour de moi pour m'aider à sortir de ces salles surchauffées. Laurent, je le savais, était inquiet.

Bernard Landry proposa de faire le tour du centre commercial tout de suite. Je lui fis remarquer qu'il fallait que je mange à ce moment-là, parce que ensuite je n'aurais plus le temps. Il eut l'air de penser que c'était un caprice de quelqu'un qui, de toute façon, devait trop manger. J'insistai. Cela faillit être notre premier accrochage. Je m'en tins exactement à mon horaire, comme un véritable soldat.

Après avoir visité plusieurs comtés de Montréal pendant tout l'après-midi, nous avons ramassé le sac de sandwichs tel que prévu, au coin d'une rue, avant de nous rendre dans le comté de Chambly, sur la Rive-Sud. Sur ma feuille, je n'avais que le nom de la circonscription. On avait oublié de me donner le nom du candidat du Parti québécois. J'eus beau fouiller dans ma mémoire, je ne trouvai rien. Laurent non plus. Quand j'arrivai dans la salle de l'assemblée, je cherchai du regard la photographie du candidat. Il n'y en avait pas. Lyne Bourgeois, que je connaissais comme animatrice à la radio, haranguait la foule en attendant mon arrivée. Elle était candidate dans un comté imprenable du centre-ville de Montréal. C'était notre première rencontre depuis le mont Royal, où nous nous étions croisées à quelques reprises. Je pris place sur scène, mais sans pouvoir parler à qui que ce soit, l'assemblée étant déjà en cours. J'avais des sueurs froides tant le fait de ne pas me souvenir du nom du candidat m'embarrassait. J'eus beau regarder qui était sur scène, le candidat, visiblement, n'était pas arrivé. Lyne terminait son discours. J'espérais toujours qu'elle mentionne le nom de celui pour qui nous nous trouvions dans Chambly, mais elle ne le fit pas. Elle me présenta et, en me levant, je sentis mes jambes se dérober.

Une seule chose me revenait à l'esprit: Chambly était le comté du ministre Guy St-Pierre, celui-là même contre qui je m'étais battue avec les gens de Tricofil. Je fis donc tout mon discours contre Guy St-Pierre et pour Tricofil, demandant aux gens de Chambly d'envoyer ce ministre sans cœur au chômage le 15 novembre suivant. Je n'avais pu mentionner le nom du candidat que j'étais venue soutenir dans Chambly. Mais l'assistance était quand même debout. Lyne reprit le micro et je quittai la salle sous les applaudissements. Le candidat n'était pas encore arrivé et l'assemblée allait se poursuivre jusqu'à ce qu'il arrive. Il était probablement pris ailleurs, lui-même en train de chauffer une salle pour un autre candidat des environs.

L'avion de René Lévesque m'attendait, déjà en piste. Je ne trouvai pas le nom du candidat dont je venais de souhaiter l'élection devant une foule compacte. Je devais l'apprendre à la télévision, le 15 novembre, de la bouche de Bernard Derome. Denis Lazure était élu dans Chambly. Qu'il me pardonne!

Plus tard dans la soirée, nous nous sommes arrêtés à Rimouski, où je devais faire la connaissance d'un jeune enseignant, Alain Marcoux, qui me parut plein de fougue et bien décidé à remporter son comté. La salle était si remplie, quelques heures plus tard, à Sept-Îles, que j'eus du mal à me rendre jusqu'à la scène où m'attendait le candidat Denis Perron, qui allait devenir mon ami jusqu'à sa mort.

Dans cette foule, à Sept-Îles, je vis tout à coup deux bras s'ouvrir pour me serrer très fort. C'étaient ceux de Robert F. Lemieux, l'avocat de plusieurs membres du FLQ, exilé depuis peu à Sept-Îles, mais surtout, pour moi, le fils d'un chef de service de Radio-Canada, un homme charmant, qui m'avait si souvent parlé de son fils, dont il était si fier.

Dès que l'assemblée fut terminée, nous reprîmes l'avion. Jean Fournier et Nicole Beauchemin, son adjointe, s'étaient joints à nous pour ce baroud d'honneur. Laurent et moi n'avions jamais trouvé le temps, pendant cette tournée, d'échanger nos impressions. Pendant le vol de retour, un vent contraire se leva et le pauvre petit avion n'avançait pas. Nous avons pu nous raconter tout ce qui nous avait frappés pendant cette tournée : l'enthousiasme, l'espoir, le désir profond de changement. Après quatre heures de vol, nous n'étions encore qu'au-dessus de Québec. Notre pilote, Aurèle Dionne, après avoir identifié ses passagers auprès de la tour de contrôle et après avoir rappelé mon engagement en faveur des gens de l'air, me demanda de parler aux responsables. L'accueil fut chaleureux. J'expliquai que nous trouvions le voyage bien long. On donna l'ordre à notre pilote de s'installer dans le couloir d'Air France, à une altitude bien plus élevée et complètement libre à cette heure-là de la nuit. Le vent y soufflait nettement moins fort. Le jour se levait quand nous sommes arrivés à Dorval.

Le dernier dimanche avant l'élection, il me restait à visiter quelques comtés, parmi lesquels ceux de Jacques-Yvan Morin, de Claude Charron, de Guy Joron, et, enfin, en soirée, celui de Jacques Parizeau.

Je commençai à parler d'une vague que j'avais sentie au cours du voyage de la veille. Je demandai à mes interlocuteurs : « Connaissez-vous Alain Marcoux ? – Non », répondait-on. « Ne soyez pas surpris, il va être élu lundi soir. » Puis je demandais : « Connaissez-vous Denis Perron ? »

Et là encore, quand on me répondait qu'on ne savait pas qui il était, j'annonçais qu'il serait élu le 15 novembre.

Dans le comté de Taillon, où je participai à une assemblée monstre en faveur de René Lévesque, j'expliquai aux militants qu'il fallait absolument que Lévesque soit élu, parce qu'il y aurait une très forte opposition à Québec et que cette opposition aurait besoin d'un leader sur place pour préparer l'avenir du Québec. J'avais visité tellement de circonscriptions en deux jours que j'avais le sentiment profond qu'une vague se préparait.

Ma dernière visite fut pour Jacques Parizeau dans L'Assomption. Je ne connaissais pas Jacques Parizeau et je m'étais demandé ce que je pourrais bien raconter devant cet intimidant personnage, professeur d'université, bardé de diplômes et qui avait toujours l'air d'un chat qui venait d'attraper une souris. J'avais décidé de ne rien changer du tout à mon discours.

Je racontais depuis plusieurs semaines une histoire qui avait beaucoup de succès. C'était celle où Trudeau, Bourassa et Lévesque se trouvaient ensemble dans un avion qui piquait du nez. L'avion allait s'écraser. Trudeau et Bourassa se disputaient pour savoir qui des deux allait sauter le premier. Le pilote avait informé ses passagers que l'avion ne disposait que de trois parachutes. Trudeau affirma que lui, le chef d'un grand pays comme le Canada, allait sauter le premier. Et il le fit. Bourassa affirma que sans lui le Québec serait perdu, qu'il était le seul à pouvoir sauver la nation canadienne-française, qu'il était irremplaçable, et il sauta à son tour. Lévesque regarda le pilote et lui dit: «On a l'air fins, tous les deux, avec un seul parachute...» Le pilote lui répondit: «Je ne suis quand même pas fou. Bourassa vient de sauter avec mon sac de couchage.» Chaque fois, c'était le délire dans la salle.

Ce soir-là, après avoir mis la salle de mon côté, j'entrepris d'expliquer à Jacques Parizeau comment faire un budget. À la façon de ma Marie-Louise.

Ma Marie-Louise n'était pas riche, loin de là. Elle faisait son budget avec de petites enveloppes blanches sur lesquelles elle écrivait la destination de chaque somme. La première enveloppe allait à l'électricité, la deuxième était prévue pour la nourriture, la troisième pour le loyer et la quatrième pour les vêtements des enfants et les livres d'école, et ainsi de suite. L'avant-dernière était toujours réservée à la charité, parce que ma Marie-Louise était convaincue qu'il y avait plus pauvre qu'elle. Enfin, en silence, dans l'ultime enveloppe, celle qu'elle garderait long-temps si c'était possible, elle mettait ce qui restait d'argent, par-fois quelques pièces seulement, pour les imprévus. Je proposai à Jacques Parizeau de faire un budget aussi simple, aussi clair et aussi facile à comprendre. Aussi généreux également que celui de ma grand-mère. Il rit. Mais il ne m'a sans doute pas bien écoutée, car il n'a jamais réussi à le faire. Pourtant, il m'est arrivé si souvent de penser que le Québec ne s'en serait porté que mieux.

C'est ma Marie-Louise qui avait fait ma campagne électo-rale. J'avais repris dans mes discours des choses qu'elle m'avait dites quand j'étais enfant, par exemple, qu'il n'est pas plus diffi-cile de vivre debout que de vivre à genoux. Elle en savait quelque chose, elle qui s'était tenue debout toute sa vie devant des curés hostiles, des employeurs méprisants, devant la vie elle-même, qui ne lui avait jamais fait de cadeaux. J'avais parlé d'elle parce qu'elle était mon meilleur exemple de quelqu'un qui avait su s'assumer et qui n'avait eu peur de rien. C'est elle qui m'avait dit qu'on avait les politiciens qu'on méritait et ce n'était pas tombé dans l'oreille d'une sourde. J'allais lui faire honneur. J'étais la première dans cette famille à s'approcher de la politique. J'étais porteuse des espoirs de tous. Pendant toute la campagne, j'avais attendu une invitation de Jacques Couture qui m'aurait permis de prendre la parole dans Saint-Henri. On n'avait pas eu besoin de mes services. Cela me crevait le cœur. J'aurais tant aimé aller parler aux miens de la force que j'avais apprise d'eux, de leur culture qui était la mienne et de leurs rêves que je portais en moi.

Je commençais seulement à apprendre qu'en politique les goûts personnels ne sont pas toujours les bienvenus. Nous n'allons pas où nous avons envie d'aller. Nous allons où on nous dit d'aller. Leçon numéro un. Pas plus que nous ne disons ce que nous avons envie de dire. Nous disons plutôt ce qu'on nous dit de dire, ou ce qu'on a envie de nous entendre dire.

Autrement, le prix à payer est très élevé.

61

Le 15 novembre 1976, une date mémorable

Tous les Québécois qui ont un certain âge et qui vivaient au pays se rappellent où ils étaient le 15 novembre 1976. La date est mémorable et a laissé en chacun de nous des souvenirs impérissables.

Le jour de l'élection, j'ai visité les différents bureaux de scrutin de mon comté afin d'encourager nos représentants et même ceux des autres partis. La journée serait longue. Nous avions une solide organisation dans Dorion et nous étions en mesure de surveiller les voitures louches qui se trouvaient sur notre territoire. Cela devait s'avérer très utile car nous en avons poursuivi quelques-unes jusque sur la route de Dorval à un moment de la journée. La police, à notre demande, accompagnerait les boîtes de scrutin, à la fermeture des bureaux, jusque chez le président local des élections, un certain M. Dandavino. Celui-ci n'avait jamais cru nécessaire de prendre ses distances face au Parti libéral, et sa neutralité n'était pas évidente. Nous étions prêts à perdre l'élection si c'était la volonté des électeurs de Dorion, mais nous n'allions pas nous la faire voler par qui que ce soit. Tout avait été prévu.

Dans Dorion, il y avait six candidats. Nous savions que les libéraux avaient eu la tentation de présenter une autre Lise Payette et y avaient renoncé à la dernière minute. Par contre, j'avais eu maille à partir avec le président des élections au sujet de l'inscription de mon nom durant la campagne. On voulait m'obliger à utiliser, sur le bulletin, uniquement mon nom de fille, Lise Ouimet, alors qu'il était évident que j'étais connue sous le nom de Lise Payette. Le seul compromis accepté avait été d'utiliser les deux patronymes, avec celui de Ouimet en plus petit, sur les affiches.

Alfred Bossé, le député sortant, représentait le Parti libéral; Guy Lévesque, le Ralliement créditiste; Luigi Grasso, l'Union nationale; Raymond Beaudoin, le Parti national populaire, un parti récemment fondé par Jérôme Choquette; Lorraine Vaillancourt, de Repentigny, la coalition NPD.

Le soir du 15 novembre, nous nous retrouvâmes nombreux devant les écrans de télévision au local du comté. Nous étions surtout nerveux. J'avais déjà embrassé tout le monde en arrivant, car je savais que nous avions tous fait de notre mieux. Le reste serait une surprise. Nos espoirs étaient tellement grands et nous essayions de rester calmes tout en nous répétant qu'il fallait probablement diminuer de moitié les chiffres fous que nous attendions.

La surprise fut grande dès que Bernard Derome commença à donner des résultats après la fermeture des bureaux de scrutin. Nous étions tous assis sur le bord de nos chaises. Ma gorge se serra dès que j'entendis les chiffres qui plaçaient Jean-Paul L'Allier en difficulté dans Deux-Montagnes contre Pierre de Bellefeuille. L'Allier était encore identifié à l'aile progressiste du Parti libéral, l'un des derniers ministres à susciter encore un peu d'espoir et de confiance auprès des Québécois. S'il se trouvait défait dans son comté, la vague que j'avais annoncée risquait d'être plus grosse que prévu. Quelques minutes plus tard, c'était fait. L'Allier était battu et de Bellefeuille, déclaré élu. Il ne s'écoula pas beaucoup de temps avant que Derome n'annonce, de sa voix qui me paraissait un peu triste ce soir-là: «Le prochain gouvernement sera formé par le Parti québécois et il sera majoritaire.»

Tout allait trop vite. J'aurais voulu pouvoir arrêter le temps. Certains pleuraient déjà de joie devant moi. On n'avait encore annoncé aucun résultat du comté de Dorion à la télévision. Nos rapporteurs nous permettaient quand même d'avoir une bonne idée de ce qui s'y passait. Le grand tableau noir que Fournier avait fait installer se couvrait de chiffres encourageants. De son côté, le président des élections, M. Dandavino, refusait d'ouvrir les boîtes de scrutin. Il avait décidé de nous faire attendre.

J'avais reçu comme instructions de me rendre au Centre Paul-Sauvé dès que nous aurions des résultats sûrs dans le comté. Si j'avais attendu que Dandavino me déclare élue, je ne serais arrivée au Centre Paul-Sauvé que le lendemain midi, le 16 novembre. Ce n'est qu'à ce moment-là qu'il accepta enfin de me communiquer, dans son bureau, les résultats de l'élection dans Dorion. Pas moyen de le faire bouger dans la soirée. C'est donc à partir des chiffres compilés par Jean Fournier et son équipe que je me suis rendue sur la scène retrouver ceux qui y étaient déjà. Jamais Bernard Derome n'a annoncé mon élection car la télévision non plus n'a pas obtenu de résultats de la part de Dandavino.

Sur la scène du Centre Paul-Sauvé, Denise Filiatrault et Doris Lussier présentaient les vainqueurs. Dès mon arrivée, on me demanda de parler au téléphone à Gilles Vigneault, qui était en tournée en France. J'eus le bonheur de lui apprendre la bonne nouvelle et de lui résumer ce que nous vivions au Centre Paul-Sauvé. La scène se remplissait petit à petit de gens que je ne connaissais pas, des candidats venus de partout et dont seul le visage, parfois, m'était un peu familier.

L'arrivée de René Lévesque sur cette scène déchaîna un tonnerre d'applaudissements. Je n'avais jamais rien entendu de pareil. J'étais fascinée par le véritable mur que formaient devant nous les cameramen et les photographes du monde entier. Nous ne voyions pratiquement plus la salle tellement les lumières nous éblouissaient. Je vis Claude Charron à mes côtés. Il se jeta dans mes bras. Je réalisais à quel point cette victoire signifiait autre chose pour ceux-là qui avaient tenu le fort pendant des années à Québec. René Lévesque se tourna vers moi. Je pris son visage dans mes mains et je lui fis la bise. On aurait dit qu'il allait pleurer. Je me demandais s'il se rendait compte de l'immensité de ce qu'il aurait à faire.

C'est là, sur cette scène du Centre Paul-Sauvé, que j'ai eu peur pour de bon. Parce que c'est là que j'ai compris le formidable espoir que nous avions fait naître chez les Québécois et les attentes que nous avions créées. J'estimais que je recevais encore beaucoup plus que ce que j'avais souhaité. J'avais voulu devenir membre de l'opposition, faire mon travail avec bonne volonté et acharnement, mais jamais je n'avais vraiment cru que j'accéderais au pouvoir. Pas aussi rapidement.

Les haut-parleurs diffusaient à tue-tête la chanson thème de la campagne électorale: *À partir d'aujourd'hui, demain nous appartient*. Je regardai autour de moi, encore surprise du nombre de personnes qui se trouvaient sur scène. J'essayais de deviner s'ils avaient peur comme moi.

«Nous sommes peut-être quelque chose comme un grand peuple», déclara René Lévesque. Qui aurait pu en douter à ce moment-là? Il nous restait à prouver que nous avions la maturité nécessaire pour prendre notre avenir en mains. Plus rien ne pourrait nous arrêter désormais. Notre force était là, devant nous.

J'aperçus Jean Duceppe au pied de la scène. Sur ses joues coulaient de grosses larmes qu'il ne cherchait même pas à dissimuler. Je savais que c'était un jour qu'il attendait depuis longtemps et je devinais qu'il aurait voulu être sur scène avec nous. «Je suis là, Jean. Regarde-moi. J'ai peur mais je ne le montre pas. Mais suis-je la seule à avoir peur en ce moment?»

J'aurais voulu que le bruit s'arrête. Qu'on ait le temps de réfléchir. Qu'est-ce qu'il restait à faire maintenant? Tout allait beaucoup trop vite. Je cherchai Laurent des yeux. Je savais qu'il était là, sur scène, quelque part, qu'il veillait sur moi comme toujours. Nous avions vécu cette incroyable aventure ensemble, et jamais il n'avait abandonné ma main un instant. La foule chantait, criait. C'était le délire.

Il fallait quitter la scène. Déjà des gardes du corps entouraient Lévesque. Il était le nouveau premier ministre du Québec. Le reste ne fut que formalités. On forma une haie humaine pour nous permettre de quitter la salle. La foule se pressa vers nous. On voulait nous toucher. On nous bousculait en criant nos noms. Je vis mon ami Royal Marcoux, de l'équipe d'*Appelez-moi Lise*, à quelques pas seulement du cordon qui nous entourait. Je fendis la ligne pour l'embrasser et le remercier d'être là. Je fus immédiatement happée par la foule et on eut du mal à me ramener à l'intérieur du cordon. Quelqu'un me cria à pleine voix: «Ne sortez plus jamais du rang, pour aucune raison!» Je ne savais pas qui avait parlé. Je cherchai l'inconnu qui venait de me donner cet ordre.

Je souris. J'avais l'impression que je venais d'apprendre ma leçon primordiale de vraie politique: ne plus jamais sortir du rang, pour aucune raison.

C'était comme si je venais de recevoir mes premières instructions. Pour moi qui avais toujours fait bande à part, ce serait sans doute très difficile. Mais j'avais confiance.

Je venais d'être élue avec plus de cinq mille voix de majorité. J'avais récolté quinze mille voix et Bossé, dix mille. Je connaîtrais les résultats seulement le 16 novembre, M. Dandavino ne pouvant étirer le suspense plus longtemps.

Il n'était pas question d'aller dormir. Nous fêtâmes d'abord avec tous ceux qui avaient travaillé dans Dorion, puis, aux petites heures, je me retrouvai seule avec Laurent. Je voulais qu'il me dise que j'avais bien fait d'entrer en politique, qu'il me rassure encore et encore. Je désirais aussi qu'il me confirme qu'il valait mieux être au pouvoir que dans l'opposition quand on avait un projet comme le nôtre et que le temps pressait de le réaliser. Ce parti-là avait bien mérité ce qui lui arrivait et j'espérais que nous pourrions faire plus de choses au pouvoir, tout au moins réaliser les promesses que nous avions faites, et que ce serait du temps de gagné.

Au lieu de me répondre, Laurent me regarda tranquillement et me demanda : « As-tu pensé que tu seras probablement ministre ? »

Je restai muette. Seigneur ! Ma Marie-Louise !

Une chose était sûre : je ne serais pas au chômage. Ce qui était une bonne chose. Je ne croyais pas un instant que je serais ministre. Qu'est-ce que René Lévesque pourrait bien faire de quelqu'un comme moi, qui n'avais aucune autre expérience que celle de poser des questions ? Et puis il y avait tellement de gens qualifiés dans ce parti-là. Et, cette fois, il y avait tellement d'élus que Lévesque aurait l'embarras du choix.

Et puis j'espérais que je pourrais quand même aller en Chine… J'y tenais.

Cahier photo

Laurent n'est jamais loin de moi. Il est mon ange gardien.

Appelez-moi Lise, c'est d'abord l'histoire d'une équipe, liée par une amitié très forte qui perdurera bien après la fin de l'émission. (**De g. à d.** : Jacques Fauteux, Richard Ring, François Cousineau.)

Ginette Reno a peut-être parfois des états d'âme, mais c'est une fameuse raconteuse d'histoires.

Chacun des invités se montrait sous son meilleur jour. C'était aussi le cas de Joël Denis.

Gilles Latulippe a toujours été l'un des invités préférés du public et l'un des plus généreux en entrevue.

Avec Jacques Fauteux, mon ami Sergio Leone.

Jacques Brel était déjà malade. Une heure passée avec lui… comme pour la lecture du testament.

Je ne me souviens pas de toutes les confidences qu'on m'a faites durant mes entrevues, mais j'ai conservé des photos dans mon album personnel. Des visages qui disent le désarroi, le bonheur, l'insouciance et l'inquiétude, ces sentiments qui font que les vedettes sont des êtres comme tous les autres... C'est auprès d'eux que j'ai appris que les plus grands sont les plus simples. Toujours.

De haut en bas, de gauche à droite : Juliette Gréco, Lino Ventura, Georges Brassens, Jean Seberg, Marcello Mastroianni, Johnny Hallyday, Catherine Deneuve, Josephine Baker, Serge Gainsbourg, Henri Salvador, Mireille Darc et Philippe Noiret.

1 – Juliette Gréco avait demandé un petit coussin pour calmer son angoisse.

2 – Lino Ventura, secret et généreux.

3 – Georges Brassens, la vedette la plus patiente.

Nous dansons pour marquer la fin d'*Altitude 755*, notre émission concurrente à Télé-Métropole. Un coup de chapeau à Réal Giguère, qui en était l'animateur avec Dominique Michel.

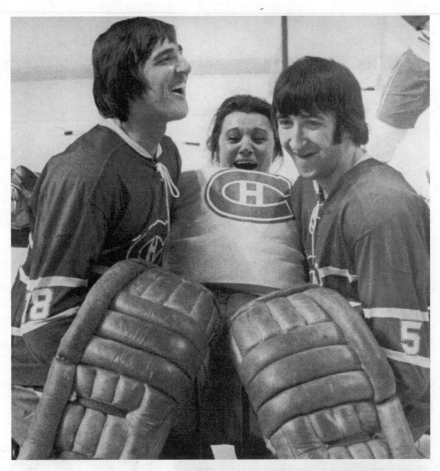

Le tournage de mon match avec le Canadien va durer plus de deux heures ; c'est tout un contrat, surtout entre les mains de Serge Savard et Guy Lapointe. Lorsque Jacques Lemaire, Serge Savard et Réjean Houle prennent position devant mon but, je me dis : « Fais ta prière, Lise ; le moment de vérité est arrivé. »

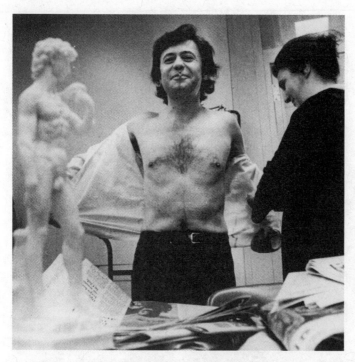

Le concours du plus bel homme du Canada était repris dans plusieurs entreprises du Québec. À *La Presse*, le caricaturiste Girerd a été couronné mais aussi invité, avant de recevoir son trophée, à «montrer le matériel».

À gauche : Gilles Latulippe avait pris la place de Pierre Lalonde. En principe, je n'aurais pas dû le savoir. J'ai joué la surprise et le refus du baiser accordé au gagnant.

À droite : Un habitué du concours, Pierre Nadeau, en compagnie de Geneviève Bujold.

Le plus réticent des plus beaux a certainement été le regretté Léo Ilial (ici en compagnie de Diane Dufresne), qui avait résisté de toutes ses forces à l'honneur qui lui était fait, et jusqu'à la dernière minute.

À gauche : Jean Drapeau a tenu parole : je serai donc « maire » de Montréal pendant une journée. D'ailleurs, j'aime assez le confort de son bureau.

À droite : Le maire Drapeau avait un garde du corps pas comme les autres…

Allons, un peu de sérieux, messieurs les conseillers ! Je songe à abolir les élections municipales à Montréal… Ainsi, nous pourrons faire tout ce que nous voudrons en paix. Est-ce que j'ai votre accord ? (**De g. à d :** Lawrence Hannigan et Yvon Lamarre.)

On ne peut pas dire qu'il y ait beaucoup de femmes au comité exécutif. Il faudra y voir…

Nous avons obtenu l'autorisation de lancer une loterie pour payer tous les frais de l'événement. Ce sera « la Québécoise ».

Je me transforme en vendeuse de billets de loterie. Mes premiers clients : Marcel Pépin, de la CSN, et Jean Drapeau. Même le premier ministre Robert Bourassa ne s'est pas fait tirer l'oreille.

La fête nationale de 1975 s'organise. (**De g. à d.:** Laurent Bourguignon, Marcel Couture et Jean LeDerff.)

Ma roulotte sur le mont Royal, surchauffée le jour, glacée la nuit. Inoubliable.

La foule s'installe pour le grand spectacle d'ouverture de la fête nationale. Oui, c'est vrai, il y aura du monde…! Dans l'hélicoptère du service de la police, mon ami André De Luca me dit de cesser de m'inquiéter. La foule sera nombreuse «tant que durera le tam-tam». Il y aura un million quatre cent mille personnes sur le mont Royal cette année-là. Une fête fabuleuse.

Une œuvre d'art… réalisée lors de la fête nationale.

À gauche: En 1975, il y avait à Montréal un chef de police souriant (René Daigneault), car jamais les policiers n'avaient reçu autant de compliments que lors de la fête nationale.

À droite: Nous disposons de huit scènes sur le mont Royal, avec des spectacles le matin, l'après-midi et le soir. Il serait moins long de faire la liste des artistes qui n'y étaient pas que de nommer tous ceux qui y étaient, tant ils étaient nombreux. Louise Forestier figurait parmi eux, ainsi que Monsieur Pointu, assis derrière nous.

Jean Bissonnette, l'artisan de toutes les scènes et de tous les spectacles, en compagnie de Gilles Vigneault.

De haut en bas, de gauche à droite: René Simard, Yvon Deschamps, Monique Mercure, Pauline Julien, Juliette Pétrie et Rose Ouellette, Luce Guibault, La «p'tite Sylvestre», Denise Pelletier, Clémence, Jean-Pierre Ferland et Jacques-Charles Gilliot.

Ginette Reno, au spectacle de clôture. « Un peu plus haut, un peu plus loin »

Cet homme avait bravé la chaleur, la foule, la fatigue pour dire son amour du Québec. Je l'ai aimé tout de suite.

À l'automne 1975, le public me décerna le prix Olivier-Guimond, qui était remis à l'artiste le plus populaire. Un grand honneur. Le prix m'a été remis par Jean Duceppe, le gagnant de l'année précédente, lors de l'émission de Jacques Boulanger.

Lise Lib a pris la relève d'*Appelez-moi Lise*, en septembre 1975. L'émission se fait en public. L'orchestre est sous la direction de Cyril Beaulieu.

« À partir d'aujourd'hui, demain nous appartient. »

Le 15 novembre 1976, c'est l'euphorie. « Nous sommes peut-être quelque chose comme un grand peuple. » J'ai entendu quelqu'un tout près de moi dire : « On va casser la baraque ! » Qui était-ce ?

Laurent est juste là, derrière, veillant sur moi.

Entre mes amis Denise Filiatrault et Doris Lussier. Je me demande encore ce qui m'arrive. Je pensais joindre les rangs de l'opposition et nous voilà au pouvoir.

Troisième partie

Une vie engagée
1976-2000

Les sondages sont impuissants à déceler le feu de quelques-uns sous la cendre de tous et le moment où, sur un coup de vent, le feu se pro-pagera, allumant l'un des petits ou des grands incendies de l'Histoire.

Françoise Giroud

62

Le lendemain de la veille

Le lendemain du 15 novembre 1976, un grand élan d'espoir suivit l'élection du Parti québécois. Nous avions tous, bien ancré en nous, un immense désir de changement, et la victoire de ce jeune parti représentait pour nous l'émergence d'un leadership nouveau dans cette société qui rêvait de se tailler une place parmi les nations de la terre.

Une aventure extraordinaire commençait. J'allais participer aux discussions sur le destin de ce pays que j'aimais tant. Ma vie allait changer comme je n'aurais jamais pu l'imaginer. Il me faut bien admettre que j'étais entrée en politique comme on entre en religion, avec la même ferveur et le même idéalisme.

Le soir du 15 novembre, après avoir quitté le Centre Paul-Sauvé, j'étais revenue dans la circonscription de Dorion pour célébrer notre victoire avec les membres de mon organisation dans un petit restaurant italien de la rue Saint-Hubert. Il fallait faire baisser la tension que cette victoire avait provoquée. Alors que j'en étais encore à me pincer pour être sûre que je ne rêvais pas et que j'allais être députée, Jean Fournier, le responsable de l'organisation de ma campagne électorale, me soufflait à l'oreille que j'allais être ministre. Ce que je savais, c'est que je n'allais pas être députée de l'opposition comme je l'avais cru, mais plutôt membre d'un gouvernement majoritaire. Mais Jean insistait : Lévesque ne pourrait pas faire autrement que de me nommer à un poste important puisqu'il lui fallait des femmes au Conseil des ministres et il aurait donc besoin de moi. Je gardais les pieds sur terre et jurais de n'en avoir jamais demandé autant.

Le 16 novembre 1976, à huit heures du matin, j'étais dans le bureau du président des élections de ma circonscription, M. Dandavino, accompagnée de mon avocat. La veille, M. Dandavino n'avait pas voulu confirmer mon élection. Sur la scène du Centre Paul-Sauvé, devant des centaines de journalistes et face à cette foule extraordinairement enthousiaste, c'est à lui que j'avais pensé.

Il avait refusé de me déclarer officiellement élue alors que les chiffres obtenus par mon comité d'organisation ne laissaient planer aucun doute sur ma victoire. Le lendemain, il avait cessé d'être arrogant. Il était plutôt dans ses petits souliers. Il cherchait à minimiser son rôle et il se perdait dans de longues explications inutiles. Je finis par lui demander s'il avait l'intention de remplir les devoirs de sa tâche dans les plus brefs délais ou si je devais m'adresser ailleurs. L'avocat qui m'accompagnait prit le temps de lui expliquer dans quelle situation il était en train de se placer. Je fus déclarée élue sur-le-champ. Je savais bien qu'il aurait préféré une victoire libérale, mais, malheureusement pour lui, c'était une péquiste qui l'avait emporté.

Étais-je vraiment péquiste? C'est une question que j'allais me poser souvent dans les mois suivants. Je crois l'avoir été d'une manière très sincère à ce moment-là. J'avais retrouvé dans le programme du Parti québécois l'essentiel des convictions qui m'animaient lors de mon passage au Nouveau Parti démocratique. S'y ajoutait la démarche vers l'accession du Québec à son indépendance. Je trouvais le défi fascinant. Le formidable exercice de démocratie que représentait la plus petite réunion du Parti québécois me réjouissait. Je trouvais salutaire le brassage d'idées auquel nous étions sans cesse soumis.

Le 16 novembre 1976, il me restait aussi à vider le local d'élection et à rencontrer ceux et celles qui avaient travaillé si fort pendant des semaines dans cette circonscription de Dorion, qui est la plus petite du Québec mais aussi celle où l'on trouve le plus de maisons à trois étages et donc d'escaliers à monter. Mes jambes me le rappelaient parfois cruellement.

Je ne rêvais pas d'être ministre, mais je rêvais de ma vie à Québec. Je la voyais semblable à celle que je connaissais depuis des années à Montréal, c'est-à-dire bien remplie et accueillante. Quelques jours après l'élection, je suis allée louer un appartement dans la Vieille Capitale. Je l'ai choisi assez grand pour avoir le goût d'y inviter mes enfants et d'y recevoir mes amis à dîner comme je le faisais si souvent à Montréal. Je souhaitais une vie aussi normale que possible durant ces années que je passerais loin des miens. Déjà, je m'arrachais le cœur en quittant Laurent, qui, sans s'être jamais opposé à mes ambitions politiques, se demandait ce que j'allais bien pouvoir faire si loin. Une fois l'appartement trouvé, c'est vers mon ami Jean-Paul L'Allier que je me suis tournée. Il venait d'être battu dans la circonscription de Deux-Montagnes par Pierre de Bellefeuille. Il avait été l'un des premiers députés de l'équipe de Robert Bourassa à être déclaré défait à la télévision le soir de l'élection, même s'il jouissait d'une excellente réputation comme ministre des Affaires culturelles. Il ne comprenait pas encore très bien ce qui lui était arrivé et il n'avait pas la moindre idée de ce qu'il allait devenir dans l'immédiat.

— Il y en a qui disent que je vais devenir ministre, lui dis-je.

— C'est probable, a-t-il répondu. Si c'est le cas, tu seras ministre des Affaires culturelles.

— D'accord. Mais ça fait quoi, un ministre?

Il se mit à rire de bon cœur. Puis il prit une heure à m'expliquer que j'avais beaucoup de chance. J'étais déjà connue et, quand j'arriverais aux bureaux du ministère, on ne me demanderait pas de m'identifier comme cela risquait d'être le cas pour plusieurs ministres nouvellement élus.

La défaite n'était pas facile à accepter pour L'Allier, qui avait été l'un des ministres les plus populaires du gouvernement Bourassa. Il vivait une remise en question profonde. Son avenir était incertain et, en l'écoutant, je me disais que ce rejet de la part des électeurs était cruel et disproportionné. J'avais eu la même réaction devant la défaite de Robert Bourassa le soir de l'élection. Je me jurais bien de ne pas oublier la leçon à tirer de cette déconfiture et de me rappeler qu'en politique il fallait savoir accepter la défaite comme la victoire avec grâce et humilité. Je n'avais peut-être pas encore cet «instinct de tueur» qu'il fallait, paraît-il, posséder en politique. Je m'apitoyais sur le sort de nos adversaires, ce qui est bien la dernière chose à faire quand on veut être au pouvoir et surtout s'y maintenir longtemps. Je devais découvrir assez rapidement que la durée du séjour au pouvoir est toujours la préoccupation numéro un de tous les partis politiques.

L'Allier avait conclu en me recommandant de ne pas m'inquiéter. Le moment venu, je saurais parfaitement ce que j'avais à faire.

Il n'y avait eu qu'une seule rencontre de tous les députés élus, peu de temps après l'élection. Histoire de se congratuler et de se raconter tous les bons coups que nous avions réussis pendant la campagne électorale. René Lévesque avait pris la parole pour rappeler à tous que notre premier devoir serait de représenter les électeurs de nos circonscriptions respectives et que notre plus beau rôle serait toujours celui de député. Ce matin-là, certains avaient chuchoté que c'était sa façon à lui d'adoucir la déception de ceux et celles qui ne seraient pas nommés ministres.

Pendant cette rencontre, j'avais pu observer à loisir les visages radieux qui m'entouraient, des figures que je connaissais pour avoir interviewé souvent ces gens à *Appelez-moi Lise* ou ailleurs, ou pour les avoir croisés dans leurs circonscriptions pendant la campagne électorale. L'ambiance était à la fête. Devant ses troupes, René Lévesque affirma que certains seraient appelés à servir au Conseil des ministres et qu'il ferait connaître son choix en temps et lieu. Je l'entendis encore prévenir tout le monde que c'était « du tue-monde, ces jobs-là », et qu'il voulait que nous en soyons tous conscients.

Six ou sept jours plus tard, le téléphone avait sonné en pleine nuit. Une mère de famille redoute toujours les appels téléphoniques nocturnes. Je m'étais tirée de mon sommeil afin de répondre comme je l'aurais fait en plein jour.

— Oui, allô…

— Désolé d'appeler si tard.

C'était la voix de René Lévesque. Je l'aurais reconnue entre mille. J'étais surprise qu'il m'appelle à cette heure-là et j'imaginais qu'il avait pu se passer quelque chose de grave. N'était-ce pas là la seule raison valable de réveiller des honnêtes gens en pleine nuit ?

— Êtes-vous prête à travailler très fort ? me demanda-t-il.

— Oui, bien sûr, lui répondis-je sans hésitation.

— Très bien. Alors, rendez-vous à l'Hôtel Hilton, à Québec, demain après-midi à trois heures. Ne parlez de ça à personne.

Je n'ai pu dormir du reste de la nuit.

• • •

Nous étions une bonne douzaine au bar du Hilton. Certains étaient accompagnés de leur épouse. Ce qui me surprit le plus en arrivant, c'est que les députés présents n'étaient pas regroupés. Chacun occupait une table différente. On saluait les nouveaux arrivants, mais sans les inviter à partager ni sa table ni le verre de l'amitié. C'était comme si nous faisions tous semblant de nous trouver par hasard au bar du Hilton à trois heures de l'après-midi. La consigne de confidentialité que Lévesque avait donnée était respectée à la lettre. J'ai vu défiler ainsi quelques poids lourds et quelques poids légers, certains gros bonnets du parti mais aussi quelques nouveaux qui étaient auparavant des inconnus. Les visages paraissaient tendus. Chaque fois que l'un de nous était appelé à aller rejoindre Lévesque dans une suite à l'étage, je me demandais si c'était un ministre qui redescendait après la rencontre. Mais aucun, à sa sortie, ne s'arrêtait au bar pour nous raconter ce qui s'était passé. La loi du silence était parfaitement respectée.

Quand mon tour arriva, c'est un René Lévesque fatigué que j'ai trouvé. Il avait le teint gris, et les poches sous ses yeux avaient doublé de volume. Je présumai que l'exercice auquel il venait de se livrer, enfermé pendant plusieurs jours avec ses plus proches conseillers, n'avait pas été de tout repos. Comment choisir vingt-six ministres sans se mettre à dos tous ceux qui ne seraient pas du lot? La victoire s'était révélée si importante qu'il y avait un très grand nombre de députés. À l'évidence, il ne pourrait satisfaire tout le monde. Il me tendit une feuille sur laquelle il avait griffonné des noms et, à côté, le ministère qu'il destinait à cette personne. J'y jetai un coup d'œil rapide. Je ne savais pas ce qu'il attendait de moi. Mon opinion, peut-être? Que je lui dise que certains choix me paraissaient plus faibles que d'autres? C'est ce que je fis.

Je n'avais pas vu mon nom sur sa liste. Quand il me l'a montrée de nouveau en me demandant si j'étais d'accord avec son choix quant au ministère qu'il me destinait, je fus surprise. J'avais pensé qu'il cherchait plutôt un moyen de me dire que ce ne serait pas pour cette fois-ci, mais que plus tard peut-être… J'en étais là dans mes réflexions lorsqu'il m'a redemandé:

— Êtes-vous prête à travailler fort?

J'eus envie de lui dire que j'avais l'habitude de travailler fort, qu'on n'animait pas une émission quotidienne de télévision en gardant les bras croisés.

— Oui, je suis prête à travailler aussi fort que ce sera nécessaire.

— J'ai pensé à vous pour le ministère des Consommateurs, Coopératives et Institutions financières. Est-ce que ça vous convient ?

J'ouvris la bouche, mais aucun son n'en sortit. J'étais chavirée. J'avais envie de lui dire que c'était impossible parce que mon cœur et ma nature me portaient davantage vers les affaires culturelles, que c'était là que je me serais sentie à l'aise. Si je n'avais aucune expérience comme ministre, j'avais au moins certaines connaissances des questions culturelles. Mais je n'osai pas le contrarier. Je ne savais pas encore qu'une nomination pouvait se négocier. Je ne l'apprendrais que beaucoup plus tard. Moi, j'étais le soldat et Lévesque, le général. « Ne sortez jamais du rang ! », m'avait crié un garde du corps le soir du 15 novembre au Centre Paul-Sauvé. Le message n'était pas tombé dans l'oreille d'une sourde. J'irais où on me dirait d'aller et je ferais ce qu'on me dirait de faire. C'est ainsi que je suis devenue ministre des Consommateurs, Coopératives et Institutions financières. Sans avoir conscience de la mission de ce ministère à trois chapeaux, le MCCIF, comme on le nommait à Québec.

Je ne me suis pas arrêtée au bar en sortant de ma rencontre avec Lévesque. Ils étaient encore quelques-uns à attendre d'être convoqués. Le secret qu'on venait de me confier ne franchirait pas mes lèvres même sous la torture… C'est donc à Laurent, qui m'avait attendue patiemment, que j'ai demandé, dès que nous fûmes seuls dans la voiture :

— Sais-tu ce que c'est que le ministère des Consommateurs, Coopératives et Institutions financières ?

Il m'a dévisagée pendant un moment, puis il a répondu :

— Ce que je sais, c'est que c'était le ministère de Lise Bacon…

Je suis tombée de haut. Le lien m'avait échappé. Pourquoi Lévesque m'avait-il fait ça ? Pourquoi n'y avais-je pas pensé quand j'étais en face de lui ? J'aurais certainement refusé sa proposition si j'avais pris conscience tout de suite qu'il me proposait de remplacer la seule femme du gouvernement précédent. J'étais déçue. Lise Bacon avait été un personnage politique important. Elle avait occupé plusieurs postes avec compétence.

Je trouvais que Lévesque avait manqué d'imagination. Remplacer une femme par une autre femme, ce n'était pas très novateur. Comme s'il considérait que les femmes n'étaient bonnes que pour le MCCIF ! Moi qui rêvais de changer le monde, voilà où je me retrouvais…

Une fois la colère passée, je me mis à réfléchir. Quels dossiers Lise Bacon pilotait-elle avant la défaite du gouvernement libéral ?

Fallait-il rire ou pleurer ? Si je me souvenais bien, elle était chargée de deux législations importantes avant la campagne électorale : la réforme de l'assurance automobile et la Loi sur la protection des consommateurs. Je savais que la réforme de l'assurance automobile constituait l'un des engagements majeurs du gouvernement Lévesque. Je savais aussi que ce gouvernement avait bien l'intention de tenir ses promesses. Je choisis donc de rire. Je me dis que René Lévesque n'avait pas réalisé ce qu'il me confiait en me destinant ce ministère et que, s'il s'en était rendu compte, il ne m'aurait pas envoyée « sur la patinoire » aussi rapidement. Il m'aurait nommée aux Affaires culturelles, où je me serais sentie comme un poisson dans l'eau.

Jean-Paul L'Allier apprit en même temps que tout le monde l'échec de sa prédiction. Il avait pourtant fleuri le hall d'entrée des bureaux du ministère en prévision de mon arrivée. Délicate attention, que dut apprécier Louis O'Neil, le nouveau titulaire du ministère. Il n'aura pas manqué de penser que tout ce cérémonial avait été prévu pour lui.

Moi, je me répétais pour la centième fois que je n'avais pas le choix. J'avais promis de travailler fort et j'étais disposée à le faire.

Cependant, si j'avais su ce que me réservait l'avenir, j'aurais peut-être rué dans les brancards. L'assurance automobile ? Tout ce que j'en savais, c'est que cela coûtait trop cher. Tout le monde le disait.

La présentation du Conseil des ministres eut lieu le 26 novembre 1976, par un après-midi gris et maussade. Quand je regardais tous ces messieurs cravatés assis autour de moi, je me sentais bien seule. J'éprouvais une sorte de vertige. Pas le vertige du pouvoir, mais celui de porter sur les épaules, toute seule, la parole des femmes, leurs rêves et leurs besoins si grands. En mon for intérieur, je faisais appel à ma Marie-Louise, ma grand-mère, et à Cécile, ma mère, en leur demandant de venir m'aider. Je pensais beaucoup à Cécile depuis mon élection. Elle aurait été si fière de me voir arriver là. Cette femme qui avait passé une partie de sa vie à genoux à nettoyer les maisons des autres, je l'imaginais heureuse. Quand je pensais aux féministes du Québec, je rigolais intérieurement. J'avais envie de leur crier : « Ça y est, les filles, on a enfin entrouvert la porte ! »

Il me fallait maintenant constituer un cabinet solide. J'avais l'habitude de m'entourer de gens très qualifiés. Je voulais un cabinet bien équilibré, c'est-à-dire comportant autant de femmes que d'hommes. Je désirais surtout être entourée de personnes à la fois loyales et indépendantes. Je savais déjà, pour en avoir entendu parler, que les cabinets faibles finissaient par être pratiquement mis en tutelle par le personnel du bureau du premier ministre. Je voulais m'assurer qu'au MCCIF nous résisterions à toutes les tentatives de mainmise. J'avais toujours aimé être mise au défi par mon entourage. Cela avait toujours constitué pour moi la garantie la plus sûre de ne jamais me prendre pour une autre.

J'avais fait la connaissance de Jacques Desmarais dans un studio de Radio-Québec alors que j'animais l'émission *Mêlez-vous de vos affaires*. J'avais été impressionnée par la force de son analyse de la situation sociale du Québec et par sa capacité de défendre des points de vue qui n'étaient pas largement partagés. Je savais qu'il avait une formation en droit, ce qui me manquait. J'ai demandé conseil à mon ami Robert Burns, qui venait d'assumer la fonction de leader parlementaire et qui connaissait bien le milieu syndical, où Desmarais œuvrait. Mon candidat jouait un rôle important à la Confédération des syndicats nationaux (CSN) et je craignais que René Lévesque ne trouve que j'allais un peu loin. Burns me confirma que c'était un bon choix et que je n'aurais pas à le regretter.

Quand j'ai rencontré Jacques Desmarais à Québec pour lui proposer d'être mon chef de cabinet, il n'a pas hésité un seul instant. Le bureau du premier ministre avait donné verbalement des instructions aux ministres; nous pouvions engager notre propre personnel politique: un chef de cabinet et quatre autres personnes. Au bureau du premier ministre, on affirmait ne plus vouloir de ces cabinets de huit à dix personnes comme en avaient eu les libéraux avant nous. L'échelle des salaires avait aussi été révisée à la baisse et le salaire que je pouvais offrir à Desmarais me rendait mal à l'aise. Quand je lui révélai avec gêne le montant maximal que je pouvais payer à mon chef de cabinet, il se mit à rire.

— Si vous saviez ce que je gagne à la CSN! s'exclama-t-il.

Ce que je lui offrais lui convenait donc. J'engageai rapidement les quatre autres personnes qui allaient composer mon entourage politique durant les quatre années à venir. Jean Fournier avait été mon bras droit lors des fêtes de la Saint-Jean sur le mont Royal en 1975, puis l'organisateur en chef de ma campagne électorale. Il était naturel que je veuille le garder près de moi au moment où j'allais entreprendre la tâche la plus difficile de ma vie. C'était un organisateur-né, une véritable bête politique au meilleur sens du terme. Il venait de l'Alliance des professeurs de Montréal et je savais qu'après ce que nous avions réussi ensemble sur le mont Royal je pourrais toujours compter sur lui.

Nicole Beauchemin avait été mon attachée de presse pendant la campagne électorale. J'avais appris à connaître et à apprécier cette belle jeune femme saine et intelligente qui possédait un sens de l'humour à toute épreuve. Je n'ai jamais eu à regretter ce choix car, dans les moments difficiles, Nicole avait le don de remettre tout le monde de bonne humeur. C'était un talent précieux dans une équipe qui s'en allait affronter la tempête.

Je suis ensuite allée ravir Nicole Messier à la salle des nouvelles de Radio-Canada, où elle agissait comme chef de pupitre. Ferrée en informations, elle serait la mémoire de l'équipe. Sa brillante imagination serait mise à profit dans tous les dossiers. Ce que j'ignorais, c'est qu'elle serait aussi la gardienne de mon équilibre pendant ces années politiques. Elle a veillé sur moi et sur ma santé bien au-delà du devoir de sa charge.

Michel Marchand dirigerait mon bureau de circonscription tout en veillant à nos bonnes relations avec l'exécutif du Parti québécois de la circonscription et les électeurs de Dorion. Tâche compliquée s'il en fut, puisque, dans toutes les circonscriptions du Québec, le Parti québécois avait tendance à se prendre pour le gouvernement. Marchand était secondé par Huguette Lachapelle, qui ne savait pas encore qu'elle serait un jour, à son tour, députée de Dorion. Huguette allait s'investir totalement au service des gens de cette circonscription dont elle était originaire. Si j'étais leur mère adoptive, Huguette était leur mère naturelle.

J'étais assez fière de mon équipe. Et je ne pus m'empêcher de rigoler lorsque j'appris qu'au bureau du premier ministre on s'était inquiété quand on avait su que j'avais engagé quelqu'un provenant de la CSN comme chef de cabinet. La rumeur avait couru qu'il s'agissait de Marcel Pépin lui-même, son ancien président, et tout l'appareil politique avait frémi.

Le jour de leur entrée au ministère, les membres de mon cabinet avaient choisi d'arriver tous ensemble. Une fois dans l'ascenseur, ils ont fait des blagues du genre : «Tassez-vous, les fonctionnaires! On arrive et on n'achètera pas vos salades!» Ils en profitèrent pour dire tout le mal qu'ils pensaient de cette grosse machine qui s'appelle la fonction publique et qui est si difficile à faire bouger. Quel ne fut pas leur étonnement, en arrivant à l'étage, de constater que l'inconnu qui était monté avec eux était le sous-ministre en titre! La leçon serait retenue pour toujours. Il vaut mieux ne rien dire d'important dans un lieu public; si ce n'est pas le sous-ministre lui-même qui est là, c'est peut-être sa belle-sœur ou sa nièce.

On m'avait aussi assigné un chauffeur. Ma première rencontre avec lui s'était révélée assez étonnante. Michel Therrien avait maugréé dès les premières minutes. Il avait tenu à me préciser que sa présence à mes côtés n'était peut-être pas définitive et qu'il se donnait le temps de voir comment les choses allaient se passer. J'y comprenais qu'il n'avait peut-être pas très envie d'être le chauffeur d'une femme ministre et qu'il considérait que ses supérieurs lui avaient joué un mauvais tour en le nommant à ce poste. Nous partagions le quotidien sans savoir si nous serions encore ensemble le lendemain, comme un couple qui a trop d'expérience pour se faire confiance plus de vingt-quatre heures à la fois.

Il n'y a pas que mon chauffeur qui acceptait difficilement d'avoir une femme comme patronne. Ma toute première rencontre officielle avec mon sous-ministre allait confirmer que les femmes n'étaient pas encore les bienvenues en politique. Le sont-elles davantage maintenant? Je ne le crois pas vraiment, mais nous verrons cela plus loin.

Ce sous-ministre était un haut fonctionnaire de carrière. On m'a dit de lui par la suite qu'il avait «le nombril rouge», c'est-à-dire qu'il était libéral de naissance. Je l'ai laissé parler. Il a

d'abord avoué qu'il n'avait pas l'intention de me cacher sa déception devant ma nomination. J'étais, disait-il, sa «deuxième
femme ministre», laissant entendre que deux femmes ministres
de suite, c'était trop pour un seul homme. Il continua en insistant lourdement sur l'espoir qu'il avait eu de voir Bernard Landry
nommé à ce ministère et sur la grande déception du personnel.
Il me confia aussi qu'au ministère on avait déjà écrit sept ou huit
projets de loi sur l'assurance automobile et qu'on n'avait pas
l'intention d'en écrire un nouveau. L'entretien n'a duré que
vingt minutes.

Je ne l'ai jamais revu. Autant j'étais prête à «conquérir» mon
chauffeur, à faire le nécessaire pour qu'il se sente respecté et
choyé, autant je n'avais aucune envie de gagner le cœur de mon
sous-ministre. Il avait eu le tort de chercher à m'intimider. Il me
fallait quelqu'un sur qui je puisse compter, quelqu'un qui tirerait
l'immense machine de la fonction publique dans le même sens
que celui du gouvernement dont je faisais partie. J'avais compris
que le premier ministre souhaitait une réforme de l'assurance
automobile le plus rapidement possible. Je ne saurai jamais s'il
avait réalisé dans quelle arène il m'avait jetée. Je n'allais pas laisser un sous-ministre me mettre des bâtons dans les roues. Il
constituait à lui tout seul une catastrophe appréhendée. J'avais
demandé qu'on me désigne un nouveau sous-ministre. On
nomma Gérard Barbin, qui avait été sous-ministre aux Affaires
culturelles. Il venait du domaine coopératif. C'était un homme
affable et ouvert d'esprit, avec qui il était agréable de travailler.

J'étais entrée en politique avec deux objectifs principaux:
améliorer la condition de vie des femmes et aider à réaliser la
souveraineté du Québec. Je suis parvenue à me convaincre
qu'avec l'assurance automobile je pouvais faire avancer les deux
causes si j'accomplissais un bon travail.

Je n'avais pas vraiment le choix. Je serais jugée sur ma performance et il était déjà évident que personne ne me ferait de

cadeau. Si je réussissais à mener à terme mon principal dossier, cela servirait à ouvrir la porte à d'autres femmes en politique, d'autres femmes à qui la population ferait davantage confiance par la suite et qui pourraient se faire élire plus facilement. Quant à la souveraineté du Québec, puisque la décision était prise d'être d'abord «un bon gouvernement» pour créer «des conditions gagnantes» même si le slogan n'avait pas encore été inventé, l'intention était la même. Un bon gouvernement se devait de faire le ménage dans l'assurance automobile.

63

Un chausson avec ça ?

Le Conseil des ministres siégeait le mercredi, durant toute la journée au début, dans une salle qui ressemblait à une soucoupe volante. Pendant des années, chaque semaine, je me suis demandé quel imbécile avait pu construire un lieu pareil, fermé comme une huître, imperméable à toute vie extérieure, et où il était impossible de savoir si c'était le jour ou la nuit, l'été ou l'hiver, car la lumière n'y entrait jamais.

Le « bunker », ainsi qu'on l'appelait, était devenu, avec le temps, le lieu d'isolement privilégié des politiciens québécois. Une fois qu'ils se trouvaient enfermés dans cette salle entièrement couverte de tapis, plus rien n'avait la même importance ni la même urgence. La pression n'existait plus, les manifestations n'existaient plus, le peuple lui-même n'existait plus. C'était là que les ministres pouvaient travailler en toute quiétude pour le bien de la société sans que la vie extérieure puisse les atteindre. Du moins, c'est ce qu'ils croyaient. Ce n'est pas pour rien que René Lévesque a senti le besoin de nous obliger à reprendre « le bâton du pèlerin » à plusieurs reprises. Il nous trouvait déconnectés de la réalité. Le « bunker » de Québec est une usine où se fabriquent des langues de bois.

Au ministère, nous avions prévu que je partirais en tournée régionale immédiatement après le dépôt, à l'Assemblée nationale, d'un document que nous allions appeler « le livre bleu ». Nous voulions mettre sur pied une commission parlementaire itinérante qui permettrait à l'opposition d'entendre en même temps que nous les doléances de la population. Ce document contiendrait les propositions gouvernementales en vue d'une réforme en profondeur de l'assurance automobile. Encore fallait-il les définir. Il faudrait des mois de travail avant que les choix ne soient arrêtés. Ma mission, à la tête de cette commission itinérante, serait d'écouter des groupes et des personnes qui avaient quelque chose à dire sur l'assurance automobile. Je devrais posséder parfaitement ma matière pour pouvoir l'expliquer chaque fois que ce serait nécessaire.

Je n'avais jamais lu un contrat d'assurance automobile en entier, c'est-à-dire incluant tout ce qui était rédigé en tout petits caractères. Je le confesse. Je savais que je n'étais pas la seule personne au Québec dans cette situation. Il y avait longtemps que les citoyens s'en étaient remis aux courtiers, qui leur confirmaient en quelques mots qu'ils étaient « couverts mur à mur, des deux bords » et qu'ils pouvaient dormir tranquilles. Je n'avais pas la moindre idée des horreurs que j'entendrais au cours de la tournée et que j'entends parfois encore aujourd'hui, alors que la Société de l'assurance automobile a maintenant vingt ans[1] d'existence.

À l'époque, aucun journaliste francophone n'était spécialisé dans l'assurance automobile. Cela créait une difficulté. Les journalistes se rabattirent sur les analyses propagées par les groupes de pression, sans bien connaître les intérêts en jeu ni comprendre les changements proposés. L'enfer, quoi !

Nous progressions quand même dans nos choix. Nous avions réalisé très tôt que la tentative de couverture du bien matériel, « la tôle », comme nous l'appelions entre nous, tenait de la folie furieuse. Nous connaissions tous quelqu'un qui, après un accident,

---

1. Note de l'éditeur : toutes les références temporelles se rapportent à la date de parution de la première édition (*Des femmes d'honneur – Une vie engagée*, Libre Expression, 1999).

au lieu de faire réparer sa voiture avec l'indemnité versée par l'assureur, avait préféré mettre l'argent dans sa poche. Nous connaissions aussi des gens qui, une fois la responsabilité de l'autre établie, n'avaient jamais été indemnisés. Souvent, le responsable n'était pas assuré ou se révélait non solvable. Nous avions vu aussi des demandes abusives; par exemple, certains exigeaient une peinture complète alors que seulement l'aile de droite avait été égratignée dans un accident. Nous soupçonnions que si nous instaurions un régime où ce serait le gouvernement qui payerait, les demandes d'indemnisation risquaient d'être déraisonnables pour cette précieuse « tôle ». Il fallait donc revenir au point de départ et se demander ce qui était le plus important pour les citoyens : la vie ou la « tôle » ?

La réponse s'imposait d'elle-même. Même si, encore aujourd'hui, certaines personnes pensent que nous aurions dû étatiser aussi la « tôle ». Je me mis donc à l'étude du dossier de l'assurance automobile, y consacrant tout mon temps. Mon cabinet me proposa alors une immersion totale, pendant un long week-end dans les Laurentides. Je ne pouvais y échapper. Quand je revins, j'étais incollable sur la question. Même les meilleurs fonctionnaires du ministère, spécialisés dans le domaine, étaient étonnés. Pendant la tournée, c'est à moi et non à eux que les questions seraient adressées et, chaque fois, je pourrais répondre sans les consulter. Les membres de mon cabinet étaient fiers de moi et leur soutien m'était précieux. De toute façon, je préférais la tournée, même si je devais faire face à des groupes agressifs et de mauvaise foi, au travail à l'Assemblée nationale. J'y avais eu souvent l'impression désagréable de me trouver dans une garderie un jour de tempête de neige. La mauvaise foi y était quotidienne et le degré d'aliénation, très élevé certains jours.

J'avais le droit de le penser, mais je n'aurais pas dû le dire. Ma sortie à ce sujet au cours d'une entrevue avec un journaliste du *Soleil* de Québec, Louis Larochelle, allait me coûter très cher.

L'opposition n'a pas manqué de me remettre sous le nez les déclarations que j'avais faites au journaliste. On s'attendait à ce que je prétende avoir été mal citée, car c'était là un moyen courant de défense en de telles circonstances. Accuser le journaliste d'avoir déformé mes propos et ma pensée aurait été acceptable. Larochelle était assis dans la galerie de la presse et attendait son exécution. Quand la question me fut posée, à savoir si je reconnaissais avoir dit au sujet de l'Assemblée nationale ce qui était rapporté par le journal, je tournai la tête pour bien voir Larochelle et je répondis que ce qui était rapporté par le journal était exact. Je vis alors un grand sourire sur le visage du journaliste et je sus à ce moment-là que je m'étais fait un ami pour la vie.

Comme j'avais osé critiquer la « noble institution », le « salon de la race », la « noble enceinte », comme on l'appelait souvent, je devrais en payer le prix pendant plusieurs années. J'étais condamnée à être présente durant plus d'heures que le nombre normalement requis. L'opposition s'était donné comme mission de me surveiller, ce qu'elle fit pendant quatre ans et demi. Toutes ces heures où j'aurais pu être si utile ailleurs, j'ai dû les passer à l'Assemblée nationale, qui était devenue une véritable prison. Je détestais le jeu des questions et réponses, où, loin de vouloir s'informer, l'opposition ne cherchait qu'à lancer des pelures de banane à ses « amis d'en face ». J'exécrais l'indignation factice qui se donnait en spectacle pendant une heure chaque jour. Je détestais surtout perdre ainsi mon temps. Je me souviens même d'avoir proposé, en riant à peine, au Conseil des ministres, qui s'apprêtait à autoriser la télédiffusion des débats, d'engager un bon réalisateur et peut-être même des danseuses pour l'ouverture... Certains de mes collègues n'ont probablement pas toujours apprécié mon sens de l'humour.

Quand il m'arrive – rarement maintenant, je dois l'admettre – de regarder la période des questions à la télévision, je demeure toujours aussi convaincue qu'il s'agit là d'un des spectacles les plus indécents à être présentés à la télévision québécoise. Notre seule consolation, c'est que la chose est souvent pire à Ottawa. Sur cette question, les deux parlements sont sur un pied d'égalité. Le mauvais goût n'a pas de frontières.

Quelques semaines après ma nomination au MCCIF, Lévesque m'avait demandé de diriger en plus le Conseil du statut de la femme. Tous les autres conseils et organismes gouvernementaux avaient déjà été attribués quand on s'était rendu compte, à son bureau, qu'on avait oublié le Conseil du statut de la femme, dont aucun ministre n'était donc responsable. Quand le premier ministre m'a proposé de m'en charger, quelques minutes avant que ne débute une réunion du Conseil des ministres, je l'ai forcé à s'arrêter deux minutes, ce qui était déjà un tour de force. En le regardant droit dans les yeux, je lui ai demandé :

— Savez-vous bien ce que vous faites en faisant ça ?

La question que je n'avais pas osé lui poser au sujet du MCCIF avait surgi spontanément dans mon esprit. Il a répondu :

— Ben oui. C'est à vous de vous occuper de ça.

Je venais de me retrouver avec un quatrième chapeau. J'aurais souhaité que le premier ministre décrète officiellement que dorénavant je devais faire des journées de trente-six heures ou même de quarante. C'était ce dont j'aurais eu besoin pour assister à toutes les réunions du Comité du développement social, où Pierre Marois exerçait une surveillance constante sur le dossier de l'assurance automobile, ainsi qu'à celles du Comité du développement économique, où mon ministère avait un rôle important à jouer et où Bernard Landry avait tendance à me traiter de façon gentiment paternaliste.

Heureusement que ma « bande », c'est-à-dire mes collaborateurs immédiats, mes plus sûrs conseillers, pouvaient aller au front aussi souvent que c'était nécessaire.

Au Conseil des ministres, j'étais de ceux qui croyaient qu'il fallait faire un référendum immédiatement sur la question de la souveraineté. Nous n'étions qu'à quelques semaines de notre élection, la machine électorale du parti était encore toute chaude et la vague de fond qui nous avait portés au pouvoir était toujours présente.

La douche froide est venue rapidement. Non seulement il n'y aurait pas de référendum immédiatement, mais nous devions nous en tenir à notre mission de « bon gouvernement ». On nous recommandait fortement de ne pas céder à la tentation de penser à une question référendaire et d'en discuter entre nous, encore moins d'en formuler une et de l'écrire, car s'il avait fallu qu'elle tombe entre les mains d'un journaliste et qu'on pense qu'il s'agissait là de la « vraie question », nous serions tous dans l'embarras. La question viendrait « en temps et lieu », nous disait-on[2].

Je faisais des efforts inouïs pour être un bon soldat. J'apprenais la solidarité ministérielle, ce concept inventé essentiellement pour tenir les ministres en laisse et s'assurer que personne ne sortira jamais du rang. La dissidence n'avait pas sa place dans la soucoupe volante. Moi, je m'y sentais à l'étroit, mais je me consolais en me disant que la politique n'avait rien à voir avec mon ancien métier d'animatrice. Je n'étais pas là pour faire du spectacle. Je devais me plier aux règles du jeu même si cela s'avérait plus difficile pour moi que pour d'autres. Je savais que c'était là le prix à payer pour faire partie de cette assemblée d'hommes dont certains étaient remarquables mais d'autres, beaucoup moins. J'aurais bien voulu posséder un instrument capable de mesurer le degré de vanité de ces messieurs. Le résultat aurait été éloquent.

Je venais d'apprendre que mon voyage en Chine, que j'avais tellement désiré, n'aurait pas lieu parce que mon nouveau statut de ministre posait un problème aux organisateurs. On ne voulait pas placer le gouvernement chinois dans l'embarras et mon élection imposait à mes hôtes une visite plus protocolaire que

---

2.   Voir annexe 1.

celle qui était prévue. Le groupe dont je devais faire partie était composé de travailleurs et d'étudiants et j'eus beau dire que je m'y sentirais très à l'aise, on m'expliqua que je ne pouvais être du voyage. Comme j'avais déjà payé, on me demanda si l'argent versé pouvait servir à payer le voyage de quelqu'un d'autre qui n'en avait pas les moyens. J'ai accepté. Mais je n'ai jamais su qui a voyagé à ma place.

Mes journées étaient longues et fatigantes. Je rentrais dans mon bel appartement tard le soir, pour repartir aux aurores. Je n'avais même jamais le temps d'acheter du lait pour me préparer un café. Les armoires étaient désespérément vides et je n'allais jamais dans la cuisine ni dans le salon. Je posais ma serviette sur une table en entrant dans ma chambre, tombais dans mon lit, épuisée, et reprenais la serviette le lendemain matin. Après des semaines, je n'avais encore jamais invité personne chez moi, et je réalisai bientôt que c'était folie de penser vivre une vie normale avec la charge de travail qui était la mienne. Je pensais constamment à l'assurance automobile, je ne parlais que de cela, et j'en rêvais même la nuit.

Heureusement, nos choix se précisaient. Le dossier cheminait tant bien que mal au Conseil des ministres, où, à part quelques collègues avocats qui s'y intéressaient d'un peu plus près, le sujet ne suscitait pas beaucoup de passion. Du moins, pas encore. J'ignorais que je ne perdais rien pour attendre.

Par bonheur, l'affaire Larochelle m'avait appris qu'il ne fallait jamais succomber aux appels des sirènes[3] que sont les demandes des journalistes. En me taisant, j'étais davantage louangée par la presse. C'est une technique qu'on appelle maintenant la « technique Drapeau », du nom de celui qui en a fait un art : gouverner en se taisant.

---

3. Voir annexe 2.

64

Le fantôme de Duplessis

Les premiers mois, le Conseil des ministres siégeait parfois dix ou douze heures d'affilée. Il est même arrivé qu'on nous serve des sandwichs frais à midi et les restes des mêmes sandwichs biscornus en guise de souper. Je me souviens que c'est Denis Lazure qui a protesté le premier en disant que ce régime mettait notre santé en péril et que, si on voulait nous garder enfermés dans la soucoupe volante pendant douze heures, il fallait au moins nous nourrir convenablement. Nous avons été assez nombreux à lui donner raison pour que la décision s'impose d'elle-même. On se mit à nous servir des plats en sauce puisqu'il fallait parfois les garder chauds longtemps, mais personne n'osa protester de nouveau, de peur qu'on nous rapporte les sandwichs, sans doute.

Le travail y était effectué avec sérieux. On ne votait jamais sur rien, si bien que toutes les décisions émergeaient du consensus des membres présents. Chacun, dans son coin, préparait un morceau du programme législatif: Camille Laurin préparait la loi 101, Lévesque, la Loi sur le financement des partis politiques, et moi, la Loi sur l'assurance automobile. Chacun devenait conscient de l'importance de tels projets de loi. Chaque ministre voulait tellement bien faire qu'on passait parfois des heures sur quelques lignes de texte ou même sur des virgules. La fatigue aidant, il nous arrivait de rire d'un rien, essayant de nous détendre pour empêcher nos têtes d'éclater.

À d'autres moments, c'était Jean Garon, le ministre de l'Agriculture, qui faisait son numéro de paysan du Loiret. Il racontait avec force détails le problème des poulets «utilité» qui existait au Québec, ou encore l'état de la situation quant au purin de cochon qu'on trouvait dans nos rivières. Le numéro était si réussi que Lévesque se tapait sur les cuisses. Jean pouvait parler pendant deux heures sur un tel sujet sans que Lévesque intervienne. Garon était un Festival Juste pour rire à lui tout seul. Par contre, si Lucien Lessard demandait la parole, Lévesque lui disait: «Faites ça court, s'il vous plaît!» Ce qui faisait perdre tous ses moyens à ce pauvre Lucien. Certains ministres pouvaient parler longtemps, d'autres, non. Je ne sais pas si Lévesque s'est jamais rendu compte de l'irritation que provoquait cette forme d'injustice dans un milieu aussi fermé. Le patron avait ses chouchous. Il avait aussi un certain respect pour un nombre limité de ses ministres. Quant aux autres, il se montrait souvent dur et exigeant avec eux, sans explications.

Nous avions déjà une courte session de l'Assemblée nationale derrière nous. Il avait fallu siéger peu de temps après l'élection, pour adopter certaines lois administratives de toute urgence avant Noël. Mais la session qui commencerait après les fêtes comporterait des projets de loi de notre gouvernement et nous avions l'intention de démontrer à la population que nous avions bien travaillé. Le calendrier serait très chargé.

Nous savions que la loi 101, qui s'appelait encore la loi 1 à ce moment-là, occuperait l'avant-scène un bon moment. Le gouvernement avait fait son lit et chacun était prêt à affronter la tempête. J'avais eu l'occasion de verbaliser un malaise que je ressentais depuis quelque temps, non pas quant au contenu de la loi 1, mais quant à l'opportunité d'en faire la première loi de ce gouvernement. Cela s'était passé lors d'une réunion du Conseil des ministres. J'avais expliqué que j'étais entrée en politique «pour faire un pays indépendant et non pour faire une province française». J'avais l'impression que de faire de la Loi sur la langue la loi numéro 1 du gouvernement nuirait peut-être à cet objectif. Nous risquions d'éloigner de l'idée d'indépendance bon nombre de gens qui autrement nous auraient peut-être appuyés. Je devais me faire servir le même argument au sujet de l'assurance automobile par certains collègues un peu plus tard. C'était de bonne guerre.

Nous ne savions pas combien de temps serait nécessaire pour arriver à l'adoption en troisième lecture de la Loi sur la langue française, langue officielle du Québec, mais nous savions que l'opposition utiliserait tous les moyens à sa disposition pour en retarder l'adoption. Lévesque avait demandé à tout le monde d'annuler ses vacances et de se préparer à siéger tout l'été si cela s'avérait nécessaire.

Ce qui devait arriver arriva. La loi 101 fut adoptée le 26 août 1977, en pleine canicule, par une Assemblée nationale surchauffée dans tous les sens du terme, car, au lieu de climatiser, on avait remis le chauffage en marche, comme avait l'habitude de le faire Maurice Duplessis lui-même afin d'obtenir la fin des travaux plus rapidement. Nous étions tous à bout de forces. Nous avions tenu pendant des jours à des températures de près de trente degrés Celsius.

Au Conseil des ministres, j'avais parfois l'impression d'être poursuivie par mon passé. Un matin, Claude Charron nous fit part des solutions qu'il proposait à l'organisation de la fête nationale du 24 juin suivant. Je fus abasourdie de constater qu'il retombait dans les mêmes vieilles ornières que ses prédécesseurs et qu'il s'apprêtait à confirmer « l'étrange propriété » de l'événement à la Société Saint-Jean-Baptiste, alors que j'avais tellement souhaité que la fête n'appartienne à personne, à aucun groupe, mais plutôt au peuple québécois et qu'elle puisse être célébrée par tous les Québécois, quelles que soient leur langue et leur origine. C'était là le sens de toutes mes déclarations après la fête de 1975, dont j'avais assumé la présidence. Je considérais que la

Société Saint-Jean-Baptiste était un groupe de pression qui avait ses propres objectifs et que la fête nationale ne devait pas lui servir d'instrument de propagande. Serait-il venu à l'esprit de quelqu'un de remettre l'organisation de la fête nationale à la Chambre de commerce ou au Conseil du patronat, à la Brasserie Molson ou au Mouvement Desjardins? L'inquiétude que j'exprimai resta sans réponse.

L'expérience que j'avais vécue en 1975 ne servirait donc à rien. Je devais accepter que ce gouvernement dont je faisais partie perpétue une façon de faire qui ne convenait plus à ce que la fête nationale était devenue, c'est-à-dire la fête de tous les Québécois, anciens et nouveaux. J'avais voulu transformer le 24 juin afin d'en faire l'équivalent du 14 Juillet des Français ou du 4 Juillet des Américains, mais c'était raté. Et aujourd'hui, vingt-cinq ans plus tard, on peut difficilement prétendre avoir intégré anglophones et allophones au cœur de la fête sur un pied d'égalité avec les autres Québécois. Il n'y a que le mouton qui ne soit pas encore revenu.

Un autre jour, ce fut le cas de la statue de Maurice Duplessis qui atterrit au Conseil. À l'émission *Appelez-moi Lise*, nous avions fait rechercher la statue disparue et nous l'avions retrouvée au fond d'un entrepôt de la Sûreté du Québec. Cette statue avait disparu tout de suite après sa livraison. On pouvait comprendre que le gouvernement Bourassa ne voulait pas la voir exhibée. C'est André Rufiange, l'un de nos recherchistes, qui avait eu le tuyau. Nous nous étions rendus à l'entrepôt et nous avions filmé la statue pour la faire voir aux téléspectateurs le soir même. Les journaux avaient repris l'affaire par la suite, mais la statue n'était pas sortie de sa cachette. Quelle ne fut pas ma surprise de retrouver l'affaire de la statue au Conseil des ministres un bon matin! Qu'allions-nous en faire? Les avis étaient partagés. Certains souhaitaient la laisser à l'entrepôt. J'estimais plutôt qu'il ne servait à rien d'essayer de changer le passé, qu'il valait mieux lui faire face, le connaître pour éviter de commettre les mêmes erreurs. Cette statue, payée avec l'argent des contribuables, avait sa place près de l'édifice de l'Assemblée nationale. Lévesque en profita pour déclarer que je n'aurais jamais dû la retrouver et que le problème aurait été réglé. Finalement, la décision fut prise de donner sa place à Duplessis dans notre histoire, sur la Grande-Allée, à Québec, afin que tout le monde se souvienne de cette époque extrêmement importante pour le Québec et qui a poussé les gens de ma génération à une rébellion profonde qui est devenue par la suite la Révolution tranquille.

En dehors des réunions du Conseil des ministres, du Comité de développement économique et du Comité de développement social, j'étais plongée dans l'assurance automobile jusqu'aux oreilles. Quand je rentrais à la maison pour la fin de semaine ou pour une seule journée, comme c'était souvent le cas, j'étais complètement vidée. Je ne comprenais rien à ce que Laurent me racontait. Je n'avais pas envie de voir du monde et ma conversation se résumait à des détails sur l'assurance automobile.

Mon nouveau sous-ministre, Gérard Barbin, était bien en poste et nous faisions équipe pour produire un « livre bleu » consistant dans les meilleurs délais. Les décisions politiques cheminaient au Conseil des ministres, souvent dans l'indifférence générale. Le lobby des avocats intervenait de temps en temps auprès de mes collègues de la profession, mais cela ne durait jamais très longtemps. On se disait peut-être qu'il serait toujours temps d'intervenir plus tard.

Dès que le livre bleu eut été déposé à l'Assemblée nationale, l'attitude de tout le monde changea en même temps. Je sentis de l'hostilité autour de moi. Les discussions au Conseil des ministres devinrent plus inquiètes. On n'avait pas retenu les explications qui avaient été données au fur et à mesure que les choix politiques avaient été faits et on aurait voulu revenir en arrière. La peur s'installa. La peur de déplaire au public, de se faire des ennemis parmi les « clientèles » touchées par le projet de réforme, mais surtout la peur de déplaire à tout le monde à la fois. Le ton montait. Heureusement, je sentais l'appui de René Lévesque, un appui qui ne se démentit jamais. Peut-être reconnaissait-il là ce qu'il avait vécu lui-même lors de la nationalisation de l'électricité. À aucun moment, il ne m'a laissée tomber. J'étais constamment sur la défensive. Plusieurs collègues véhiculaient des objections que j'avais entendues de la bouche de tous les bâtonniers du Québec. Je me disais que si mes collègues avaient encore des doutes, eux qui avaient eu accès à toutes les études et aux statistiques déplorables du régime antérieur, qu'est-ce que ce serait en dehors de la soucoupe volante ? Il me faudrait du courage et de la patience pour affronter la tempête que j'entendais déjà se lever à l'extérieur des murs comme à l'intérieur.

Je ne me faisais plus d'illusions sur ce qui m'attendait. La tournée s'organisait et les groupes qui désiraient intervenir pour faire connaître leur opinion devant la commission itinérante étaient nombreux. J'en aurais pour plusieurs semaines, beau temps, mauvais temps. Mon rôle était d'écouter, d'interroger, d'expliquer aussi quand ce serait nécessaire. Partout où je passerais, je siégerais avec le député du Parti québécois de la région. L'opposition avait choisi de boycotter la commission. Tant pis pour eux.

Quand je me retrouvai enfin devant les gens, j'utilisai des exemples faciles à comprendre pour parler de l'ancien régime. Par exemple, cette histoire d'un chien qui était responsable des deux tiers d'un accident de la route et dont le maître avait été tenu responsable du tiers restant seulement. Comment collecter l'argent de l'indemnité de la part du chien ? Était-il assuré[4] ? Ou encore : contre qui devait-on intenter une poursuite quand une voiture frappait un orignal ou un chevreuil ? Même quand c'était

4. Voir annexe 3.

un humain qui était responsable, comment pouvait-on être sûr d'abord qu'il avait une assurance et ensuite que la compagnie d'assurances ne tenterait pas de conclure un arrangement à l'amiable pour une somme insignifiante ? Et quand cela faisait des mois, sinon des années, que la victime attendait et qu'elle était prête à accepter n'importe quel règlement plutôt que d'attendre une décision d'un tribunal ? Qui serait indemnisé ? J'avais rencontré des cas pathétiques, des gens en fauteuil roulant qui demandaient surtout si la loi allait être rétroactive, tellement leur situation était désespérée. Certains en étaient déjà à plusieurs procès sans avoir obtenu de résultat valable. D'autres attendaient depuis des années, dans des conditions de vie précaires, leur journée en cour, sans beaucoup d'espoir d'obtenir justice.

Le Barreau du Québec avait pris position contre la réforme de l'assurance automobile surtout parce qu'elle éliminait la notion de responsabilité, ce qui mettrait fin aux interminables poursuites devant les tribunaux. Certains avocats seraient privés de travail et de revenus substantiels sur lesquels ils avaient appris à compter.

La lutte serait féroce. Et le comportement de certains avocats, regrettable et du plus mauvais goût. La publicité dans certains journaux frisait le libelle[5] mais permettait en même temps d'estimer jusqu'où ces messieurs étaient prêts à aller. J'avais peur de ce qui allait me tomber dessus, mais je ne pouvais pas reculer.

---

5.   Voir annexe 4.

65

Un bâtonnier dans ma soupe

Pour la première fois de ma vie, je réussissais à faire l'unanimité contre moi. L'assurance automobile ne trouvait aucun supporter. Quand j'assistai au Conseil national du Parti québécois, j'eus la surprise de me retrouver toute seule dans mon coin comme si j'avais eu la gale. Certes, j'avais l'habitude d'être contestée, car on ne peut avoir fait le métier que j'avais fait sans l'avoir été régulièrement, mais je n'avais pas l'habitude de cette franche hostilité, de ces silences rageurs que je trouvais autour de moi. À ceux qui venaient me poser des questions, je tentais d'expliquer que le gouvernement avait fait ses choix et que la deuxième étape, si jamais il y en avait une, ne serait pas l'étatisation de la « tôle ». Nous avions songé à la couverture des blessures corporelles, pour y inclure les blessures de sport, les blessures des enfants dans les cours d'école. Ces risques n'étaient couverts par l'entreprise privée que d'une façon plus ou moins adéquate. On croyait que c'était la peur qui nous faisait reculer, alors que c'était tout simplement le bon sens.

Mes collègues ministres se montraient nerveux. Ils réalisaient tout à coup qu'ils auraient dû suivre tout le cheminement du dossier pour être informés correctement de ce que je préparais. Faute de l'avoir fait, ils étaient démunis face aux questions des membres du parti de leur circonscription ou à celles des citoyens ordinaires qui n'y comprenaient rien du tout.

La campagne de presse du Barreau ainsi que les articles des journalistes rapportant des histoires d'horreur qu'ils avaient entendues lors de la tournée de la commission itinérante menaçaient de faire sauter le couvercle de la casserole. C'est à ce moment-là que je reçus un appel téléphonique de Lévesque. Le Conseil des ministres se réunirait pour une séance de travail de deux jours, une fin de semaine, quelque part à la campagne. Il m'offrait une demi-journée complète pour répondre aux questions de mes collègues. J'acceptai volontiers, car je me sentais tout à fait prête; je savais qu'il n'existait plus une seule question à laquelle je ne pourrais trouver une réponse.

Lévesque m'invita à m'asseoir au bout de la table, à côté de lui. La tension était palpable parmi mes collègues. Certains lancèrent un message très clair: «On va perdre le référendum à cause de l'assurance automobile. On va perdre les prochaines élections. Il est encore temps de reculer; on n'a qu'à dire qu'on veut retravailler le projet.»

Lévesque fit taire tout le monde et il me donna la parole. J'ai parlé longtemps. Une heure, deux heures, je ne me souviens plus très bien. J'ai relaté la démarche depuis le début, fournissant des chiffres précis sur l'ancien régime et le nouveau. On aurait pu entendre une mouche voler. Quand j'eus terminé, je m'offris à répondre à toutes les questions qu'on voudrait bien poser. Ce que je fis pendant encore un long moment.

Finalement, ce fut Lucien Lessard, qui était ministre des Transports et avec qui nous avions collaboré, son ministère étant touché par la réforme, qui prit la parole. Il déclara qu'il fallait cesser de s'énerver, que son ministère était prêt, que tout avait été mis en place et que ce n'était pas le moment d'avoir l'air d'une bande de «pissoux». Lévesque a ensuite demandé si tout avait été dit. Devant le silence des collègues, il a déclaré que nous allions procéder tel qu'il avait été prévu.

Lévesque m'a remerciée. J'étais sûre que si mon exposé n'avait pas été clair il m'aurait demander de rester là aussi long-temps que nécessaire pour justifier une décision de reporter l'adoption de la loi. Mais il était visiblement satisfait. Non seule-ment j'avais répondu à toutes les questions de mes collègues, mais je l'avais fait sans erreur et surtout sans me fâcher. Je ne me connaissais pas cette patience. Il m'a prise à part tout de suite après et il m'a conseillé de rentrer chez moi, me disant que j'avais assez travaillé pour la journée. Il devait être évident que j'étais épuisée.

D'ailleurs, je l'étais tout le temps à ce moment-là. Depuis belle lurette, j'avais quitté mon appartement pour vivre à l'hôtel pendant la semaine. Là au moins, j'étais sûre de pouvoir trouver du café le matin. Ma santé fléchissait. Je subissais un stress immense avec les dossiers que je menais de front, en particulier celui concernant la condition des femmes.

Nous étions maintenant deux femmes ministres. L'arrivée de Jocelyne Villeneuve Ouellette m'avait remplie d'espoir parce que je pensais qu'à deux nous pourrions mieux nous défendre. Jocelyne possédait un long passé de militante du Parti québé-cois. Je croyais qu'avec certains de mes collègues elle serait mieux placée que moi pour négocier une plus grande égalité pour les femmes.

Comme je ne la connaissais pas vraiment, je n'avais pas pris conscience que la condition des femmes ne constituait pas sa priorité absolue. L'administration de la chose publique et l'orga-nisation des relations entre le parti et le gouvernement la préoc-cupaient davantage. Elle inspirait le respect aux collègues, sa lutte au moment des élections ayant représenté une grande vic-toire. Elle avait su tisser des liens très forts avec ceux qui étaient membres du parti depuis longtemps. Mais en ce qui concerne la condition féminine, elle et moi n'avions pas beaucoup d'atomes crochus.

Son arrivée ne devait donc rien changer au travail de termite que j'avais entrepris depuis le tout début au Conseil des ministres. Certains camarades ministres me boudaient, mais cela me laissait indifférente.

L'affaire Tricofil donna lieu à un accrochage beaucoup plus sérieux. On m'avait demandé de remplacer Rodrigue Tremblay, qui partait en vacances. Quand un ministre s'absentait, le rôle de son remplaçant se limitait à peu de chose. Il s'agissait parfois seulement de quelques signatures urgentes, rien de majeur.

Je me retrouvais donc depuis quelques jours ministre de l'Industrie et du Commerce, en l'absence de Rodrigue Tremblay, quand l'affaire Tricofil parut à la une des journaux. L'entreprise coopérative Tricofil avait encore besoin d'aide et la réaction des fonctionnaires avait été franchement défavorable. Je ne connaissais rien du dossier avant d'avoir lu la nouvelle dans le journal. Quand des journalistes m'ont demandé si nous allions abandonner Tricofil, j'ai répondu que je n'en avais pas l'intention.

L'affaire aboutit au Conseil des ministres. Je convoquai les fonctionnaires de l'Industrie et du Commerce et je leur demandai de préparer un document de présentation pour le Conseil. Les demandes de Tricofil étaient claires et les recommandations des fonctionnaires aussi. Je soutenais que la décision politique appartenait aux élus, donc au Conseil des ministres. Pierre Marois, qui avait été l'un des conseillers des travailleurs de Tricofil, se retrouvait aussi dans l'eau bouillante.

Ce matin-là, après avoir distribué le document au Conseil, j'ai expliqué que Tricofil avait représenté mon premier véritable engagement politique. Je rappelai que plusieurs de ceux qui étaient présents autour de la table avaient pris position en faveur de Tricofil avant l'élection du 15 novembre 1976. Je m'étonnais que la mémoire nous fasse autant défaut. Quant à moi, je me sentais incapable de renier l'engagement que j'avais pris envers Tricofil. J'expliquai que j'agissais ainsi pour ne pas ressembler au politicien de la chanson de Félix Leclerc. Afin que chacun se la rappelle bien, je leur chantai ce fameux couplet :

La veille des élections
Il t'appelait son fiston
Le lend'main comme de raison
Y'avait oublié ton nom[6]

Personne ne riait plus. On avait senti que j'étais terriblement sérieuse. J'avais prévenu les membres de mon cabinet qu'il était possible qu'après la réunion du conseil nous nous retrouvions tous libres comme l'air…

Peut-on faire de la politique sans faire en même temps un peu de paranoïa ? J'en faisais sûrement à ce moment-là, avec la lutte que je devais mener dans tous mes dossiers. Cependant, je n'ai jamais pu croire que les fonctionnaires de l'Industrie et du Commerce, que j'avais dû faire suer avec l'affaire Tricofil sous le gouvernement libéral, n'avaient pas profité de l'absence de leur ministre pour me faire une jambette. Ils auraient certainement apprécié que ce soit moi qui sois obligée de fermer Tricofil. Quelle vengeance cela aurait représenté pour eux ! Comme j'avais refusé le rôle qu'ils me destinaient, ils ont dû faire brûler des lampions pour que je sois contrainte à démissionner. Et cela a bien failli arriver.

Le ton que j'ai utilisé au Conseil des ministres ne laissait subsister aucun doute sur mes intentions. Jacques Parizeau a réagi le premier en s'adressant au Conseil : « Ce que je vous demande de réaliser, c'est que si on cède ce matin, on ne pourra pas se défaire de ça avant le référendum. Il faudra continuer jusque-là et même au-delà. » Lévesque a répondu qu'il avait bien compris. Et nous sommes passés au dossier suivant. J'avais gagné.

---

6.   Félix Leclerc. *Attends-moi, ti-gars.*

Je me suis retenue pour ne pas pleurer, parce que cela ne se fait tout simplement pas en de telles circonstances. J'aurais perdu tout le respect de mes collègues, c'est certain. Cependant, la tension nerveuse avait été tellement grande que je n'entendis rien du reste de la réunion. Contrairement à certaines rumeurs qui ont couru à ce sujet, c'est la seule fois où je suis allée à une réunion du Conseil des ministres avec ma lettre de démission dans ma poche[7]. J'avais parfois gueulé, j'avais souvent été déçue, mais je n'avais jamais souhaité partir. Sauf cette fois-là.

Vers la fin de 1978, sans savoir pourquoi, j'avais l'impression que le vent tournait en ma faveur. Malgré la difficulté de mes dossiers, la population continuait de me faire confiance[8]. Cela mettait un peu de baume sur mes plaies, qui en avaient bien besoin. Mais je restais écorchée par tout le mal qu'on avait colporté sur la réforme de l'assurance automobile et par les rumeurs récurrentes selon lesquelles certains de mes collègues souhaitaient mon départ. Les gens du Conseil du statut de la femme s'impatientaient, se demandant si je faisais vraiment mon travail auprès des autres ministres. Je sentais leurs espoirs tellement grands. Je venais d'engager Léa Cousineau dans mon cabinet pour arrêter des priorités concernant les femmes et trouver un moyen d'obliger tous les ministères à nous rendre des comptes sur leur politique d'embauche et leur programme législatif. Nous souhaitions obliger ainsi tous les sous-ministres à exercer une surveillance favorable aux femmes en chaussant les lunettes de la condition féminine. Cela ne constituait pas une mince tâche. Aujourd'hui, on pourrait affirmer que cela a surtout servi à créer un réseau de femmes à l'intérieur des murs, peut-être le premier dans les rangs de la fonction publique.

Cette démarche a fait comprendre aux sous-ministres que la condition féminine était un enjeu majeur dans notre société.

---

7. Voir annexe 5.
8. Voir annexe 6.

Nous pouvions examiner les projets de loi avant leur arrivée au Conseil des ministres et demander des corrections si le libellé créait des injustices envers les femmes. Cela peut paraître simplet aujourd'hui, mais, à l'époque, cela représentait une grande victoire.

Nous avons décidé de réaliser la réforme de l'assurance automobile en deux temps, comme l'avait fait le Parti libéral au moment de la réforme de l'assurance-maladie. Nous avons fait appel à Robert de Coster, un haut fonctionnaire expérimenté et qui avait un sens extraordinaire de l'entrepreneurship, pour veiller d'abord à la mise en place des structures nécessaires à l'administration de ce régime. Le 1er mars 1979 à minuit, la réforme de l'assurance automobile entrait en vigueur. Les membres de mon cabinet et moi, réunis dans une chambre de l'Hôtel Hilton, à Québec, regardions tomber la neige en nous demandant qui serait le premier client ou la première cliente de la Régie de l'assurance automobile du Québec.

Au cours de la journée, nous avions visité les installations de la Régie, à Québec, serrant la main des téléphonistes et souhaitant bonne chance à tout le monde. Nous avions ensuite décidé de manger dans une suite de l'hôtel. Nous avions commandé du vin pour célébrer l'événement. Le garçon qui l'avait livré avait oublié son tire-bouchon et il était redescendu en promettant de revenir immédiatement.

Entre-temps, la neige s'était changée en tempête. Nous fûmes tout à coup privés d'électricité et le garçon ne revint pas. Il fallut du temps pour ouvrir la bouteille de vin avec les instruments du bord.

Dehors, la côte devant l'hôtel était glissante. Avec chaque voiture qui s'y aventurait, nous espérions voir notre premier client. Puis nous avons fini par nous trouver bien ridicules, le nez collé aux fenêtres.

• • •

Ce qui était naguère du chinois pour la quasi-totalité de la population avait maintenant force de loi. J'avais survécu aux attaques basses et méchantes du Barreau, des avocats, des courtiers et de tous les autres auxquels l'ancien régime profitait. Quelques années plus tard, on entendait encore quelques critiques, mais la plupart des gens étaient satisfaits.

Selon cette loi, tous les surplus éventuels devaient retourner aux assurés. Ce fut la volonté du législateur. Je regrette que les divers gouvernements successifs aient choisi de dévaliser la caisse de la Société de l'assurance automobile du Québec.

Je me sens encore interpellée quand j'entends raconter le cas d'accidentés qui se disent insatisfaits des services de la Société. Cette génération de bureaucrates a sans doute oublié que le slogan de la Régie était : « La personne avant toute chose. »

Les fonctionnaires avaient reçu l'instruction d'analyser les dossiers avec générosité et non avec leur proverbiale « tatillonnerie ». L'assurance automobile n'a jamais été conçue comme un système semblable à celui de la Commission de la santé et de la sécurité du travail, dont les coûts reposent autant sur les employeurs que sur les salariés. À la Société de l'assurance automobile, c'est le citoyen qui paye sa prime et c'est lui l'assuré. C'est son argent et celui des autres assurés qui servent à payer les indemnités. Personne d'autre ne contribue à cette société publique.

C'est la raison pour laquelle il ne fallait pas permettre que le régime devienne un régime punitif ou un tribunal, ce que réclamaient pourtant certaines personnes sur les tribunes publiques sans bien comprendre ce qu'elles faisaient. La Société de l'assurance automobile est une société d'assurances. Rien d'autre. Ses indemnités sont payées sur la base du remplacement du revenu des individus. Et le maximum payé pour remplacer le revenu est basé sur le salaire moyen des salariés du Québec.

Mme Lisette Lapointe, l'épouse de Jacques Parizeau, a un fils qui a été victime d'un accident d'automobile. La Société de l'assurance automobile indemnise le garçon selon sa perte de revenu en tenant compte des études qu'il aurait pu faire et des séquelles de l'accident. Cela, tout le monde le comprend bien. Ce que Mme Lapointe, visiblement, ne comprend pas, c'est que le conducteur de la voiture est également un assuré de la Société de l'assurance automobile, un client qui a payé sa prime et qui a les mêmes droits en tant qu'assuré que n'importe qui. Il s'est conformé aux exigences de la Société de l'assurance automobile.

« Il était en état d'ébriété, c'est un criminel ! » répète Mme Lapointe. Elle a raison, mais le délit criminel ne relève pas de l'assurance automobile ; il relève du Code criminel. L'automobiliste sera accusé d'avoir conduit en état d'ébriété, il subira son procès et pourra être condamné selon le Code criminel. Si on trouve que la peine qui lui est infligée par un juge n'est pas suffisante, c'est le Code criminel qu'il faut amender pour permettre aux magistrats de se montrer plus sévères dans leurs jugements, non la Loi sur l'assurance automobile.

Ces décisions ont été prises parce que le régime d'assurance automobile deviendrait incohérent s'il en était autrement. Pourquoi la Société de l'assurance automobile serait-elle chargée de « porter un jugement » sur la conduite d'un citoyen alors que ce n'est pas là son rôle ? Elle n'a pas à punir ceux qui se comportent mal, mais doit plutôt veiller à ce que son client et surtout la famille de son client ne soient pas jetés à la rue à cause de la conduite d'un seul coupable dans les circonstances. Punir le criminel, c'est une chose. Le Code criminel s'en charge. Mais punir toute sa famille par le biais de l'assurance automobile serait une perversion du régime qu'il ne faut pas permettre. Mme Lapointe explique que « son » coupable a les moyens de payer et elle voudrait le poursuivre devant les tribunaux. Quelle serait sa réaction si son fils avait été frappé par un livreur de pizza qui serait sans le sou? C'est cette iniquité que l'assurance automobile a corrigée. L'indemnisation des victimes n'est plus tributaire de la « chance » d'avoir été frappé par quelqu'un qui a de l'argent et qui peut payer ou qui a une assurance. Il faut se souvenir qu'un grand nombre n'en avaient pas. Les victimes ne sont plus laissées à la merci des compagnies d'assurances, qui visent à faire de gros profits et qui, au moment d'indemniser les victimes, essaient de régler au plus bas, à l'amiable, des années après l'accident, comme c'était trop souvent le cas sous l'ancien régime. Pendant la tournée sur la réforme de l'assurance automobile, j'ai entendu un nombre incroyable de victimes qui n'avaient jamais touché d'indemnité, malgré un jugement de la Cour en leur faveur.

Je souhaite, avec Mme Lapointe, que des sentences plus lourdes soient imposées par les juges aux citoyens qui conduisent en état d'ébriété. Parce que leur conduite est inacceptable. C'est un choix de société que nous faisons tous ensemble. Et je veux bien militer à ses côtés pour faire amender le Code criminel si c'est nécessaire. Je crois que c'est aussi le désir de la Société de l'assurance automobile d'éveiller la conscience des citoyens à ce sujet. D'ailleurs, ses campagnes de publicité vont dans ce sens. De plus, c'est son devoir d'agir ainsi.

Je m'étonne d'avoir à expliquer aujourd'hui encore la réforme de l'assurance automobile, si longtemps après avoir quitté la politique. Il m'arrive de trouver l'organisme lui-même bien silencieux ou bien discret, et je me demande à quoi servent ses services de relations publiques. C'est encore à moi qu'on téléphone, après toutes ces années, pour des émissions de radio et de télévision où on semble s'attendre à ce que je fasse son travail. Je songe à lui faire parvenir une facture pour services rendus. Non mais…

66

Le roi René

Pendant toute cette première année de gouvernement, j'ai eu peu d'occasions de voir René Lévesque en privé, en dehors des réunions hebdomadaires du Conseil des ministres. Je pouvais toutefois l'observer chaque jour à l'Assemblée nationale. Lui et d'autres, bien sûr. Le petit salon adjacent au Salon vert, qui est devenu bleu, était notre lieu de rendez-vous peu avant la période des questions. À cet endroit, nous échangions les dernières nouvelles et parlions de nos bons coups. Certains collègues prenaient plus de place que d'autres sans même s'en rendre compte. Jacques Parizeau faisait son entrée, suivi de son attachée de presse, une Pauline Marois enceinte qui portait quand même tous les documents du ministre. Marc-André Bédard échangeait des secrets à voix basse dans un coin avec Claude Morin. Claude Charron tentait de calmer Lucien Lessard ou Marcel Léger, qui auraient souhaité être encore dans l'opposition. Pierre Marois prenait un air de chapelain et Camille Laurin souriait à tout le monde comme un chat venant d'attraper une souris. Jean Garon faisait les cent pas en lisant son journal, qu'il avait déchiré de haut en bas, page par page. Yves Bérubé avait toujours l'air de s'interroger sur ce qu'il faisait là. Et Bernard Landry racontait à qui voulait l'entendre qu'avec les moyens qu'il mettait sur pied le chômage redescendrait bientôt à 4 %. Quant à Jacques-Yvan

Morin, il se demandait sans doute ce qu'il pouvait bien faire dans un groupe aussi peu discipliné.

René Lévesque occupait le bureau réservé au leader parlementaire et qui jouxtait le petit salon. Nous le voyions arriver au pas de course. Il utilisait le passage souterrain pour se rendre à l'Assemblée à partir de ses bureaux du « bunker ». Il disait bonjour à la ronde, serrait quelques mains et entrait dans le bureau, dont la porte se refermait immédiatement. Il arrivait parfois qu'il fasse un petit signe de la main à l'un de ses ministres, qui comprenait que le premier ministre voulait lui parler et le suivait dans ce petit bureau. Certains y allaient plus souvent que d'autres, comme Bédard, Charron, Parizeau, Claude Morin ou Pierre Marois. Moi, je n'y allai qu'une seule fois, presque à la fin de mon séjour en politique.

Quelle ne fut pas ma surprise lorsque je fus contactée un jour par les services du protocole, qui m'informèrent que le premier ministre souhaitait me voir à ses côtés lors de la visite officielle du roi Baudouin 1er de Belgique et de son épouse, la reine Fabiola !

Il n'était pas nécessaire de me faire un dessin pour que je comprenne la situation dans laquelle se trouvait Lévesque. Nous savions qu'il vivait avec Corinne depuis déjà un bon moment mais qu'il avait omis de divorcer de sa première épouse. C'était une bonne raison pour ne pas être marié à la seconde.

Il était difficile de présenter Corinne Côté comme secrétaire, le mensonge pieux qu'officiellement tout le monde faisait semblant de croire. Surtout que les souverains de Belgique étaient reconnus comme étant foncièrement catholiques. Le Québec n'aurait accepté ni la présence de la première épouse, que personne ne connaissait, ni la présence de la seconde, qui en avait la fonction mais pas le titre. Comme j'avais encore quelques robes longues du temps d'*Appelez-moi Lise*… Les gens du protocole m'ayant juré qu'il ne s'agissait pas d'une blague, j'acceptai de jouer le rôle d'hôtesse pour le dîner royal. De toute façon, je savais que mon refus aurait été mal accepté par le bureau du premier ministre, car on y était bien embêté par la situation.

Je ne pouvais m'empêcher de rire en pensant au drôle de couple que nous formions, Lévesque et moi. À peine plus drôle cependant que celui de Baudouin et Fabiola. Qu'importe. Le soir venu, nous allions faire les honneurs du Salon rouge au couple royal et à sa suite, devant un repas sans histoire et un vin sans saveur.

Comme ministre, ce fut mon premier et mon seul contact avec la royauté. Je m'étonne encore que Lévesque n'ait pas aboli les services du protocole durant son passage en politique. D'abord parce qu'il aurait pu sûrement réaliser des économies, mais aussi parce qu'il détestait tout le côté artificiel du protocole et du savoir-vivre en société.

Pourtant, sans le protocole, je me demande quelle image du Québec nous aurions donnée sur le plan international. Il m'était facile d'imaginer le pire. Je pense que ce n'était pas du temps perdu d'expliquer à un ministre québécois qu'il n'était pas utile de donner une grande tape dans le dos du roi Baudouin pour lui faire savoir qu'on voulait l'accueillir chaleureusement. Et encore moins dans le dos de Fabiola.

J'ai toujours aimé Lévesque. Je l'ai aimé avec son côté négligé, son air débraillé et sa couette en bataille. Je l'ai aimé malgré ses faiblesses et ses erreurs, parce que, dans ses luttes en faveur de l'avancement du Québec, il fut très certainement l'homme politique le plus sincère qu'il m'ait été donné de connaître. Je l'ai aimé dans ses victoires comme dans ses défaites. Le peuple québécois avait une telle confiance en lui qu'il est impossible qu'il n'ait pas senti cette responsabilité comme un poids immense sur ses épaules, chaque jour de sa vie. On a beaucoup vanté ses qualités de grand démocrate. C'en était un. Il aimait la « grande démocratie », celle qui est exercée par le peuple, celle des élections ou des référendums. La démocratie qui le faisait suer, c'était celle qui était exigée dans ses relations avec le Conseil des ministres, avec le Parti québécois ou avec le caucus des députés. Cette démocratie-là, il s'en serait très certainement passé.

Il a dû souvent se tourner la langue sept fois dans la bouche avant de répondre à des questions qui le mettaient en furie. Il était capable de grandes colères. Dans ces moments-là, il tenait des propos qui pouvaient blesser. Il lui arrivait d'être injuste, terriblement injuste, et il ne savait pas s'excuser du mal qu'il avait pu faire. Il avait aussi la rancune tenace. Je me souviens qu'un jour, au Conseil des ministres, quand je présentai le nom d'une femme connue pour combler un poste important, il s'y opposa en disant qu'il n'était pas question de la nommer où que ce soit, qu'il ne pouvait pas la supporter. Quand je lui demandai ce qu'elle avait bien pu faire pour tomber dans une telle disgrâce, il me répondit qu'il ne s'en souvenait pas, mais qu'il se souvenait très bien qu'il la détestait. Il était inutile d'aller plus loin, l'incident était clos.

D'ailleurs, quand il s'agissait de faire nommer des femmes à des postes importants, la bataille était toujours à recommencer. Je ne voudrais pas laisser l'impression que c'était à cause de Lévesque, malgré l'exemple que je viens de donner. La plupart du temps, non seulement il appuyait mes recommandations, mais, quand mes collègues présentaient des nominations et qu'il n'y avait aucune femme dans le lot, il leur demandait de retourner faire leurs devoirs. C'était un vrai travail de bénédictin que de surveiller toutes ces nominations, une tâche ingrate que d'avoir à insister semaine après semaine pour que chaque ministre se donne la peine de trouver des femmes de qualité susceptibles de remplir des fonctions importantes. Disons que ce n'était pas la meilleure façon de se faire apprécier par un groupe d'hommes de pouvoir.

René Lévesque était loin d'être un ange, et il n'était pas le seul dans ce cas parmi les membres de ce gouvernement. Il était un être humain complexe et secret, qui ne livrait pas facilement ses sentiments. Malgré son immense popularité, il était resté timide dans ses échanges avec les individus qu'il côtoyait. Il était cultivé comme l'étaient les journalistes de son époque, mais il n'étalait pas son savoir. Avec les femmes, dans ses relations professionnelles du moins, il perdait tous ses moyens. Il suffisait souvent de soutenir son regard pendant quelques secondes au cours d'une discussion pour le sentir mal à l'aise.

Rien ne lui faisait plus peur qu'une femme intelligente. Et pourtant il y en avait des dizaines autour de lui, fidèles au poste, dévouées, généreuses, certaines étant d'anciennes maîtresses qui, sans rancune, continuaient à le dorloter comme un enfant.

J'aimais bien Corinne et je trouvais bien ingrat le rôle qu'elle avait à jouer. C'est pourquoi, plus tard, quand je fus nommée au ministère de la Condition féminine, je lui offris un emploi dans mon nouveau cabinet. Elle avait paru intéressée. Elle trouvait peut-être sa situation auprès du premier ministre un peu frustrante. Elle avait toutefois refusé. Ou plutôt René Lévesque avait refusé pour elle. Sans explication.

Je n'ai pas assisté au déclin de Lévesque et je n'ai jamais voulu solliciter les confidences de qui que ce soit à ce sujet. Je ne sais pas ce qui s'est passé au cours du deuxième mandat et qui a fini par avoir raison de sa volonté et de sa ténacité. Ce que je sais, c'est qu'il a dû souffrir énormément de devoir abandonner tour à tour en si peu de temps la présidence du parti qu'il avait fondé et son poste de premier ministre. Je garde de lui l'image plus grande que nature que j'ai toujours eue et jamais je n'oublierai son mal de vivre. Comme d'autres, j'ai été déçue par lui en certaines occasions. Le «beau risque» m'a fait décrocher totalement, et je crois que déjà, à ce moment, il n'était peut-être plus en possession de tous ses moyens. On s'agitait beaucoup autour de lui dans l'espoir de le remplacer. Lui-même commençait peut-être à en avoir assez de cette vie de fou qu'est la vie politique. On devait piaffer d'impatience dans les officines, convaincu qu'on pourrait faire mieux que « Ti-Poil ». La course à la direction du parti qui approchait enivrait les plus ambitieux. N'empêche que, encore aujourd'hui, « Ti-Poil » nous manque plus que jamais.

Le soir du dîner officiel avec les souverains de Belgique, j'étais assise à côté du roi Baudouin et René Lévesque était assis de biais aux côtés de la reine Fabiola. À un moment donné, nos regards se sont croisés. Il m'a souri et j'ai réalisé qu'il se retenait pour ne pas pouffer de rire.

Tout ce que nous étions, d'où nous venions, le chemin que nous avions parcouru pour arriver là, a défilé dans nos mémoires en quelques secondes. Je lui ai souri à mon tour et je savais que nous pensions exactement la même chose : comment deux chats de gouttière comme nous avaient-ils pu se hisser jusqu'à la table des grands de ce monde ? Nous étions tous les deux terriblement conscients que notre présence à ce dîner royal était parfaitement incongrue. Lui comme moi, donnant du « Majesté » à gauche et à droite, avions l'impression de jouer un rôle dans un mauvais film. Il m'a fait sa petite grimace habituelle, puis un signe de la main, comme pour dire : « Ben voilà, on est là… Et puis j'ai hâte que ce soit fini. »

Qu'est-ce qu'on peut bien raconter à un roi qui nous rend visite ? J'ai parlé au roi Baudouin de la réforme de l'assurance automobile et de la Loi sur la protection du consommateur. Je ne sais pas du tout si cela l'a intéressé, comme il l'a prétendu, ou s'il a tout simplement été poli. Il m'a demandé de lui faire parvenir des copies de ces lois, surtout celle qui concernait les consommateurs. En Belgique, c'est le roi lui-même qui est chargé de veiller à leur protection.

Quand le dîner fut terminé, étrangement, c'est à mon père que j'ai pensé :

« Tu devrais voir ta fille, Fernand, celle que tu avais si peur de voir mal tourner. Tu serais rouge de plaisir et tu serais bien obligé de dire merci à Cécile, ma mère, de m'avoir si bien élevée que j'ai su me tenir à table. Je t'assure que je ne fais honte à personne. Je tiens ma place et je parle au roi comme si nous étions des amis d'enfance. Ça t'en bouche un coin, ça, hein, Fernand ? »

Je n'ai pas offert au roi de faire une petite virée dans Saint-Henri, mon quartier natal, même si j'en avais beaucoup envie. Il était facile de voir que Baudouin était un roi bon et simple, presque un saint, dit-on depuis sa mort. Il aurait peut-être préféré manger au salon de billard de la rue Notre-Dame qu'au Salon rouge de l'Assemblée nationale.

C'est la seule fois où j'avais fait partie des officiels chargés d'accueillir des dignitaires. Lévesque a fini par épouser Corinne et j'ai perdu mon rôle d'« épouse qu'on sort ».

67

Tout le monde à droite!

Plus le temps passait, plus je constatais des changements dans l'attitude de mes collègues. La prudence était devenue une vertu essentielle. Chaque mercredi matin ou presque, avant le début de nos travaux, Claude Morin demandait crûment : « Qui est-ce qu'on fait chier, ce matin ? » Il prétendait qu'il serait impossible de gagner un référendum avec toutes les réformes qui étaient en cours et qui indisposaient certains groupes de pression de la société. Il arrivait à nous apeurer suffisamment pour qu'une sorte d'autocensure s'installe dans nos rangs.

Les sociaux-démocrates reconnus de l'équipe, Marois, Lazure, Couture, Laurin, quelques autres à un degré moindre peut-être et moi-même, nous commencions à nous faire regarder avec un drôle d'air comme si nous étions venus de la planète Mars. Il n'avait jamais été aussi clair pour moi que le Conseil était à l'image du parti que nous représentions et que celui-ci était un véritable parti de coalition. Pour le meilleur et pour le pire, d'ailleurs. Ce qui faisait sa force au moment des élections devenait sa faiblesse quand il formait le gouvernement. Il suffisait d'entendre les débats du Conseil des ministres pour réaliser à quel point les opinions divergeaient. Notre groupe tirait à gauche, les autres tiraient à droite, et je me suis souvent demandé comment Lévesque pouvait trouver un quelconque consensus à partir de nos discussions souvent enflammées. Je crois plutôt qu'il tranchait après avoir écouté tout le monde avec une certaine patience, lui qui autrement n'en avait pas.

Il fallait toujours lire une énorme documentation pour se préparer aux réunions statutaires du Conseil des ministres, ainsi qu'à celles du Comité de développement social et du Comité de développement économique. Je ne pouvais tout lire. Je dus donc apprendre à faire confiance aux autres, sauf à ceux qui me semblaient hostiles à la social-démocratie ou à l'avancement des femmes. Leur nombre était assez important.

Le plus complexe de mes collègues était certainement Bernard Landry. Avocat de formation, avec un petit côté coq tapageur, spécialiste des questions économiques, social-démocrate convaincu, militant péquiste profondément souverainiste, et plutôt féministe de bonne volonté, il avait réussi l'impossible exploit d'intégrer toutes ces composantes tout en restant une sorte d'idéaliste. Bernard était incapable de faire les choses à moitié et il entreprenait chacune de ses actions comme si cela avait été une question de vie ou de mort.

Celui qui m'a étonnée le plus, c'est Yves Bérubé. Diplômé du Massachusetts Institute of Technology, il n'avait pas prévu de faire de la politique. Il avait accepté d'être candidat dans la circonscription de Matane parce que le parti n'avait personne à y présenter. À sa grande surprise, il avait été élu. Il était le plus humble d'entre nous et n'affichait ses vastes connaissances que si on le lui demandait. Il avait davantage l'allure d'un curé de paroisse pauvre que d'un ministre, mais c'était un épicurien qui appréciait les meilleurs vins et qui avait une immense culture générale. J'ai eu infiniment de plaisir à le connaître.

J'ai regretté le départ de Robert Burns et, même si je sais qu'il l'a attribué à sa santé, j'ai toujours eu des doutes sur les véritables raisons de sa démission. Il était évident que Robert Burns n'était pas heureux après les élections de 1976. Peut-être ressentait-il trop la présence de Lévesque, lui qui, avec quelques autres seulement, avait mené les destinées du Parti québécois à l'Assemblée nationale pendant des années. Peut-être avait-il été si heureux dans l'opposition que le pouvoir lui pesait? Peut-être sentait-il trop peu d'enthousiasme chez Lévesque pour les dossiers qu'il cherchait à faire avancer? Qu'importe. Je reste convaincue que la perte de Robert Burns a affaibli le Conseil des ministres du premier mandat du gouvernement Lévesque.

J'ai acquis aussi beaucoup de respect pour Camille Laurin. Son calme me fascinait. Il semblait toujours au-dessus de ses affaires et demeurait imperturbable devant les critiques les plus virulentes, qui s'attaquaient non seulement à ses dossiers mais souvent aussi à sa personne. Certains groupes auraient bien voulu démontrer qu'il était raciste, mais il fallait ne pas connaître Camille Laurin pour le penser même un seul instant. Dans les moments de crise au Conseil des ministres, et il y en a eu quelques-uns, c'est à Camille Laurin qu'il revenait de remettre le train sur ses rails, doucement, calmement.

D'ailleurs, je ne sais plus combien nous étions vraiment autour de la fameuse table du Conseil. Vingt-six? Vingt-huit? Ce que je sais, c'est que de réunir des gens aussi différents en espérant en tirer quelque chose qui convienne à tout le monde représente un tour de force qui tient presque de la magie.

Pour ma part, il me revient toujours en mémoire ce que m'a dit Lévesque quand je lui ai déclaré que j'étais prête à entrer en politique mais que j'y entrerais par la porte de gauche. Il m'a répondu qu'au Parti québécois il y avait trois portes, celle de gauche, celle de droite et celle du centre, et que je pouvais choisir celle qui me convenait. C'était clair. Par la suite, j'ai pu m'entendre assez bien avec ceux qui occupaient le centre, mais je n'ai jamais réussi à établir un contact sérieux avec ceux qui représentaient la droite du parti. Même leur nationalisme était trop étroit pour moi.

Nous discutions rarement de la question constitutionnelle au Conseil, sauf quand une véritable crise se présentait. Nous étions tous submergés de travail et Claude Morin donnait toujours l'impression d'être parfaitement en possession du dossier. Je devinais que des réunions devaient se tenir ailleurs. Pour ma part, j'ai toujours eu le sentiment que ce débat se tenait en d'autres lieux, avec des conseillers en fine stratégie qu'on avait tendance à croire infaillibles. J'aurais aimé avoir la preuve qu'on ne jouait pas le Québec aux dés, mais je n'ai jamais rien su des délibérations secrètes. Je voyais bien qu'on ne gagnait pas souvent contre Ottawa. Notre politique constitutionnelle me paraissait souvent faite de finasseries et m'ennuyait terriblement. Claude Morin se posait comme un grand spécialiste des relations constitutionnelles et il est bien possible que cela ait arrangé Lévesque de le laisser faire.

Le caucus s'impatientait. Il fallait tenir les députés occupés parce qu'ils avaient envie de se battre et qu'ils attendaient désespérément le référendum promis. Ils avaient pris leur mal en patience, mais ils réclamaient de l'action parce que leur rôle à l'Assemblée nationale se révélait d'un ennui mortel pour la plupart d'entre eux. Le rôle de député est en réalité très surfait dans notre système politique actuel. Ils en avaient pris conscience et certains d'entre eux étaient en train de payer très cher leur présence à Québec. Des familles se défaisaient, des ruptures douloureuses laissaient des cicatrices. Un député venu du monde rural était en train de perdre sa ferme parce qu'il en était absent presque tout le temps. Il y en avait déjà plusieurs de «tombés au champ d'honneur» et les autres piaffaient. Il restait peu de temps au mandat que nous avions reçu de la population. S'il y a bien eu quelques tentatives de discuter le renvoi pur et simple du référendum au deuxième mandat, cette idée saugrenue, sortie de la tête de quelques personnes qui s'étaient déjà beaucoup trop attachées au pouvoir, fut vite abandonnée. Le gouvernement tiendrait parole.

J'ai quitté le MCCIF avec regret. La Loi sur la protection du consommateur avait été adoptée, pratiquement sans opposition et avec les félicitations de tous les groupes concernés, à l'exception des fabricants de jouets, qui se voyaient imposer des règles sévères quant à la qualité des produits qu'ils allaient proposer aux enfants québécois, et des agences de publicité, qui voyaient disparaître une importante source de revenus provenant de la publicité destinée aux enfants à la télévision. Ce dossier-là a été accueilli d'une tout autre façon que celui de l'assurance automobile. Autant mon travail dans ce dernier avait mis du temps à être reconnu, autant la satisfaction à l'égard de la Loi sur la protection du consommateur était grande. Je m'étais aussi familiarisée avec les lois concernant la Bourse de Montréal et j'avais procédé à la mise sur pied de la Société de développement coopératif.

Mon bilan n'était pas mauvais. J'avais en outre réussi à redonner de la ferveur aux fonctionnaires du MCCIF, qui avaient toutes les raisons de se réjouir de l'adoption d'un programme législatif nouveau et moderne qu'ils auraient pour tâche d'administrer dans les années à venir. Nous avions fait le ménage dans les Caisses d'économie, dont certaines étaient mal en point, et je m'apprêtais à m'attaquer à deux châteaux forts qui avaient besoin d'être dépoussiérés : l'assurance-vie, dont les Québécois font une énorme consommation, et le rôle des courtiers immobiliers, qui servent deux maîtres à la fois, le vendeur et l'acheteur, et qui se retrouvent souvent en conflit d'intérêts en raison de leur rôle même. Mais le temps m'a manqué ; c'est à ce moment-là que le premier ministre m'a demandé de m'occuper de la condition féminine à plein temps.

Je n'allais pas faire la même erreur que la première fois. J'avais appris beaucoup depuis le jour où le grand patron m'avait annoncé ma nomination au MCCIF. Avant de répondre à sa proposition, je demandai à le rencontrer. Ce qu'il me proposait, c'était de devenir une «ministre d'État» à la Condition féminine dans le sens où on l'entendait avant l'arrivée du Parti québécois au pouvoir, c'est-à-dire une ministre sans pouvoir véritable sur son dossier. Je refusai. Ce que je lui demandai à mon tour, c'était de devenir une «ministre d'État» au sens où on l'entendait quand on appelait Pierre Marois ministre d'État au développement social ou Bernard Landry ministre d'État au développement économique. J'étais consciente que ce que j'obtiendrais pouvait faire une grande différence quant à la possibilité des femmes de se faire entendre là où cela comptait vraiment. «Ministre d'État», je ferais automatiquement partie du Comité des priorités et c'était un gain incroyable pour les femmes en général que d'y être représentées. Je ne céderais pas d'un pouce. Je tins mon bout et j'eus gain de cause. À la fin de la rencontre, Lévesque s'est mis à rire et il a lancé: «Vous apprenez vite, en tout cas.» C'était vrai.

Je savais que je venais de porter le dossier de la condition féminine dans la plus haute sphère de décision qui soit. Je savais aussi que les hommes aiment penser que les femmes sont heureuses comme elles sont, dans leur rôle d'épouse et de mère, et qu'elles n'ont besoin de rien qu'ils ne peuvent leur donner eux-mêmes, un par un, chacun chez soi... J'ai entendu cela si souvent dans ma vie que je ne l'oublierai jamais. Ils répugnent à considérer les femmes comme une collectivité. Peut-être l'accepteraient-ils si cette collectivité parlait d'une seule voix? Mais les femmes sont multiples et, quand leurs demandes arrivent jusqu'au pouvoir, ces dernières aussi sont multiples. Tandis que certaines réclamaient des garderies à cor et à cri, d'autres demandaient un salaire pour la femme au foyer afin de l'aider à élever ses enfants elle-même, salaire évidemment payé par l'État. Je me demandais quel appui je trouverais au Comité des priorités.

Jacques Desmarais m'avait quittée. Il avait choisi d'être candidat d'une élection partielle dans une circonscription de l'est de Montréal. Je l'avais laissé partir à regret car je lui devais beaucoup et je savais que jamais je ne pourrais lui rendre les multiples services qu'il m'avait rendus pendant ces années. Sa défaite fut cruelle pour lui et pour nous qui l'avions apprécié.

J'avais donc besoin d'un nouveau chef de cabinet au ministère de la Condition féminine. On me suggéra une rencontre avec Pauline Marois. Nous avons passé environ deux heures ensemble. Elle m'a expliqué pourquoi le poste l'intéressait et m'a assurée qu'elle se sentait tout à fait disposée à travailler avec les autres membres de mon cabinet. Je lui ai raconté comment j'avais décroché cette nomination au Comité des priorités et mon exploit l'a fait rire. Au bout de deux heures, elle a eu l'honnêteté de m'avouer que son principal problème était qu'elle n'était pas féministe. C'est moi qui ai ri. Je lui ai souhaité la bienvenue en lui disant qu'elle verrait bien par elle-même quelle était la situation et que j'étais convaincue qu'après seulement deux semaines vécues dans l'entourage de ces messieurs elle le deviendrait. C'était un pari que j'étais sûre de gagner.

Notre tâche consisterait à mettre sur pied un ministère de la Condition féminine qu'on appellerait un secrétariat. Nous ne serions peut-être pas nombreuses, mais nous serions tenaces.

Nous aurions nos bureaux au «bunker» et j'attendais qu'on remplace le tapis rose qu'on avait cru devoir installer dans mon bureau avant mon arrivée (rose pour la condition féminine, bien sûr) par une couleur plus neutre et plus jolie. Mes instructions étaient les mêmes qu'au MCCIF. Nous nous appliquerions à faire des choses que d'autres (entendez les méchants libéraux) ne pourraient pas défaire. En politique, je visais la permanence des acquis, même si rien n'est moins sûr.

La preuve, c'est que c'est le gouvernement du Parti québécois qui, des années plus tard, a mis la hache dans le ministère de la Condition féminine, avec la collaboration de la ministre responsable, qui ne voyait pas l'utilité de le maintenir. En politique, il n'y a pratiquement plus rien qui m'étonne. J'ai perdu toute ma naïveté, mais je n'ai jamais compris comment cette femme avait pu accepter si facilement une telle décision administrative.

C'était un recul. Nous nous sommes fait couper un bras qui avait l'avantage d'être long et d'atteindre sans intermédiaire le bureau du premier ministre. Et c'est bien dommage.

Le ministère de la Condition féminine est né, hélas, en même temps que la crise économique. Les années fastes du gouvernement du Parti québécois (y en a-t-il jamais vraiment eu?) semblaient derrière nous. Au Conseil des ministres, tous les ministres dits économiques y allaient de leur petit refrain sur les restrictions qu'il fallait commencer à s'imposer comme gouvernement. Ils avaient repris l'avant-scène de nos discussions et leurs pronostics éteignaient toute velléité d'exposer des vues sociales-démocrates. Le taux de chômage faisait peur et on craignait par-dessus tout les analyses des grandes sociétés de crédit américaines, qui pouvaient amener la décote éventuelle du Québec ou même d'Hydro-Québec sur le marché du crédit international. Quand le loyer de l'argent emprunté devient trop cher, c'est la paralysie. L'exemple d'autres pays en pleine crise économique faisait déjà réfléchir. Même si les dossiers sociaux s'étaient empilés au Conseil, il n'y avait pas de volonté de dépenser de l'argent neuf. C'était même plutôt le contraire qui commençait à poindre. On cherchait des actions qui ne coûtaient rien, et un ministre qui voulait être entendu de ses collègues n'avait qu'à commencer son intervention en disant: « Ce que je vous propose aujourd'hui ne coûte rien. » Il était alors assuré du succès. Quand l'état d'esprit d'un gouvernement est à l'économie, à la fermeture des coffres, à l'austérité, comment les demandes chiffrées des femmes peuvent-elles retenir l'attention? J'avais beau répéter qu'il s'agissait de corriger une injustice flagrante, qu'un rattrapage était nécessaire, que la situation était urgente pour plus de la moitié de la population (car les femmes représentent 52 % de notre société), j'avais beau rappeler les promesses faites aux femmes, rien n'arrivait à délier les bourses.

J'avais choisi Christine Tourigny comme sous-ministre. Christine était une femme décidée, une grande avocate issue d'une famille politique de Québec. Son père avait œuvré sous Maurice Duplessis et je savais que le milieu politique n'intimidait pas sa fille. Nous avons offert nos services au ministre de la Justice pour terminer la révision du Code civil au chapitre de la famille. Il s'agissait d'une remise à jour majeure qui avait commencé plusieurs années auparavant, sous un gouvernement précédent, mais qui n'aboutissait pas et qui risquait d'être reportée aux calendes grecques si Marc-André Bédard ne la terminait pas. Je savais par son comportement que Marc-André souhaitait que le gouvernement ne fasse plus rien qui puisse déplaire à la population avant la tenue du référendum et j'avais l'impression qu'il retenait ses dossiers pour ne pas soulever d'opposition. C'est pourquoi nous avons décidé, à la Condition féminine, de prendre les choses en mains. À partir de ce moment-là, Christine Tourigny a assisté à toutes les réunions où on discutait des amendements à apporter au Code civil. Elle a défendu les positions du ministère de la Condition féminine et elle a exigé souvent que le législateur aille beaucoup plus loin que ce qui avait été prévu avant notre arrivée. Chaque fois qu'elle ne pouvait pas convaincre les fonctionnaires de la Justice de son point de vue, elle me faisait un rapport directement et c'était mon rôle de convaincre Marc-André Bédard du bien-fondé de la demande des femmes. Lui aussi avait tendance à dire: «Ce ne sont pas toutes les femmes qui demandent ça.» Je lui répondais: «Dis-moi en quelle année on va amender de nouveau de façon significative le Code civil.» Il était incapable de me répondre et, en se basant sur le passé, il était évident qu'on ne retoucherait pas à cette loi avant bien longtemps. Alors, je lui expliquais que si certaines femmes n'avaient pas encore besoin de ces amendements qu'il trouvait souvent «révolutionnaires», elles en auraient toutes besoin un jour; qu'il fallait prévoir l'avenir; que l'avancement des femmes venait juste de commencer mais qu'il allait continuer; qu'il ne fallait pas priver les femmes des outils dont elles auraient besoin pour mener leur transformation à terme.

Je crois qu'il nous a copieusement détestées à cette époque. Mais qu'importe. Chaque jour, nous marquions des points importants pour les femmes. Et je ne veux même pas penser que cette occasion exceptionnelle de faire le ménage dans le code Napoléon aurait été ratée si nous n'avions pas été là.

68

Tu parles d'une question !

En mars 1980, nous étions en pleine période préréférendaire. Le référendum que certains avaient souhaité tenir au printemps 1979, puis au plus tard à l'automne 1979, aurait enfin lieu. Les différentes étapes législatives avaient été franchies. L'Assemblée nationale avait été informée. Les députés s'impatientaient, affirmant que leurs militants étaient prêts et qu'ils en avaient assez de se faire dire d'attendre. Ils piaffaient. Le printemps 1980 serait déterminant non seulement pour le gouvernement, mais pour tout le peuple du Québec.

Il me restait au moins une chose importante à faire avant le déclenchement de la campagne référendaire. Le 8 mars, journée internationale des Femmes, je ferais une déclaration ministérielle comme je l'avais fait chaque année pour parler de la condition des femmes ici et dans le monde. Je cherchais un contenu qui frapperait l'imagination de mes auditeurs. C'est un membre de mon cabinet qui a déposé sur mon bureau un manuel scolaire ouvert à la page d'« Yvette et Guy ».

— Ce n'est pas vrai ! On n'utilise pas ce livre-là actuellement dans les écoles ?

— Hélas, oui. Et plus personne ne proteste.

Je relus le texte, qui m'avait fait dresser les cheveux sur la tête :

« Guy pratique les sports : la natation, la gymnastique, le tennis, la boxe, le plongeon. Son ambition est de devenir champion et de remporter beaucoup de trophées.

« Yvette, sa petite sœur, est joyeuse et gentille. Elle trouve toujours moyen de faire plaisir à ses parents. Hier, à l'heure du repas, elle a tranché le pain, versé l'eau chaude sur le thé dans la théière ; elle a apporté le sucrier, le pot de lait ; elle a aussi aidé à servir le poulet rôti.

« Après le déjeuner, c'est avec plaisir qu'elle a essuyé la vaisselle et balayé le tapis.

« Yvette est une petite fille bien obligeante. »

J'en étais bouche bée. Comment le ministère de l'Éducation pouvait-il laisser faire une chose pareille ? Le contenu de ma déclaration du 8 mars était tout trouvé. Je lirais tout simplement l'histoire de Guy et Yvette. Moi qui avais l'impression que les stéréotypes sexistes avaient été éliminés des manuels scolaires parce que des groupes de parents l'avaient exigé, je découvrais qu'il n'en était rien. Et j'en voulais à Jacques-Yvan Morin de n'avoir rien fait dans ce sens, lui qui m'avait expliqué un jour que, au concept d'égalité entre l'homme et la femme, il préférait grandement celui de la complémentarité.

Le 8 mars, mon discours était prêt. Et ce fut un franc succès. Dès ma lecture terminée, le ministre de l'Éducation s'est levé pour venir me dire :

— Ce n'est pas vrai. Ce n'est pas à l'étude présentement.

— C'est à l'étude présentement. Et ce n'est pas le seul exemple de sexisme ; tout le livre en est plein.

Même l'opposition était mal à l'aise. Le premier ministre était scandalisé et le ministre de l'Éducation était dans ses petits souliers. Si les choses s'étaient arrêtées là, mon intervention aurait été une réussite.

Mais tel ne fut pas le cas. Lors d'une assemblée partisane à Montréal, quelques jours plus tard, n'ayant pas préparé de texte pour mon allocution, je commençai par faire quelques blagues pour dérider l'auditoire. J'avais encore toute fraîche à la mémoire l'histoire de la petite Yvette, cette enfant modèle, et, pensant

faire sourire l'auditoire, je la comparai à l'épouse du chef de l'opposition, Claude Ryan, qui m'était toujours apparu comme un
homme préférant que les femmes soient des Yvettes. Jamais je
ne l'avais entendu défendre l'avancement des femmes.

L'affaire se retrouva dans le journal *Le Devoir*, où Renée
Rowan d'abord puis Lise Bissonnette se déchaînèrent contre
moi. Un incident mineur venait d'être transformé en événement
majeur par deux femmes journalistes. Je fis des excuses publiques
devant l'Assemblée nationale, mais en vain. Mon cas avait déjà
été jugé par une partie de l'opinion publique. Il était impossible
de revenir en arrière.

Il m'est arrivé souvent depuis d'entendre des déclarations
bien pires que la mienne de la part de ministres mâles et cela me
fait sourire car je peux alors vérifier la démesure des commentaires qui ont suivi ma déclaration et dont j'ai été victime.

La campagne référendaire s'organisait. Le clan du Oui et le
clan du Non avaient fait connaître leurs leaders. Pour ma part,
je n'aimais pas la question que nous allions poser au peuple du
Québec[9], parce que je considérais qu'elle ne laissait aucune
place à un repli stratégique si le Non l'emportait. Après avoir
demandé un « mandat de négocier », que restait-il comme marge
de manœuvre s'il fallait reculer? Je trouvais aussi la question
trop longue, mais j'avais décidé de m'en accommoder parce que
je n'avais rien pu faire pour la changer.

---

9. « Le Gouvernement du Québec a fait connaître sa proposition d'en arriver,
avec le reste du Canada, à une nouvelle entente fondée sur le principe de
l'égalité des peuples; cette entente permettrait au Québec d'acquérir le
pouvoir exclusif de faire ses lois, de percevoir ses impôts et d'établir ses
relations extérieures, ce qui est la souveraineté, et, en même temps, de maintenir avec le Canada une association économique comportant l'utilisation
de la même monnaie; aucun changement de statut politique résultant de
ces négociations ne sera réalisé sans l'accord de la population lors d'un autre
référendum; en conséquence, accordez-vous au Gouvernement du Québec
le mandat de négocier l'entente proposée entre le Québec et le Canada? »

• • •

Le Conseil des ministres avait siégé toute la journée. Nous avions étudié plusieurs dossiers sectoriels et nous savions que nous devions revenir à la salle du Conseil pour la soirée parce que la « question » y serait débattue. Personne ne semblait savoir comment les choses allaient se passer. Nous étions tous anxieux, n'osant pas mettre sur papier « notre » question, à cause des recommandations qu'on nous avait faites. Pour ma part, je me demandais bien comment nous allions procéder. Comment vingt-six personnes pourraient-elles créer une question ensemble et réussir à s'entendre ?

Quand tout le monde fut arrivé, quelle ne fut pas ma surprise d'entendre le premier ministre dire qu'il était très certainement impossible d'écrire une question à vingt-six, que celle-ci devait avoir des paramètres précis et respecter un certain nombre de règles, et qu'on allait nous distribuer un brouillon qui pourrait servir de point de départ à notre discussion.

J'ai entendu Claude Morin affirmer que cette question n'était pas de lui, qu'il la voyait pour la première fois. Étrangement, j'ai eu l'intuition que ce qu'on venait de nous distribuer n'était pas un brouillon mais bel et bien le texte final de la question référendaire ; que ce n'était que pour simuler la démocratie que nous l'avions devant nous, parce que l'absence de consultation du Conseil des ministres nous aurait vexés et nous aurait peut-être bien enlevé le goût de participer à la grande consultation. J'imagine qu'on estimait, dans les officines du premier ministre, qu'on avait besoin de nous.

Quand les discussions ont commencé, il était facile de voir que le premier ministre avait réponse à toutes les interrogations. Il avait affirmé qu'on y passerait la nuit si c'était nécessaire et qu'on peaufinerait la question aussi longtemps qu'il le faudrait. Cependant, dès qu'une objection était soulevée par un participant, une réponse lui était donnée qui ne permettait pas à la discussion d'aller plus loin et qui nous ramenait toujours au texte existant. S'il est vrai que je n'aimais pas la question, il est vrai aussi que je n'aimais pas la méthode qu'on nous imposait. La soirée avançait. Jacques Parizeau, visiblement, n'avait pas l'intention de lâcher le morceau. Il y avait des éléments auxquels il tenait et qui ne se retrouvaient pas dans le brouillon de la question. Il y revenait avec insistance.

J'étais fatiguée. J'avais récemment fait un séjour assez long à l'hôpital pour une intervention chirurgicale et j'avais repris le travail trop rapidement. Je venais d'écouter plus de deux heures de ce débat qui ne menait nulle part. J'étais de plus en plus convaincue que toutes les décisions avaient été prises et que l'exercice en cours ne servirait à rien du tout. Je me sentais manipulée et cette impression m'était désagréable. Vers vingt-deux heures, je crois, je me suis levée, j'ai ramassé mes documents et je suis rentrée à l'hôtel. J'en avais assez entendu. J'étais certaine que la question qui serait présentée devant l'Assemblée nationale était celle du brouillon. J'étais intimement convaincue qu'aucun mot n'y serait changé.

Le lendemain, j'appris que la réunion s'était terminée tard dans la nuit mais que Jacques Parizeau avait réussi à faire apporter des changements au libellé de la question dans le sens qu'il avait souhaité durant tout l'exercice de la soirée. Il n'était pas peu fier et le montrait à son arrivée à l'Assemblée nationale. Puis le texte de la question fut déposé par le premier ministre et Jacques Parizeau eut la désagréable surprise de constater qu'il n'y avait eu aucun changement à la question. Il s'est levé et il est sorti sans lever les yeux. Il était furieux. J'ai cru qu'il allait immédiatement convoquer une conférence de presse et démissionner sur-le-champ. Il n'en fit rien. À la sortie de l'Assemblée, je le croisai de nouveau au restaurant *Le Parlementaire*. Il était attablé avec son épouse, Alice, et il avait l'air renfrogné. Je me suis arrêtée pour lui demander ce qui s'était passé. Il m'a répondu qu'il n'en savait rien mais qu'il vivait le jour le plus difficile de sa vie.

J'ai entendu par la suite l'explication suivante : personne en particulier n'ayant été chargé d'apporter les changements au texte, personne ne l'avait fait, croyant que c'était la responsabilité de quelqu'un d'autre. Je ne sais pas si Jacques Parizeau a jamais cru cette fable. Moi, pas. La question, « identique à son brouillon », fut adoptée et la campagne référendaire put commencer.

• • •

Après l'incident du mois de mars, je fus étonnée d'apprendre que les femmes libérales avaient organisé un brunch dans un grand hôtel de Québec, y réunissant des femmes sous le thème « Nous sommes des Yvettes », pour tenter de convaincre les femmes au foyer que mon discours avait été dirigé contre elles. Je trouvai l'opération d'assez mauvais goût et, comme je savais que la campagne référendaire serait pour moi très exigeante physiquement (j'avais été opérée peu de temps avant et je me fatiguais plus vite), je décidai de partir en vacances pour une semaine avec les filles de mon cabinet. Nous en profiterions pour mettre au point les idées que j'entendais développer pendant la campagne. C'est dans un motel de Floride que nous avons appris que les « Yvettes » avaient progressé : elles organiseraient une assemblée monstre au Forum de Montréal. Je ne pouvais pas croire que les Thérèse Casgrain, Monique Bégin, Sheila Finestone et Solange Chaput-Rolland, pour ne nommer que celles-là, toutes des personnes avec lesquelles j'avais déjà eu l'occasion de travailler sur des sujets concernant les femmes, allaient accepter d'être complices d'un tel mensonge et de l'humiliation que l'organisation libérale faisait subir aux femmes en leur collant l'étiquette d'« Yvette ». Ces têtes d'affiche du Forum n'avaient jamais accepté d'être des femmes au foyer, que je sache ! Leur vie avait été faite de revendications sans cesse renouvelées. Personne cependant ne semblait s'en rendre compte. Ces féministes déclarées allaient se donner en spectacle au Forum ! On m'a raconté que l'orchestre jouait *Hello Dolly* pendant que les participantes s'installaient dans les estrades. Michelle Tisseyre avait repris du service comme animatrice. Les journaux parlèrent d'un énorme succès.

Le moins que je puisse dire, c'est que j'étais désemparée. J'attendais l'article qui me rendrait justice dans cette affaire, mais, quand il est venu[10], le mal était déjà fait. Quand les femmes ont commencé à réaliser qu'elles avaient été dupées, il était beaucoup trop tard pour faire tourner le vent.

La seule qui se soit jamais excusée du message qu'elle avait endossé au Forum fut Solange Chaput-Rolland. Elle l'a fait dans un court article publié par *Le Journal de Montréal*. J'eus l'occasion de revoir Thérèse Casgrain une seule fois avant sa mort, lors d'une réunion organisée à Copenhague par les Nations unies au milieu de la décennie des femmes. Elle accompagnait la délégation du Canada. Nous venions de perdre le référendum et Mme Casgrain savourait encore sa victoire. J'eus très envie de lui demander un rendez-vous pour crever l'abcès, essayer de lui faire comprendre le rôle qu'on lui avait fait jouer, mais elle avait tellement vieilli que j'y renonçai. Elle devait mourir peu de temps après.

La période référendaire commençait plutôt mal pour moi. À notre retour de Floride, je me suis trouvée nez à nez avec Adrienne Clarkson, du réseau anglais de Radio-Canada, qui m'attendait. Je connaissais depuis des années celle qui venait d'être nommée gouverneure générale du Canada. Je l'ai regardée et j'ai dit : « Oh non ! » Elle m'a répliqué : « Oh oui ! » L'affaire des Yvettes était devenue un enjeu référendaire.

---

10. Voir annexe 7.

En parler encore m'ennuie. J'ai l'impression d'avoir raconté tout cela si souvent. Surtout qu'il s'en trouvera toujours pour affirmer que cette affaire a constitué le point tournant de la campagne référendaire et que j'ai été responsable de la piètre performance du Comité du Oui. Ce que j'ai du mal à croire.

Je n'essaie même plus de m'en défendre. Je reconnais que les Yvettes ont permis aux forces du non de s'exprimer, mais elles se seraient exprimées quand même et sur d'autres tribunes. Nous savions depuis longtemps, au Parti québécois, que le vote des femmes ne nous était pas acquis. Je l'avais répété assez souvent à mes collègues. La plupart des attentes des femmes n'avaient pas encore été satisfaites. Le gouvernement leur avait fait beaucoup de promesses, qu'il avait plus ou moins tenues.

Nous savions que tout le Québec ne voterait pas Oui. Les femmes, en particulier, demeuraient divisées sur la souveraineté-association. Pour le reste, je laisse à ceux que cela intéresse la tâche de démêler l'écheveau. Je ne sais rien de ce qui s'est dit dans les officines du pouvoir. J'ai toutefois reçu un jour un appel téléphonique de René Lévesque qui m'a dit qu'il souhaitait que je continue la campagne référendaire comme prévu. S'il m'avait demandé de démissionner, je l'aurais fait sur-le-champ. S'il estimait que je pouvais encore lui être utile, j'étais prête à me marcher sur le cœur et à reprendre la route la tête haute. C'est ce que j'ai fait.

La campagne a été longue et dure. Mon itinéraire devait me mener de la pointe de la Gaspésie jusqu'à Montréal, avec des arrêts presque à chaque village. Un matin que j'entrais dans la salle à manger d'un hôtel de Mont-Joli, j'y aperçus Jacques Parizeau qui lisait son journal. Nous nous sommes dit bonjour et nous nous sommes demandé ce que nous faisions là tous les deux. Parizeau a lancé : « Ce n'est pas ici que le référendum va se gagner ; c'est à Montréal, là où il y a beaucoup de monde. »

Il s'apprêtait à prendre l'avion pour se rendre à Sept-Îles. C'est là que nous avons compris que nous avions des itinéraires identiques, chacun de notre côté du fleuve, et que nous n'avions peut-être pas tort de penser qu'on nous avait éloignés tous les deux pour laisser toute la place à René Lévesque qui faisait campagne pratiquement seul dans la métropole. Étions-nous punis tous les deux, lui pour avoir fait connaître sa mauvaise humeur au sujet de la question et moi à cause des Yvettes ? La réponse ne sera probablement jamais connue. Et puis quelle importance ? Tout cela est de l'histoire ancienne.

Qui se souvient encore de Pierre Elliott Trudeau chantant *Ô Canada* en français à Montréal sans se faire huer comme dans les autres provinces ? Qui se souvient qu'il a mis son siège en jeu en promettant de donner aux Québécois les changements qu'ils désiraient dans la Constitution ? Nous sommes un peuple sans mémoire. J'étais celle qui avait suggéré qu'on mît la devise du Québec, «Je me souviens», sur les plaques d'immatriculation des automobiles, en remplacement de «La belle province». J'espérais que la mémoire nous reviendrait. Il n'en fut rien.

Dans mes discours, j'invitais régulièrement Pierre Elliott Trudeau à revenir chanter au Québec pendant la campagne référendaire. Je lui suggérais de chanter *Alouette* : «Alouette, gentille alouette… Je t'y plumerai la tête, et la tête, et les yeux, et le bec, alouette…» Mais il ne revint pas.

Quand il nous arrivait des nouvelles par les permanents du parti, il était facile de voir à leur mauvaise humeur que les sondages ne nous étaient pas favorables. Jusqu'à quel point, cela restait un secret bien gardé. Les semaines passèrent. Nous arrivâmes à la fin.

Le 20 mai 1980, je passai la journée dans la circonscription de Dorion. Le résultat du vote fut connu assez tôt. Il y eut des larmes et je pris le temps de consoler tout le monde en disant qu'ailleurs on avait peut-être voté oui et que la victoire serait alors au rendez-vous. Je n'y croyais pas trop mais il fallait espérer.

Les ministres avaient reçu comme directives de se rendre au Centre Paul-Sauvé dès que possible. Si le Oui l'emportait, un certain nombre de ministres auraient à prendre la parole. Si le Non l'emportait, seul le premier ministre parlerait. Quand j'arrivai au Centre Paul-Sauvé, je trouvai René Lévesque et Corinne dans une salle des joueurs. Lévesque fumait cigarette sur cigarette et avait l'air extrêmement nerveux. Corinne ne disait pas un mot. On entendait la foule réagir avec joie ou avec colère à l'annonce des résultats. C'était une foule surchauffée, déçue et stupéfaite.

Quelqu'un a frappé à la porte de la salle pour parler à Lévesque. Il a dit que le personnel de la sécurité s'inquiétait, que la foule s'impatientait et qu'il fallait probablement faire quelque chose. Lévesque a regardé autour de lui et il a dit: «On y va.»

Je lui ai fait remarquer que j'étais la seule ministre présente et que, s'il le désirait, je pouvais m'abstenir de monter sur scène. Il m'a répondu: «Vous êtes là, vous venez.» C'était un ordre. Je n'allais pas discuter.

Nous sommes donc arrivés tous les trois sur la scène. Aucun ministre ne s'était encore montré le nez. Où étaient-ils? Je n'en ai jamais rien su. Corinne est allée dans un coin et moi dans l'autre. Je me disais que si j'avais ma part de responsabilités dans la défaite, il était normal que je l'assume tout de suite. Je ne comprenais pas pourquoi j'étais la seule à le faire, cependant. Je trouvais la désertion des autres ministres inexplicable. Lévesque s'avança pour prendre la parole. «Si je vous comprends bien, vous êtes en train de me dire: "À la prochaine fois."» La foule était déchaînée et fragile à la fois. Je sentais qu'il aurait suffi de bien peu de chose pour mettre le feu aux poudres. Lévesque voulait chanter *Gens du pays* mais n'y arrivait pas. Il chantait faux, hésitait, souhaitait avoir de l'aide. J'ai fait un pas dans sa direction pour commencer la chanson, mais la foule l'avait déjà entonnée. C'était fini.

Après avoir quitté la scène, nous nous sommes embrassés tous les trois et je suis partie rejoindre les miens, qui m'attendaient à la maison. Les membres de mon cabinet venaient de voir cette cérémonie à la télévision. C'était la consternation. Nous avons pleuré longtemps.

Nous ne savions plus ce que nous ferions. Nous n'avions plus ce projet magique qui nous avait gardés ensemble en politique pendant toutes ces années. Nous venions de subir une terrible défaite et la douleur était grande. Nous en voulions très franchement à ceux qui avaient fait rater ce rendez-vous historique du Québec avec son identité de peuple indépendant et nous étions assez pessimistes sur ce que seraient les relations avec Ottawa dans l'avenir.

Le jour se levait quand nous sommes allés nous coucher. Nous avions assisté, à la télévision, au triomphe mesquin de Claude Ryan dans une salle pratiquement vide à l'aréna de Verdun. Nous avions le sentiment que le Québec serait pour toujours divisé en deux clans et que la blessure ne se refermerait jamais tout à fait.

69

Les épaules au plancher

Dans la voiture qui me ramenait à Québec, j'essayais d'imaginer ce qui arriverait à notre gouvernement. Personnellement, j'avais l'impression d'avoir les épaules au plancher, comme à la lutte quand l'arbitre frappe trois coups sur le matelas. Et je croyais que le gouvernement n'en menait pas beaucoup plus large.

Ce gouvernement avait fait son lit depuis longtemps au sujet de la souveraineté du Québec. Sa défaite était évidente et on avait beau constater que le vote francophone en faveur de la souveraineté avait été élevé, cela ne changeait rien à la cruauté du résultat véritable. Le peuple québécois nous avait refusé un mandat de négocier. Et, comme je l'avais toujours dit, nous n'avions pas de position de repli. J'acceptai alors l'évidence : le gouvernement allait démissionner et déclencher des élections. C'était, me semblait-il, la seule façon de retrouver la légitimité nécessaire pour continuer à gouverner. J'étais prête. La perspective d'une autre campagne à si brève échéance ne me réjouissait pas. Quelques mois auparavant, j'avais parcouru le Québec pour la campagne de financement du parti, que je présidais, puis j'avais fait la campagne référendaire. La perspective de reprendre bientôt la route ne me souriait guère, mais si c'était nécessaire, j'étais prête.

Mon étonnement fut grand, lors du Conseil des ministres qui suivit le référendum, de constater que mon option se révélait nettement minoritaire. Quelques collègues avaient effectué la même réflexion que moi et ils pensaient aussi qu'une démission aurait été dans l'ordre des choses. Mais la majorité des ministres défendait le contraire. Si l'expression avait été inventée à l'époque, ils auraient même certainement parlé de « réunir les conditions gagnantes » pour remporter les prochaines élections.

C'est ce jour-là que j'ai compris avec acuité que, « quand on a le pouvoir, il faut tout faire pour le garder ». C'est la devise de tous les partis politiques du monde. Garder le pouvoir! À n'importe quel prix et dans n'importe quelles conditions. Je tombais des nues. Il m'était même arrivé de penser à tous les atouts dont nous aurions pu disposer dans l'opposition. Mais je voyais bien que je ne trouverais jamais personne qui accepterait de m'écouter.

Je repris donc le collier. Sans beaucoup d'enthousiasme, mais en me jurant bien de réaliser tout ce que je pourrais réaliser dans le dossier des femmes. Nous n'avancions plus beaucoup cependant. Toutes les demandes qui nécessitaient de l'argent neuf se trouvaient bloquées. Les coffres de l'État étaient vides, clamait-on. La crise économique faisait déjà très mal à ce gouvernement de moins en moins social-démocrate. Plusieurs ministres souhaitaient qu'on laisse la population reprendre son souffle, guérir ses plaies, avant de proposer de nouvelles réformes.

Aucun de mes collègues n'avait jamais fait allusion à l'affaire des Yvettes. J'avais appris qu'au Comité central du parti on ne s'était pas gêné pour m'imputer, en définitive, la défaite du référendum, mais jamais personne ne m'en avait glissé un seul mot. J'avais aussi appris que les sondeurs du parti avaient une autre opinion, parce qu'ils savaient depuis longtemps que le référendum serait perdu.

J'ai mieux compris où je me situais par rapport à mes collègues le jour où j'ai déposé au Conseil des ministres un dossier important concernant les femmes. Tout semblait bien se passer jusqu'à ce que l'un d'entre eux me dise qu'il connaissait des femmes qui n'étaient pas d'accord avec ce qui était proposé là. Je répondis que c'était normal, que toutes les femmes ne pensaient pas la même chose, qu'elles n'avaient pas toutes les mêmes besoins, mais que mon rôle était de faire en sorte que les femmes ne soient pas brimées dans leur désir d'avancement et d'autonomie. Un autre enchaîna pour me demander au nom de quelles femmes je parlais exactement, vu que pas mal de femmes venaient de lui dire qu'elles n'étaient pas d'accord avec mes politiques les concernant. On se mit à dire que ce qu'il nous fallait, c'était une politique de la famille, et qu'on avait assez entendu parler des femmes pour le moment. Ce n'était pas la première fois que je sentais de l'hostilité chez certains de mes collègues, mais, cette fois, j'eus la désagréable impression de me trouver dans une glacière.

Lévesque semblait avoir l'intention de pousser son mandat jusqu'à sa limite, c'est-à-dire cinq ans. C'est au mois d'août 1980, à Québec, lors d'une de nos séances de travail hors les murs pour préparer le menu législatif de la session à venir, que j'ai pris ma décision. Je ne quitterais pas le bateau en pleine mer, j'avais plus le sens du devoir que cela, mais je ne serais pas candidate aux prochaines élections.

J'avais beau considérer ma situation sous tous les angles, me répéter les raisons pour lesquelles j'étais entrée en politique en 1976, j'étais bien obligée d'admettre que les deux plus importantes de ces causes se retrouvaient dans un cul-de-sac. La souveraineté venait de quitter l'avant-scène politique pour un moment et le gouvernement devrait se contenter de faire du surplace, au mieux, dans l'intervalle. Et il était difficile de voir à quel moment le débat pourrait reprendre. Quant aux dossiers sur la condition féminine, il était inutile de penser faire un travail sérieux sans l'appui des collègues, que je ne sentais plus disposés à écouter les demandes des femmes dans l'immédiat. Il n'y aurait pas non plus d'argent neuf disponible. Le Conseil des ministres s'apprêtait à «gérer la crise économique» parallèlement à la crise constitutionnelle qui allait forcément découler de la victoire du Non. Ottawa montrait ses griffes. Nous lui avions fourni des outils dont nous serions les premières victimes.

C'est au cours d'un petit-déjeuner avec Jocelyne Ouellette, un matin d'août avant que le Conseil ne se réunisse à la campagne, que j'ai parlé pour la première fois de quitter la politique.

Jocelyne a été surprise. Elle m'a conseillé d'en parler à Lévesque dès que ma décision serait prise, et, comme je me plaignais que l'abcès des Yvettes n'avait jamais été crevé, elle prit sur elle un peu plus tard de soulever la question devant le Conseil réuni. La discussion n'aboutit à rien. J'imagine que personne n'avait le goût de reparler de cela et le sujet fut vite abandonné. À la fin de la réunion, je demandai à Lévesque de m'accorder quelques minutes. Je lui fis part de mon intention de ne pas solliciter de nouveau mandat au moment du déclenchement des prochaines élections, tout en lui assurant que j'avais l'intention de rester jusqu'à la fin de notre présent mandat et de continuer à travailler de mon mieux. J'appris alors que Guy Joron avait aussi annoncé son départ, ainsi que Jacques Couture, qui, prêtre, obéissait ainsi aux ordres de ses supérieurs. Quand Lévesque m'a demandé pourquoi je partais, je lui ai expliqué que j'étais entrée en politique librement, que personne n'avait sollicité ma candidature et que je l'avais offerte. J'avais alors deux raisons principales de le faire, qui me tenaient à cœur: la souveraineté du Québec, pour que nous arrêtions de perdre notre temps et notre énergie dans des luttes aussi stériles que ridicules avec Ottawa, et l'avancement de la cause des femmes. Je lui ai précisé que, dans les deux cas, je pensais que l'horizon était bouché pour un bon moment, et que je désirais partir parce que je croyais pouvoir être utile ailleurs.

Lévesque m'a répondu : « Je ne vous le cacherai pas : des fois, je vous envie. » Il me fit promettre de poursuivre ma réflexion, quitte à en reparler plus tard, et il me demanda de n'en rien dire, si je n'y voyais pas d'objection, avant que les élections ne soient déclenchées. Il n'avait pas la moindre idée du jour où cela se produirait. Il me demanda aussi s'il pouvait espérer que j'accepte une nomination au poste de ministre du Développement social jusqu'aux élections. Je lui assurai que oui.

J'étais ministre d'État à la Condition féminine et j'allais bientôt devenir ministre d'État au Développement social, deux postes que j'occuperais jusqu'au jour de l'assermentation d'un nouveau Conseil des ministres, après des élections dont la date restait inconnue.

Je suis sortie soulagée de cette rencontre. J'avais libéré mes épaules d'un poids immense. Et j'avais la certitude que Lévesque me gardait sa confiance et son amitié.

Je gardai le silence complet sur mes intentions, sauf avec les membres de mon cabinet, que je me devais de prévenir afin qu'ils puissent également décider de leur avenir. La plupart d'entre eux choisirent de quitter le pouvoir en même temps que moi.

Plusieurs semaines s'étaient écoulées quand Lévesque me fit venir à son bureau. Il voulait savoir si ma décision était toujours la même et je lui confirmai que je n'avais pas changé d'idée. Il me demanda si je n'avais pas des noms de femmes à suggérer comme candidates pour les prochaines élections. Je lui répondis que Pauline Marois, qui dirigeait mon cabinet, avait toutes les qualités nécessaires et qu'à mon avis, une fois élue, elle serait ministrable. Je lui parlai aussi d'Huguette Lachapelle, à qui j'avais déjà dit que je désirais la voir me remplacer dans ma circonscription. Tout le monde la connaissait dans Dorion. Elle était réputée pour sa générosité, son dévouement et sa bonne humeur. Elle avait toujours habité là, et elle avait si bien travaillé pendant toutes ces années que je voulais qu'elle ait sa chance. Et, bien sûr, nous l'aiderions dans sa campagne. Il a dit que cela avait de l'allure.

Puis il s'est levé lentement. Il a fait le tour du bureau et est venu s'asseoir plus près. Il m'a encore demandé si ma décision était définitive. Avant que je n'aie eu le temps de répondre, il a ajouté qu'il trouvait cela bien dommage parce que, en fait, rien ne m'empêchait de penser qu'un jour, peut-être, je pourrais diriger ce parti, après son départ… Pourquoi pas? disait-il. Je me suis mise à rire. Je lui ai dit qu'hélas il n'avait rien compris, que mon désir de partir n'était pas stratégique mais répondait à un besoin profond. Il m'a dit en riant qu'un gars avait bien le droit d'essayer, puis il a pris le temps de m'expliquer qu'il m'avait peut-être assez bien comprise pour ne pas se risquer à me demander de rester, de peur que je ne l'envoie promener. Nous nous sommes serré la main. Je lui ai dit merci et nous nous sommes séparés. Je savais que l'annonce des prochaines élections n'allait plus tarder.

70

La sortie en salto arrière groupé

En politique comme au théâtre, l'important est de ne pas rater sa sortie. Les membres de mon cabinet étaient inquiets. La rumeur de mon départ avait commencé à circuler parmi les journalistes. Nous craignions que l'annonce de ma sortie ne soit rendue publique avec des explications invraisemblables. C'est pourquoi, le 5 février 1981, je téléphonai à Lévesque pour le prévenir que je tiendrais une conférence de presse le jour même. Je rencontre-rais donc les journalistes et leur dirais moi-même les raisons pour lesquelles je quittais la politique. Il me donna son accord et me dit qu'il faisait prévenir tous les collègues afin qu'ils ne soient pas pris par surprise, le micro sous le nez, à répondre aux ques-tions des journalistes.

Pendant que je me préparais, je reçus un appel de Jacques Parizeau. Il venait d'apprendre la nouvelle et il me traita genti-ment de lâcheuse. Il me dit qu'il regretterait ma présence et je lui répondis que je comprenais pourquoi. J'avais été l'une de ses meilleures élèves. Souvent, au Conseil des ministres, Parizeau ne se contentait pas de présenter un de ses dossiers, mais il accom-pagnait sa présentation d'un cours complet d'économie, avec l'attitude et le vocabulaire du professeur qu'il était depuis long-temps. À la blague, je lui avais déjà dit que j'étais prête à payer ma place pour l'écouter. Je l'avais fait un jour, en plein Conseil, alors qu'il présentait des éléments de son prochain budget. Après qu'il eut effectué une envolée didactique particulièrement réussie, je m'étais levée de ma place pour aller déposer deux dollars sur la table devant lui en disant : «Cette fois, ça les vaut vraiment. »

À la conférence de presse, mes genoux tremblaient. J'avais la voix brisée par l'émotion en commençant la lecture de mon texte. Et puis, petit à petit, j'ai retrouvé mes moyens. En une heure, tout fut réglé. J'avais répondu à toutes les questions avec autant de franchise que possible. J'avais insisté essentiellement sur le fait que je voulais retrouver ma liberté de parole pour promouvoir la souveraineté du Québec et pour reprendre le dialogue interrompu avec les femmes.

Je n'avais rien planifié quant à mon avenir. Je savais qu'il me faudrait travailler, parce que mon séjour en politique m'avait appauvrie, par comparaison avec mes années d'animatrice de télévision. Il ne me serait jamais venu à l'esprit de demander à René Lévesque de me placer quelque part pour me mettre à l'abri du besoin pendant un certain temps et il ne me l'a pas offert non plus. J'allais donc quitter la politique, rentrer sans parachute dans l'atmosphère, en me croisant les doigts pour que l'atterrissage se fasse avec le plus de douceur possible. J'avais dit aux journalistes, pendant la conférence de presse, que je voulais écrire. Probablement parce que je trouvais que cela faisait bien. Mais où? Comment? Pour qui? Je n'en avais pas la moindre idée.

Le lendemain de cette conférence de presse, Lévesque a eu de bons mots pour moi[11]. Je lui en fus reconnaissante. La réaction de Claude Ryan, par contre, confirma l'opinion que j'avais déjà du chef de l'opposition[12].

---

11. «Inutile d'ajouter que, comme moi, tous ses collègues de la députation ministérielle, à commencer par ceux qui l'ont vue à l'œuvre au Conseil des ministres, déploreront le départ de cette femme dont l'intelligence, la ténacité et la loyauté ont été totalement au service des Québécois et des Québécoises depuis quatre ans », René Lévesque, février 1981.
12. Voir annexes 8 et 9.

Les choses suivirent leur cours normal. La date des élections fut finalement annoncée et, comme je l'avais souhaité, Pauline Marois serait candidate dans La Peltrie, une circonscription de la ville de Québec, et Huguette Lachapelle serait la candidate du Parti québécois dans Dorion. De mon côté, j'assumais l'intendance dans mes bureaux de Québec tandis que mes collègues ministres et députés avaient repris la route. Les pièges ne manqueraient certes pas pour eux; la position constitutionnelle à défendre, si peu de temps après le référendum, tenait de la prouesse acrobatique. J'étais heureuse de ne pas être au front. Je souffrais de la maladie qui fait dire aux hommes que nous, les femmes, sommes trop entières.

Le jour des élections, ce fut le bonheur complet. Non seulement le Parti québécois était reporté au pouvoir, mais Pauline et Huguette étaient élues. Ce fut aussi le signal pour moi de commencer à ramasser mes papiers. Il ne me restait qu'à attendre l'assermentation officielle du nouveau cabinet pour retrouver le droit de rentrer chez moi pour de bon[13].

J'avais eu la chance de garder mon chauffeur pendant toutes ces années. Michel Therrien et moi étions devenus les meilleurs amis du monde. Il ne s'était fait remplacer qu'une seule fois, parce qu'il était malade, et le chauffeur qu'on m'avait envoyé au moment où je prenais la route pour Montréal en était à sa quatrième ou cinquième crise cardiaque. Il avait commencé par me dire qu'il ne pouvait pas porter ma serviette jusqu'à la voiture. Je ne sais par quel hasard mais, en plus, il étrennait une voiture toute neuve. Je devais découvrir, une fois sur la route 20, après le coucher du soleil, qu'il ne savait pas où se trouvait le bouton des phares de la voiture. Il conduisait si lentement qu'il me fallut près de cinq heures pour rentrer chez moi au lieu de trois. J'ai failli lui offrir de me laisser conduire tellement je trouvais le

---

13. Voir annexe 10.

pauvre homme fragile. Quand nous sommes arrivés à la maison, j'ai téléphoné à Marc-André Bédard lui-même pour lui dire que je refusais de retourner à Québec avec le même chauffeur. J'ajoutai que j'estimais que ma vie était en danger avec ce monsieur et que je ne comprenais pas qu'on ait installé des boutons de sécurité partout dans ma maison, où je n'étais pas si souvent, après tout, alors qu'on confiait ma sécurité sur la route à quelqu'un qui avait peine à se tenir debout. Puis Michel était revenu. Je lui avais toujours fait entièrement confiance. Il m'était déjà arrivé de devoir me changer en vitesse dans la voiture, garée dans une ruelle de Montréal, entre une rencontre de travail et un dîner officiel. On ne peut pas faire plus confiance à quelqu'un que cela !

Le jour de l'assermentation du nouveau cabinet, Michel m'a conduite à mon bureau du « bunker ». Je lui avais dit que j'assisterais à l'assermentation. Je savais bien qu'il devait déjà avoir sa prochaine assignation en poche, mais il n'a rien dit. J'avais prévu de retourner à mon bureau après l'assermentation, pour récupérer ma serviette et dire au revoir à ma secrétaire avant d'aller prendre l'avion pour Montréal, où Laurent m'attendait.

Après la cérémonie, j'ai revu tout le monde une dernière fois. J'ai serré des mains et embrassé des joues. J'étais si fière de Pauline et d'Huguette. Puis je suis sortie de l'édifice de l'Assemblée nationale. Michel Therrien attendait son prochain ministre, avec les autres chauffeurs. Il m'a fait signe de monter dans la voiture. J'ai d'abord ri, puis j'ai hésité. Je n'étais plus ministre, ni même députée. Je n'avais plus de chauffeur ni de voiture. Il m'a conduite à mon bureau en disant que l'autre pourrait bien attendre. Quand nous nous sommes quittés, je l'ai embrassé sur les deux joues. Cela n'avait l'air de rien mais, pendant ces quatre ans et demi, j'avais passé plus de temps avec lui qu'avec Laurent et mes enfants. Je lui serai toujours reconnaissante de sa loyauté. Et je sais qu'il appréciait, quand il venait me chercher à six heures

du matin, que je lui apporte ses rôties bien chaudes et bien beur-
rées parce qu'il n'y avait pas un restaurant ouvert à cette heure-là
dans les environs. Nous avions fait bon ménage.

Je ne voulais pas rester longtemps à mon bureau. J'avais hâte
de sortir du « bunker ». Je voulais cependant prendre le temps de
remercier ma secrétaire. Quand ce fut fait, je me dirigeai vers la
sortie avec l'intention de héler un taxi, ce que je n'avais pas fait
depuis longtemps.

Sur le trottoir, il n'y avait aucun taxi en vue. Je commençais
à désespérer d'être à l'aéroport à temps pour mon vol vers
Montréal. Je vis les ministres sortir de l'édifice de l'Assemblée
nationale à tour de rôle, monter dans leurs limousines respectives et parfois passer devant moi sans un regard dans ma direction. J'étais devenue anonyme. Je trouvais l'expérience fascinante.
Puis ce fut le tour de Michel, que je vis faire monter Pauline
Marois. Je fus contente pour lui parce que Pauline habitait
Québec, ce qui signifiait que Michel n'aurait plus à faire la route
20 aussi souvent qu'avec moi. Je fus aussi contente pour elle,
parce que je savais que Michel lui serait dévoué. Pauline ne me
vit pas. J'étais toujours plantée sur le trottoir, désespérant de
trouver un taxi.

C'est ma secrétaire qui, sortant du parc de stationnement
pour aller luncher, s'arrêta pour me demander ce que je faisais
là. Elle me dit : « Je ne vais quand même pas vous laisser prendre
un taxi pour aller à l'aéroport ! Montez. » Sur mon trottoir, j'avais
eu amplement le temps de réaliser qu'en quittant la politique
j'avais rompu des liens très forts et que le vide se ferait autour de
moi bien plus vite que je n'avais jamais pu l'imaginer.

À bord de l'avion, je me sentais un peu engourdie, indifférente à tout, comme un boxeur le lendemain d'un combat. J'étais
vidée, comme si toute la tension des quatre dernières années
avait disparu d'un seul coup. J'aspirais à vivre doucement, à
retrouver mes amis, à me faire un petit jardin. Je voulais faire le

ménage dans mes idées, prendre le temps de voir où j'en étais rendue. Je voulais penser par moi-même, sans parti pour surveiller mes paroles, ni collègues pour me décourager de la capacité des hommes à comprendre les femmes. Je voulais surtout retrouver Laurent, parce que ces années d'absence ne garantissaient rien pour l'avenir de notre couple. Je comprenais bien qu'il se soit senti abandonné souvent, mais nous avions tenu bon quand même et j'avais hâte de lui dire que je rentrais enfin à la maison.

Il était là, à l'aéroport. Je lui en étais reconnaissante.

71

Le silence à perte de vue

Peut-on mourir d'un trop-plein d'oxygène ? Je n'en demandais pas tant. J'avais souhaité quitter l'univers étouffant de la politique et retrouver une vie plus normale, mais là, c'était trop. Le téléphone restait extraordinairement silencieux. J'avais l'impression d'être morte, tellement tout s'était figé autour de moi. J'avais pourtant des amis, avant mon séjour en politique. Où étaient-ils donc passés ? Mon carnet de rendez-vous demeurait vide pour la première fois depuis des années. J'avais voulu quitter la vie publique, mais peut-être avais-je quitté la vie tout court, sans m'en rendre compte.

Je tournais en rond depuis des semaines. Je suivais religieusement à la télévision chaque jour la période des questions à l'Assemblée nationale, comme ma dose de drogue quotidienne. Je dévorais les journaux, essayant de deviner les discussions qu'il avait pu y avoir sur tel ou tel sujet. Le matin, quand Laurent partait travailler, je n'avais aucune idée de ce que je ferais de ma journée. Je ne lisais même pas.

Je vivais à l'extérieur de Montréal, dans une ville anglophone où je sentais une certaine hostilité. Je n'avais pas de voiture, je vivais au ralenti. Avec l'arrivée du printemps, je souhaitai vraiment avoir un petit potager. Laurent s'en occupa pratiquement seul. Quand il fut prêt, je n'en avais plus envie. Le jardin ayant été très généreux, j'entrepris de préparer des conserves. Toute la maison sentait le vinaigre et les tomates.

Il me fallait une voiture, pour pouvoir me déplacer à mon gré. Je ne savais même pas quel véhicule acheter car je ne connaissais rien des nouveaux modèles offerts sur le marché. Je me sentais comme si j'avais été longtemps absente du pays, éloignée de la vraie vie pendant des années. Je ne savais pas ce que j'attendais, mais j'attendais quelque chose. Un signe peut-être.

Laurent me suggéra de prendre de longues vacances, mais j'étais reposée déjà. Je ne me voyais pas faire des confitures pour le reste de mes jours.

Mon message avait été assez clair, me semblait-il, quand j'avais annoncé ma démission. J'avais dit que je souhaitais travailler avec le parti ou avec des groupes de femmes. J'avais tendu des perches dans ce sens. Rien n'avait bougé. Peut-être ne voulait-on pas de moi au parti. Je ne devais pas être de tout repos pour des gens qui n'aimaient pas être contredits. Ils devaient estimer en avoir déjà plein les bras avec Lévesque lui-même, qui avait souvent obligé le parti à des contorsions douloureuses. J'aurais pu cependant leur apporter une expérience qui leur aurait été utile à beaucoup d'égards. J'avais bien compris le rôle d'un parti par rapport à celui d'un gouvernement. J'aurais aimé leur expliquer comment le parti pouvait jouer pleinement son rôle, sans toutefois empiéter sur les prérogatives des élus.

Les représentants du parti ne m'avaient jamais donné signe de vie. Je ne voulais pas m'imposer. Quant aux groupes de femmes, ils avaient probablement repris contact avec les ministres dont leur sort dépendrait au cours des prochaines années. De ce côté-là aussi, le silence restait total. J'avais beau considérer la situation sous tous les angles, j'étais seule. Plus vite je cesserais d'attendre une solution venant des autres, plus vite je recommencerais à vivre normalement.

De quoi avais-je envie maintenant? C'est la première question qui s'imposa à moi. J'avais envie d'écrire. Je rêvais de diriger un magazine d'idées pour les femmes, une revue dans laquelle on ne parlerait ni de cuisine ni de maquillage, mais où on remettrait en question l'organisation de la société, le handicap d'être née fille, les bons et les mauvais coups des femmes sur les plans social, économique et politique. Je rêvais d'un magazine tellement nouveau et tellement bien fait qu'il deviendrait une référence incontournable, même pour les hommes. Je rencontrai donc quelques éditeurs de presse. Je fus invitée à quelques reprises au restaurant, mais aucun de ces messieurs ne devait dépasser le stade poli de la discussion.

Pour tromper le temps, et pour faire plaisir à mes amies Nicole Messier et Lorraine Godard, les deux seules de mon ancien cabinet que je voyais régulièrement, je me suis mise à consigner les souvenirs, les impressions conservées des quatre années et demie que j'avais passées en politique. Cela devait être l'ébauche du *Pouvoir? Connais pas*, mon premier livre, publié en 1981.

J'avais ressorti ma vieille machine à écrire, achetée en 1954 à Trois-Rivières. Au lieu de répéter que je voulais écrire, j'écrivais. Cela constituait sans doute le premier pas à faire. Je connais plein de gens qui proclament pendant des années qu'ils veulent écrire mais qui ne le font jamais.

Je pensais à un téléroman. Je me souvenais que, quand j'animais *Appelez-moi Lise*, nous nous étions aperçus que notre cote d'écoute montait les soirs où notre émission était précédée par un bon téléroman. C'étaient des personnages de femmes qui s'imposaient à moi. Je voulais raconter l'histoire de femmes dans la trentaine, vivant des situations communes à nous toutes. Je souhaitais que les femmes puissent s'identifier à mes personnages. Mes dossiers sur la condition féminine cesseraient d'être désincarnés. Je voulais que les hommes voient que ce qu'ils

appelaient nos « sparages » reposaient sur des situations inte-
nables et que les femmes avaient raison de crier au secours. Je
tenais aussi à un téléroman dont l'action se déroulerait dans un
cadre urbain. Il était temps que la télévision quitte la campagne
pour arriver en ville.

Richard Martin, le directeur du service des dramatiques de
Radio-Canada, m'écouta avec attention. Je parlai longuement de
mes quatre personnages, Anne, Martine, Michèle et Hélène. À la
fin, il me dit : « C'est fou, je les vois ! » Restait à mettre le projet
sur papier, ce que je fis rapidement. Quand Richard me rappela,
il me dit en riant qu'il prenait *La Bonne Aventure* et qu'il se sentait d'autant plus à l'aise de le faire qu'il achetait aussi un téléroman de Solange Chaput-Rolland, *Monsieur le ministre*, et qu'ainsi
il ne risquait pas d'avoir des ennuis avec ses grands patrons.

Si j'avais eu la moindre velléité de reprendre du service
comme animatrice à Radio-Canada, je venais de recevoir une
sorte de bulletin météo me prévenant qu'il y avait toujours de la
turbulence dans l'air. D'ailleurs, on y a toujours lu mes textes de
téléroman avec « la lunette politique », pour bien s'assurer qu'il
ne s'y trouvait aucune opinion partisane.

Heureusement, l'animation ne me disait plus rien. Aspirant
à une vie plus tranquille, je savais avoir plus de chances de la
trouver loin des caméras. Il m'arrivait cependant de considérer
l'attitude de la société d'État comme discriminatoire à mon
endroit. Je n'avais jamais cru à la supposée « neutralité » de la
maison. Pierre Elliott Trudeau y avait toujours vu un méchant
repaire de séparatistes et moi, un nid de libéraux.

Le téléroman prenait forme. Les comédiennes furent choisies. Elles devinrent rapidement une partie importante de ma
vie. Je n'avais plus de temps pour regarder la période des questions et l'Assemblée nationale était à des années-lumière de mes
préoccupations. J'avais trouvé un défi qui me fascinait. Je travaillais beaucoup. La réalisatrice m'obligeait à justifier pratique-

ment chaque réplique des dialogues. Pourquoi tel personnage dit-il ceci ? Pourquoi dit-il cela ? Elle passait des heures à m'interroger sur tout ce que j'écrivais. Elle n'était jamais vraiment satisfaite. Ses exigences m'ont sans doute évité bien des erreurs. Pendant mes heures d'écriture, quand j'étais en panne, je téléphonais à ma fille Sylvie. Elle était de la génération de mes héroïnes. Je lui demandais de me dire ce qu'elle ferait, elle, dans les mêmes circonstances. Souvent, c'est elle qui me suggérait la suite. Finalement, elle est devenue ma précieuse collaboratrice.

Je me sentais nettement moins seule. J'avais revu la plupart de mes anciens collègues au lancement de mon livre, à Québec, et leur accueil avait été empreint de sympathie. Lévesque m'avait dit en riant : « Vous ne me massacrez pas trop, c'est bien. J'avoue que j'ai eu un peu peur. »

La Bonne Aventure prit enfin l'antenne, et le résultat, bien qu'un peu maladroit, était acceptable. J'entreprenais une nouvelle carrière, qui était complètement inattendue. Elle me permettait d'atteindre un large public et de parler de la condition féminine autrement qu'avec la liste des demandes traditionnelles des femmes. J'allais pouvoir gagner ma vie ailleurs que devant les caméras.

J'avais quitté la politique après un seul mandat et je n'avais pas accompli les cinq années nécessaires à l'obtention d'une pension. J'étais plus pauvre qu'avant et gagner ma vie était essentiel.

Contrairement à d'autres, jamais je n'aurais pu reprendre mon ancien poste. D'abord parce que Radio-Canada ne l'aurait jamais accepté, mais surtout parce que la Lise d'*Appelez-moi Lise* n'existait plus. Elle était disparue depuis longtemps. On ne passe pas quatre ans et demi en politique active sans changer. C'est impossible. J'avais connu diverses expériences, bonnes et mauvaises, et je portais quelques cicatrices qui étaient longues à guérir. Ce n'est pas ce qui fait les meilleures animatrices. Heureusement, j'en étais consciente.

J'étais de plus en plus passionnée par le travail des comédiens. Par leur fragilité aussi. Les filles de *La Bonne Aventure* avaient ce côté moderne des femmes de trente ans qui me fascinait. Après la première année, Richard Martin m'a demandé si je me sentais prête à écrire des émissions d'une heure plutôt que d'une demi-heure. J'ai accepté sans bien réaliser qu'il s'agissait de faire beaucoup plus que de doubler la somme de travail. Une émission d'une heure requiert une structure complètement différente; il faut traiter plus d'intrigues à la fois et maîtriser plus de personnages. Avec la nouvelle réalisatrice, Lucile Leduc, l'entente était si parfaite que je n'avais jamais à lui expliquer mes intentions; elle les devinait toujours.

Nathalie Gascon m'avait prévenue qu'elle allait avoir un enfant. Nous avons réussi à la filmer sans que son gros ventre apparaisse jamais à l'écran. Même qu'un jour, après la naissance de son bébé, nous avons tourné une scène complète pendant qu'elle le nourrissait au sein, sous sa chemise…

Il y avait de l'amitié entre ces femmes. Elles se soutenaient, s'encourageaient aussi. Christiane Pasquier, Nathalie Gascon, Michelle Léger et Johanne Côté avaient une justesse de ton et une présence incroyables. Elles s'investissaient tellement dans leur rôle qu'elles me faisaient parfois peur.

L'émission fut à l'antenne pendant quatre ans, avec un succès qui ne s'est jamais démenti. Les comédiennes voulaient toujours savoir ce qui allait arriver à leur personnage. Je leur expliquais que je voulais que ce soit comme dans la vie. On n'est jamais prévenu, dans la vie, de ce qui nous attend. Je voulais garder le même secret pour mes personnages, afin qu'elles ne se préparent pas d'avance à réagir aux événements.

On utilise souvent le mot «famille» pour désigner l'équipe d'un plateau de tournage. J'ai compris pourquoi quand nous nous sommes quittées.

Pour moi, il n'y a pas eu de temps d'arrêt. *Des dames de cœur* a pris l'antenne dès la saison suivante. J'abordais une autre tranche d'âge, les cinquante ans. Luce Guilbeault, à qui on avait offert le rôle de Claire, était venue nous rencontrer au bureau de Lucile Leduc. Elle était si heureuse. Elle allait enfin, disait-elle, jouer régulièrement. Elle s'était écriée qu'elle interpréterait ce rôle gratuitement si c'était nécessaire. Nous avions ri et je lui avais recommandé fortement de ne jamais prononcer une telle phrase devant la direction, qui ne manquerait pas de la prendre au mot. Michelle Rossignol faisait un retour à la télévision après des années consacrées au théâtre. On retrouvait également Andrée Boucher, qui croyait sa carrière terminée, et Louise Rémy, que la télévision avait aussi négligée depuis longtemps.

La distribution était parfaite. Nous assisterions en plus à une performance d'acteur inoubliable. Gilbert Sicotte allait prêter ses traits à Jean-Paul Belleau, qui deviendrait l'un des personnages mythiques de notre télévision.

Pendant trois ans, chaque lundi soir, le Québec avait rendez-vous avec des femmes heureuses ou malheureuses, au bord de l'amour ou du divorce, des femmes parfois abandonnées et qui s'accrochaient à la vie. Des femmes courageuses, parfois mesquines, parfois généreuses, des femmes ordinaires et attachantes.

Hélène Roberge, la directrice du service des dramatiques, n'a pas hésité une seconde quand je lui ai proposé ensuite de réunir les principaux personnages de mes deux téléromans. Sous le titre *Un signe de feu*, j'allais marier Martine (Nathalie Gascon) à Jean-Paul Belleau, pour le meilleur et pour le pire. Le défi sur le plan de l'écriture était absolument passionnant.

Au total, neuf ans de ma vie. Neuf ans de personnages et d'intrigues qui m'ont occupée entièrement. À la fin, quelqu'un m'a dit que j'avais écrit une trilogie. Je trouvais que c'était un bien grand mot. Moi, j'avais écrit un petit téléroman.

Il m'arrive de m'ennuyer de ces personnages, d'avoir le goût de les reprendre et de les faire revivre dix ans plus tard pour voir ce qu'ils sont devenus. Une autre idée folle…

72

Attention la Chine, prise deux

Tôt un matin, le téléphone sonna alors que je venais de commencer à écrire. Au bout du fil, une voix d'homme que je n'arrivais pas à identifier me demanda avec un fort accent si un voyage en Chine m'intéresserait et si je pouvais me rendre disponible. Me rappelant ma première tentative, je répondis affirmativement aux deux questions. Mon interlocuteur m'apprit alors que j'étais invitée par le gouvernement chinois à visiter la Chine pendant trois semaines en octobre 1982. Je ferais partie d'un groupe appelé Community Leaders, composé d'une dizaine de personnes venues de plusieurs provinces du Canada. Une véritable aventure ! Je jubilais. J'en parlai à tout le monde. C'était le voyage dont je rêvais depuis ma tendre enfance. Le désir de connaître la Chine m'était venu avec l'achat de mon premier petit Chinois de la Sainte-Enfance et ne m'avait jamais quittée. J'avais envié certains de mes collègues ministres qui avaient pu s'y rendre pendant leur mandat. Mon rêve se réalisait enfin.

Le départ pour la Chine se faisait de San Francisco. Le groupe au complet s'y retrouva pour une journée, histoire de faire connaissance. Je partagerais ma chambre avec Nicole Bélanger, qui occupait un poste important à la CBC, à Montréal. Les autres personnes originaires de Montréal étaient des professeurs des universités McGill et Concordia. Trois ou quatre personnes de la Colombie-Britannique complétaient le groupe. Le voyage en

Chine serait aussi intéressant à vivre à cause des interactions à l'intérieur du groupe qu'à cause de la beauté des paysages et de la découverte du peuple chinois.

Nicole Bélanger parlait le français mais sa langue de travail à la CBC était l'anglais. Mon immersion dans la langue de Shakespeare était presque totale, sauf à l'heure du coucher, où nous étions seules. Je ne sentis pas d'animosité à mon égard de la part des autres membres du groupe, mais de la curiosité. Pendant les trois semaines que durerait le voyage, j'aurais cent fois l'occasion d'expliquer pourquoi je croyais que le Québec devait devenir indépendant et pourquoi j'étais convaincue que, contrairement à ce que prétendait Ottawa, le Québec désirait rester ouvert sur le monde. Leurs multiples questions m'ont permis de réaliser à quel point la souveraineté-association était mal comprise du reste du Canada. Les messages contradictoires reçus de Québec et d'Ottawa avaient créé une confusion totale. Chez les Canadiens de mon groupe, je reconnaissais les slogans des anglophones de Montréal. Les discussions restaient sereines cependant. J'arrivais à faire voir les événements québécois des dernières années sous un éclairage nouveau qui apaisait les angoisses de mes compagnons de voyage.

J'avais un « défaut » bien pire que d'être « séparatiste » : je fumais, à ce moment-là, deux paquets de cigarettes par jour. Heureusement, Nicole Bélanger, la seule autre fumeuse du groupe, en fumait autant. Nous avons eu droit à toutes les protestations et réprimandes possibles de la part des non-fumeurs.

Avant de partir, j'avais dit à mes enfants : « Si l'avion tombe à l'aller, dites-vous que je suis morte furieuse et frustrée. S'il tombe au retour, ça ne sera pas grave. J'aurai vu la Chine. »

Quand l'avion s'est posé, tard le soir, à l'aéroport de Beijing, et que les portes se sont ouvertes, j'étais anxieuse. Je ne voulais pas être déçue. Je désirais que ce pays soit à la hauteur des rêves que j'avais entretenus par la lecture, le cinéma et la découverte de l'art chinois au cours des années. Je me sentais prête à affronter ce monde inconnu que j'avais entendu surnommer « le péril jaune ». C'était mon premier contact avec l'Asie.

Il faisait nuit. En quittant l'avion, en route vers l'hôtel, j'ai d'abord été séduite par les odeurs : des parfums d'épices, à la fois sucrées et piquantes. J'en découvrirais bien d'autres au cours du voyage, de moins agréables souvent, mais je n'ai jamais oublié le vent doux chargé d'odeurs d'épices de cette première nuit. Nous habitions un hôtel magnifique situé sur la « Colline parfumée ». Que pouvais-je demander de plus ?

La Révolution culturelle était terminée depuis peu. En Occident, nous avions mis du temps à savoir les excès auxquels elle avait donné lieu. La Chine avait laissé filtrer bien peu d'informations sur les abus auxquels s'était livrée la jeunesse chinoise au nom du président Mao et encouragée par lui. Les Chinois que nous avions rencontrés craignaient encore de parler ouvertement de cette période. Je comprenais mieux leur immense douleur ainsi que le lourd silence qui répondait à nos questions. On ne parlait pas de la Révolution culturelle. Aucun Chinois ne voulait raconter ce qu'il avait vécu pendant cette décennie de terreur.

J'avais demandé à rencontrer des femmes chinoises. Comme on connaissait mes antécédents, on m'organisa une réunion avec l'équivalent chinois du Conseil du statut de la femme. L'entretien fut chaleureux et me permit de comprendre pourquoi il était si difficile pour les couples de se soumettre à la loi d'un seul enfant par famille. La tradition chinoise veut que la fille qui se marie appartienne à la famille de son mari après son mariage. Tous les Chinois rêvaient donc d'avoir un fils qui ramènerait une femme à la maison. Elle pourrait ainsi s'occuper des vieux parents de son mari. Son travail garantirait aussi un revenu plus élevé, une vie plus aisée pour sa nouvelle famille. Si le premier enfant était une fille, beaucoup de parents, surtout à la campagne, choisissaient l'avortement, ou, pire, tuaient la fille et attendaient d'avoir un garçon. Ils estimaient que, s'ils n'avaient droit qu'à un seul enfant, valait mieux un garçon qu'ils auraient pour toujours plutôt qu'une fille qu'ils perdraient dès qu'elle aurait trouvé un mari. On était très loin des demandes des femmes occidentales.

Mon interprète s'appelait Ma. C'était une jeune femme d'environ trente-cinq ans. Elle avait été très réservée depuis le début, se contentant de traduire sans jamais rien ajouter de son cru. Quand nous sommes sorties de cette rencontre avec des femmes chinoises, porte-parole de la ligne officielle du Parti communiste et du gouvernement, elle m'a dit : « En Chine, Mao Tsé-toung a dit que les femmes portaient la moitié du ciel. Nous, depuis, on se demande qui porte l'autre moitié. » Elle a souri et j'ai mis mon bras autour de ses épaules.

La Chine est si belle. Les paysages y sont grandioses et impressionnants. Nous voyagions dans le temps, et la longue histoire de la Chine nous était racontée à travers de somptueux monuments. Nous étions surpris de ne pas voir de pauvreté autour de nous. Personne ne tendait la main. Les Chinois n'étaient pas tous riches, au contraire, mais la pauvreté n'était pas visible. Ils avaient tous de quoi manger, nous expliquait Ma patiemment. C'était une nette amélioration sur une période pas si lointaine où l'on ramassait les cadavres de ceux qui étaient morts sur les trottoirs durant la nuit, nous disait-elle. Les Chinois sont curieux et chaleureux. Un rien les amuse. Ils ont un côté bon enfant qui les rend attachants. Ils furent des centaines à nous arrêter un peu partout dans les rues. Leur plus grand plaisir était de s'exercer à parler quelques mots d'anglais avec nous. Ils nous demandaient toujours d'où nous venions.

Quelques-uns seulement savaient où était situé le Québec. Le Canada, par contre, y était extrêmement populaire à cause du docteur Norman Bethune, ce fameux médecin de Montréal qui a accompagné Mao durant la Longue Marche et dont tous les Chinois apprennent l'extraordinaire histoire sur les bancs de l'école.

La Chine venait d'ouvrir au tourisme un site archéologique extraordinaire à Xian. Il s'agissait du tombeau d'un célèbre empereur entouré des membres de sa garde. Des centaines sinon des milliers de statues de guerriers alignées accompagnaient l'empereur dans la mort. C'était un spectacle à couper le souffle. Les Chinois, qui appellent leur pays l'empire du Milieu, étaient fiers de nous montrer chaque détail de ces statues, grandeur nature, en soulignant la longue histoire de la Chine et le courage de ses habitants.

Ce courage, je n'avais pas à le chercher dans les musées. Il suffisait de regarder dans les champs, où je n'ai pas vu un seul tracteur de tout le voyage. C'étaient parfois des bœufs qui étaient attelés à la charrue, mais la plupart du temps c'étaient des humains, quatre ou cinq personnes, qui la tiraient, enserrés dans des courroies, les pieds plantés dans la boue. On ne peut pas ne pas réagir devant un tel spectacle. Nous nous arrêtions souvent pour parler à ces gens. Ils nous accueillaient avec le sourire, nous serraient la main et nous parlaient en chinois. Nous n'avons jamais entendu une plainte ni eu l'impression de déranger.

Il était évident que le silence devait être imposé d'en haut. La Chine est un pays où chacun est le surveillant de son voisin et où la dénonciation est considérée comme un service rendu à la collectivité. Comment expliquer autrement la capacité des Chinois à tout endurer sans rien dire ? Le sens de la discipline était tel chez nos hôtes que, comme étrangers, nous avons pu poser toutes les questions et nous promener seuls dans les rues sans surveillance, parce qu'aucun Chinois ne se serait risqué à nous donner son opinion sur quoi que ce soit. Ma m'avait expliqué que le mot « individu » n'existait pas en chinois, ni le mot « individualité » ; que le bien commun était la règle pour son peuple.

Notre voyage s'achevait. Nous avions parcouru des milliers de kilomètres à travers la Chine historique. Nous avions visité des usines, des maisons habitées par des familles, des écoles et des maternelles, des fermes collectives et, bien sûr, des restaurants. J'avais mangé du serpent pour la première fois de ma vie, et des vers à soie sans sourciller. Les restaurants étaient souvent immenses, car il y en a, des Chinois ! J'étais fascinée par le fait que je pouvais circuler partout dans la foule sans jamais me faire bousculer. J'ai trouvé leurs enfants beaux, leur fatalisme séduisant. J'aurais bien aimé pouvoir rester un an ou deux, apprendre leur langue, essayer de les comprendre.

En 1982, on sentait déjà un vent de changement. Dans un hôtel de Canton, nous avons découvert qu'il y avait un bar avec un orchestre sur le toit. Nos âmes d'Occidentaux ont frémi et nous y avons entraîné Ma, qui s'est fait prier avant d'accepter. Il y avait là quelques couples de danseurs et de l'alcool américain. Ma n'a jamais voulu danser. Elle trouvait cet endroit complètement décadent et n'arrêtait pas de nous expliquer qu'il constituait pour elle un retour en arrière, une sorte de « corruption » de la révolution chinoise. Elle nous demanda l'autorisation de se retirer.

Je savais qu'il ne fallait pas juger la Chine selon nos critères d'Occidentaux. Je m'étais laissé imprégner totalement pendant trois semaines. J'étais devenue aussi chinoise qu'il est possible de l'être pour une étrangère. Ma rencontre avec la Chine était positive. J'aurais bien voulu rapporter quelques qualités chinoises, comme le courage et la ténacité, pour en faire cadeau aux Québécois.

Notre groupe était un peu plus homogène au retour qu'à l'aller. Nous allions atterrir à Vancouver et l'un de mes amis de la Colombie-Britannique me dit en riant que je pourrais enfin parler le français en arrivant à la douane canadienne. J'avais des doutes, mais il m'affirma que tous les douaniers, membres de la fonction publique fédérale, parlaient les deux langues.

Devant le premier douanier, sous les yeux de mon ami de la Colombie-Britannique, je fis celle qui ne parlait pas un mot d'anglais. Le douanier appela son supérieur. Ce dernier ne connaissait pas un mot de français non plus. Tout le groupe était sidéré. Le supérieur du supérieur est arrivé. Tous les autres avaient passé la douane et j'attendais toujours. Finalement, on me fit signe de passer, tout simplement. Mon ami est venu s'excuser. Il était rouge de colère. Je lui ai répondu en anglais que son pays m'était presque aussi étranger que la Chine que nous venions de quitter. Cela m'était égal de parler anglais en Colombie-Britannique mais, quand il viendrait à Montréal, il devrait s'attendre à parler un peu en français.

Je suis retournée en Chine une seconde fois, en 1984. Les changements étaient alors vraiment commencés. Les Chinois racontaient plus facilement leurs expériences, les femmes portaient des robes de toutes les couleurs et elles avaient commencé à se maquiller. Les hommes avaient abandonné le costume mao. Les disques de musique rock, fabriqués à Hong Kong, se vendaient à l'étalage et les biens de consommation attiraient les acheteurs. Le nombre de voitures sillonnant les routes avait un peu augmenté mais le nombre de vélos s'était multiplié par deux. Des couples s'embrassaient dans les parcs et se tenaient par la main en public. Les enfants uniques paraissaient insupportables tellement ils étaient capricieux. On commençait à peine à s'interroger sur ce que serait cette société où les garçons étaient des petits rois. La population avait encore augmenté. Les campagnes de limitation des naissances s'affichaient sur de grands panneaux publicitaires peints à la main: on pouvait voir deux enfants, un garçon et une fille, avec un trait marquant l'égalité entre les deux sexes. On essayait de convaincre le peuple chinois qu'une fille valait bien un garçon. Je n'ai pas pu m'empêcher de penser au Guy et à l'Yvette de nos manuels scolaires en voyant cette affiche. Dans ce domaine, de toute évidence, notre avance n'était pas si grande par rapport aux Chinois.

J'avais quitté la politique sans savoir si les ministres de l'Éducation qui allaient se succéder veilleraient à l'élimination du sexisme dans les manuels scolaires. J'espère aujourd'hui que les parents se montrent prudents et lisent ces ouvrages eux-mêmes avant de les mettre entre les mains de leurs enfants. Ils auraient tort de faire entièrement confiance au ministère de l'Éducation dans ce domaine.

Je rêve de retourner en Chine. Je voudrais y emmener ma petite-fille pour lui faire découvrir cette partie du monde. Je voudrais qu'elle voie de ses propres yeux cette Chine si bruyante, avec ses foules colorées et ses paysages grandioses. Quand j'étais à Shanghai, j'aurais aimé qu'elle soit à mes côtés pour contempler ces centaines de Chinois et de Chinoises faisant du taï-chi sur le Bund près du fleuve. Je voudrais qu'elle comprenne que la Chine, avec plus d'un milliard d'habitants, est une puissance avec laquelle il faudra un jour compter. On avait cru que le péril jaune était l'envahissement de nos terres par les Chinois ou les Japonais. On sait maintenant que le péril jaune est économique. Ce qui constituait le point faible des Chinois deviendra un jour leur force.

73

Les luttes intestines

Le « beau risque » ne me disait rien qui vaille. Je l'avais toujours interprété comme un recul par rapport à notre position précédente. J'étais une indépendantiste convaincue. L'une des choses que j'avais eu le plus de mal à admettre en politique, c'était ce besoin absolu qu'ont tous les partis de garder le pouvoir quand ils l'ont, et ce, souvent à n'importe quel prix. Nos partis politiques ne semblent exister que pour cela. Dans les stratégies, il ne viendrait jamais à l'esprit de personne de proposer un retour volontaire dans l'opposition. Ce n'est pas ainsi que fonctionnent nos démocraties. Churchill a dit que la démocratie était le moins mauvais des systèmes. Robert Burns me l'avait répété très souvent. Disons que j'étais contente de ne plus être en politique active pour avoir à défendre le « beau risque ». Il m'aurait fallu, pour le faire, effectuer de telles acrobaties que j'aurais pu décrocher un emploi au Cirque du Soleil.

Je n'ai rien su des « luttes intestines » qui auraient eu lieu au sein du gouvernement. J'avais vu comme tout le monde les Morin, Bédard et Charron derrière Lévesque à la conférence fédérale-provinciale. Je n'ai pas été la seule à me demander où ils étaient tous passés durant la « nuit des longs couteaux », où Jean Chrétien a réussi à regrouper les autres provinces et à isoler le Québec. Les journaux étaient remplis de rumeurs voulant que certains membres du gouvernement songeaient à démissionner en bloc. Je n'en savais pas davantage. Je voyais cependant ce qui se passait et je sentais que la dérive était profonde.

J'avais revu René Lévesque une seule fois depuis mon départ de la vie politique et c'était au lancement de mon premier livre, *Le Pouvoir ? Connais pas.* J'eus bientôt l'occasion de le revoir une deuxième fois. J'avais accepté la présidence du conseil d'administration d'un centre d'accueil de Rosemont et, le 26 septembre 1983, le premier ministre viendrait en faire l'inauguration. Je le vis arriver à sa manière habituelle, presque au pas de course, avec un costume froissé et la cravate de travers. Il avait l'air très fatigué. Pierre Marc Johnson, alors ministre des Affaires sociales, l'accompagnait. Quand Lévesque m'a aperçue, il a semblé surpris, puis il m'a souri.

— Qu'est-ce que vous faites ici ? m'a-t-il demandé.

— Je préside le conseil d'administration. Comme vous voyez, je m'occupe, lui répondis-je. C'est ma contribution à la société.

— J'ai à vous parler, dit-il. Je n'ai besoin que de quelques minutes.

En deux phrases, il avait réussi encore une fois à me tourner à l'envers. Que pouvait-il bien me vouloir, lui qui n'avait jamais trouvé le temps de me demander comment je me tirais d'affaire depuis que j'avais quitté son équipe ? S'il voulait m'offrir un job, ma réponse était toute prête. Je n'avais jamais rien demandé et je ne voulais rien. Ma carrière d'auteure me procurait toutes les satisfactions espérées.

Quand il me fit un signe discret de la main, je le suivis dans une petite pièce à l'écart. Lévesque n'était pas du genre à prendre des précautions verbales avant de parler.

— Il paraît que ça va bien pour vous, m'a-t-il dit.

— Pas trop mal, ai-je répondu.

— Je vous aurais téléphoné pour vous en parler, mais puisque vous êtes là… Nous voulons mettre sur pied un parti politique fédéral mais indépendantiste, qui irait siéger à Ottawa. J'ai pensé à vous pour le diriger. Est-ce que ça vous intéresserait ? Il y aurait pas mal de travail à faire.

Je suis restée sans voix. Il y avait trois ans que j'étais partie et on ne m'avait jamais donné de nouvelles. Était-il incapable de réaliser à quel point cela avait été difficile pour moi ? J'avais dû me battre longtemps pour retrouver un statut professionnel après la politique. Pensait-il vraiment qu'il allait me faire sauter de nouveau en politique en claquant des doigts ? Comment avait-il pu imaginer que j'étais rentrée chez moi pour attendre l'occasion de reprendre du service sur demande ? S'il avait cru que mon repli avait été stratégique, il s'était trompé.

— Vous n'avez vraiment rien compris, m'entendis-je lui dire. C'est dommage !

Je n'avais pas l'intention de lui donner plus d'explications. Je lui affirmai que je n'étais absolument pas intéressée ; que j'avais finalement « refait ma vie », comme on dit après une rupture. Il a paru déçu. Nous avons rejoint les autres en silence.

Je m'étais bien juré qu'un jour, dans des circonstances différentes, nous aurions, lui et moi, tout le temps voulu pour régler nos malentendus. J'ai appris depuis qu'on a toujours tort de « remettre à trop tard » ce qu'on peut faire tout de suite.

J'avais voulu prendre mes distances par rapport à la politique et la politique avait pris ses distances avec moi. C'était de bonne guerre. Il m'arrivait parfois, tout à fait par hasard, de croiser certains ex-collègues, mais c'était assez rare. C'est de loin que je suivais les événements qui secouaient régulièrement la quiétude des Québécois. Le public se désintéressait de la chose publique et je faisais partie du public. L'enthousiasme avait diminué. On assistait à des querelles qui paraissaient éternelles ; seul le vocabulaire changeait de temps en temps. Mon travail d'auteure me passionnait. J'avais remisé tout le reste dans mon hangar à souvenirs. On me téléphona à deux ou trois reprises pour me demander d'animer des soirées spéciales pour le parti, mais je refusai. Chaque année, je versais de l'argent à la campagne de financement, mais je ne désirais plus être membre du Parti québécois. J'étais devenue errante sur le plan politique. Je n'avais plus d'attaches d'aucune sorte.

On m'offrit de faire de nouveau de la radio et j'acceptai, cherchant à rétablir un lien direct avec le public. Là encore, je fus déçue car on avait engagé la Lise d'*Appelez-moi Lise* et elle n'existait plus. L'expérience ne dura pas très longtemps. Elle me permit cependant de faire quelques rencontres intéressantes, dont celle de Robert Bourassa, que j'ai pu interviewer pendant plus d'une heure. Il n'avait jamais accepté de se soumettre à une entrevue avec moi auparavant. Je dus m'avouer que celle que je fis avec lui, après avoir été en politique moi-même, n'avait rien de commun avec celle que j'aurais faite avant 1976.

Il n'avait pas voulu confirmer son retour à la politique, mais c'était évident qu'il s'y préparait déjà. J'avais ressenti pour lui de la compassion et une certaine admiration. Il m'était impossible de comprendre comment cet homme, impitoyablement rejeté par la population en 1976, défait dans sa propre circonscription, pouvait désirer se remettre en piste. N'y avait-il rien d'autre qui puisse occuper sa vie? N'y avait-il rien à quoi il tînt davantage que le pouvoir politique? Il ne répondait jamais à ce genre de questions. Il avait toujours été le plus discret des politiciens sur ses valeurs profondes.

Plus tard, quand la maladie l'eut forcé à démissionner, il nous arrivait de nous croiser dans un restaurant de l'avenue Laurier. Il paraissait de plus en plus fragile. Un jour, je lui ai demandé en blaguant s'il avait jamais été indépendantiste, dans le secret de son âme. J'avais toujours été convaincue qu'il l'était, à cause de son attitude lors de nos rencontres à l'occasion de la fête nationale de 1975 et à cause des sentiments qu'il avait exprimés en privé. Ses déclarations en faveur du fédéralisme m'ont toujours paru dictées par son parti plus que par son cœur. Ce jour-là, il s'est mis à rire. Ce fut sa seule réponse. Nous nous sommes promis de prendre le temps d'en discuter un jour. J'aurais bien voulu lui montrer une coupure de journal datant de 1948 et dans laquelle le Parti libéral proposait la tenue d'un référendum face à Ottawa[14]. J'aurais aimé l'entendre m'expliquer sa position là-dessus. Tant pis. Je ne saurais jamais s'il était indépendantiste dans son cœur.

Je fus étonnée de réaliser que je me posais les mêmes questions au sujet de René Lévesque. Était-il un fervent indépendantiste ou n'était-il devenu souverainiste que pour les besoins de créer un parti politique qui ferait davantage la lutte à Ottawa? Après la grève des réalisateurs de Radio-Canada, qui l'avait propulsé à l'avant-scène comme un leader naturel, il avait été repêché par le Parti libéral comme candidat vedette, puis promu ministre dans le gouvernement Lesage. Responsable de l'étatisation de l'électricité, il avait été écarté de ce même parti quelques années plus tard, après avoir endossé jusqu'à l'esprit même, au-delà des mots, du slogan de Jean Lesage, « Maîtres chez nous ». Cet homme était-il vraiment indépendantiste? Je l'avais cru. J'en étais maintenant moins sûre. Il pouvait l'être devenu parce qu'on lui avait passé le flambeau. Il pouvait aussi l'être profondément. Nous avons été plusieurs, au cours des ans, à nous poser la question, alors que, logiquement, la réponse aurait dû être évidente. Je n'avais jamais oublié les interminables discussions sur le fameux trait d'union (-) entre les mots « souveraineté » et « association ». Il y tenait comme à la prunelle de ses yeux. Je ne suis pas certaine que quelqu'un puisse un jour éclaircir la question. L'ambiguïté demeure pour Lévesque autant que pour Bourassa. À moins qu'ils ne soient unis dans le doute.

Le « beau risque » faisait encore des remous. Au sein du gouvernement, certains fomentaient un « putsch ». Qui? Les

14. Voir annexe 11.

journaux annonçaient prudemment que la présidence de Lévesque était remise en question au parti. Il y avait des rumeurs au sujet de son état de santé, de sa propension à trouver sa détente dans l'alcool, de ses incohérences nombreuses et du désir de changement des membres du gouvernement. Ces rumeurs n'étaient jamais confirmées.

Le choc se produisit vraiment quand tout un groupe quitta le Conseil des ministres en signe de désapprobation. On parlait déjà de remplaçants possibles en cas de départ de Lévesque. Tout se passa très vite. Lévesque a démissionné de son poste de président du Parti québécois le 20 juin 1985 et de son poste de premier ministre le 3 octobre. Ce qui s'est passé entre ces deux dates reste un secret bien gardé.

Le schisme avait eu lieu. Jacques Parizeau apparut alors comme le défenseur de l'indépendance et Pierre Marc Johnson, comme celui d'un fédéralisme à réinventer.

Mon étonnement fut grand quand une personne de l'entourage de Jacques Parizeau, candidat à la direction du parti, me téléphona pour me demander quelles étaient mes intentions. Ferais-je partie de la course à l'investiture? Je fus encore plus étonnée quand j'appris par un indiscret que Pierre Marc Johnson essayait d'obtenir une réponse à la même question en passant par des intermédiaires. J'étais vexée qu'on me prête des intentions que je n'avais nullement et qu'on n'ait pas le courage de me téléphoner directement pour me poser la question. Croyait-on que je passerais le reste de mes jours à attendre qu'un poste se libère pour m'y placer? Quelle drôle d'idée! Tout ce «va-et-vient» politique m'était complètement étranger. J'avais toujours dit que je n'étais pas une politicienne de carrière. On avait eu tort de ne pas me croire. J'ai toujours joué franc jeu, même en politique. La page était vraiment tournée. J'étais passée à autre chose.

On connaît la suite. Le parti élut Pierre Marc Johnson, dont le règne ne fut pas très long. Puis Jacques Parizeau prit la relève. Avec lui, la souveraineté retrouva sa place comme objectif numéro un du parti et du gouvernement. Il réussit à faire peur à pas mal de gens, mais, au moins, il tenait un discours cohérent. J'écoutais tout cela d'une oreille distraite, je l'avoue. De l'extérieur, je pouvais seulement imaginer l'ampleur des luttes internes qui avaient permis d'en arriver là. Je m'amusais à observer les revirements effectués par le parti pour s'ajuster à ses dirigeants successifs et à leurs slogans. Pour l'observatrice que j'étais, le spectacle ressemblait à une mauvaise opérette.

René Lévesque était rentré chez lui, à Montréal. Je n'avais aucune idée de l'état dans lequel il se trouvait. Se sentait-il seul, abandonné? Dix fois, j'ai pris le téléphone pour l'appeler, lui dire que je voulais le rencontrer pour discuter. Dix fois, je n'ai pas complété le numéro. Par timidité d'abord, puis par crainte de trouver un homme brisé que je n'aurais pas pu aider. Notre relation avait toujours été amicale, mais jamais intime. Seuls les proches peuvent apporter du soutien dans ces moments difficiles. Or, je n'en faisais pas partie, malgré toute la tendresse que j'avais pour l'homme éparpillé qu'il avait toujours été.

74

Le 1ᵉʳ novembre 1987

Le rendez-vous avait été fixé pour midi dans un restaurant de Saint-Laurent, non loin des bureaux de l'Office national du film. Depuis quelques semaines, un producteur et un réalisateur de l'ONF me téléphonaient régulièrement pour discuter d'un projet dans lequel ils souhaitaient me voir reprendre du service comme animatrice. J'avais d'abord dit non, tout en les remerciant d'avoir pensé à moi et en leur expliquant que je ne voulais plus travailler devant les caméras. Ils avaient insisté en demandant que je les écoute au moins une fois. J'avais proposé la date du 1ᵉʳ novembre, comme un renvoi mental aux calendes grecques, puis j'avais oublié d'annuler. Le rendez-vous tenait donc toujours.

Mon téléphone sonna vers quatre heures du matin. Je me réveillai le cœur battant pour entendre un recherchiste de Radio-Canada m'annoncer la mort de René Lévesque en s'excusant de me l'apprendre aussi brutalement. Je dus le faire répéter. Si c'était une blague, elle était de très mauvais goût. Je me suis finalement rendue à l'évidence. J'avais le cœur dans la gorge. Le recherchiste me proposait d'être en studio dès le matin pour rendre hommage à Lévesque, parce que la radio n'avait rien préparé auparavant qu'elle eût pu diffuser ce matin-là. J'y serais.

Roulant vers Montréal, sous un ciel bleu comme l'acier, je repassais dans mon esprit tout ce que j'aurais voulu lui dire encore.

J'étais atterrée. Comment pouvait-il être parti si vite ? Lui qui avait cultivé le retard comme un dernier sursaut de liberté était donc parti au premier appel. Peu de temps auparavant, les journaux avaient rapporté qu'il avait subi des examens médicaux et que tout allait bien. J'avais le cœur serré. Je pleurais. Sur lui, évidemment. Sa mort paraissait si injuste. Nous pensions tous qu'il avait une nouvelle carrière en même temps qu'une nouvelle vie devant lui. Je pleurais aussi sur nous tous qui allions devoir naviguer sans le phare qu'il avait longtemps été pour le peuple du Québec. Avais-je le droit de continuer à me taire maintenant qu'il était parti ? Ne fallait-il pas, au contraire, que tous ceux qui étaient rentrés dans l'ombre reprennent la parole pour compenser son absence ? N'était-ce pas la seule façon de régénérer le discours qui traînait en longueur ? Il ne serait plus là pour mettre l'épaule à la roue. La perte était immense.

J'en étais là dans mes réflexions quand l'émission se termina. Contrairement à l'usage, l'équipe de l'émission resta sur place après la fin, pour échanger des opinions sur ce que Lévesque avait représenté, sur ce que serait l'avenir sans lui. Si j'avais pu annuler le rendez-vous de midi, je l'aurais fait. J'y suis allée.

Je croyais déjà qu'il se présente parfois des signes, dans la vie. Les quelques-uns qui s'étaient manifestés dans la mienne jusque-là avaient toujours eu l'allure de tremplins. Ils m'avaient portée plus loin ou complètement ailleurs, m'avaient obligée à avancer. J'avais appris avec le temps à accepter les défis que le destin me proposait. Ma rencontre de midi allait m'apporter un tel défi.

Le producteur Raymond Gauthier et le réalisateur Jean-François Mercier me proposaient l'animation d'une série de dix documentaires sur les grands enjeux du Québec. Le premier serait de plus d'une centaine de minutes et porterait sur la possible disparition de la nation canadienne-française. D'autres sujets étaient déjà choisis : l'environnement, l'éducation, la santé, la mondialisation des marchés, le développement des régions.

Pendant qu'ils m'expliquaient ce que j'aurais à faire, le temps que je devrais y consacrer, je songeais au plaisir que ce serait de brasser de nouvelles idées, de les mettre en circulation, d'alimenter la réflexion et de faire le point sur ces grands dossiers.

J'étais venue au rendez-vous avec l'intention de dire non. J'ai pourtant dit oui avec enthousiasme. La veille seulement, j'aurais refusé. Je leur ai expliqué pourquoi j'acceptais. Ils ont compris. Nous nous sommes promis de «brasser la cage» en allant aussi loin que possible pour chacun des sujets. Nous ferions un travail sérieux pour que l'émission devienne une référence. Nous étions convaincus que c'était là un service à rendre à la société québécoise, qui avait remis ses pantoufles et s'était rendormie doucement. Nous espérions ne pas être des voix criant dans le désert. Le destin me faisait tenir cet engagement le jour même où j'avais réalisé que le silence pouvait être une lâcheté. Je ferais donc ma part.

Quelques jours plus tard, j'allai assister aux funérailles de René Lévesque, à Québec. Les drapeaux étaient en berne. Des centaines de personnes attendaient leur tour pour défiler devant le cercueil. Laurent et Jean Fournier m'accompagnaient. On nous fit passer devant la file, ce qui me mit mal à l'aise. Je me suis avancée vers la dépouille, exposée en chapelle ardente, afin de saluer sa mémoire une dernière fois. En le voyant là, immobile et silencieux, je me mis à pleurer. Il était bien mort, car autrement il aurait été debout, agitant ses deux bras pour que la foule se disperse et qu'on cesse de pleurer. Il aurait dit : «À mon humble avis, je trouve que vous en faites beaucoup trop.»

Il était comme ça, Lévesque.

Mes larmes n'arrêtaient pas de couler. Après mon père, il était le deuxième homme dans ma vie dont je dirais longtemps qu'il me manquait une dernière conversation avec lui.

Dans les jours qui suivirent, le premier documentaire sur les dangers qui menaçaient la nation canadienne-française commença à prendre forme. Nous avions tenu des réunions de production, au cours desquelles les avenues à explorer avaient été fixées. La matière à traiter était nouvelle et fascinante. La barre avait été placée très haut. Nous n'allions pas faire « dans le mou ». Nous voulions créer un événement. En esprit, mais seulement en esprit, je l'avais déjà dédié à René Lévesque. L'ONF produisait et Radio-Canada diffuserait. Les acrobaties intellectuelles étaient alors de mise dans ce pays qu'on prétendait libre et démocratique. Elles le sont d'ailleurs toujours. Que celui qui n'a jamais péché me jette la première pierre. Toute vérité n'est pas bonne à dire en terre canadienne. Nous allions y goûter…

75

Disparaître ? Ou comment tuer le messager

Le sujet n'avait jamais été abordé aussi directement. Chaque citoyen du Québec portait en lui cette inquiétude profonde, jamais nommée mais toujours présente. Cela créait un malaise dans toutes les discussions. Allions-nous survivre comme peuple francophone en Amérique du Nord ? Certains, au cours des années, pensant avoir trouvé la solution, avaient encouragé les familles nombreuses, ce qui avait permis de reporter l'échéance d'une analyse moins catholique de la situation de la nation. Nous étions isolés en terre anglophone. Notre poids diminuait constamment à l'intérieur de la Confédération canadienne.

La vie avait changé. Les Québécois avaient choisi la ville plutôt que la campagne. Ils avaient fait du rattrapage dans le domaine de l'Éducation après la mort de Maurice Duplessis. Leurs valeurs avaient changé en même temps que celles d'autres sociétés semblables, ailleurs dans le monde. Un discours à la mode faisait porter aux immigrants la responsabilité de notre affaiblissement. Comme nous n'arrivions pas à intégrer les nouveaux arrivants, nous les accusions de tous les maux.

La recherche entreprise pour produire *Disparaître* nous permettrait de dégager un certain nombre de données importantes. Il était facile de constater que les couples ne voulaient plus de familles nombreuses. Le taux de fécondité était à son plus bas. La seule façon de renverser cette tendance aurait été de mettre sur pied des soutiens puissants destinés aux parents avec enfants. Une véritable politique de la famille qui aurait intégré toutes les données et qui aurait permis au gouvernement d'intervenir partout à la fois. Pas seulement avec une prime à l'utérus, comme il en avait déjà eu la tentation. Il aurait fallu de l'argent pour y arriver. Certains disaient même : « Un peuple qui n'a pas le courage de se reproduire ne mérite pas de survivre. »

L'autre moyen connu d'accroître une population, c'est l'immigration. Le Québec avait obtenu de « choisir » ses immigrants. C'était une belle réussite de Jacques Couture, quand il avait été ministre. Nous avions cependant découvert que ceux qui arrivaient au Québec n'y restaient pas. Pourquoi ? C'était la première question à se poser.

Les immigrants ne restaient pas parce qu'ils considéraient le Québec comme un passage vers les États-Unis. Ils rêvaient de l'autre Amérique, celle du melting-pot. Nous les trouvions bien ingrats, jusqu'au moment où nous avons examiné attentivement ce que nous avions à leur offrir : le chômage était élevé, nous étions en pleine crise économique, les perpétuelles querelles fédéral-provincial les inquiétaient quant à leur propre sort. Ils ne comprenaient rien aux revendications traditionnelles du Québec. Ils venaient de pays où la démocratie n'existait pas ou était bafouée. Nous n'avions fait aucun effort pour les intégrer au marché du travail. Nous découvrions que la politique multiculturelle du gouvernement d'Ottawa, dont l'expérience avait déjà été faite en Angleterre, favorisait la création de ghettos. Les chiffres ne mentaient pas. À l'époque, sur 506 000 nouveaux arrivants, 312 000 étaient repartis ailleurs. Il ne fallait donc pas compter sur l'immigration pour survivre. Incapables de leur inculquer le désir de vivre chez nous, nous préférions faire comme s'ils n'existaient pas. Notre bilan était très mauvais quant à la pénétration de notre culture parmi eux. Nous avions visité Londres, en Angleterre, où des parents blancs retiraient leurs

618 **Troisième partie**

enfants des écoles publiques parce que ceux-ci y apprenaient des comptines en punjabi, ce qu'ils considéraient comme une perte de temps et un danger pour l'identité de leurs enfants, nés britanniques. Nous étions allés à Miami, à cause de la forte présence cubaine et de l'omniprésence de l'espagnol dans les rues. À Marseille, les tensions étaient grandes entre les Français et les Maghrébins. Notre conclusion démontrait que si nous ne faisions rien, sachant que nous n'étions « ni plus intelligents que les Allemands, ni plus démocrates que les Anglais, ni plus fins que les Français et les Américains », nous aurions des problèmes. Nous avions établi les données avec franchise afin d'amorcer une discussion large et féconde.

Nous ne savions pas que nous aurions à affronter « tout ce qui grouille, grenouille et scribouille » (l'expression est du général de Gaulle) au Québec. Il avait fallu du courage à Andréanne Bournival, alors à la direction des programmes de Radio-Canada, pour ne pas annuler la diffusion du documentaire. Je n'ai jamais su ce que sa ténacité lui avait coûté. L'émission fut diffusée comme prévu, dans le cadre des *Beaux Dimanches*, en février 1989. Nous avions voulu créer un événement. Nous en avons créé tout un…

Nous avions touché une fibre très sensible. Notre volonté de déchirer le voile du silence, de porter sur la place publique une situation dont nous avions eu tendance à minimiser les effets, de mettre la hache dans les langues de bois qui pullulaient dans les journaux et à la télévision, nous a valu d'être au cœur du débat le plus injuste et le plus acrimonieux de toute l'histoire de la télévision canadienne.

Lysiane Gagnon, journaliste de *La Presse*, a ouvert le bal. *Disparaître* l'avait écorchée vive. Ou alors il contenait des vérités qu'elle ne voulait pas entendre[15]. Notre documentaire n'était pas

---

15. Voir annexe 12.

« politiquement correct ». Nous le savions. Il abordait un sujet dont on ne pouvait parler qu'à voix basse, ce qui, on le sait, est mauvais pour la démocratie.

La réaction hargneuse de Lysiane Gagnon avait de quoi étonner. D'autres journalistes semblaient avoir saisi l'essentiel de notre démarche. Les réactions n'étaient pas toutes émotives comme celle de la journaliste de *La Presse*. Notre tentative de percer l'abcès du silence avait été comprise par certains. Pierre Roberge, de la presse canadienne, commenta la controverse calmement[16].

Le débat était lancé au-delà de toutes nos espérances. Par ailleurs, les accusations de racisme et de fascisme dont nous étions victimes étaient démesurées et injustifiées.

Le réseau anglais de la CBC nous consacra du temps d'antenne. On y chercha à démontrer que le document s'en prenait aux immigrants, alors que nous avions suggéré de mieux les intégrer en leur offrant des emplois stables et bien payés. Nous avons dû défendre nos positions souvent. Quelques journalistes ont bien tenté de rétablir la vérité mais, dans la cohue, leurs voix, comme les nôtres, avaient bien du mal à se faire entendre.

Richard Martineau, du journal *Voir*, avait retrouvé un article signé par Lysiane Gagnon quelques années auparavant, où elle dénonçait le silence des intellectuels après la campagne référendaire. Cela tombait à pic au moment où elle démolissait en quelques articles ceux qui avaient osé élever la voix.

Sous le titre « La connaissance utile », Mario Roy ramena un peu de bon sens dans la couverture médiatique[17]. S'il se trouvait à ce moment-là d'autres personnes au Québec qui avaient des

---

16. « Si le déclin c'est devenir moins nombreux ou voir s'amenuiser sa proportion des occupants du territoire, la nation francophone du Canada est sans doute sur cette pente. Pareille idée se dégage du film "Disparaître" et c'est aussi l'avis de sa narratrice, Lise Payette... », Pierre Roberge, *Presse Canadienne/Journal de Montréal*, 1er février 1989.

17. Voir annexe 13.

choses à dire, elles ont dû hésiter à prendre la parole, sachant ce qui les attendait.

Aujourd'hui, nous souhaiterions que Radio-Canada rediffuse *Disparaître*, puisque les questions soulevées par le documentaire n'ont toujours pas trouvé de réponses. Surtout qu'une deuxième diffusion avait été achetée par la Société et qu'il ne lui en coûterait donc rien. Mais *Disparaître* fait encore aussi peur que la statue de Duplessis à l'époque. Je soupçonne qu'à Radio-Canada on garde la copie sous clé quelque part au fond d'un sous-sol. Nous avions souhaité que ce document sonne le réveil des endormis que nous étions devenus. Nous avions réussi. Depuis, cependant, certains s'appliquent à entretenir le ronron rassurant des langues de bois. Nous avons toutefois gagné sur un point : nous savons qui ils sont.

La télévision se taisait sur les grands enjeux du Québec depuis des années. La presse francophone, à part *Le Devoir*, ne faisait jamais de vagues. Personne ne discutait plus des choses essentielles. Il était devenu plus important de savoir avec qui René Lévesque avait couché pendant sa vie que de savoir ce qu'il adviendrait de ce drôle de peuple que nous étions. À la télévision, c'était « *business as usual* ». Des économistes et des hommes d'affaires étaient présentés comme des maîtres à penser. On ne parlait de politique que dans les bulletins d'informations. Et encore.

L'ONF n'a pas été indifférent à tout le tintamarre qui a suivi la présentation de *Disparaître*. Cette maison célèbre pour sa discrétion a dû vivre un véritable cauchemar. Pourtant, notre deuxième documentaire sur l'environnement était déjà en chantier. Nous retenions notre souffle, espérant avoir la chance de le terminer. Ce fut fait et la télédiffusion des *Quatre Cavaliers de l'Apocalypse* eut lieu. Le document était aussi âpre que le premier, mais il ne portait pas sur un sujet aussi délicat que la survivance d'un peuple. Il fit quelques vagues, mais surtout dans les milieux où l'environnement était une donnée quotidienne. Pour d'autres, nous étions des « alarmistes » qu'il fallait faire taire le plus rapidement possible. Nous nous retrouvions de nouveau dans une culture où « tout le monde il est beau, tout le monde il est gentil ». Ne soulevons surtout pas la poussière. Balayons-la plutôt sous le tapis en espérant qu'elle s'en ira toute seule.

Il nous restait huit documentaires à tourner quand la nouvelle est tombée : l'Office national du film n'avait plus assez d'argent pour en continuer la production. Nous étions défaits. *Disparaître*, qui avait soulevé les passions jusqu'au Parlement d'Ottawa, avait été largement discuté par les membres de la Commission parlementaire qui étudiait les budgets de l'ONF. Le commissaire nous avait bien défendus. Les élus canadiens avaient sans doute le bras long quand il s'agissait de faire taire un discours qui les irritait. La liberté de parole était une chose vraiment toute relative dans ce beau grand Canada. On pouvait y dire tout ce qu'on voulait à condition que cela n'aille pas à l'encontre des politiques d'Ottawa. Pour la discussion de fond, il faudrait repasser.

La langue de bois a repris tous ses droits. La télévision s'est faite soumise et respectueuse. Il y a peu d'exceptions comme le film de Richard Desjardins, *L'Erreur boréale*, présenté récemment. La politique est devenue la matière première des comiques, qu'on appelle maintenant « humoristes ». La presse écrite a continué à tourner en rond. Le peuple n'avait pas à s'inquiéter. On le faisait bien rire et tout était sous contrôle. Dix ans plus tard, la situation n'a pas changé. Le « Toé, tais-toé » de Duplessis est devenu le « On se calme » d'aujourd'hui.

Il n'y a pratiquement plus de lieu de débat au Québec. Les universités se taisent, en attendant des fonds qui assureront leur survie, les syndiqués de l'État n'en finissent plus de calculer leurs avantages et leurs bénéfices, les journalistes sont devenus des non-voyants. Même le Parti québécois, qui a déjà été une sorte de laboratoire où s'exerçait une démocratie souvent hargneuse mais réelle, ne tient plus la route. La seule raison qui y retient bien des membres est l'option de la souveraineté, que les dirigeants ressortent quand cela les arrange. Autrement, tout éclaterait. Pour ma part, je considère que ce serait une bonne chose. On pourrait voir la naissance de deux ou trois nouveaux partis souverainistes, dont la présence enrichirait enfin le débat. La réflexion serait ranimée et il soufflerait enfin un grand vent de liberté sur ce pays. L'éternelle coalition de la gauche et de la droite au sein du Parti québécois, sous prétexte qu'il faut rester solidaires de l'option de la souveraineté pour gagner un référendum, est devenue un carcan qui paralyse le monde des idées.

Avec deux ou trois partis nouveaux, nous en aurions fini avec le discours courant. La souveraineté cesserait d'être « remise à plus tard », ou même « en veilleuse », jusqu'à ce que les « conditions gagnantes » soient réunies, sans qu'on sache ce que ces mots veulent dire exactement. C'est comme si le Canadien annonçait qu'il ne jouerait au hockey que quand les conditions gagnantes seraient réunies.

La souveraineté cesserait d'être ce bonbon qu'on sort quand on en a besoin et qu'on range dans un tiroir quand on veut passer à autre chose. Nous retrouverions une colonne vertébrale. Nous cesserions de laisser pourrir les dossiers. Nous trouverions peut-être l'imagination qui a permis à l'équipe Lesage, dans les années 1960, de donner naissance à la Révolution tranquille, et à l'équipe Lévesque, en 1976, d'être un bon gouvernement. Mais je rêve sûrement.

Qui osera prendre son baluchon pour fonder un nouveau parti comme l'a fait jadis René Lévesque ?

Raymond Gauthier, Jean-François Mercier et moi nous sommes quittés sans espoir de mener à terme le travail que nous avions entrepris. Je suis retournée sagement à mes écritures. J'avais compris que dans les téléromans mes personnages pouvaient en dire plus que je ne pouvais le faire moi-même sur la place publique.

76

Appelez-moi « mamie »

La vie est toujours plus forte que tout. Cette affirmation pourrait être ma devise. Le 21 février 1988, par un matin venteux et froid, je suis devenue grand-mère. Je ne le méritais pas.

J'avais souvent dit à mes enfants de ne pas se presser pour faire des enfants à leur tour. J'étais beaucoup trop occupée pour jouer les grands-mères. Je fus prise au dépourvu devant le gros ventre de Sylvie. J'ignorais l'immense bouleversement que causerait en moi la naissance de Flavie.

Je ne déteste pas les enfants, loin de là. Je ne suis cependant pas une femme qui s'arrête, chez l'épicier, pour faire guili-guili à un bébé qu'elle ne connaît pas. Je ne m'extasie pas devant les poupons. J'encourageais beaucoup Sylvie pour que la grossesse se passe le mieux possible et que l'accouchement se déroule normalement. Cette petite chose qui allait naître avait la chance d'avoir deux parents, des oncles et des tantes et un bon nombre de grands-parents. Nous serions nombreux à l'entourer, ce qui, hélas, n'est pas le cas de tous les enfants.

Dans la journée du 20 février 1988, Sylvie a téléphoné pour nous demander, à Laurent et à moi, d'aller la rejoindre chez elle. Elle percevait des signes avant-coureurs d'un accouchement prématuré. À l'hôpital, elle a demandé à Laurent d'être présent dans la chambre des naissances et de lui tenir la main. Paul, son mari, ne se faisait pas confiance et elle craignait de se retrouver sans soutien.

Je m'étais éliminée d'office. Je ne comprenais pas en quoi une mère pouvait être utile à l'accouchement de sa fille. J'aurais été insupportable de nervosité et insatisfaite de la façon dont les choses se seraient déroulées. Il valait mieux que j'attende à l'extérieur.

L'attente fut longue. Mon fils Daniel était venu me tenir compagnie. La gynécologue qui devait pratiquer l'accouchement était en vacances.

Vers quatre heures du matin, le 21 février, Laurent est venu me chercher. Quand je suis entrée dans la chambre, le papa m'a tendu un petit paquet enroulé dans une couverture verte, en me disant: « C'est une fille. » Il avait passé l'épreuve et n'avait pas quitté Sylvie.

J'ai pris l'enfant dans mes bras et je l'ai regardée. Elle avait une tuque sur la tête et j'ai souri en la voyant. Pendant quelques secondes, le monde s'est arrêté de tourner. Toute ma vie venait d'être transformée. J'étais grand-mère. Et cette petite chose qui n'ouvrait même pas les yeux pour me regarder était ma petite-fille.

Je ne m'étais jamais imaginée avec une petite-fille ou un petit-fils dans les bras. Je n'avais pas ce désir. Je croyais que l'amour maternel avait occupé toute la place en moi, que j'avais tellement aimé mes propres enfants qu'il n'y avait plus d'amour pour d'autres. Quand elle s'est mise à pleurer dans mes bras, j'ai pleuré avec elle. Sa mère la réclamait. Elle voulait vérifier si elle avait bien tous ses doigts et tous ses orteils. Nous l'avons donc examinée. J'avais oublié à quel point un bébé naissant est petit. Il ne lui manquait rien.

Son nom était choisi. Sylvie voulait l'appeler Flavie. Il se peut que j'aie été la première à parler à la petite en disant son nom. Elle a ouvert les yeux. Je l'ai remise à ses parents en sachant qu'elle venait de me ravir le cœur pour toujours. Je vivais une douce folie. J'étais amoureuse de cette petite-fille et je cherchais déjà des ressemblances sur son visage. Mon bonheur était immense.

Après le retour à la maison, je passai la première nuit avec elle pour permettre aux parents de se reposer. Je n'ai pas fermé l'œil de la nuit. Dans le silence de son sommeil, je lui ai promis de veiller sur elle, de l'aimer éternellement et de façon inconditionnelle. J'ai juré aussi de ne pas permettre à cet amour de devenir étouffant pour elle. Je voulais l'aimer comme ma Marie-Louise m'avait aimée, librement et avec confiance. Je ferais de mon mieux pour que son voyage dans la vie soit fructueux. Au matin, je rentrai chez moi, à la campagne. L'air était doux et le lever du soleil, spectaculaire. Malgré ma nuit blanche, je me sentais riche et comblée. J'avais une petite-fille. J'étais devenue une vraie mamie.

J'en fais trop, c'est vrai. Je sais bien que certains doivent trouver que j'exagère, mais cela m'est égal. Quand je parle d'elle, je contrôle encore mal l'émotion que cela suscite en moi. Elle a près de douze ans maintenant. Je sens bien qu'elle se prépare déjà à vivre sa vie en solo. Toutes ces années ont passé si vite.

Elle sait ce qu'elle veut dans la vie, elle a du caractère. Elle est exigeante pour elle-même et pour les autres. Elle sait aussi être généreuse bien qu'elle soit une enfant unique. Elle ne se demande jamais si elle est l'égale des garçons car elle sait qu'elle l'est. Elle sait aussi qu'elle peut devenir ce qu'elle voudra dans la vie, que son horizon n'est pas bouché. Elle devra fournir des efforts et elle s'y prépare. Elle aura peut-être encore des batailles à livrer, mais j'aimerais que quelqu'un lui raconte combien sa grand-mère a travaillé pour paver la voie à sa génération. Elle partira de moins loin que moi. Elle tient son avenir entre ses mains. Je m'emploie à devenir sa Marie-Louise à elle.

Marie-Louise, ma grand-mère, m'a légué un monde meilleur que celui qu'elle avait connu. Elle s'émerveillait en pensant que j'aurais droit à une éducation plus poussée que la sienne. Elle n'avait fréquenté l'école que pendant trois ans. Elle avait été furieuse contre mon père quand il avait interrompu mes études après mes premières années de cours classique, ce cours auquel les filles avaient rarement accès. Elle savait déjà que, si j'étais instruite, mes options seraient plus diversifiées que les siennes. Elle avait raison.

Quand je me demande ce que je vais laisser à ma petite-fille, la réponse n'est pas simple. Je regarde le monde et je désespère. Notre pauvre planète n'a jamais été dans un tel état. Polluée, massacrée de toutes parts, elle s'essouffle. Nous sommes maintenant six milliards d'humains à l'habiter. La population de la terre a doublé au cours du dernier siècle. Il faudrait être fou pour ne pas voir les problèmes qui s'annoncent. Dans le documentaire *Les Quatre Cavaliers de l'Apocalypse*, que j'animais, j'avais été la première surprise par un texte qui disait à peu près ceci: l'eau que nous buvons aujourd'hui est la même que celle que buvaient Adam et Ève, et l'air que nous respirons aussi. Les chiffres m'avaient frappée. Les images aussi. Nous n'irons pas chercher d'eau sur une autre planète. Jusqu'à preuve du contraire, il n'y en a pas. Quand nous étoufferons dans nos villes, quand l'air sera tout à fait irrespirable, où irons-nous? Je désespère devant ceux qui pensent que cela va se régler tout seul et qui vont encore me traiter d'alarmiste.

La longue marche des «réfugiés» de toutes sortes sur plusieurs continents ne fait que commencer. Ils marchent pour trouver un monde meilleur. Ces déplacements de populations sont causés par les crises politiques, économiques, et les catastrophes de toutes natures, y compris celles qui sont provoquées par l'homme lui-même. Nous mettons trop de temps à réagir. Nous vivons de plus en plus dans l'indifférence.

Les enfants d'aujourd'hui devront tout remettre en question : notre façon de vivre, notre gaspillage, la définition même de ce que nous avons appelé « la qualité de la vie ». Pour s'en sortir, ils devront réinventer un monde de paix, de tolérance, de générosité et de responsabilité. Ils devront se donner des valeurs nouvelles. Leur vie ne pourra pas avoir pour seul objectif « Liberté 55 », comme on nous le propose présentement. Le décrochage, l'indifférence et le je-m'en-foutisme que nous avons prônés signeraient l'arrêt de mort des générations futures. Tout cela est maintenant tellement évident.

Je ne veux pas transmettre une vision alarmiste à la génération de nos petits-enfants. Je veux qu'ils soient préparés à faire face à ce que l'avenir ne manquera pas de leur apporter. Je crois à la vie, je l'ai dit. À moins qu'on ne tue la vie aussi.

77

Après nous, le déluge

Tuer la vie. C'est ce que Marc Lépine a voulu faire le 6 décembre 1989 à l'École polytechnique de Montréal. Il s'y est présenté avec un fusil. Personne n'a rien remarqué. Il avait un plan précis, se débarrasser du plus grand nombre de femmes possible, ces féministes qui prenaient les places des hommes, en évitant de blesser les gars, dont il se sentait vraisemblablement solidaire.

Il s'est donné beaucoup de mal pour parvenir à ses fins. Il a commencé par séparer les filles de leurs collègues masculins. Les filles ont eu beau plaider qu'elles n'étaient pas féministes, quatorze d'entre elles sont tombées.

J'ai appris la nouvelle par la télévision. Sur les lieux, l'affolement était général. On parlait déjà d'un tireur fou. On craignait qu'il n'y ait un grand nombre de victimes. La police avait mis trop de temps à entrer dans l'école. Quand la nouvelle fut enfin connue et qu'il devint évident que les victimes étaient toutes des femmes, il y eut un moment de surprise.

Puis les hommes ont repris le contrôle. L'information s'est organisée autour de Bernard Derome à la télévision d'État. Les invités étaient des psychologues, des spécialistes de toutes sortes, tous des hommes. Ils ont eu vite fait de démontrer que le geste de Marc Lépine était celui d'un fou.

Je n'ai jamais cru à cette théorie. Les femmes non plus. Je suis arrivée à la conclusion que Marc Lépine n'était pas fou au sens où on l'entend quand on estime quelqu'un incapable d'assumer la responsabilité de ses actes. Marc Lépine était fou de rage. Parce qu'il n'avait pas été accepté à Polytechnique et surtout parce qu'il voyait des filles y poursuivre leurs études. Il s'était mis dans la tête qu'elles prenaient sa place. Il faisait une crise de machisme aiguë. Mésadapté, je veux bien, mais pas fou. En fait, la version de la folie permet aux hommes de se disculper totalement.

J'avais une petite-fille de vingt et un mois au moment où cette horrible chose s'est produite. J'étais atterrée devant un événement aussi dévastateur. J'avoue que, ce soir-là, j'ai souhaité qu'elle fût un garçon plutôt qu'une fille. Être femme dans ce monde ne me disait plus rien. Se voir toujours réduites au silence, par n'importe quel moyen, se trouver obligées de prendre le moins de place possible, devoir recommencer sans cesse à expliquer notre droit à l'égalité sans jamais mettre le poing sur la table, pour ne pas se mettre à dos l'autre moitié de l'humanité, c'était un véritable tour de force. Ce l'est toujours.

Devoir s'excuser d'être là, dans les laboratoires, dans les conseils d'administration, dans les universités, alors que les hommes ne nous trouvent des vertus que dans les chambres à coucher, c'est aussi un tour de force. Des centaines de fois, en parlant aux femmes, j'ai tenté d'expliquer que nos acquis sont fragiles, que rien n'est jamais gagné définitivement en ce qui nous concerne et que la vigilance est une belle vertu.

Le drame de Polytechnique m'a plongée dans un état de questionnement comme je n'en avais jamais connu. Comment parler dorénavant de l'avancement des femmes sans parler du prix à payer pour y arriver?

Le lendemain de cet événement, je donnais un cours à l'Université du Québec à Montréal. Un cours de condition féminine. Les élèves étaient toutes des filles à l'exception d'un jeune homme, qui se faisait particulièrement discret, ce matin-là. Nous avons commencé par fermer la porte de la classe à clé, conscientes que la peur allait nous habiter pour un long moment. Je tenais d'abord à rassurer le jeune homme. Il fallait lui dire que nous ne lui en voulions pas, surtout pas à lui qui prenait des cours de condition féminine. Je fus étonnée de l'entendre déclarer que tous les hommes, ce matin-là, se sentaient coupables. Les filles voulaient comprendre pourquoi les confrères des étudiantes de Polytechnique n'avaient pas réagi; pourquoi ils n'avaient pas essayé de désarmer Marc Lépine, au lieu de le laisser faire. Plus tard, on a trouvé des réponses. On a dit qu'il n'était jamais facile de mettre sa propre vie en danger. L'esprit de survie avait pris toute la place. J'ai mis du temps à leur pardonner, mais j'ai fini par le faire.

Les hommes aussi ont le droit de ne pas être des héros. Le petit « Guy », le frère d'« Yvette » dans le fameux manuel scolaire que j'avais dénoncé et dont la dénonciation m'avait coûté si cher, le petit Guy, élevé de façon à devenir un champion en tout, aurait sans doute désiré être le héros du 6 décembre. Si je ne voulais plus d'Yvette, je ne voulais plus de Guy non plus. Je reconnaissais que des hommes pouvaient choisir de sauver leur peau.

Le lendemain, le 7 décembre 1989, nous avons tenu, dans un grand hôtel de Montréal, la première rencontre des cinquante marraines de la célébration du 50ᵉ anniversaire de l'obtention du droit de vote par les femmes au Québec, une lutte menée par Thérèse Casgrain, Idola Saint-Jean et la mère de Jacques Parizeau. La fête aurait lieu au printemps 1990. On m'avait offert la présidence d'honneur de l'événement et j'avais accepté.

Le soir du 7 décembre, en entrant dans la salle, j'ai réalisé que Marc Lépine s'était trompé de jour. S'il s'était présenté à l'hôtel où nous étions réunies, plutôt qu'à Polytechnique la veille, il y aurait trouvé cinquante militantes féministes. Les noms de certaines d'entre elles se trouvaient sur une liste de femmes à abattre que Marc Lépine avait sur lui quand il a commis son crime.

Nous avons pleuré. Nous étions bouleversées par les événements. Certaines m'ont dit avoir failli renoncer à cette rencontre, par peur, mais elles y étaient toutes. Lise Bacon, Monique Bégin, Lorraine Pagé, Thérèse Lavoie-Roux, Monique Simard, Louise Harel et combien d'autres, faisant de leur présence un engagement afin que les filles de Polytechnique ne soient pas mortes pour rien. Les femmes apprenaient à se serrer les coudes et à s'aimer au-delà des divergences partisanes.

Le printemps suivant, la fête fut belle. C'était de nouveau la vie qu'on célébrait. Le droit de vote était plutôt un prétexte aux retrouvailles et à la solidarité après l'hiver que nous avions vécu. On parlait d'élever un monument à la mémoire des quatorze filles assassinées de Polytechnique. Nous savions déjà que ce monument, nous le portions en nous. Nous n'oublierions jamais ce qui s'était produit ce soir du 6 décembre 1989. Les années qui se sont écoulées depuis n'ont rien effacé.

Quant à Marc Lépine, il s'est suicidé après avoir commis les assassinats. Les véritables raisons de sa haine et de sa violence ne seront donc jamais connues. Il y a bien eu quelques tentatives d'explications, mais, dès que sa situation familiale fut connue, le grand manteau du silence est venu recouvrir toute velléité d'analyse. En soulever un pan par besoin de comprendre aurait été considéré comme de l'indécence, ou, pire, du racisme, car le père de ce garçon était étranger. Silence. Il y a tant de choses qu'on ne doit pas chercher à comprendre au Québec. Ni à verbaliser, d'ailleurs. Il faut souvent se contenter d'explications sommaires, comme si nous ne méritions pas la vérité. Nous sommes si souvent traités comme des êtres incapables de réfléchir par eux-mêmes que nous finissons par le devenir.

Si nous avions mieux compris le phénomène Marc Lépine, peut-être que la violence faite aux femmes aurait pu être mieux prévenue. Quels sont les mécanismes qui déclenchent cette haine meurtrière qui pousse des hommes à assassiner leur femme? Comment en reconnaître les signes? Qu'est-ce qu'on appelle «folie» dans l'acte qu'ils posent? Interprétons-nous ces meurtres comme certains pays le font, considérant le «crime passionnel» non comme un vrai crime mais plutôt comme l'expression de la «fierté du mâle»? Un crime qui serait une sorte de règlement de comptes toléré par la justice et la société quand la fierté machiste a été malmenée.

Le silence qui a suivi l'affaire Marc Lépine n'a aidé personne. Imposé par les règles non écrites de la «correctitude politique», il nous a privées d'une compréhension qui nous aurait aidées à pardonner.

La vérité n'a plus sa place dans notre société. Elle ne peut être connue que par quelques privilégiés. Comme si les autres n'étaient pas assez forts pour y faire face. Le poids du non-dit pèse plus lourd que la vérité qu'on exprime.

78

Mon dernier tango

Mes soixante ans étaient là. Bien ronds, comme moi. Je n'avais pas vu le temps passer. En ce matin du mois d'août 1991, je me demandais encore ce que j'avais bien pu accomplir pour avoir été si occupée pendant tout ce temps.

La retraite ne me disait rien. Moi qui avais découvert le bonheur de l'écriture il y avait maintenant près de dix ans, je passais des journées entières enfermée avec mes personnages. Ils vivaient autour de moi. Je leur parlais et ils me répondaient. Le bonheur était dans ma tête. Je venais d'entreprendre l'écriture d'une émission dramatique quotidienne pour Radio-Canada, *Marilyn*. J'aimais ce sentiment que j'ai eu souvent, en travaillant pour la télévision, de défricher, de forcer ce formidable médium de communication à faire plus, à aller plus loin. Un téléroman quotidien m'obligeait à me dépasser, mais obligeait aussi les équipes qui y travaillaient à aller au bout de leurs capacités. C'était le travail d'équipe qui faisait toute la différence. Louisette Dussault, qui interprétait Marilyn, avait tout investi dans le personnage dès le départ. Elle lui avait prêté sa bonne humeur, son sens aigu du professionnalisme et ses qualités de cœur. Parmi les autres comédiens, on trouvait Michel Dumont, Michèle Deslauriers, Denis Bernard, Marc Legault, Robert Lalonde, Robert Gravel, Paule Baillargeon, Patricia Tulasne, Isabelle Lajeunesse, Mireille Deyglun et Sophie Lorain, pour ne nommer que ceux-là.

Un téléroman quotidien constituait, disaient-ils, une formidable école de télévision, car il leur permettait de pénétrer profondément l'âme de leurs personnages. C'était une chose rare à la télévision ou même au théâtre. Jouer le même personnage quotidiennement pendant trois ans permet de fouiller dans tous les recoins de son être.

J'étais fière d'avoir soixante ans. Entourée de ces amis sincères que je m'étais faits à divers moments de ma vie, gâtée par mes enfants et ma petite-fille, je considérais que mon bilan était positif. Je m'étais battue pour reprendre ma vie en main, il y avait longtemps déjà. J'avais mené ma barque en toute liberté. Je n'étais pas pressée d'arriver au port. Avoir soixante ans, qu'on le veuille ou non, cela fait réfléchir.

Je me tenais loin de la politique, avec le sentiment d'avoir déjà donné. Je lisais les journaux du bout des yeux. Je ne pouvais ignorer le désenchantement de la population face à la chose publique. Un nouveau cynisme s'était installé. Le peuple ne croyait plus à rien. Il était impossible de le mobiliser pour quelque objectif que ce soit. Il ne répondait plus. Déçu par la politique, écœuré par les fameuses querelles fédéral-provincial, étouffé par les impôts ou occupé tout simplement à chercher du travail, le citoyen ne nuançait pas beaucoup ses jugements. Le je-m'en-foutisme régnait en maître sur le Québec. La désaffection n'avait jamais été aussi évidente. L'économie tournait au ralenti, les maisons ne se vendaient plus. L'avenir était bouché.

Un matin, en rentrant du jardin, Laurent m'annonça qu'il trouvait les plates-bandes de plus en plus basses d'année en année. Je saisis l'occasion pour lui manifester mon désir de quitter la campagne, de me rapprocher de ma petite-fille et de cesser de voyager par l'autoroute 40, où j'avais l'impression de risquer ma vie chaque jour aux côtés d'énormes camions roulant bien au-delà de la vitesse permise. Je voulais rentrer chez moi, en ville. Je découvris qu'il y songeait lui aussi, même si nous n'en avions jamais parlé.

Quand nous avons fêté mes soixante ans, à la campagne, nous avions déjà trouvé un appartement proche du centre-ville. Cette fête d'anniversaire était la dernière que nous célébrions dans notre grande maison. Nous avions commencé à nous défaire d'une multitude de choses qui n'auraient pas trouvé leur place dans notre nouvel appartement. Je m'étais attendue à vivre difficilement cet abandon de livres et de multiples papiers auxquels je tenais tant. Je suis une «ramasseuse». Je range toujours plein de choses qui ne me servent jamais par la suite. J'avais tort. Au contraire, ce fut un soulagement. J'avais le sentiment profond d'alléger ma vie, de faire de la place pour un avenir indéterminé mais combien intéressant, de laisser partir la vie vécue pour mieux profiter de la vie à vivre.

En septembre 1991, nous nous sommes installés à notre nouvelle adresse. Laurent et moi avons alors pris la résolution de nous quitter le moins souvent possible, de passer encore plus de temps ensemble. Ce qui comptait, c'était moins le nombre d'années qu'il nous restait à vivre tous les deux que la façon dont nous allions les vivre. Nous avons fait le choix de tout partager, y compris la vie quotidienne. Au rythme où j'écrivais, il avait de quoi occuper sa retraite à imprimer mes textes, à les relire et à les classer, à me servir de mémoire. Il est entré dans mon univers d'auteure naturellement, discrètement presque, sans rien déranger.

Nous avions toujours été un couple uni. Nos soixante ans nous ont soudés l'un à l'autre, dans le respect et en toute liberté. Nous pensions que notre période active s'achèverait doucement et que nous deviendrions des retraités sympathiques. Nous nous sommes bien juré de nous surveiller mutuellement, de ne pas nous laisser nous encroûter intellectuellement, afin de rester ouverts aux idées nouvelles. Nous voulions demeurer dans le coup. Nous nous sommes mis à l'ordinateur tous les deux en réalisant bien qu'il nous faudrait nous adapter au fur et à mesure à toutes les technologies nouvelles qui apparaîtraient sur le marché. Aujourd'hui, chaque fois que nous découvrons un nouvel appareil à boutons, nous finissons, après un temps de résistance raisonnable, par nous y mettre sans trop de difficulté. Jamais aussi vite que ma petite-fille, bien sûr. Elle est de sa génération et il n'y a pas un bouton qui lui résiste.

Il n'y a pas longtemps, elle m'a demandé si j'aimerais avoir douze ans comme elle les aura bientôt. J'ai répondu: «Oui et non.» J'ai répondu non parce que, quand on est la mamie, il faut assumer qu'on a vieilli et que, si on est dépositaire de l'histoire du monde, l'avenir appartient aux plus jeunes. J'ai dit non pour qu'il soit clair pour elle que ma vie à moi a été vécue, que j'ai fait mes bons coups et mes erreurs, et qu'elle sera appelée bientôt à prendre sa place dans notre société. Les mamies, en général, n'ont pas beaucoup d'avenir. Elles ont de la sagesse, de la mémoire et peut-être de belles années à vivre encore. Mais pour l'avenir, c'est trop tard.

J'ai répondu oui parce que, comme fille, je pourrais espérer faire les études que j'aurais choisies sans qu'il vienne à l'esprit de personne de me dire que cela ne me servira à rien. Je pourrais aussi choisir mon métier ou ma profession selon mes désirs: conduire un camion ou soigner les malades, aller dans l'espace ou travailler en garderie, jouer au hockey ou devenir le meilleur cardiologue du monde, être coiffeuse ou pilote de F-16. Toutes les options seraient disponibles. J'aurais atteint l'égalité avec les hommes et, même si je devais encore être vigilante pour la conserver, j'en profiterais au maximum. Si j'avais douze ans aujourd'hui, sachant que l'espérance de vie augmente sans cesse grâce aux nouvelles découvertes médicales, je calculerais quel âge j'aurais en l'an 2100 et je hisserais ma voile, en me souhaitant bon vent, avec cette date comme objectif.

La mamie que je suis, aussi anticonformiste que possible, n'est pas prête à plier bagage. Je n'ai pas envie de marcher à petits pas vers une issue qui n'a rien de réjouissant. Et puis je me suis bien juré de voir ma petite-fille terminer ses études à l'université, si c'est son choix. Pas question de décrocher avant qu'elle ne soit une adulte accomplie. Je veux qu'elle me raconte ses amours, ses espoirs.

Pour y arriver, il faut entretenir un peu la carcasse, ne pas parler sans cesse de ses petits bobos, résister à la tentation de laisser ses enfants prendre des décisions pour soi. Ce doit être la pire des dépendances quand nos enfants commencent à nous materner. Ils le font par amour, bien sûr. Ils ont tendance à inverser les rôles et doucement, sans résister, nous devenons leurs enfants à notre tour. Quel doigté il faut aux enfants pour veiller sur nous, les parents, sans que cela signifie la fin de notre liberté !

Le cap de mes soixante ans a été fructueux. J'avais réglé mes comptes avec le passé. Je repartirais la tête légère, sinon le corps léger. J'embrasserais la vie pour un dernier tango, que j'espérais le plus long possible. Je n'aspirais plus qu'à la sérénité. J'estimais n'avoir plus rien à prouver. Je restais cependant préoccupée du sort des femmes et du sort du Québec.

Dans ce drôle de pays, on trouve à la fois des « danses à 10 $ » et des « garderies à 5 $ ». Les femmes ne gagnent toujours que moins de 65 % du salaire des hommes, et les garçons se plaignent que les filles réussissent mieux qu'eux à l'école, sans se demander si ce ne serait pas parce qu'elles travaillent davantage. Il y a bien d'autres anomalies ou incongruités qui font parfois rire, parfois pleurer. Comme d'attendre, pour préparer un troisième référendum, que les « conditions gagnantes » soient réunies. Quand j'y pense, j'imagine Lucien Bouchard penché sur une boule de cristal ou assis, la nuit, sur le toit du « bunker », interrogeant les étoiles. Moi, j'aime mieux danser le tango.

79

Vieillir ? Je n'en ai plus le temps

C'est souvent quand on n'attend plus rien que quelque chose arrive. Après mon soixantième anniversaire, en 1991, j'avais commencé à me conditionner pour entrer dans l'âge d'or en toute quiétude. J'avais encore deux ans du téléroman *Marilyn* à écrire et l'émission se portait bien. J'étais comblée. Mon cœur et mon esprit étaient apaisés. Laurent et moi désirions encore voyager et nous savions que le temps deviendrait précieux. Nous nous considérions comme en demi-retraite. Nous étions dégagés des grandes responsabilités de la vie, libres de partir quand bon nous semblerait. *Marilyn* pouvait s'écrire n'importe où dans le monde. La vie rêvée, quoi !

Le 3 janvier 1992, Jean-François Mercier, le réalisateur avec qui j'avais fait le documentaire *Disparaître*, me téléphona. Il souhaitait venir prendre un café à la maison afin de discuter d'un projet. Installés autour de la table de la cuisine, nous avons échangé les vœux du Nouvel An et partagé les souvenirs de l'expérience extraordinaire de *Disparaître* et des *Quatre Cavaliers de l'Apocalypse*, puis il m'a demandé pourquoi nous n'essaierions pas de continuer la production des documentaires suivants. Peut-être avions-nous baissé les bras un peu vite.

Il n'a pas eu à me faire de dessin. En quelques secondes, j'avais deviné qu'il me proposait la mise sur pied d'une maison de production. Le premier objectif de celle-ci serait de produire

Les Enjeux d'une nation, que l'Office national du film avait cessé de financer. L'idée était séduisante, stimulante. Cependant, elle arrivait à un bien mauvais moment pour moi. Je désirais consacrer plus de temps à mon rôle de mamie. Je venais de déménager à Montréal pour me rapprocher de ma petite-fille, que je voulais voir grandir, et je venais d'accepter de vieillir doucement.

Je savais que ma démarche était trop raisonnable, dictée par l'arrivée de la soixantaine. Je m'étais convaincue que c'était là la meilleure façon d'aborder la troisième étape de la vie avec sérénité. L'écriture de *Marilyn* me prenait déjà beaucoup de temps. Que me resterait-il à offrir à une maison de production ?

J'expliquai à Jean-François que je croyais avoir encore l'énergie nécessaire, que ma santé était bonne. J'avais aussi des idées. Je voyais dans sa proposition un autre signe du destin. J'avais déjà rêvé d'une maison de production, il y avait bien longtemps.

J'ai toujours aimé la télévision. Et la radio plus encore, parce qu'elle utilise une technique plus légère, ne nécessitant ni décor ni éclairage. Rien d'autre que la parole pour porter le rêve et stimuler l'imagination. La télévision aussi devient maintenant moins lourde. En comparaison de ce qu'elle était à l'époque d'*Appelez-moi Lise*, la télévision s'est beaucoup assouplie aujourd'hui même si elle conserve des contraintes. Il est évident que la technique va continuer à s'améliorer. Cela se réalise presque tous les jours sous nos yeux.

Au moment où Jean-François me proposait de fonder une maison de production, j'étais déjà inquiète de la qualité douteuse de certaines émissions au petit écran. Je trouvais qu'il y avait place à une amélioration du contenu.

Par goût personnel, j'ai toujours préféré la télévision qui dérange. Celle qui remet des choses en question, interroge, interpelle, surprend aussi et oblige à réfléchir. La télévision avait presque oublié ce rôle. Je crois que c'était devenu plus évident encore après l'élection du Parti québécois, en 1976. Il y avait eu comme un vacuum. Dans la presse écrite aussi. Les nouveaux élus étaient allés chercher dans les salles de rédaction des journaux et de la télévision de bons journalistes pour en faire des attachés de presse, des membres de leur cabinet. La ponction, sans être mortelle, avait privé les médias d'excellents collaborateurs. Après l'arrivée du Parti québécois au pouvoir, les journalistes avaient ressenti un certain vertige. Ne sachant pas encore comment traiter ce nouveau gouvernement, ils sentaient le besoin de prendre leurs distances. Son projet indépendantiste forçait tous ceux qui œuvraient en milieu fédéraliste à se repositionner. L'éclairage politique venait de changer et ils mirent du temps à réagir.

Beaucoup d'entre eux étaient tiraillés. S'ils étaient indépendantistes, ils ne voulaient pas nuire à la cause de la souveraineté en se montrant trop sévères envers le gouvernement. S'ils étaient fédéralistes, ils se révélaient incapables de neutralité, chacune de leurs interventions paraissant drapée dans l'emblème canadien.

Comment aurait-il pu en être autrement? Toute la société québécoise s'était polarisée autour de deux options: le fédéralisme et l'indépendance. Les journalistes avaient dû en faire autant dans leur vie privée. Il était devenu impossible de ne pas avoir d'opinion. Comment rester en dehors de la mêlée? Comment être neutre dans un débat qui divise un peuple en deux? Comment traiter l'information avec objectivité quand on a opté pour une cause dans son for intérieur et que d'autres nous surveillent?

Un jour, quelqu'un s'emploiera à démontrer la quadrature du cercle qu'était devenue l'information au Québec pendant ces années. Une véritable schizophrénie s'était emparée des médias, une psychose telle qu'il était plus facile de produire un documentaire sur la Mongolie que sur les Cantons-de-l'Est.

Encore aujourd'hui, il subsiste des séquelles de ces années épiques. Les moyens mis en place pour contrôler les débordements indépendantistes de l'époque existent toujours et, d'un référendum à l'autre, ils resurgissent.

À l'époque dont je parle ici, seuls les documentaires animaliers semblaient intéresser la télévision. La proposition de Jean-François devenait donc de plus en plus séduisante au fur et à mesure que je réfléchissais sur l'importance du documentaire. Quelle merveilleuse façon de participer au débat collectif et de faire avancer une société devenue stagnante ! Si j'acceptais, nous pourrions produire au moins huit autres documentaires traitant d'enjeux de première importance pour le peuple québécois. Nous pourrions contribuer à revaloriser les débats. Nous pourrions en provoquer d'autres qui constitueraient une grande bouffée d'oxygène. J'ai dit oui.

Laurent avait des réticences. Il n'aimait pas beaucoup l'idée de me voir m'engager dans autre chose en plus de l'écriture. Il veillait sur moi comme un ange gardien.

Une fois la décision prise cependant, je ne l'ai jamais remise en question. Laurent non plus. Pour que nous puissions continuer d'être ensemble comme nous l'avions choisi, il s'est joint à l'équipe. Deux autres personnes avaient été pressenties pour faire partie de cette aventure : Raymond Gauthier, producteur à l'Office national du film, a quitté la boîte pour se joindre à nous, et Claude Rochette, alors adjoint à la direction du service des dramatiques de la Société Radio-Canada, a fait de même. C'était sérieux.

Nous avons fait une demande d'incorporation, sans même avoir choisi de nom pour notre nouvelle entreprise. Il nous paraissait plus urgent de vendre notre projet à une chaîne. Sans diffuseur, une maison de production n'existe pas.

Nous avions pensé que notre série de documentaires sur les enjeux de la nation québécoise risquait d'être mal accueillie à Radio-Canada, pourtant notre alliée naturelle. On sentait que la maison était à la recherche d'une nouvelle identité. Certains disaient qu'elle était l'otage d'Ottawa. La direction s'était trouvée dans l'eau bouillante à la suite de la diffusion de *Disparaître* et elle serait probablement terrifiée par le contenu des documentaires suivants.

Michel Chamberland, un ancien cadre de Radio-Canada, était devenu directeur de la programmation à TVA. Il m'avait déjà proposé de revenir à l'antenne pour faire des entrevues et j'avais refusé. Je ne voulais plus retourner travailler devant les caméras. C'est là que nous avons repris le dialogue. Michel Chamberland nous écouta attentivement. Nous fîmes valoir que TVA pouvait être un bon partenaire pour nous car nous trouvions ce réseau plus près des gens que nous voulions atteindre. Chamberland se montra intéressé.

Nous avons proposé un contrat portant sur dix documentaires. Les négociations duraient depuis quelques jours quand Michel Chamberland accepta de nous accorder ce que nous demandions, à la condition que j'accepte d'animer une série de soixante entrevues réparties sur deux ans. L'entente fut conclue à notre satisfaction ; TVA s'était montrée généreuse. Nous pouvions penser maintenant à livrer un produit de qualité. Cela m'obligerait à reprendre du service devant les caméras, mais tant pis, nous avions une maison de production.

Quand nous eûmes trouvé des locaux, je partis un beau jour pour «le bureau», étonnée d'être devenue une femme d'affaires. J'étais la présidente d'une maison de production qui avait déjà son premier contrat. Il restait à trouver un nom à l'entreprise. Il nous a fallu des jours pour y arriver. Nous avons dû en imaginer cinquante, mais aucun ne nous plaisait.

Un matin, en réunion, nous nous sommes juré que nous ne nous quitterions pas avant d'avoir convenu d'un nom. J'ai posé une question à mes associés : «Si René Lévesque était vivant, est-ce que nous l'engagerions ?» La réponse affirmative est venue rapidement, sans restriction. J'ai alors proposé «Point de mire».

Vérification faite, ce nom n'avait jamais été protégé légalement. Pour moi, il servirait à maintenir vivante la mémoire d'un homme que j'avais admiré comme journaliste et comme premier ministre. Il servirait aussi à nous rappeler ses critères de qualité. Nous essaierions de les maintenir contre vents et marées.

Point de mire, une maison de production de taille moyenne, aura dix ans en 2002. Elle a fait beaucoup de chemin depuis sa fondation, malgré les obstacles qu'elle a dû franchir. Accueillie au départ comme une intruse dans le milieu de la production, elle s'est taillé une place au cours des ans, projet après projet. Claude Rochette nous a laissés, remplacé par Huguette Marcotte, qui nous a quittés à son tour. Mais le noyau de trois associés a traversé toutes les tempêtes.

80

Le grand écart de la télévision

Certains seraient étonnés de m'entendre dire que la télévision publique n'existe plus au Québec. Ni la télévision privée, d'ailleurs. Nous avons assisté, impuissants, à la transformation de nos télévisions en télévisions mixtes.

Je suis convaincue que la télévision québécoise est en danger. Cette industrie, subventionnée par les deux paliers de gouvernement et réglementée par des organismes de surveillance, souffre d'une maladie grave, la dégradation.

Lorsqu'un diffuseur achète une émission d'un producteur privé, il devient lui-même subventionné, puisqu'il bénéficie de l'aide financière que le producteur a obtenue de Téléfilm Canada et de la SODEC[18], son pendant québécois, ou des crédits d'impôt accordés par les gouvernements.

Dans le cas de Radio-Canada, c'est simple à comprendre. Une télévision publique reçoit, en principe, l'entièreté de son budget du gouvernement. C'était ainsi il y a des années. Et en règle générale la liberté d'action d'une télévision publique est garantie par sa loi constituante. Le gouvernement ne doit pas intervenir directement pour dicter ses volontés aux dirigeants. La BBC en constitue le meilleur exemple. Le pire est celui de la

---

18. Société de développement des entreprises culturelles.

télévision publique de France, dont on sait qu'elle n'a jamais pu se distancer du pouvoir politique.

Peu à peu, le gouvernement a cessé d'être la seule source de financement de la télévision publique. Radio-Canada, voyant son budget diminuer, a dû, pour combler ses besoins, s'employer à trouver d'autres revenus. Il en fut de même pour Télé-Québec, qui reçoit ses maigres allocations du gouvernement du Québec.

Les gouvernements ont sabré dans les sommes accordées à leur télévision publique respective, à un point tel que, pour survivre, les diffuseurs ont dû accomplir des tours de force. Ils se sont lancés dans la vente de messages commerciaux. Ils ont réduit leurs coûts de production, en rognant aussi bien sur le personnel cadre que sur les heures de répétition. Rien ni personne n'a été épargné. Tout cela pour économiser de l'argent… et pour en gagner… Après quelques années de ce régime, nous étions en droit de nous demander si, en haut lieu, on ne souhaitait pas la disparition pure et simple des deux réseaux de télévision publique du Québec.

Les télévisions publiques avaient maintenant des clients à satisfaire : le gouvernement et les commanditaires. Il s'avérait donc risqué de mettre à l'antenne des émissions qui pouvaient déplaire à un gouvernement « subventionneur » devenu de plus en plus sensible aux critiques, ou irriter de nombreux commanditaires dont on n'avait plus les moyens de se passer. Le gouvernement d'Ottawa n'avait pas eu besoin de fermer Radio-Canada, comme Pierre Elliott Trudeau en avait fait la menace ; il n'avait eu qu'à l'affamer. Même chose pour Télé-Québec.

Radio-Canada avait déjà vécu grassement et une rationalisation s'imposait. Les premières compressions furent les bienvenues. On coupait dans le gras, c'était normal. L'effort de réduction des coûts était justifié. Le drame, c'est que, une fois engagé, le gouvernement a choisi de ne plus s'arrêter. La même recette fut appliquée à Télé-Québec. Le gouvernement avait tellement réduit son budget qu'on était en droit de se demander s'il ne voulait pas en finir avec elle.

Les gouvernements, en général, n'aiment pas beaucoup la télévision qui réfléchit, pose des questions, trouve des réponses et en fait toute une histoire. Ils préfèrent une télévision tranquille, où les élus peuvent dire ce qu'ils veulent sans être contestés. Les « fins finauds » de la télé sont si difficiles à contrôler.

Il subsiste au Canada un mythe au sujet de la liberté de la télévision publique, qu'il faut faire voler en éclats. Bien sûr, les clients que sont le gouvernement et les commanditaires ne dictent pas encore littéralement le contenu des émissions, mais leur influence s'exerce par bien d'autres moyens. Surtout depuis que certains tolèrent la publicité intégrée au contenu de certaines émissions, comme c'est souvent le cas aujourd'hui. Qu'un gouvernement parle de réduire le budget ou que les commanditaires menacent de retirer leur publicité, on leur prêtera toujours une oreille attentive. Parce que c'est une question de vie ou de mort. Et si quelque chose leur déplaît, pourquoi ne pas essayer de leur faire plaisir ? Des gouvernements heureux, des clients satisfaits peuvent se montrer plus généreux. C'est si simple… mais c'est ainsi qu'on devient l'artisan de sa propre soumission.

Va pour la télévision publique. Qu'en est-il du côté de la télévision privée ?

Une télévision tout à fait privée, qui ne bénéficie d'aucun soutien gouvernemental, cela n'existe pas ici. Tous les diffuseurs qui achètent des émissions de producteurs privés bénéficient indirectement de l'aide financière accordée à ces producteurs. Les télévisions dites privées investissent de moins en moins de leur propre argent dans des productions extérieures.

Les subventions que le producteur privé peut recevoir de Téléfilm Canada ou de la SODEC viennent compléter la petite somme payée par le diffuseur. Cela revient, d'une certaine façon, à subventionner un diffuseur privé.

TVA et TQS ne sont donc plus des télévisions privées ; ce sont des télévisions mixtes. Certaines émissions réalisées à l'interne restent entièrement à la charge du diffuseur. Toutefois, lorsqu'il s'agit de productions extérieures, tous les subsides obtenus par le producteur servent les intérêts des deux télévisions. Elles en bénéficient par producteur interposé.

On pourrait donc dire que toutes les télévisions sont publiques à des degrés divers ; ou, mieux, qu'elles sont toutes privées dans une certaine mesure.

Les ondes, elles, sont publiques. Si quelqu'un en est le propriétaire, c'est le public. Cependant, avec un organisme comme le CRTC[19] pour protéger nos intérêts, nous sommes en droit de nous demander qui gère nos ondes. Au rythme où vont les choses, n'importe qui pourra bientôt faire n'importe quoi. Comme dirait René Lévesque, « une chatte n'y retrouverait pas ses petits ».

Les différents gouvernements n'ont plus le courage de doter les citoyens d'une véritable télévision publique ; elle serait trop dérangeante pour les élus. Il s'avère plus facile de contrôler la télévision par des compressions budgétaires, qu'on prétend regrettables, que par des interventions directes qui ne manqueraient pas d'être critiquées.

Cette situation a provoqué ce que j'ai appelé déjà « un nivellement par le bas », pour lequel nous portons tous une part de responsabilité[20]. Il suffit d'ouvrir son téléviseur et de faire le tour des chaînes pour constater que tout le monde ressemble à tout le monde. Cela est tellement vrai qu'on peut maintenant trouver Simon Durivage à TVA et Stéphan Bureau à Radio-Canada sans s'en étonner le moins du monde, alors qu'il y a si peu de temps

---

19. Conseil de la radiodiffusion et des télécommunications canadiennes.
20. Voir annexe 14.

c'était l'inverse. L'émission *Surprise sur prise*, à l'époque, a réussi à passer de TQS à Radio-Canada sans que personne s'en inquiète.

Chose plus grave cependant, il y a une belle unanimité pour bafouer la langue française. Surtout quand il faut être drôle. Le mouvement vers le bas s'est amorcé depuis longtemps. Si la télévision est notre miroir, comme on le prétend, ayons donc le courage de nous regarder en face.

Avoir une bonne idée d'émission ne garantit aucunement qu'elle se retrouvera à l'antenne. Le processus décisionnel des institutions est devenu très complexe. Il faut avoir cent projets pour en réaliser un.

Je crois qu'un cinéaste comme Pierre Perrault, qui vient de mourir, laissant une œuvre cinématographique unique au monde – rappelez-vous son documentaire sur les habitants de l'Isle-aux-Coudres –, ne trouverait plus aujourd'hui l'aide dont il aurait besoin pour produire ses films.

Ces films-là n'ont pas une cote d'écoute élevée. Ni la danse, ni le théâtre, ni la musique, paraît-il. S'il faut parler parfois des livres, c'est parce qu'on ne peut pas faire moins que Bernard Pivot.

Si Pierre Perrault avait vingt-cinq ans aujourd'hui, il ne deviendrait pas cinéaste. Il ne trouverait personne pour s'intéresser à son projet. Ni chez les diffuseurs, ni à Téléfilm Canada, ni à la SODEC. Nulle part. Sans scénario, il n'obtiendrait même pas de rendez-vous.

C'est là une constatation inquiétante. La télévision, à force d'évoluer au ras des pâquerettes, toujours accrochée aux fameuses cotes d'écoute et soumise à ceux qui la font vivre, aura-t-elle encore la force de réagir ?

Publique, privée ou mixte, souvent véhicule de violence, de mauvais goût et d'ignorance, notre télévision peut-elle remonter la pente ? On ne peut parler ainsi que si on aime la télévision comme je l'aime.

81

Battre le fer...

C'est dans ce paysage que Point de mire a vu le jour. Nous avions obtenu un contrat de TVA pour dix documentaires d'une heure sur les grands enjeux de la nation québécoise et pour soixante entrevues d'une heure dont je serais l'animatrice. Il restait à nous faire accréditer auprès de Téléfilm Canada. Premier appel téléphonique:

— Bonjour, ici la maison de production Point de mire... Nous désirons savoir ce qu'il faut faire pour être accrédité. Y a-t-il des documents à remplir?

— C'est quoi, ça, Point de mire?

— C'est une nouvelle maison de production. Point de mire, c'est le nom que nous avons choisi.

— Laissez faire. Il n'y a rien à remplir. Et surtout ne nous envoyez rien. Vous n'existez pas pour nous.

C'est ce que j'appelle une réception plutôt froide. Nous partions de loin, mais nous avons fini par nous faire accréditer, non sans quelques discussions animées. Nous avions rempli les documents nécessaires et satisfait à toutes les exigences. Nos relations avec Téléfilm Canada, par la suite, ne sont jamais devenues très chaleureuses.

Encore maintenant, nous trouvons toujours extrêmement pénible d'aller défendre des projets. Notre premier interlocuteur voudrait des documentaires d'auteur tandis que le deuxième en a horreur. Comment s'y retrouver et réussir à s'entendre ?

Au début de l'existence de Point de mire, j'avais en tête un projet de série documentaire sur l'évolution des femmes dans le monde au cours des derniers siècles. Je voulais tenter d'évaluer le chemin parcouru dans le domaine de l'éducation, de la santé, du travail, etc., et aussi démontrer comment les pouvoirs religieux se sont acharnés sur les femmes à travers les âges. Le projet fut déposé à Radio-Canada. Nos chances étaient minces.

Nous espérions faire ces documentaires en français et en anglais. Nous déposâmes donc également notre projet à la CBC, qui, pour le refuser, prétendit avoir un projet semblable dans ses cartons. Point de mire présenta alors le projet à CTV, une télévision privée anglophone où Arthur Weinthal assumait la direction des programmes. Il se montra vivement intéressé. À Radio-Canada, après des semaines de réflexion et après avoir sollicité la présence de Télé-Québec comme deuxième diffuseur francophone, on s'apprêtait à nous laisser tomber.

On pensait que parler des femmes serait d'un ennui mortel. Weinthal, malgré le désistement appréhendé des deux diffuseurs francophones, maintint son achat de la série. Nous risquions de tourner en anglais seulement, ce qui aurait été une incroyable ironie pour une entreprise qui s'appelait Point de mire.

Radio-Canada finit par revenir sur sa décision; on y était sans doute mal à l'aise de savoir que CTV investissait sérieusement dans le projet. Mais pas Télé-Québec. L'investissement de Radio-Canada était minimal. TV5, arrivé tard dans le dossier, serait le deuxième diffuseur de langue française. La lutte que nous avons dû mener pour arriver à financer ces six documentaires consacrés à la moitié de la population du monde a été héroïque.

Au Canada anglais, la série, diffusée sur les ondes de CTV à l'heure de plus forte écoute, a reçu un accueil très chaleureux de la part de la presse et du public. Radio-Canada avait choisi de nous diffuser trois semaines d'affilée avant Noël et trois autres semaines en janvier, rompant ainsi le lien de l'habitude que nécessite une série de plusieurs documentaires. Le succès a été mitigé. Ma grande consolation, c'est que la série a été vendue dans cinquante-quatre pays du monde. Il est vrai que nul n'est prophète en son pays.

À la création de Point de mire, nous avions affirmé que nous ne voulions produire que des documentaires, ce qui avait fait sourire nos interlocuteurs. Le documentaire était en disgrâce à la télévision ; on avait tendance à considérer sa forme comme désuète. Il fallait un temps énorme pour monter la structure financière et convaincre les diffuseurs. Personne n'y croyait plus.

Je terminai l'écriture de *Marilyn* en 1993, avec le quatre cent quarante-quatrième épisode. Je n'avais pas préparé d'autre projet. Quelques années auparavant, la fin de *Marilyn* m'était apparue comme le bon moment pour tirer ma révérence. Ma décision avait forcément été remise à plus tard, à cause de la création de Point de mire. Depuis que cette maison de production existe, c'est ma demi-retraite que j'ai mise à la retraite.

J'ai bien fait d'attendre car on vient de me remettre mon premier prix Gémeaux, pour l'ensemble de ma carrière. L'émission *Des dames de cœur* en avait obtenu un il y a quelques années, mais pour la production, et c'est la réalisatrice Lucile Leduc qui était allée le recevoir. Mise en nomination à quelques reprises comme auteure, je n'ai jamais rien gagné. En fait, mes seuls trophées étaient un méritas, remporté pour la meilleure émission de radio, vers 1966, et le trophée Olivier-Guimond, issu du vote du public.

Je n'ai jamais travaillé pour récolter des honneurs. Si cela avait été le cas, j'aurais été bien déçue. J'avoue pourtant que ce premier Gémeaux m'a fait plaisir. À défaut de couronner autre chose, il aura au moins couronné la durée d'une carrière un peu particulière. Si vous vivez assez longtemps, on ne peut continuer de vous ignorer.

Un jour, j'ai été invitée à rencontrer les étudiantes en droit de l'Université de Montréal, et quel ne fut pas mon étonnement de découvrir qu'elles ne me connaissaient que comme auteure! Mes années de politique, ma loi sur l'assurance automobile, qu'elles étudiaient pourtant, ma carrière à la radio et à la télévision, ma vie de féministe engagée, il n'en restait rien. Cela m'a fascinée. Comme certains étudiants qui, à la question : «Qui est Jean Lesage?», répondent que c'est une autoroute. Les jeunes femmes qui se trouvaient devant moi connaissaient bien mieux mes téléromans que celle qui les avait écrits. Je n'avais pas traversé le mur des générations. Mes téléromans, par contre, avaient peut-être guidé leurs choix.

Elles disaient y avoir appris l'essentiel sur les relations entre les hommes et les femmes, mais aussi entre les femmes elles-mêmes. J'ai fini par me demander ce qu'elles répondraient si on leur posait un jour la question suivante : «Qui est Lise Payette?» Il n'y a pas, je l'avoue, de meilleure leçon d'humilité.

Si j'étais forcée à me définir moi-même, je serais bien embêtée. Je suis une femme ordinaire qui a fait avec passion un certain nombre de choses qu'elle aimait.

Récemment, j'ai écrit *Les Machos* pour TVA. L'émission fut produite par Point de mire dans les studios de TVA. J'ai alors redécouvert l'esprit d'équipe des plateaux de télévision, la fierté des techniciens pour le métier qu'ils exercent. Ils ont un véritable désir de créer un produit de qualité. Il y a encore là un enthousiasme qui s'est refroidi à Radio-Canada. En face, rue Alexandre-de-Sève, jamais personne ne s'est découragé.

Le public francophone du Québec, fidèle, n'a pas encore délaissé sa télévision. Pourtant, il est inondé d'émissions américaines transmises par le câble. Contrairement aux anglophones du reste du Canada, qui ont abandonné depuis longtemps leur télévision *made in Canada* en faveur de la télévision américaine, notre public tient bon. Mais il se contente de regarder. Il ne proteste pas souvent. Le jour où il le fera pour de vrai, la direction de nos réseaux devra tendre l'oreille, car il se pourrait bien que le public réalise un jour qu'il est tout aussi propriétaire des chaînes de télévision que n'importe qui. Autant que les gouvernements, en tout cas. L'argent que ceux-ci investissent dans les différents réseaux, aussi bien publics que privés, provient des impôts que nous payons. De là à penser que nous avons notre mot à dire sur ce que la télévision devient, il n'y a qu'un pas, qu'il faut avoir le courage de faire. Ma Marie-Louise, ma grand-mère, disait : «On a les gouvernements qu'on mérite.» Moi, je dis la même chose pour la télévision.

Point de mire me permet de continuer à vivre comme j'ai toujours vécu : dans la mêlée. Je continue d'apprendre chaque jour des choses que je ne connaissais pas. Je travaille sur des projets emballants. Mes associés, plus jeunes que moi, m'incitent à rester ouverte aux idées nouvelles et aux remises en question, qu'on a tendance à refuser quand on vieillit.

Ma foi, si ça continue, je finirai par mourir toute jeune. Du moins dans ma tête...

82

« Que sont mes amis devenus ? »

La politique, croyez-moi, n'est pas un laboratoire d'amitiés durables. Tout de suite après la mort de René Lévesque, mes anciens collègues Yves Duhaime et Clément Richard avaient eu l'idée de mettre sur pied une association qui réunirait les anciens ministres des différents gouvernements Lévesque.

N'y seraient admis que ceux et celles qui avaient abandonné la politique ou qui avaient été défaits lors d'une élection. La condition *sine qua non* pour pouvoir faire partie du groupe était de ne plus être en politique active. Nous nous réunissions une fois par année, en novembre, pour un dîner dans un restaurant de Montréal.

La première fois, la soirée fut extrêmement intéressante. Nous racontâmes chacun ce que nous étions devenus, à quoi nous passions notre temps. Nous avions un réel plaisir à nous retrouver. Nous étions assez indisciplinés, et même le moment que nous avons consacré à nous remémorer les bons et les mauvais coups de René Lévesque fut drôle et détendu. La conversation fut un feu roulant de bons mots et d'anecdotes amusantes. Je me disais que les drôles de liens qui nous unissaient étaient plus forts que je ne l'avais cru et que, tout compte fait, c'étaient peut-être bien des liens d'amitié.

Nous avons institutionnalisé nos rencontres, qui eurent lieu chaque année à la même période. Jocelyne Ouellette y était assidue, tout comme Marc-André Bédard, Camille Laurin avant son retour à la politique, Lucien Lessard, Denise Leblanc-Bantey, Michel Clair et Pierre Marois. Claude Charron n'y est venu qu'une fois ou deux, parce qu'il était pratiquement toujours en voyage quelque part dans le monde, ce qui faisait dire aux autres qu'il s'était trouvé « la job parfaite pour lui ». Marcel Léger y est venu jusqu'à sa mort. Il arrivait toujours les poches remplies de bouts de papier portant des chiffres et des statistiques démontrant la popularité de l'option souverainiste ou le ras-le-bol de la population. Cela variait beaucoup selon les saisons et les années. Denis de Belleval était visiblement heureux de revoir tout le monde. Pour beaucoup, c'était la soirée nostalgie par excellence.

Alors que nous étions ainsi réunis, il nous est souvent arrivé de « jouer au gouvernement », disant ce que nous y ferions, ce que nous changerions, et livrant de savantes analyses du travail du gouvernement en place. Nous avions tous le sentiment d'être alors tellement plus près de la population que nous ne l'avions été pendant nos années politiques. Ce dont la plupart rêvaient, c'était d'avoir une certaine influence sur le gouvernement. Ils auraient voulu devenir un genre de comité des sages. Cela me faisait rire. Je leur rappelais souvent que nous avions eu notre chance, que nous n'aurions jamais accepté que d'anciens élus viennent nous dire quoi faire. Ce qu'ils souhaitaient, c'était d'être nommés à un Sénat québécois, mais il valait mieux qu'ils y renoncent tout de suite.

Un soir, à mon grand étonnement, je vis arriver Claude Morin. Sa nébuleuse implication comme présumé informateur de la Gendarmerie royale du Canada alors qu'il siégeait au Conseil des ministres était connue de tous. Pourtant, aucun de ceux qui étaient présents ne souleva le problème que sa présence pouvait poser.

Bien sûr, nous ne discutions pas de secrets d'État lors de nos réunions amicales ; nous n'étions plus en politique. Certains parlaient surtout de leurs états d'âme et du sentiment de rejet qu'ils avaient vécu. Mais sa présence me mettait quand même mal à l'aise.

Ces rencontres, qui étaient devenues une tradition, ont disparu avant leur dixième anniversaire. À moins que mes collègues n'aient décidé de se réunir entre hommes seulement, ce qui ne m'étonnerait pas… Quoi qu'il en soit, je n'y suis plus invitée. On a cessé de me téléphoner pour me donner le lieu du rendez-vous. Plusieurs anciens sont retournés en politique active et ont donc perdu le droit de participer à ces retrouvailles. D'autres rêvent encore de reprendre du service. Pour beaucoup de ministres, les années vécues en politique sont les plus extraordinaires de leur vie. Elles sont épuisantes, c'est vrai, et souvent coûteuses sur le plan personnel ou émotionnel, mais ce sont des années bien remplies. Toute autre fonction exercée ensuite ne peut que paraître fade, à moins que l'on aime d'amour ce que l'on fait.

Il se peut que mes anciens collègues aient trouvé dérangeante la présence de trois femmes parmi eux. De temps en temps, il nous arrivait, à Jocelyne Ouellette, à Denise Leblanc-Bantey et à moi, de souhaiter que l'on discute d'autre chose que de politique. Denise vivait une période difficile et était d'une extrême fragilité. Nous étions incapables, comme groupe, de la soutenir et de l'encourager. Ses interventions irritaient les collègues. Je ne serais pas surprise qu'ils aient considéré les femmes comme des « briseuses de *party* ».

Je ne regarde plus jamais, faute de temps, la période des questions de l'Assemblée nationale. Je suis de mon mieux le travail que les femmes ministres accomplissent, et je suis souvent fière d'elles. Elles sont cohérentes, courageuses et performantes. Elles détiennent toutes des ministères importants et cela peut s'expliquer de deux façons : ou bien Lucien Bouchard est un grand féministe ou bien il laisse les femmes se brûler les premières afin qu'elles n'entretiennent aucun espoir de lui succéder. Elles sont toutes sur la ligne de feu en permanence, sans aucun répit. Cela est incontestable en ce qui concerne Pauline Marois, qui me comble de bonheur par son calme et sa détermination. Je lui avais prédit qu'elle deviendrait féministe en deux semaines quand je l'avais engagée comme chef de cabinet. Elle doit l'être totalement à l'heure qu'il est. J'avais eu raison de la recommander à René Lévesque comme une personne de valeur.

Il faut raconter à nos petites-filles le chemin que nous avons parcouru en politique. Cet héritage collectif mérite qu'on le valorise et qu'on le conserve.

83

Je veux une baguette magique

Il ne me manque plus grand-chose, en fait. J'aurai soixante-neuf ans en l'an 2000 et, pour le moment, je suis sûre d'avoir encore toute ma tête. Garder ses capacités intellectuelles, sa liberté de choix et de mouvement, c'est la préoccupation première de la plupart des gens qui vieillissent. Il est relativement facile de comprendre pourquoi si on regarde ce qui se passe autour de soi. La solitude et la misère des vieux sont une plaie de notre société.

Dans un centre d'accueil que je visitais un jour, j'ai entendu une préposée s'adresser à une vieille dame en ces termes : « Hé ! mémé, tu t'es donc ben mis *swell* aujourd'hui. » J'ai prévenu cette préposée que, si jamais un jour elle s'adressait à moi de cette façon, elle pourrait bien recevoir mon poing entre les deux yeux. Et je jure que je le ferai, chaque fois que ce sera nécessaire.

Si j'avais une baguette magique, je sais bien ce que je changerais. Je commencerais par établir des règles de comportement en société, règles que nous connaissons déjà mais qui semblent avoir disparu on ne sait trop comment ni pourquoi. Pour pouvoir prétendre être une société civilisée, il faudrait d'abord recommencer à s'adresser poliment aux personnes âgées ; cesser de les tutoyer et les vouvoyer plutôt pour bien marquer le respect. Pour ne jamais se tromper, il conviendrait de le faire pour toutes les personnes âgées, pas seulement pour celles qui ont encore toute leur tête. Ce serait un premier pas dans la bonne direction. Il est beaucoup plus difficile d'infantiliser une personne que l'on vouvoie. Il faut exiger le vouvoiement de tous ceux et celles qui prennent soin des personnes âgées et qui commencent trop souvent par les dépouiller de leur bien le plus précieux, leur dignité.

Pour que la politesse s'apprenne tôt, je me servirais de ma baguette magique pour que les jeunes cessent aussi de tutoyer leurs professeurs dans les écoles. Il m'apparaît essentiel qu'ils réapprennent la distance qui existe entre eux et ceux qui les forment. Je ne sais pas à quel moment ce relâchement s'est produit, mais je sais qu'il est néfaste à l'éducation des enfants et des adolescents. La familiarité est trop difficile à gérer. Quand elle va trop loin, elle devient vite d'une agressivité insupportable.

La télévision devrait imposer les mêmes règles de respect à ses animateurs. Leur mauvaise habitude de tutoyer tout le monde en interview nous donne l'impression d'être des voyeurs assistant à la rencontre de deux personnes qui ont gardé les cochons ensemble. Il ne s'agit pas d'éliminer entièrement le tutoiement, mais de le garder pour les situations où une intimité réelle le permet.

Des remarques comme celles-là sont si élémentaires que j'ai honte de devoir les faire. D'où vient donc cette idée que la politesse fait snob ou guindé? Ou qu'elle tue la spontanéité? Au contraire, la politesse est essentielle à l'harmonie des rapports humains dans la société. La négliger, c'est s'exposer à des débordements comme ceux dont nous sommes témoins actuellement et qui sont extrêmement disgracieux.

Avec ma baguette magique, je ferais en sorte que chaque Québécois et chaque Québécoise parle la langue française correctement. Sans chichi, bien sûr, sans se mettre la bouche en cul de poule, mais sans faire de fautes de langage et avec le vocabulaire nécessaire pour s'exprimer clairement. « T'sais j'veux dire » ? Il m'arrive parfois de me demander pourquoi nous nous battons encore pour défendre la langue française si c'est pour la martyriser quand nous la parlons. Cette langue correspond à ce que nous sommes, à notre identité. Sans elle, dans quelle langue exprimerons-nous notre réalité ?

Le charabia que nous appelons fièrement notre langue « québécoise » est en train de devenir une honte. Le jour où plus aucun francophone ne nous comprendra, nous serons sur le point de disparaître tout à fait.

Je ferais bien d'autres choses avec ma baguette magique. De grandes choses dont la nécessité s'impose d'elle-même. J'abolirais la pauvreté, la pollution et l'ignorance. Je reconnaîtrais l'égalité des femmes, avec tout ce que cela signifie. Je soignerais tous les malades sans les envoyer aux États-Unis. Je fumerais le calumet de paix avec les Premières Nations, quitte à m'en rendre malade. Je répartirais le travail de façon équitable en tenant compte de tous ces jeunes qui attendent au tourniquet qu'on ait besoin d'eux. J'établirais dans tout le Québec des bibliothèques publiques et des garderies gratuites. Et le septième jour, je me reposerais !

Il paraît qu'en vieillissant on a tendance à être davantage de droite que de gauche. Je trouve que ce n'est vrai qu'à moitié. Je ne suis pas de droite, loin s'en faut. Mes réflexes sociaux sont encore excellents. Je suis plus à l'aise dans une collectivité qui a une grande conscience sociale que dans une société où c'est chacun pour soi. Si je suis restée profondément « social-démocrate », j'ai de plus en plus de mal à accepter le comportement de nos syndicats. La prise en otage des plus faibles de notre société m'horripile, qu'elle soit le fait de n'importe quel groupe, les camionneurs comme les médecins, les ambulanciers comme les policiers.

Le pire, c'est qu'en vieillissant j'ai de plus en plus souvent l'impression de revivre quelque chose que j'ai déjà vécu. Les mêmes crises sociales reviennent périodiquement, avec les mêmes exagérations et les mêmes excès, un peu comme la fête de Noël revient chaque année. Les époques ont parfois l'air d'avoir été clonées. Le sentiment de « déjà-vu » peut devenir très démotivant quand le temps qu'on a derrière soi est beaucoup plus long que celui qu'on a devant. Ma peur, c'est de me détacher sans regret de la quotidienneté de la vie à cause des mauvaises nouvelles qui l'enlaidissent.

Je suis encore motivée par les mêmes causes que par le passé. Je mourrai féministe et souverainiste. J'ai l'absolue conviction que la reconnaissance universelle de l'égalité des femmes et des hommes constitue la seule solution pour l'humanité. Quant à la souveraineté du Québec, elle n'a jamais été pour moi une affaire sentimentale. Je suis convaincue que le Québec sera un jour une autre Louisiane s'il ne devient pas un véritable pays souverain. Et ce ne sont pas les savantes analyses de Stéphane Dion, le chantre québécois du fédéralisme, qui me feront changer d'idée. On n'est jamais si bien trahi que par les siens.

Ici, la question n'est d'ailleurs pas de savoir si je mourrai féministe et souverainiste, mais bien de savoir si je mourrai tout simplement. J'avoue que j'en serais surprise. Ayant réussi à maîtriser ma vie et mon destin, tâche que je n'ai pas trouvée facile et qui m'a pris bien du temps, je ne vois pas pourquoi j'accepterais qu'une « force étrangère » m'impose ma mort. Toute ma volonté s'oppose à une quelconque mort subite. Je suis déjà en état de résistance à une telle possibilité. Je veux savoir à l'avance combien de temps il me reste. Je veux en disposer à ma guise et choisir moi-même l'heure de mon départ. Surtout que j'ai encore tant de choses à faire. Mon agenda est plein de rendez-vous. Je veux retourner en Chine encore une fois. Je veux visiter l'Islande. Je veux écrire un roman. Je veux voir ma petite-fille devenue une adulte. Quand j'entends ce qu'elle pense des garçons en ce moment, du haut de ses douze ans, je me dis que je vais devoir tenir un sacré bout de temps avant de la voir mariée.

Je veux découvrir le bonheur d'écrire en prenant mon temps, soignant chaque mot et chaque phrase. Je veux… je veux… tant de choses encore. Je veux surtout continuer de me battre pour les choses auxquelles je crois. Il ne faudrait pas me décompter trop tôt. C'est la seule chose que je ne saurais vous pardonner.

Je n'ai pas peur de mourir. La mort m'écœure. C'est autre chose. Se donner tant de mal pour arriver à être un humain à peu près correct et finir en cendres, quelle absurdité !

84

Il est trop tôt pour les adieux

Ce qui m'afflige en ce moment, c'est que mon jardin se dépeuple. La perte de mes amis, hommes et femmes, me désole et je la vis comme une terrible injustice. Chaque année, la liste s'allonge, et ceux et celles qui restent ont beau se rapprocher un peu plus, se soutenir et s'encourager, le vide immense laissé par le départ des autres n'est jamais comblé. Je peux tout au plus apprendre à vivre en deuil.

Combien de choses ne sont jamais dites parce que le temps a manqué! J'avais tant de choses à confier à Louise Jasmin, mon amie de longue date, morte sans avoir repris connaissance après une opération à cœur ouvert. Après sa mort, on devait apprendre qu'elle avait vécu avec une seule moitié de son cœur, l'autre moitié n'ayant jamais fonctionné. Elle était, de l'avis de tous ceux qui l'ont connue, la femme la plus généreuse. Elle n'aurait pu l'être davantage avec un cœur entier.

Au salon funéraire, en présence de la dépouille de Louise, mon amie Pauline Julien est venue s'asseoir près de moi et nous nous sommes tenu la main. C'était peut-être déjà un adieu. Pauline est morte seule. Elle a choisi de mettre fin à ses jours parce qu'elle savait que sa maladie était incurable et qu'elle refusait la déchéance qui allait l'accompagner.

Christine Tourigny était juge. C'était une femme exceptionnelle et d'une grande lucidité. Elle a lutté jusqu'à son dernier souffle. C'était une battante qui aimait désespérément la vie. Elle ne s'est jamais résignée. Dans ma mémoire, je la garde vivante.

Mon amie Michèle Verner est morte en quelques semaines d'un cancer foudroyant. Sans se battre. Elle est morte trop vite pour que j'aie le temps de lui dire toute mon amitié et toute ma tendresse. J'aurais tant voulu lui rappeler nos fous rires et nos larmes.

Denise Leblanc-Bantey est morte seule. Certains l'appelaient « l'Oiseau des îles » de façon malveillante. Elle était une femme ardente et idéaliste. L'Oiseau des îles a quitté ce monde dur et froid qui lui faisait peur depuis si longtemps.

L'absence est chaque fois un peu plus lourde à porter. Ma Marie-Louise disait que c'est le souvenir qu'on entretient de ceux qui sont partis qui les garde vivants. C'est pourquoi je les nomme. Pour qu'ils ne sombrent pas tous dans l'oubli.

Mes deuils sont douloureux.

85

Lettre à Flavie

Ma beauté, ma princesse,

À quoi servent donc les mamies? À rien d'autre qu'à aimer. Depuis que tu es née, je m'applique à devenir ton bâton de jeunesse, la gardienne de tes découvertes et de ta curiosité. Je tends les bras de chaque côté de toi pour que rien ne vienne te faire du mal ou te blesser irrémédiablement. Je te regarde vivre, émerveillée par tout ce potentiel de rêve que je découvre en toi. Tu me ravis quand tu t'emportes et que tu oses affirmer tes convictions avec force.

J'aime te voir mordre dans la vie. Tu auras bientôt douze ans. Tu vas bientôt aborder cette période de la vie où le corps se transforme. Tout doucement, nous verrons apparaître une jeune adulte à la place de la petite fille que tu as été. J'espère que je saurai jouer mon rôle adéquatement et que je serai là pour t'ouvrir les bras chaque fois que tu en auras besoin.

Une mamie ne remplace pas les parents. Tu le sais déjà, toi que la vie a gratifiée de parents formidables. J'essaie de faire en sorte que mon amour pour toi soit léger, qu'il ne te pèse pas, qu'il ne soit aucunement contraignant. Tu ne tolérerais pas l'envahissement de ton univers.

Il ne faudrait pas compter sur moi pour t'indiquer les défauts de ton caractère que tu pourrais corriger. Je ne les vois pas. C'est aussi cela, être mamie. C'est perdre à la fois la vue et le sens de la mesure. Par contre, je peux t'assurer de ma collaboration pour éviter les pièges que tu ne manqueras pas de trouver sur ta route.

J'ai beaucoup de respect pour toi. J'aime ta générosité et ton sens profond de l'amitié. J'admire ta capacité à tirer tes propres conclusions des expériences que tu vis. J'aime ton désir d'apprendre et ton acharnement à comprendre. J'aime surtout ta soif de vivre et ton besoin de liberté.

J'aime aussi ton envie d'être belle, le soin que tu mets à maquiller légèrement tes yeux, ton goût de danser. Je me laisse émouvoir par ton sens de la compassion, ton désir déjà de changer le monde. Je suis la seule, en ce moment, à pouvoir te lire de bout en bout, sachant bien que tu changeras d'idée sur un certain nombre de choses. Pour d'autres, par contre, tes choix sont déjà faits. Je ne sais pas pourquoi je te connais si bien. Peut-être parce que je t'ai placée sous la loupe depuis ta naissance. Je n'arrête pas de constater que tu es exactement comme je te voulais : volontaire, réfléchie, généreuse et éprise de liberté.

Tu fais tellement sérieusement tout ce que tu entreprends que tu me coupes le souffle. J'ai toujours refusé d'aller te voir sur les trapèzes, où deux adultes te lançaient dans les airs pour te rattraper par les chevilles au dernier moment. Toi, cela te faisait rire. Moi, mon cœur se serait arrêté de battre. Tu as tour à tour suivi des cours de cirque, de taekwondo et de tennis avec la même curiosité. Quand tu as rapporté à la maison un bulletin plein de A, tu as trouvé que cela ne laissait pas beaucoup de place à l'amélioration.

C'est si beau de voir la confiance que tu as en toi. Tu sais depuis longtemps, bien sûr, qu'il faut faire des efforts pour atteindre tes objectifs. Tu pars gagnante parce que tu sais aussi que les filles, comme les garçons, peuvent faire ce qu'elles veulent de leur vie.

Te souviens-tu quand tu as annoncé à tes camarades de classe que tu voulais être bûcheron et que Loup t'a expliqué que c'était impossible parce que tu n'avais pas de pénis ? Tu avais cinq ans, peut-être six. Ton père t'a alors acheté une hache en caoutchouc et il est allé dans le parc avec toi pour te montrer à bûcher. Il t'a expliqué que ce n'était pas un pénis qu'il te fallait, mais une hache. Et tu as compris pour toujours.

J'aimerais tellement te léguer mon expérience de la vie, Flavie, tout ce que j'ai vu, tout ce que je sais, plus un certain sens de l'humour qui, ajouté à celui que tu possèdes déjà, te mettrait à l'abri de tant de douleurs inutiles. Il te faudra de la vigilance, je sais que tu n'en manqueras pas. Ton sens inné de la justice t'aidera à rester sur tes gardes.

Plus tard, quand tu seras devenue une femme, je ne sais trop ce qu'on te dira de moi. Je n'ai jamais réussi à avoir un bulletin plein de A. Je crois que j'aurai été tout au plus une femme «populaire». La popularité, c'est quand ceux qui nous aiment nous aiment de façon inconditionnelle, quoi que nous fassions, et que ceux qui nous détestent, nous détestent aussi de façon inconditionnelle, même si ce que nous faisons est bien.

J'ai écrit mes livres pour toi. J'espère que tu me liras quand tu sentiras le besoin de mieux savoir d'où tu viens.

Je t'aime,

Mamie.
Montréal, le 9 octobre 1999,
à 84 jours de l'an 2000.

Cahier photo

Lors de la présentation officielle du nouveau gouvernement, je me sens déjà seule.

Les merveilleux fous du cabinet du MCCIF. **À l'arrière (de g. à dr.):** Jacques Desmarais, Lorraine Godard, Nicole Beauchemin, Léa Cousineau, Nicole Messier, Jean Fournier, Michel Therrien, Doris Trudel, Huguette Lachapelle et Robert Bouchard, autour des animateurs Aline Desjardins et Gaston L'Heureux.

À gauche: Étant passée d'*Appelez-moi Lise* à l'assurance automobile, j'étais maintenant celle qui répondait aux question de Pierre Nadeau.

À droite: Est-ce qu'un citoyen du Québec voyageant à l'étranger sera couvert par l'assurance automobile de l'État? Mais oui! Ça fait mille fois que je le dis!

Sous le regard satisfait de Robert de Coster (ci-haut, derrière moi, à g.), p.d.g. de la Régie devenue ensuite la SAAQ, la signature d'ententes avec mes homologues ontarien (ci-haut) et saskatchewanais (ci-dessous, en compagnie de René Lévesque), tous deux devenus des amis.

«Si je vous comprends bien, vous êtes en train de me dire: "À la prochaine fois."»

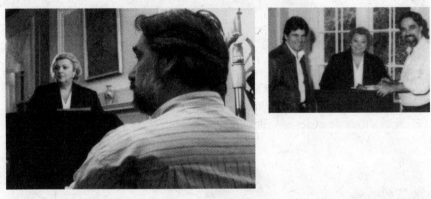

Le prétendu scandale de *Disparaître* soudera trois amis: Raymond Gauthier, Jean-François Mercier et moi.

La Bonne Aventure. J'écris comme je vis. **De g. à dr.:** Nathalie Gascon, Serge Dupire, Johanne Côté, Michelle Léger, Christiane Pasquier, Lucile Leduc et Olivier Thiboutot.

Toutes sous le charme de ce terrible séducteur, Jean-Paul Belleau. **De g. à dr.:** Sylvie Payette, Michelle Rossignol, Andrée Boucher, Lucè Guilbeault et Louise Rémy. **À droite:** Nathalie Gascon et Gilbert Sicotte.

Si la fiction était vraie, Marilyn serait maire de Montréal actuellement. Cela vous tente?

Céline Dion aurait voulu crier son amour pour René.

1998. Enfin un Gémeaux! **De g. à dr.:** Donald Pilon, Yves Corbeil, Gaston L'Heureux, Jacques Fauteux et Richard Garneau.

Avec Fernand Daoust (FTQ) et ma princesse. J'ai soixante ans.

Lors du lancement du documentaire *Un peu plus haut, un peu plus loin*, réalisé par Jean-Claude Lord et Flavie, en 2013.

Épilogue

Un siècle nouveau vient de commencer

Flavie, nous avons franchi l'an 2000 ensemble. Les prédictions les plus folles avaient réussi à créer un climat de peur sur la planète et beaucoup d'humains étaient convaincus que la fin du monde était à nos portes. Le monde entier a poussé un soupir de soulagement quand on a constaté que les horloges continuaient à marquer le temps et que le jour allait se lever comme d'habitude. Moi, je m'étais dit que si c'était la fin du monde, nous allions la vivre tous ensemble et avec seulement des gens que nous aimions. Ça n'a pas été la fin du monde. Heureusement. Et j'aime vraiment mieux ne pas penser à ce que sera la planète pour l'arrivée de l'an 3000.

Les pays du monde entier ne vivaient pas nécessairement en paix au début de ce nouveau millénaire. Comme depuis que le monde est monde, des hommes prenaient les armes contre d'autres hommes pour du pétrole, du pouvoir ou des convictions religieuses. La vie habituelle quoi. Les combats ont donc repris, avec même un peu plus d'enthousiasme, puisque le monde confirmait, en passant l'an 2000, qu'il allait continuer à tourner. Les excités de la violence ont inventé un nouveau jeu en lançant des avions remplis de passagers dans de grands immeubles au beau milieu de la ville de New York. Nous avons su immédiatement que les années 2000 ne seraient pas plus réjouissantes que les précédentes.

La violence à son paroxysme, comme celle de cette attaque sur New York, suscitait chez moi le désir profond d'une paix véritable, du dialogue entre les nations et de l'arrêt immédiat des « c'est moi le plus fort » ou « c'est moi le plus riche » et toi, tu te tais. La violence, quelle que soit sa couleur ou ses objectifs, n'a jamais réussi à me convaincre que les humains avaient raison d'y avoir recours. Pas plus celle des nations que celle des individus.

Malgré mes efforts durant toute ma vie, je n'aurai jamais réussi à comprendre d'où vient cette haine qui dresse les peuples les uns contre les autres, pas plus d'ailleurs que le mépris qui dicte aux hommes du monde entier leur violence envers les femmes. Personne n'aura jamais su m'expliquer ce que nous aurions pu faire de concret pour sortir de ces comportements primaires qui empoisonnent nos vies du début à la fin et qui font de nous tous un ennemi potentiel de l'Autre. Ça rend souvent la vie totalement insupportable.

Je continue donc à mener mes combats et donc je continue d'être très active. J'y tiens. Je fuis comme la peste l'idée même que je pourrais juste me reposer. À l'âge où plusieurs prennent leur retraite, moi, en ce début d'un nouveau siècle, j'écris chaque jour des pages complètes de téléromans qui connaîtront un certain succès. Et le plus étonnant, au bout de tout, ce sera le métier que j'aurai pratiqué pendant la plus longue période de ma vie. Vingt années bien comptées d'histoires de toutes sortes, de vie quotidienne vécue par des personnages aux prises avec la vie de tous les jours et les échecs, ou les amours, qui obligent à prendre des décisions qui souvent ne sont pas faciles du tout. J'ai du plaisir à inventer tous ces personnages d'hommes et de femmes comme on en rencontre chaque jour et qui aspirent, eux aussi, à un monde meilleur. De temps en temps, j'ai l'impression de proposer des solutions qui répondent à des besoins bien concrets chez les humains qui m'entourent. J'aime l'idée que par mon écriture je peux faire une différence dans la vie de quelqu'un.

Fin 2001, tout s'arrête pourtant. Comme si la foudre m'avait frappée. La nouvelle que Laurent souffre d'un cancer à un stade avancé et qu'il n'y a aucun espoir de traitement ou de guérison va nous anéantir tous les deux. Son expectative de vie est de deux ou trois mois.

Personne ne peut recevoir un tel verdict sans réaliser que la séparation sera vraiment inévitable et que, à moins d'un miracle, tous les projets que nous avions faits, les voyages que nous voulions entreprendre, la perspective de vieillir ensemble et de s'entraider, de s'aimer encore pendant longtemps, tout cela venait de sombrer face au verdict sans appel qui avait été prononcé.

Cette terrible réalité, ce verdict, ne rentre pas dans ma tête. Je me répète sans arrêt que si nous faisons le nécessaire, si nous vivons sagement, si nous arrivons à garder la tête hors de l'eau, si nous avons de la chance, ils découvriront un médicament juste à temps pour le sauver. Je prends sa guérison sur mes épaules et dans ma tête j'en assume la responsabilité. Je ferai tout pour le guérir. Lui, il va peut-être manquer de forces, mais il pourra puiser dans les miennes que je mets entièrement à sa disposition. Quelle folie. Comme s'il suffisait de vouloir pour pouvoir.

Pendant 90 jours, malgré tous mes efforts, et malgré les siens, je le verrai dépérir sous mes yeux, incapable de le sauver et incapable d'arrêter la terrible maladie qui gagne sans cesse du terrain. Jusqu'au jour où, épuisé, il a demandé qu'on mette fin à sa souffrance. Il avait toute une équipe autour de lui. Je ne l'ai jamais quitté et j'ai fermé les yeux de l'homme que j'aimais depuis plus de 30 ans.

Ma vie aussi s'est arrêtée. Pendant un long moment. Les souvenirs des longues semaines qui ont suivi n'ont pas laissé beaucoup de traces dans ma mémoire. Tout a été vécu dans une espèce de brouillard et même encore aujourd'hui, il m'arrive de demander à mes enfants ce que j'ai fait ou qui j'ai vu après le décès de Laurent, parce que je n'en ai gardé aucun souvenir. La bulle s'était refermée sur moi, totalement, et j'étais dans un état proche des abonnés absents.

Pendant toutes les semaines où je l'ai soigné, je m'étais convaincue que j'allais mourir en même temps que lui. Je ne désirais pas lui survivre. Ça me paraissait tellement dans la logique des choses. C'était une sorte de «donnant-donnant». Je me chargeais des semaines de soins et lui se chargerait de me garder avec lui pour la fin du voyage. Les choses ne se réalisent pas toujours comme on le souhaiterait.

Mes enfants ont veillé sur moi comme j'avais veillé sur lui. Ils m'ont entourée, ils m'ont suivi à la trace. Même toi, ma Flavie, qui avait tant de peine de perdre ton papi, tu as insisté souvent pour me dire que tu m'aimais et que tu avais besoin de moi. J'avais parfois l'impression que tu étais ma meilleure bouée de sauvetage car tu as joué un grand rôle dans les choix que j'allais devoir faire. Il m'a fallu des mois, mais j'ai doucement retrouvé le goût de savoir ce que tu allais devenir, le choix des études que tu allais faire, tes goûts que tu affirmais de plus en plus souvent et librement. Tu avais treize ans et tout l'avenir devant toi. Et je ne sais plus si je te tenais la main ou si c'est toi qui me servais de guide vers une vie en solitaire pour laquelle je n'avais aucune préparation.

J'ai mis du temps à me retrouver. Pendant un bon moment je n'arrivais plus à rentrer chez moi. Arrivée à la porte, la clé dans la main, j'étais incapable de me décider à ouvrir cette porte et à entrer. La perspective de m'y retrouver toute seule me coupait complètement les ailes. Je m'assoyais par terre devant ma porte et je pleurais. Souvent c'est un voisin qui, m'entendant pleurer, venait me remettre debout. Il entrait le premier, allumait toutes les lumières et ne repartait que quand j'étais calmée. J'ai donc décidé de vendre mon appartement pour aller m'installer ailleurs où j'aurais peut-être plus de chances de survie. Ce que j'ai fait. J'ai vendu ma voiture pour les mêmes raisons parce que j'avais souvent l'impression que Laurent y restait sans moi quand je rentrais après une journée de travail. J'ai aussi fini par vendre ma participation dans la maison de production que j'avais fondée avec deux associés quelques années auparavant, estimant que je ne pourrais plus fournir le travail que j'y avais mis déjà et les projets que je souhaitais y développer avant la perte de Laurent. J'ai compris des années plus tard que c'était ma façon de me punir de ne pas avoir réussi à garder Laurent en vie.

J'ai donné tous les vêtements de Laurent et en les préparant j'ai pleuré toutes les larmes de mon corps, essayant de me convaincre que même si je les gardais, Laurent n'allait jamais revenir et qu'à vivre dans le déni j'allais finir par devenir complètement folle. La démarche que j'ai alors entreprise dans ma tête pour comprendre ce qui m'arrivait n'allait pas être de tout repos.

Bien sûr, toutes mes décisions avaient finalement été prises trop vite et j'aurais peut-être guéri plus rapidement si je m'étais donné du temps. C'est loin derrière maintenant, mais ça a été l'enfer quand je l'ai vécu.

Ne trouvant pas plus de paix intérieure dans un nouvel appartement, j'ai fini par décider de regarder les choses en face. Nous y étions enfin. Quel était donc ce malaise profond que je sentais en moi? Qu'avais-je donc à me reprocher qui me rendait si triste? À part le fait de ne pas avoir pu tenir parole et arriver à sauver Laurent de ce cancer qui l'a emporté, je ne trouvais rien d'autre. Ma découverte était cependant précieuse. Je me croyais donc en partie responsable de sa mort car j'avais promis de le sauver et je n'avais pas livré la marchandise. Première découverte importante. Pauvre folle qui avait cru qu'il suffirait d'y croire très fort pour que ça arrive.

Deuxième découverte? Peut-être la plus importante de toutes. J'avais soixante-dix ans et je vivais seule pour la toute première fois de ma vie. J'avais vécu chez mes parents jusqu'à mon mariage à vingt ans. J'avais vécu avec un mari et trois enfants pendant près de dix-huit ans, puis seule avec trois ados qui meublaient mes journées jusqu'à l'arrivée de Laurent, et enfin avec cet homme que j'ai aimé et admiré pendant plus de trente ans. Je n'avais jamais vécu vraiment seule. Jamais. Je n'avais aucune idée de ce que ça veut dire «vivre seule». J'ai réalisé que j'avais tout un apprentissage devant moi. Un vrai travail de rééducation.

La mort de Laurent en mars 2002 a été dévastatrice. L'homme que j'aimais ne serait plus là pour rien partager et la solitude ne faisait absolument pas partie des situations que j'avais envisagées. J'avais toujours pensé que, dans notre couple, je serais celle qui partirait la première.

Laurent était un sportif. Il avait toujours veillé à sa forme physique. Il faisait du vélo, des exercices quotidiens et pendant des années il avait fait de l'équitation sérieusement, par besoin de défis sûrement mais aussi tout simplement parce qu'il aimait les chevaux. J'étais en admiration devant son courage.

De mon côté, je l'avoue, je n'ai jamais été une grande sportive. Nous avions si peu d'argent dans ma famille durant mon adolescence que je n'ai jamais eu le vélo auquel je rêvais. Autant j'étais douée pour les patins à roulettes, autant je ne tenais pas sur des patins à glace. J'aurais peut-être pu faire mes preuves en natation mais à la seule piscine qui m'était accessible dans ma jeunesse, un gardien était chargé de vérifier « si nous étions propres » avant d'entrer dans l'eau. Il s'appliquait tellement à nous fouiller partout que, pour ma part, j'ai choisi de ne plus remettre les pieds à la piscine. Quand nous en parlions Laurent et moi, à cause de tous ces détails, j'affirmais toujours qu'il était évident que je partirais la première. Ce n'est pas ce qui s'est produit.

Je suis toujours là. Parfois, je l'admets, j'en suis surprise. J'ai même réussi à passer le cap des quatre-vingts ans sans trop de difficulté. Dans quelque temps j'aurai quatre-vingt-trois ans. Il aura fallu un accident bête et stupide qu'on appelle une fracture de la cheville pour que je me retrouve couchée pendant des mois, puis en physiothérapie, puis en chaise roulante pendant un temps avant de retrouver mes bonnes vieilles jambes qui rêvent encore parfois d'aller danser et surtout de terminer la visite de cette planète si petite et si vaste qu'on appelle toujours la Terre.

Je sais bien que la fin de la récréation va bientôt sonner. La perspective de mourir ne me fait pas peur mais le fait de devoir quitter ceux et celles que j'ai tant aimés me brise le cœur de plus en plus. J'aurais souhaité pouvoir leur dire que ma génération leur laisse un monde meilleur. Ce n'est pas le cas. J'aurai fait de mon mieux pour que la vie des femmes soit vraiment améliorée et qu'elles occupent enfin la place qui leur revient de droit. Que l'autre moitié du genre humain cesse de les mépriser, de les dominer et de les violenter. Je souhaite aussi qu'on donne la parole aux femmes. Il est plus que temps car elles sont porteuses de mots de paix et de tolérance qui peuvent changer le monde.

J'aurais souhaité pouvoir mourir dans mon propre pays. Mourir au Canada ne me dit rien de bon. Mais ça, c'est une autre histoire. Je suis si curieuse de ce qui va arriver, de ce que mon pays va devenir, du rôle que mon peuple choisira de jouer au cœur des nations que je serais bien prête à aller « en prolongation » pour rester dans la parade plus longtemps. Et puis, il faut bien le dire. Finalement, je ne suis pas si pressée de fermer les yeux malgré tout.

J'ai eu un plaisir fou à être ta grand-mère, Flavie. Je te remercie de m'avoir tenu la main chaque fois que j'en ai eu besoin. Quant à toi, Louis, j'espère laisser assez de traces sur cette planète pour que tu te souviennes de moi. Tu auras bientôt six ans. Si je tiens bon, comme je l'espère, peut-être auras-tu le temps de te faire un album de souvenirs où nous serons unis pour toujours. Bonne route, Flavie. Bonne route, Louis. Je vous aurai tellement aimés.

Ma grand-mère Marie-Louise disait que les gens n'étaient vraiment morts que quand personne ne pensait plus à eux. Il va sans dire que je compte sur vous deux pour me garder en vie très longtemps.

Lise Payette
Montréal, 2014

Annexes

ANNEXE 1

Le Soleil, 26 février 1977

La chance est au coureur... pour changer la société
Gilles Lesage

Le gouvernement Lévesque, cent jours après son accession au pouvoir, fait penser à un vaste chantier: l'enthousiasme et la détermination des architectes rivalisent avec la hâte et la fébrilité des contremaîtres, qui ne peuvent éviter la précipitation et l'improvisation des apprentis.

Mettant la sourdine sur le projet d'indépendance, le Parti québécois s'était engagé à «prendre des mesures concrètes et réalistes pour régler les problèmes les plus urgents de notre société».

Trois mois plus tard, il est trop tôt pour amorcer une esquisse de bilan, d'autant plus que le premier véritable test ne débute que dans une dizaine de jours, avec la session de l'Assemblée nationale, et surtout avec le budget qui suivra dans un mois. Mais il est possible de dégager certaines tendances et les grandes orientations.

De toute évidence, les membres du nouveau gouvernement sont habitués à travailler en équipe, et l'une des meilleures trouvailles de M. Lévesque fut probablement la création de cinq ministères d'État et d'un comité des priorités, agents catalyseurs de multiples projets dont le

cheminement prenait naguère l'allure de courses à obstacles. Pour la première fois, une équipe est au pouvoir à
Québec.

La machine n'est pas rodée, certes, elle n'évite pas les
ratés, mais la preuve de sa nécessité est faite. De la même
façon, les députés ordinaires sont en voie de se définir un
nouveau rôle en participant à divers dossiers, qu'il s'agisse
de la langue, de l'agriculture, de la réforme parlementaire,
et le reste. Peut-être bien que le terme de « relève » dont on
veut qualifier les « backbenchers » ne sera pas exagéré.

Des dizaines de projets lancés ou repris par l'équipe
Lévesque, ceux qui relèvent du grand thème de la moralité
et de l'intégrité publiques me semblent les plus significatifs.
C'est normal, opineront certains, parce que ces réformes ne
coûtent pas cher, mais elles exigent de la volonté et même
du courage. Les directives concernant les conflits d'intérêts,
l'élimination des avocats privilégiés, l'adjudication par
jurys des contrats de publicité et des emplois occasionnels,
le refus de louer des immeubles avant même qu'ils ne
soient construits, voilà des gestes éminemment salutaires.

Un gouvernement intègre

Conscient des attentes de la population, M. Lévesque
avait promis de donner un gouvernement intègre, impi-
toyable envers le favoritisme et le patronage. Il a entrepris
de livrer la marchandise à cet égard, et la prochaine aboli-
tion des caisses électorales occultes sera fort bienvenue, de
même que la réforme de Loto-Québec et de la SAQ.

Sur le plan sectoriel, le tableau est plus flou, il porte la
marque de l'inexpérience et de la maladresse, sinon d'une
certaine arrogance. Les bavardages inutiles du ministre de
l'Industrie et du Commerce, M. Rodrigue Tremblay, et de
celui des Affaires sociales, M. Denis Lazure, les bouderies
adolescentes de MM. Jacques Couture et Louis O'Neil, le
cafouillage de M. Guy Tardif avec les dossiers des loyers et

de la ville de Montréal, ne sont heureusement pas catastrophiques. Ils sont compensés par la prudence de Mme Payette avec l'assurance-automobile, le sens de la mesure de M. Bernard Landry, le silence curieux de M. Claude Morin, qui était si loquace et accessible avant le 15 novembre.

Ceux-là et d'autres se sont d'abord mis à l'étude de leurs dossiers, conscients, avec M. Lévesque, que c'est sur leur façon de faire les choses et non de les dire, qu'ils seront jugés. Il en va d'ailleurs de la crédibilité du gouvernement et les solos, pour ne pas détonner, doivent être drôlement à point.

À long terme

Sur le plan des objectifs à plus long terme, il y a des ambiguïtés, des contradictions, et même une certaine confusion. Respectueux du mandat reçu, le gouvernement se fait fort de donner au Québec un « vrai » gouvernement. Non seulement est-il aux prises avec un héritage lourd et fort complexe dont le règlement requiert toutes les énergies, mais il s'est lancé prématurément dans les escarmouches avec Ottawa et même dans la bataille du référendum. Il y a là danger grave d'éparpillement et de faux mirages. « Une chose à la fois et chaque chose en son temps », avait coutume de dire M. Claude Morin. Mais certains oublient que c'est précisément dans la mesure où ils donneront aux Québécois un bon gouvernement provincial que le PQ pourra passer à l'autre étape, la plus difficile.

M. Jacques Parizeau peut bien dire qu'il est trop tard pour négocier, il faudra passer par là coûte que coûte, tant que le Québec ne sera pas l'Atlantide retrouvée.

L'impact du voyage de M. Lévesque à New York ou de son pénible accident de voiture sont difficiles à mesurer. Mais ces deux « incidents » démontrent que tout ce que fait ce gouvernement prend un relief inégalé. D'où il ressort

que la prudence, le bon jugement et le sens de la perspec-
tive sont de mise plus que jamais.

D'autre part, les relations entre le cabinet, les députés
et les militants du PQ devront être mieux définies.
Autrement, il y a là aussi risque de confusion et d'atteinte
à la suprématie de l'Assemblée nationale.

Le chantier est en pleine activité, rien n'est figé, la
marge de manœuvre est mince et la chance au coureur!

ANNEXE 2

La Vie en rose, juin 1980

ANNEXE 3

La Presse, 18 mai 1977

Chien « responsable » des deux tiers d'un accident de la route

Un chien berger allemand, qui courait sur l'ancienne route 11, à Saint-Janvier, en direction d'une automobile filant vers le nord, aurait été « responsable » aux deux tiers de l'accident subi par le conducteur de ce véhicule et sa passagère.

Mais c'est évidemment le propriétaire du chien qui a été condamné à payer ainsi une partie des dommages. C'est lui qui avait évidemment été poursuivi, et c'est sur lui que le juge André Nadeau a fait retomber la responsabilité partielle de l'accident.

Cet accident s'était produit lorsque l'automobiliste, pour éviter d'écraser l'animal, avait appliqué fort soudainement les freins.

Non seulement il n'avait pas réussi à éviter l'animal, mais son véhicule avait dérapé et s'était finalement écrasé sur un poteau en bordure de la route.

D'une part, les policiers qui se sont rendus sur les lieux ont noté quelque 120 pieds de traces de freins, ce qui indiquerait une vitesse de cinquante à soixante milles à l'heure, alors que la vitesse autorisée, dans ce secteur particulier, était de trente milles à l'heure.

Ce tronçon de route traverse le village même.

Les policiers ont par ailleurs soutenu que le propriétaire du chien avait été averti, à plusieurs reprises, dans le passé, de le tenir attaché.

Il y a donc eu « tort » des deux côtés.

Chez l'automobiliste pour avoir filé à trop vive allure, chez le propriétaire du chien pour l'avoir laissé libre près d'une grande voie de circulation.

ANNEXE 4

Courrier de Saint-Hyacinthe, juin 1980

ANNEXE 5

Montréal-Matin, 8 juin 1978

Le sauvetage de Tricofil
Matthias Rioux

On le sent de plus en plus, Tricofil est devenu un boulet attaché à la patte du gouvernement du Québec. La preuve, c'est que la majorité des membres du Conseil des ministres était prête à laisser tomber cette entreprise. Le ministre de l'industrie et du vêtement, de son côté, s'était retiré du dossier depuis février dernier. N'eût été de l'intervention « virile » et la menace de démission de Mme Payette, Tricofil aurait rendu l'âme la semaine dernière, les arguments du ministre Marois n'ayant pas suffi à convaincre le Cabinet.

En agissant ainsi, Mme Payette demeure fidèle et cohé- rente avec elle-même en plus de forcer les ministres péquistes à assumer (avec tous les risques politiques que cela comporte) leurs responsabilités de gouvernement social-démocrate. Souvenons-nous de la dernière campagne électorale ; tous les partis politiques, le P.Q. en tête, sont allés sur place louer les mérites de ce nouveau modèle d'entreprise, qui, avouons-le, s'éloigne du modèle capitaliste classique. Être social-démocrate en paroles, c'est facile ; en actes, c'est différent. Le geste courageux de Mme Payette et le $ 1,147,000.00 versé à Tricofil n'ont pas empê- ché commentateurs, politiciens et tous ceux qui veulent l'échec de Tricofil de chanter leur couplet aussi fantastique que démagogique.

Une analyse socio-économique un peu objective de la situation nous amène à constater que la fermeture de Tricofil aurait eu des conséquences graves pour la région de St-Jérôme. D'abord, la mise en chômage forcée de 120 personnes aurait entraîné un déboursé d'environ un *million de dollars de la part des gouvernements québécois et canadien, sous forme d'allocations sociales et de prestations d'assurance-chômage. À notre avis, il est plus payant socialement de financer le travail que de financer le chômage. Les analystes de Tricofil prennent bien soin de ne pas dire ce que représente la survie garantie de Tricofil. Il s'agit de $ 1,400,000 qui va générer plus de $ 6,000,000 de chiffre d'affaires et un impact économique net de $ 5 millions dans la région. De plus, la survie de Tricofil permet de soutenir et de créer 200 emplois directs et 150 emplois indirects. Ce qui est encourageant, c'est que l'effort du gouvernement est supporté par toutes les parties impliquées dans le dossier Tricofil depuis le début soit : les fournisseurs, les créanciers, les travailleurs et la municipalité de St-Jérôme. Il importe d'ajouter que le gouvernement n'est pas en contradiction avec lui-même en aidant Tricofil, puisque cela s'inscrit dans son opération – solidarité – économique, destinée à créer des emplois communautaires.*

En examinant plus avant le dossier technique de Tricofil, on découvre que c'est un fâcheux problème de teinturerie et de qualité du fil dans la fabrication du velours qui a empêché cette entreprise d'atteindre son seuil de rentabilité, fixé à $ 275,000 de ventes par mois. Au moment de ce fâcheux incident de parcours, les ventes mensuelles atteignaient $ 240,000. On se trouvait donc engagé dans la bonne voie.

Les experts analystes de la Société Coopérative prétendent que cette entreprise ne sera jamais viable à cause des difficultés inhérentes à l'industrie des textiles et du vêtement. Ils ont en partie raison. Ce qu'ils oublient de dire, cependant, c'est que, de 1974 à 1977, la consommation canadienne des vêtements et des textiles importés est passée respectivement de 17 à 45 pour cent et de 45 à 60 pour cent. On ne peut atteindre un grand développement de l'industrie locale avec une importation aussi massive.

C'est dans ce contexte périlleux que s'est implantée l'entreprise autogérée de Tricofil. Depuis février dernier, il y a une reprise générale dans les textiles et le vêtement, attribuable au fait que le fédéral a bloqué à 25 % les importations de vêtements. S'ajoutent à cela les $150,000,000 d'investissement du Québec, amenés par la réduction de la taxe de vente. On peut donc affirmer, sans trop de risques de se tromper, que le climat général dans l'industrie des textiles et du vêtement s'est considérablement amélioré et que le second souffle que vient de donner le gouvernement du Québec à Tricofil pourrait signifier sa mise au monde définitive. Il serait temps.

ANNEXE 6

La Presse, 24 novembre 1978

« *Touchez pas à Lise Payette!* »
Pierre Gravel

Mis à part René Lévesque, les ministres québécois les plus populaires à l'heure actuelle sont peut-être Lise Payette et Camille Laurin.

Selon le dernier sondage CROP publié par LA PRESSE la semaine dernière, ce sont en tout cas les dossiers dont ils assument la responsabilité qui suscitent dans la population le plus fort taux de satisfaction à l'endroit du gouvernement Lévesque.

Sur les six grands secteurs d'activités abordés par le sondage, on note en effet que la protection du consommateur, la question linguistique et la condition de la femme recueillent respectivement l'assentiment de 66, 57 et 53 pour cent d'électeurs très ou assez satisfaits. À l'inverse, ce sont la création d'emplois, l'ensemble de la situation économique et les relations de travail qui créent le plus d'insatisfaction avec 69, 62 et 44 pour cent de réactions négatives.

Ne pas sous-estimer Lise Payette

Au moment de la constitution de son gouvernement, il y a deux ans, M. Lévesque avait prévenu tout le monde : il ne faudra pas s'étonner de voir éventuellement certains ministres redevenir simples députés. Depuis lors, chaque rumeur de remaniement ministériel relance les spéculations à ce propos et, plus d'une fois, les noms de Lise Payette, Louis O'Neil et Jacques Couture ont été mentionnés.

Dans le cas de Lise Payette, c'est sous-estimer grandement son importance électorale pour le gouvernement lors du référendum et des prochaines élections générales. Il est évident que plusieurs de ses collègues verraient son départ d'un très bon œil. On lui a mal pardonné son franc-parler au sujet des travaux de l'Assemblée nationale et du monde des affaires, son acharnement à sauver Tricofil malgré la volonté de certains ministres « économiques » et la tranquille désinvolture avec laquelle elle tient tête à ceux qui s'opposent à son projet de loi sur la protection des consommateurs.

Les résultats du sondage CROP viennent pourtant démontrer que c'est justement à ce dernier point de vue qu'elle est la plus populaire.

On a associé son nom à la réforme de l'assurance-automobile dont les effets commencent à être appréciés par une bonne partie de la population et ce ne sont certes pas les parents qui vont la blâmer de s'opposer à la publicité destinée aux enfants. Quant aux femmes, même les moins militantes dans les mouvements féministes lui reconnaissent le mérite de prendre fait et cause pour elles au sein d'un gouvernement d'hommes.

Mme Payette dispose d'un double avantage sur plusieurs de ses collègues. Comme la plupart des dossiers « populaires » qu'elle défend échappent largement à l'enchevêtre-

ment des juridictions fédérales-provinciales, elle jouit d'une liberté de mouvement que certains peuvent lui envier.

En outre, sa longue expérience de la radio et de la télévision, en plus de lui avoir donné dès le départ une renommée considérable, lui permet d'utiliser ces média avec un maximum d'efficacité pour faire passer à la fois son message et son image.

Le premier ministre, lui-même un communicateur hors pair, est parfaitement conscient de l'importance de cet atout en période électorale ou en cours de campagne référendaire. C'est pourquoi quelques-uns des collègues de Lise Payette devront prendre leur mal en patience : ce n'est pas demain qu'on la transformera en « back-bencher » à l'Assemblée nationale.

Camille Laurin : un autre intouchable

Contrairement au cas de Lise Payette, personne n'a jamais douté de l'importance de Camille Laurin dans le gouvernement. Le sondage publié par LA PRESSE apporte cependant une indication précieuse sur le sentiment des électeurs à l'endroit de la désormais célèbre loi 101.

On y constate en effet que, à l'heure actuelle, 57 pour cent de l'ensemble des personnes interrogées se déclarent très ou assez satisfaites du gouvernement sur le plan linguistique. Si, comme il fallait s'y attendre, 69 pour cent des Anglophones manifestent leur ressentiment à ce sujet, on trouve 64 pour cent des Francophones qui réagissent positivement.

Au-delà de toute considération constitutionnelle, la question de la langue a toujours été pour la plupart des Québécois un facteur déterminant dans leur comportement collectif. Les libéraux fédéraux l'ont bien compris en respectant jalousement le principe de l'alternance d'un chef francophone remplaçant un leader de langue anglaise.

Et encore aujourd'hui, les conservateurs s'apprêtent à payer cher au Québec leur négligence à ce propos.

Dans cette perspective, on comprend facilement que le nombre de Québécois qui se disent satisfaits du gouvernement à ce point de vue soit plus élevé que celui des partisans déclarés du P.Q.

ANNEXE 7
Le Soleil, 25 avril 1980

Des suffragettes aux Yvette
Jacques Dumais

[...]

À la page 92 de ce manuel à bannir, on lit que Guy n'est que de la graine de champion sportif en quête de trophées. « Yvette, sa petite sœur, est joyeuse, gentille et obligeante » parce qu'elle n'a d'instinct que pour les tâches ménagères.

Comment ne pas souscrire à la dénonciation faite par Mme Lise Payette ? Sa seule bourde consiste à avoir apprêté un plat partisan en y associant bêtement le nom de Mme Ryan. La contre-attaque libérale fut donc si spectaculaire avec le brunch puis le ralliement des Yvette habilement assimilées à toutes les femmes au foyer, que le Parti québécois a dès lors perdu le monopole de la récupération publicitaire ainsi que sa longueur d'avance dans le compte à rebours référendaire.

En ce 25 avril 1980, il faut toutefois signaler le courage de Mme Payette qui, si elle a parfois la malheureuse tendance à confondre ses tâches référendaires, de politicienne et de féministe, résiste la plupart du temps avec dignité et vigueur aux attaques les plus basses dont elle est l'objet parmi ses pairs ou dans les tavernes... Grâce à elle, notam-

ment, peut-être que moins de Québécoises de demain fui-
ront la politique active parce que les hommes et leurs
femmes n'acceptent pas le droit de se tromper au féminin.

L'erreur est pourtant humaine à tout âge. L'octogénaire
suffragette Thérèse Casgrain n'a-t-elle pas gagné ce guê-
pier des Yvette au profit du NON ? Après ses luttes épiques
ayant brisé les incroyables résistances d'avant 1940, on
croyait cette merveilleuse Mme Casgrain toujours encline
« à cuire un éléphant dans un petit pot » plutôt que de
déguster une grande ratatouille partisane. Pourquoi
divise-t-on davantage les femmes au lieu d'inventer de
nouvelles règles du jeu politiques ?

ANNEXE 8

Le Journal de Montréal, 6 février 1981

Pas une grosse perte selon Claude Ryan

« C'est assez formidable qu'il faille cesser d'être ministre
pour pouvoir se parler sans méfiance dans le Parti québé-
cois », a commenté hier après-midi le chef libéral du
Québec, M. Claude Ryan.

« Ça montre encore une fois comment ils sont tiraillés
et divisés entre eux. Ils essaient de le cacher et il y en a qui
sont obligés de quitter pour pouvoir parler de ce qu'ils veu-
lent faire.

« Ça montre le manque de franchise, de limpidité et de
transparence du Parti québécois », dit-il, lorsque prié d'ap-
précier le geste posé par Mme Ouimet-Payette.

M. Ryan a ajouté que l'homme qui sera le plus déçu
sera le candidat libéral dans Dorion, M. François Gautrin.
Son absence du Parlement, dit-il, ne « représentera pas
une grosse perte, parce qu'elle ne parlait presque jamais ».

« Il n'y a pas grand monde, de conclure M. Ryan, qui va s'ennuyer de ses gaffes célèbres. »

[...]

ANNEXE 9

La Presse, 10 avril 1980

Dessin de Girerd

ANNEXE 10

La Presse, 7 février 1981

L'apport de Mme Payette à la vie politique du Québec

Vincent Prince

Il est difficile, au moment où elle annonce son départ de l'arène politique, de ne pas souligner le rôle qu'a joué Mme Lise Payette au cours des quatre dernières années.

Bien sûr, Mme Payette était une personnalité contestée. D'aucuns n'appréciaient guère une certaine arrogance chez cette femme qui, à la télévision en particulier, avait été habituée à se mettre elle-même en vedette et à faire la vie dure aux autres. Elle ne s'était jamais départie complètement de cette propension à traiter les autres un peu de haut et à vouloir diriger le spectacle.

L'œil vif, la répartie facile, elle a même été parfois la victime de sa trop grande spontanéité. Ce fut le cas, par exemple, dans la fameuse affaire des Yvettes. En voulant se moquer des autres, elle a commis un impair qu'elle a vainement tenté de réparer. Beaucoup ne le lui ont pas encore pardonné.

Par contre, tout ceci ne doit pas faire oublier qu'elle a donné, pendant ce temps, le meilleur d'elle-même au service de son parti et de sa province. Elle ne s'est pas fiée uniquement à son intelligence. Elle a trimé dur pour approfondir les dossiers qu'on lui a confiés.

Le premier de ces dossiers, celui de l'assurance-automobile, n'était pas précisément facile. On ne soustrait pas aux compagnies privées d'assurances un morceau aussi important que celui qu'elle leur a enlevé, sans susciter de fortes oppositions. Mais, patiemment, elle a mis le public de son côté et a trouvé réponse à la grande majorité des objections qu'on lui faisait. On ne l'a pas prise facilement en défaut là-dessus. Elle a su également écouter les recommandations qu'on lui faisait pour arriver finalement devant l'Assemblée nationale avec un projet bien agencé et bien articulé. La législation qu'elle a fait adopter appellera peut-être éventuellement des modifications, mais il serait surprenant qu'elle soit substantiellement remise en question.

Elle aura aussi laissé sa marque dans le secteur de la protection du consommateur. Là encore elle s'est vite familiarisée avec les problèmes complexes. Même si elle n'opérait pas dans un domaine complètement vierge, elle s'est appliquée avec ténacité à faire accepter ses idées et à faire étendre le champ d'application de la loi.

La question qui lui tenait le plus à cœur, après celle de l'indépendance du Québec, toutefois, était probablement celle de la condition féminine. Elle s'est impliquée encore à fond dans ce dossier. Elle a fait notamment sentir son influence au niveau de la réforme du droit de la famille. Elle a aussi favorisé l'accession des femmes à certains postes importants de la fonction publique et plaidé diverses autres causes en rapport avec l'amélioration des conditions de vie de la femme au travail.

Malheureusement, comme elle l'avouait elle-même, c'est probablement le secteur où elle aura été en butte aux plus vives critiques. Et ces critiques venaient pour une très large part des milieux féminins où l'unanimité est loin de régner.

M. Claude Ryan a été plutôt mesquin quand il a prétendu que son départ passerait plutôt inaperçu et qu'on retiendrait surtout ses gaffes. Encore une fois, sa personnalité demeurera contestée, mais on doit admettre qu'elle a apporté sa contribution à la politique du Québec. On voit mal, par contre, comment elle pourra mieux faire triompher ses idéaux en retournant à la vie privée, même si l'on comprend que la solidarité ministérielle et la vie parlementaire lui pesaient.

ANNEXE 11

Le peuple décidera
Chaque citoyen sera appelé à voter sur cette question

C'est par un référendum, c'est-à-dire par un vote des citoyens, que le Parti Libéral Provincial réglera la question des relations du Québec avec Ottawa.

Les 4 points principaux du programme de M. Godbout :

1. Combattre efficacement le communisme.

2. Abolir les surtaxes imposées par le gouvernement actuel et, en particulier, abolir la taxe de vente.

3. Pratiquer l'autonomie sans isolement.

4. Favoriser le progrès et la stabilité par la sécurité sociale, économique et agricole.

Le Parti Libéral Provincial discutera d'égal à égal avec Ottawa les termes d'une entente fiscale et financière en vertu de laquelle il se propose d'aller chercher dans la capitale canadienne des millions auxquels les Canadiens du Québec ont droit et qui serviront à développer la sécurité sociale que Duplessis refuse au Québec.

Mais toutefois, cette entente ne vaudra que le jour où l'électorat du Québec, consulté par un référendum, l'aura approuvée.

Nous croyons que les ententes fiscales et financières avec Ottawa sont devenues nécessaires. Nous avons des contrepropositions à faire à Ottawa et, lorsqu'après discussions, nous en serons venus à une entente avec le gouvernement fédéral, cette entente sera soumise au peuple lui-même avant d'être adoptée par les Chambres.

D'après les propositions d'Ottawa aux provinces, Québec pourrait obtenir $65,000,000 en consentant, pour une période de quelques années, à ne pas taxer dans certains domaines qui ne lui rapportent actuellement que de $25,000,000 à $30,000,000, bon an, mal an.

Les libéraux sont de vrais défenseurs de l'autonomie. Jamais, ils ne permettront qu'une parcelle des droits et des privilèges de la Province ne lui soit enlevée.

Les libéraux se proposent de résoudre la question des ententes du Québec avec le gouvernement fédéral selon la manière libérale, c'est-à-dire la manière démocratique, par le recours au référendum, le vote des citoyens. Voilà de l'autonomie bien comprise.

Adélard Godbout,
Chef du Parti libéral provincial.

ANNEXE 12

La Presse, février 1989

Faire peur au monde

Lysiane Gagnon

C'est à Robert Charlebois que l'ONF et Radio-Canada auraient dû emprunter le titre du soi-disant documentaire qu'ils nous ont infligé dimanche dernier: «À soir, on fait peur au monde!»

Rarement aura-t-on vu documentaire plus dommageable, potentiellement, que ce «Disparaître», qui va diffuser, sur un sujet délicat et complexe, une information non seulement déficiente mais souvent fausse, et dont tout – le choix des «faits», le ton, les images, la musique, les émotions qu'on sollicite et les préjugés qu'on stimule –

risque de faire croire au téléspectateur que l'immigration représente une terrible menace, ou de le précipiter en désespoir de cause dans le cul-de-sac de la nostalgie.

Naguère, l'ONF nous inondait de leçons de choses pour initiés ou insomniaques. Le voici qui se recycle dans le sensationnalisme. Du sensationnalisme de classe, évidemment : une belle production bien enlevée, qui a coûté cher – $700 000, presque autant que le déficit de l'ONF pour 87-88. (Sans compter le battage publicitaire, sans précédent : on a même fait fabriquer des cartons et des enveloppes spéciales à l'effigie de «Disparaître», pour inviter les gens des médias à tourner, dimanche, le bouton de leur télé !)

• • •

Pour un film d'une heure trente, seulement deux personnes-ressources : M. Julien Harvey, un Jésuite qui a déjà exprimé ses appréhensions concernant l'immigration, et M. Gary Caldwell, un «permanent» de l'Institut de Recherches sur la Culture qui s'adonne en autodidacte à la démographie quand il ne s'occupe pas de son élevage de moutons. (Nous reviendrons plus tard sur les pittoresques prévisions démographiques de M. Caldwell.)

Seulement deux personnes-ressources, donc, pour apporter une armature intellectuelle à la double problématique de la dénatalité et de l'immigration... Et puis, bien sûr, Mme Payette, omniprésente, qui, avec la gravité composée de la directrice spirituelle s'adressant à des condamnés à mort, se penche sur le destin apocalyptique du Québec agonisant.

• • •

Le film s'ouvre sur la réunion des descendants des Tremblay. Bonheur et Joie. Soudain, l'orage gronde. Et Mᵐᵉ Payette de nous annonce la fin des Tremblay et la fin de La Nation. Nous nous croyons forts, et en pleine ascension économique et culturelle ? Erreur ! Erreur ! « Le déclin est à nos portes ! Nous sommes la nation la plus menacée d'Occident ! »

« Tremblay, réveillez-vous et multipliez-vous ! », tonne le chef des Tremblay devant le clan réuni, et à ce moment, je vous jure, j'étais drôlement contente d'être une Gagnon et pas une Tremblay. On voit tomber d'un seul coup la cheminée Miron : le grand phallus qui a engendré tant de Tremblay s'abat, vaincu, sur fond de musique funèbre.

Urgences congestionnées, pouponnières vides... Les taxes vont monter, et ce sera l'exode. Arrive M. Caldwell, dans un décor bucolique avec ses moutons. « Dans 10 ans, prédit-il, le tiers de la population peut partir. » (Sic : le tiers !) Et dans 25 ans, terminé... Si rien n'est fait.

Enchaînement sur la Sainte Famille Allaire, avec ses 13 enfants. George Allaire en a contre « les valeurs fondées sur l'épanouissement individuel ». Quant à Madame Allaire, comme nous dit une Yvette Payette, pardon, une Lise Payette admirative, « son travail l'occupe à la maison ». Aperçu des politiques natalistes en France. Quel en fut le résultat ? On ne nous le dit pas.

Visions noires (c'est le cas de le dire !) de Montréal, où il y a, dit Mᵐᵉ Payette comme s'il s'agissait d'un chiffre astronomique, cinq p. cent de « minorités visibles » et où « des quartiers entiers » sont « abandonnés aux immigrants ». Jusqu'à présent, dit-elle, l'immigration, surtout européenne, « ne nous avait pas trop dérangés ». Heureusement, les immigrants ne restent pas longtemps : on nous apprend, sans nous expliquer les raisons de ce phénomène, que plus de la moitié des immigrants arrivés ici depuis

1966 ont déménagé dans d'autres provinces. (Les immigrants qui verront ce film seront fortement tentés de suivre le même chemin.)

Faut-il combler les berceaux vides par l'immigration ? « D'autres ont essayé », dit Mme Payette d'une voix sombre. Et ce que ça donne ? L'enfer. L'Allemagne et les Turcs, qui chôment quand ils ne volent pas les jobs des Allemands. L'Angleterre et les Noirs : émeutes, viols, quartiers en feu, et le pire : un enfant blanc qui apprend une comptine en punjabi à l'école ! Les Arabes à Marseille. L'« islamisation de la France » décrite et analysée par Le Pen et des partisans du Front populaire, dont on fait état comme si ces gens-là représentaient l'opinion commune en France.

Sans expliquer le caractère spécifique des situations britannique, allemande et française (dont les « problèmes » n'ont rien à voir avec le processus de l'immigration au Canada et au Québec), on fait l'analogie : 13 p. cent de Maghrébins à Marseille, 14 p. cent de Noirs à Londres… et à Montréal, 18 p. cent d'immigrants qui ne parlent ni français ni anglais ! Après de pareilles prémisses, rien d'étonnant à ce que Mme Payette décrète que « nous vivons dangereusement » ! Comme elle précise que c'est là « le moins que l'on puisse dire », il faut en déduire que nous avons déjà le pied dans le précipice.

Immigration égale invasion. Miami est passée à l'ennemi, c'est-à-dire aux Cubains, grommelle une Américaine de souche – une seule, mais qui apparemment représente 250 millions d'Américains : « Si même les États-Unis tout-puissants se sentent menacés, insiste Mme Payette, il est normal que le Québec ait la chair de poule ! »

M. Harvey : non seulement sommes-nous « menacés », mais si nous « ne faisons pas attention », ce sera Beyrouth ou Marseille. On ne demande pas aux immigrants d'adopter « la cabane à sucre » (sic), mais d'adhérer à nos *valeurs, qui sont, selon M. Harvey, le «goût de la liberté et une mentalité de coureur des bois» – valeurs de plein air en somme, contrastant spectaculairement avec ce que Mme Payette décrit comme «les valeurs» des Canadiens anglais: «la propreté, l'ordre, et l'argent, surtout l'argent».*

Suivent les prévisions démographiques de Gilles Vigneault: «Il faut être imbécile pour ne pas voir que le français s'en va. Après l'an 2000, il ne restera pas grand-chose.» (Dans **onze** *ans?!)*

Comme nous l'apprend Mme Payette à propos des immigrants chinois, «le passage de Confucius au sirop d'érable n'est pas garanti» (sic), mais Toronto offre un beau modèle d'intégration réussie... Et le film sort au moment même où Toronto est agitée par des tensions entre immigrés jamaïcains et policiers qui dépassent en intensité tout ce qu'on a vu à Montréal!... Mais ce film contient tant d'erreurs et de distorsions que nous y reviendrons jeudi.

ANNEXE 13

La Presse, 11 février 1989

La connaissance utile

Mario Roy

À l'Office national du film, la formule n'est pas si courante, du moins du côté français. À ce qu'on se souvienne, le «documentaire d'information» n'a été pratiqué que par Jacques Godbout, à la fin des années 70. Mais il l'est à nouveau aujourd'hui par Jean-François Mercier, réalisateur de Disparaître: le sort inévitable de la nation française d'Amérique?

Godbout me disait, il y a quelques semaines (en parlant de tout autre chose): «Les ministères sont toujours en retard d'une civilisation. » Aujourd'hui, Mercier constate lui aussi : « Les gens sont toujours en avance sur les gouvernements. »

Mercier ajoute : « C'est pour cette raison que Disparaître s'adresse aux gens, et non aux gouvernements. Les faits que nous recensons ne sont pas les conséquences de l'action de tel ou tel gouvernement ; procréer est une décision relevant de l'individu, un gouvernement pouvant à la limite mettre en place des conditions favorables à la natalité. Mais, en même temps, il n'y a pas de sujet qui soit plus politique que celui de la survie d'une nation. »

Bref, le but de l'entreprise est clair : Disparaître se veut non seulement un événement télévisuel – ce qui paraît d'ores et déjà assuré – mais un événement de société. « Nous voulons donner aux gens un instrument pour réfléchir. Et il est impossible de prédire la portée, le chemin que fera un tel processus de réflexion », dit encore Mercier.

Le moins que l'on puisse dire, c'est que le truc tombe à pic. Le dernier épisode de notre psychodrame linguistique a, cette fois-ci, fait ressortir l'urgence de répondre à des questions beaucoup plus fondamentales que celle de savoir s'il faut arrêter *ou* stopper *à certaines intersections. Il s'agit de faire des choix qui décideront du tissu social dans lequel seront appelés à vivre nos enfants – enfin, ceux que nous faisons... Disparaître réussit à décrire clairement l'état des choses, à décortiquer les expériences que d'autres nations et d'autres villes ont menées, à montrer les résultats qu'elles ont obtenus. « Disparaître n'est pas une œuvre alarmiste. Elle ne fait qu'exposer des données super-vérifiées. Rien n'est sorti de notre tête », affirme le réalisateur à ce sujet.*

• • •

Des faits, donc.

Cette approche, avons-nous dit, ne participe pas de la plus pure tradition ONFienne. « Le documentaire a pratiquement toujours été fabriqué ici, selon la formule du cinéma-vérité. Cela exclut le traitement de tout sujet qui ne soit pas photographiable et auto-explicatif; cela fait passer le cinéma avant l'information; cela implique que le spectateur va voir pour le plaisir – l'attitude avec laquelle on aborde habituellement la fiction – une œuvre fondamentalement créée pour informer », explique Raymond Gauthier, le producteur de Disparaître, qui est aussi le plus jeune producteur-maison de l'ONF.

La structure même de ce téléfilm a donc dû être défendue avec l'énergie que l'on devine à l'intérieur d'une boîte qui, depuis un demi-siècle, fait les choses autrement.

Et, dans une autre boîte, Radio-Canada, il a aussi fallu vendre le format de l'émission – deux heures – qui, à priori, soulevait bien des réticences. « Nous avons au préalable visionné plus d'une quarantaine de documentaires glanés aux quatre coins du monde. Et nous en sommes venus à la conclusion que le format de deux heures se défend lorsque la construction de l'œuvre fait montre de rigueur, de logique et que le sujet le justifie », dit Jean-François Mercier. Demain soir, à compter de 20 heures 30, Radio-Canada va faire dresser des tableaux d'écoute aux quarts d'heure. Pour voir...

Bref, « au bout du compte, nous sommes parvenus à le faire parce qu'une autre des traditions de l'ONF est celle de la liberté de création et d'expression », conclut Raymond Gauthier à ce sujet. Il est vrai qu'il ajoute : « Mais rien n'est jamais définitivement gagné et il faudra continuer à se battre... »

Car Disparaître – qui a coûté autour de $700 000 – constitue théoriquement le premier d'une série de dix téléfilms placés sous le thème Enjeux d'une nation. Quelques-

unes des productions à venir doivent porter sur l'éducation, l'environnement, la justice, la jeunesse, l'économie et la santé. Le téléfilm portant sur l'éducation en est à l'étape de la scénarisation; il est prévu que le tournage débutera en avril – pour télédiffusion en février 1990 – mais... le budget n'est pas encore signé, comme on dit.

• • •

« En fait nous nous insérons là où personne n'agit dans le monde médiatique francophone. Qui d'autre, au Québec, pourrait se lancer dans une telle entreprise ? » dit encore Raymond Gauthier pour tenter une explication globale.

Aux États-Unis, par exemple, le grand documentaire d'information est depuis longtemps une formule consacrée. Et gagnante. Il est vrai que la télévision américaine est une institution solide, puissante et... riche.

En ce moment même, le réseau PBS diffuse une passionnante série, War And Peace In The Nuclear Age, qui en sera, lundi (20 heures, Vermont ETV), à son quatrième chapitre. Loué soit Dieu, la série n'est pas du tout impressionniste, n'entend pas soutenir quelque angélique thèse pacifiste, ne s'élève pas non plus à la gloire de l'aigle américain ou de l'ours soviétique. Des faits bruts, point; consciencieusement amassés, convenablement digérés et drôlement bien présentés; des faits qui font réfléchir; des faits qui dégonflent quelques mythes, comme c'est généralement le cas lorsqu'on prend la peine d'aller marcher sur le plancher des vaches enseveli sous les constructions idéologiques.

Il ne faut pas – Jean-François Revel sera d'accord là-dessus – que toute cette connaissance, celle de Disparaître comme celle de War And Peace, demeure inutile.

ANNEXE 14

Prix Gémeaux 1998

Discours de Mme Lise Payette

Je veux remercier très sincèrement l'Académie pour cet honneur qu'elle m'accorde. Merci. Je suis touchée par votre accueil chaleureux. Et je suis émue.

Je ne sais pas si ç'a été voulu, mais je trouve formidable que nous célébrions ici, ensemble, la fin des journées consacrées à la culture québécoise cette année. Nous savons tous que la télévision a un rôle important à jouer dans ce domaine. Elle est porteuse de culture populaire depuis toujours, c'est évident. Mais – il faut bien le constater, hélas! –, depuis que toutes les chaînes visent à se ressembler de plus en plus et couchent dans le même lit, finalement, la Culture avec un grand C, elle, est condamnée à coucher dans la boîte à bois. Elle n'est pas rentable, paraît-il. Elle ne fait pas de cote d'écoute... les sacro-saintes cotes d'écoute. Vous croyez ça, vous autres?

Laissez-moi prendre ça autrement. On dit, et on sait, que la télévision est capable de vendre n'importe quoi... et, entre nous, on peut se dire qu'elle ne s'en prive pas non plus. Il faut bien que ce soit vrai, sinon pourquoi des entreprises paieraient-elles de petites fortunes pour annoncer leur savon, leur bière ou leurs services à la télévision à cœur d'année? Et la télévision ne serait pas capable de vendre la Culture! Savez-vous ce que la télévision m'a fait, à moi? Elle m'a fait lever à sept heures du matin le samedi pour regarder les qualifications d'un grand prix automobile alors que j'haïs les courses automobiles, que j'haïs le bruit que ça fait et que j'haïs les gars qui se teignent en blond! Et je dois bien en être rendue à mon dixième grand prix en plus. C'est la télévision qui a fait ça... qui a créé chez moi ce besoin de faire partie des dopés de la vitesse.

Et après ça, la télévision essaie de me faire croire qu'elle ne peut pas faire asseoir un bon gars dans son fauteuil à une heure normale de la soirée pour regarder une pièce de Molière ou de Tremblay, avec des acteurs qu'il connaît, en plus, et après avoir annoncé l'événement comme seule la télévision sait le faire... Ou l'opéra Carmen *maintenant que Clinton a remis le cigare à la mode... Jamais la télévision n'a baissé les bras quand il y avait quelque chose à vendre... mais elle baisse les bras devant la Culture... Moi, je trouve ça louche. Pas vous?*

Alors qu'il faudrait faire des événements culturels des événements heureux, justement, avec des commanditaires enthousiastes, une publicité brillante et soutenue, et des interprètes teints en blond si c'est nécessaire... Mais la télévision continue de dire qu'elle n'est pas capable.

Si la télévision le voulait, nous n'aurions peut-être pas un orchestre symphonique au bord de la faillite à Montréal en ce moment...

Pourtant, au Québec, nous avons le meilleur public du monde. Le plus généreux aussi. Le plus curieux sûrement. Même s'il a accès à je ne sais combien de chaînes américaines et qu'il pourrait faire comme le public du Canada anglais, qui a déserté sa propre télévision, notre public à nous préfère encore la télévision faite ici, par nous et pour nous. Oserai-je dire que ça entraîne forcément des responsabilités et qu'il ne faudrait pas attendre que le public se mette à nous bouder pour faire notre examen de conscience?

Si je parle d'examen de conscience, je ne pourrai pas ne pas dire un mot de la langue que nous parlons. Un mot bref. Parce que je ne sais plus ce qu'il faut en penser. Non seulement nous faisons plein de fautes quand nous ouvrons la bouche, mais même dans les sous-titres quand il y en a, les mots écrits sous les images sont cousus de fautes... Ma grand-mère Marie Louise, qui n'avait qu'une quatrième année d'école, parlait un meilleur français que ce charabia que la télévision nous sert trop souvent. Si on se donnait ensemble comme mission de hausser la qualité de la langue d'un cran au cours de l'année qui vient – juste d'un cran –, ce serait un formidable cadeau à tous les enfants du Québec.

Tout au long de mes quarante-cinq ans de carrière à la radio et à la télévision (à l'exception de cinq petites années où je suis allée me jeter moi-même dans la fosse aux lions), j'ai tout entendu sur ces métiers de communication que nous exerçons et que nous devons considérer comme des métiers privilégiés à l'aube de l'an 2000, où l'explosion des moyens de communication fait l'Histoire avec un grand H.

Les choses vont si vite dans notre domaine que nous n'avons jamais le temps de décanter tout ce qui nous arrive. Ni le temps non plus de prendre suffisamment de recul pour évaluer la force de l'impact que nous avons sur notre société et sur ses valeurs. En ce moment, par exemple, nous savons, par intuition, que la télévision ne sera plus jamais la même après l'affaire Clinton, mais pourquoi exactement, nous n'en savons trop rien. Nous n'avons même pas eu le temps d'en parler.

Pas plus que nous n'avons eu le temps d'analyser la formidable explosion des chaînes de télévision, celles qui sont là et celles qui vont venir, car ce n'est pas fini, paraît-il. Nous en étions encore à nous demander s'il y avait assez d'argent au Québec pour faire vivre une troisième chaîne de langue française quand l'explosion a eu lieu.

Permettez-moi de vous parler de hockey. Non, je ne change pas de sujet, vous allez comprendre. Moi – je crois que vous le savez –, j'ai beaucoup aimé le hockey. Depuis mon enfance, en fait. Et pendant longtemps. Pour être franche, j'ai aimé le hockey jusqu'à ce qu'on a appelé *l'expansion. La multiplication des équipes a changé le hockey à un tel point que j'ai commencé à m'en détacher à ce moment-là.*

En ce moment, je suis inquiète pour la télévision. La multiplication des chaînes me fait craindre le pire. J'ai peur que nous ne sombrions dans le ridicule d'un «canal spécialisé dans l'entretien des doigts de pied», par exemple, ou – pourquoi pas? – d'un canal entièrement consacré au dévoilement des aspects croustillants de la vie privée de chacun d'entre nous, ou de tous les politiciens de la terre... Avec une chaîne comme ça, j'en entends déjà qui ont l'eau à la bouche...

Je vous l'avoue, il m'arrive, ces temps-ci, d'avoir mal à ma télé. Ma fierté en prend un coup. Aux olympiques du zapping, je gagnerais une médaille d'or, c'est certain. Je vois de tout, parfois le meilleur et souvent le pire. Je sais comment changer de poste, mais je me demande bien qui pourrait changer la télé. Tout n'est pas mauvais, ce n'est pas ce que j'ai dit. Mais la lutte pour la cote d'écoute a plus tendance à nous entraîner par le bas que par le haut, disons.

Je ne comprends pas ce qui empêche nos directeurs des programmes de faire la télévision qu'ils veulent faire, c'est-à-dire la meilleure, j'en suis certaine. Parce que je ne peux m'imaginer un directeur des programmes qui se lève le matin en se disant qu'il va faire la plus mauvaise télévision possible. Et je me prends à souhaiter qu'ils aient l'argent dont ils ont besoin pour réaliser leur rêve sans être obligés de se mettre à genoux devant des commanditaires. Je voudrais qu'ils aient de l'audace sans sombrer dans la vulgarité, qu'ils innovent sans nous présenter des performances d'amateurs, qu'ils explorent le domaine des idées sans se vautrer dans la démagogie, qu'ils fassent rire sans déculotter tout le monde et n'importe qui à l'écran sous prétexte que «du monde tout nu à la télévision, ça fait monter la cote d'écoute».

Remarquez que, si c'était le cas, il suffirait de déshabiller les Expos à chaque partie pour qu'ils remplissent le stade olympique et qu'ils cessent de nous en demander un deuxième.

Il me reste deux petites choses à vous dire. La première s'adresse au public. Souvenez-vous qu'il y a une façon très facile de faire disparaître une émission de télévision. C'est de cesser de la regarder. C'est comme l'histoire de la saucisse... Moins le monde la regarde, plus elle va disparaître vite. Ou quelque chose comme ça...

La deuxième s'adresse à l'Académie. C'est une suggestion pour laquelle j'ai besoin de votre appui, vous, dans la salle. Je voudrais suggérer officiellement à l'Académie qu'à compter de l'an prochain on remette un gémeaux au meilleur directeur des programmes de l'année. Qu'on rende enfin hommage à celui ou celle qui aura su offrir la programmation la mieux équilibrée, la plus intéressante aussi, la plus audacieuse et la plus vivante sans que la cote d'écoute soit le seul thermomètre de la réussite. Qu'on établisse des critères pour récompenser l'homme ou la femme qui aura vraiment amélioré la qualité de sa programmation, donc de la nôtre. Le directeur des programmes, c'est le dernier artisan de la télévision qui n'a jamais eu de comptes à rendre au public. Il serait temps que ça change. Et que le meilleur gagne!

J'ai parlé trop longtemps... J'avoue que j'en ai profité parce que je sais bien que ce trophée, on ne le donne qu'une seule fois, et que jamais une occasion aussi belle ne me sera offerte de nouveau de vous dire que je vous aime et que la place que vous m'avez faite dans ce métier que nous aimons tant ne m'aura apporté que des joies et du bonheur.

Merci, et bonne fin de soirée!

CRÉDITS

Crédits Photographiques

Toutes les photographies publiées dans cet ouvrage ont des droits de reproduction réservés. Malgré des recherches rigoureuses, certains ayants droit des photos du cahier photo n'ont pu être retracés. Les crédits ont été accordés sur la base de recherches effectuées auprès des titulaires de droits apparents. Toute erreur serait bien involontaire.

Photographie de la couverture :
© Parti québécois (photographe anonyme)

Légende : h : en haut ; b : en bas ; g : à gauche ; d : à droite ; m : au milieu

Cahier 1

pages 241 à 256, 258 à 260 et 264 : archives personnelles

page 257 : © Kika Lasnier

pages 261 à 263 : © Société Radio-Canada

Cahier 2

page 487 : © Société Radio-Canada (Jean-Pierre Karsenty)

page 488, h : © Société Radio-Canada (Jacques Durguerian), b : © Société Radio-Canada (Jean-Pierre Karsenty)

page 489, hb : © Société Radio-Canada (Jean-Pierre Karsenty)

page 490, h : © Laurent Bourguignon ; b : © Keystone Canada (James Gauthier)

page 491 : © Laurent Bourguignon

page 492 : © *La Presse* (Pierre McCann)

page 493 : © *Le Journal de Montréal* / QMI (Toto Gingras)

page 494, h : © *La Presse* (Antoine Desilets) ; bg : © *La Presse* (Jean Goupil) ; bd : © Société Radio-Canada (Jean-Pierre Karsenty) page 495 : © *La Presse* (René Picard)

page 496, hg : © *La Presse* (Robert Nadon) ; hd, m et b :
© Société Radio-Canada (Jean-Pierre Karsenty)

pages 497, 498 et 500 à 502 : © Robert Bertrand

page 499, hm : © SPCUM / SPVM (photographe anonyme) ;
b : © Robert Bertrand

page 503 : © *T.V. Hebdo* / QMI (M. Sauvageau inc.)

page 504 : © Société Radio-Canada (Jean-Pierre Karsenty)

pages 505 et 506 : © Parti québécois (photographe anonyme)

Cahier 3

page 669 : © Gouvernement du Québec, ministère des Ressources
naturelles (Jean-Guy Faucher)

page 670, h : © Société Radio-Canada (Jean-Pierre Karsenty) ;
bg : © Radio-Québec / Société de Télédiffusion du Québec ;
bd : Archives publiques

page 671 : Archives publiques

page 672, h : © Normand Cadorette ; b : © Alain Comtois

page 673, h : © Société Radio-Canada (Jean-Pierre Karsenty) ;
b : © Janine Le Coz (André Le Coz)

page 674 : © Michel Gauthier

page 675, h : © Le Réseau TVA/QMI (Ghislain Fournier),
b : © Jean-Guy Thibodeau

page 676, h : photographe inconnu ; b : © mata hari

Articles de journaux et de magazines

Actualité
© Maclean Hunter

Avril 1973, « Appelez-la Lise » par André Rufiange.

Dimanche-Matin
© Jacques Francœur

1972, « Jean Bissonnette part avec une équipe gagnante »
par Christiane Berthiaume.

22 juin 1975, « Policier retrouvé par un enfant ».

Dimanche / Dernière heure
© Jacques Francœur

16 septembre 1973, « La Normandise en difficulté ? » par Jean Laurac.

La Presse
© *La Presse*

Février 1970, « Wagner sort de l'ombre pour se faire dire qu'il est parmi les plus beaux » par Serge Dussault.

19 septembre 1972, « Ne m'appelez pas encore Lise… » par André Béliveau.

9 novembre 1973, « Lise au pays des sportifs » par Pierre Foglia.

« De quoi elle se mêle ? » par Pierre Foglia.

16 février 1974, « Les femmes, les femmes ! » par Jean-Marc Desjardins.

1975, « Déjà, la nostalgie » par Louise Cousineau.

23 juin 1975, « Une tolérance assez exceptionnelle » par Richard Chartier.

23 juin 1975, « Une gentillesse qui étonne tout le monde » par Christiane Berthiaume.

24 juin 1975, « 400 000 personnes autour des feux de joie » par Benoît Aubin.

24 juin 1975, « J'avais pourtant des choses à dire » par Christiane Berthiaume.

25 juin 1975, « Le mont Royal dans mon salon : des images de moi que j'aimais » par Louise Cousineau.

25 juin 1975, « Il ne reste plus qu'à tout nettoyer » par Christiane Berthiaume.

18 mai 1977, « Chien responsable des deux tiers d'un accident de la route ».

24 novembre 1978, « Touchez pas à Lise Payette » par Pierre Gravel.

7 février 1981, « L'apport de Mme Payette à la vie politique du Québec » par Vincent Prince.

Février 1989, « Faire peur au monde » par Lysiane Gagnon.

11 février 1989, « La connaissance utile » par Mario Roy.

Le Devoir
© *Le Devoir*

7 décembre 1973, «Le phénomène Lise Paillette» par Paul Warren.

18 décembre 1973, «Ne touchez pas à Lise» par Carolle Veillette.

Le Jour
© Gil Courtemanche

21 juin 1975, «Fêter sans maquiller la réalité» par Gil Courtemanche.

Le Journal de Montréal / QMI
© *Le Journal de Montréal*

31 mai 1974, «André Rufiange et ses commentaires» (extrait).

23 juin 1975, «Une foule bigarrée, joyeuse et fière» par Daniel Rioux (extrait).

24 juin 1975, «15 comédiennes font le tour de la "question des femmes"» par Diane Massicotte.

24 juin 1975, «Titre inconnu» par Michèle Tremblay (extrait).

25 juin 1915, «Une Saint-Jean extraordinaire!» par Diane Massicotte.

6 février 1981, «Pas une grosse perte selon Claude Ryan» (extrait).

Le Maclean
© Maclean Hunter

Mai 1973, «Appelez-moi monstre sacré» par Pierre de Bellefeuille.

Montréal-Matin
© *La Presse*

21 juin 1975, «Une foule entassée comme brins de foin».

23 juin 1975, «Faut balayer ça tout le long du temps que dure le tam-tam» par Raymond Bernatchez.

25 juin 1975, «Le no 1 de la police laisse parler son cœur».

10 octobre 1975, «Enfin Lise» par François Piazza.

18 juin 1978, «Le sauvetage de Tricofil» par Matthias Rioux.

Photo-Journal
© Gilles Brown

19-26 février 1969, «Une réplique aux Miss N'importe-quoi» par Pierre Julien.

10-16 septembre 1973, « Le grand secret de Lise et Jacques »
par Daniel Grégoire.

The Gazette
© *The Gazette* (Montréal)

23 juin 1975, « St, Jean festival hailed as a "miracle", draws people of ail language groups » par Don MacPherson.

Le Soleil
© *Le Soleil*

26 février 1977, « La chance est au coureur » par Gilles Lesage.

25 avril 1980, « Des suffragettes aux Yvettes » par Jacques Dumais.

Poème
© Succession Robert Choquette

12 février 1973, « Hommage sur deux rimes à Lise Payette »
par Robert Choquette.

Correspondance
21 septembre 1973, lettre de Claude-Armand Sheppard adressée
à Lise Payette. © Claude-Armand Sheppard

14 février 1974, lettre d'André Lavoie adressée à Lise Payette.
© André Lavoie

1975, note de Jean Rafa adressée à Lise Payette. © Jean Rafa

25 juin 1975, lettre de Claude Charron adressée à Lise Payette.
© Claude Charron

3 juillet 1975, lettre de Monique Bégin adressée à Lise Payette.
© Monique Bégin

Caricatures
10 avril 1980, © Girerd

Juin 1980, © Bernard Tanguay

Table des matières

Préface 9

Avant-propos 13

Prologue 15

Première partie
Une vie privée – 1931-1968 19

   1   L'amour, toujours l'amour ! 21

   2   Mon père et la paternité 25

   3   Rosette et Antoine 30

   4   Le clan des Chartier 35

   5   Le clan des Ouimet 42

   6   L'injustice, cette faute impardonnable 46

   7   Saint-Henri durant la guerre 52

   8   Mes bonheurs d'occasion 64

   9   Ma première vraie passion 70

 10   Le monde du travail 79

 11   Le prince charmant est arrivé 88

 12   Je découvre le monde 98

 13   Marie-Louise, ma douce 103

 14   L'amnésie du 6 octobre 1951 108

 15   Mon fils est né 113

 16   Ma vie de nomade 118

17 Au pays de « la Bitt à Tibi » 124

18 Montréal, ma ville 132

19 Le gai Paris ! 138

20 J'en arrache, maman 149

21 La découverte 160

22 Beyrouth la belle 176

23 L'éclatement 182

24 « Fais du feu dans la cheminée… » 187

25 Terre des Hommes 195

26 La politique à la québécoise 207

27 *Annus horribilis* 212

28 Percé sur les flots bleus 225

29 L'arène 230

30 À nous deux, la vie ! 236

Cahier photo 241

Deuxième partie

Une vie publique – 1968-1976 265

31 Le vertige de la liberté 269

32 L'été 1969 et la « ducepperie » 275

33 L'été indien 282

34 Une leçon de séduction 290

35 La mort de *Studio 11* 297

36 *Appelez-moi Lise* 304

37 Mon deuxième souffle 309

38 Le Boeing s'est envolé 312

39 La *famiglia* 317

40 Vivre avec la critique ou mourir 322

41 Le merveilleux monde du hockey 330

42 Mon ami Bourassa le fort 339

43 La concurrence 345
44 Les plus beaux hommes du Canada 350
45 Les beaux moments 358
46 Georges, Marcello, Johnny et les autres 364
47 Les bons coups et les mauvais 372
48 Je fais mes guerres tambour battant 376
49 Adieu le mouton, salut les Québécois! 387
50 Je cherche un million 392
51 C'est la police... bouboum... bouboum... 400
52 Faut fêter ça! 406
53 Les journalistes au cœur de la fête 413
54 Le dernier jour 421
55 Après les fleurs, les pots? 431
56 Que reste-t-il de nos amours? 440
57 Je prends les armes pour Tricofil 452
58 Une démarche secrète 457
59 Je ne dirai rien, même sous la torture 462
60 Attention, voici la vague! 473
61 Le 15 novembre 1976, une date mémorable ... 480
    Cahier photo 487

Troisième partie
Une vie engagée – 1976-2000 507
62 Le lendemain de la veille 511
63 Un chausson avec ça? 525
64 Le fantôme de Duplessis 532
65 Un bâtonnier dans ma soupe 539
66 Le roi René 549
67 Tout le monde à droite! 556
68 Tu parles d'une question! 566

69 Les épaules au plancher 577

70 La sortie en salto arrière groupé 583

71 Le silence à perte de vue 589

72 Attention la Chine, prise deux.........................597

73 Les luttes intestines..605

74 Le 1er novembre 1987.....................................612

75 Disparaître ? Ou comment tuer le messager 616

76 Appelez-moi « mamie ».................................623

77 Après nous, le déluge.....................................628

78 Mon dernier tango..633

79 Vieillir ? Je n'en ai plus le temps....................638

80 Le grand écart de la télévision.......................644

81 Battre le fer…...649

82 « Que sont mes amis devenus ? » 654

83 Je veux une baguette magique 658

84 Il est trop tôt pour les adieux.......................663

85 Lettre à Flavie 665

Cahier photo...669

Épilogue

Un siècle nouveau vient de commencer....................677

Annexes 685

Crédits 715

MARQUIS

Québec, Canada